AF567890

Sumiko

Olga Lawrentjewa

SURWILO

Übersetzt aus dem Russischen von Ruth Altenhofer

avant-verlag

SURWILO
Eine russische Familiengeschichte

Text, Zeichnungen & Lettering: Olga Lawrentjewa
Übersetzung aus dem Russischen von Ruth Altenhofer

ISBN: 978-3-96445-073-9

Die Übersetzung wurde vom österreichischen Kultusministerium unterstützt.
Herzlichen Dank!

Bundesministerium
Kunst, Kultur,
öffentlicher Dienst und Sport

Lektorat & Korrekturen: Johann Ulrich
Produktion: Thomas Gilke
Herausgeber: Johann Ulrich

avant-verlag GmbH · Weichselplatz 3-4 · 12045 Berlin
info@avant-verlag.de

Mehr Informationen & kostenlose Leseproben finden Sie online:
www.avant-verlag.de
www.facebook.com/avant-verlag

INHALT

KAPITEL 1

Vor dem Unglück

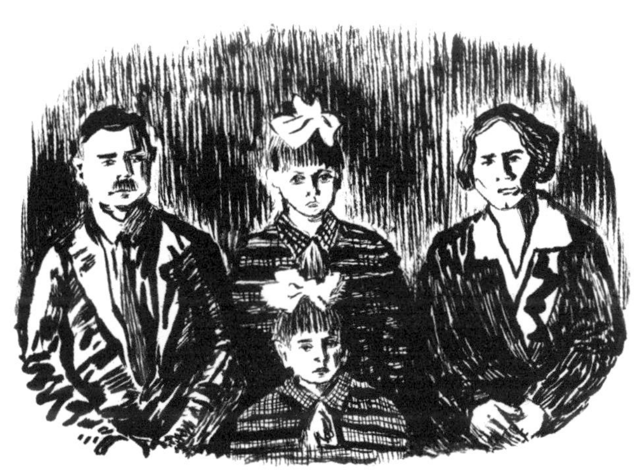

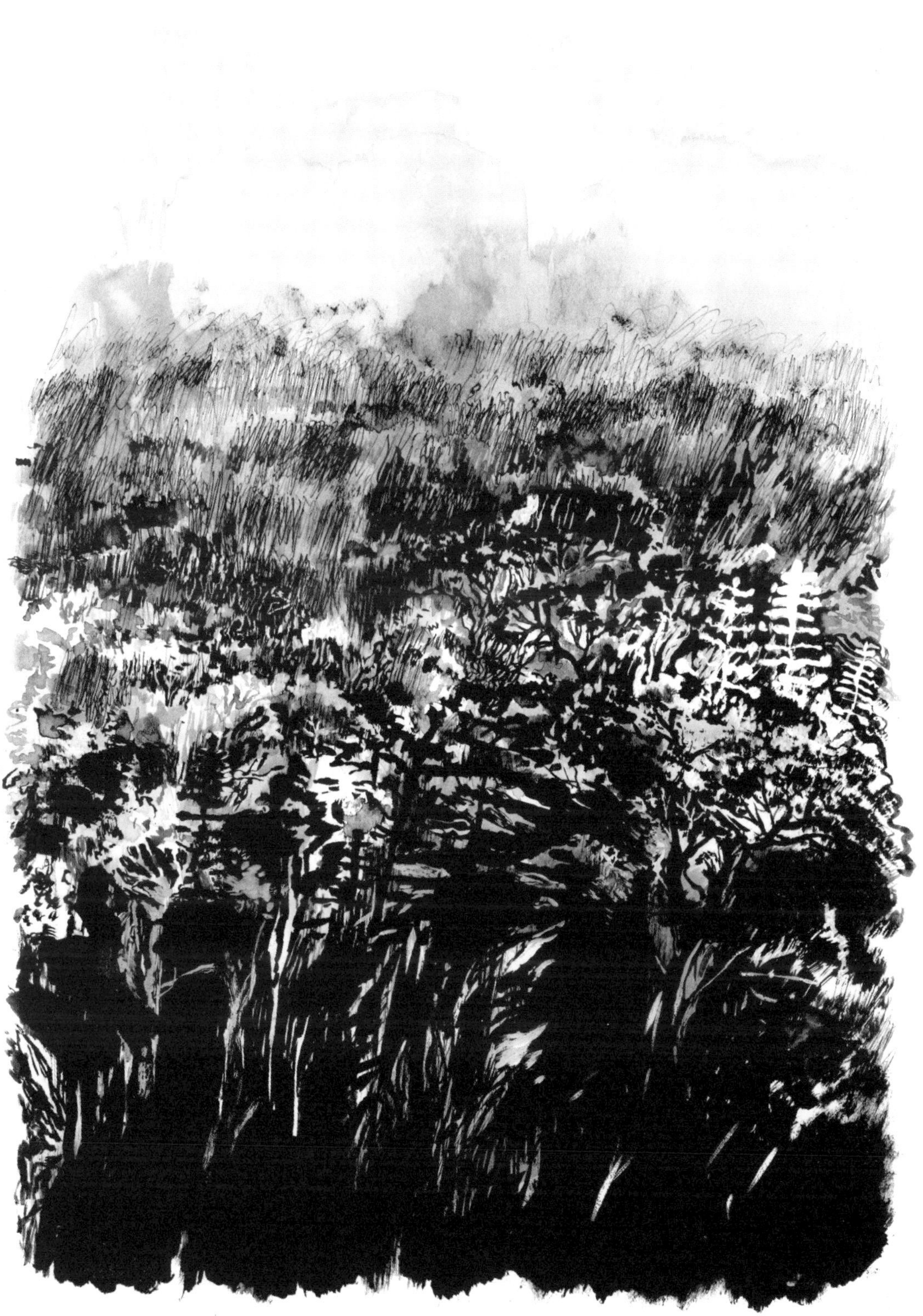

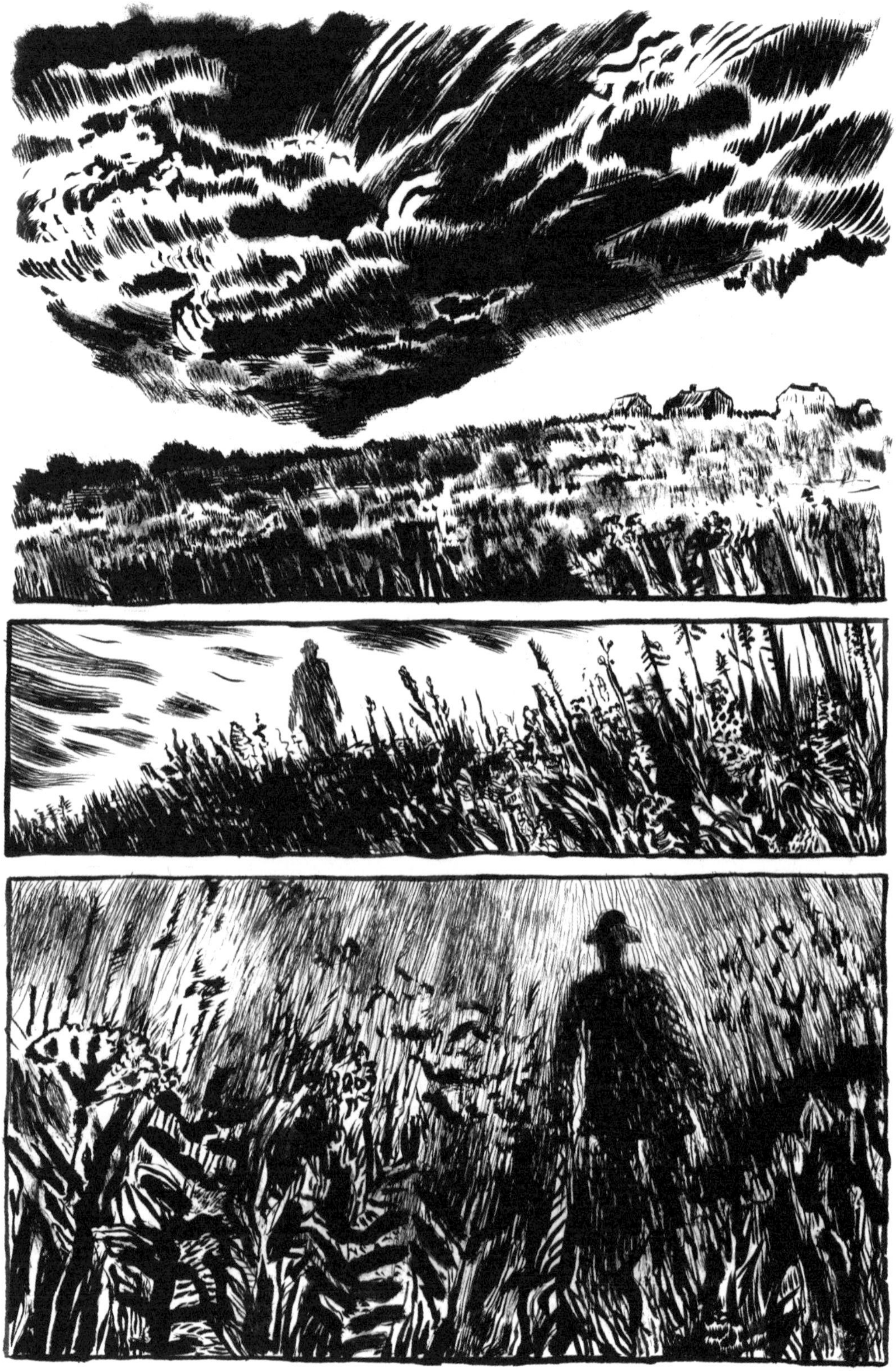

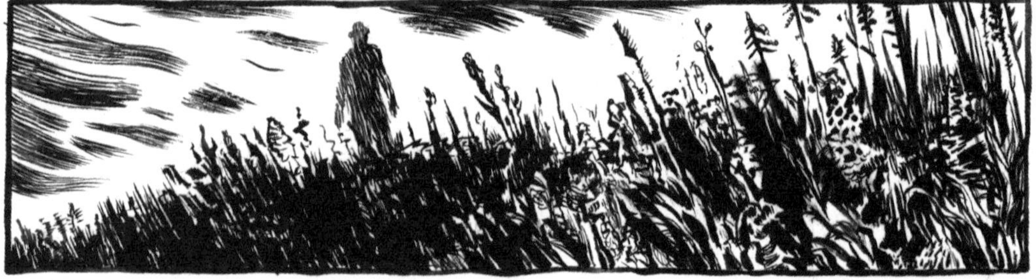

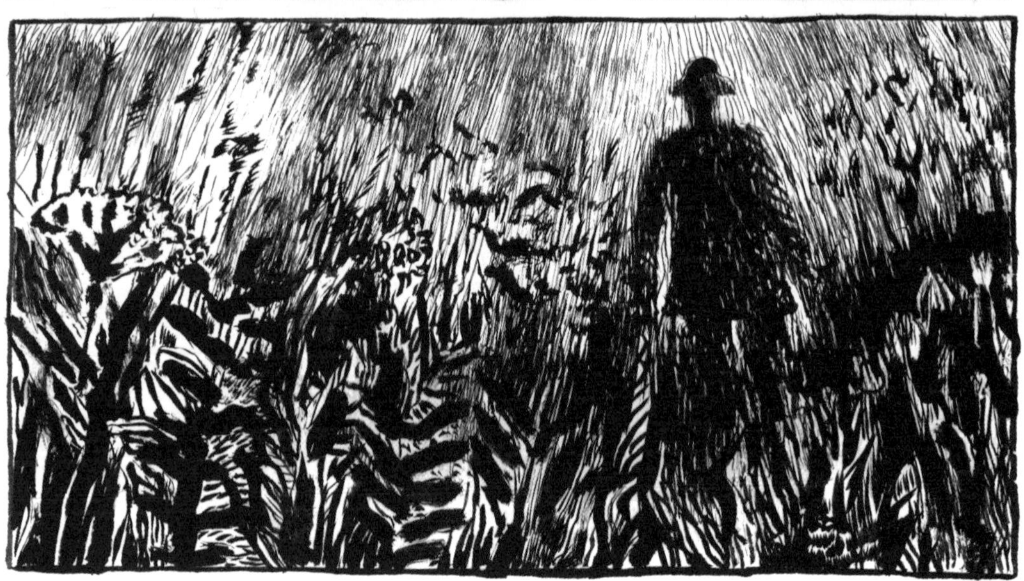

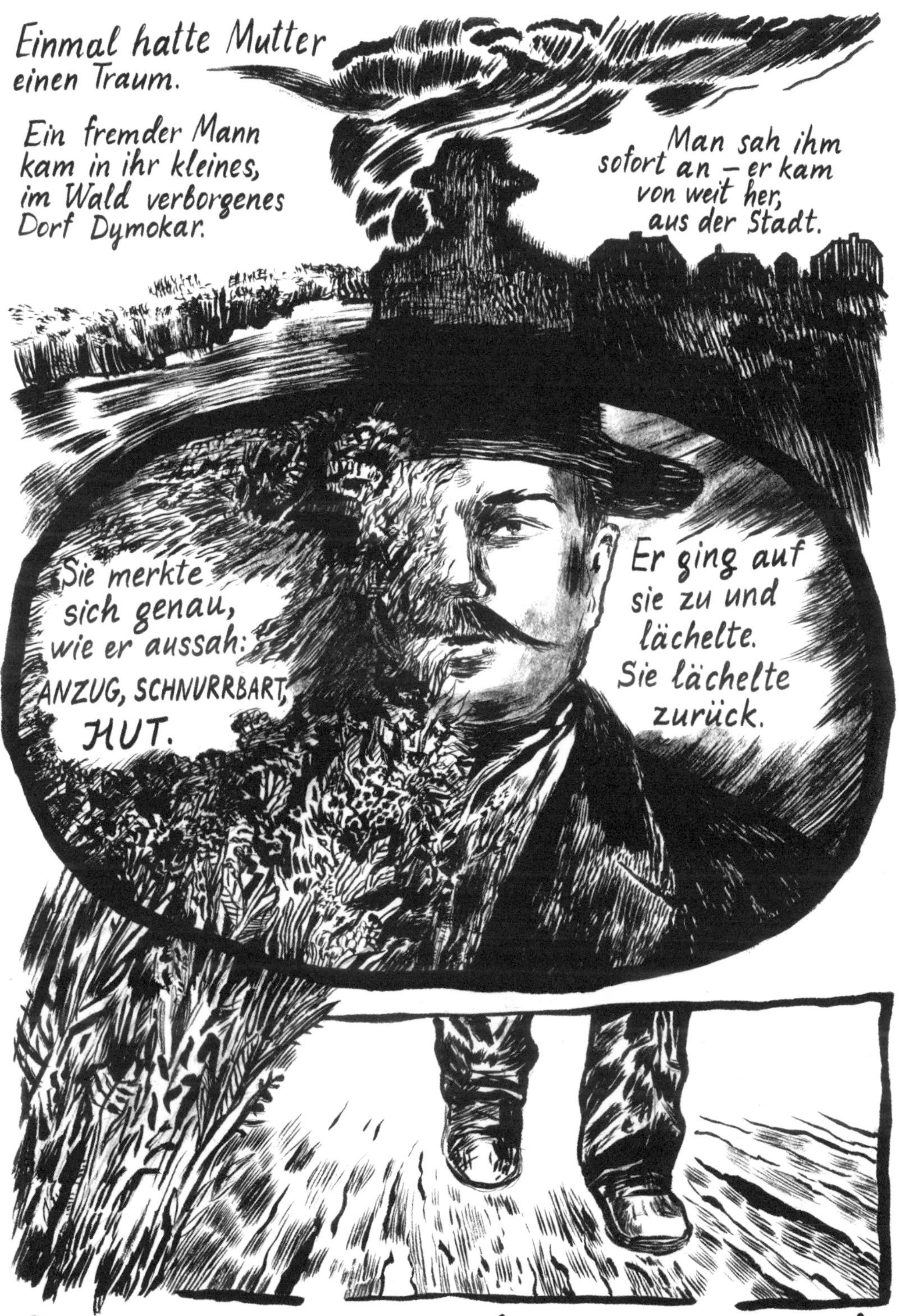
Einmal hatte Mutter einen Traum.
Ein fremder Mann kam in ihr kleines, im Wald verborgenes Dorf Dymokar.
Man sah ihm sofort an – er kam von weit her, aus der Stadt.
Sie merkte sich genau, wie er aussah:
ANZUG, SCHNURRBART, HUT.
Er ging auf sie zu und lächelte. Sie lächelte zurück.
Dieser Traum wurde genau so wahr.

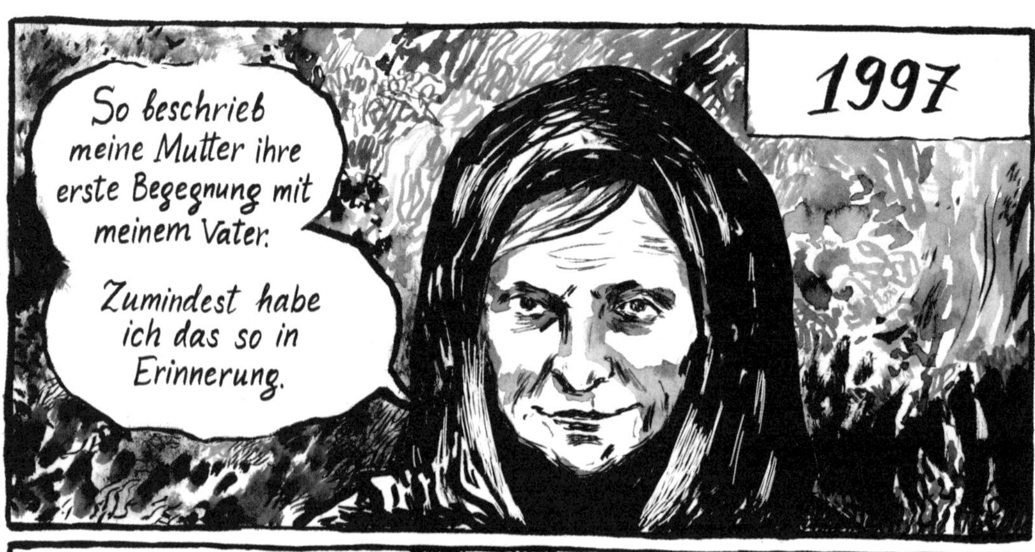
1997
So beschrieb meine Mutter ihre erste Begegnung mit meinem Vater.
Zumindest habe ich das so in Erinnerung.

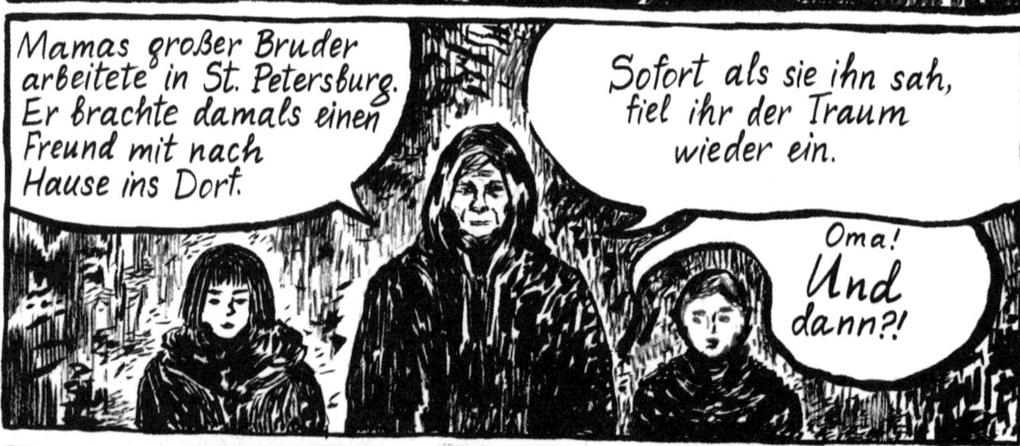
Mamas großer Bruder arbeitete in St. Petersburg. Er brachte damals einen Freund mit nach Hause ins Dorf.
Sofort als sie ihn sah, fiel ihr der Traum wieder ein.
Oma! Und dann?!

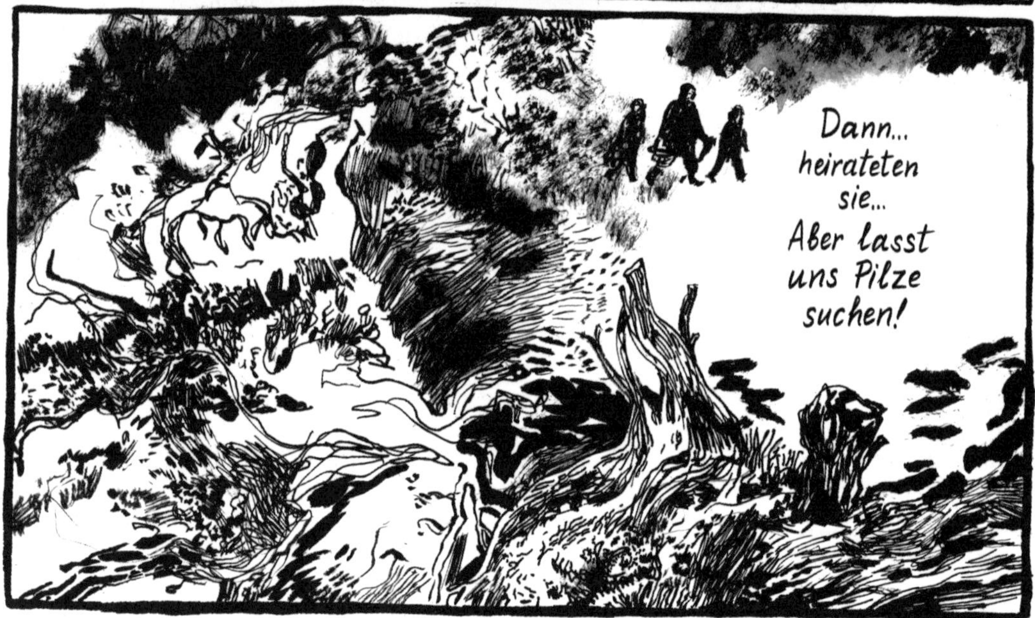
Dann... heirateten sie... Aber lasst uns Pilze suchen!

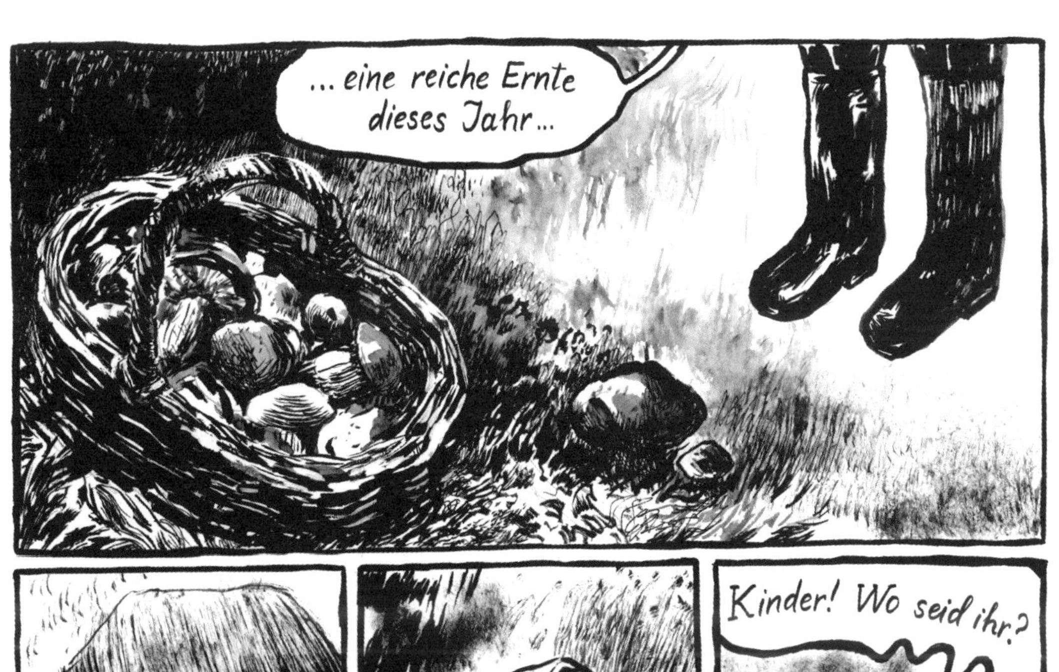
...eine reiche Ernte dieses Jahr...

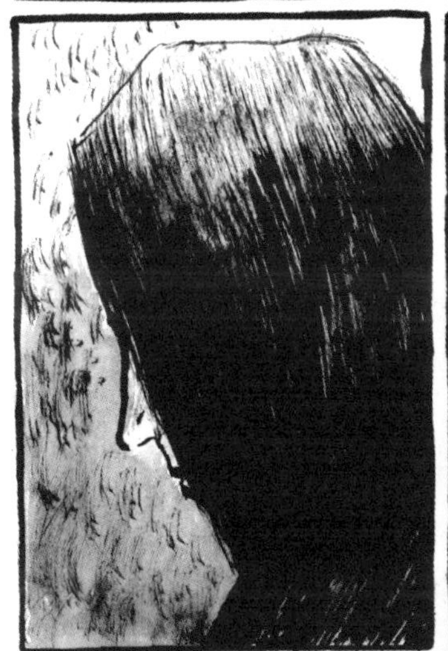

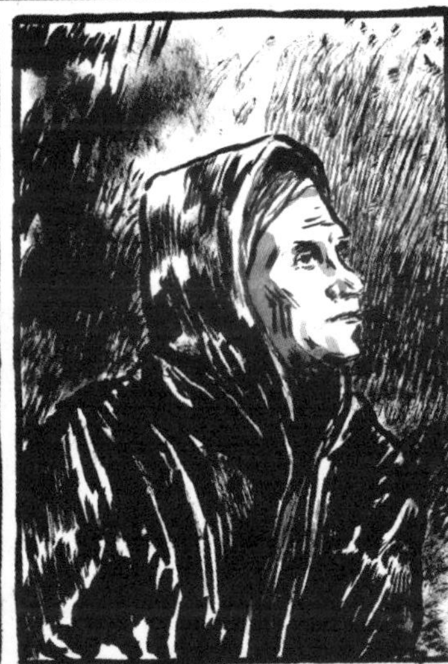

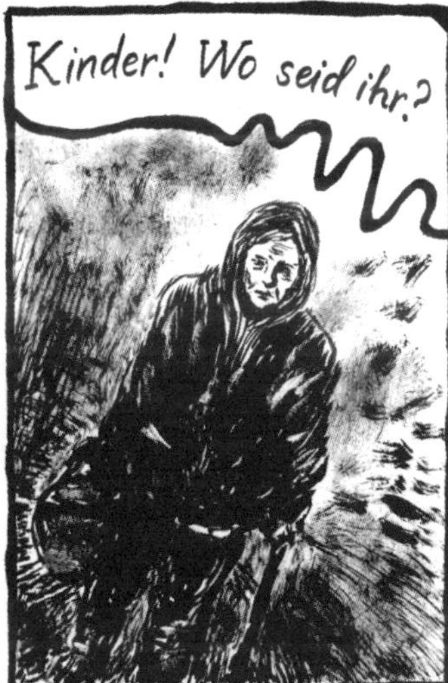
Kinder! Wo seid ihr?

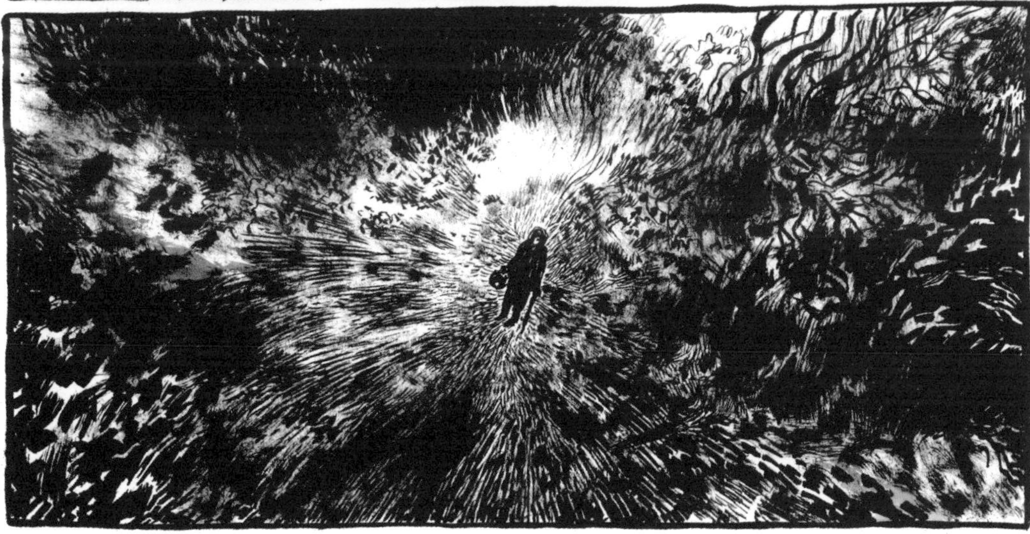

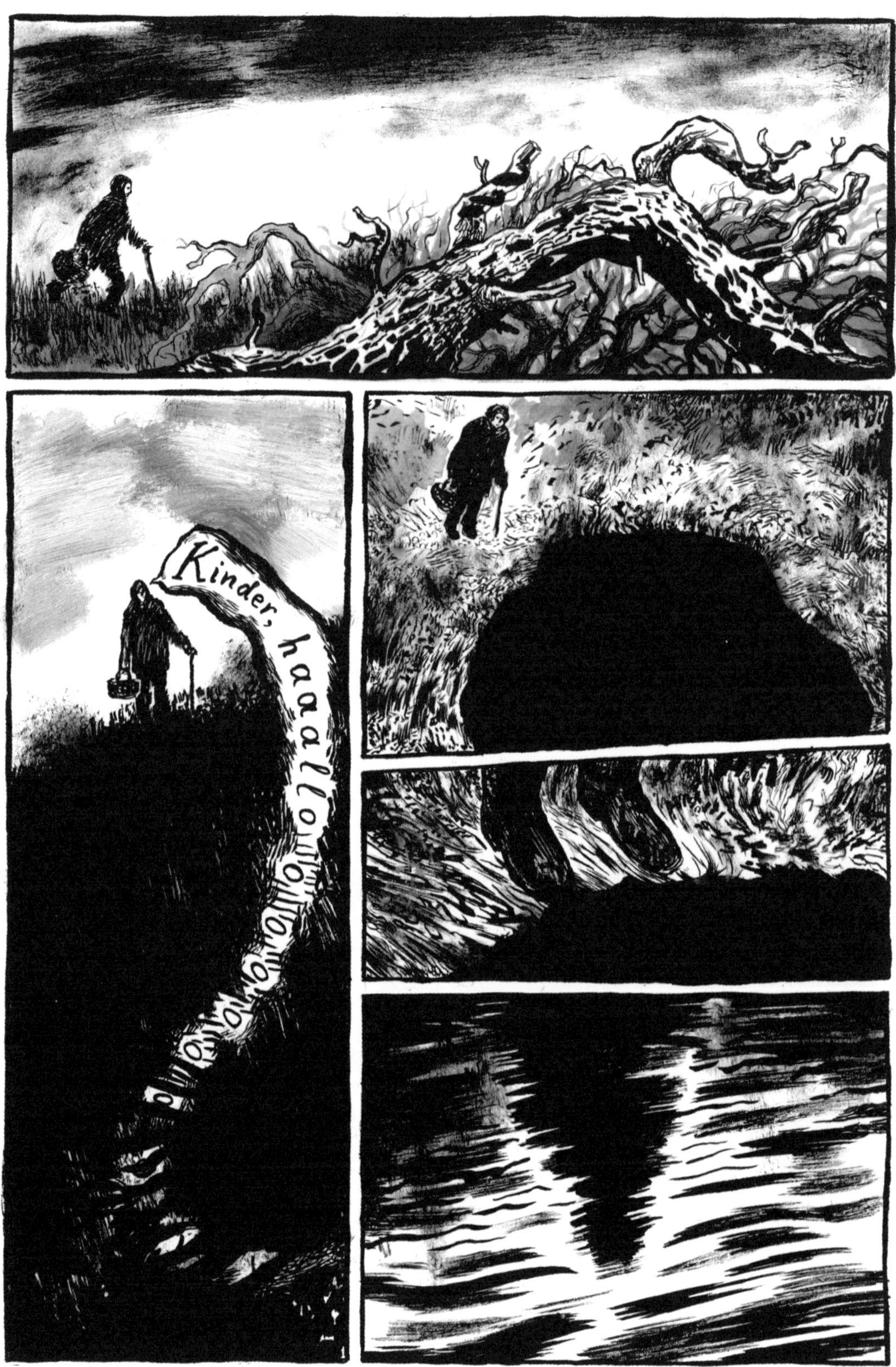
Kinder, haaalloooooooooo

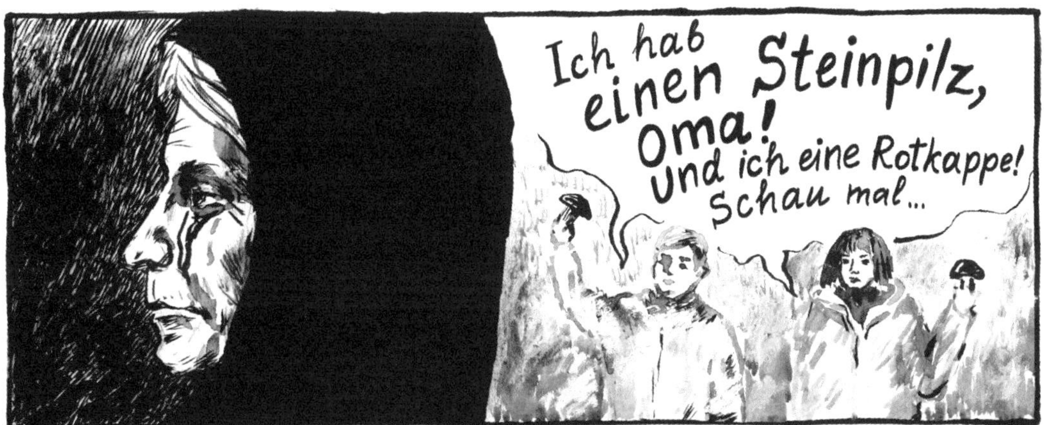
Ich hab einen Steinpilz, Oma!
Und ich eine Rotkappe! Schau mal …

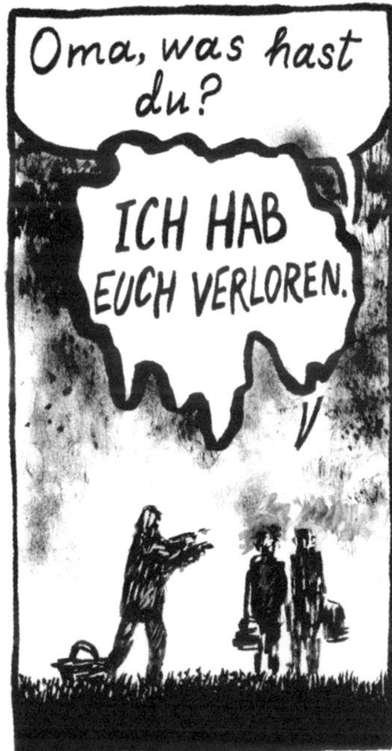
Oma, was hast du?
ICH HAB EUCH VERLOREN.

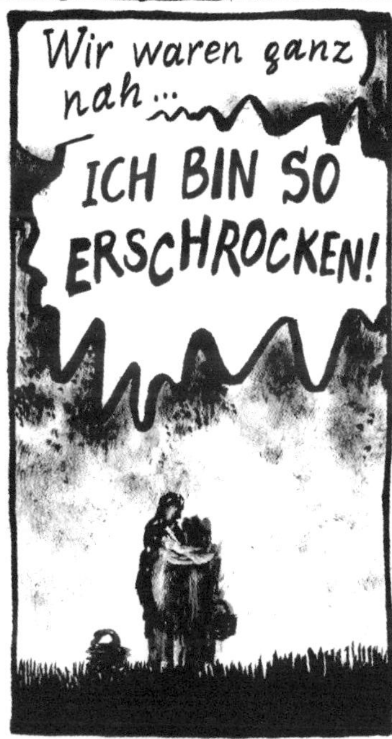
Wir waren ganz nah …
ICH BIN SO ERSCHROCKEN!

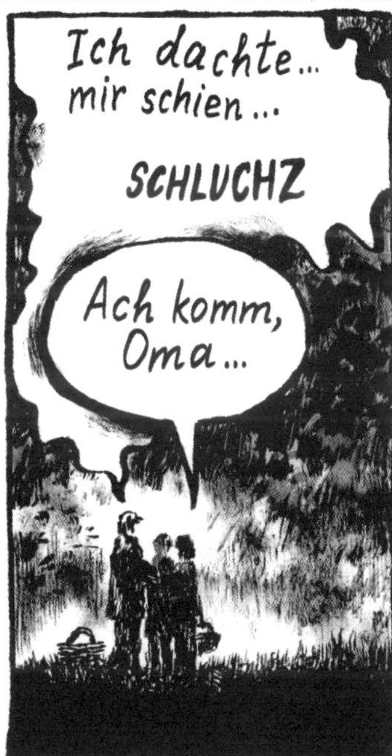
Ich dachte … mir schien …
SCHLUCHZ
Ach komm, Oma …

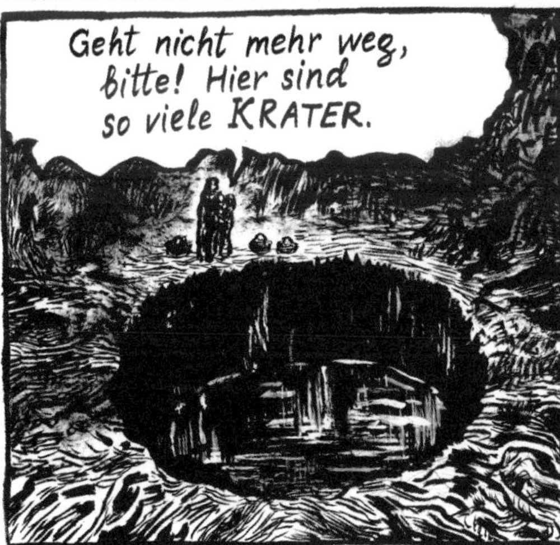
Geht nicht mehr weg, bitte! Hier sind so viele KRATER.

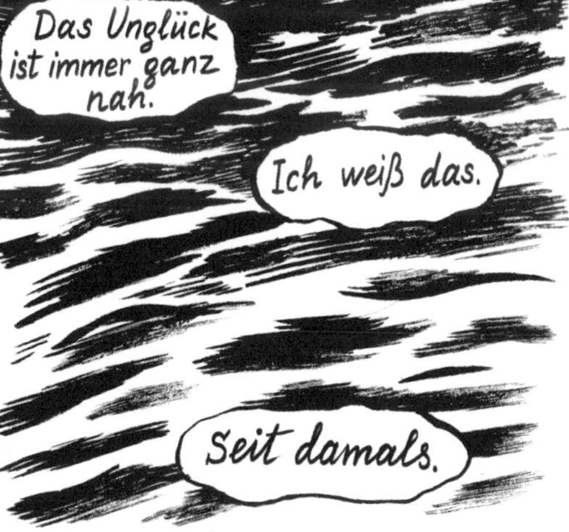
Das Unglück ist immer ganz nah.
Ich weiß das.
Seit damals.

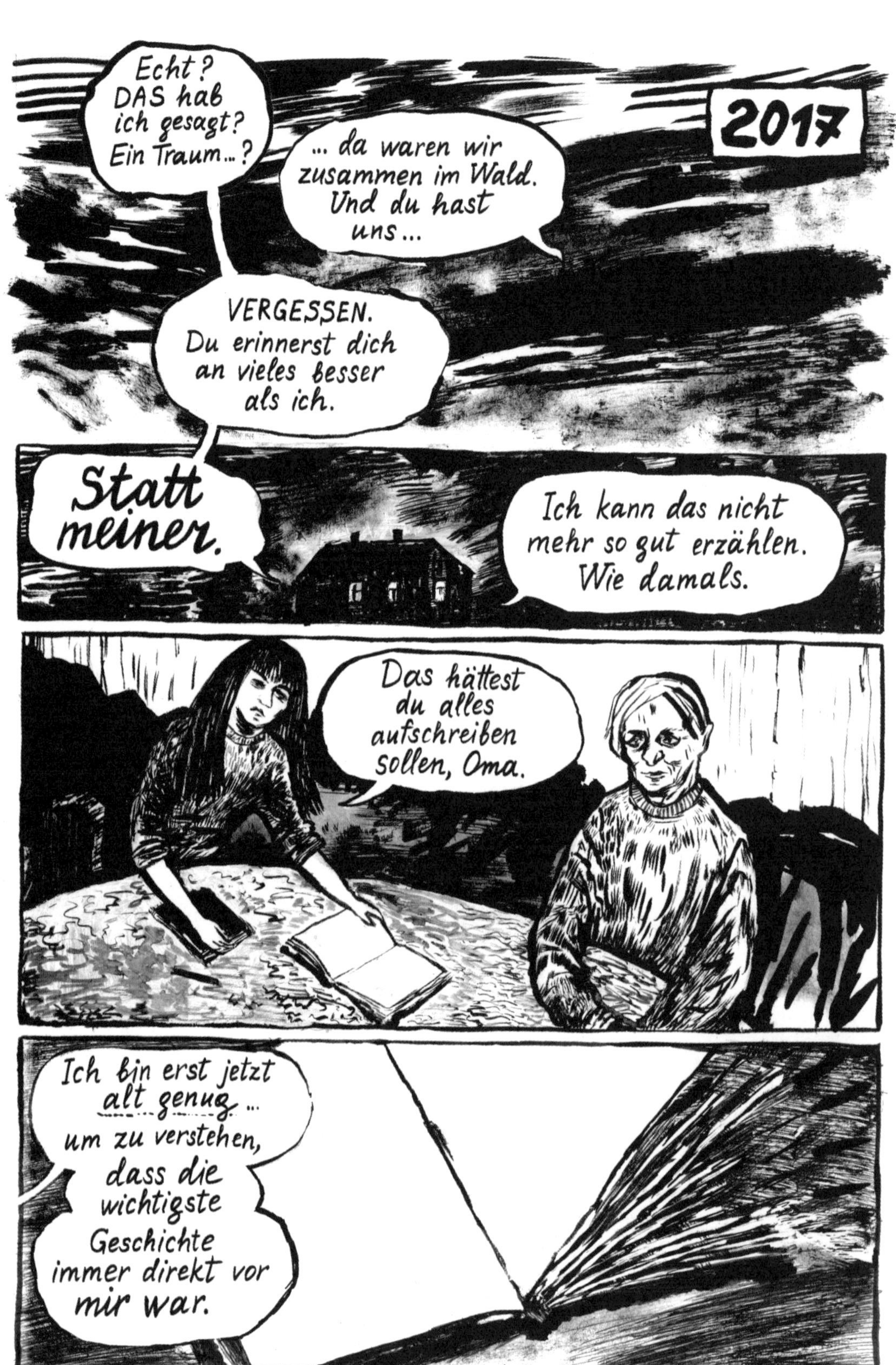
Echt? DAS hab ich gesagt? Ein Traum...?
2017
... da waren wir zusammen im Wald. Und du hast uns...
VERGESSEN. Du erinnerst dich an vieles besser als ich.
Statt meiner.
Ich kann das nicht mehr so gut erzählen. Wie damals.
Das hättest du alles aufschreiben sollen, Oma.
Ich bin erst jetzt alt genug... um zu verstehen, dass die wichtigste Geschichte immer direkt vor mir war.

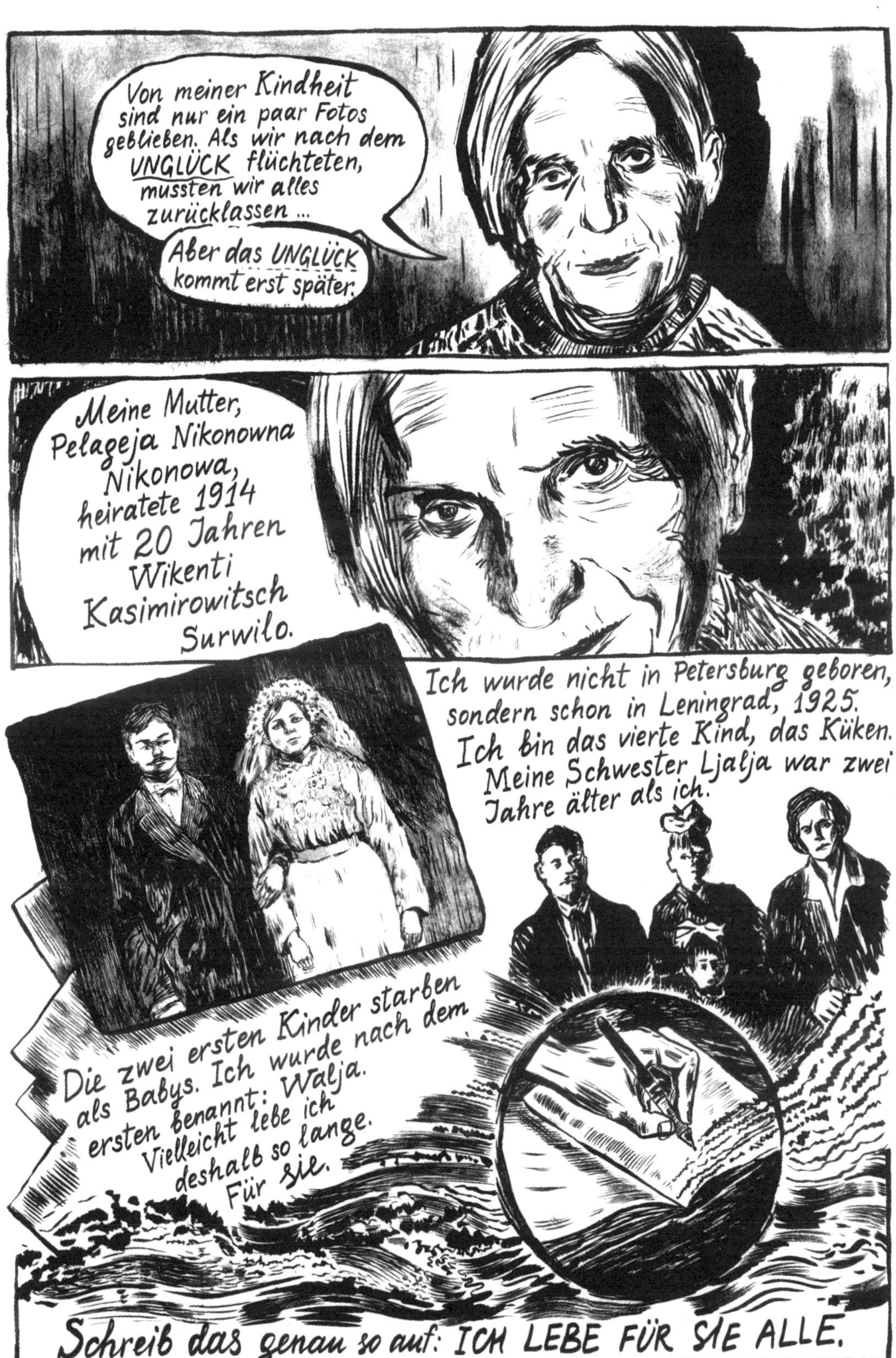
Von meiner Kindheit sind nur ein paar Fotos geblieben. Als wir nach dem UNGLÜCK flüchteten, mussten wir alles zurücklassen ...
Aber das UNGLÜCK kommt erst später.
Meine Mutter, Pelageja Nikonowna Nikonowa, heiratete 1914 mit 20 Jahren Wikenti Kasimirowitsch Surwilo.
Ich wurde nicht in Petersburg geboren, sondern schon in Leningrad, 1925. Ich bin das vierte Kind, das Küken. Meine Schwester Ljalja war zwei Jahre älter als ich.
Die zwei ersten Kinder starben als Babys. Ich wurde nach dem ersten benannt: Walja. Vielleicht lebe ich deshalb so lange. Für sie.
Schreib das genau so auf: ICH LEBE FÜR SIE ALLE.

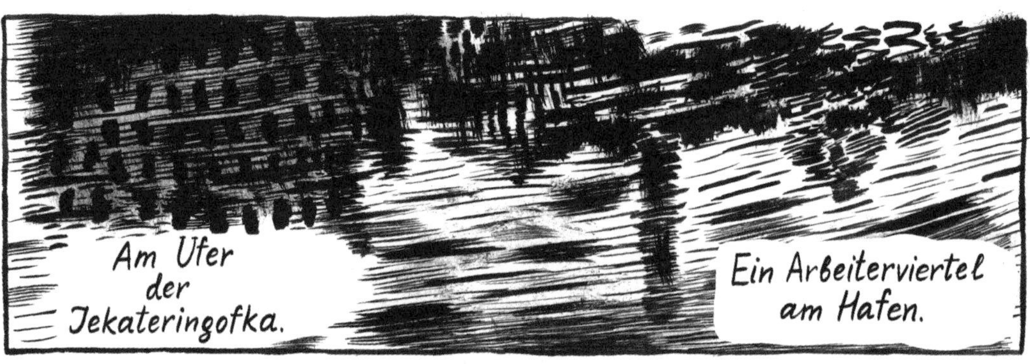
Am Ufer der Jekateringofka.
Ein Arbeiterviertel am Hafen.

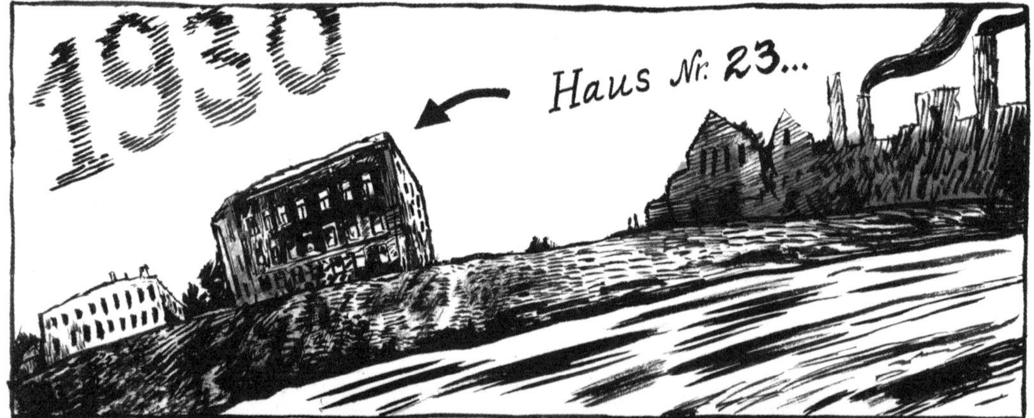
1930
Haus Nr. 23...

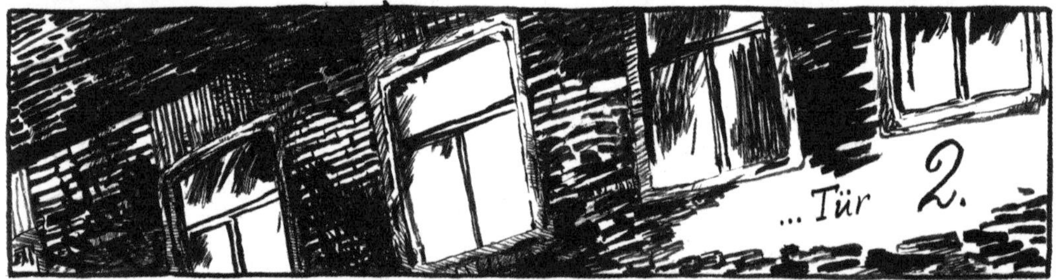
... Tür 2.

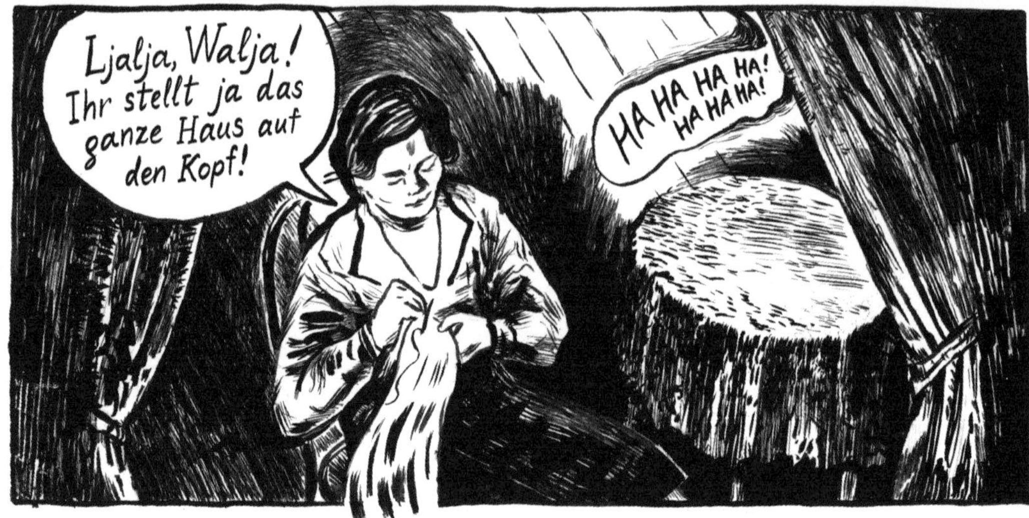
Ljalja, Walja! Ihr stellt ja das ganze Haus auf den Kopf!
HA HA HA HA! HA HA HA!

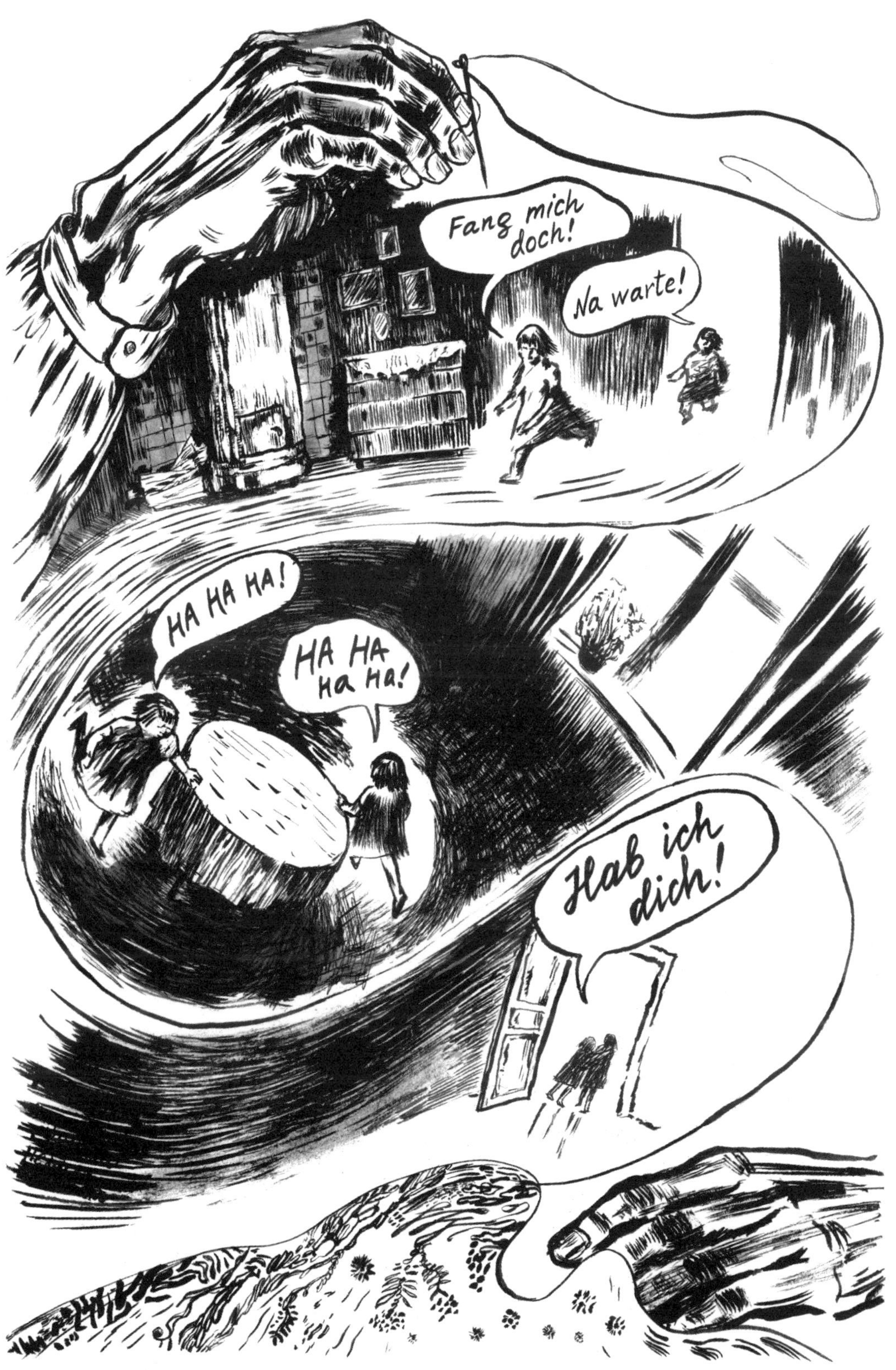
Fang mich doch!
Na warte!
HA HA HA!
HA HA ha ha!
Hab ich dich!

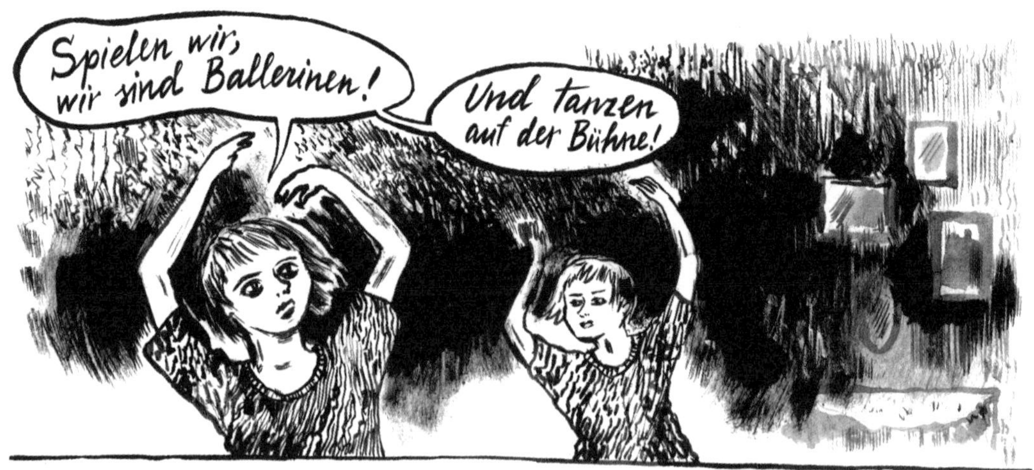
Spielen wir, wir sind Ballerinen!
Und tanzen auf der Bühne!

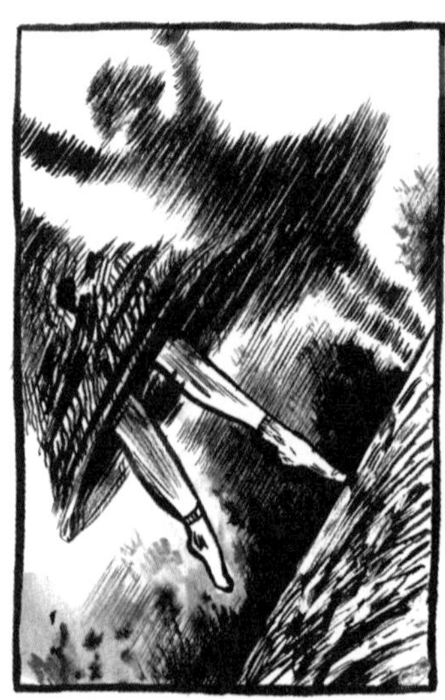

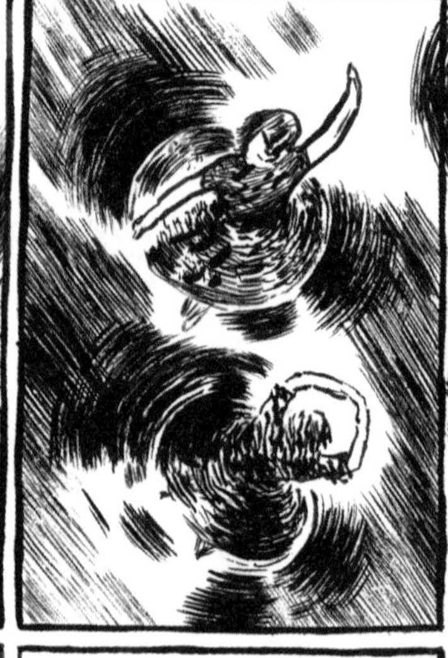

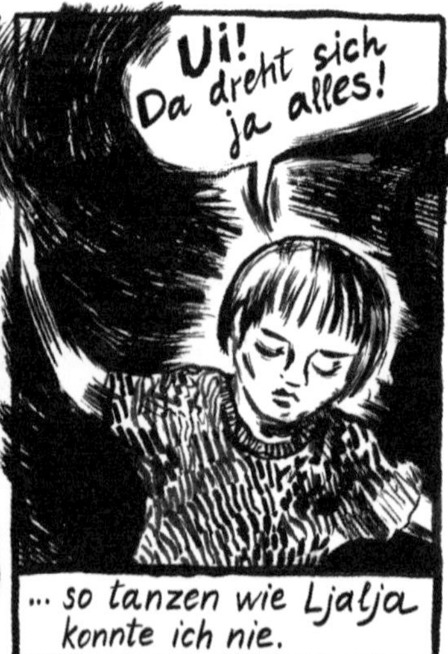
Ui! Da dreht sich ja alles!
... so tanzen wie Ljalja konnte ich nie.

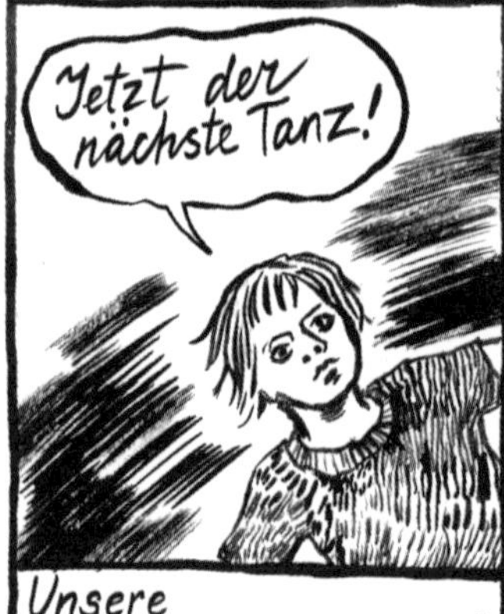
Jetzt der nächste Tanz!
Unsere Erdgeschosswohnung mit zwei Durchgangszimmern galt damals als groß.

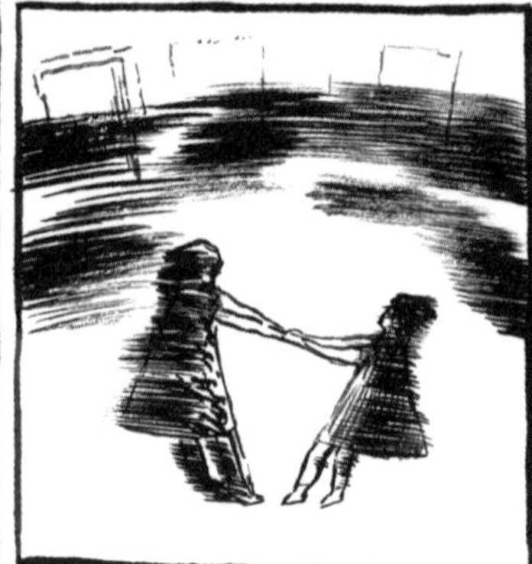
Stell dir vor, bei uns hingen sogar Bilder, Gemälde!

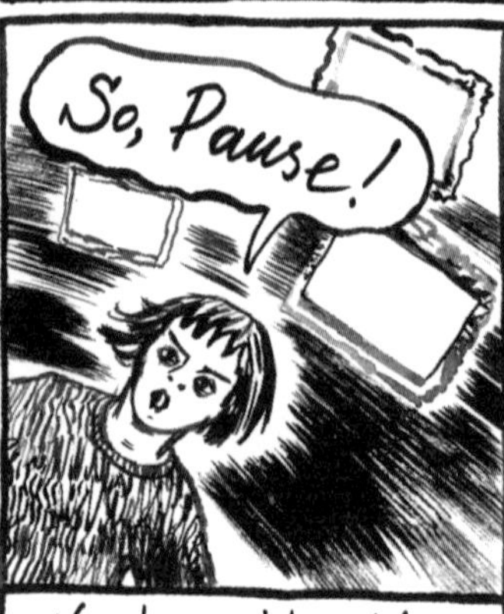
So, Pause!
Nur kann ich mich nicht erinnern, was da drauf war.

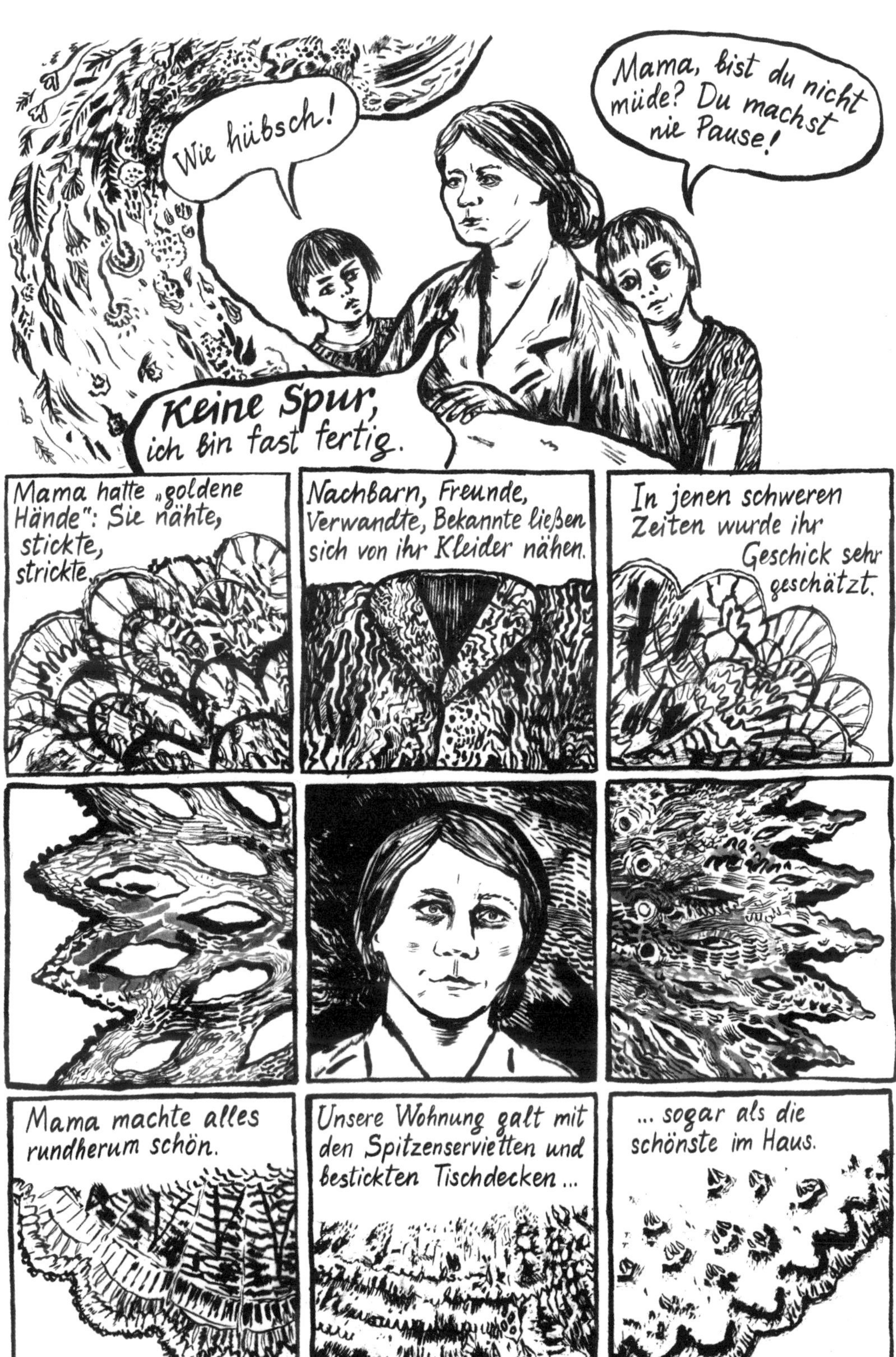
Wie hübsch!
Mama, bist du nicht müde? Du machst nie Pause!
Keine Spur, ich bin fast fertig.
Mama hatte „goldene Hände": Sie nähte, stickte, strickte.
Nachbarn, Freunde, Verwandte, Bekannte ließen sich von ihr Kleider nähen.
In jenen schweren Zeiten wurde ihr Geschick sehr geschätzt.
Mama machte alles rundherum schön.
Unsere Wohnung galt mit den Spitzenservietten und bestickten Tischdecken ...
... sogar als die schönste im Haus.

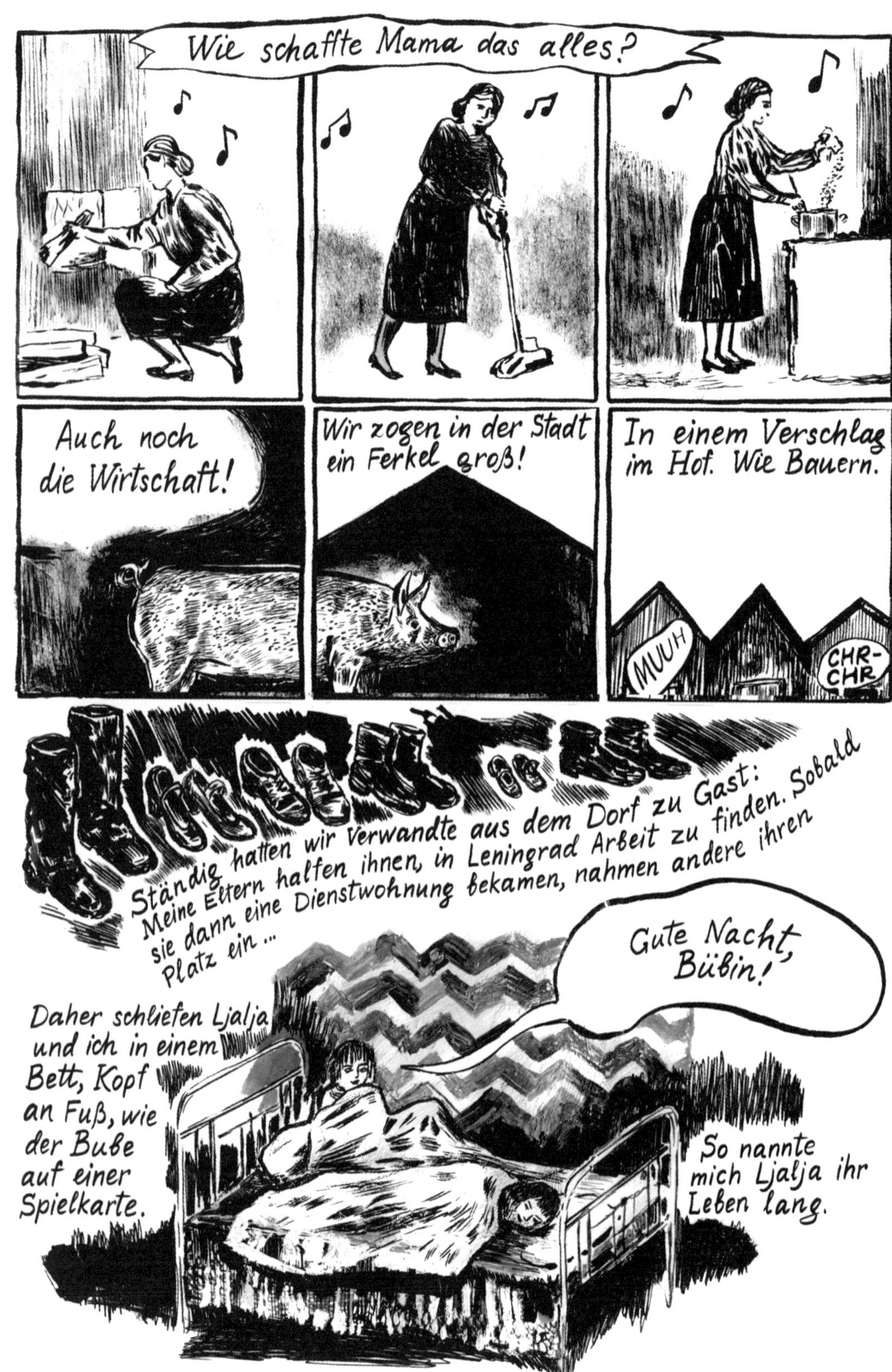

Wie schaffte Mama das alles?
Auch noch die Wirtschaft!
Wir zogen in der Stadt ein Ferkel groß!
In einem Verschlag im Hof. Wie Bauern.
MUUH
CHR-CHR
Ständig hatten wir Verwandte aus dem Dorf zu Gast: Meine Eltern halfen ihnen, in Leningrad Arbeit zu finden. Sobald sie dann eine Dienstwohnung bekamen, nahmen andere ihren Platz ein ...
Gute Nacht, Bübin!
Daher schliefen Ljalja und ich in einem Bett, Kopf an Fuß, wie der Bube auf einer Spielkarte.
So nannte mich Ljalja ihr Leben lang.

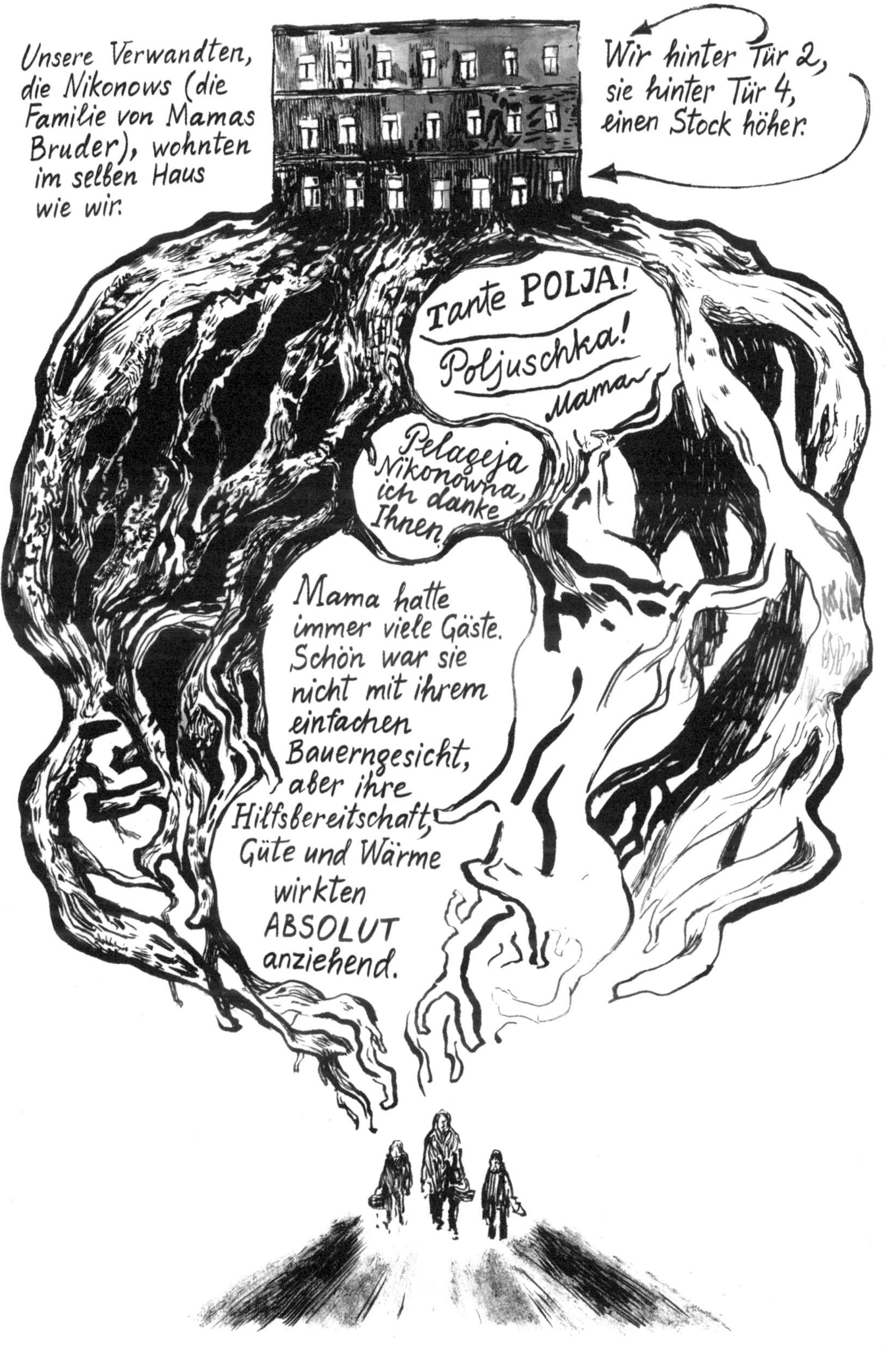
Unsere Verwandten, die Nikonows (die Familie von Mamas Bruder), wohnten im selben Haus wie wir.
Wir hinter Tür 2, sie hinter Tür 4, einen Stock höher.
Tante POLJA!
Poljuschka!
Mama
Pelageja Nikonowna, ich danke Ihnen
Mama hatte immer viele Gäste. Schön war sie nicht mit ihrem einfachen Bauerngesicht, aber ihre Hilfsbereitschaft, Güte und Wärme wirkten ABSOLUT anziehend.

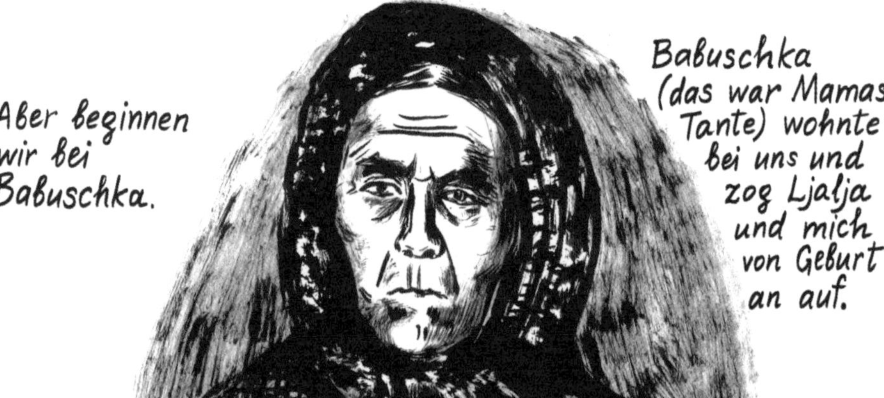
Aber beginnen wir bei Babuschka.
Babuschka (das war Mamas Tante) wohnte bei uns und zog Ljalja und mich von Geburt an auf.

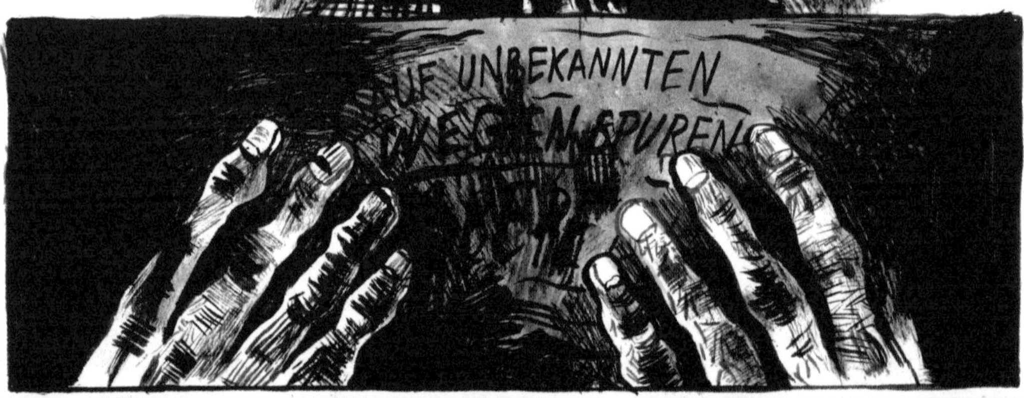
UF UNBEKANNTEN
WEGEN SPUREN

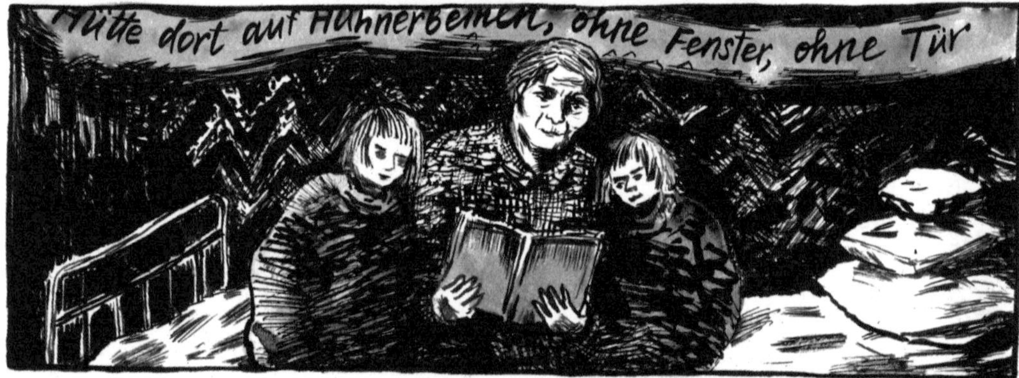
Hütte dort auf Hühnerbeinen, ohne Fenster, ohne Tür

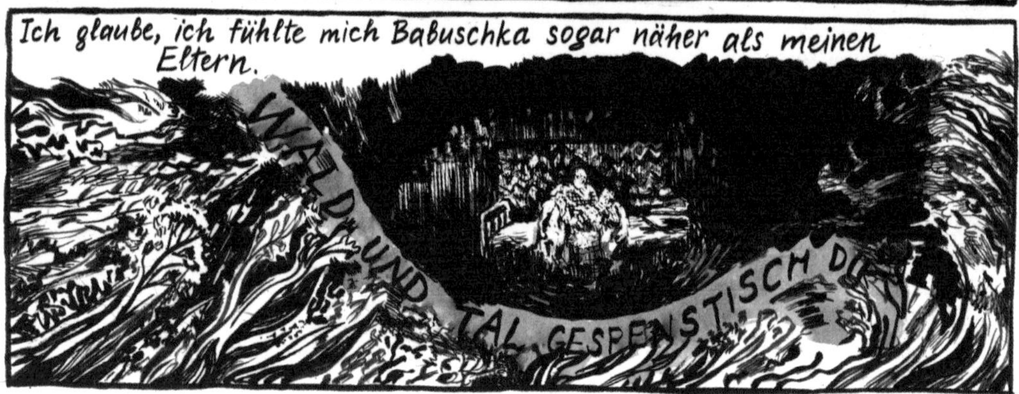
Ich glaube, ich fühlte mich Babuschka sogar näher als meinen Eltern.
WALD UND TAL GESPENSTISCH

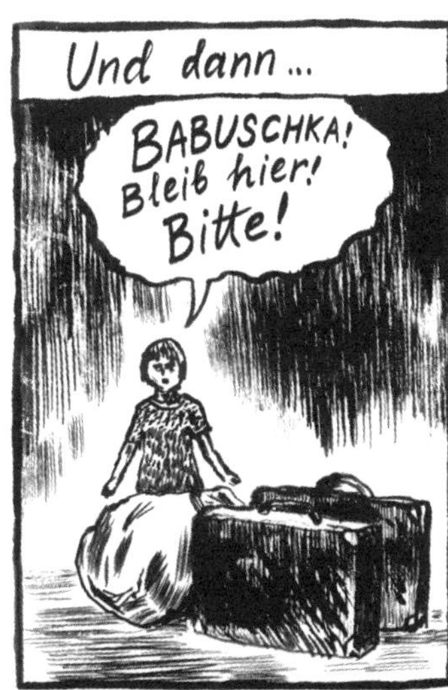
Und dann ...
BABUSCHKA! Bleib hier! Bitte!

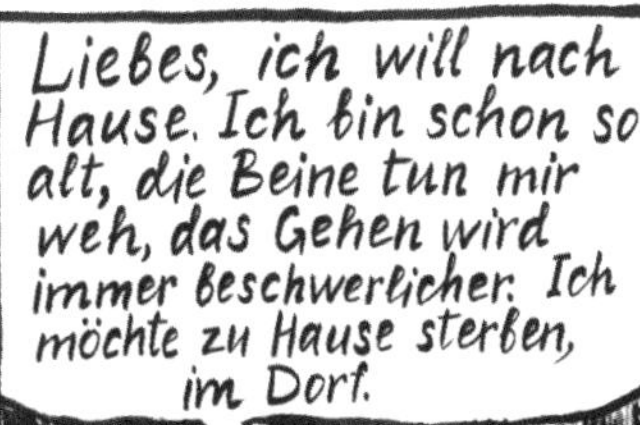
Liebes, ich will nach Hause. Ich bin schon so alt, die Beine tun mir weh, das Gehen wird immer beschwerlicher. Ich möchte zu Hause sterben, im Dorf.

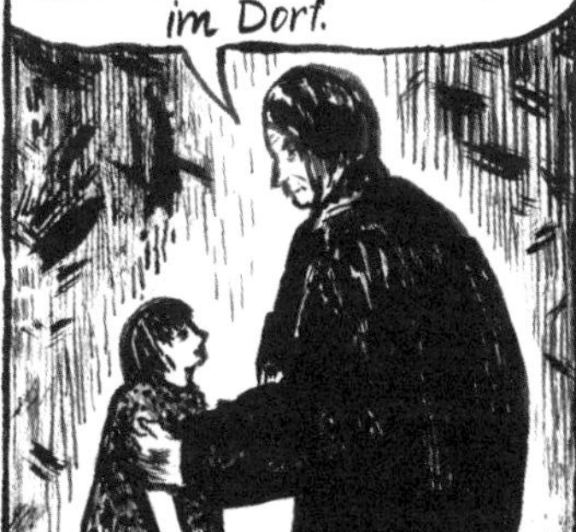

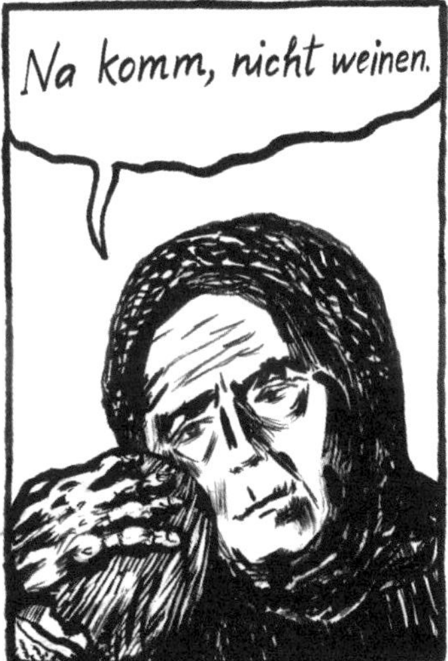
Na komm, nicht weinen.

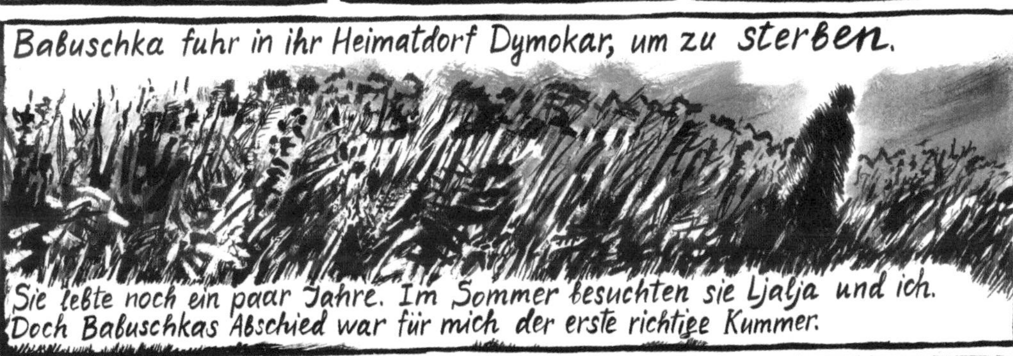
Babuschka fuhr in ihr Heimatdorf Dymokar, um zu sterben.
Sie lebte noch ein paar Jahre. Im Sommer besuchten sie Ljalja und ich. Doch Babuschkas Abschied war für mich der erste richtige Kummer.

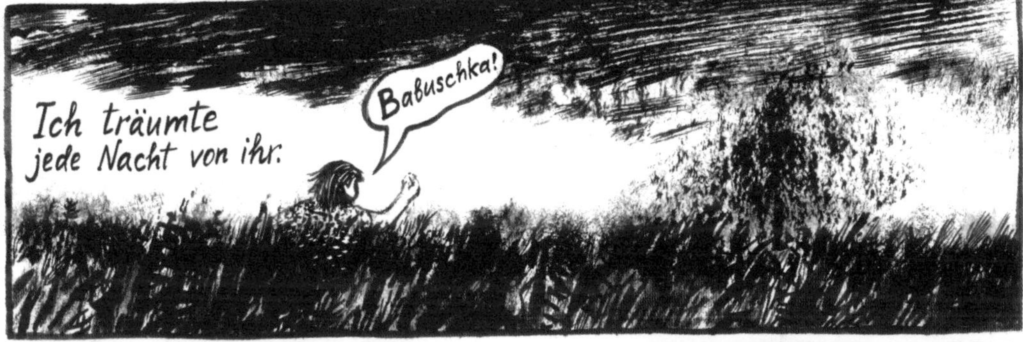
Ich träumte jede Nacht von ihr.
Babuschka!

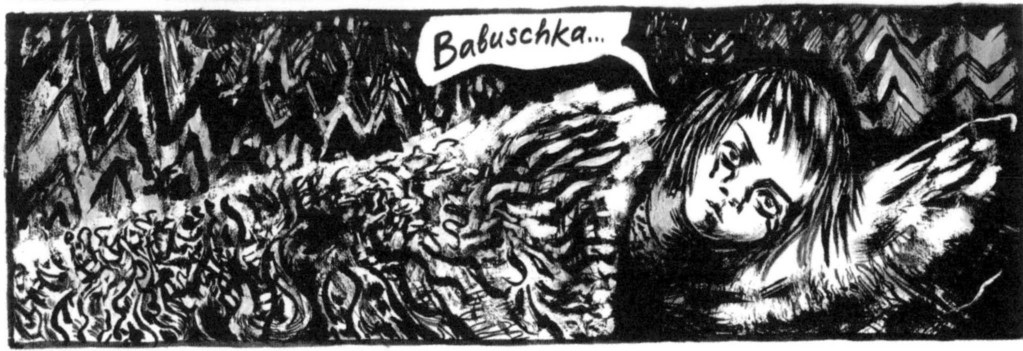
Babuschka...

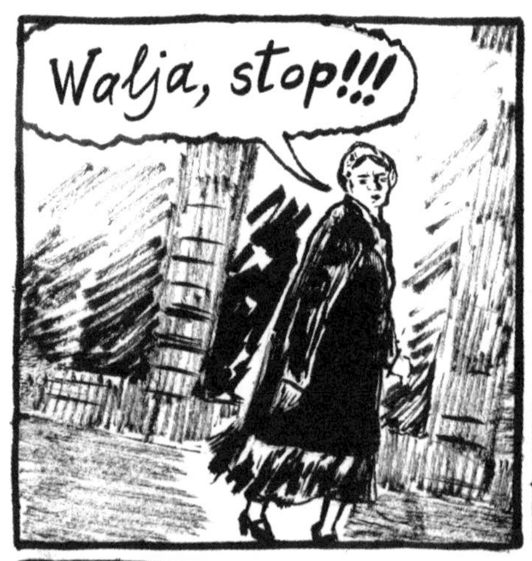
Walja, stop!!!
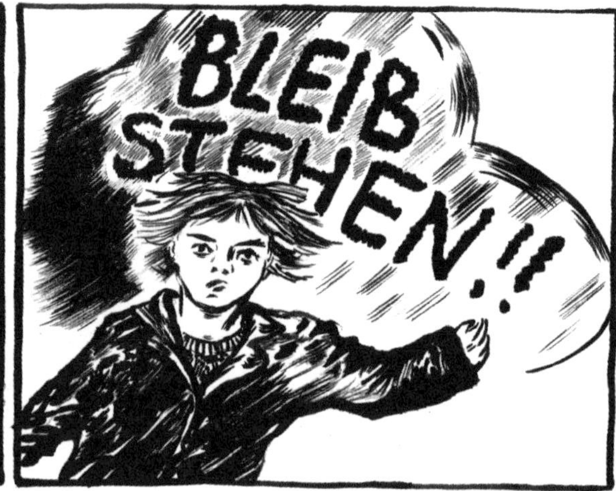
BLEIB STEHEN!!!
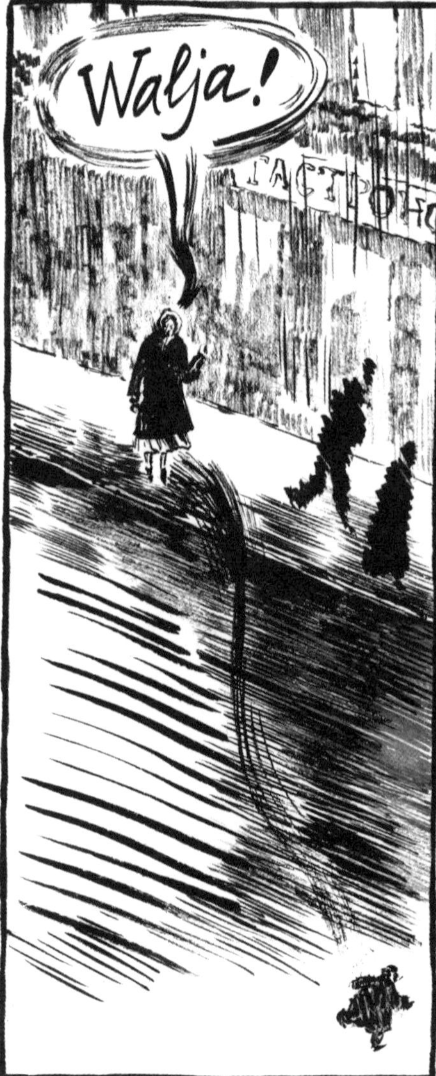
Walja!
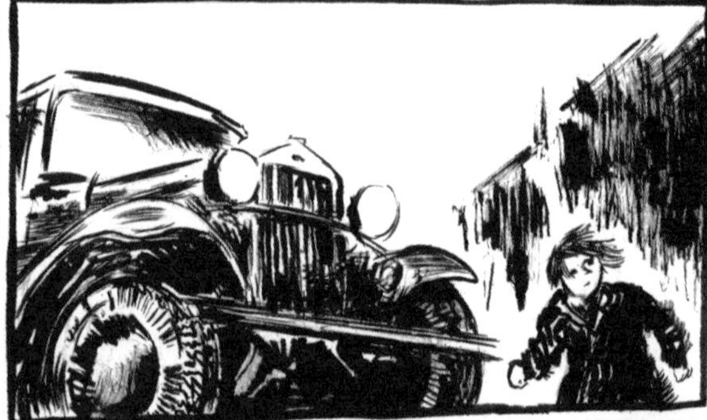
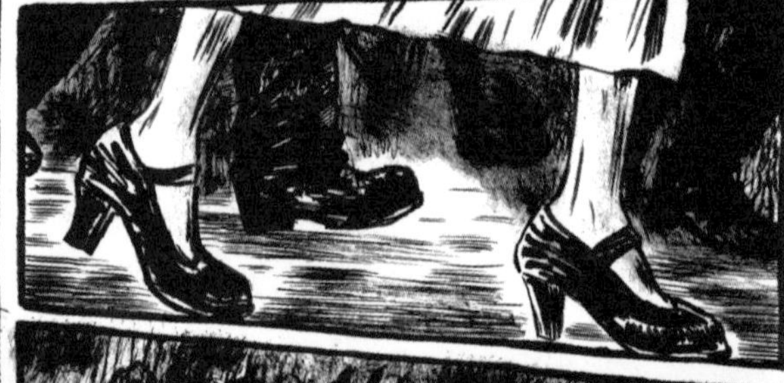
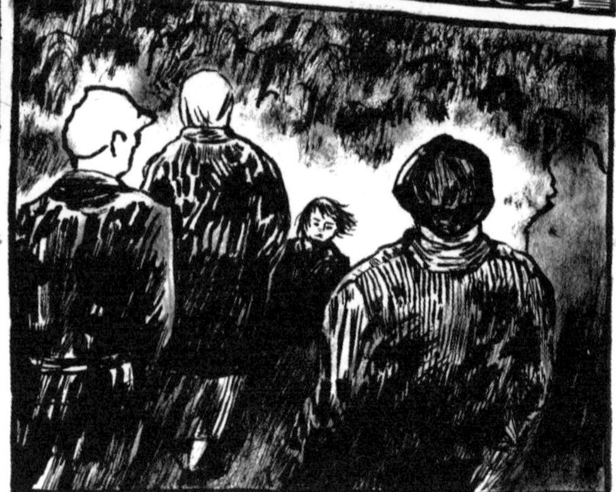

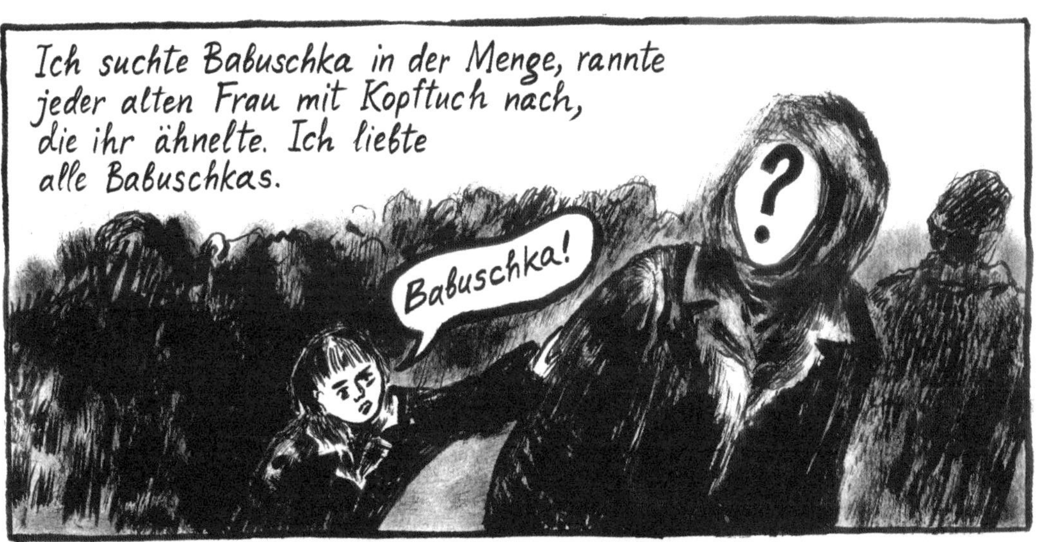
Ich suchte Babuschka in der Menge, rannte jeder alten Frau mit Kopftuch nach, die ihr ähnelte. Ich liebte alle Babuschkas.
Babuschka!
?

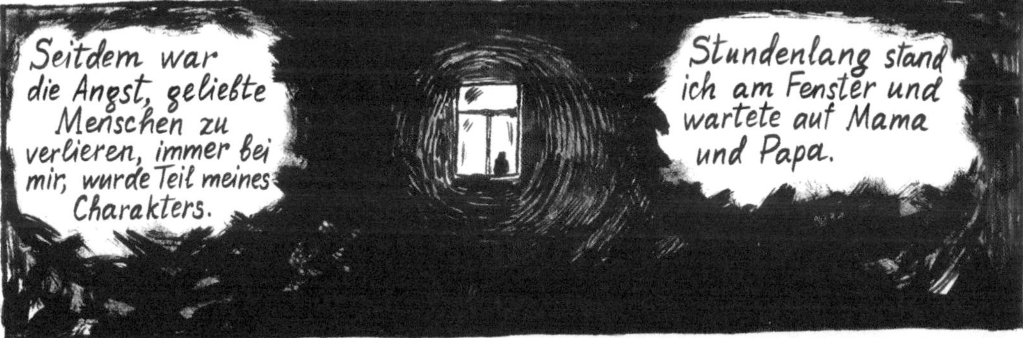
Seitdem war die Angst, geliebte Menschen zu verlieren, immer bei mir, wurde Teil meines Charakters.
Stundenlang stand ich am Fenster und wartete auf Mama und Papa.

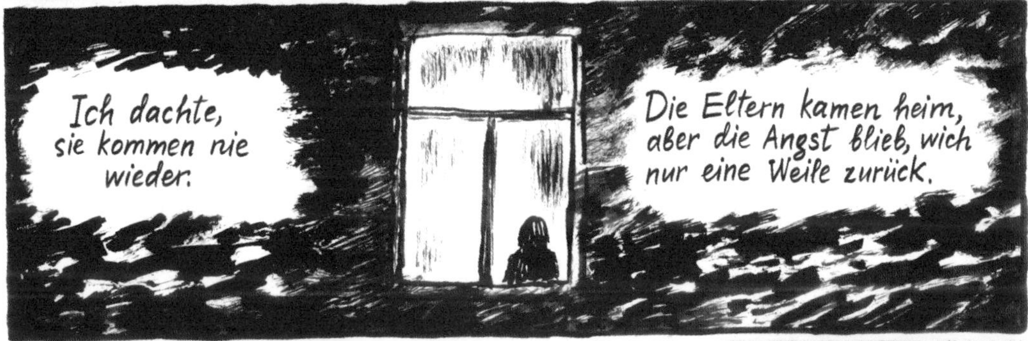
Ich dachte, sie kommen nie wieder.
Die Eltern kamen heim, aber die Angst blieb, wich nur eine Weile zurück.

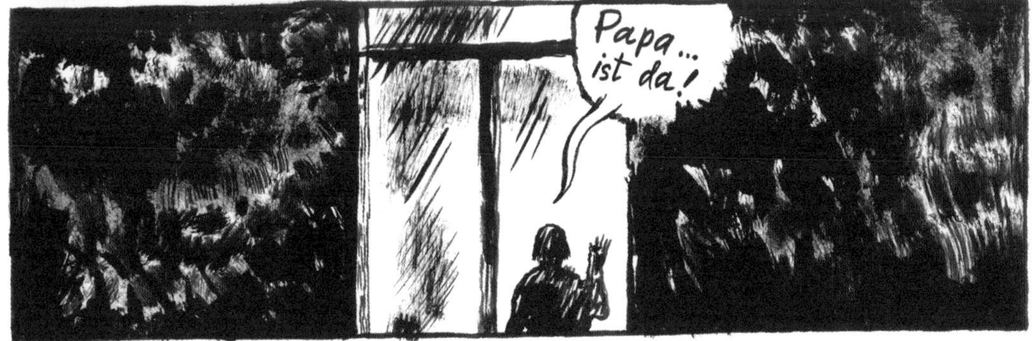
Papa... ist da!

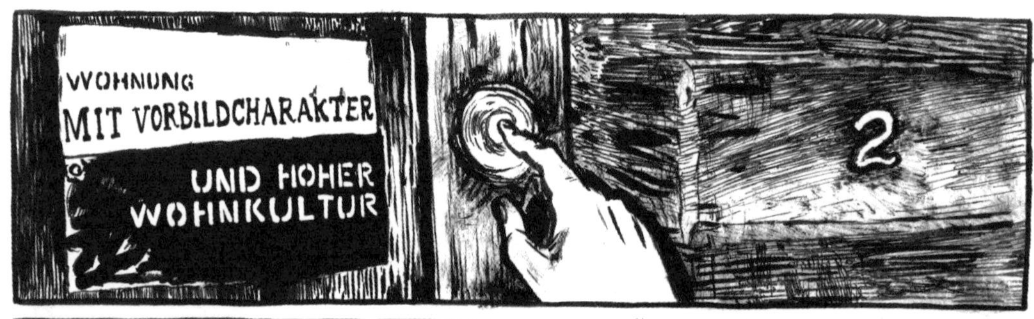

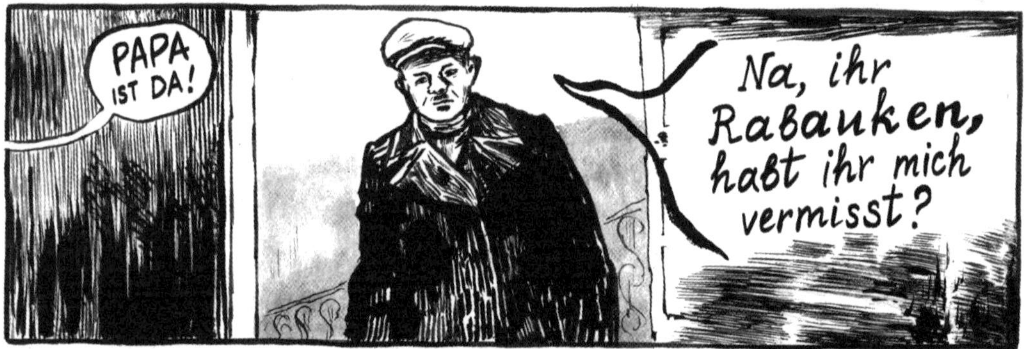

Als Obermeister in der Schiffswerft auf der Kanonerski-Insel kam Papa immer spät nach Hause: Er bildete junge Arbeiter aus.

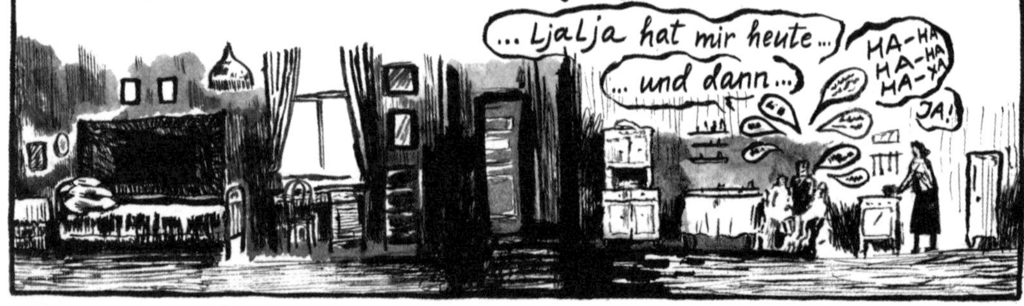

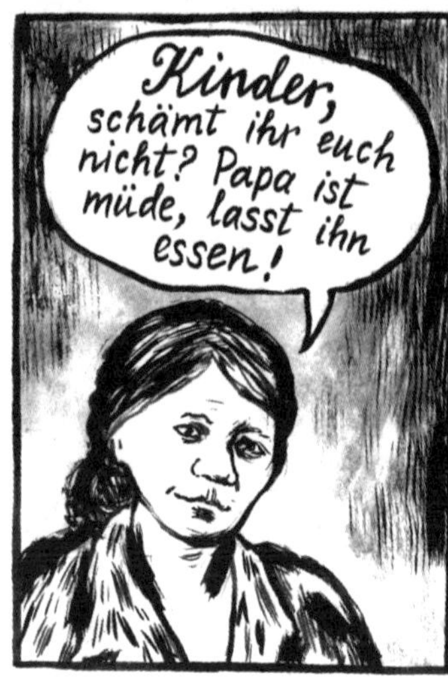

Das war unsere Tradition: Beim Abendessen auf Papas Schoß zu klettern.

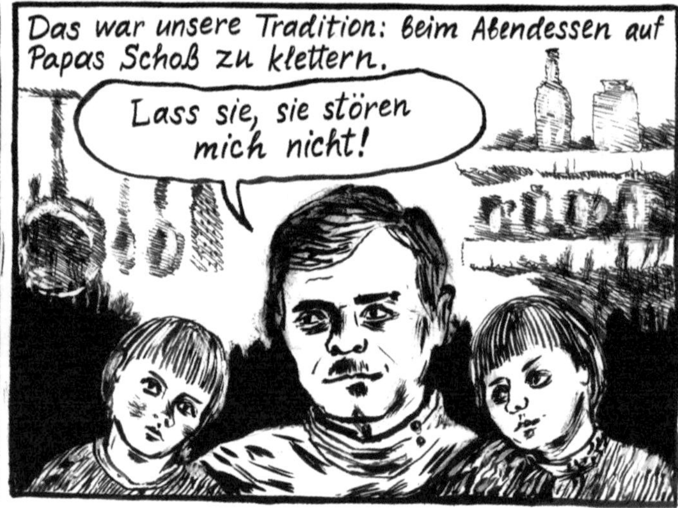

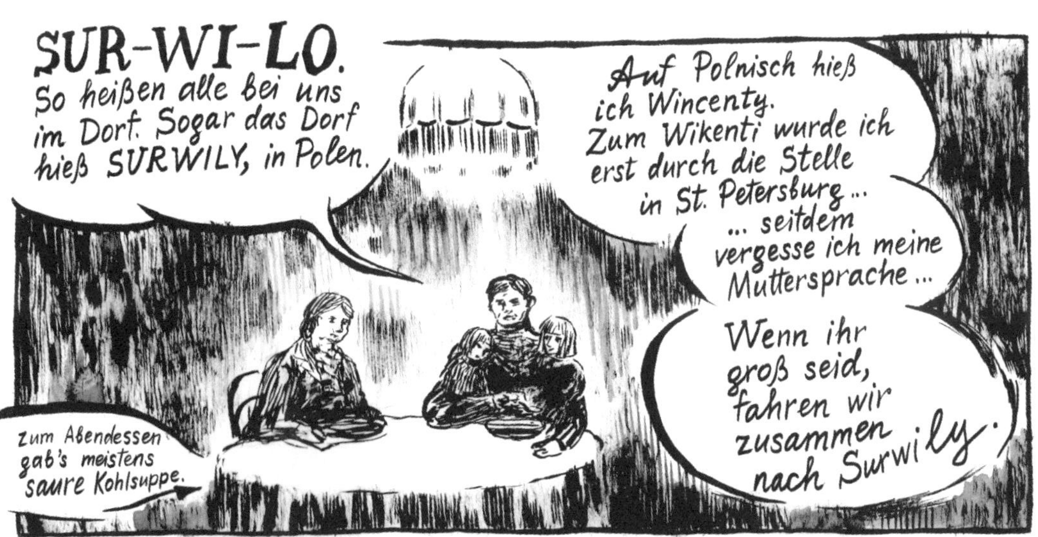

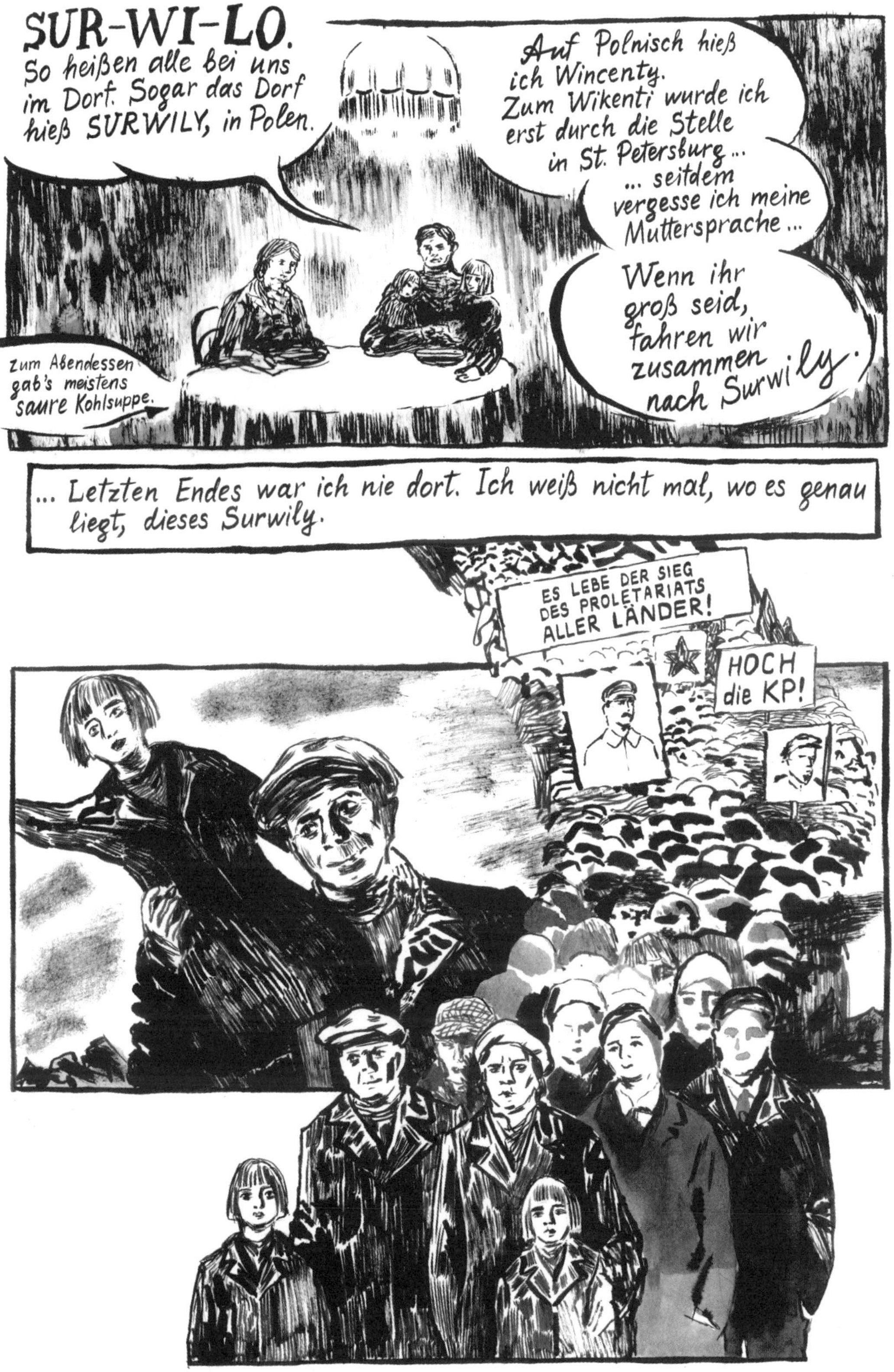

... Letzten Endes war ich nie dort. Ich weiß nicht mal, wo es genau liegt, dieses Surwily.

ES LEBE DER SIEG DES PROLETARIATS ALLER LÄNDER!

HOCH die KP!

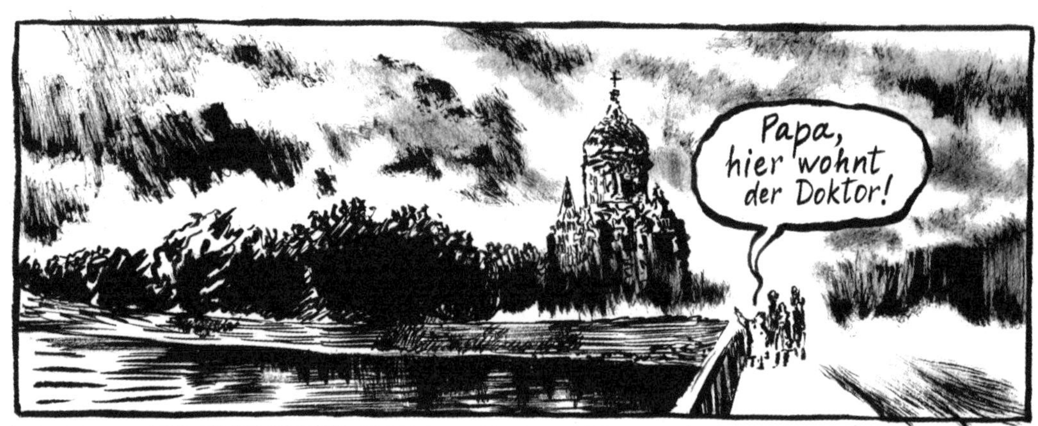

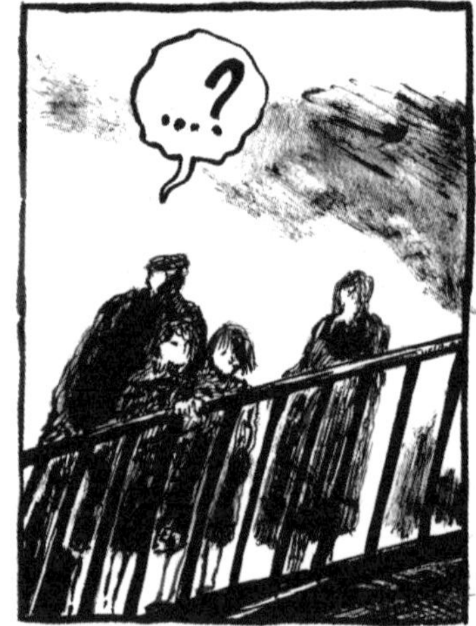

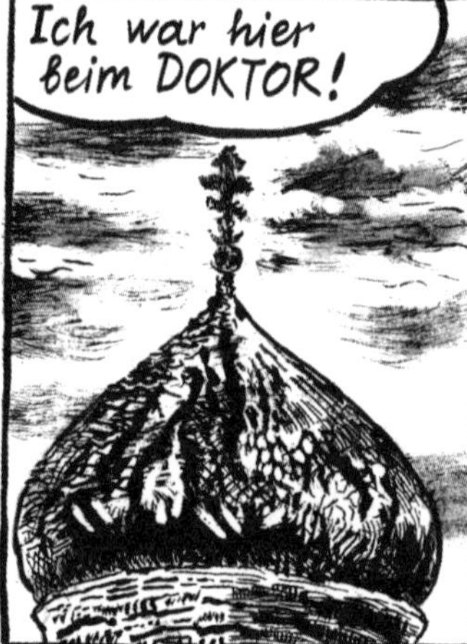

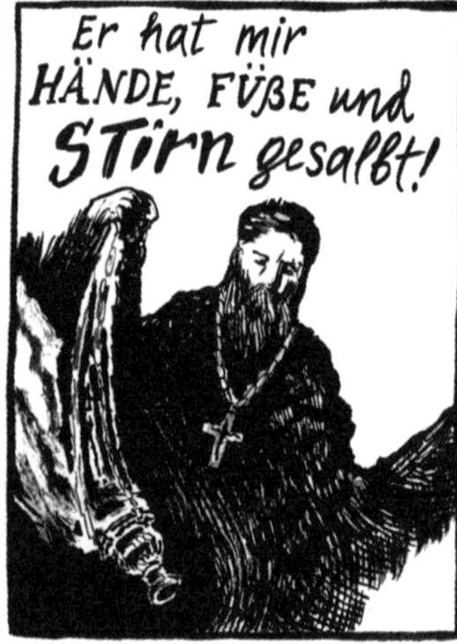

Damit hätte ich beinahe Mamas Geheimnis verraten.

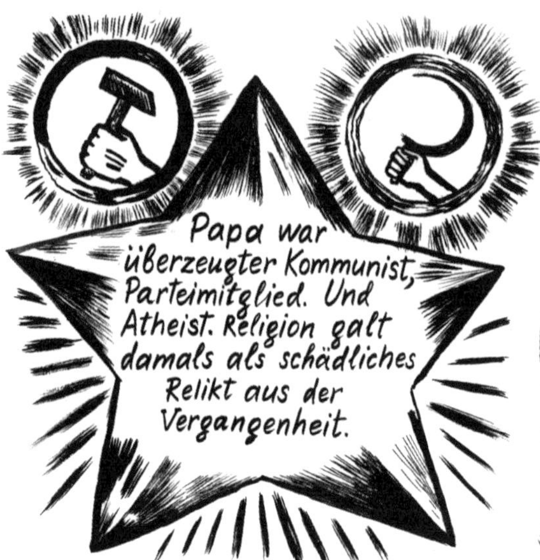

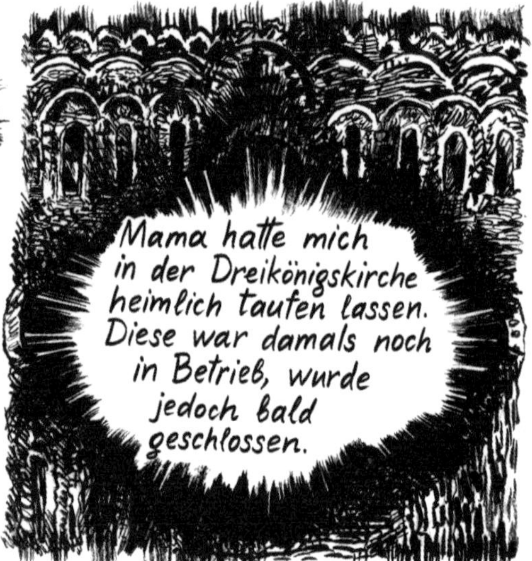

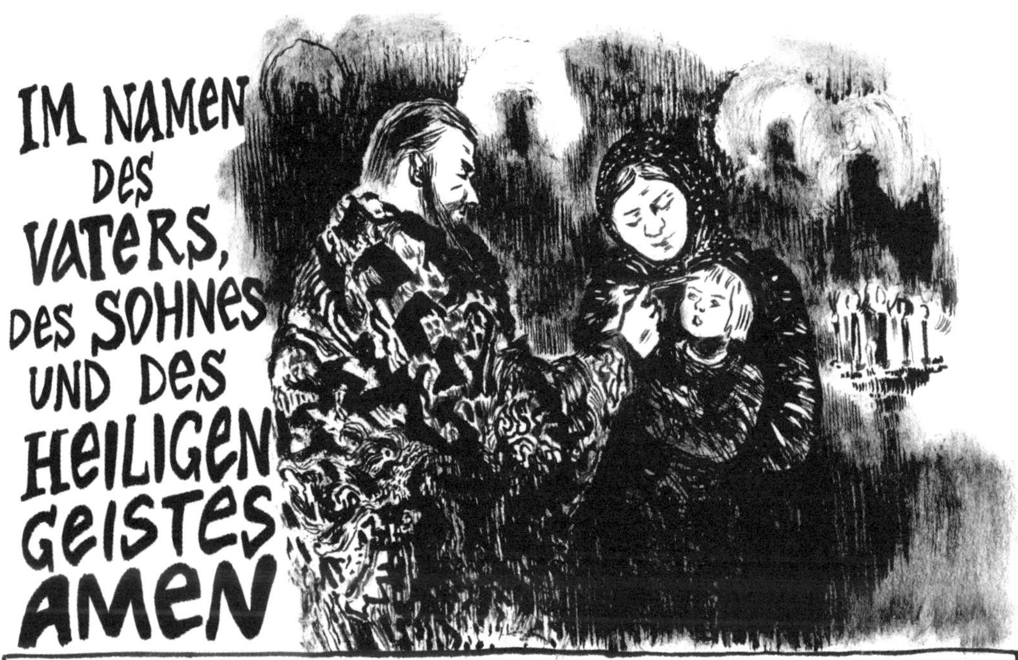
IM NAMEN
DES
VATERS,
DES SOHNES
UND DES
HEILIGEN
GEISTES
AMEN

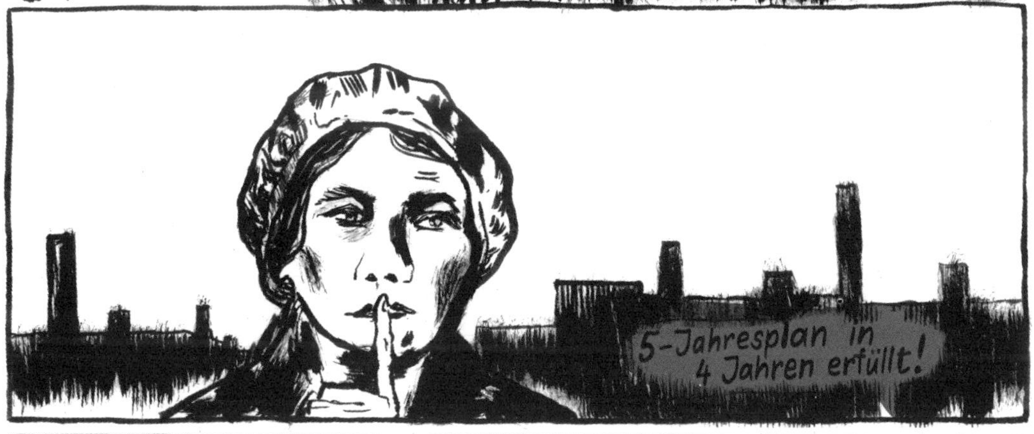
5-Jahresplan in
4 Jahren erfüllt!

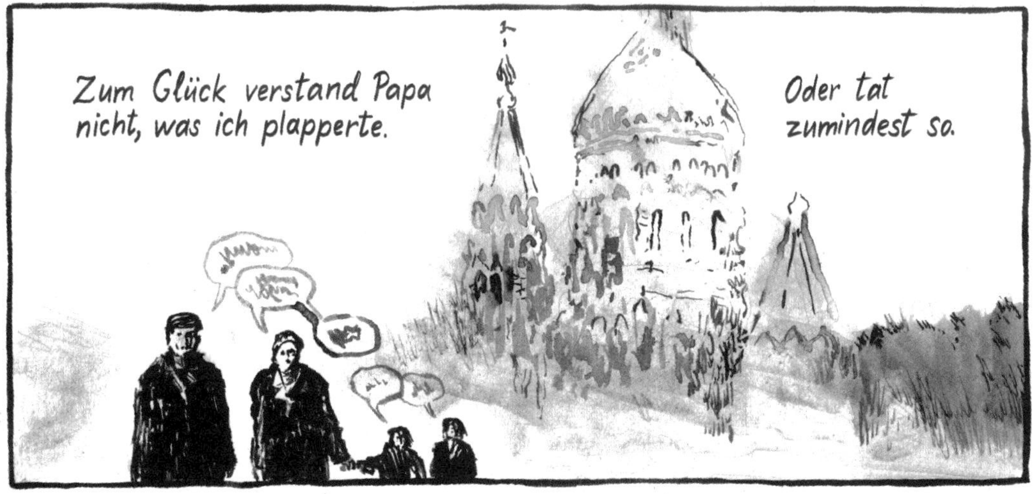
Zum Glück verstand Papa
nicht, was ich plapperte.
Oder tat
zumindest so.

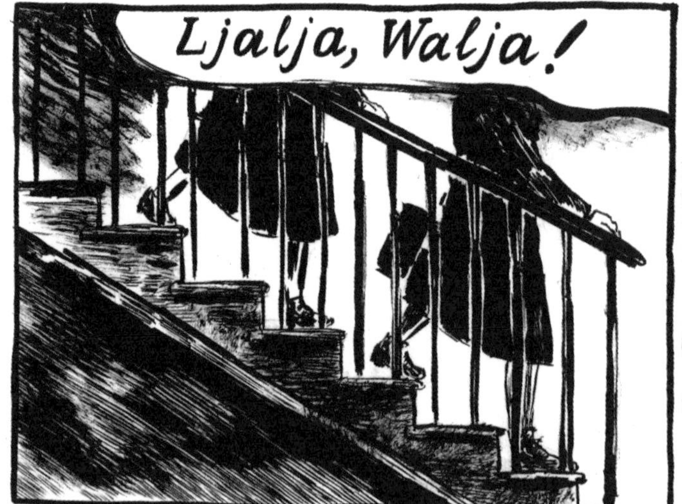
Ljalja, Walja!

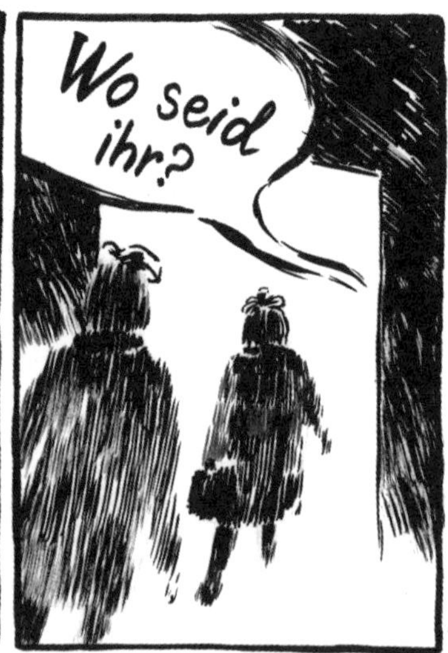
Wo seid ihr?

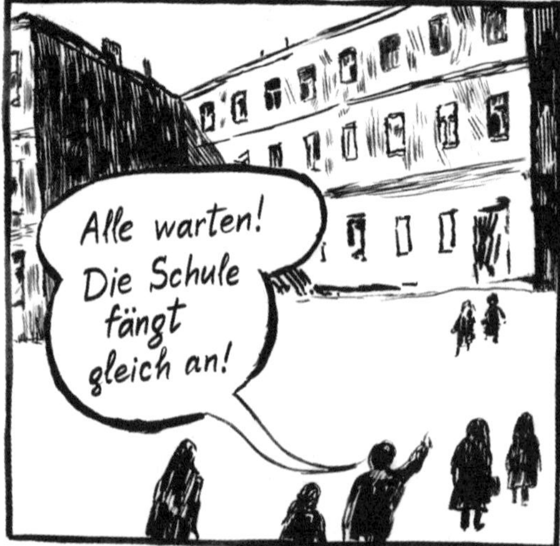
Alle warten! Die Schule fängt gleich an!

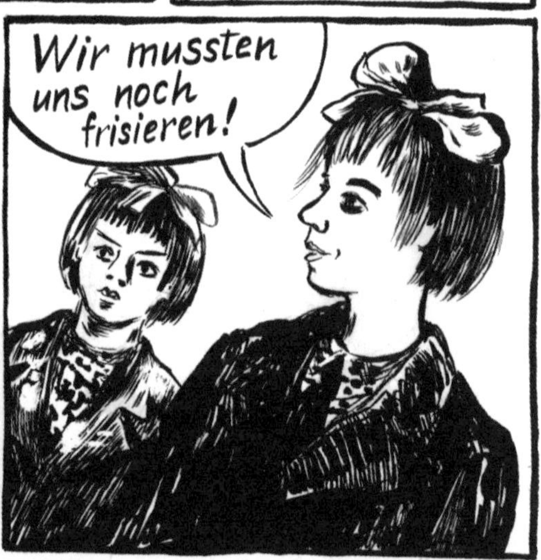
Wir mussten uns noch frisieren!

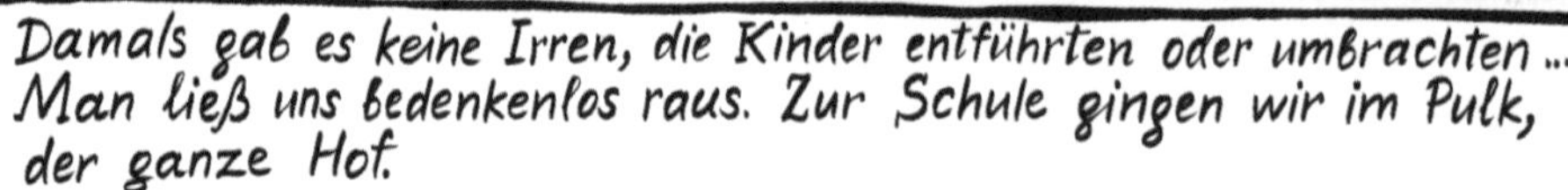
Damals gab es keine Irren, die Kinder entführten oder umbrachten … Man ließ uns bedenkenlos raus. Zur Schule gingen wir im Pulk, der ganze Hof.

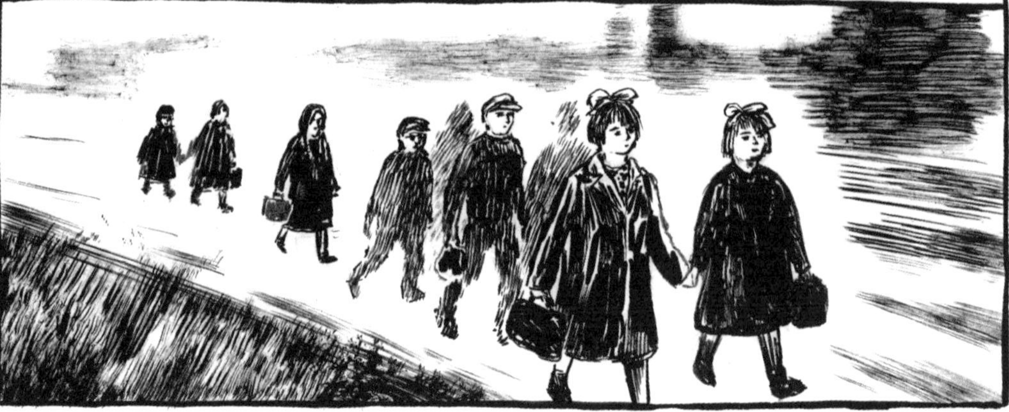

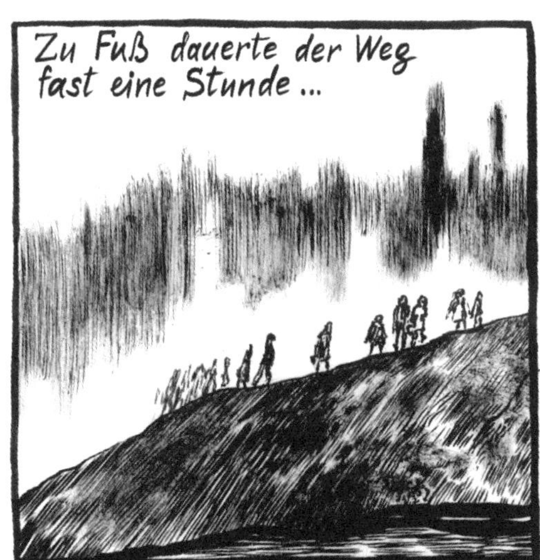
Zu Fuß dauerte der Weg fast eine Stunde ...
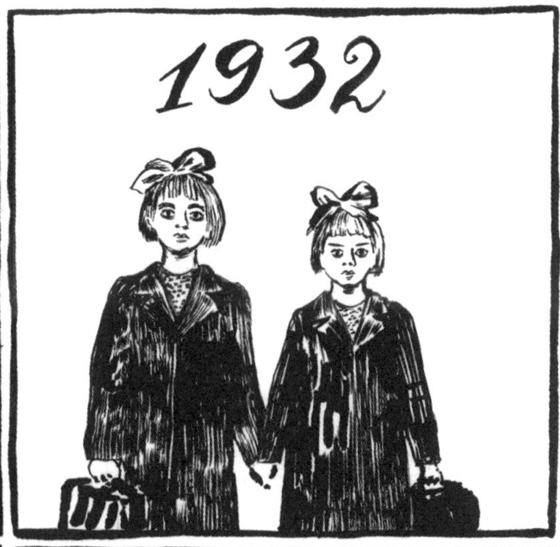
1932
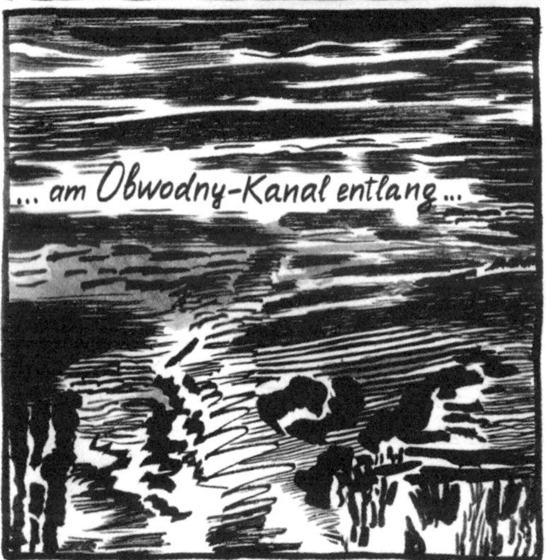
... am Obwodny-Kanal entlang ...
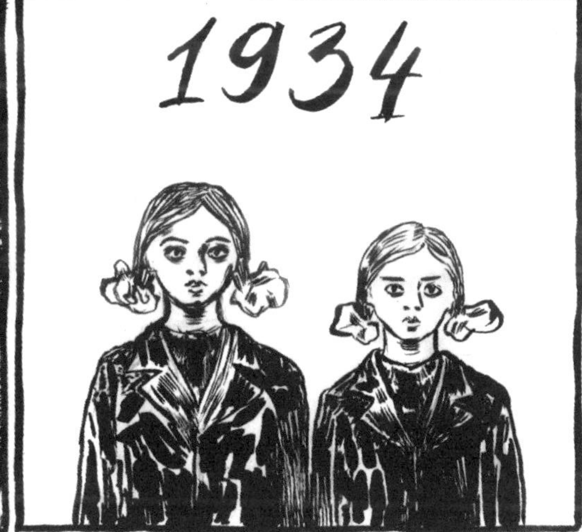
1934
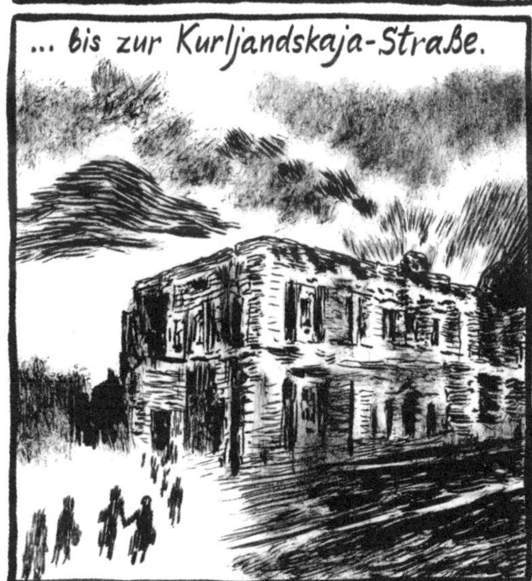
... bis zur Kurljandskaja-Straße.
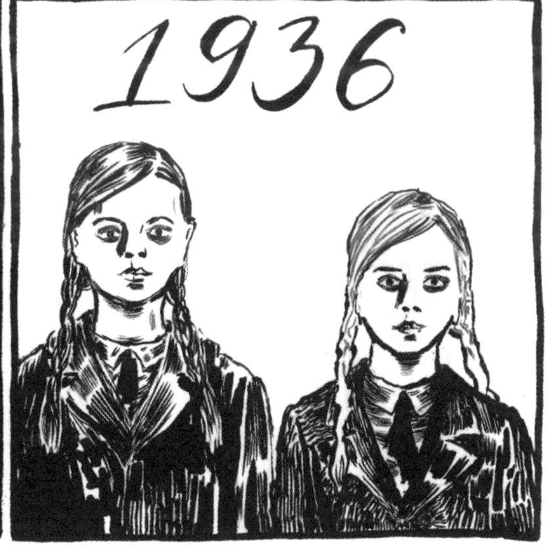
1936

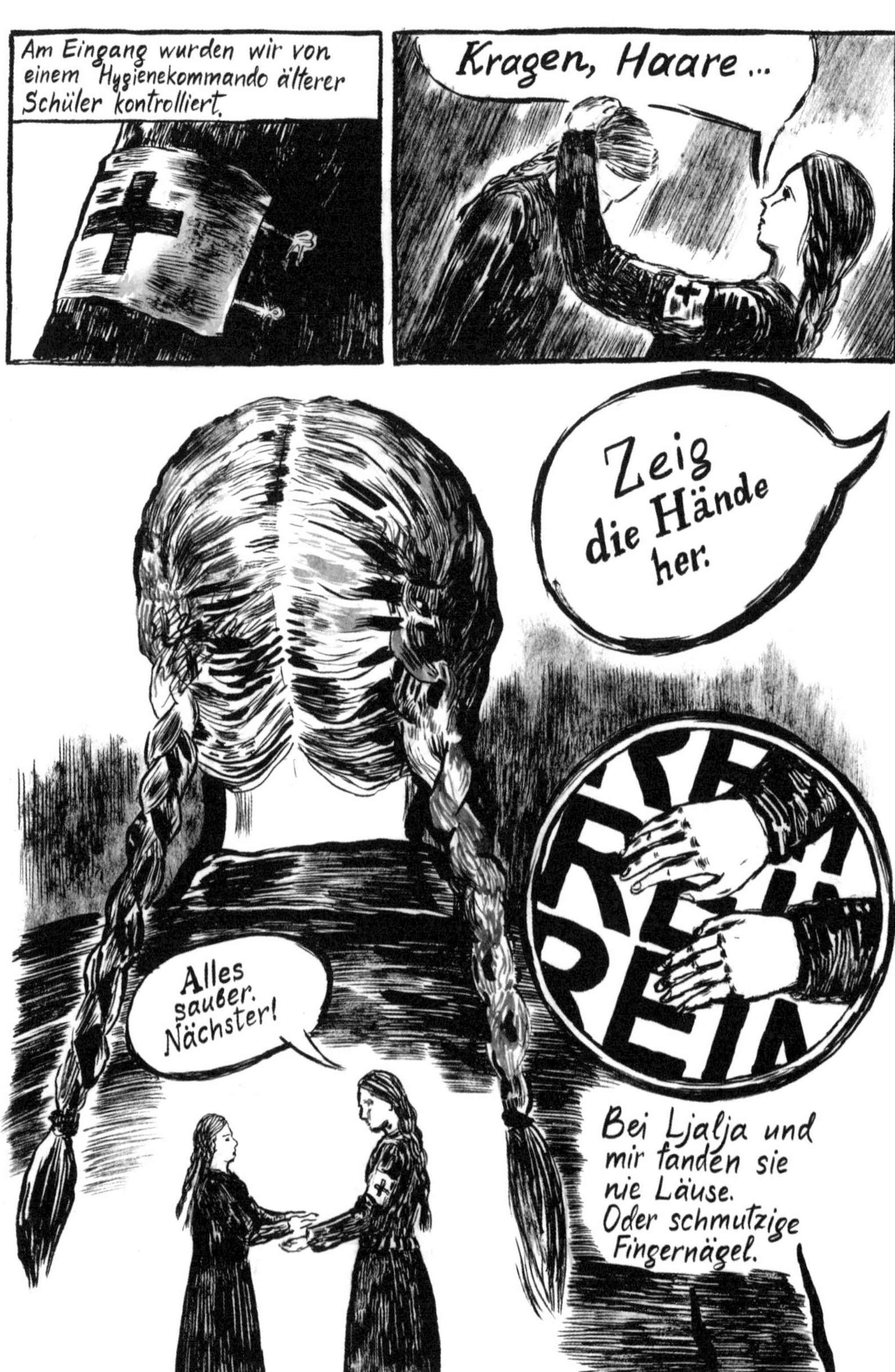
Am Eingang wurden wir von einem Hygienekommando älterer Schüler kontrolliert.
Kragen, Haare …
Zeig die Hände her.
Alles sauber. Nächster!
Bei Ljalja und mir fanden sie nie Läuse. Oder schmutzige Fingernägel.

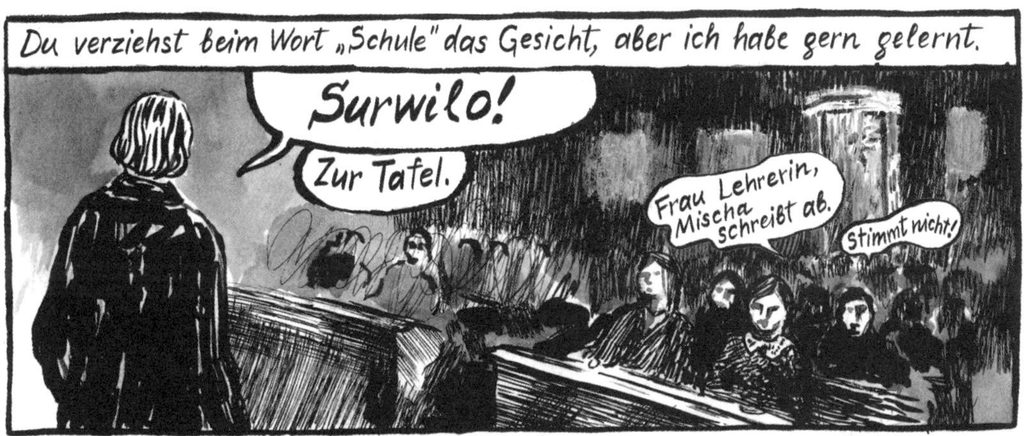
Du verziehst beim Wort „Schule" das Gesicht, aber ich habe gern gelernt.
Surwilo!
Zur Tafel.
Frau Lehrerin, Mischa schreißt ab.
Stimmt nicht!

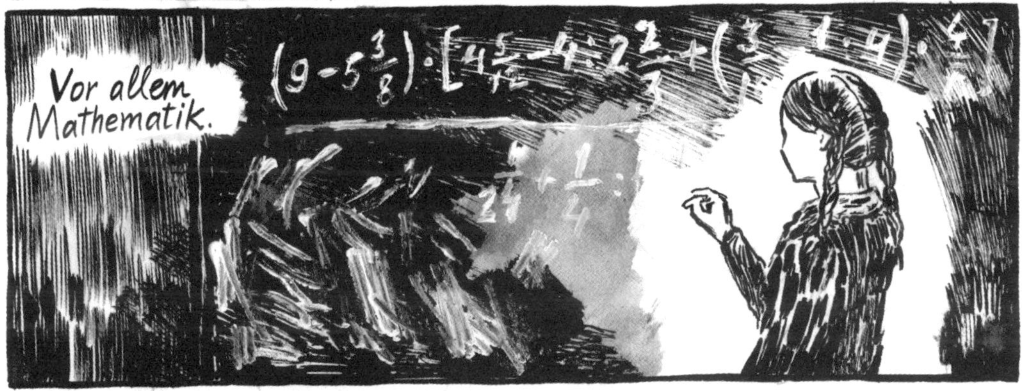
Vor allem Mathematik.

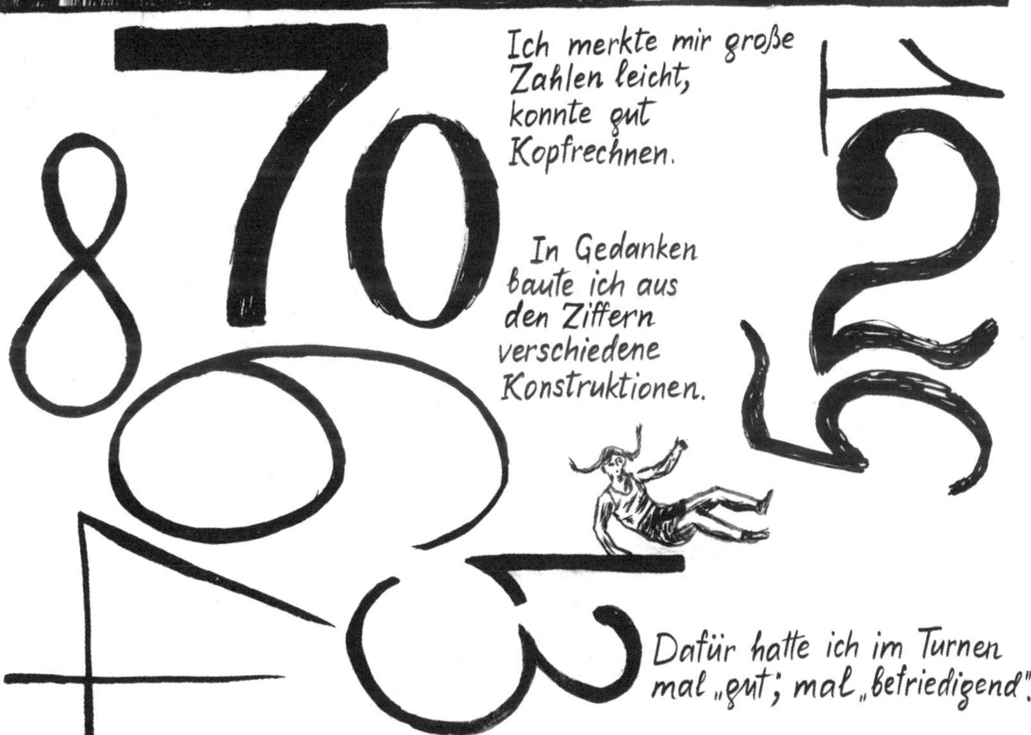
Ich merkte mir große Zahlen leicht, konnte gut Kopfrechnen.
In Gedanken baute ich aus den Ziffern verschiedene Konstruktionen.
Dafür hatte ich im Turnen mal „gut", mal „befriedigend".

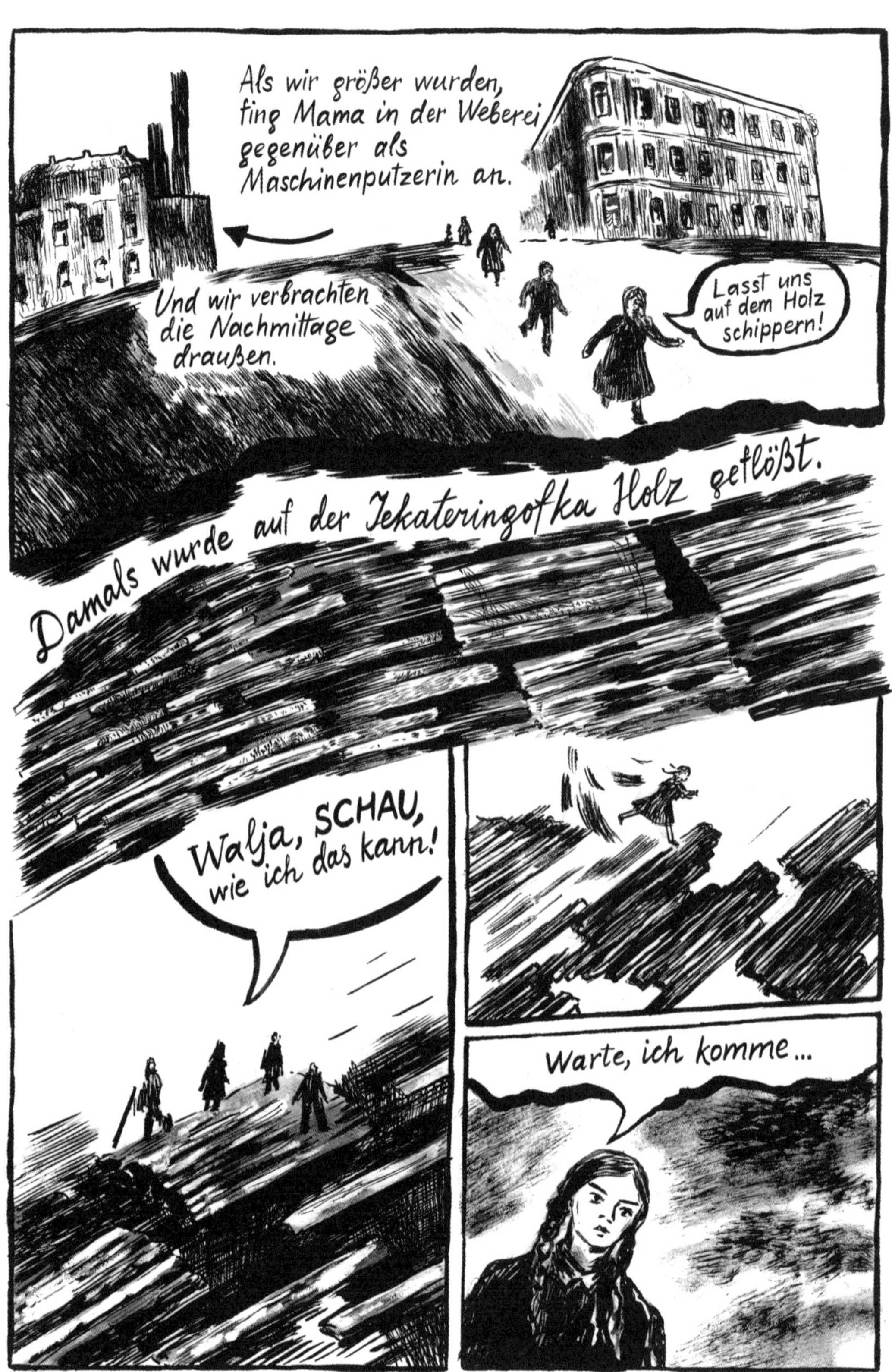
Als wir größer wurden, fing Mama in der Weberei gegenüber als Maschinenputzerin an.
Und wir verbrachten die Nachmittage draußen.
Lasst uns auf dem Holz schippern!
Damals wurde auf der Jekateringofka Holz geflößt.
Walja, SCHAU, wie ich das kann!
Warte, ich komme...

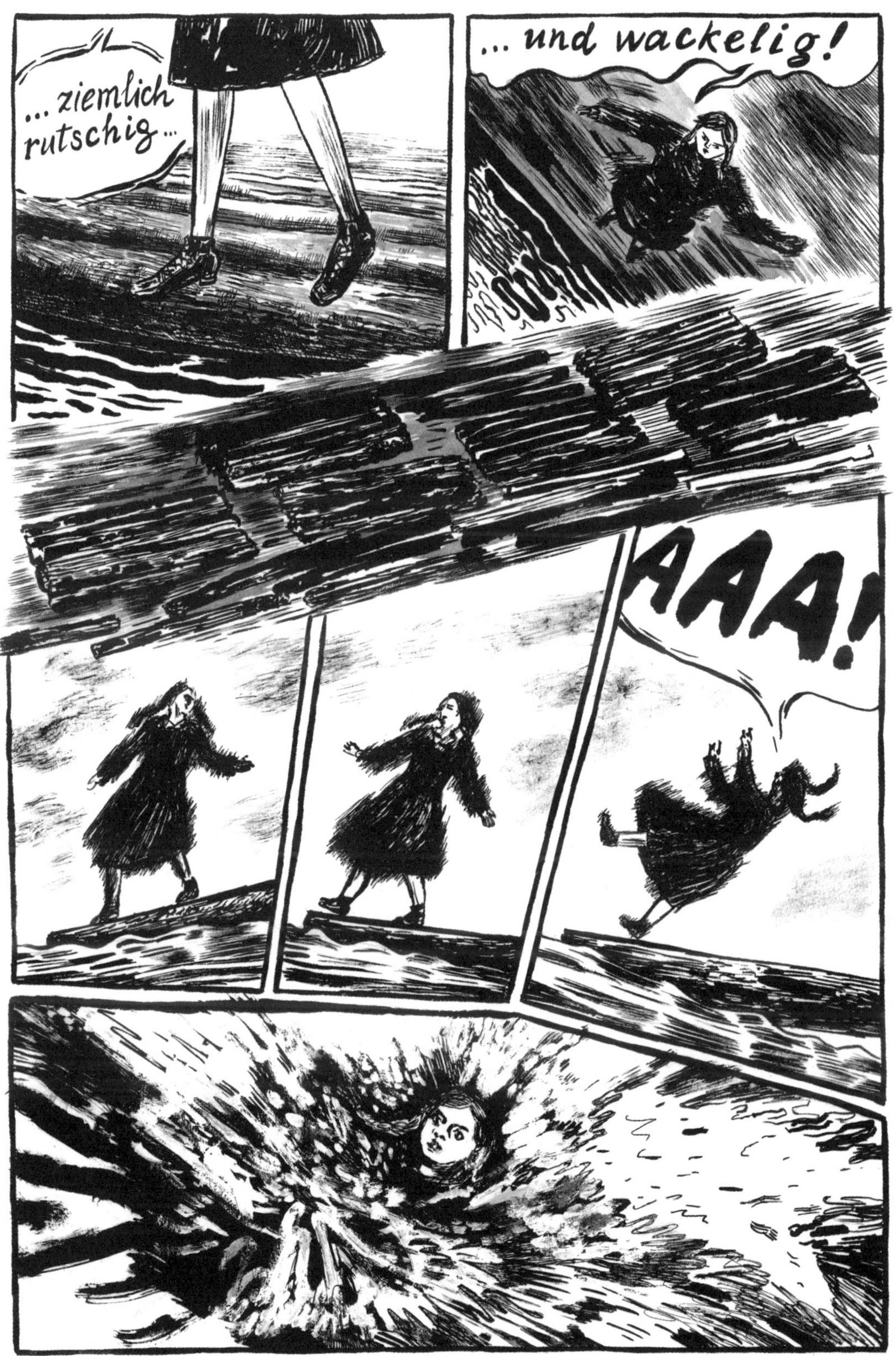
... ziemlich rutschig ...
... und wackelig!
AAA!

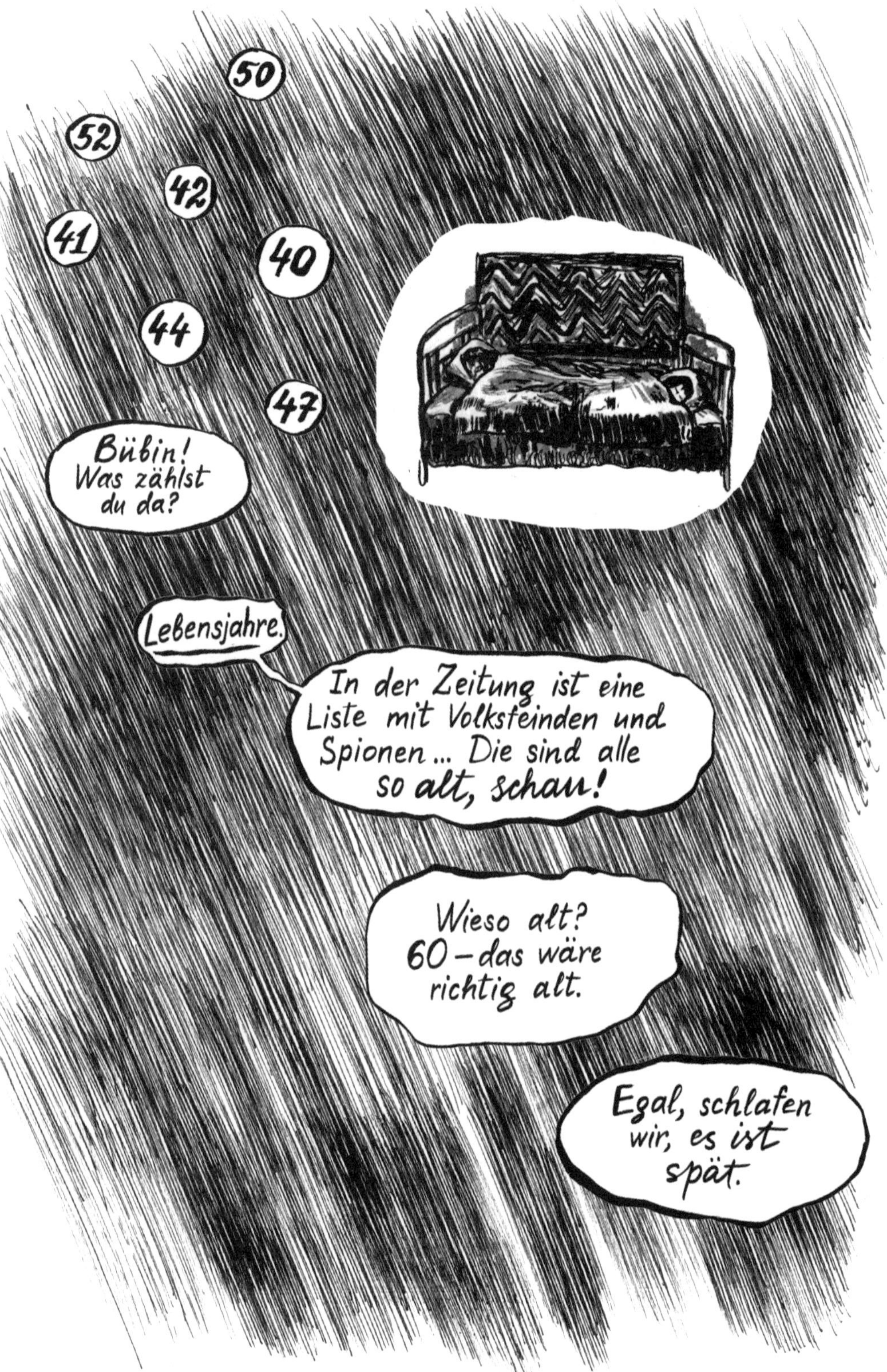
50
52
42
41
40
44
47
Bübin! Was zählst du da?
Lebensjahre.
In der Zeitung ist eine Liste mit Volksfeinden und Spionen ... Die sind alle so alt, schau!
Wieso alt? 60 – das wäre richtig alt.
Egal, schlafen wir, es ist spät.

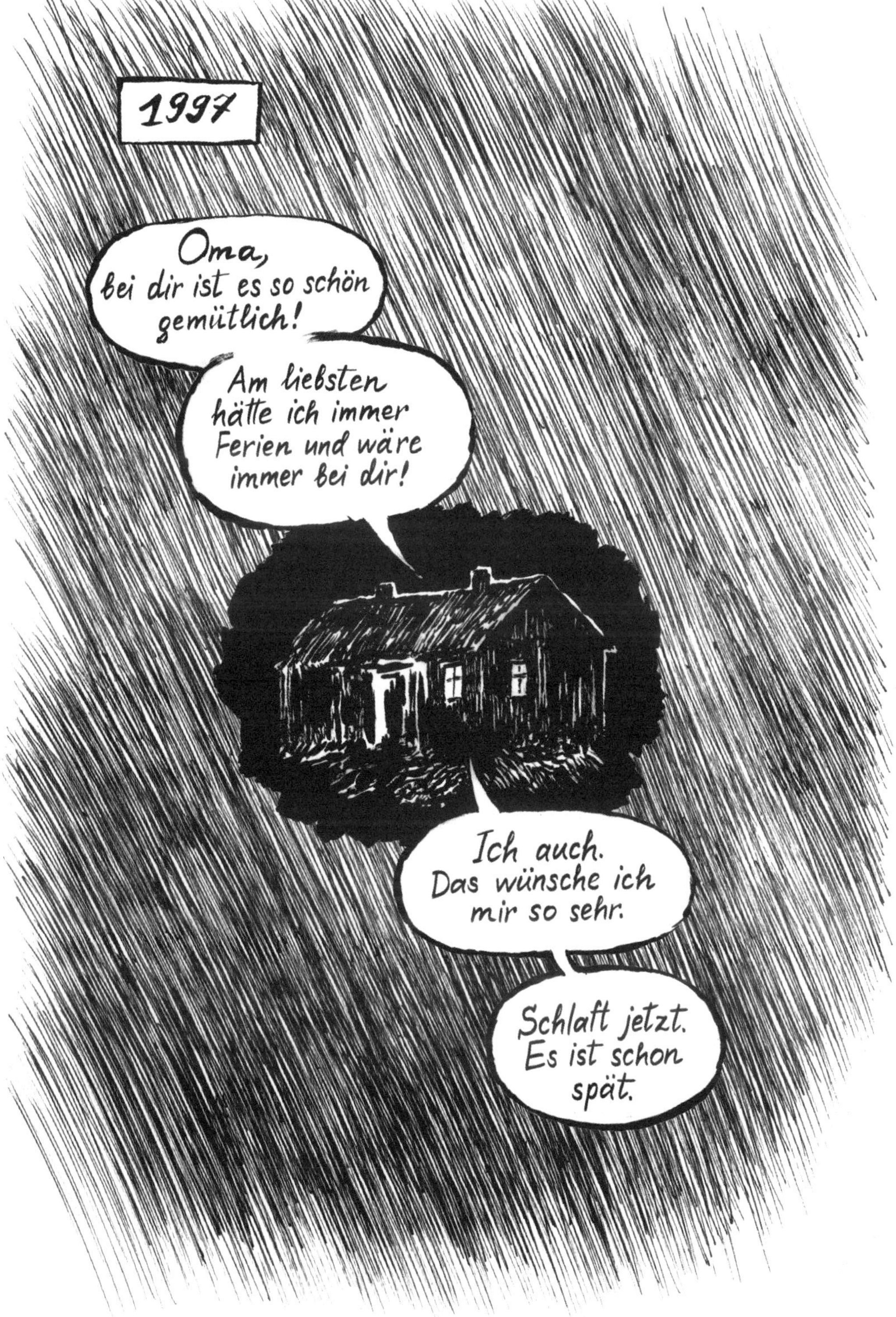

1997

Oma, bei dir ist es so schön gemütlich!

Am liebsten hätte ich immer Ferien und wäre immer bei dir!

Ich auch. Das wünsche ich mir so sehr.

Schlaft jetzt. Es ist schon spät.

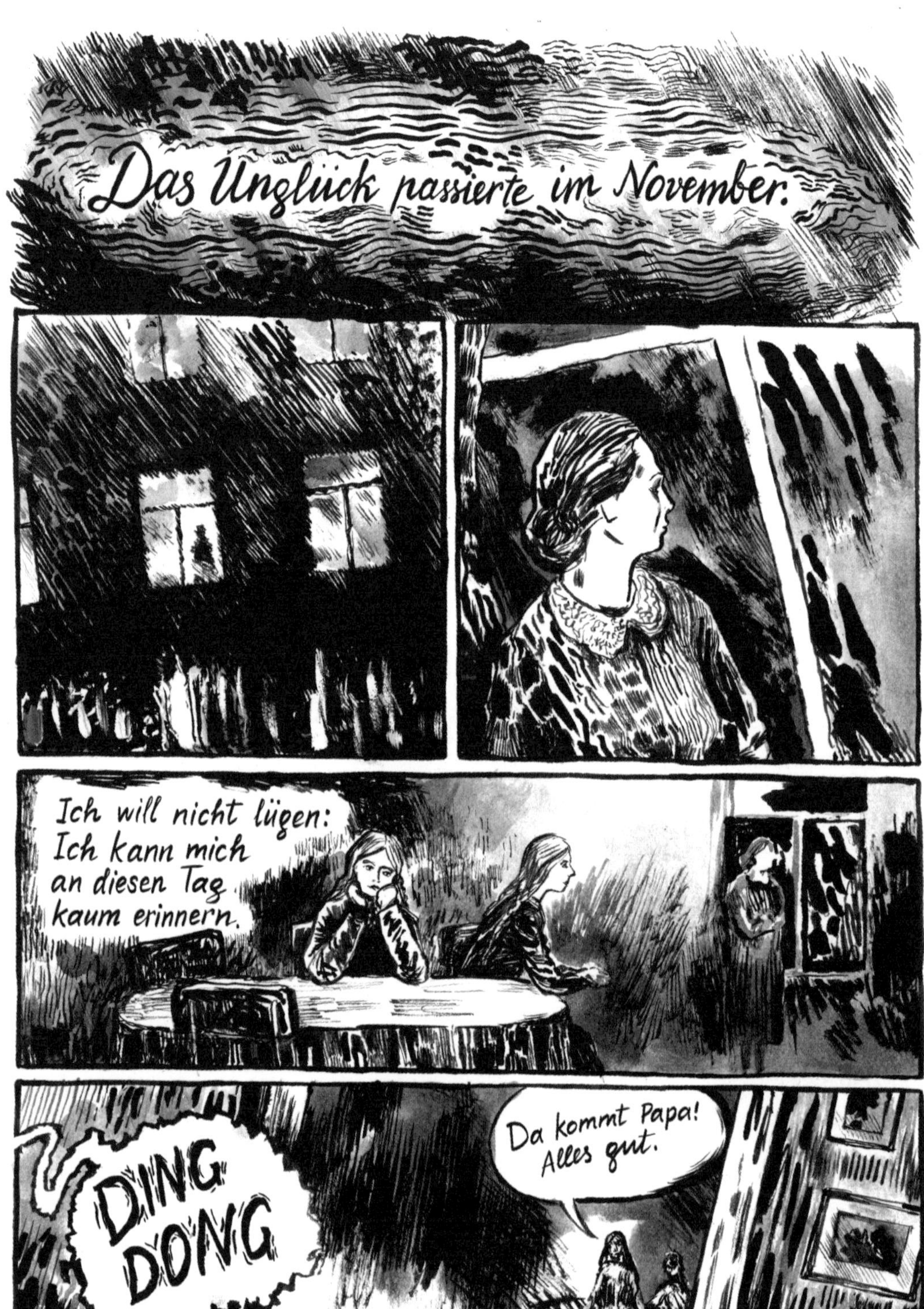
Das Unglück passierte im November.
Ich will nicht lügen: Ich kann mich an diesen Tag kaum erinnern.
DING DONG
Da kommt Papa! Alles gut.

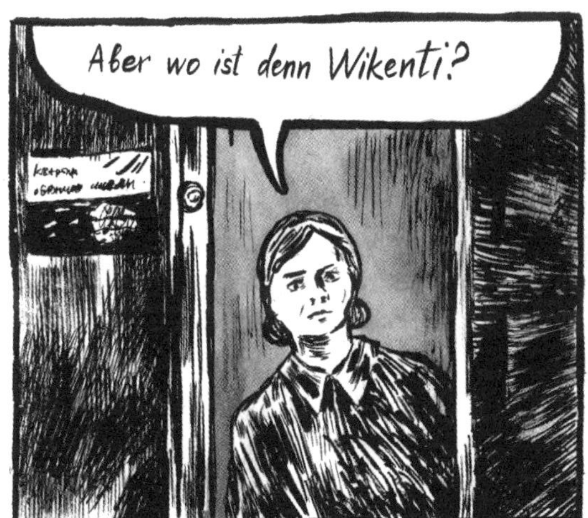

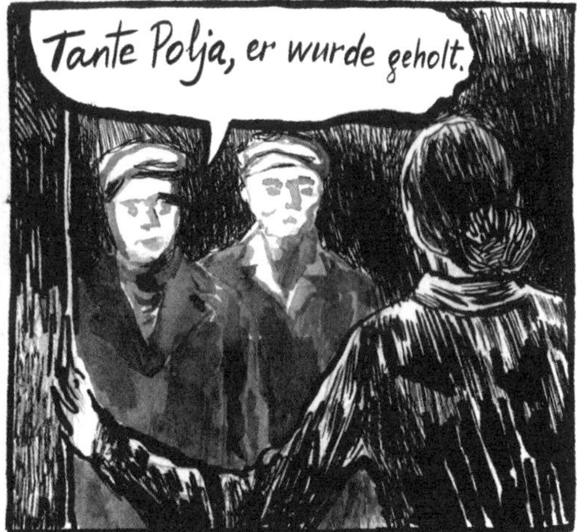

Die Nikonows sagten es uns. Meine Cousins Tolja und Wolodja, die mit Papa zusammenarbeiteten. Von denen erfuhren wir...

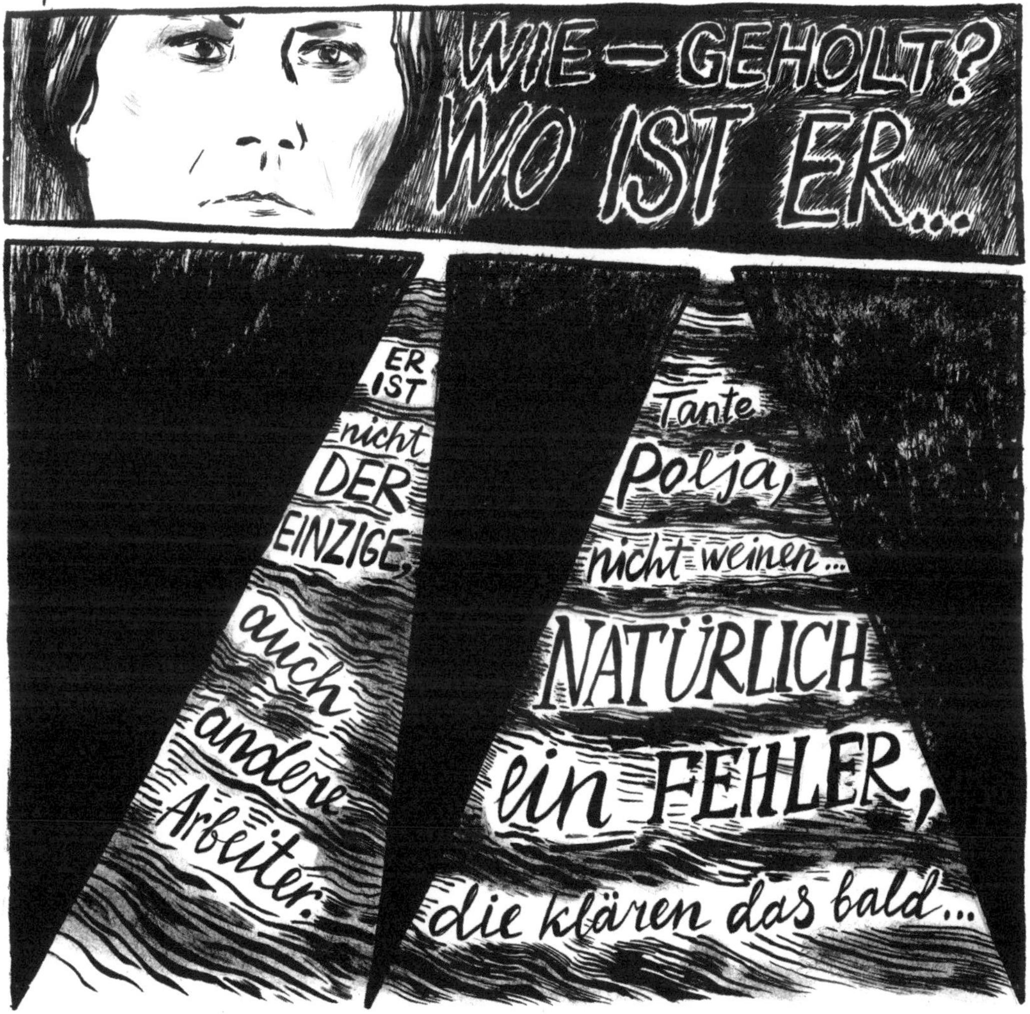

WIE – GEHOLT? WO IST ER...

ER IST nicht DER EINZIGE, auch andere Arbeiter.

Tante Polja, nicht weinen... NATÜRLICH ein FEHLER, die klären das bald...

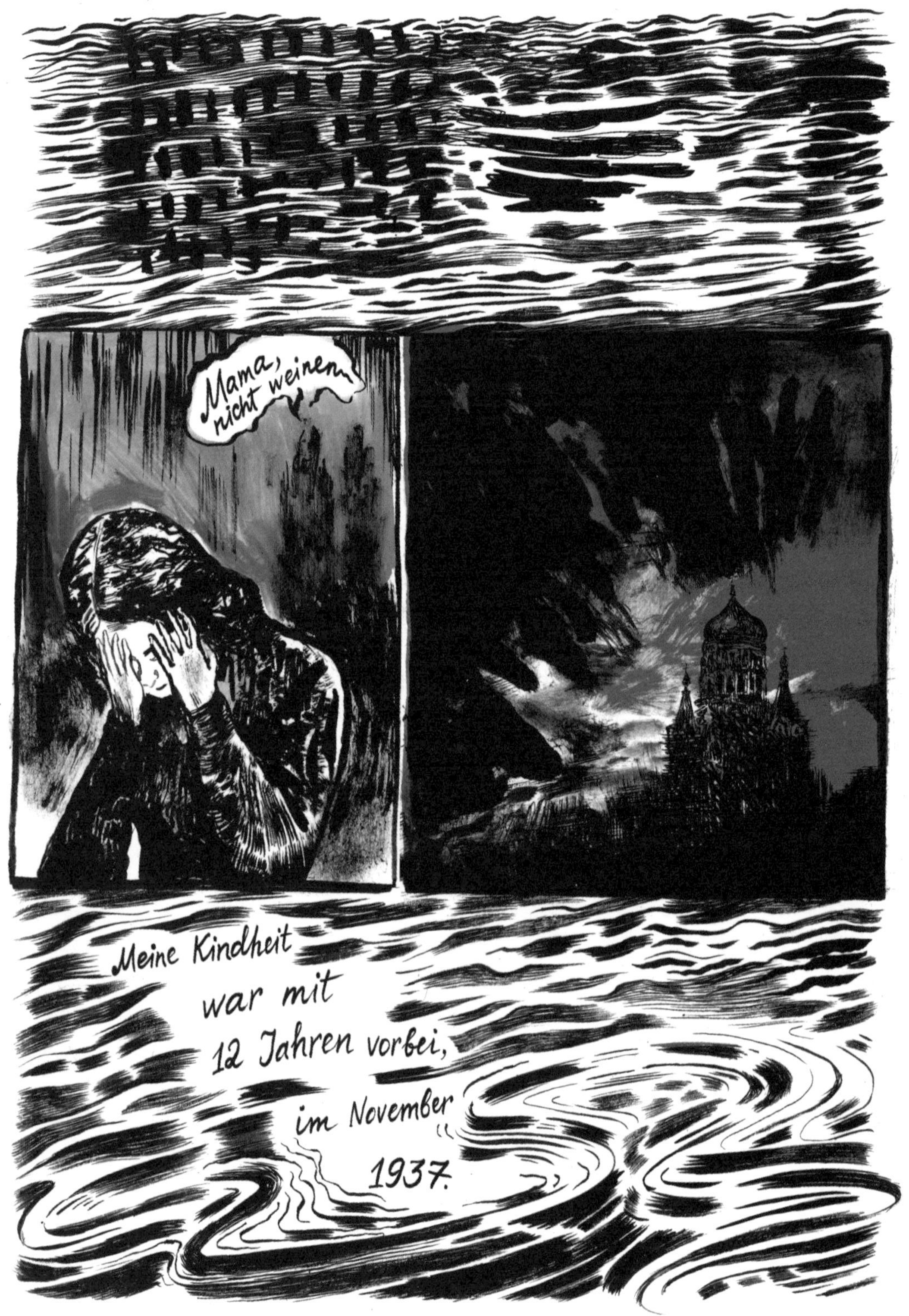
Mama, nicht weinen
Meine Kindheit
war mit
12 Jahren vorbei,
im November
1937.

KAPITEL 2

Unbeantwortete Briefe

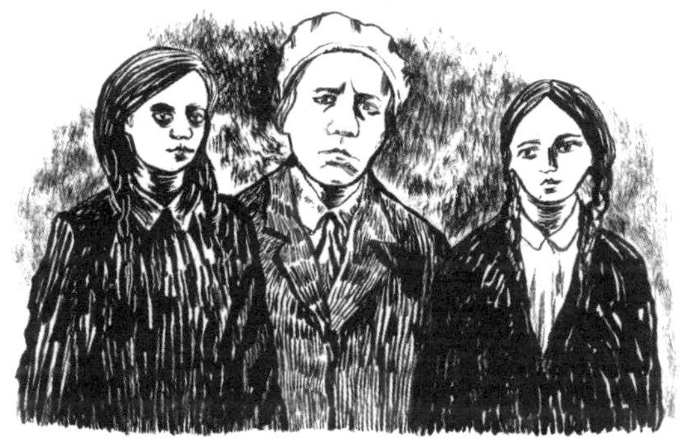

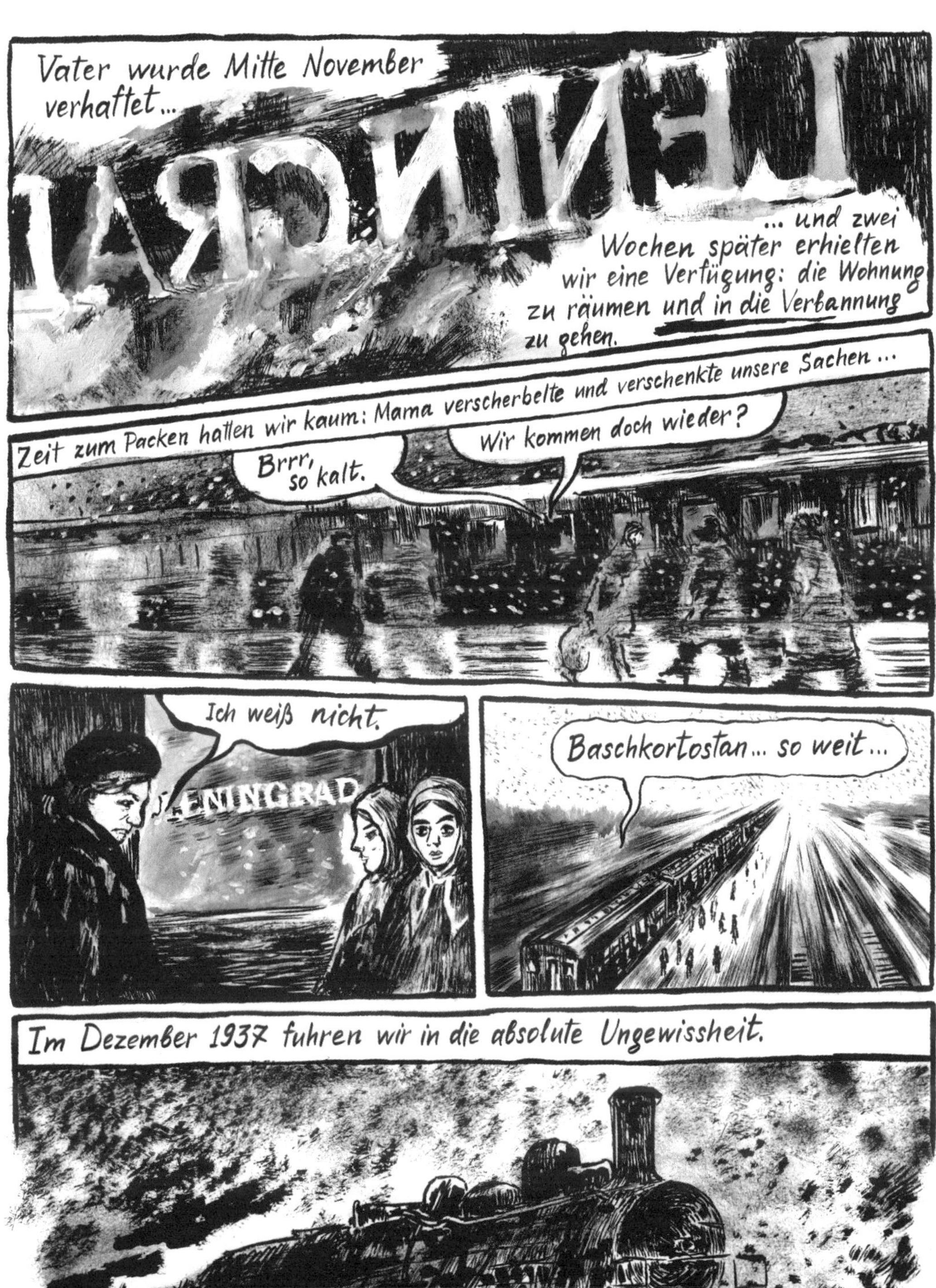

Vater wurde Mitte November verhaftet…
… und zwei Wochen später erhielten wir eine Verfügung: die Wohnung zu räumen und in die Verbannung zu gehen.
Zeit zum Packen hatten wir kaum: Mama verscherbelte und verschenkte unsere Sachen…
Brrr, so kalt.
Wir kommen doch wieder?
Ich weiß nicht.
ENINGRAD
Baschkortostan… so weit…
Im Dezember 1937 fuhren wir in die absolute Ungewissheit.

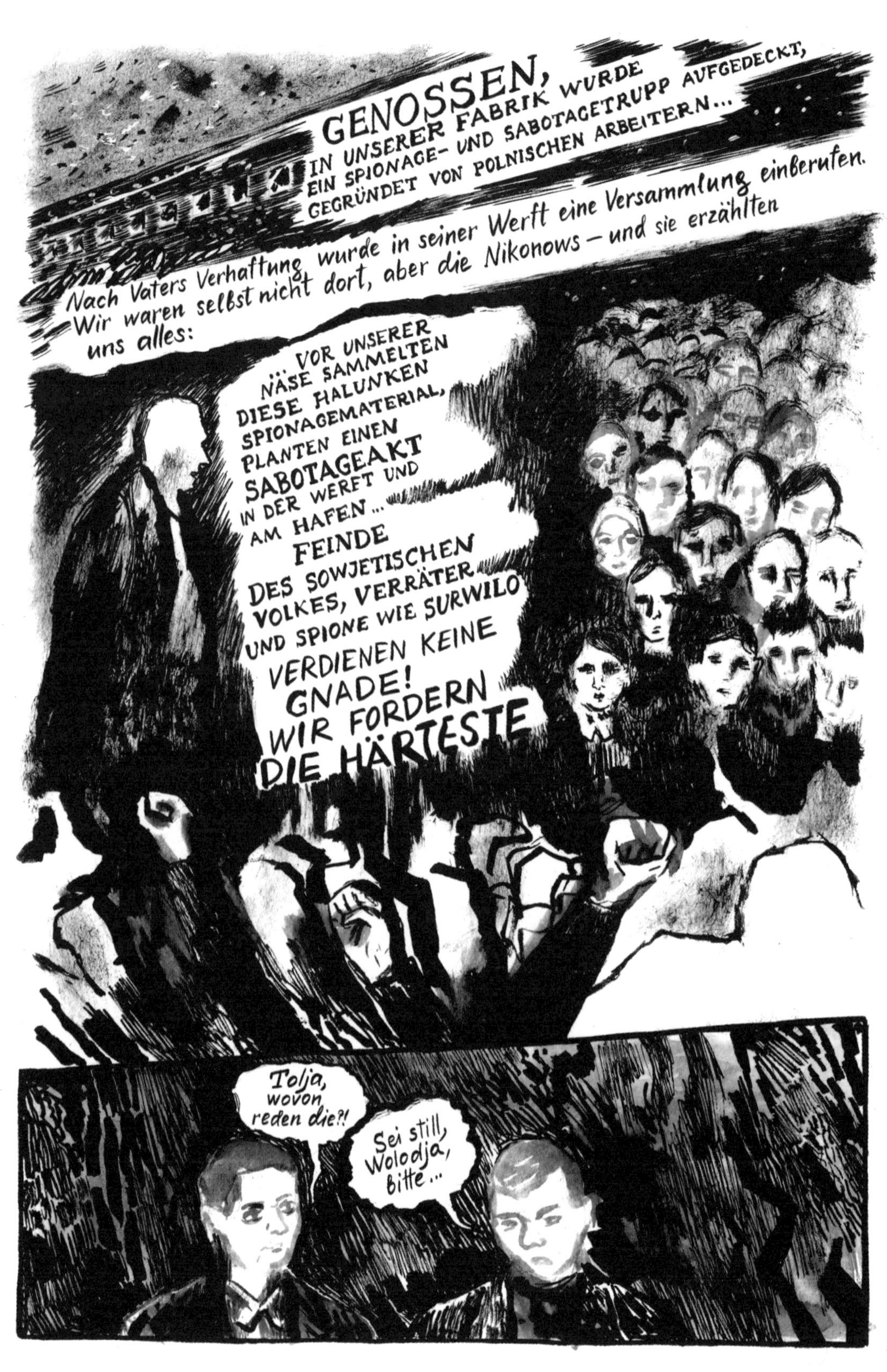
GENOSSEN,
IN UNSERER FABRIK WURDE
EIN SPIONAGE- UND SABOTAGETRUPP AUFGEDECKT,
GEGRÜNDET VON POLNISCHEN ARBEITERN...
Nach Vaters Verhaftung wurde in seiner Werft eine Versammlung einberufen.
Wir waren selbst nicht dort, aber die Nikonows – und sie erzählten
uns alles:
... VOR UNSERER NÄSE SAMMELTEN DIESE HALUNKEN SPIONAGEMATERIAL, PLANTEN EINEN SABOTAGEAKT IN DER WERFT UND AM HAFEN ... FEINDE DES SOWJETISCHEN VOLKES, VERRÄTER UND SPIONE WIE SURWILO VERDIENEN KEINE GNADE! WIR FORDERN DIE HÄRTESTE
Tolja, wovon reden die?!
Sei still, Wolodja, bitte...

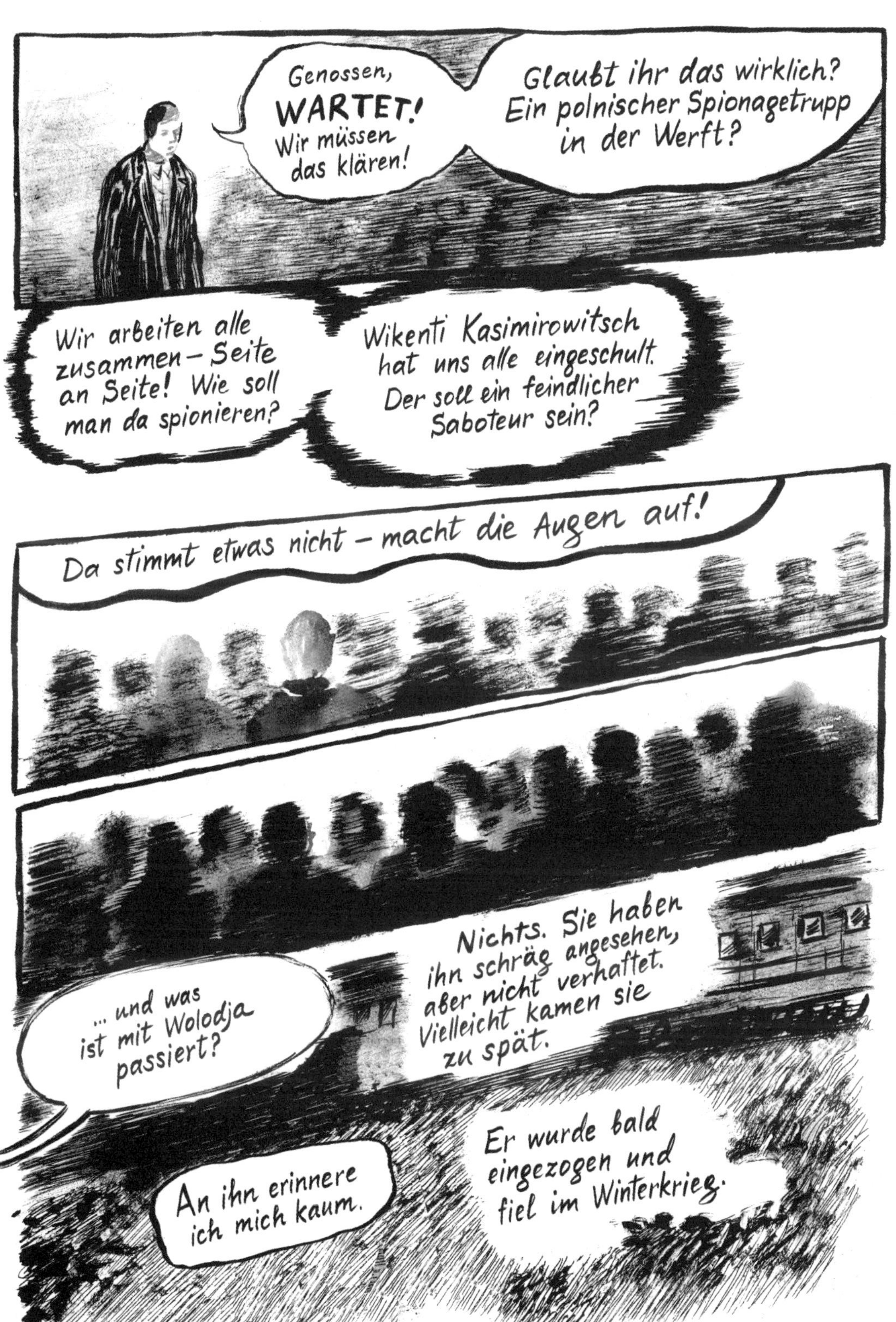
Genossen,
WARTET!
Wir müssen das klären!
Glaubt ihr das wirklich? Ein polnischer Spionagetrupp in der Werft?
Wir arbeiten alle zusammen – Seite an Seite! Wie soll man da spionieren?
Wikenti Kasimirowitsch hat uns alle eingeschult. Der soll ein feindlicher Saboteur sein?
Da stimmt etwas nicht – macht die Augen auf!
... und was ist mit Wolodja passiert?
Nichts. Sie haben ihn schräg angesehen, aber nicht verhaftet. Vielleicht kamen sie zu spät.
An ihn erinnere ich mich kaum.
Er wurde bald eingezogen und fiel im Winterkrieg.

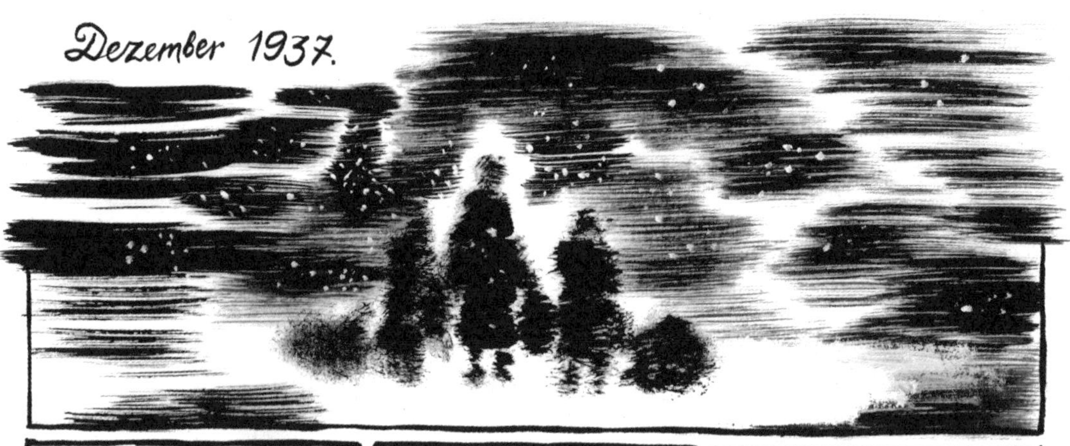
Dezember 1937.

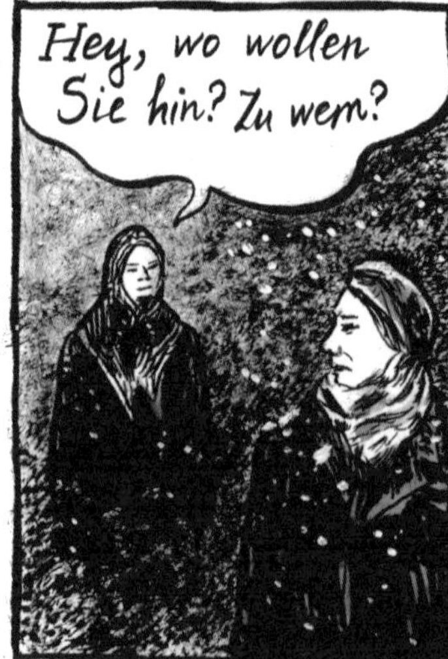
Hey, wo wollen Sie hin? Zu wem?

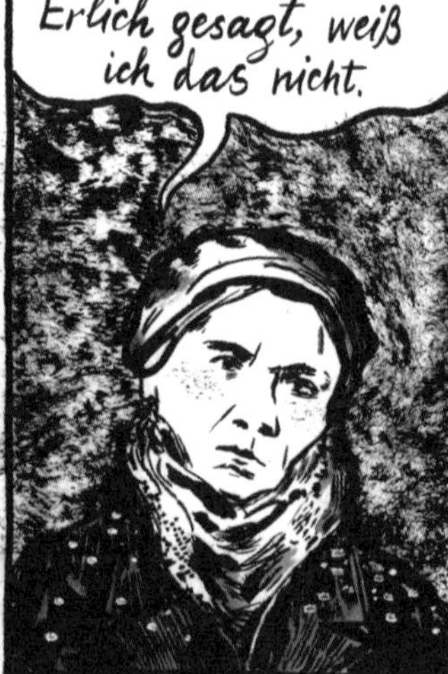
Erlich gesagt, weiß ich das nicht.

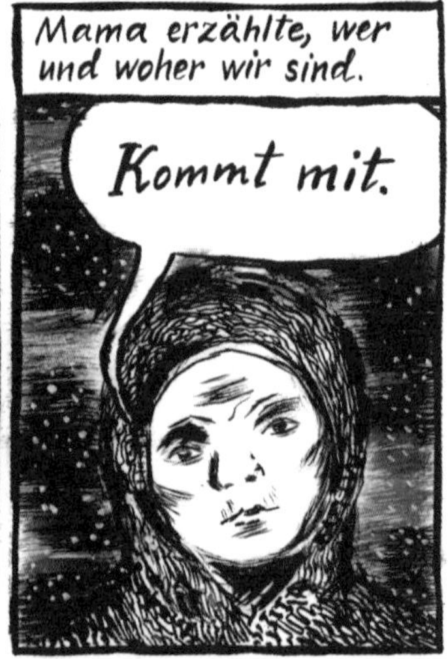
Mama erzählte, wer und woher wir sind.
Kommt mit.

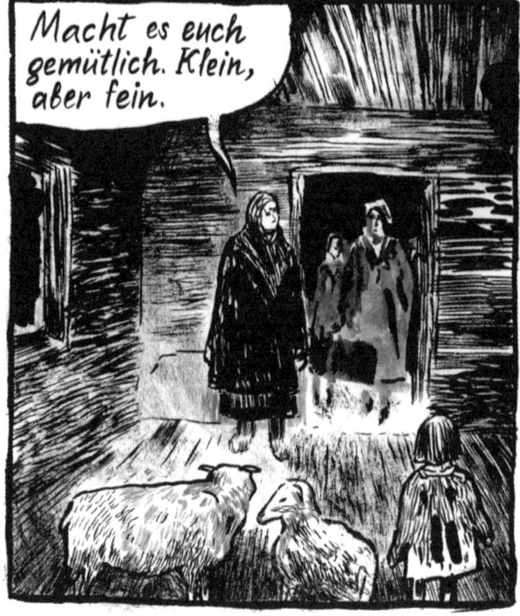
Macht es euch gemütlich. Klein, aber fein.

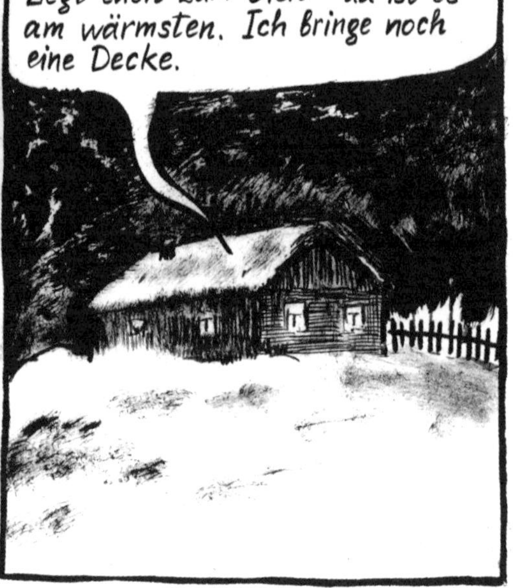
Legt euch zum Ofen – da ist es am wärmsten. Ich bringe noch eine Decke.

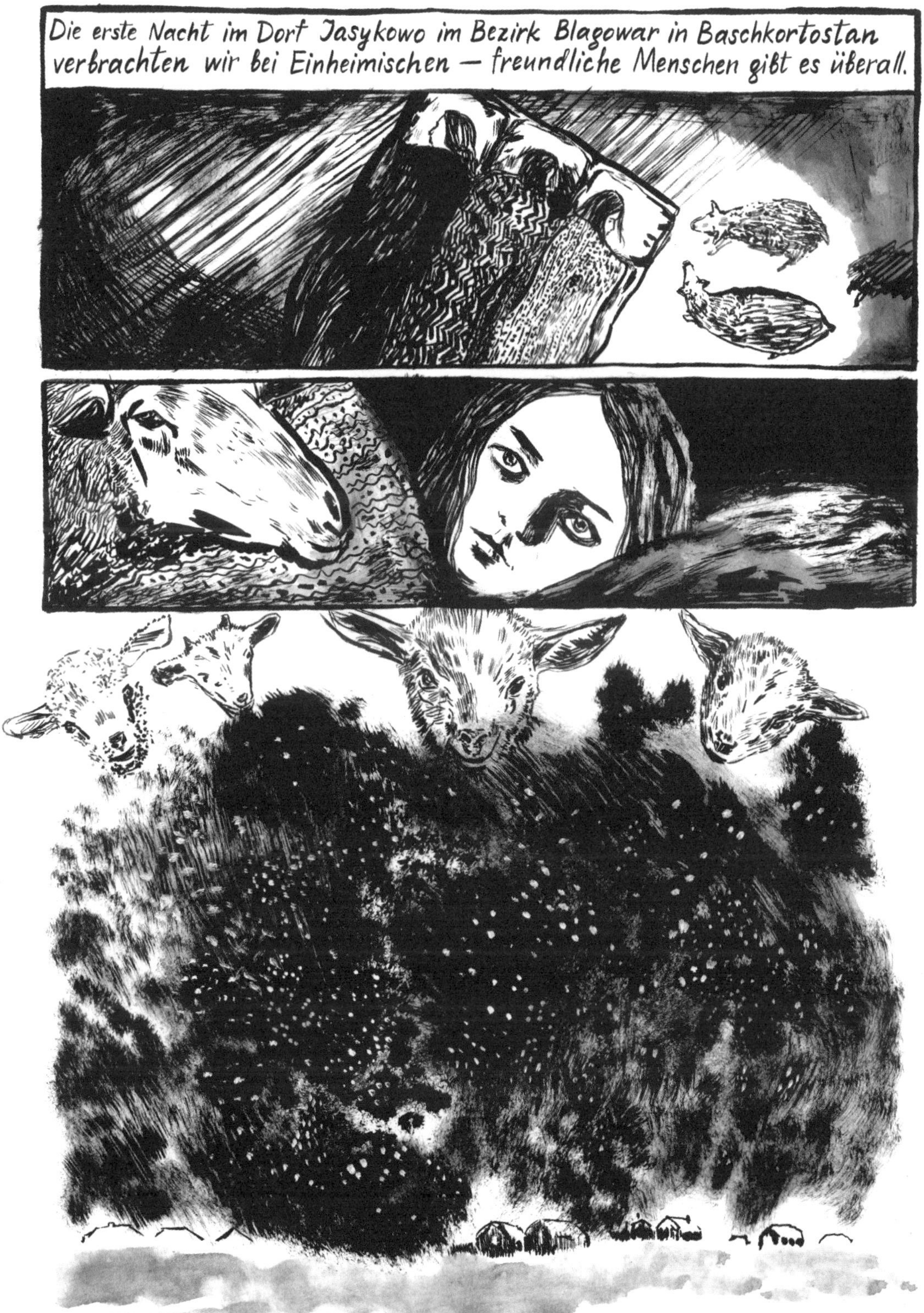

Die erste Nacht im Dorf Jasykowo im Bezirk Blagowar in Baschkortostan verbrachten wir bei Einheimischen – freundliche Menschen gibt es überall.

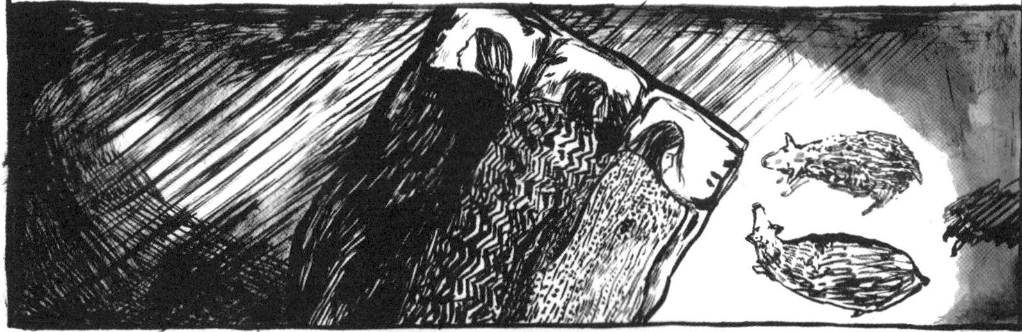

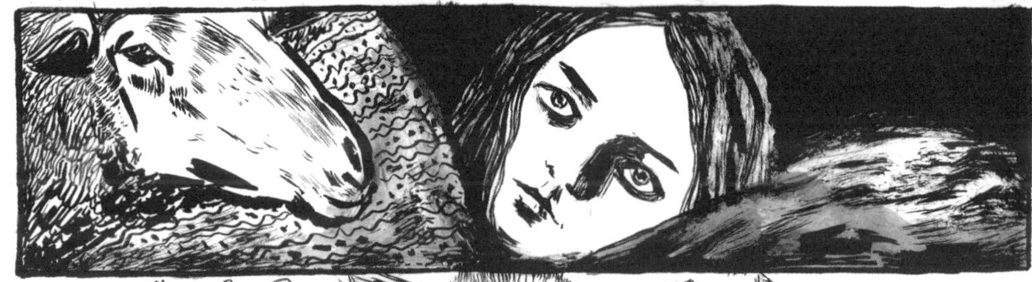

Dann bekamen wir von der Regionalverwaltung eine eigene Unterkunft zugewiesen. Haus konnte man das nicht nennen – eher Verschlag: alt, zugig, ohne Kachelofen. Stattdessen ein Kanonenofen, der überhaupt nicht wärmte.

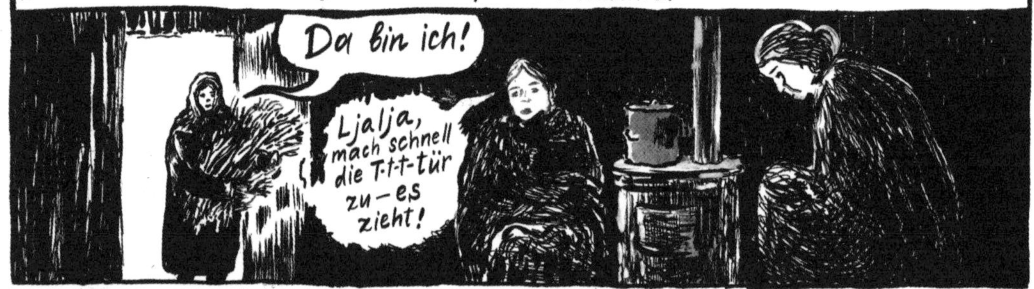

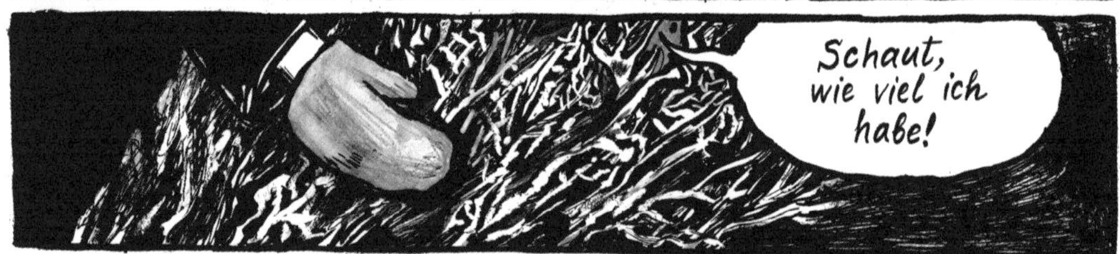

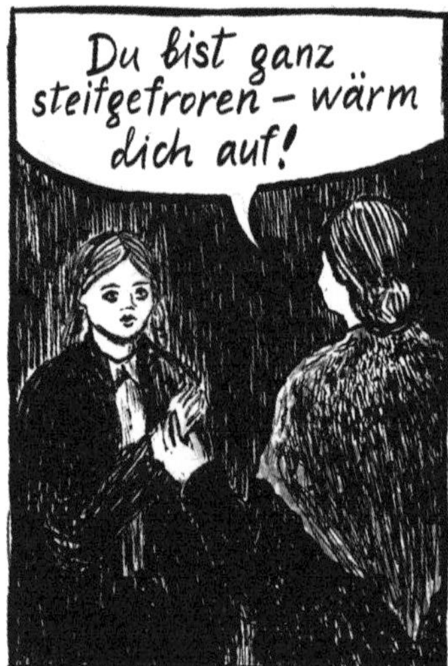

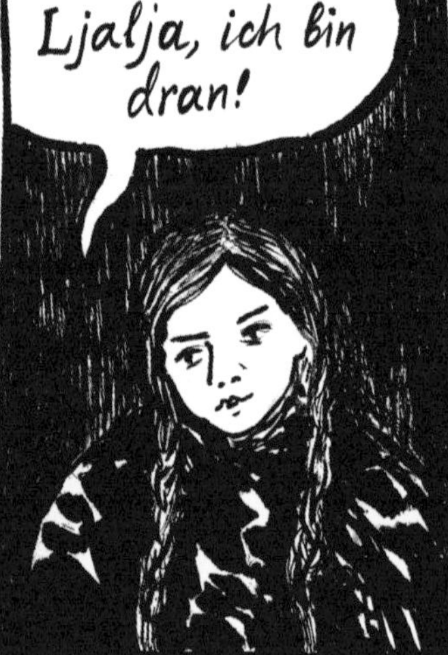

Ljalja und ich teilten uns ein Paar Filzstiefel.

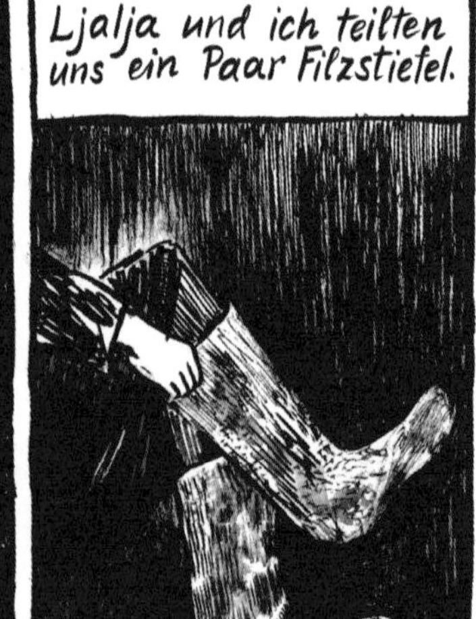

Wir sammelten im Wald Reisig und auf den Feldern trockene Sonnenblumen (die gaben kaum Wärme) – abwechselnd.

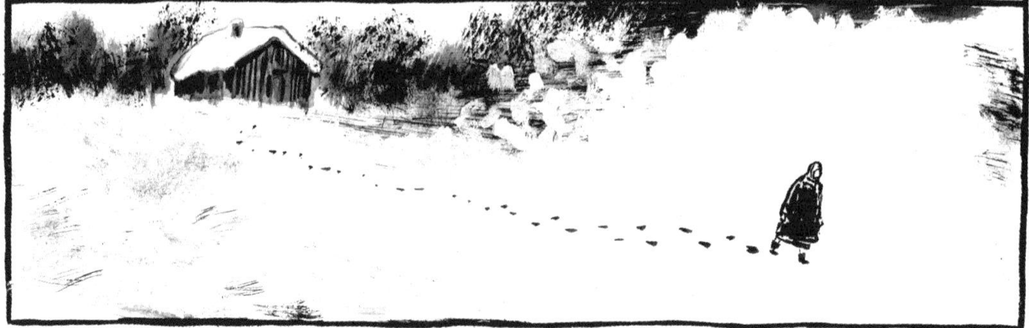

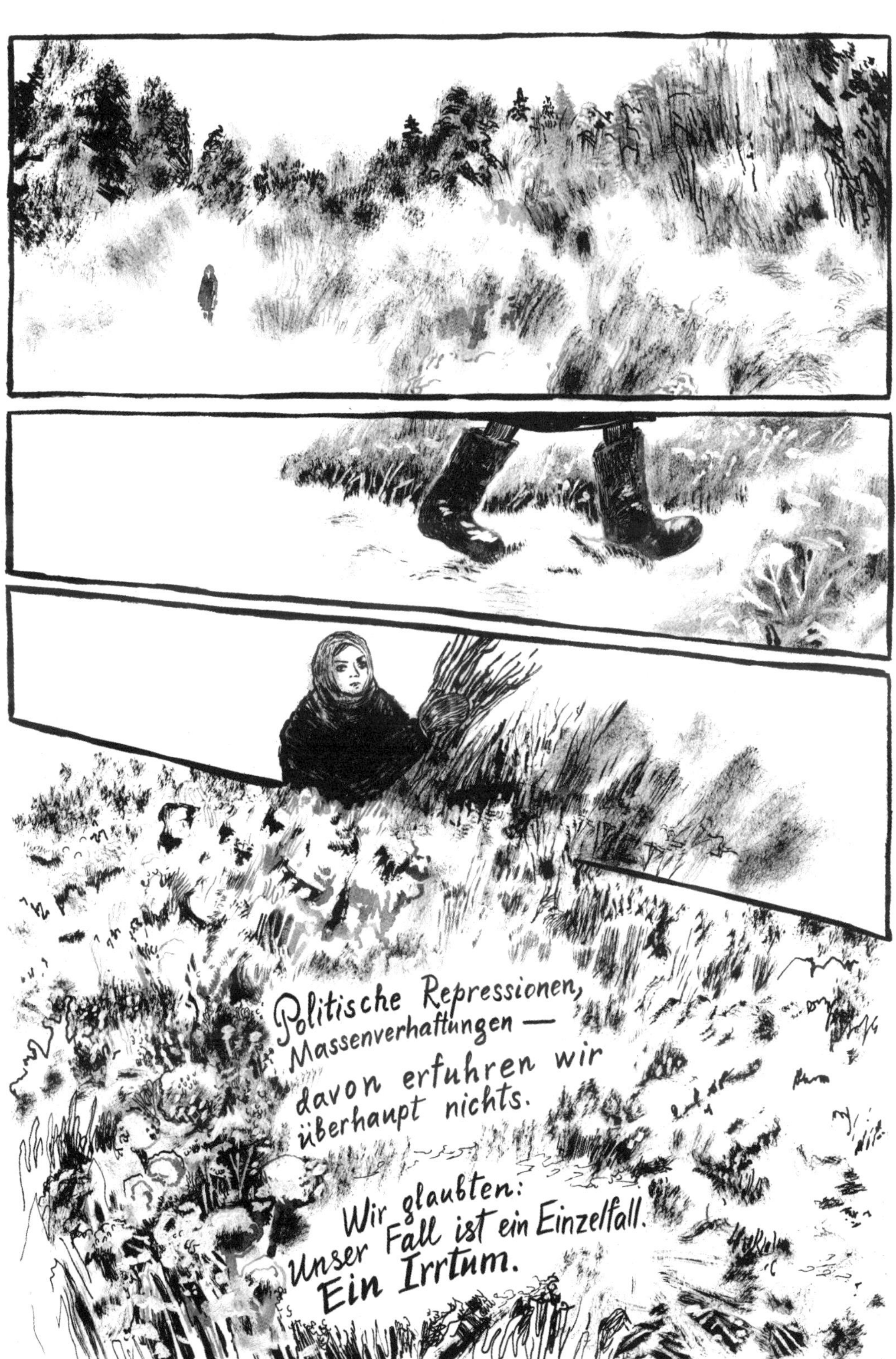
Politische Repressionen, Massenverhaftungen — davon erfuhren wir überhaupt nichts.
Wir glaubten: Unser Fall ist ein Einzelfall. Ein Irrtum.

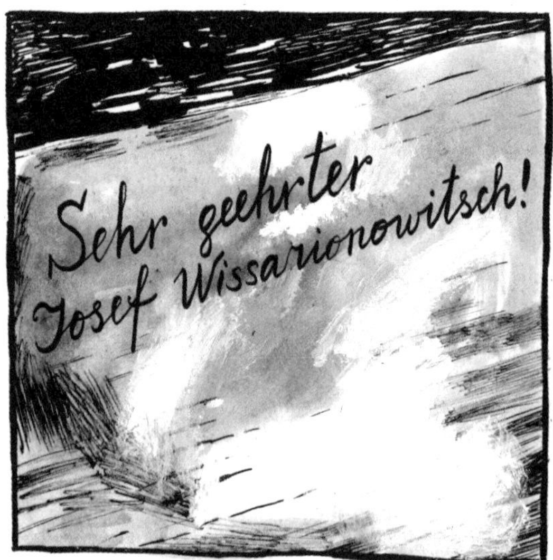
Sehr geehrter
Josef Wissarionowitsch!

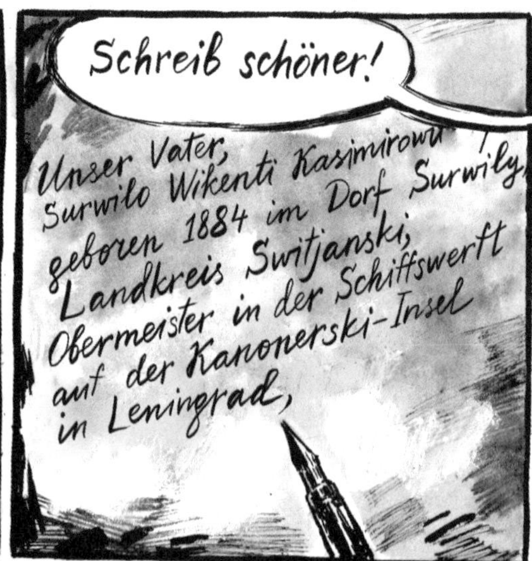
Schreib schöner!
Unser Vater,
Surwilo Wikenti Kasimirowi
geboren 1884 im Dorf Surwily,
Landkreis Switjanski,
Obermeister in der Schiffswerft
auf der Kanonerski-Insel
in Leningrad,

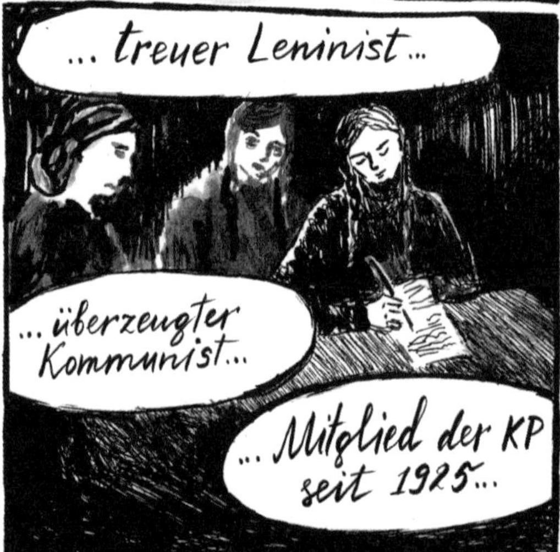
... treuer Leninist...
... überzeugter Kommunist...
... Mitglied der KP seit 1925...

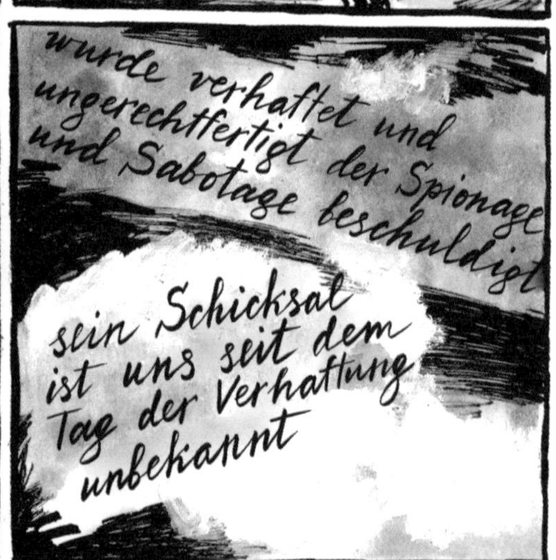
wurde verhaftet und
ungerechtfertigt der Spionage
und Sabotage beschuldigt
sein Schicksal
ist uns seit dem
Tag der Verhaftung
unbekannt

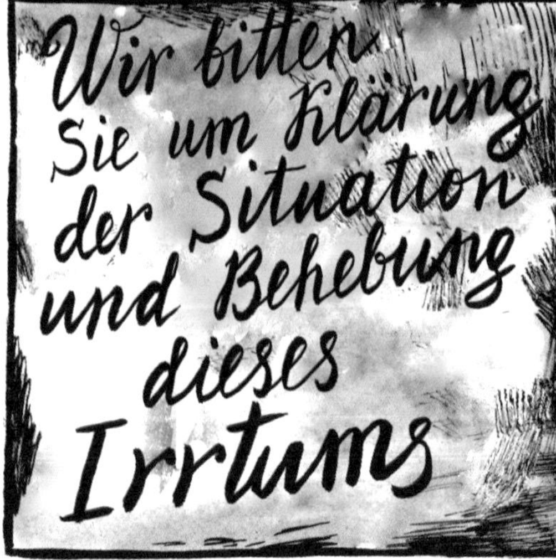
Wir bitten
Sie um Klärung
der Situation
und Behebung
dieses
Irrtums

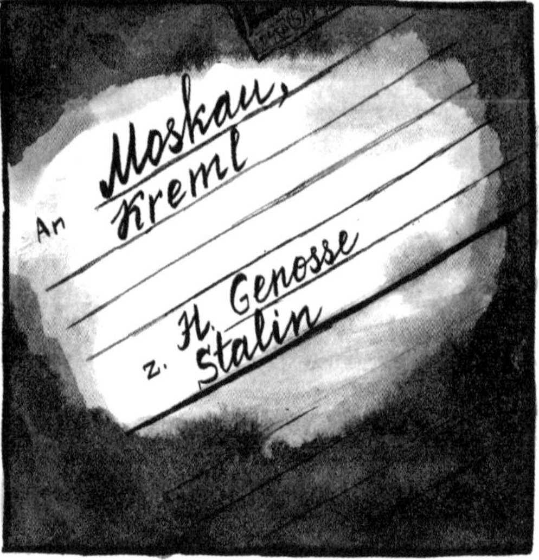
An Moskau,
Kreml
z. H. Genosse
Stalin

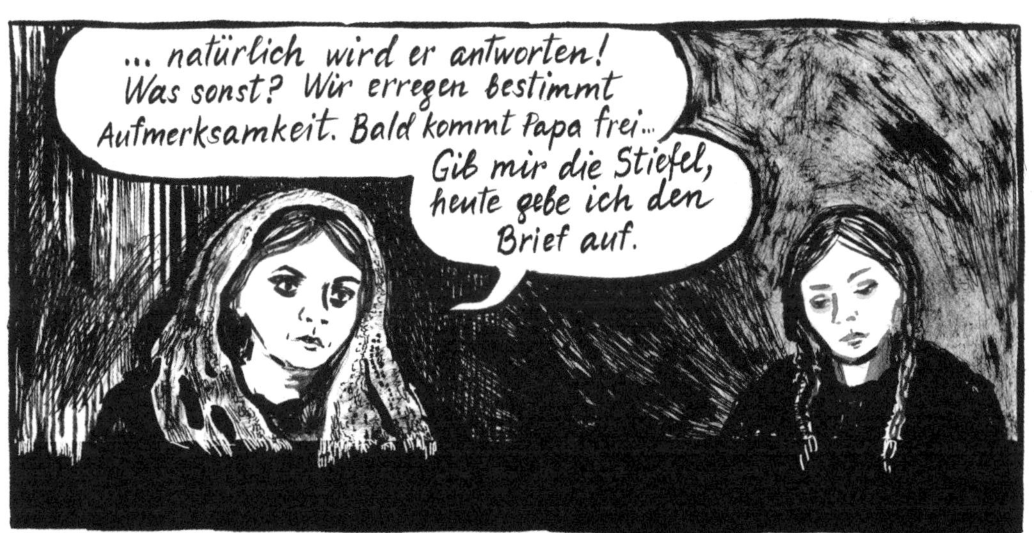

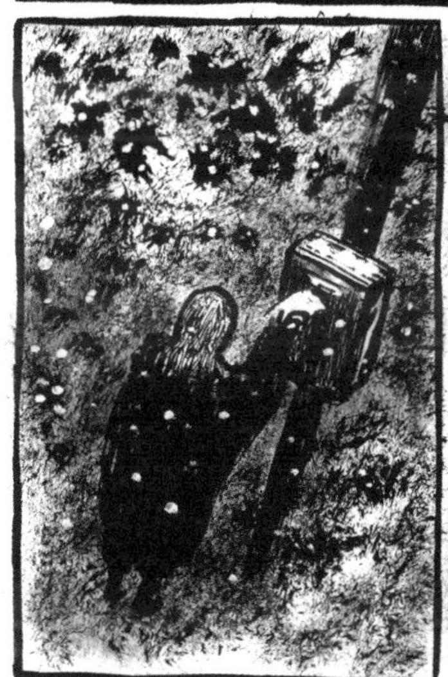

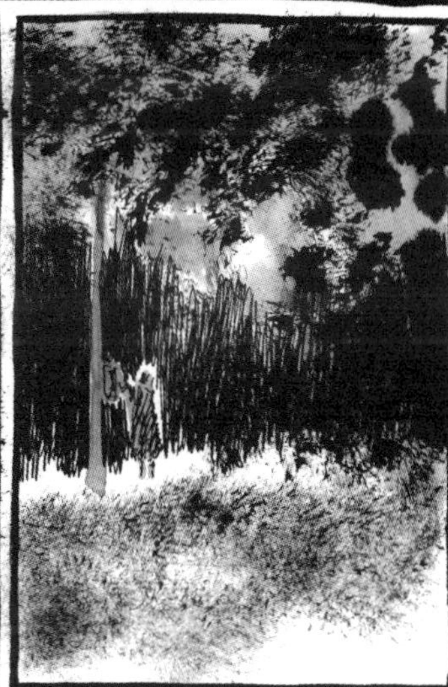

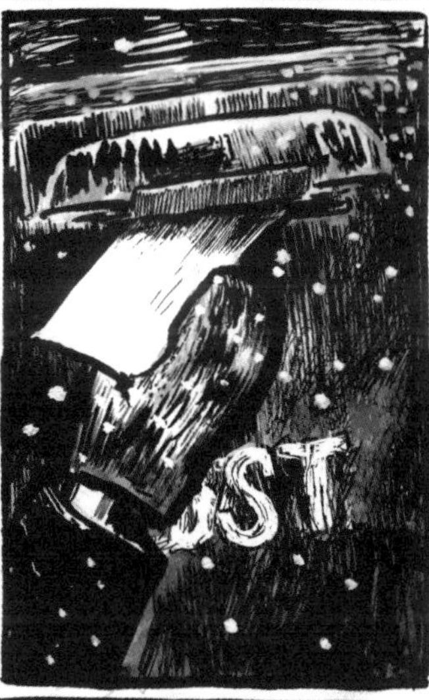

Wir schickten Briefe über Briefe, an alle möglichen Adressen. Und warteten auf Antwort. Wenigstens irgendeine Reaktion.

Jasykowo war ein großes Dorf, bewohnt von Baschkiren, Tataren und Russen. Ljalja und ich gingen dort zur Schule, sie in die achte, ich in die sechste Klasse.

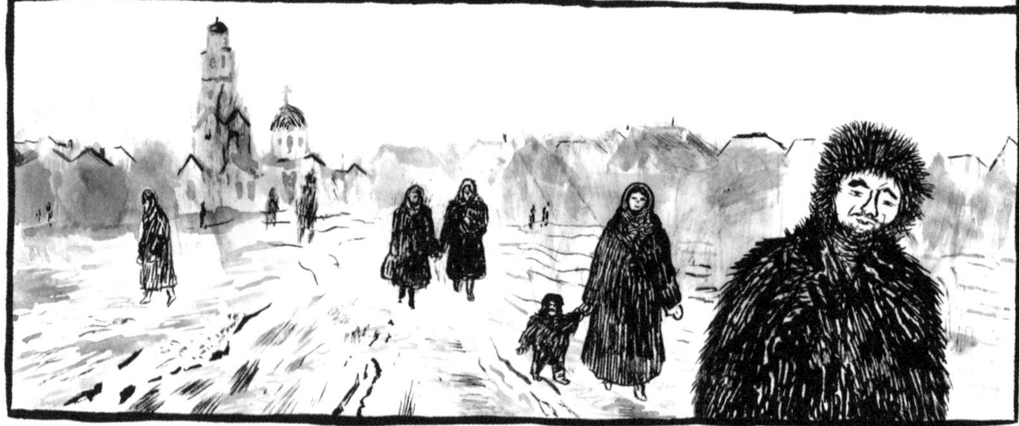

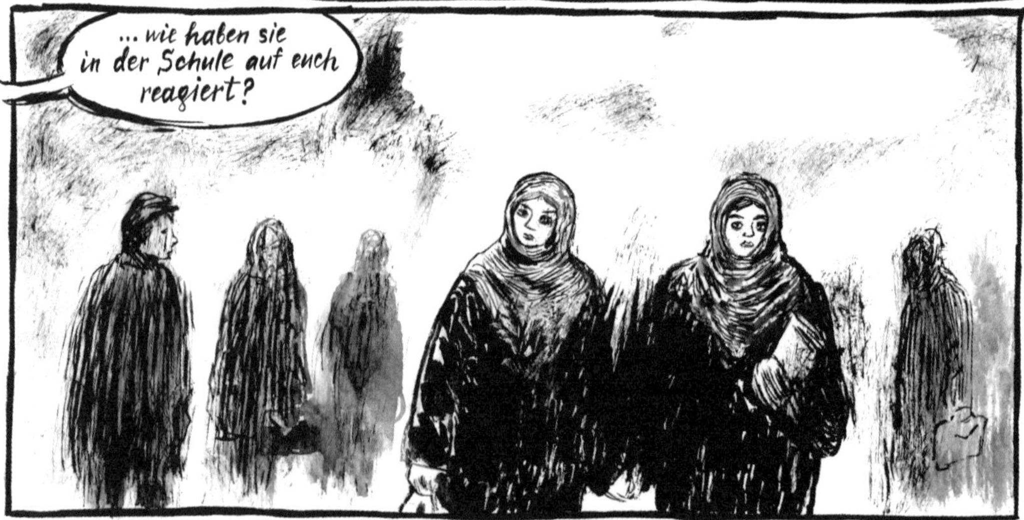

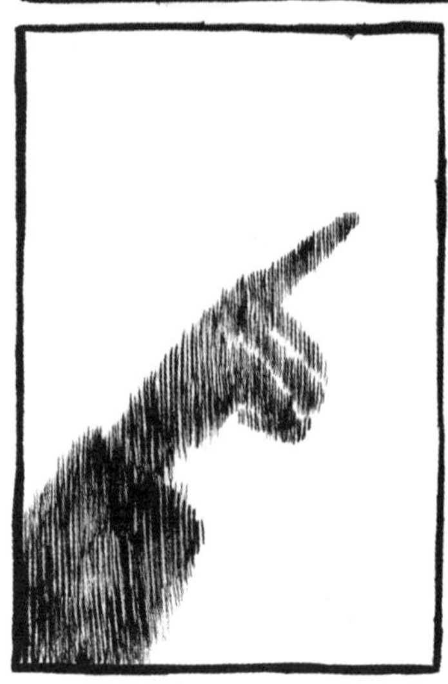

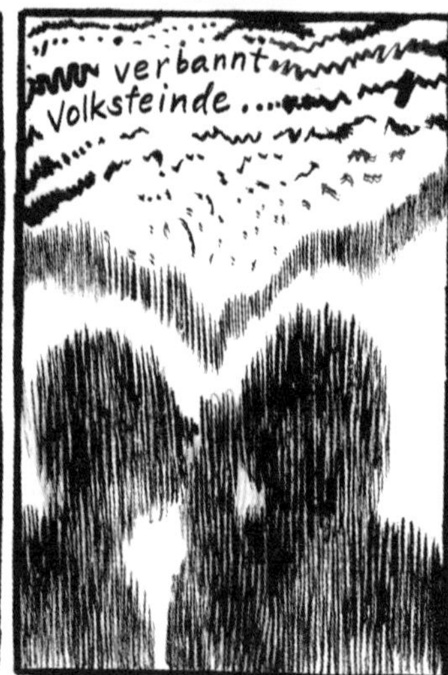

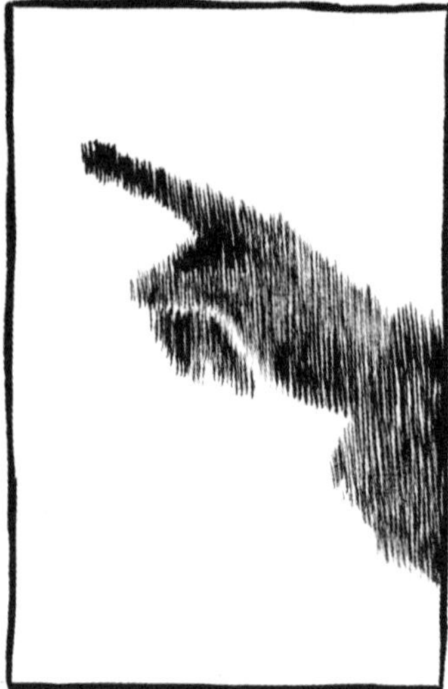

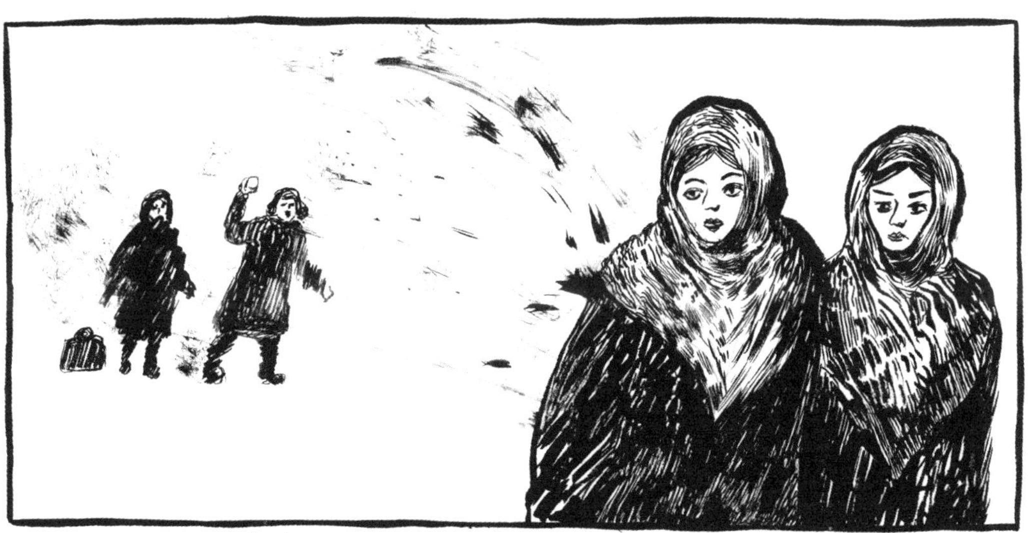

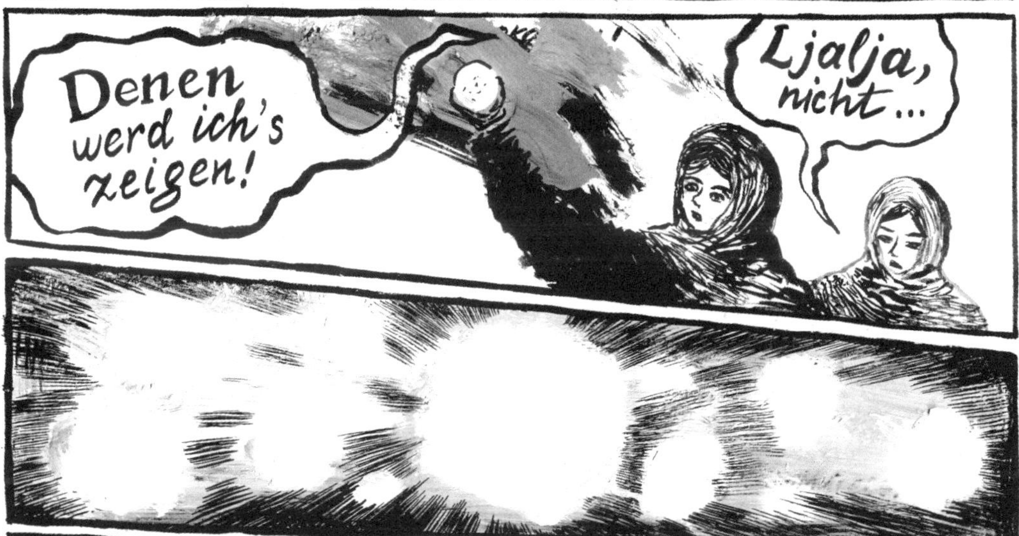

Bald erfuhren wir, dass wir im Dorf nicht die einzigen Verbannten waren – hier lebten mehrere Familien, ebenfalls aus Leningrad, mit demselben UNGLÜCK, ebenfalls Frauen mit Kindern. Wir halfen einander nicht allzu oft – keine Zeit. Über Politik sprechen? Dazu kamen wir gar nicht.

Und in der Schule? Nein, gehetzt haben sie nicht. Nur misstrauisch geguckt.

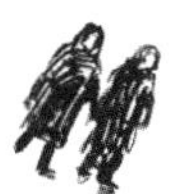

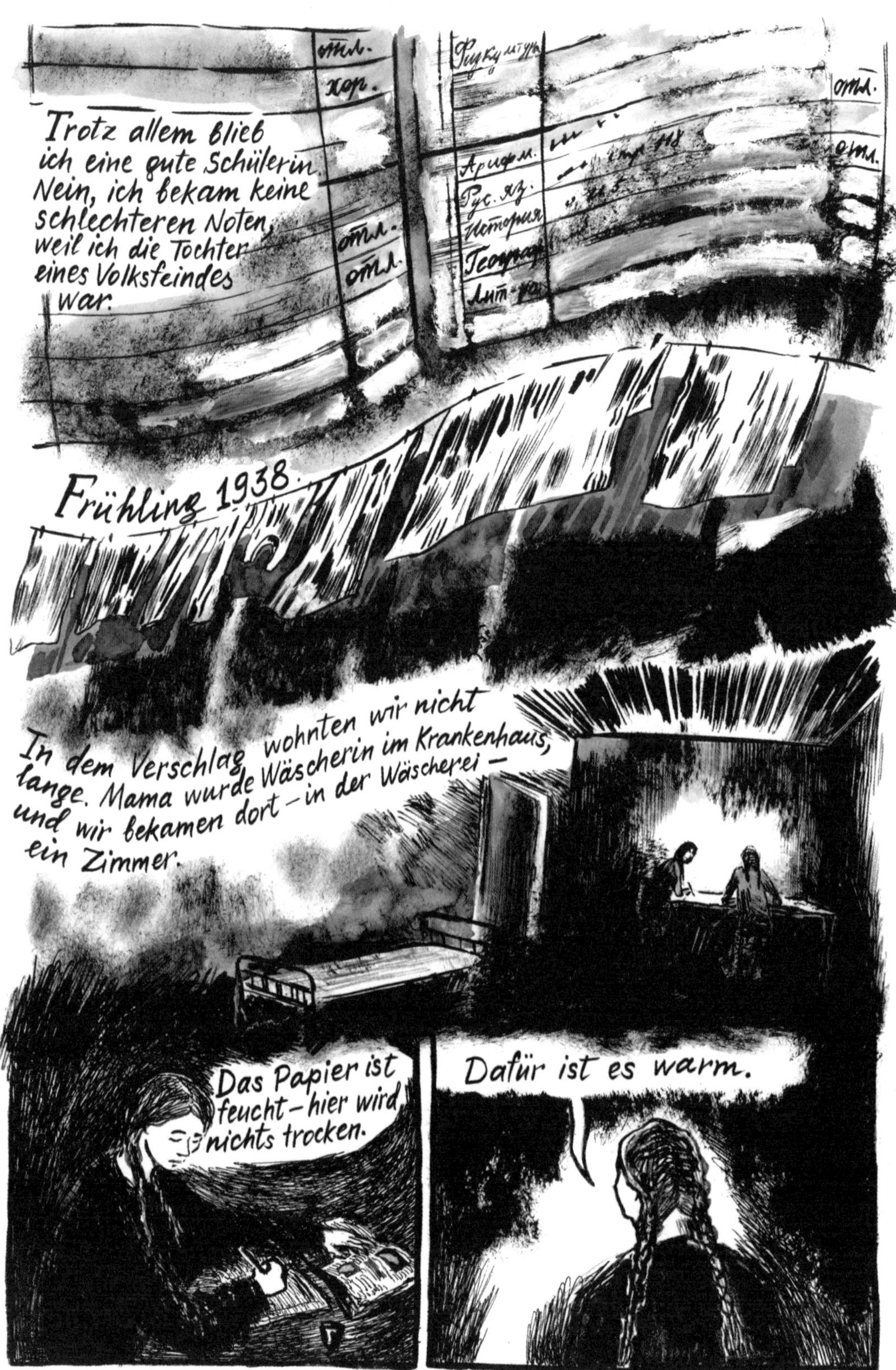
Trotz allem blieb ich eine gute Schülerin. Nein, ich bekam keine schlechteren Noten, weil ich die Tochter eines Volksfeindes war.
Frühling 1938.
In dem Verschlag wohnten wir nicht lange. Mama wurde Wäscherin im Krankenhaus, und wir bekamen dort – in der Wäscherei – ein Zimmer.
Das Papier ist feucht – hier wird nichts trocken.
Dafür ist es warm.

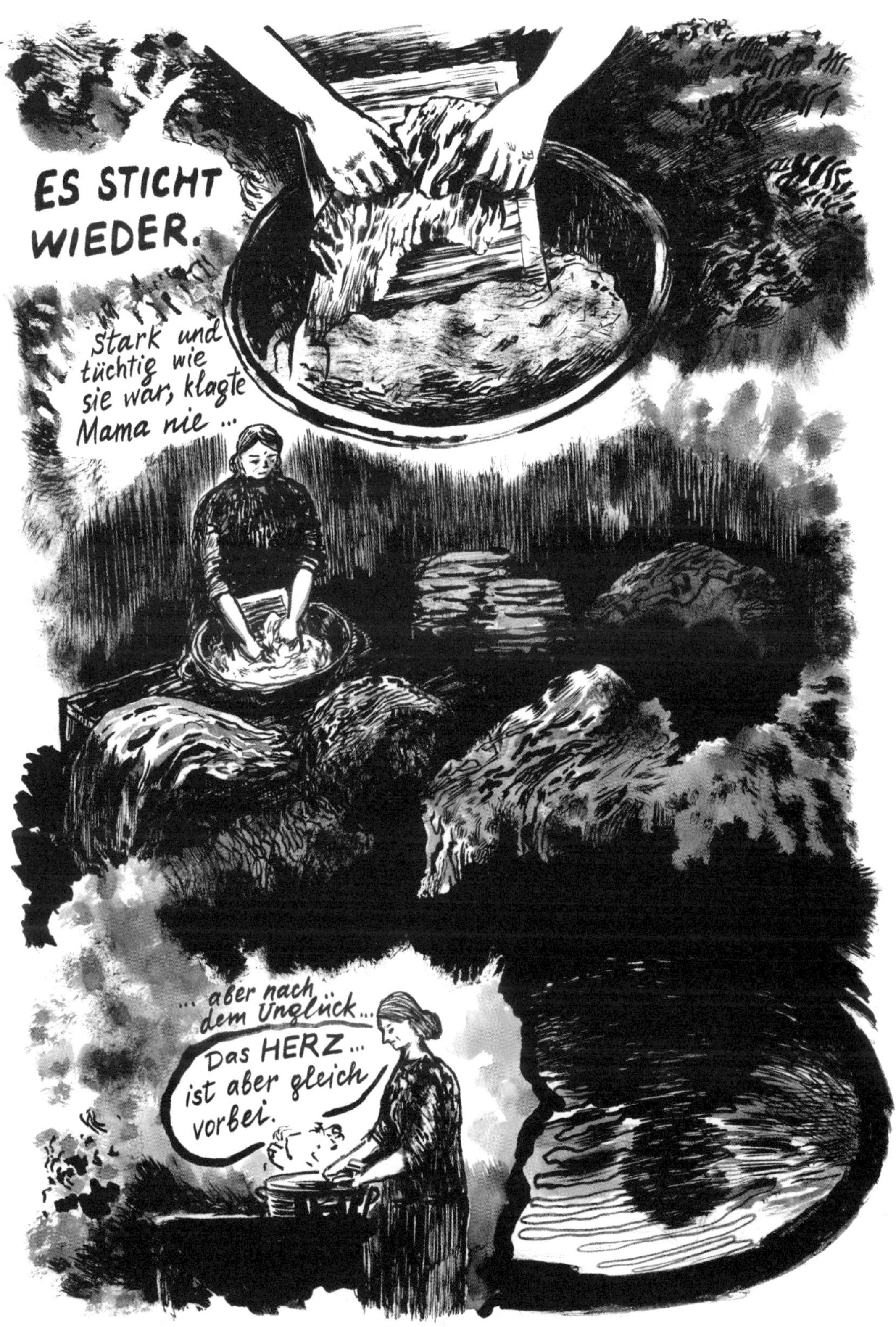
ES STICHT WIEDER.
Stark und tüchtig wie sie war, klagte Mama nie ...
... aber nach dem Unglück ...
Das HERZ ... ist aber gleich vorbei.

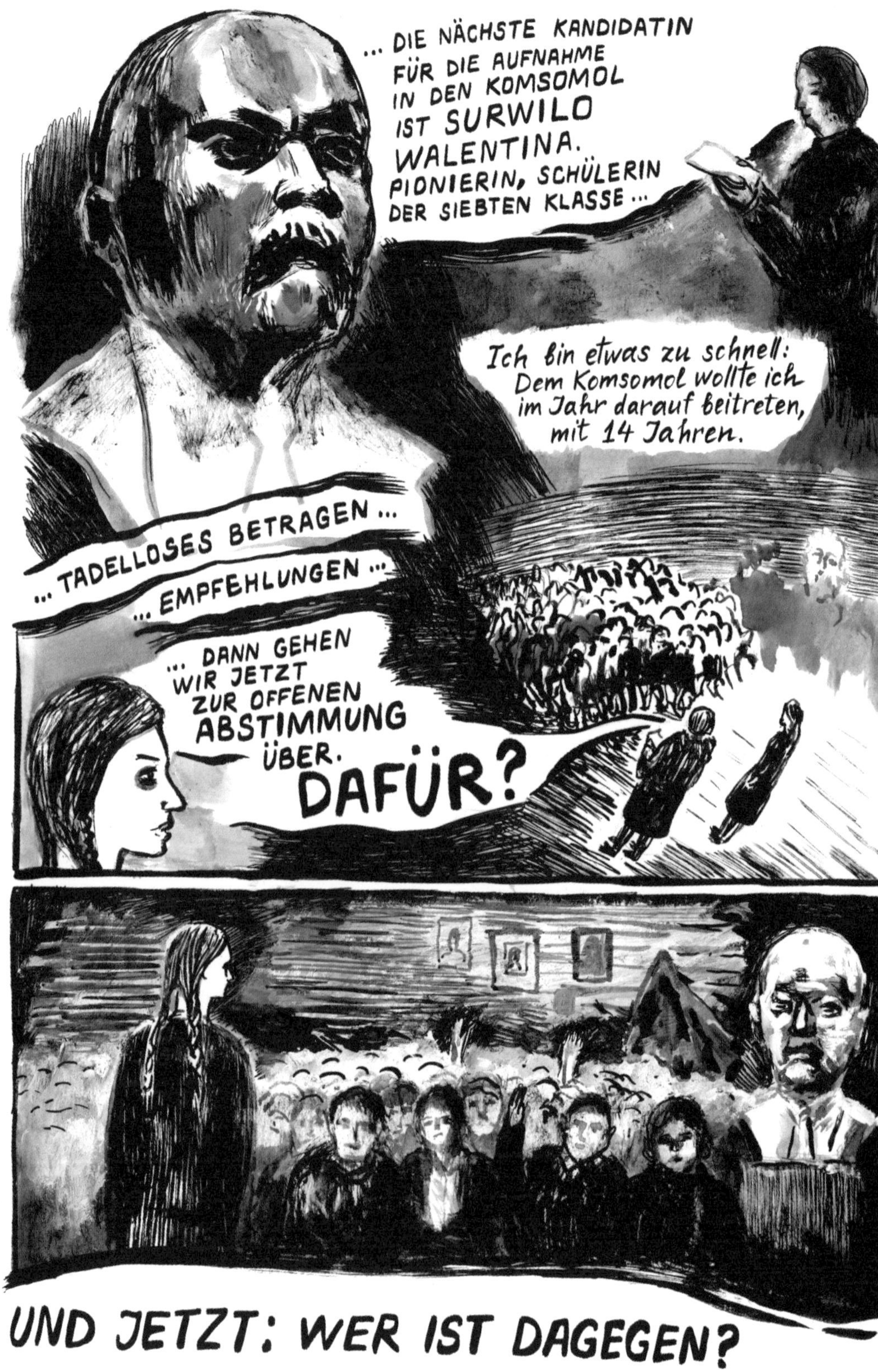

... DIE NÄCHSTE KANDIDATIN FÜR DIE AUFNAHME IN DEN KOMSOMOL IST SURWILO WALENTINA. PIONIERIN, SCHÜLERIN DER SIEBTEN KLASSE ...

Ich bin etwas zu schnell: Dem Komsomol wollte ich im Jahr darauf beitreten, mit 14 Jahren.

... TADELLOSES BETRAGEN ...

... EMPFEHLUNGEN ...

... DANN GEHEN WIR JETZT ZUR OFFENEN ABSTIMMUNG ÜBER. DAFÜR?

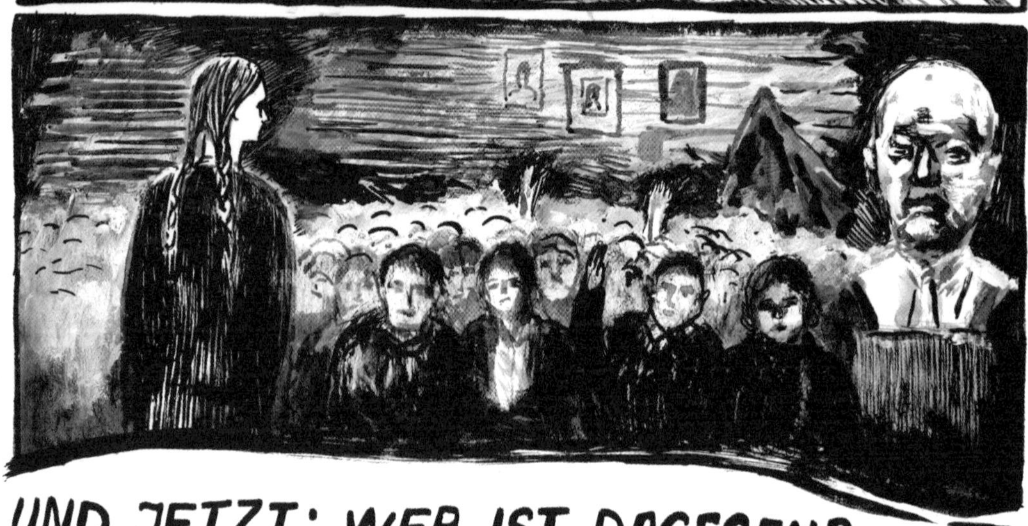

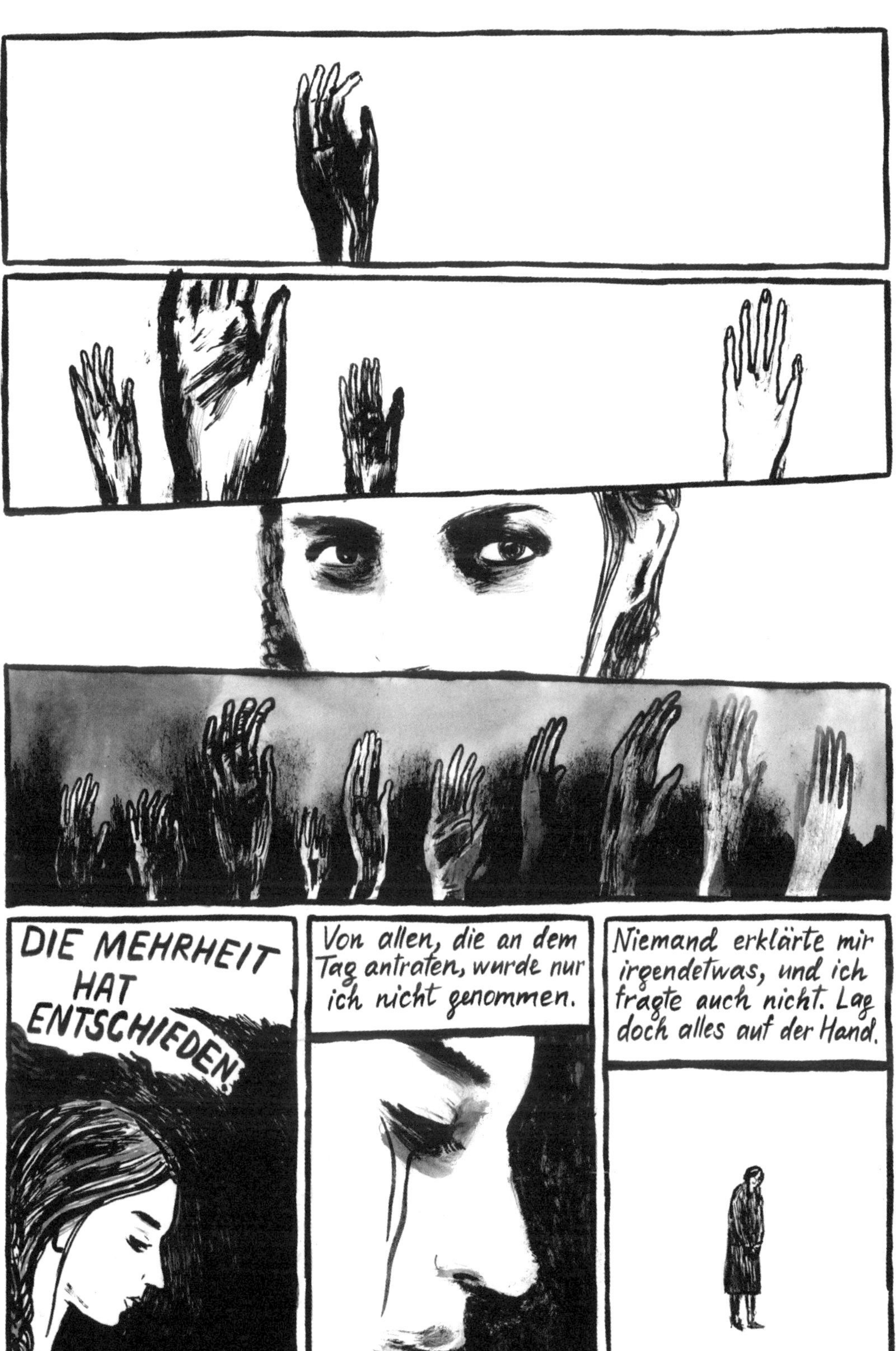
DIE MEHRHEIT HAT ENTSCHIEDEN.
Von allen, die an dem Tag antraten, wurde nur ich nicht genommen.
Niemand erklärte mir irgendetwas, und ich fragte auch nicht. Lag doch alles auf der Hand.

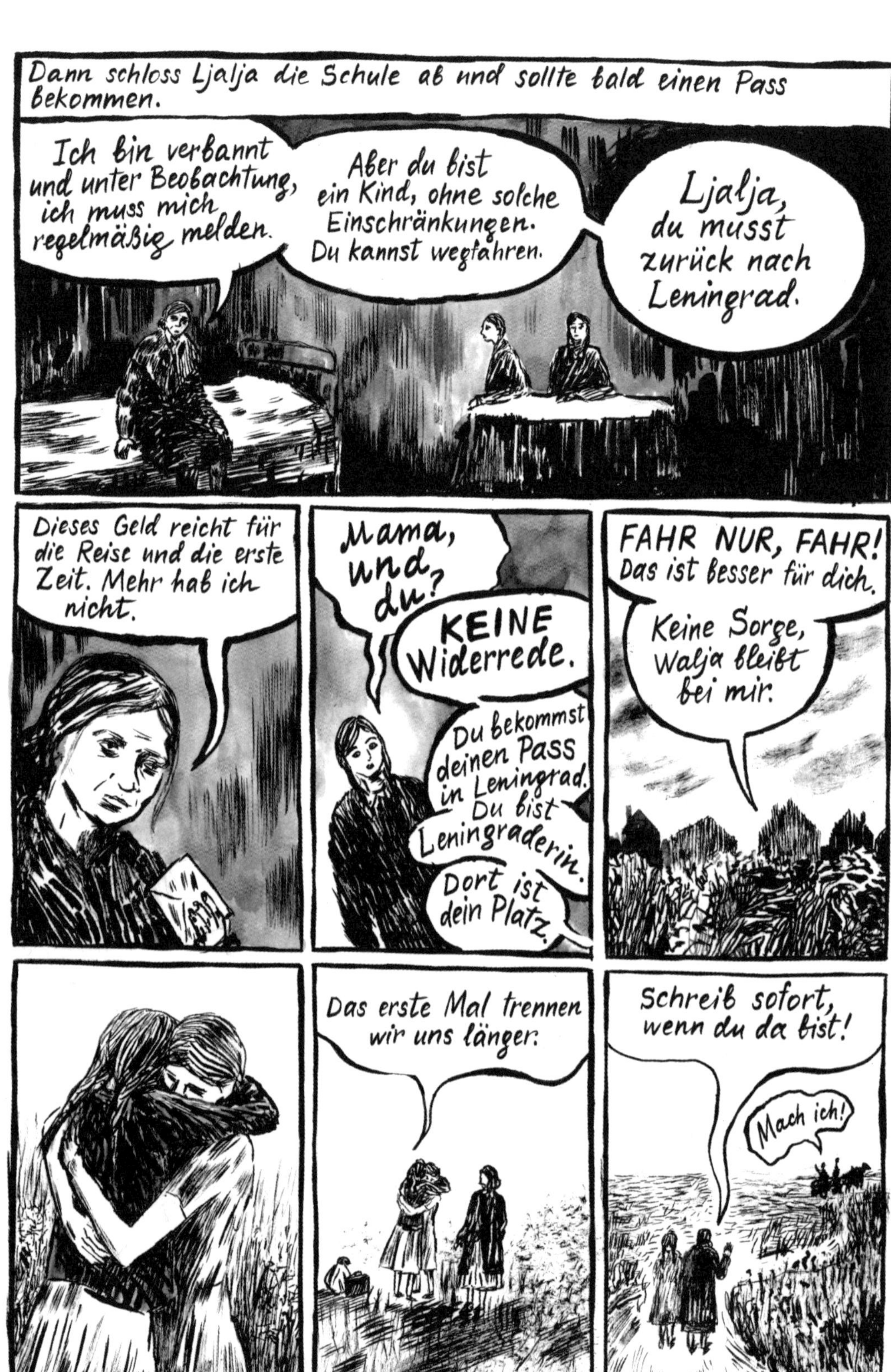
Dann schloss Ljalja die Schule ab und sollte bald einen Pass bekommen.
Ich bin verbannt und unter Beobachtung, ich muss mich regelmäßig melden.
Aber du bist ein Kind, ohne solche Einschränkungen. Du kannst wegfahren.
Ljalja, du musst zurück nach Leningrad.
Dieses Geld reicht für die Reise und die erste Zeit. Mehr hab ich nicht.
Mama, und du?
KEINE Widerrede.
Du bekommst deinen Pass in Leningrad. Du bist Leningraderin.
Dort ist dein Platz.
FAHR NUR, FAHR! Das ist besser für dich.
Keine Sorge, Walja bleibt bei mir.
Das erste Mal trennen wir uns länger.
Schreib sofort, wenn du da bist!
Mach ich!

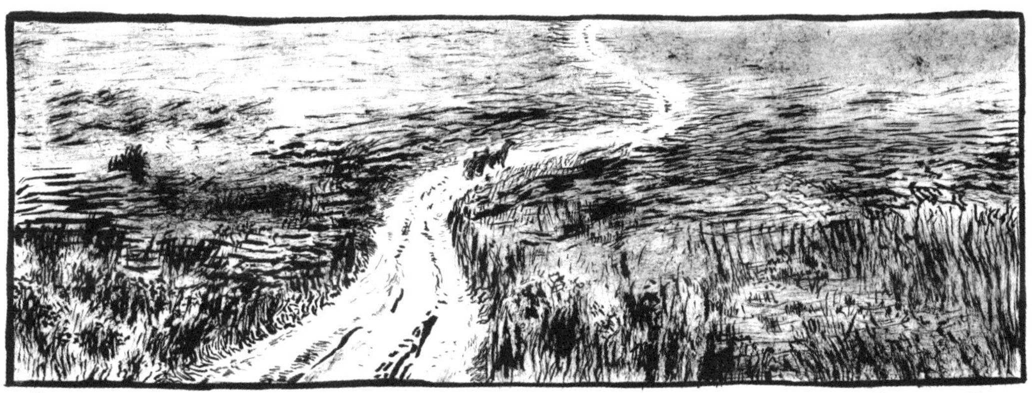

Ljalja schrieb uns aus Leningrad:

Sie arbeitete als Buchhalterin und mietete ein Zimmer in einem Vorort.

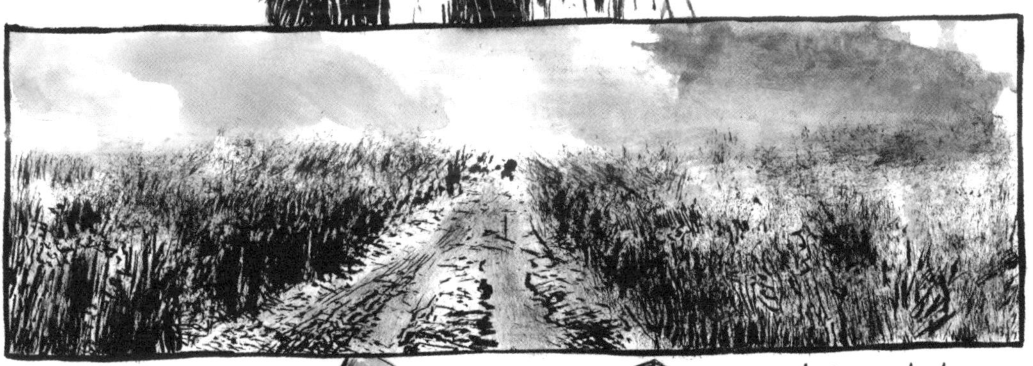

Ljalja schickte Fotos und Geschenke.

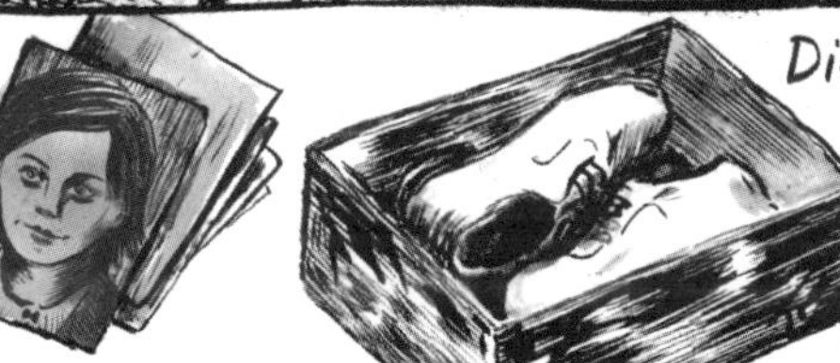

Diese Leinenschuhe trug ich bis zum Beginn des **Kriegs.**

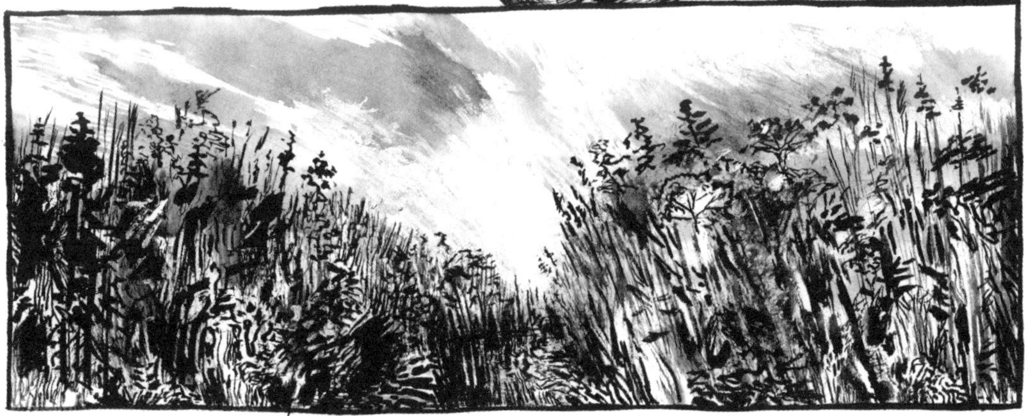

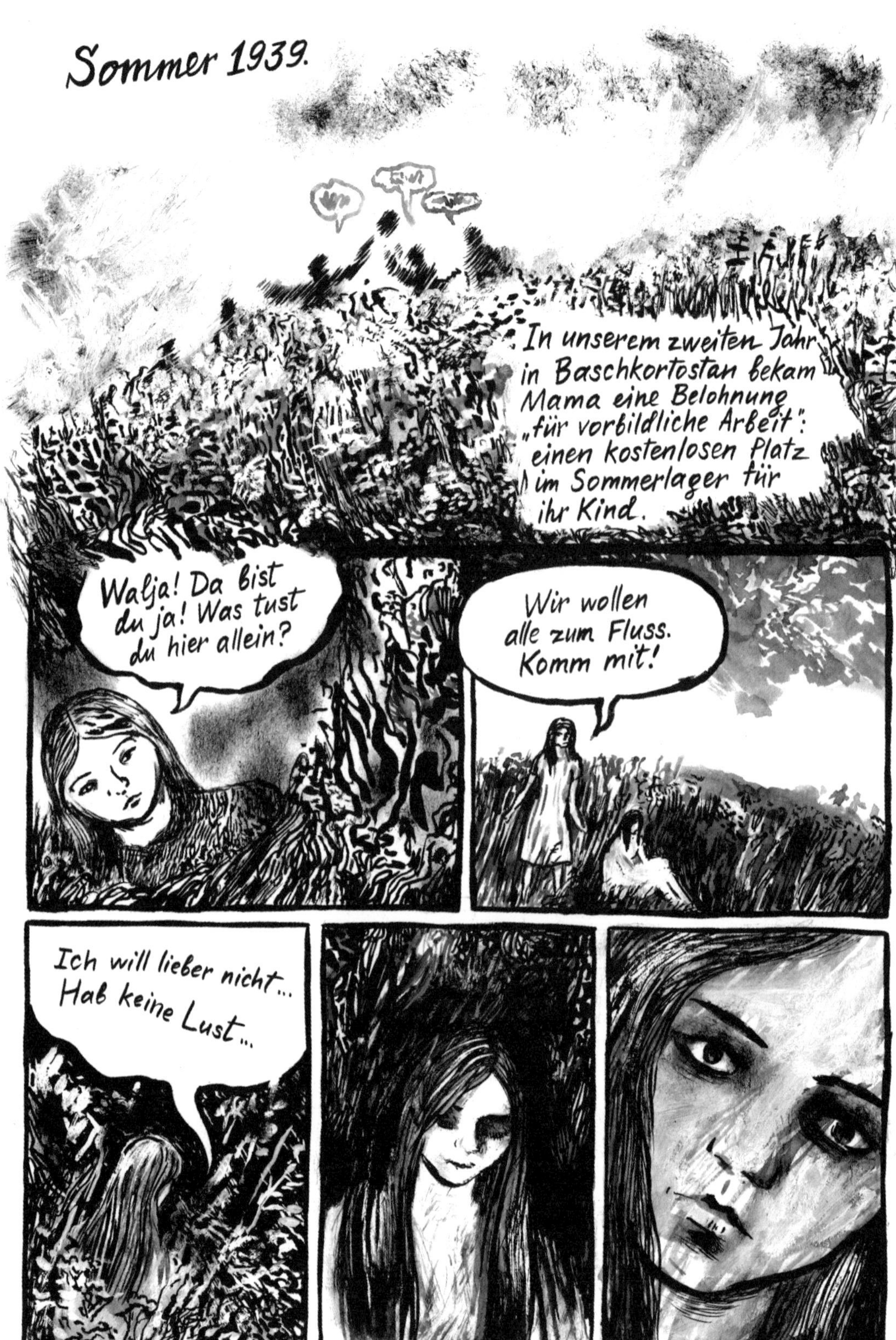
Sommer 1939.
In unserem zweiten Jahr in Baschkortostan bekam Mama eine Belohnung „für vorbildliche Arbeit": einen kostenlosen Platz im Sommerlager für ihr Kind.
Walja! Da bist du ja! Was tust du hier allein?
Wir wollen alle zum Fluss. Komm mit!
Ich will lieber nicht... Hab keine Lust...

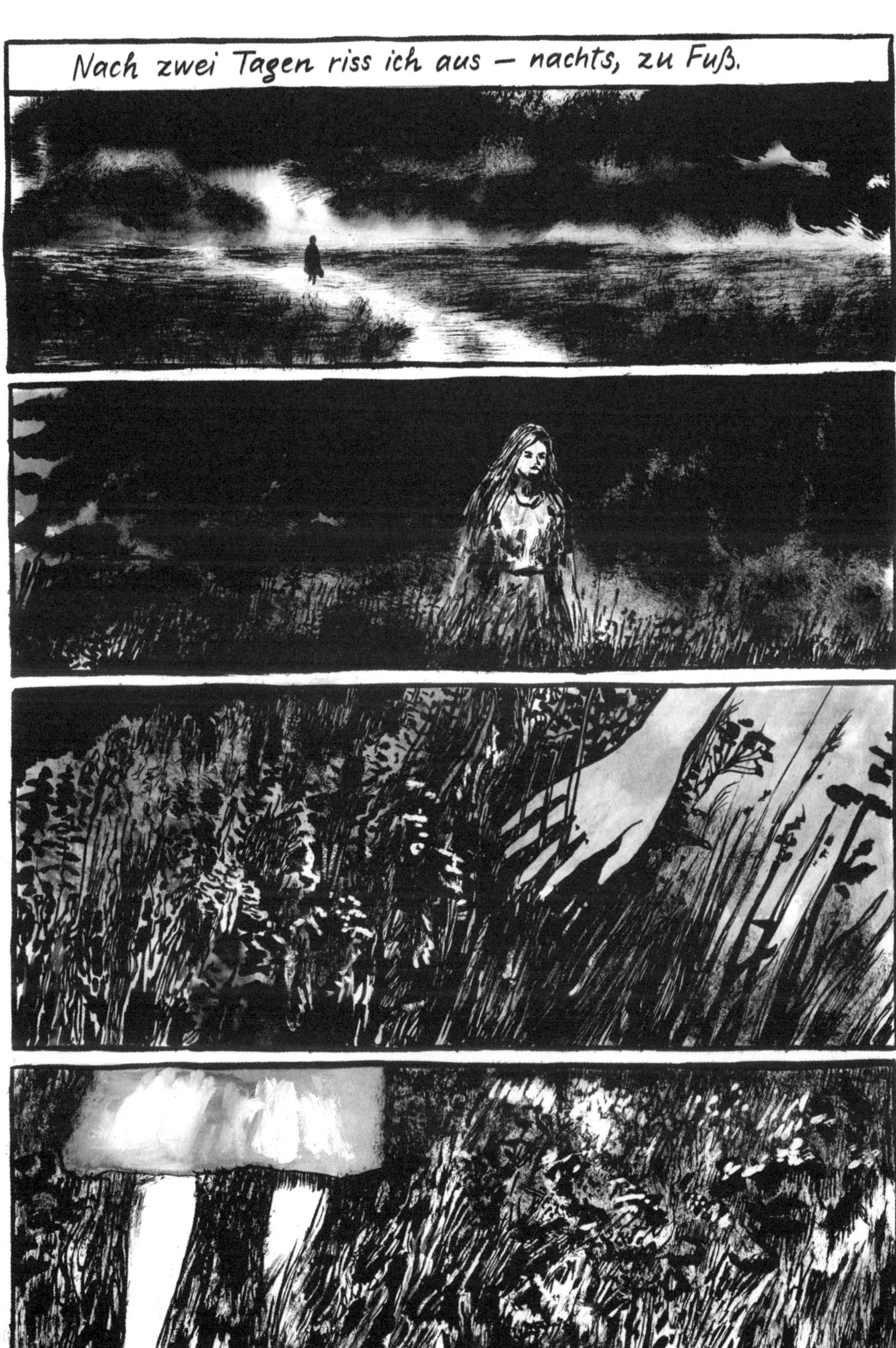
Nach zwei Tagen riss ich aus – nachts, zu Fuß.

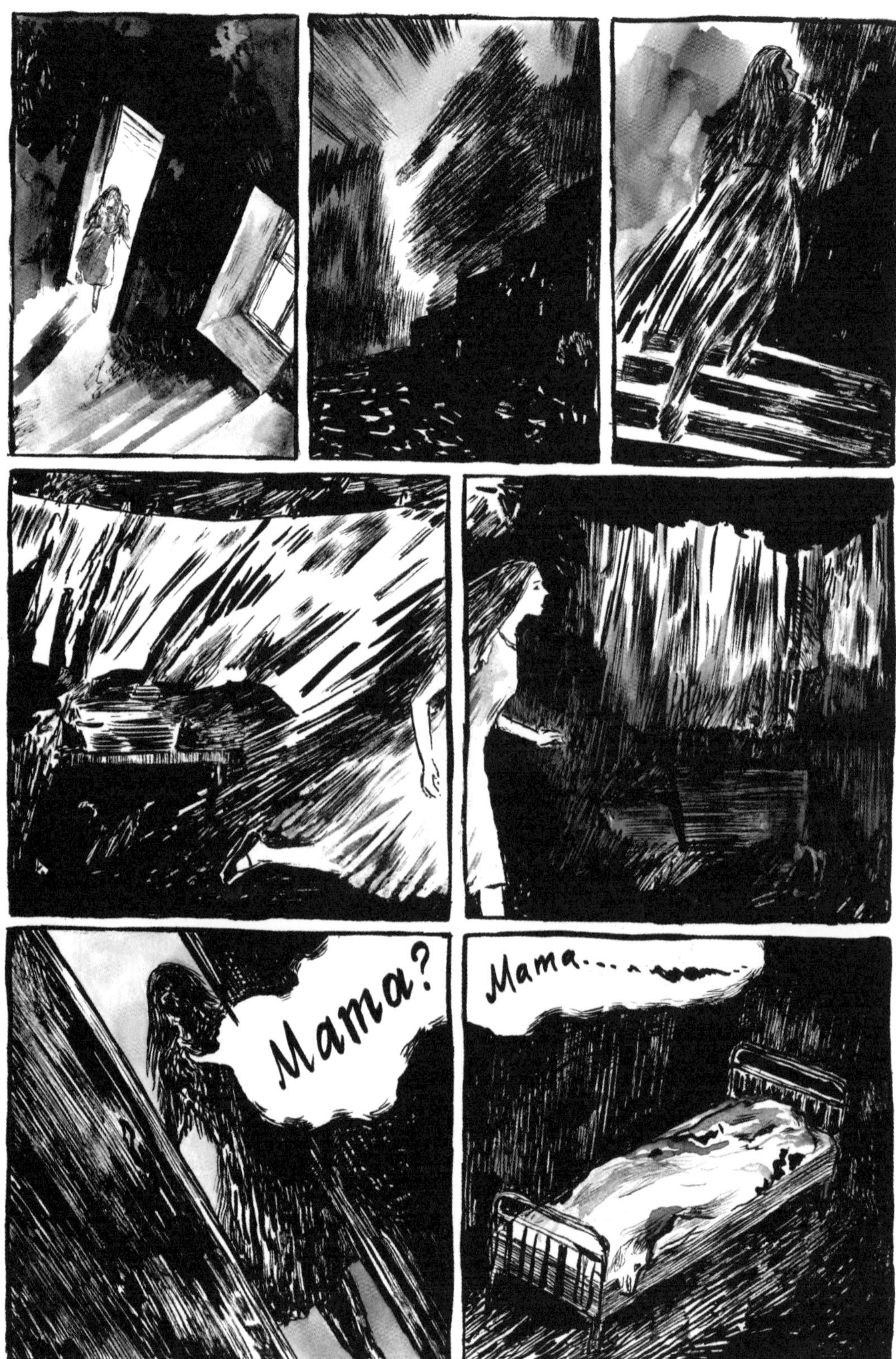
Mama?
Mama....

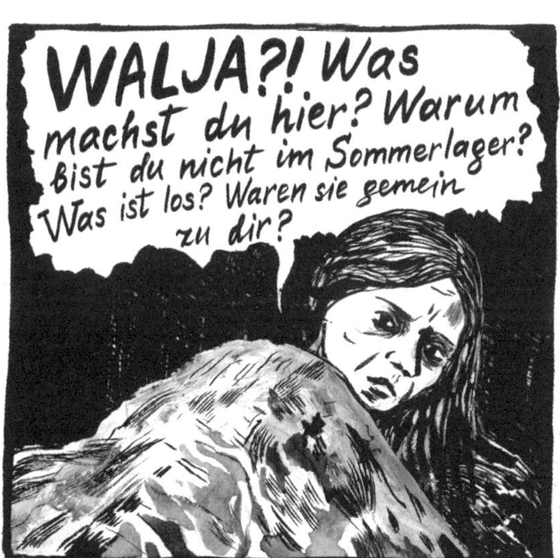
WALJA?! Was machst du hier? Warum bist du nicht im Sommerlager? Was ist los? Waren sie gemein zu dir?

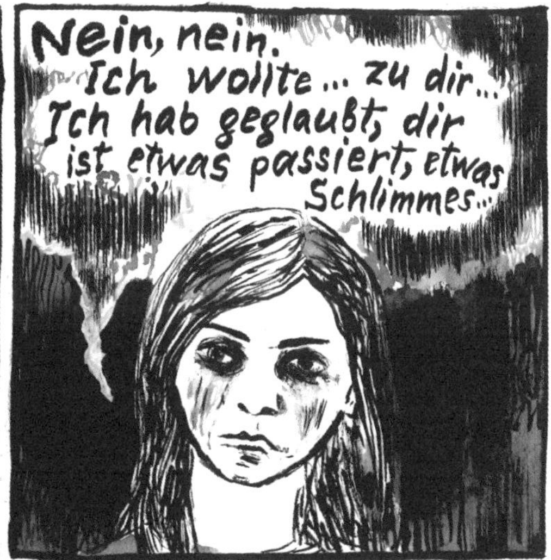
Nein, nein. Ich wollte ... zu dir ... Ich hab geglaubt, dir ist etwas passiert, etwas Schlimmes ...

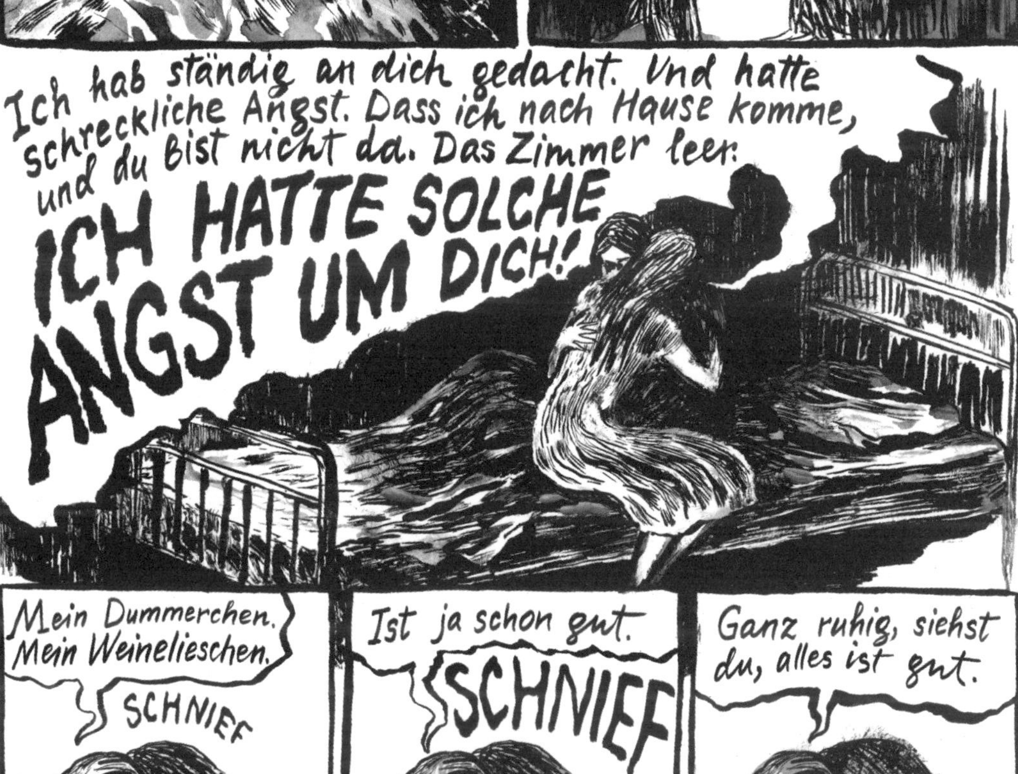
Ich hab ständig an dich gedacht. Und hatte schreckliche Angst. Dass ich nach Hause komme, und du bist nicht da. Das Zimmer leer.
ICH HATTE SOLCHE ANGST UM DICH!

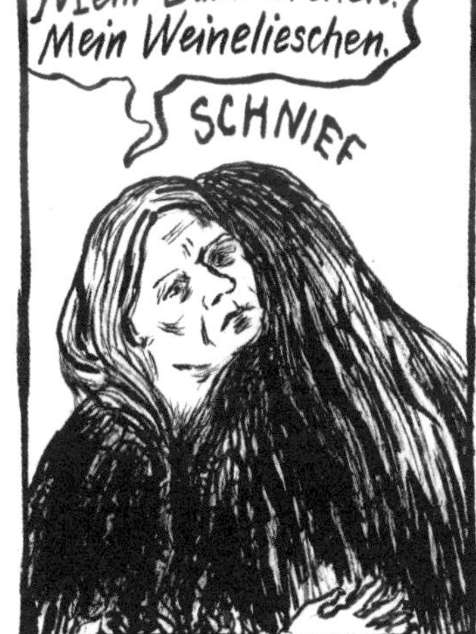
Mein Dummerchen. Mein Weinelieschen.
SCHNIEF

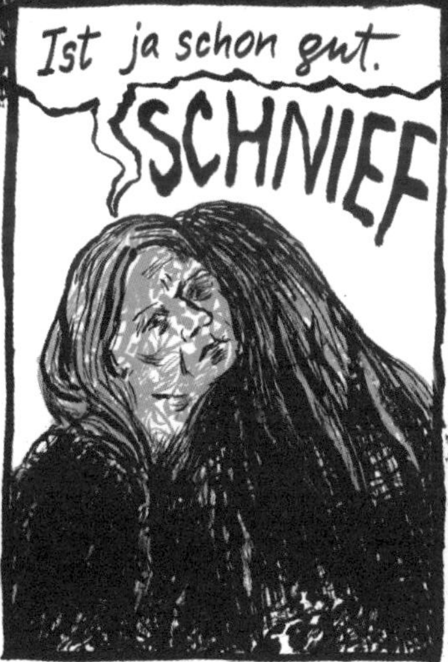
Ist ja schon gut.
SCHNIEF

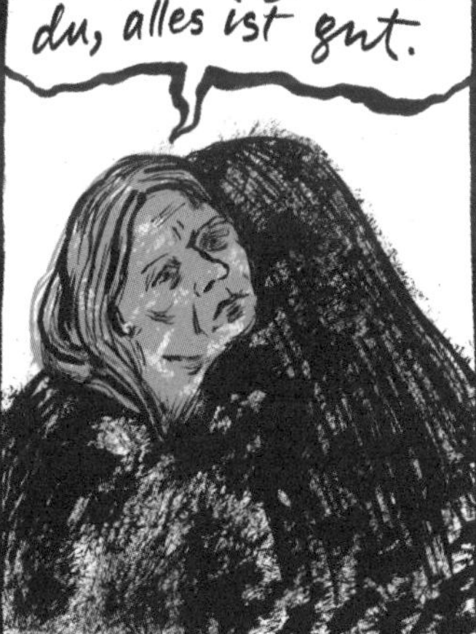
Ganz ruhig, siehst du, alles ist gut.

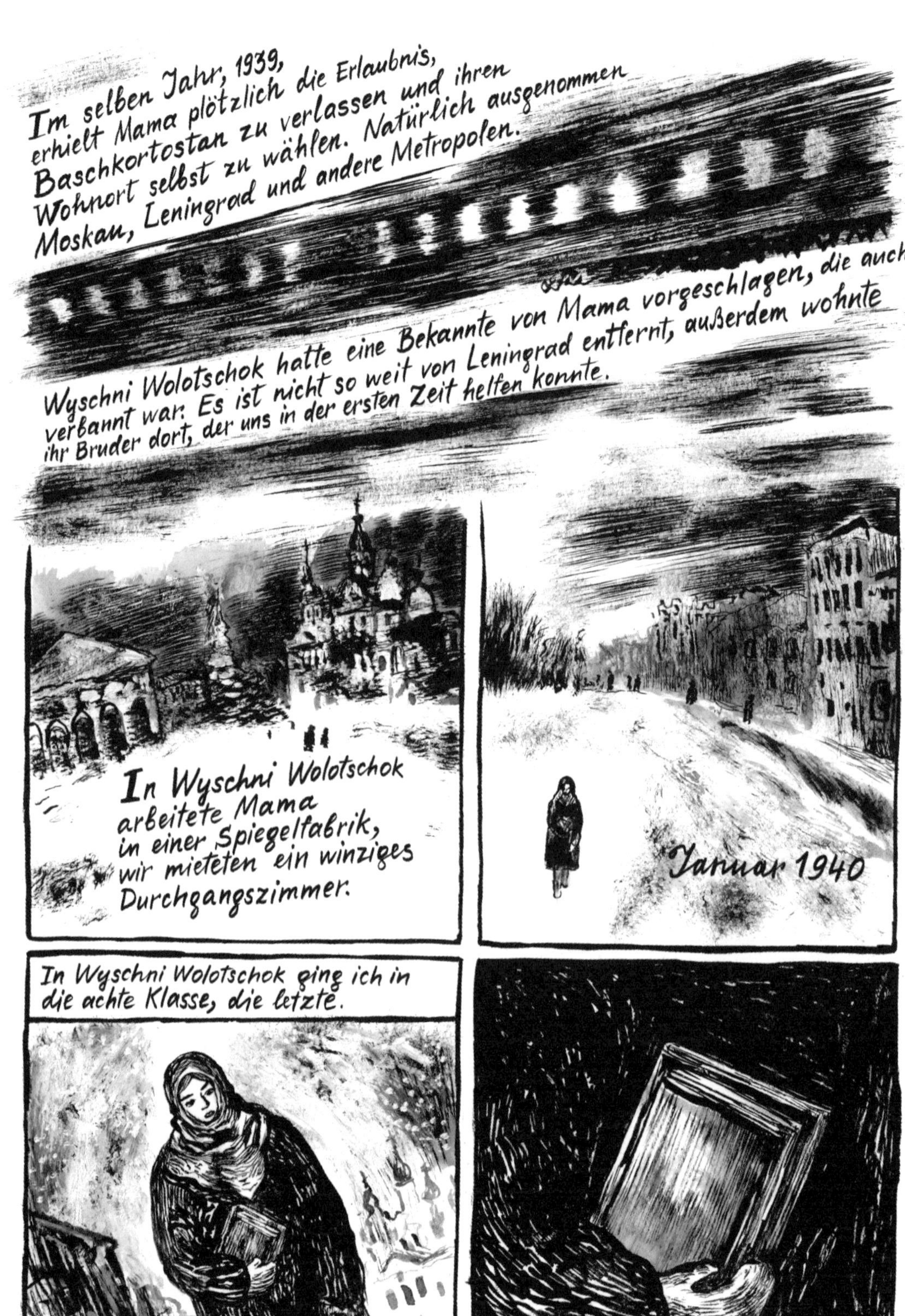
Im selben Jahr, 1939, erhielt Mama plötzlich die Erlaubnis, Baschkortostan zu verlassen und ihren Wohnort selbst zu wählen. Natürlich ausgenommen Moskau, Leningrad und andere Metropolen.
Wyschni Wolotschok hatte eine Bekannte von Mama vorgeschlagen, die auch verbannt war. Es ist nicht so weit von Leningrad entfernt, außerdem wohnte ihr Bruder dort, der uns in der ersten Zeit helfen konnte.
In Wyschni Wolotschok arbeitete Mama in einer Spiegelfabrik, wir mieteten ein winziges Durchgangszimmer.
Januar 1940
In Wyschni Wolotschok ging ich in die achte Klasse, die letzte.

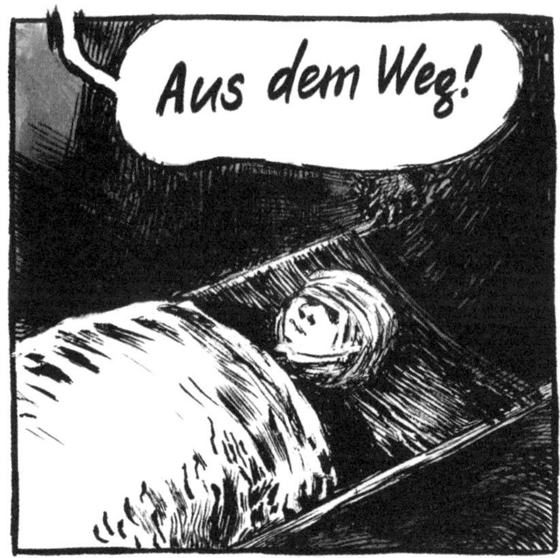

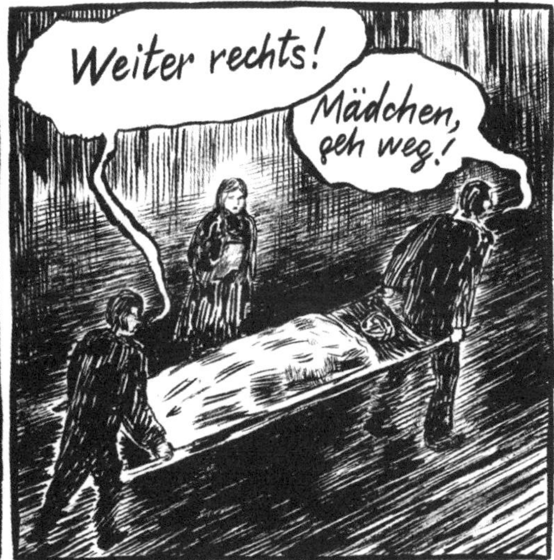

1939-40 fand der sowjetisch-finnische Winterkrieg statt, die Schule wurde zum Lazarett. Der Platz war knapp ...

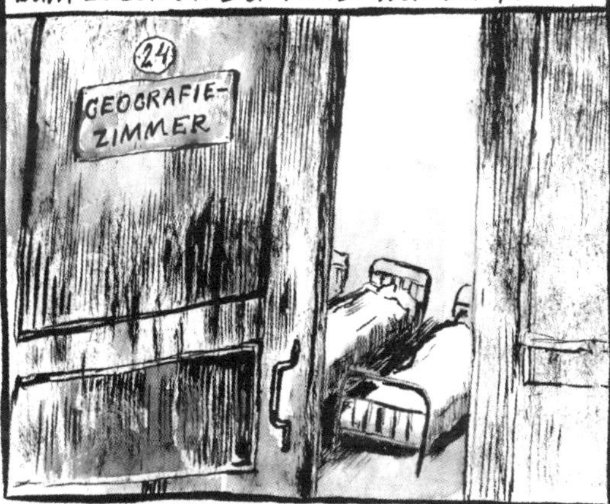

Gelernt wurde nur noch abends, in einer Spätschicht.

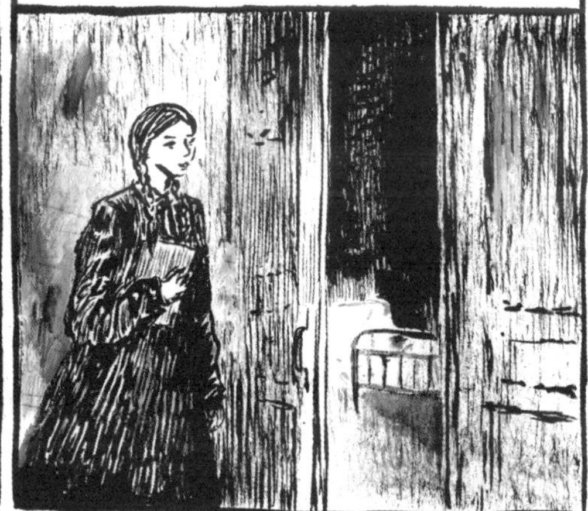

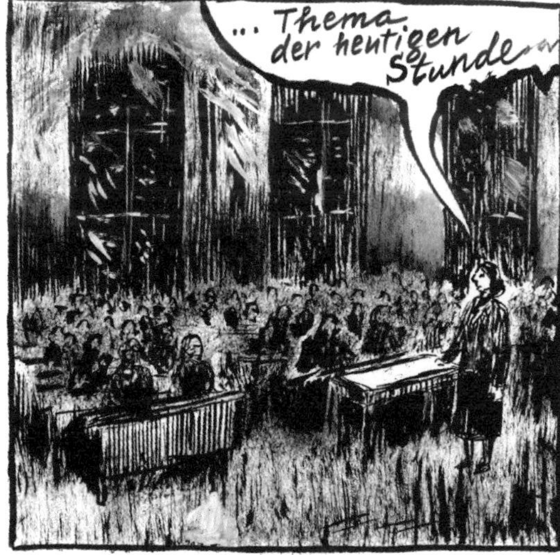

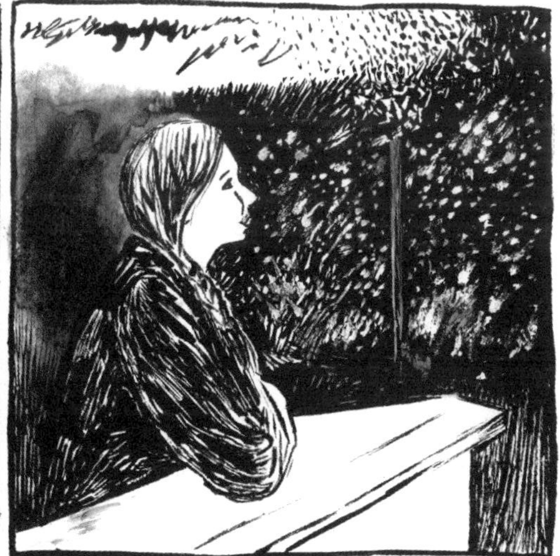

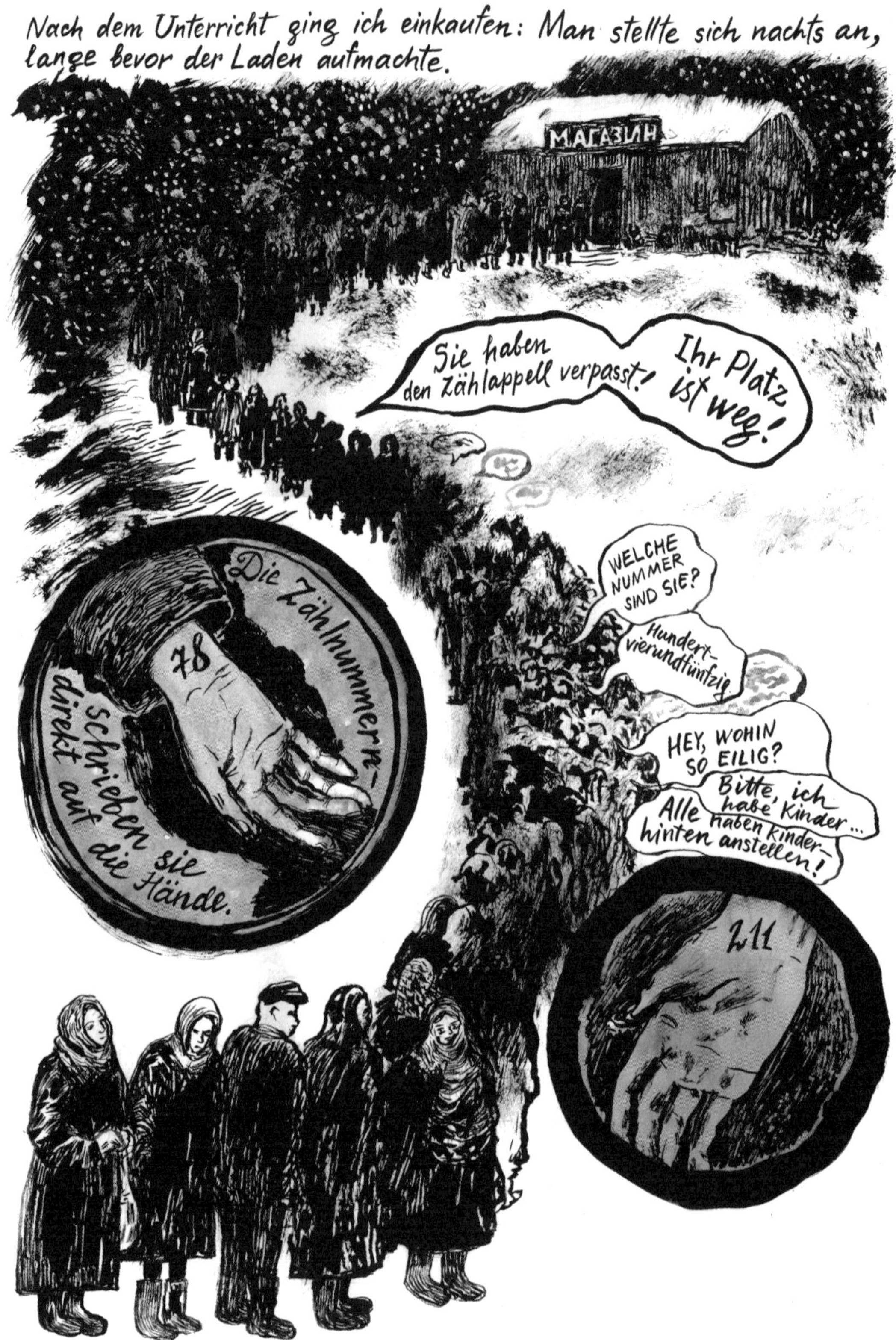
Nach dem Unterricht ging ich einkaufen: Man stellte sich nachts an, lange bevor der Laden aufmachte.
МАГАЗИН
Sie haben den Zählappell verpasst!
Ihr Platz ist weg!
Die Zählnummern schrieben sie direkt auf die Hände.
78
WELCHE NUMMER SIND SIE?
Hundertvierundfünfzig
HEY, WOHIN SO EILIG?
Bitte, ich habe Kinder...
Alle haben Kinder – hinten anstellen!
211

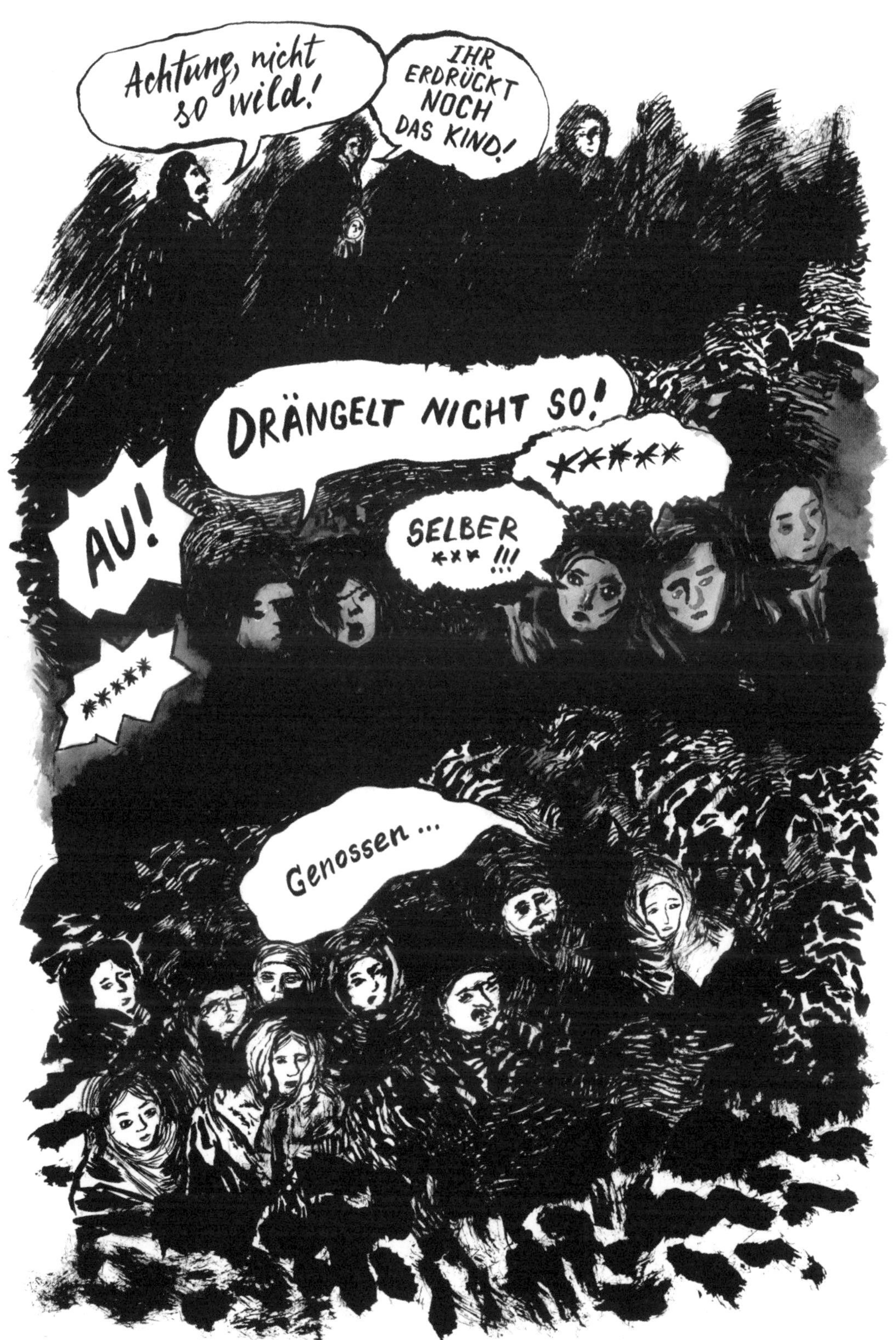
Achtung, nicht so wild!
IHR ERDRÜCKT NOCH DAS KIND!
DRÄNGELT NICHT SO!
*****
AU!
SELBER *** !!!
*****
Genossen ...

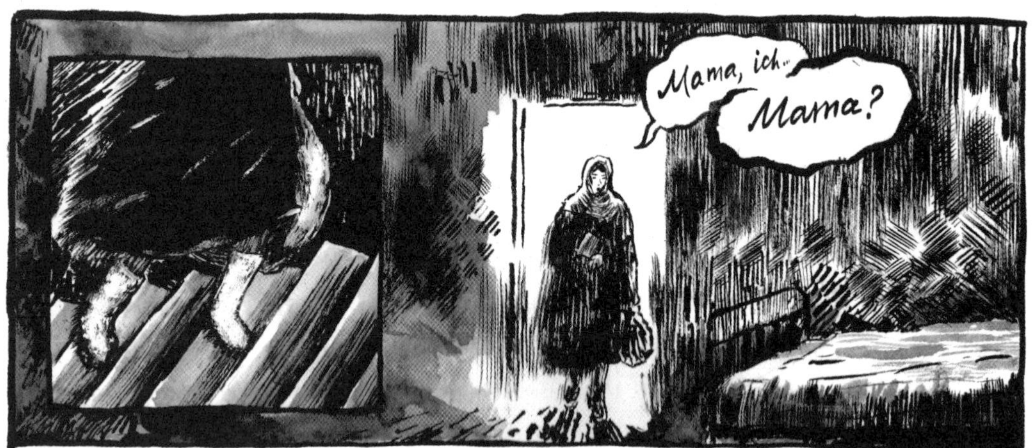
Mama, ich...
Mama?
Mama konnte nicht in der Schlange anstehen, angeblich weil sie Wasser in den Beinen hatte. Der eigentliche Grund war aber ihr krankes Herz.

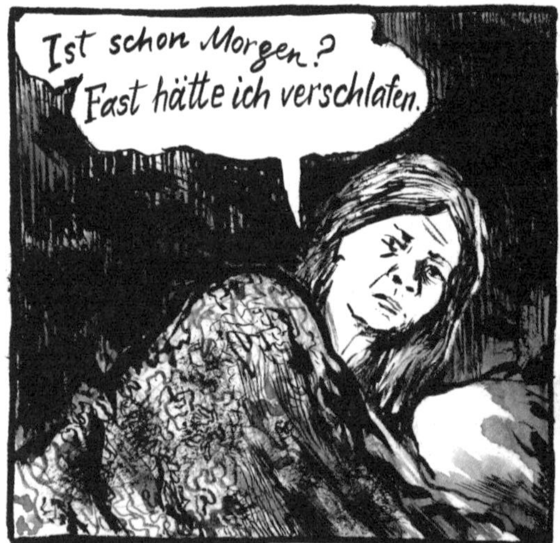
Ist schon Morgen?
Fast hätte ich verschlafen.

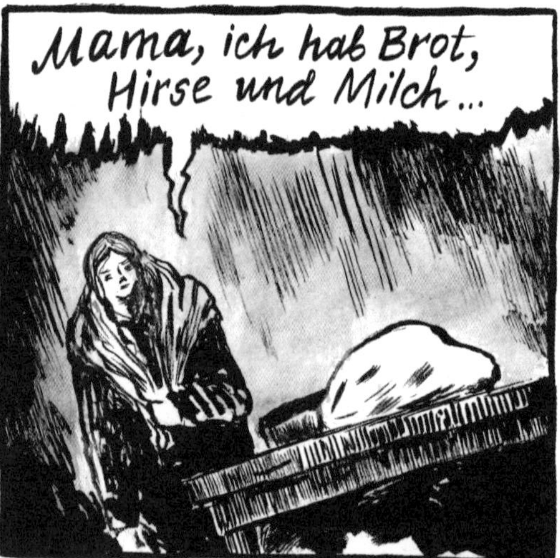
Mama, ich hab Brot, Hirse und Milch ...

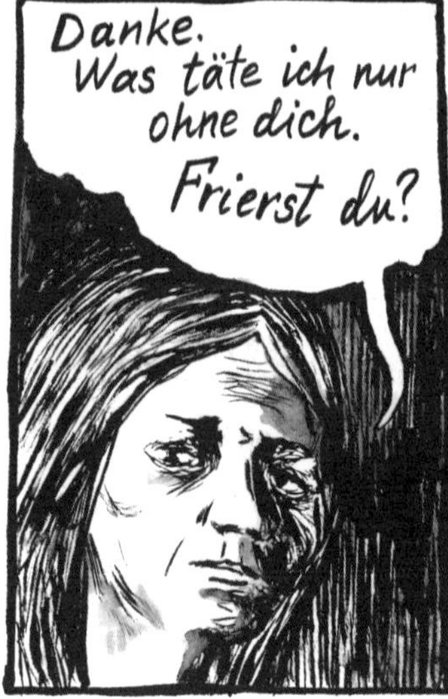
Danke.
Was täte ich nur ohne dich.
Frierst du?

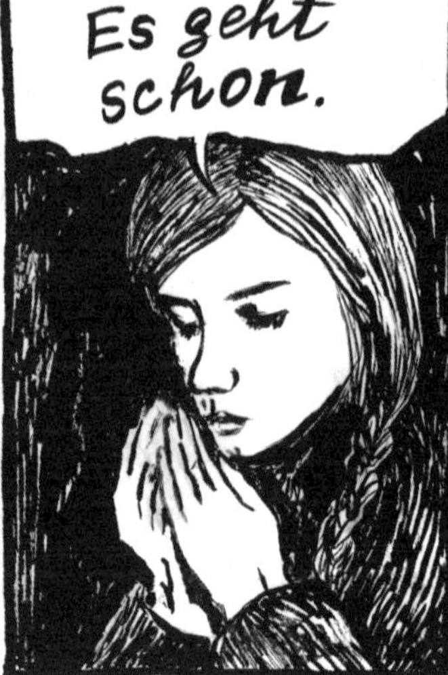
Es geht schon.

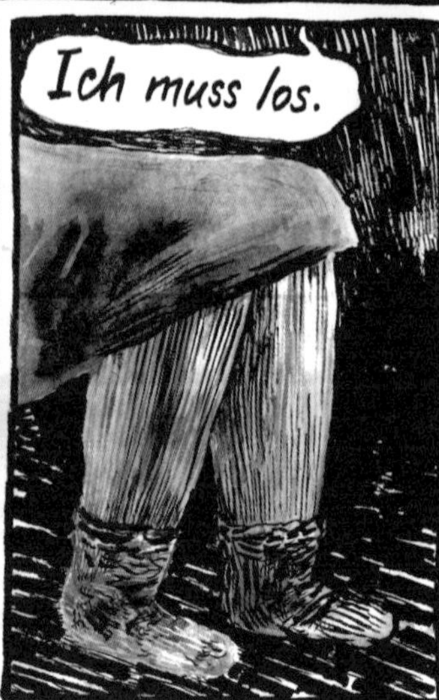
Ich muss los.

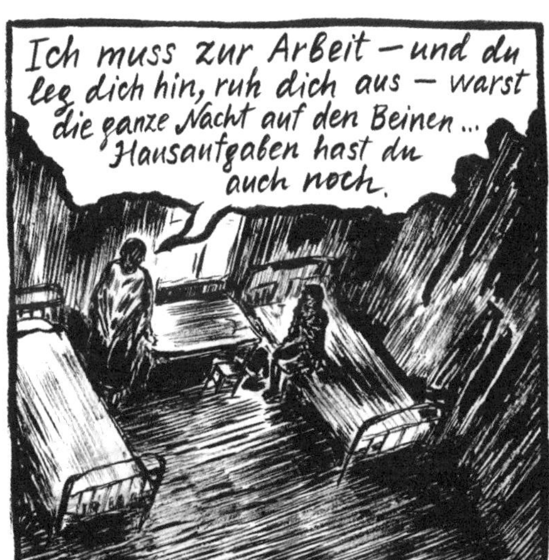
Ich muss zur Arbeit – und du leg dich hin, ruh dich aus – warst die ganze Nacht auf den Beinen ... Hausaufgaben hast du auch noch.

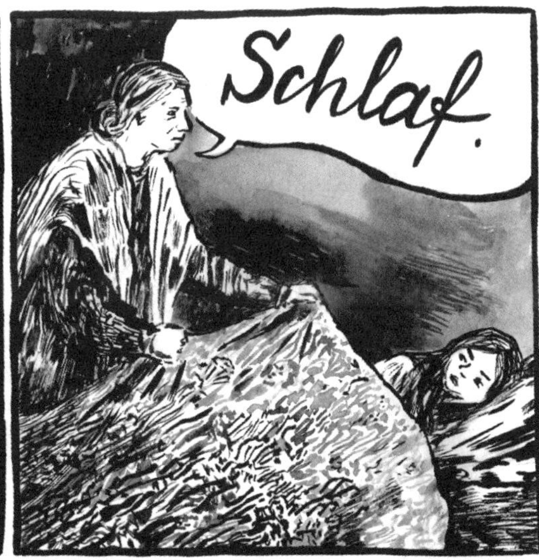
Schlaf.

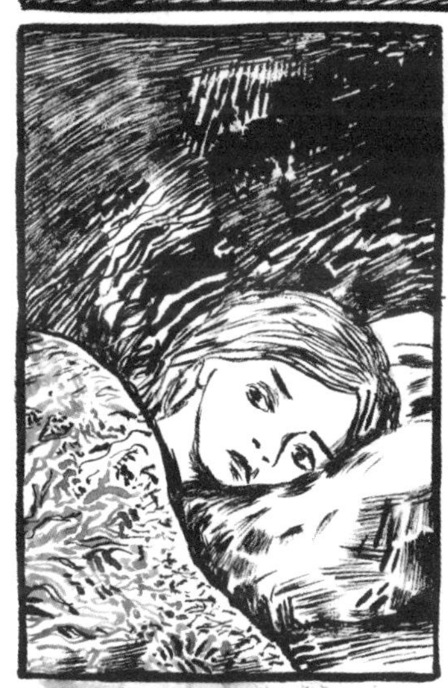

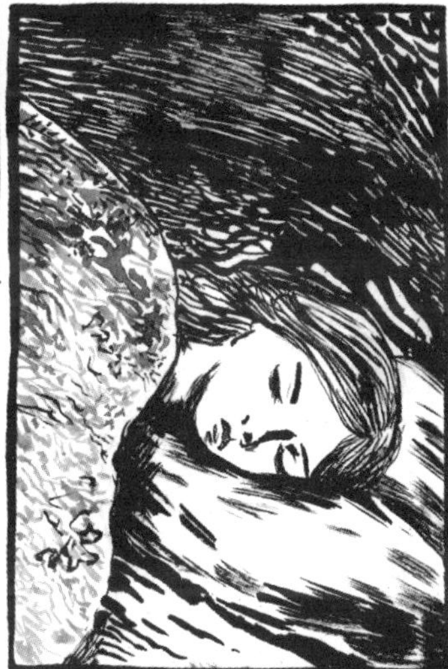

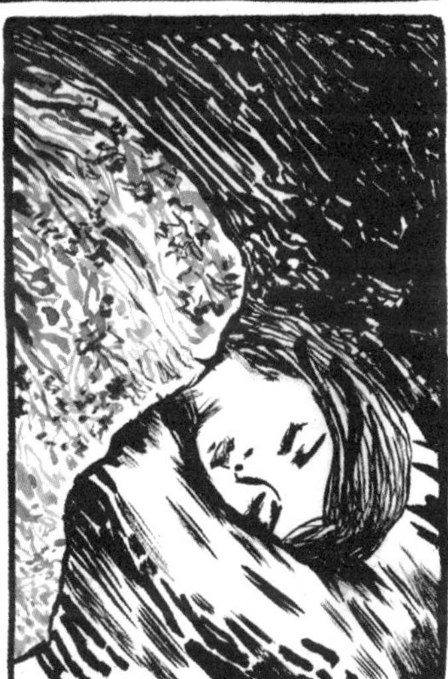

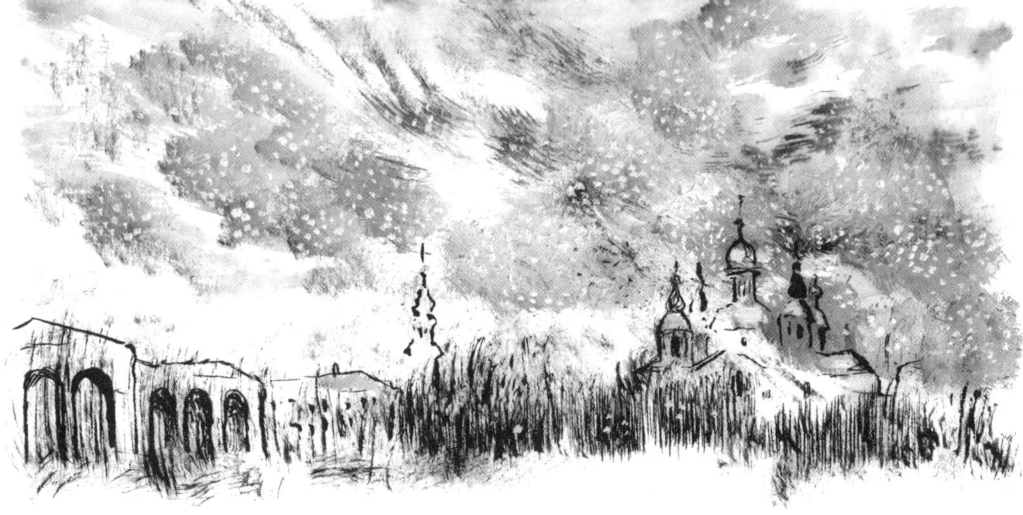

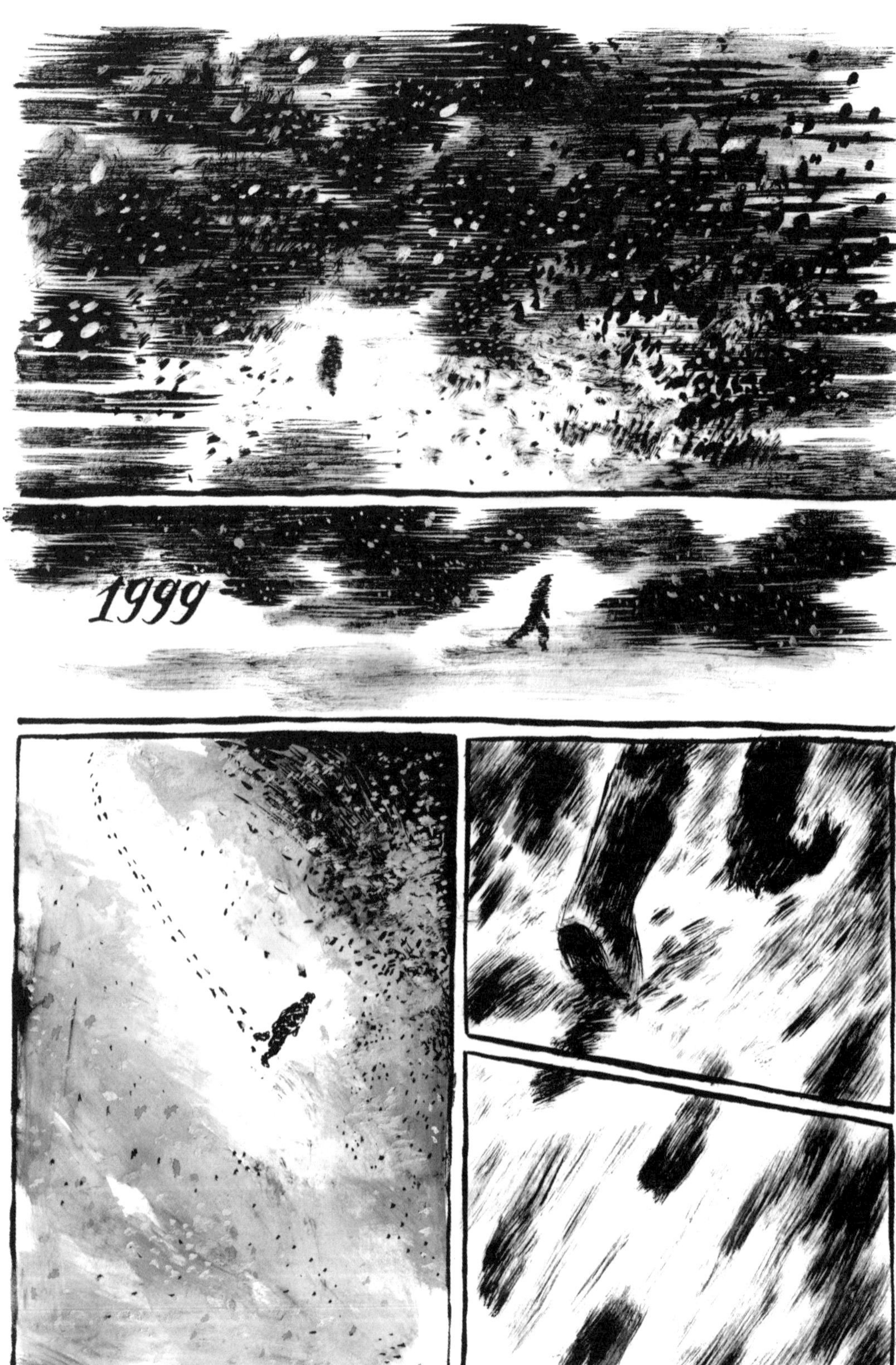
1999

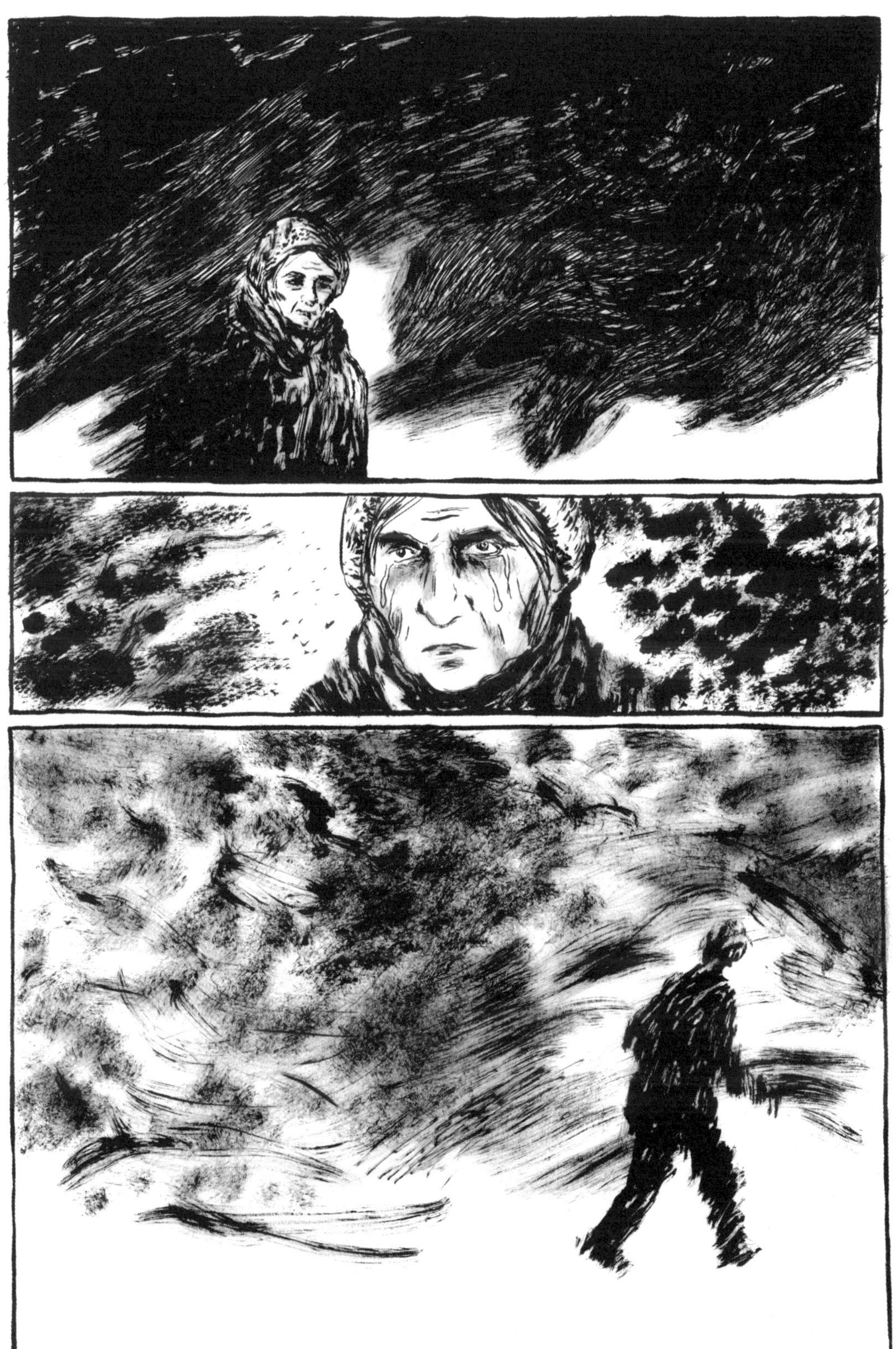

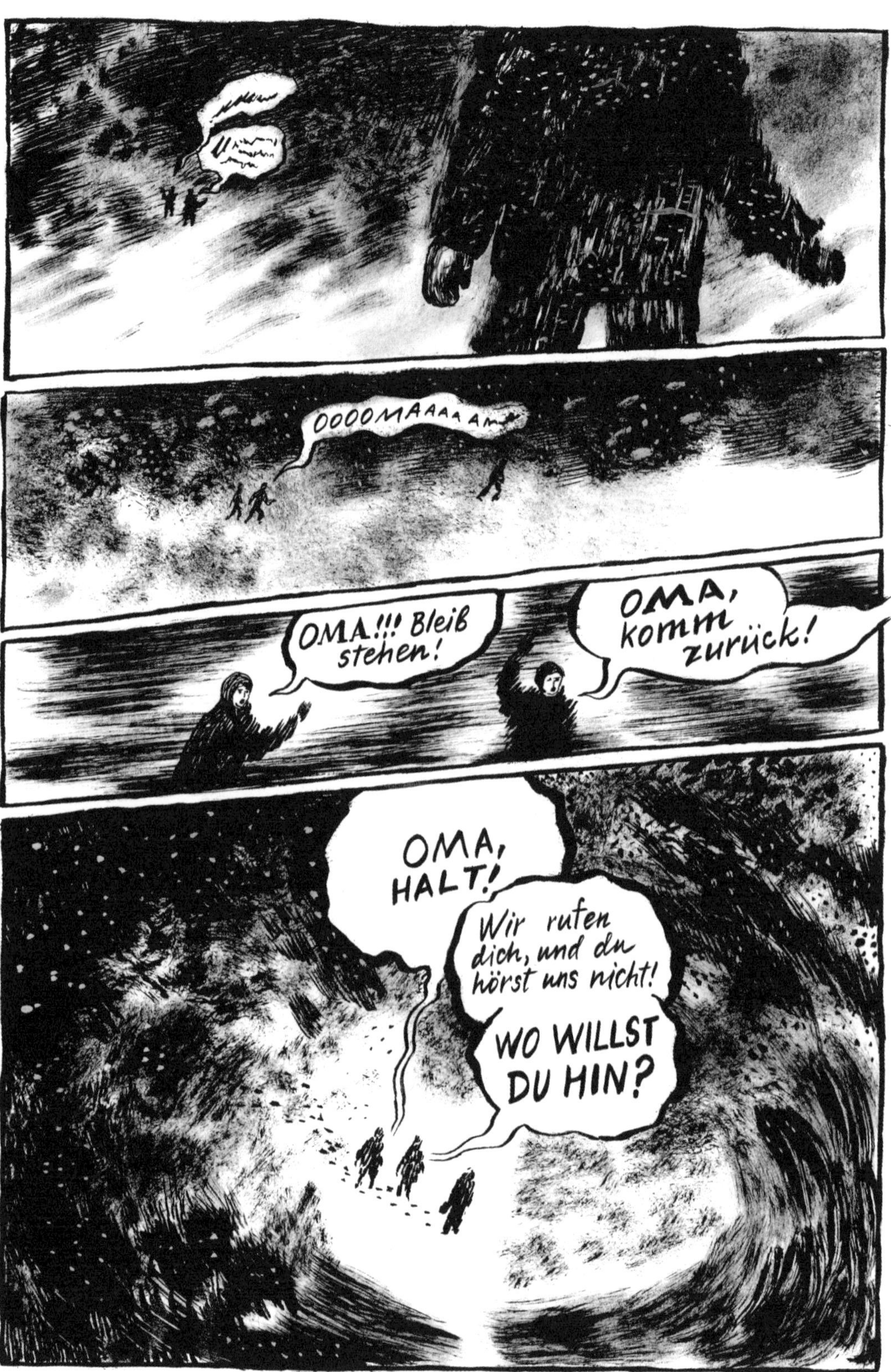
OOOOMAAAAAM
OMA!!! Bleiß stehen!
OMA, komm zurück!
OMA, HALT!
Wir rufen dich, und du hörst uns nicht!
WO WILLST DU HIN?

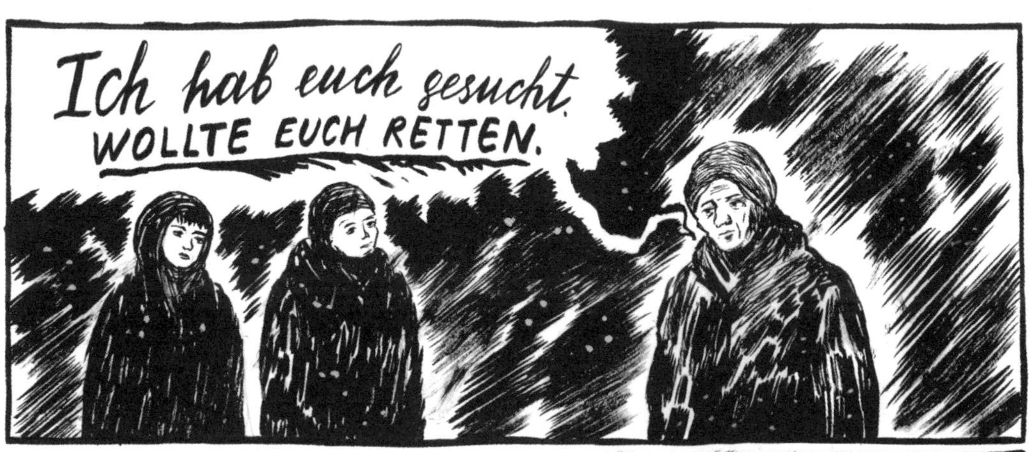
Ich hab euch gesucht.
WOLLTE EUCH RETTEN.
Ihr wart spazieren, es wurde dunkel, hat den Weg zugeschneit, und das Eis in der Bucht ist so dünn ... und ich dachte ... euch ist ein UNGLÜCK passiert. Ich hatte so ein Gefühl ... weiß auch nicht, was das war. Ich bin euren Spuren gefolgt und es schneite immer mehr ...

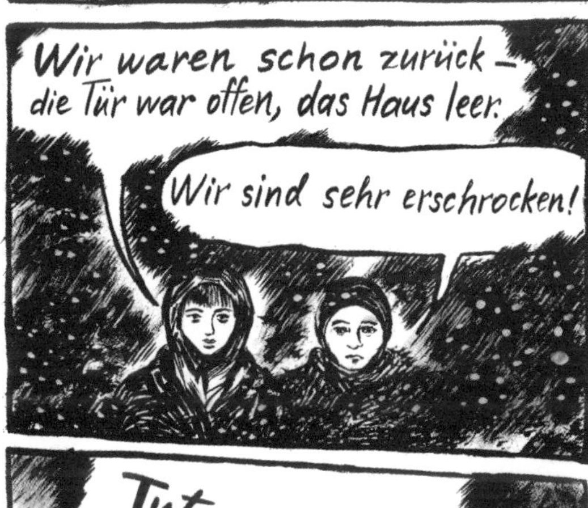
Wir waren schon zurück – die Tür war offen, das Haus leer.
Wir sind sehr erschrocken!

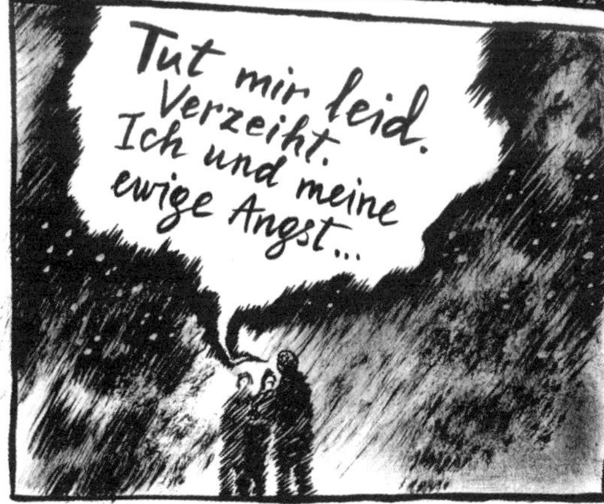
Tut mir leid. Verzeiht. Ich und meine ewige Angst ...

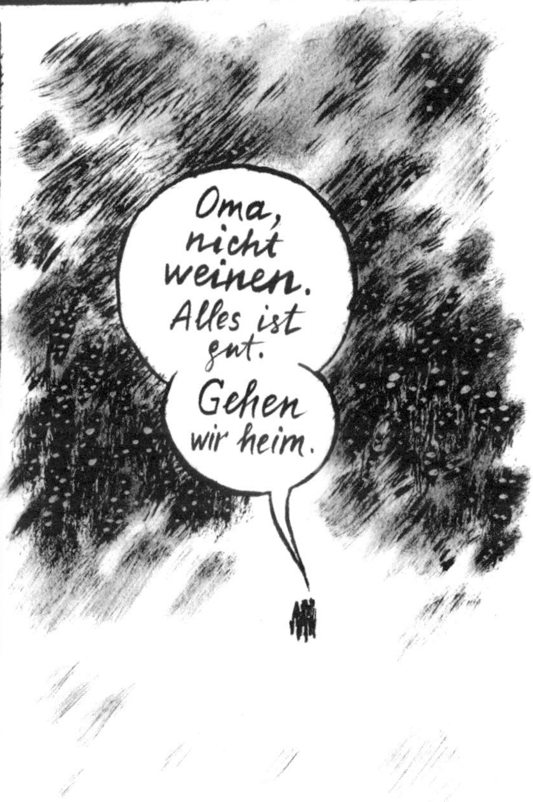
Oma, nicht weinen. Alles ist gut.
Gehen wir heim.

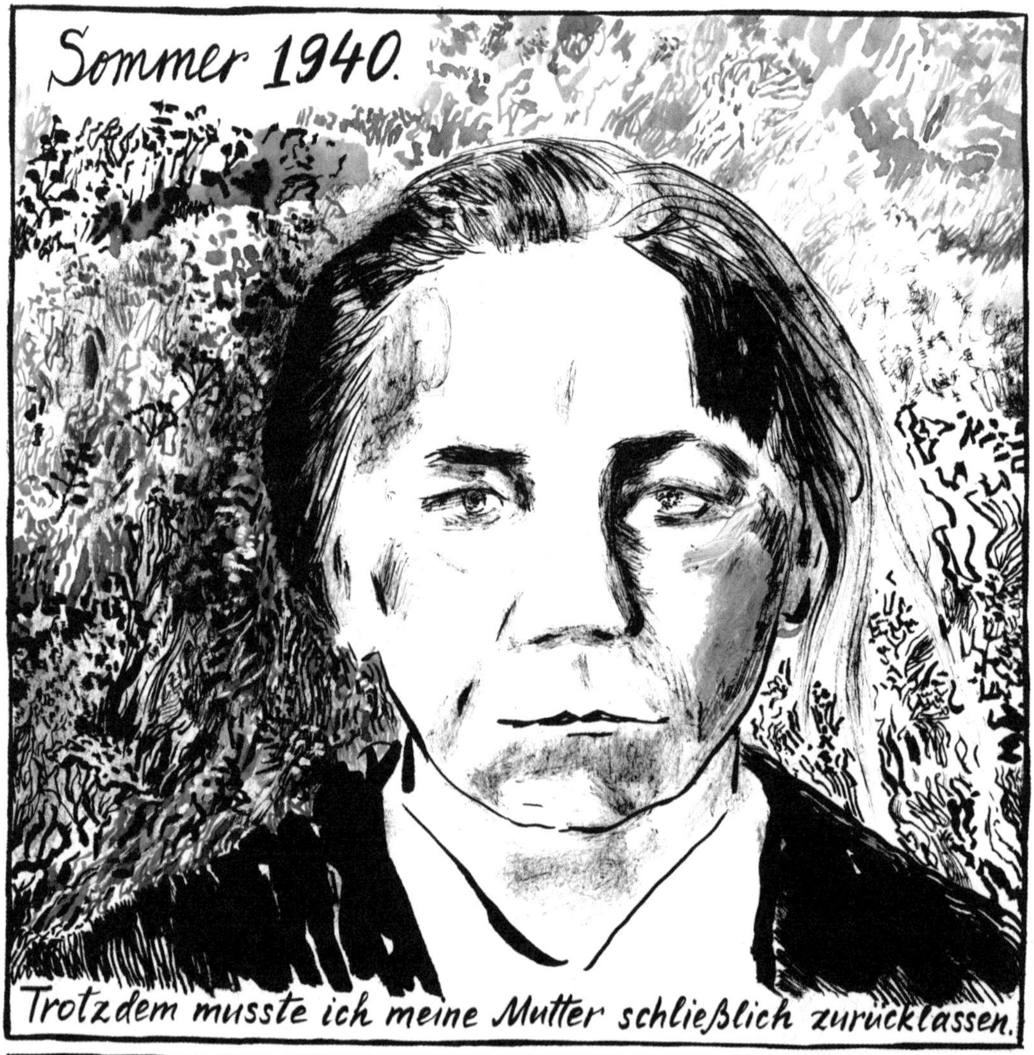

Sommer 1940.

Trotzdem musste ich meine Mutter schließlich zurücklassen.

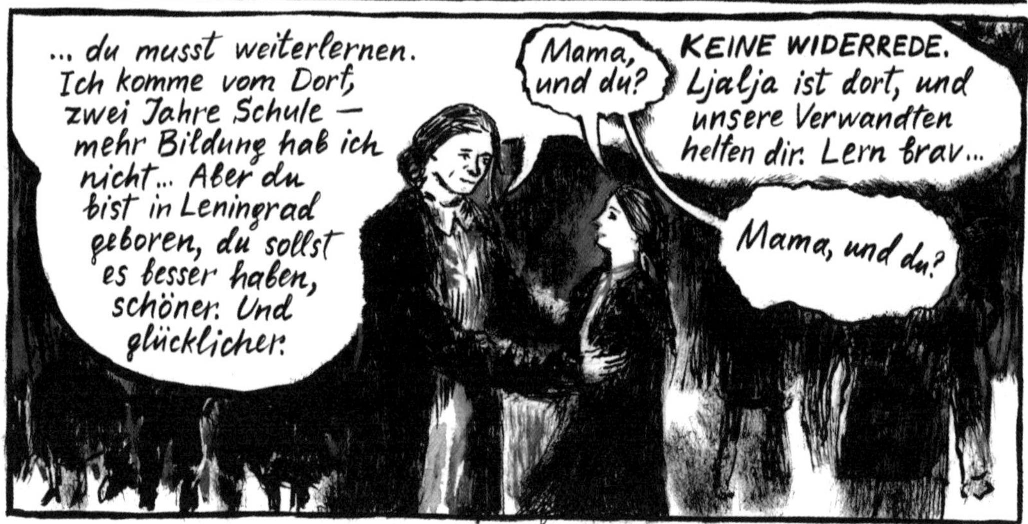

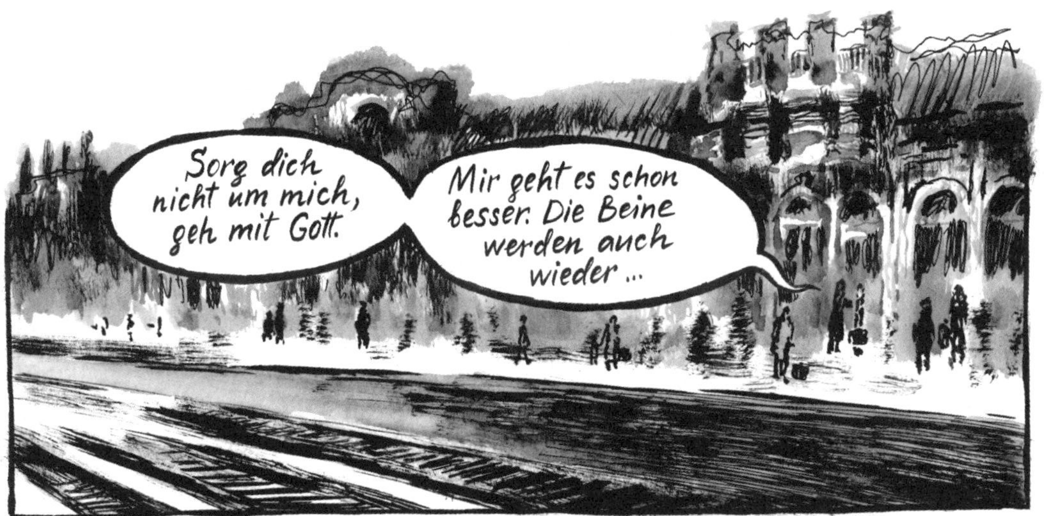
Sorg dich nicht um mich, geh mit Gott.
Mir geht es schon besser. Die Beine werden auch wieder ...

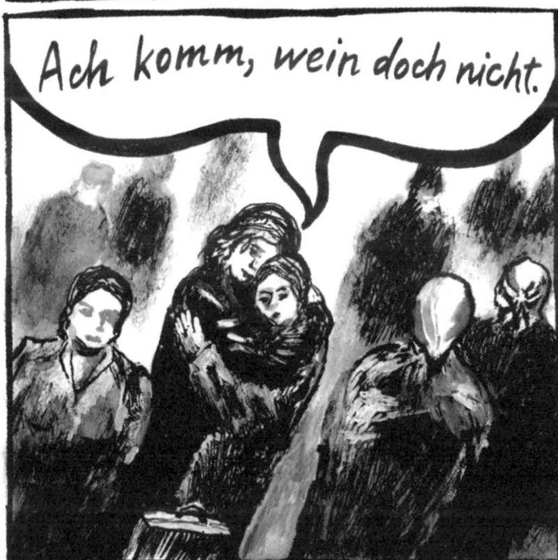
Ach komm, wein doch nicht.

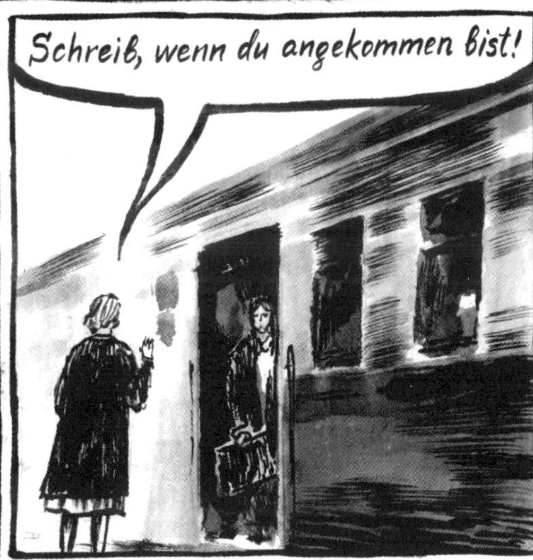
Schreib, wenn du angekommen bist!

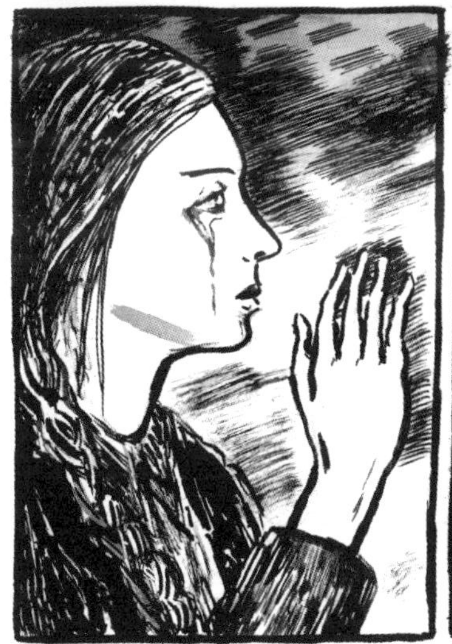

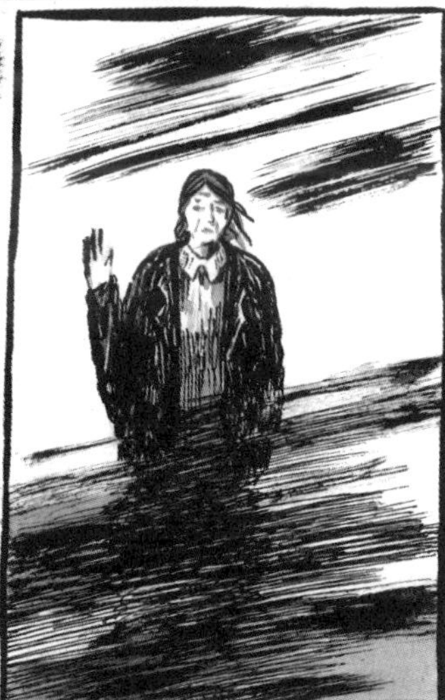

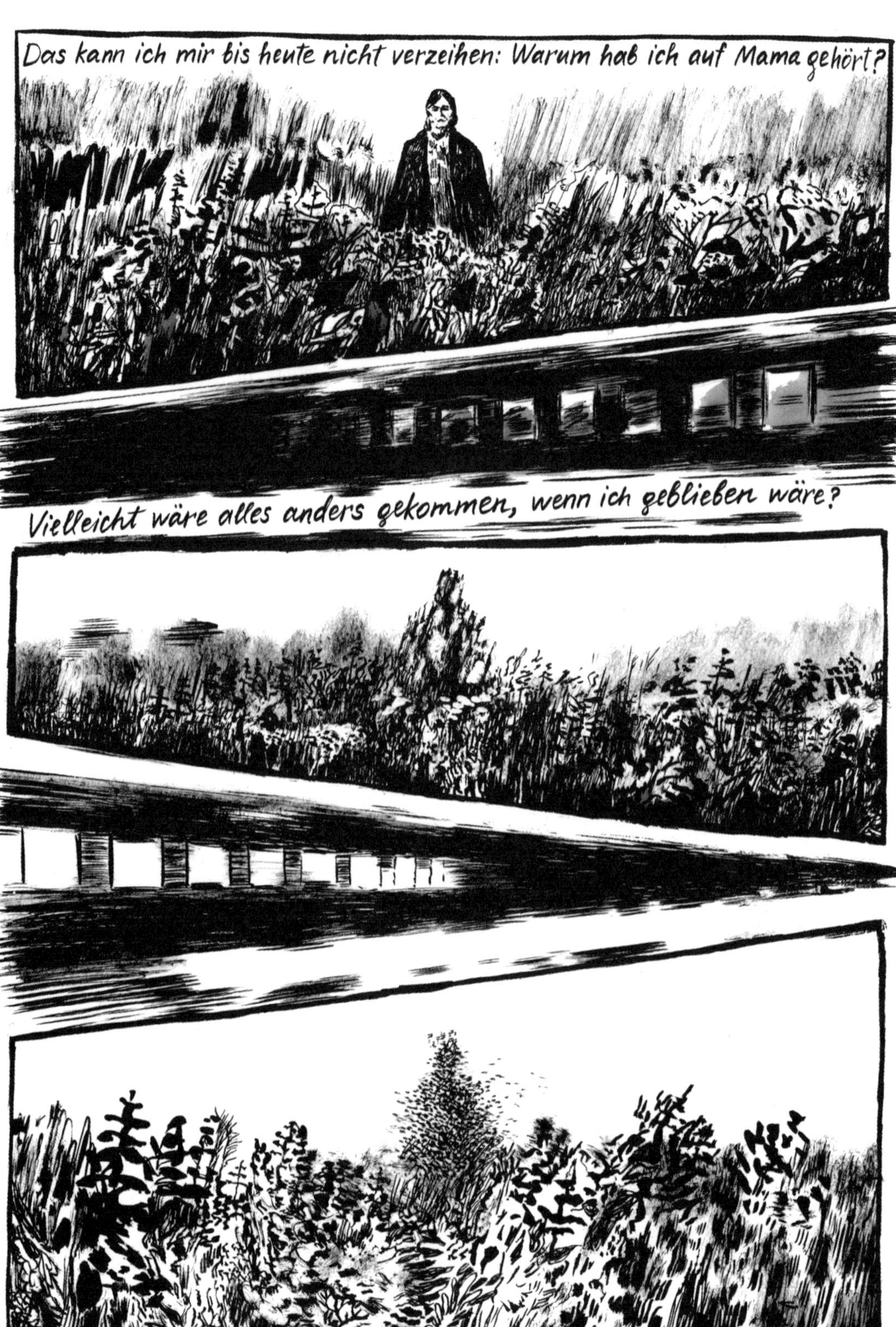
Das kann ich mir bis heute nicht verzeihen: Warum hab ich auf Mama gehört?
Vielleicht wäre alles anders gekommen, wenn ich geblieben wäre?

KAPITEL 3

Wieder vereint

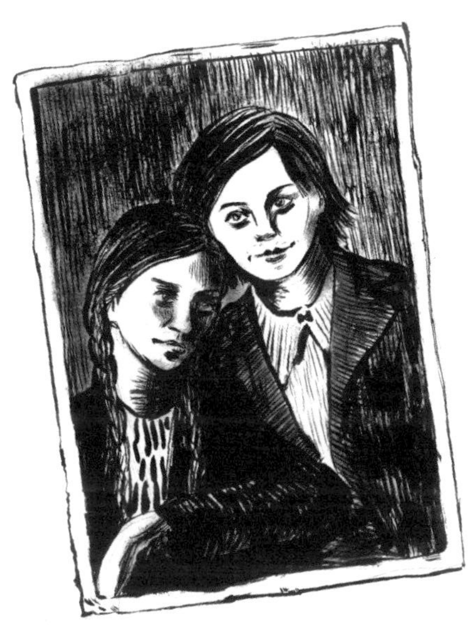

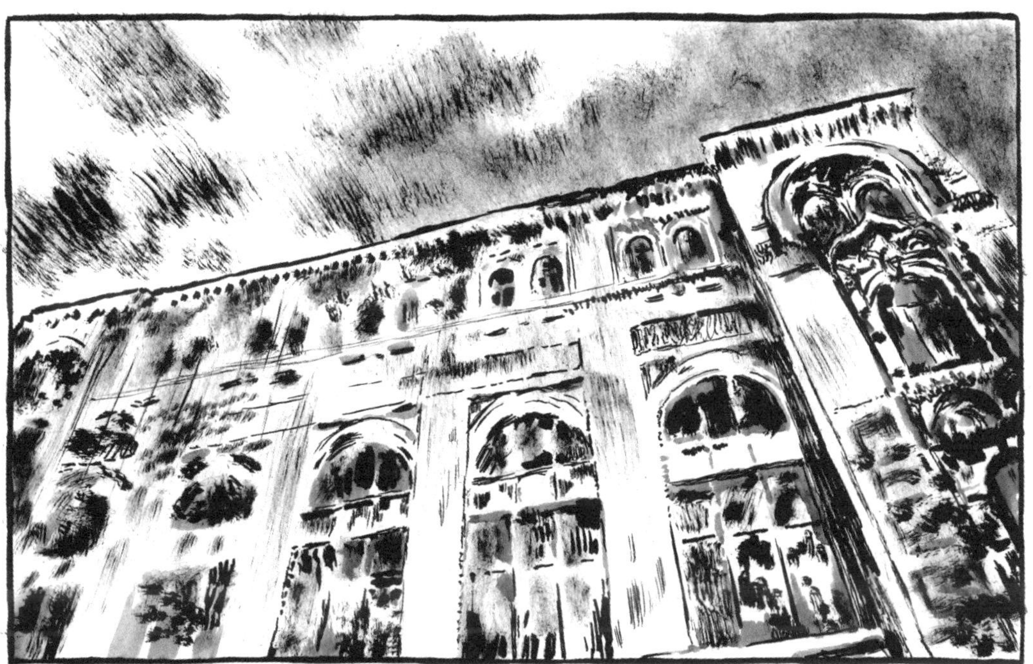

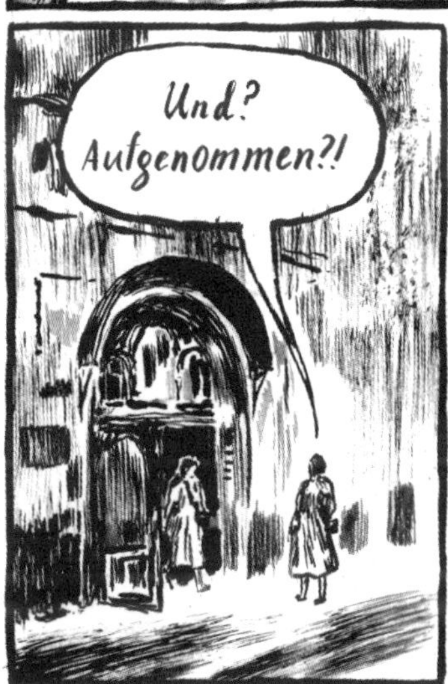
Und?
Aufgenommen?!

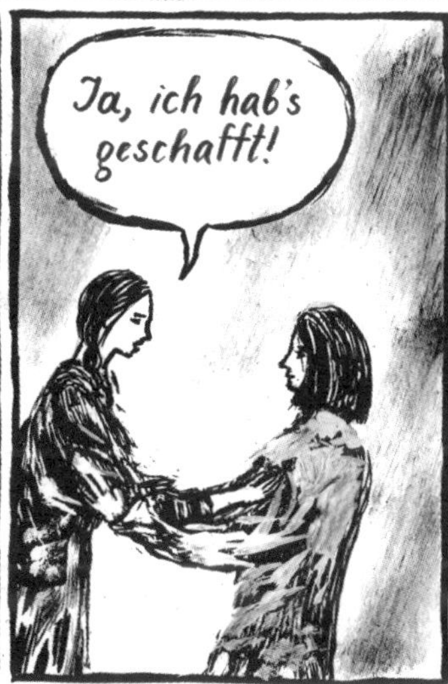
Ja, ich hab's
geschafft!

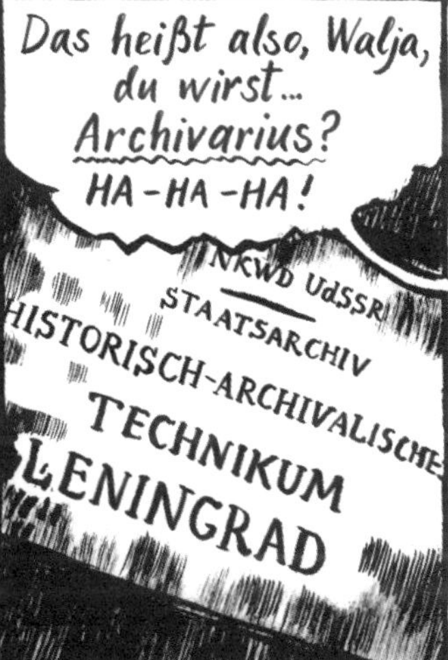
Das heißt also, Walja,
du wirst...
Archivarius?
HA-HA-HA!
NKWD UdSSR
STAATSARCHIV
HISTORISCH-ARCHIVALISCHE
TECHNIKUM
LENINGRAD

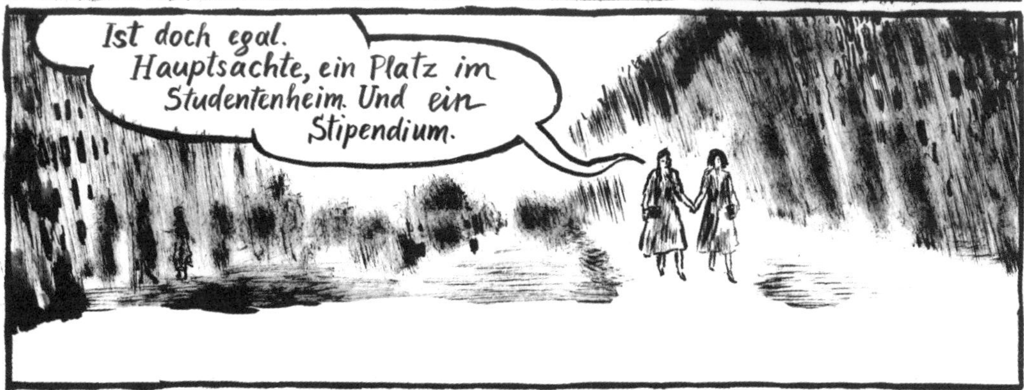
Ist doch egal.
Hauptsachte, ein Platz im
Studentenheim. Und ein
Stipendium.

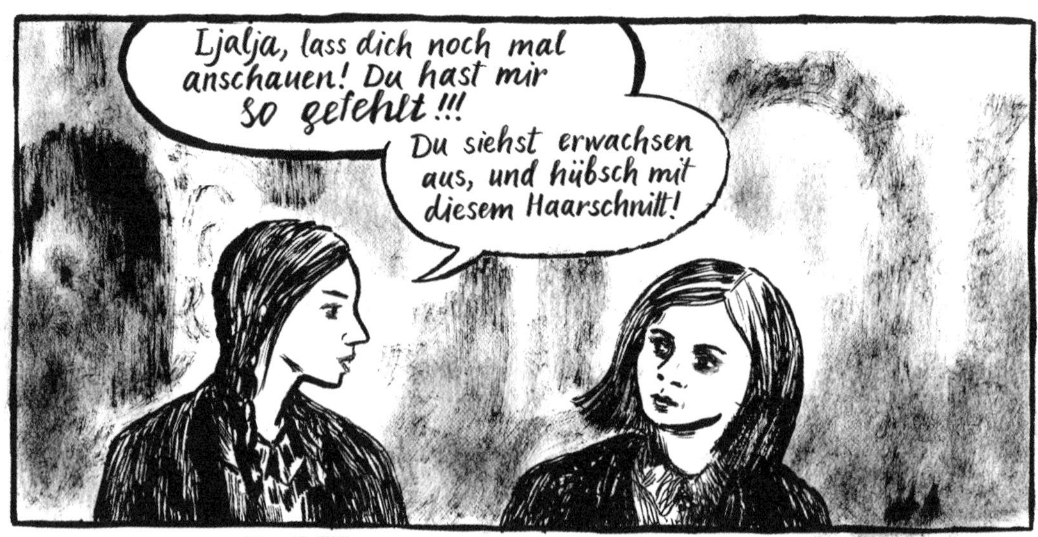
Ljalja, lass dich noch mal anschauen! Du hast mir so gefehlt!!!
Du siehst erwachsen aus, und hübsch mit diesem Haarschnitt!

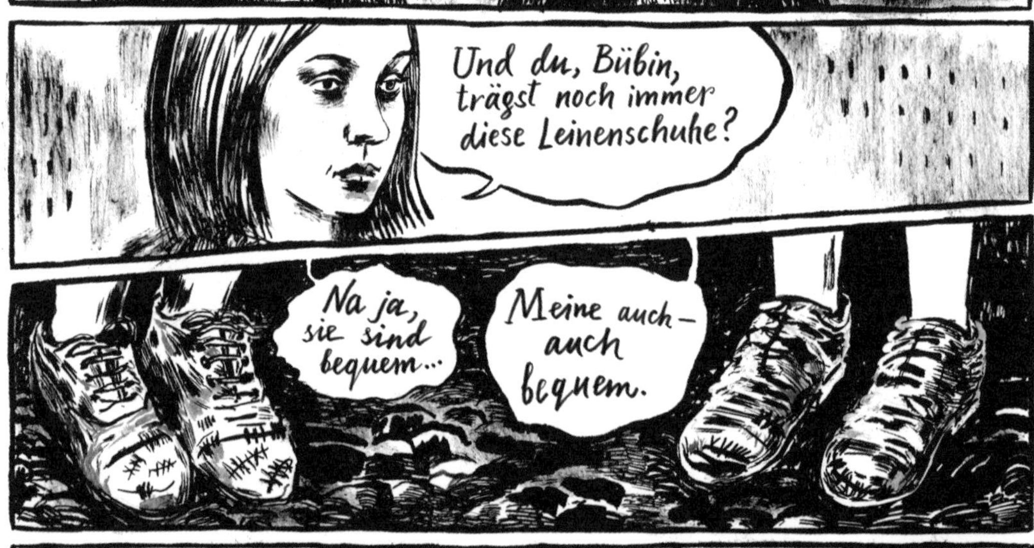
Und du, Bübin, trägst noch immer diese Leinenschuhe?
Na ja, sie sind bequem...
Meine auch- auch bequem.

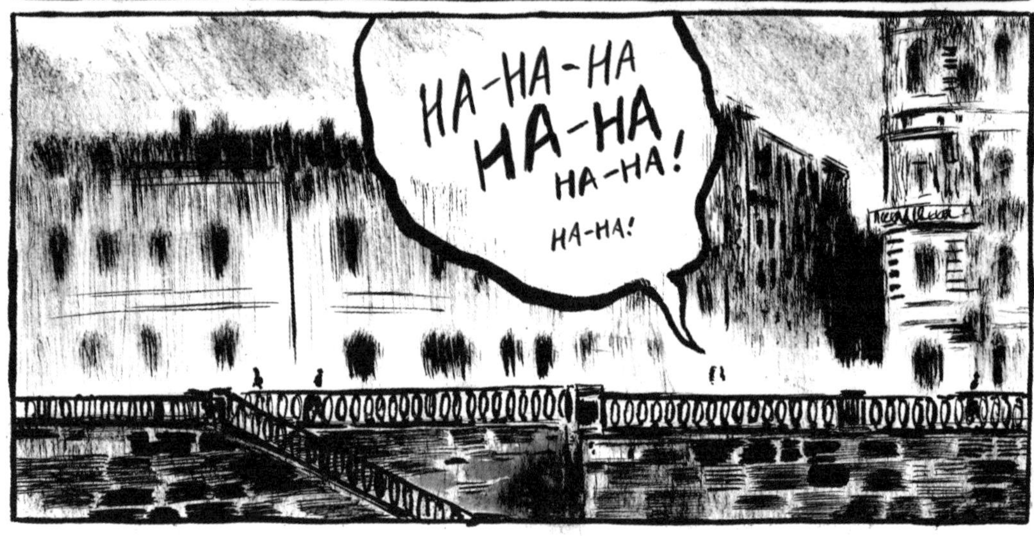
HA-HA-HA HA-HA HA-HA! HA-HA!

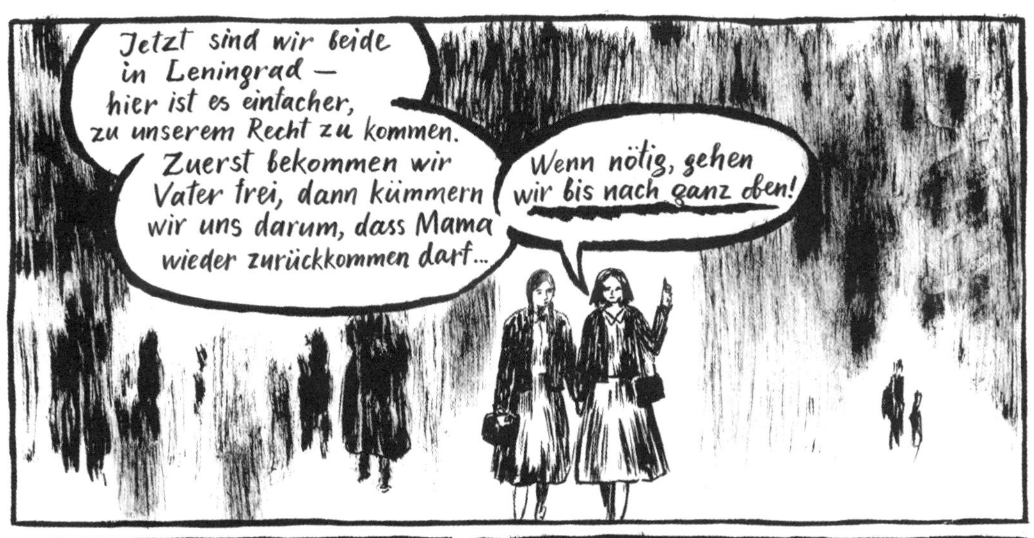
Jetzt sind wir beide in Leningrad – hier ist es einfacher, zu unserem Recht zu kommen. Zuerst bekommen wir Vater frei, dann kümmern wir uns darum, dass Mama wieder zurückkommen darf…
Wenn nötig, gehen wir bis nach ganz oben!

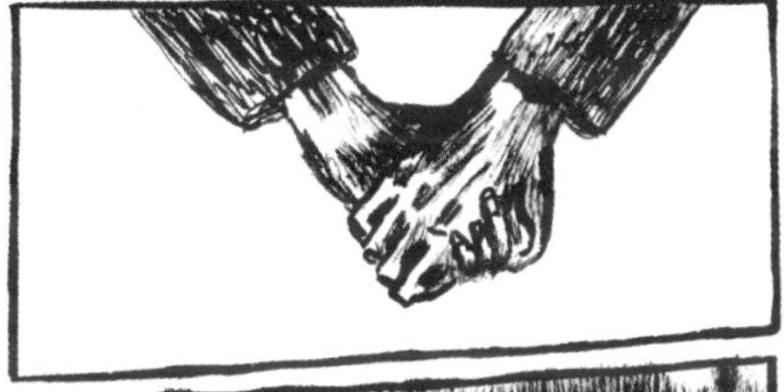

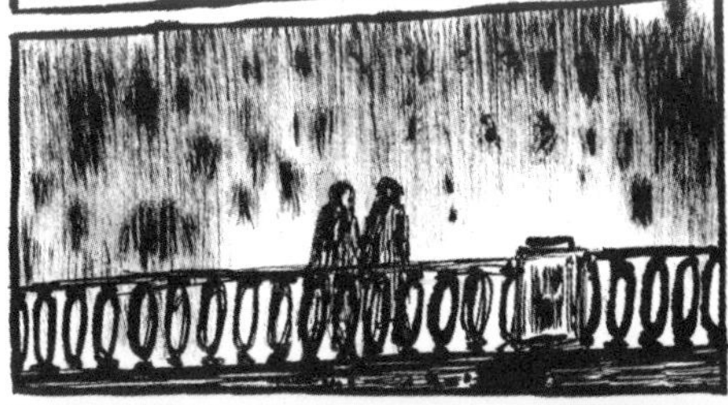

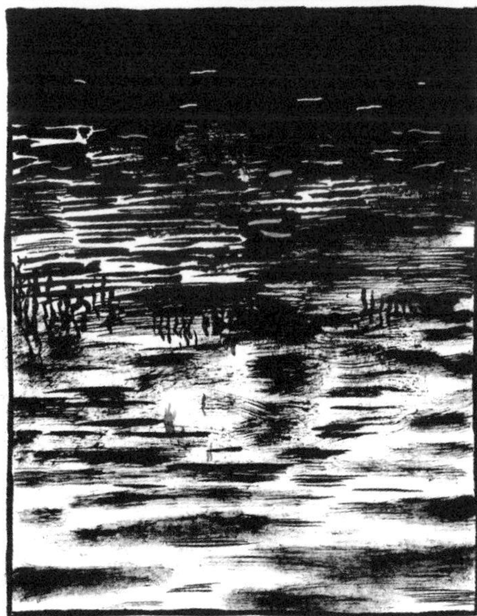

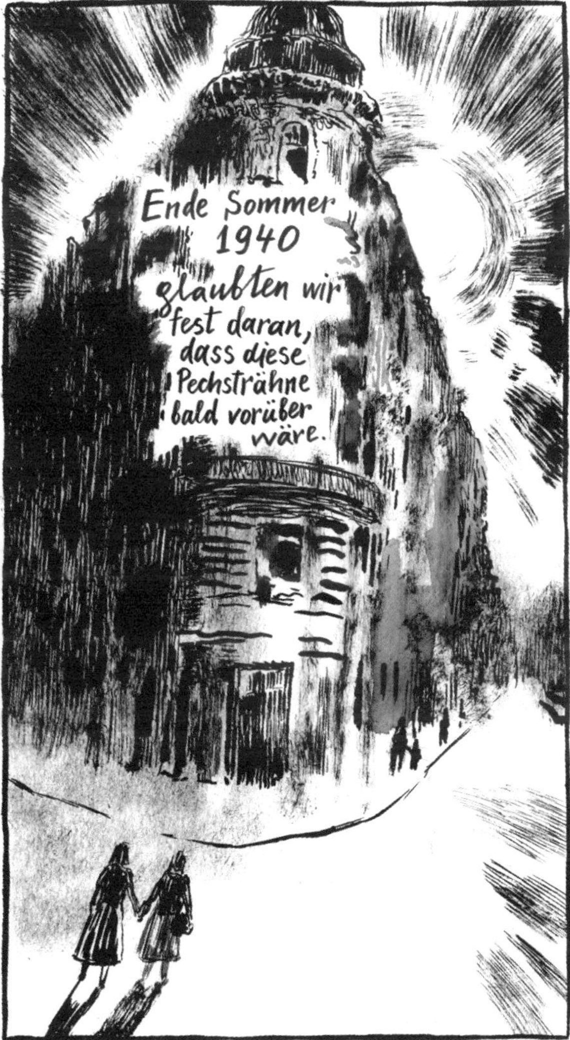
Ende Sommer 1940 glaubten wir fest daran, dass diese Pechsträhne bald vorüber wäre.

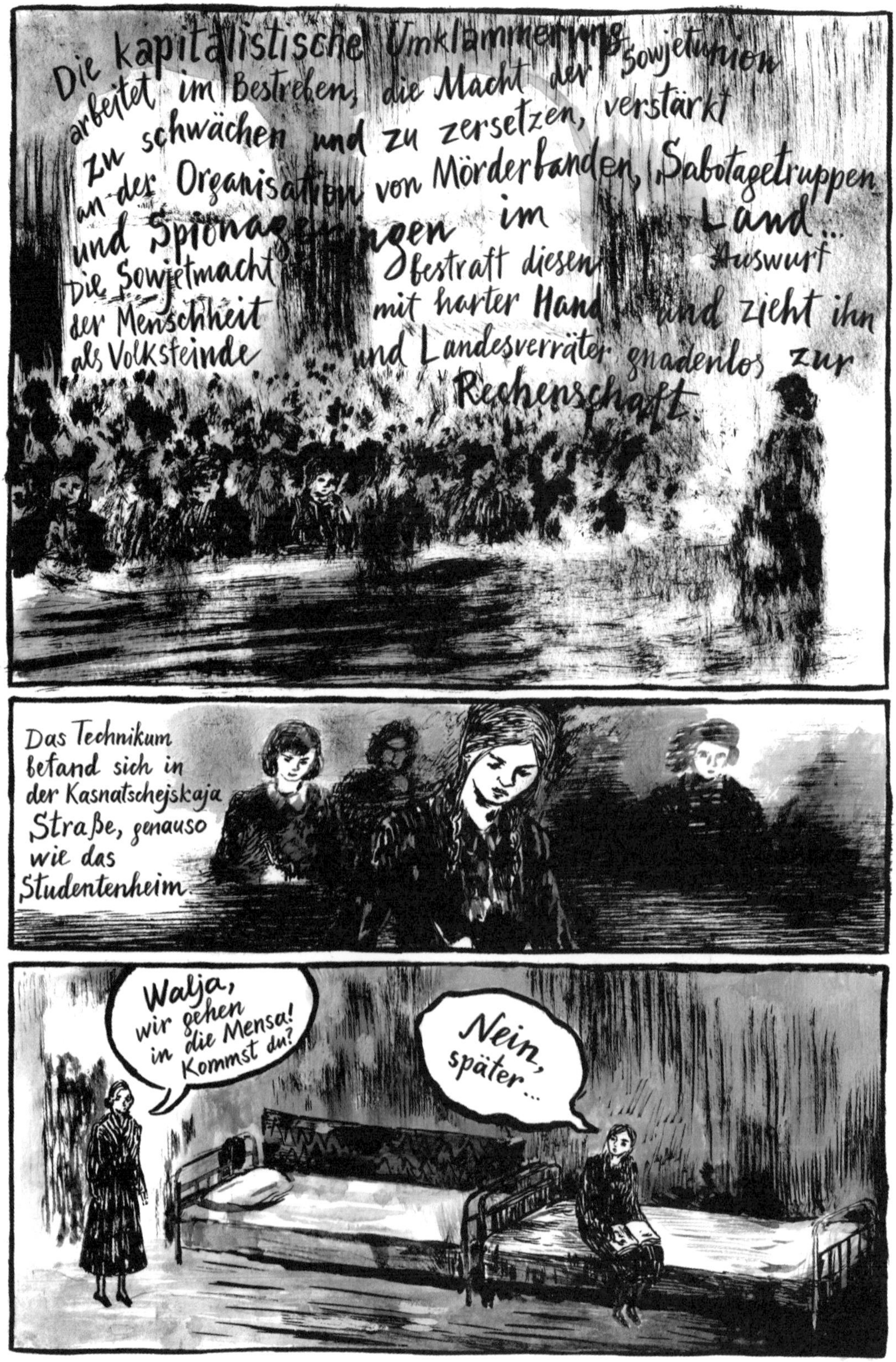

Die kapitalistische Umklammerung arbeitet im Bestreben, die Macht der Sowjetunion zu schwächen und zu zersetzen, verstärkt an der Organisation von Mörderbanden, Sabotagetruppen und Spionageringen im Land ... Die Sowjetmacht bestraft diesen Auswurf der Menschheit mit harter Hand und zieht ihn als Volksfeinde und Landesverräter gnadenlos zur Rechenschaft.

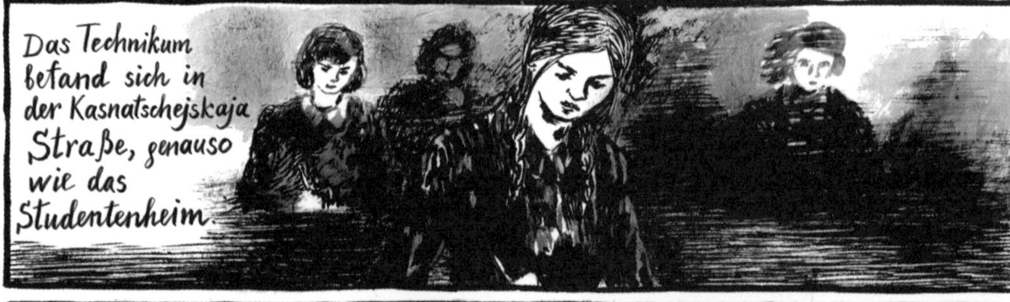

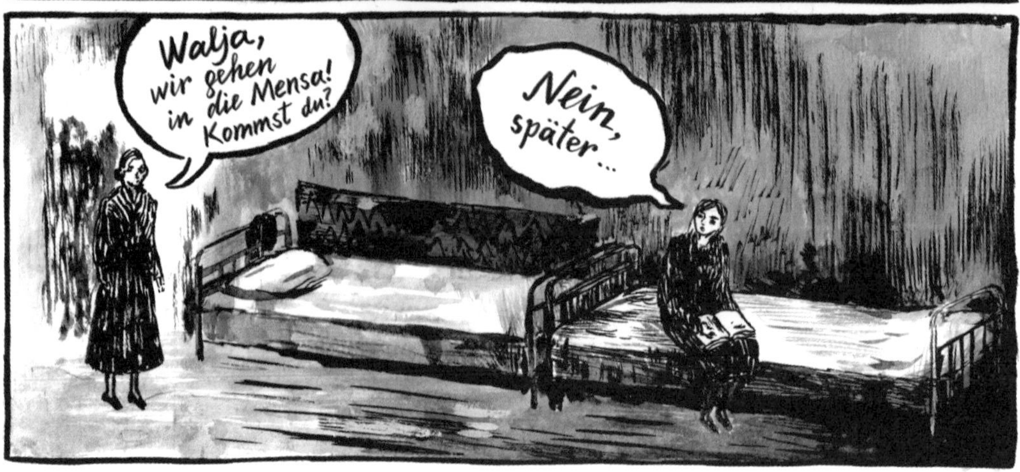

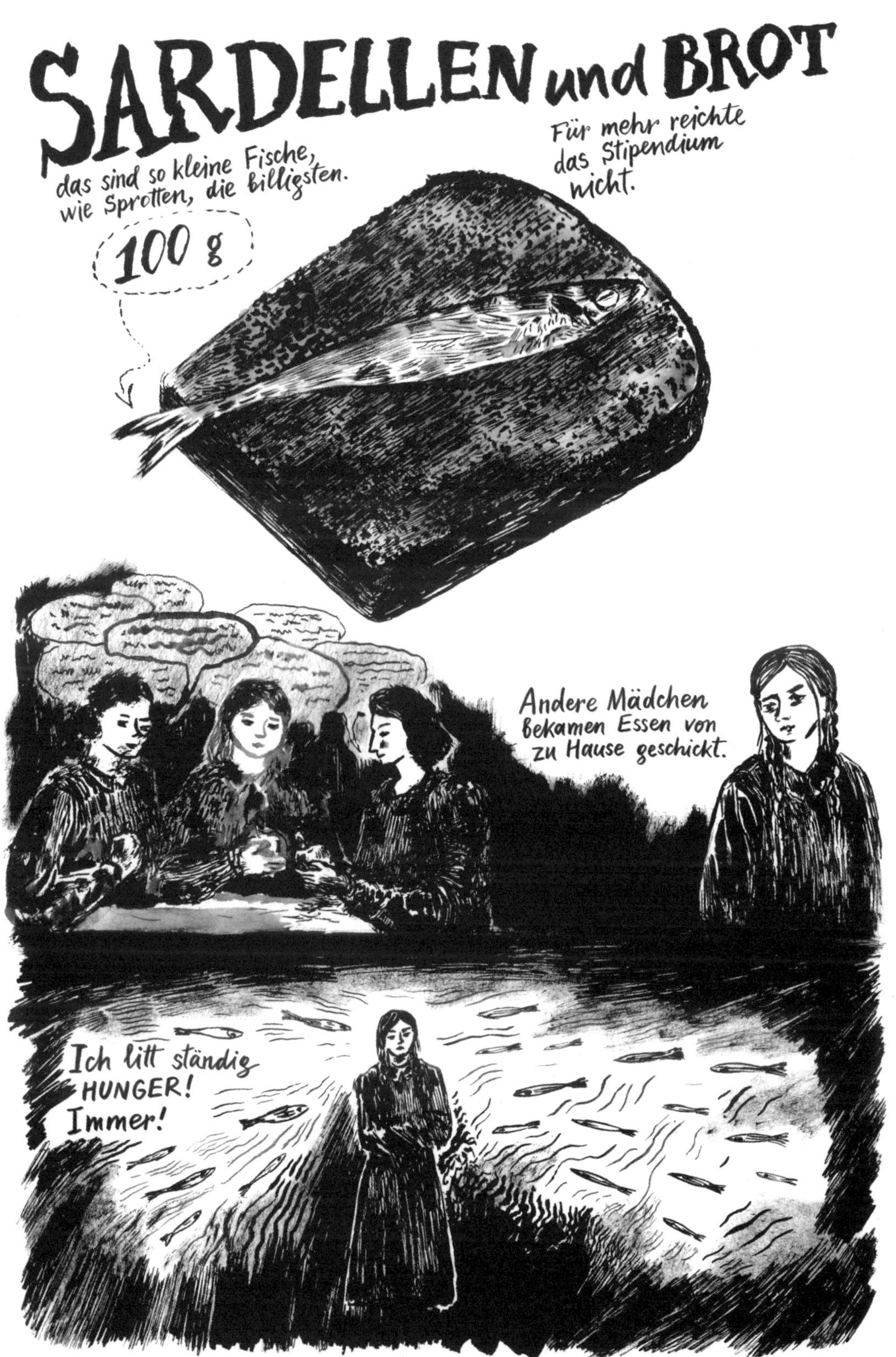
SARDELLEN und BROT
das sind so kleine Fische,
wie Sprotten, die billigsten.
Für mehr reichte
das Stipendium
nicht.
100 g
Andere Mädchen
bekamen Essen von
zu Hause geschickt.
Ich litt ständig
HUNGER!
Immer!

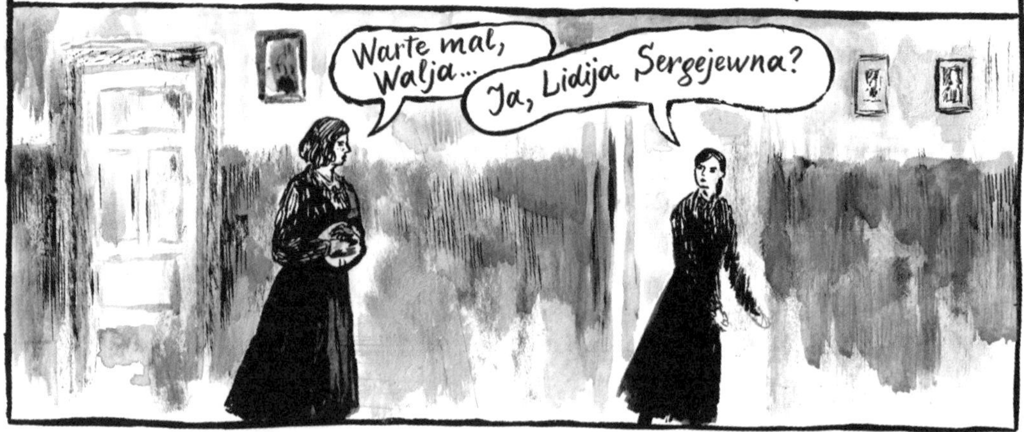
Obwohl ich immer so hungrig war, hatte ich sehr gute Noten. Es wäre auch nicht anders gegangen: Von den Noten hing es ab, ob man ein Stipendium bekam.
Warte mal, Walja …
Ja, Lidija Sergejewna?

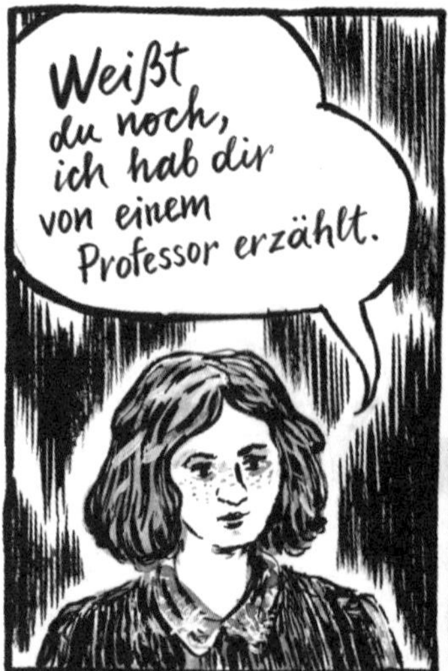
Weißt du noch, ich hab dir von einem Professor erzählt.

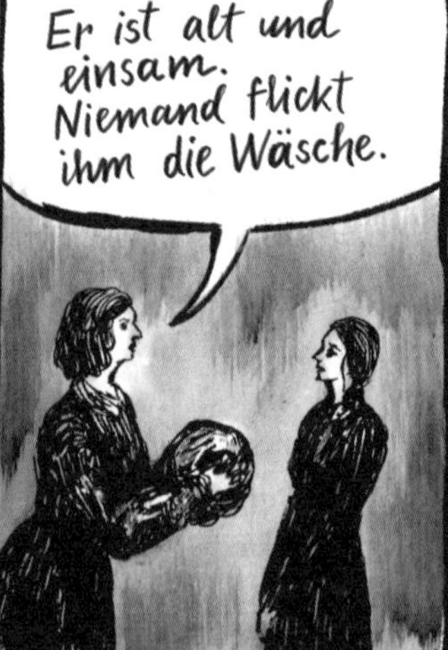
Er ist alt und einsam. Niemand flickt ihm die Wäsche.

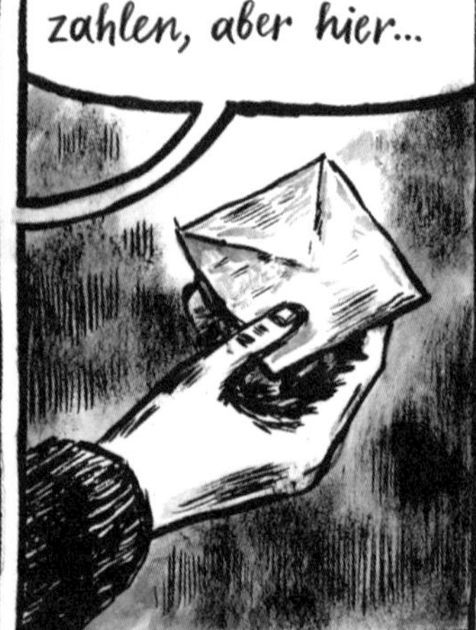
Viel kann er nicht zahlen, aber hier …

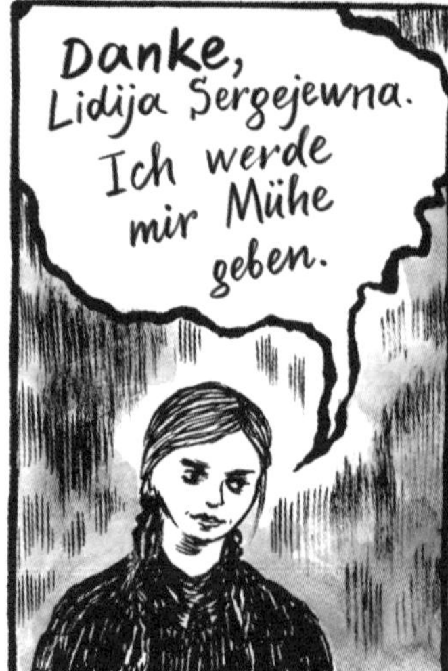
Danke, Lidija Sergejewna. Ich werde mir Mühe geben.

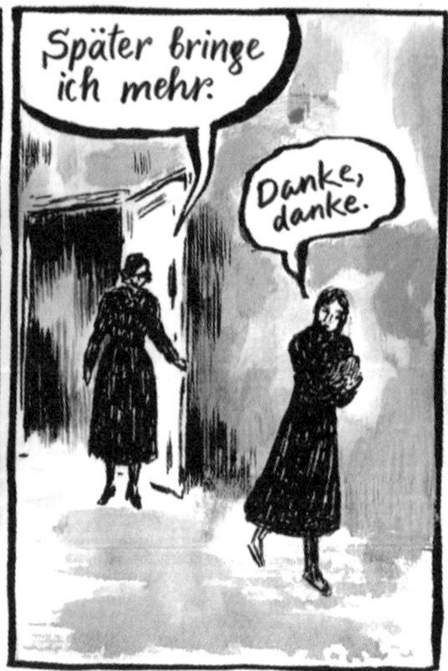
Später bringe ich mehr.
Danke, danke.

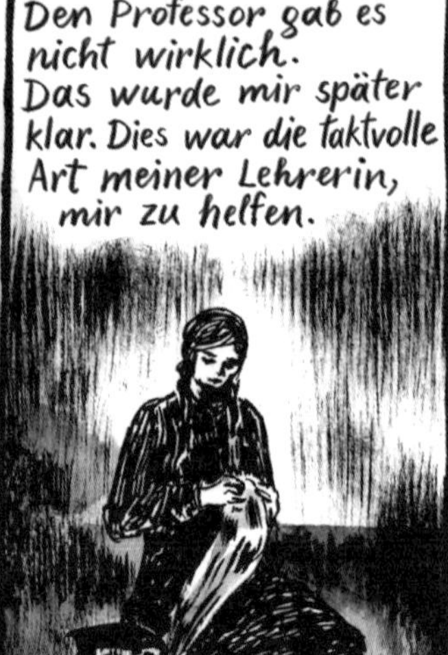
Den Professor gab es nicht wirklich. Das wurde mir später klar. Dies war die taktvolle Art meiner Lehrerin, mir zu helfen.

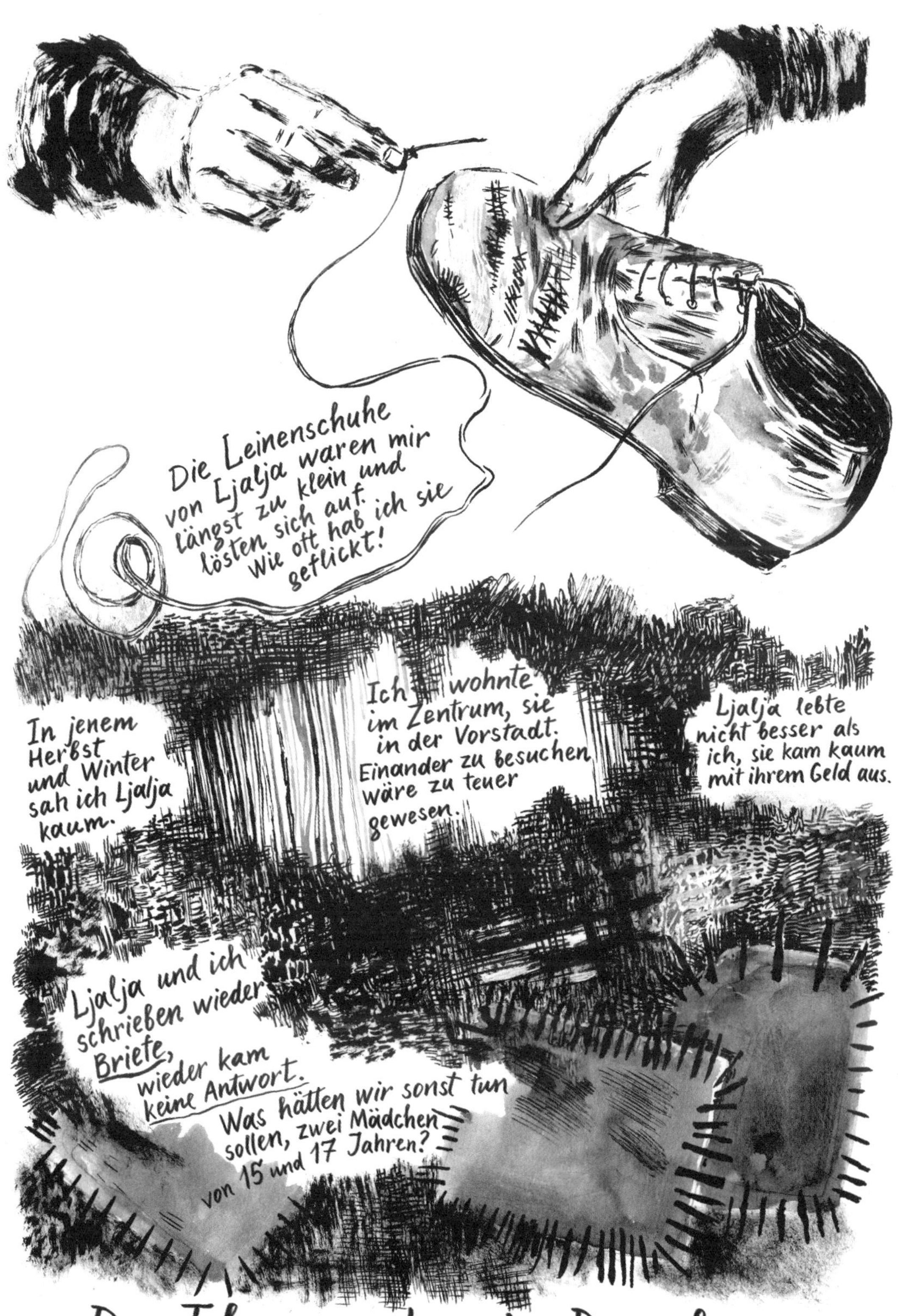

Das Telegramm kam im Dezember.

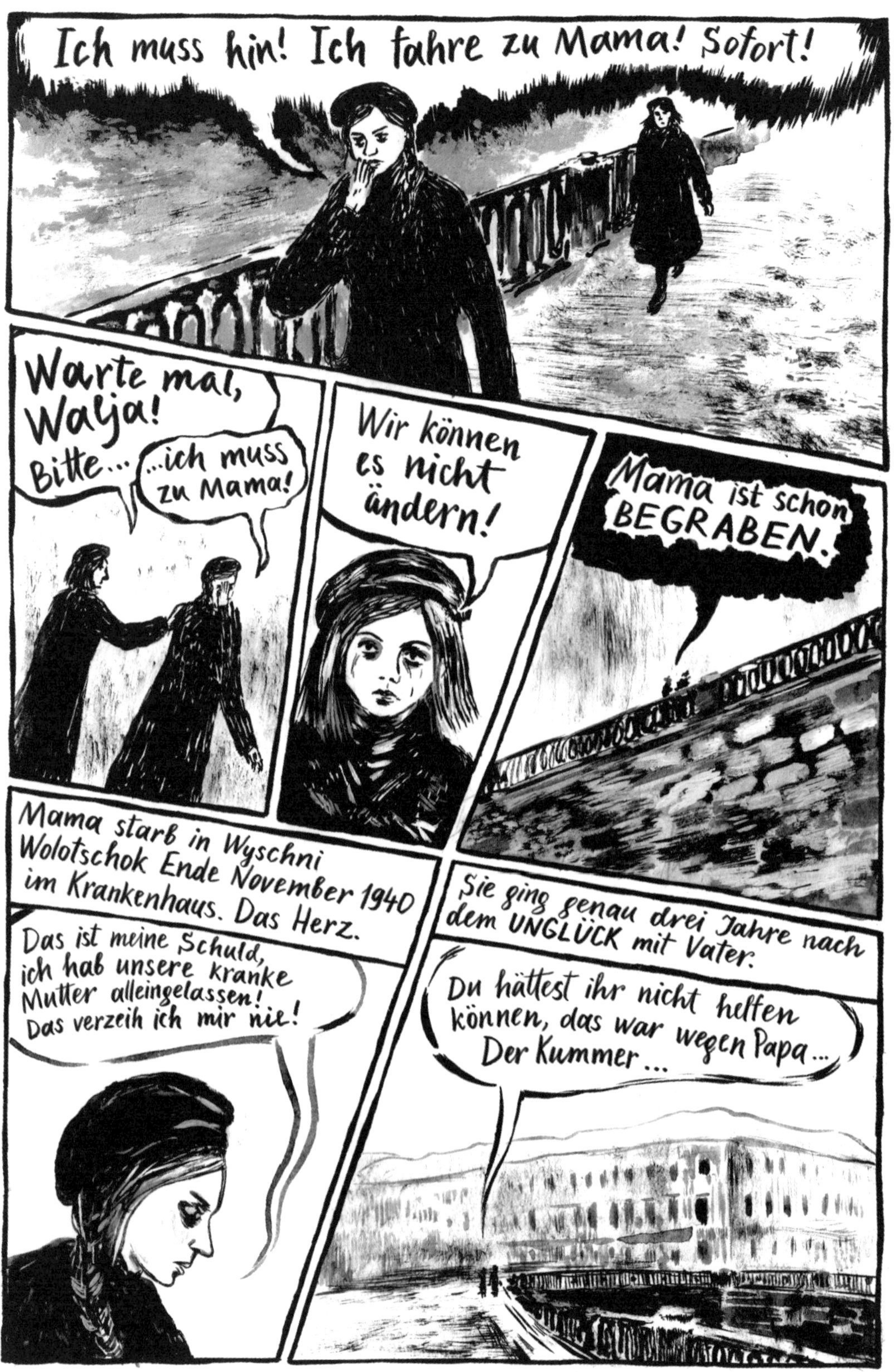

Ich muss hin! Ich fahre zu Mama! Sofort!
Warte mal, Walja! Bitte…
…ich muss zu Mama!
Wir können es nicht ändern!
Mama ist schon BEGRABEN.
Mama starb in Wyschni Wolotschok Ende November 1940 im Krankenhaus. Das Herz.
Das ist meine Schuld, ich hab unsere kranke Mutter alleingelassen! Das verzeih ich mir nie!
Sie ging genau drei Jahre nach dem UNGLÜCK mit Vater.
Du hättest ihr nicht helfen können, das war wegen Papa… Der Kummer…

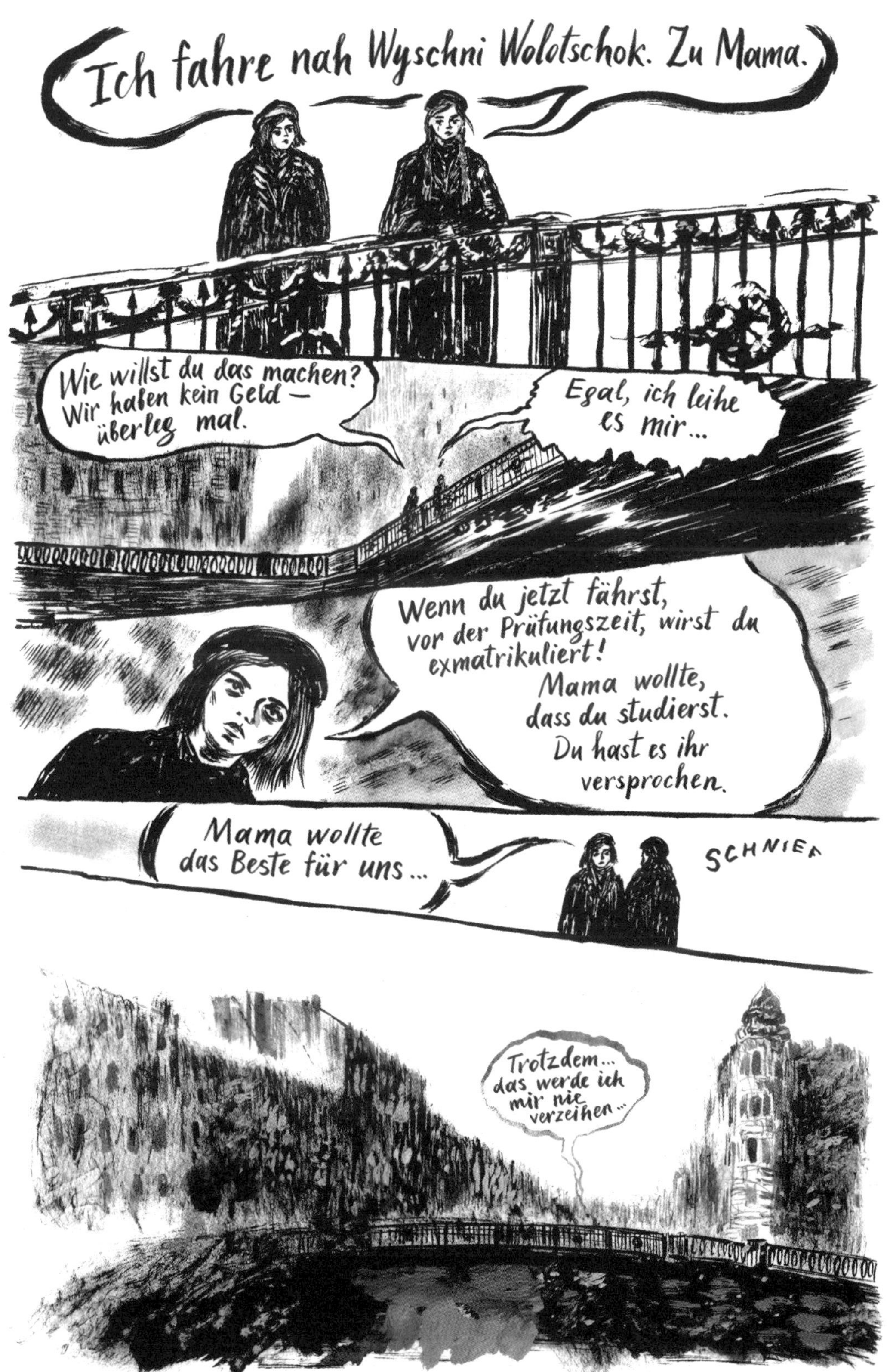
Ich fahre nah Wyschni Wolotschok. Zu Mama.
Wie willst du das machen? Wir haben kein Geld – überleg mal.
Egal, ich leihe es mir...
Wenn du jetzt fährst, vor der Prüfungszeit, wirst du exmatrikuliert!
Mama wollte, dass du studierst. Du hast es ihr versprochen.
Mama wollte das Beste für uns...
SCHNIEF
Trotzdem... das werde ich mir nie verzeihen...

Ab dem zweiten Semester wurde das Studium am Technikum gebührenpflichtig. Viele hörten sofort auf, weil sie nicht zahlen konnten. Gratis studieren durften nur Vollwaisen. Aber ich …

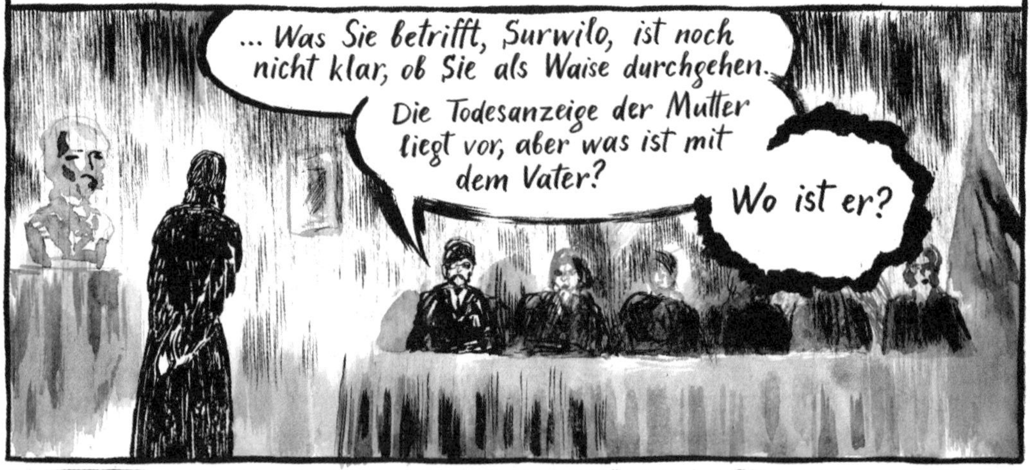

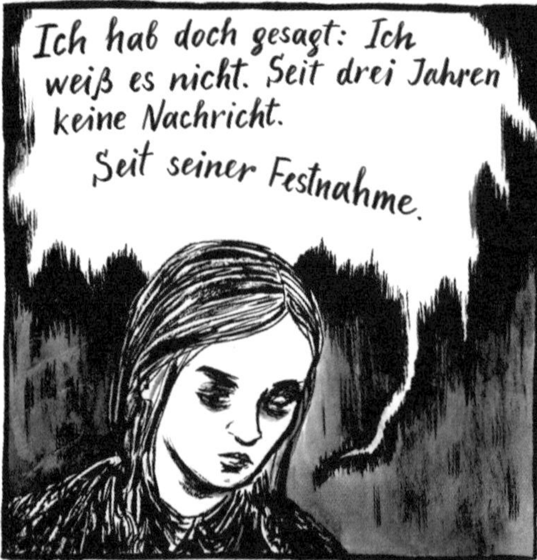

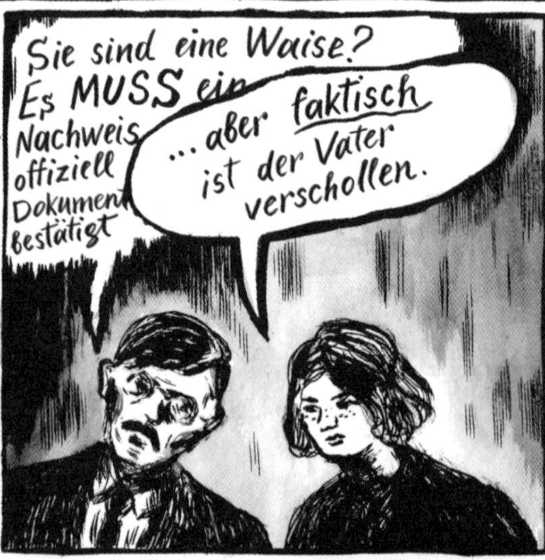

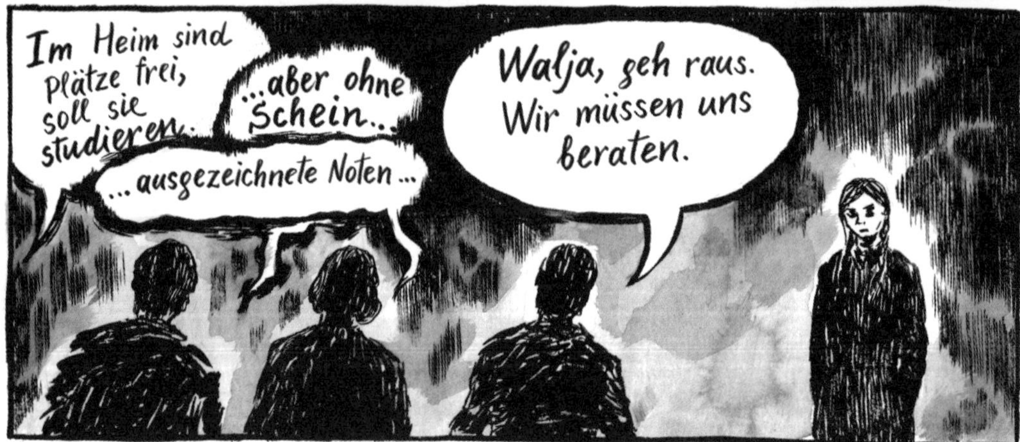

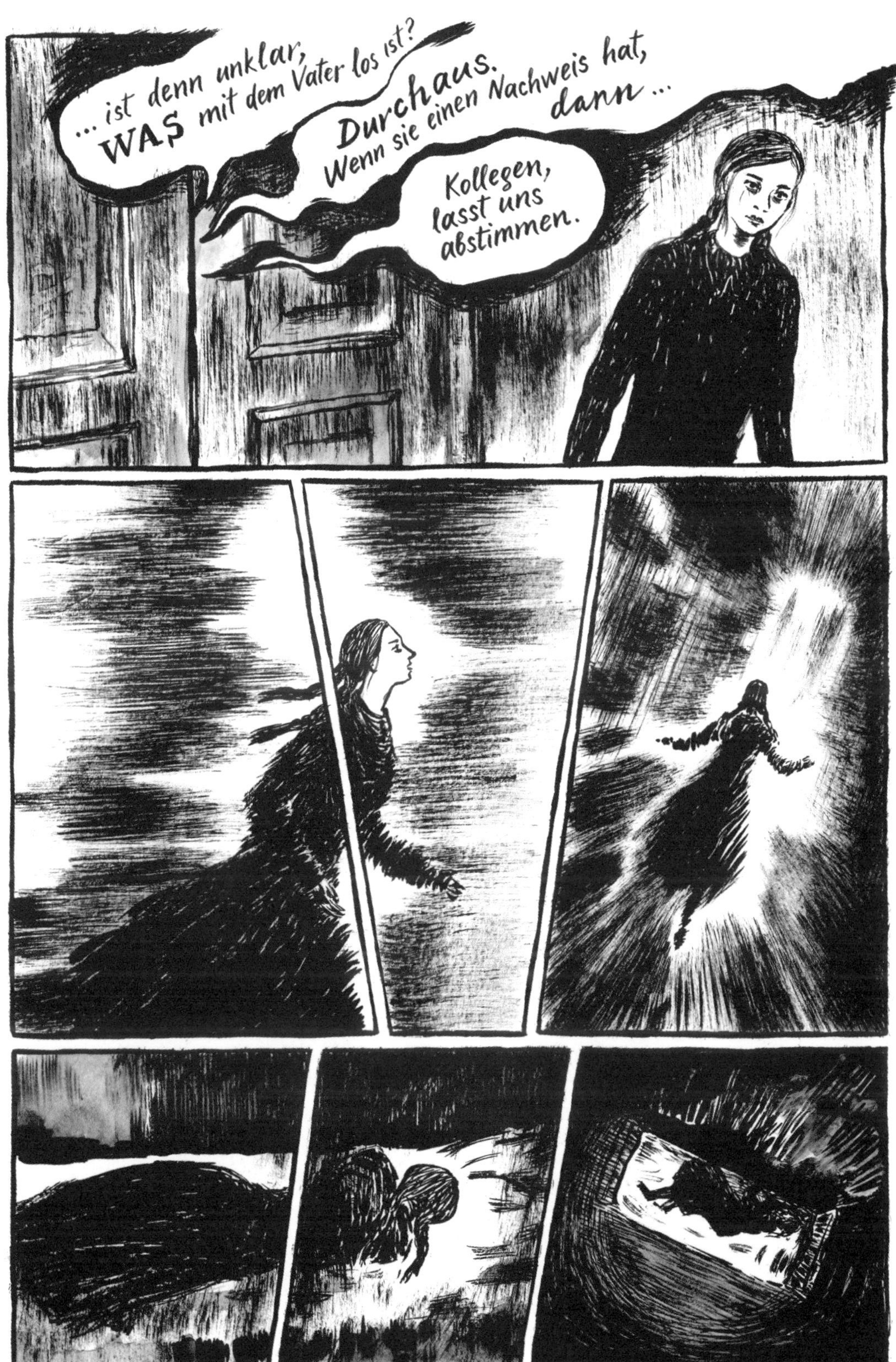
... ist denn unklar, WAS mit dem Vater los ist?
Durchaus. Wenn sie einen Nachweis hat, dann ...
Kollegen, lasst uns abstimmen.

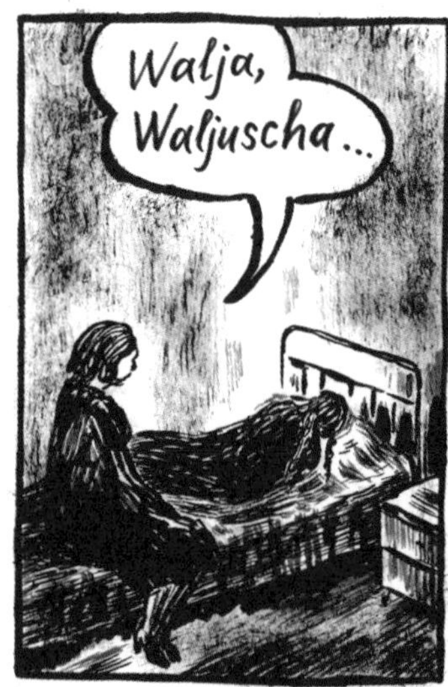
Walja,
Waljuscha ...

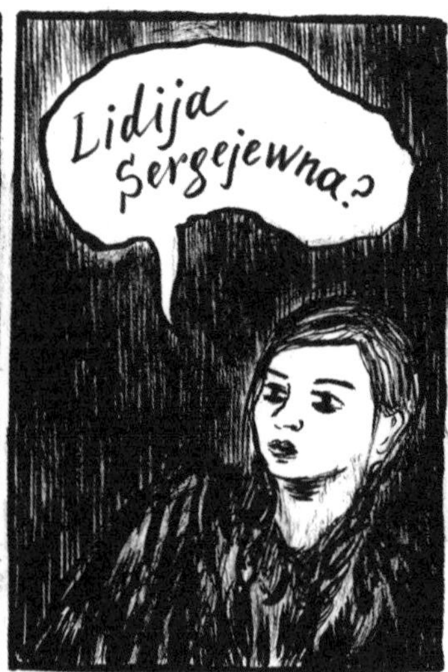
Lidija
Sergejewna?

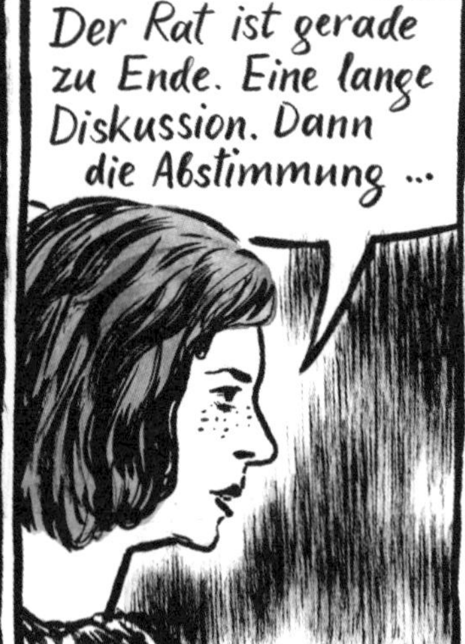
Der Rat ist gerade
zu Ende. Eine lange
Diskussion. Dann
die Abstimmung ...

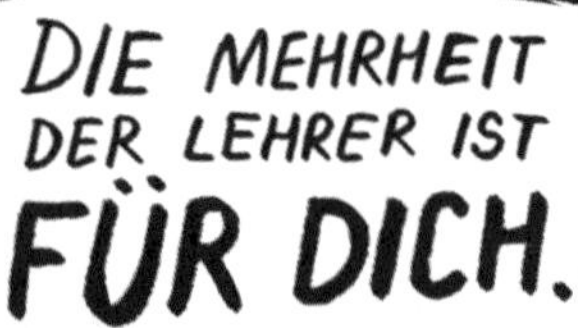
DIE MEHRHEIT
DER LEHRER IST
FÜR DICH.

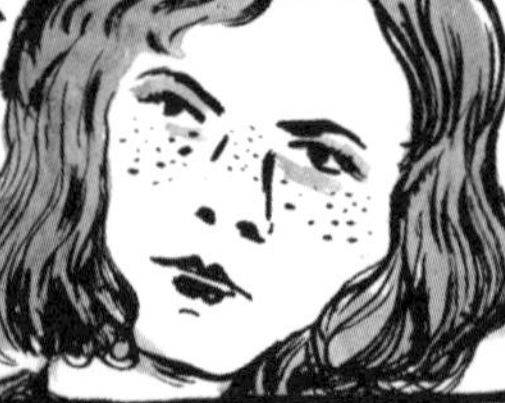
Du darfst weiter
studieren.
KOSTENLOS.

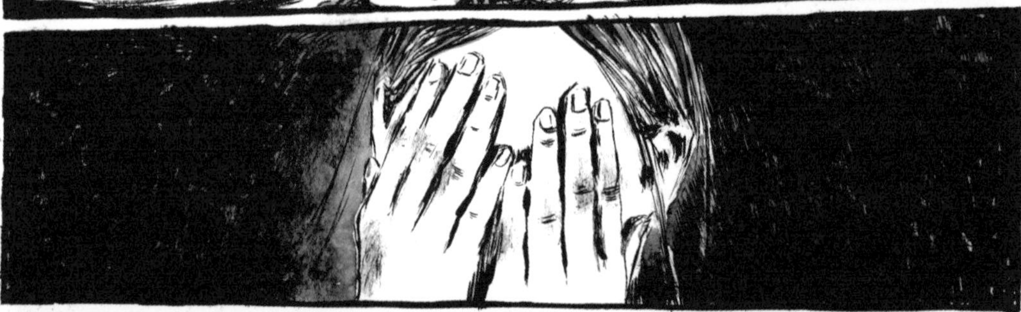

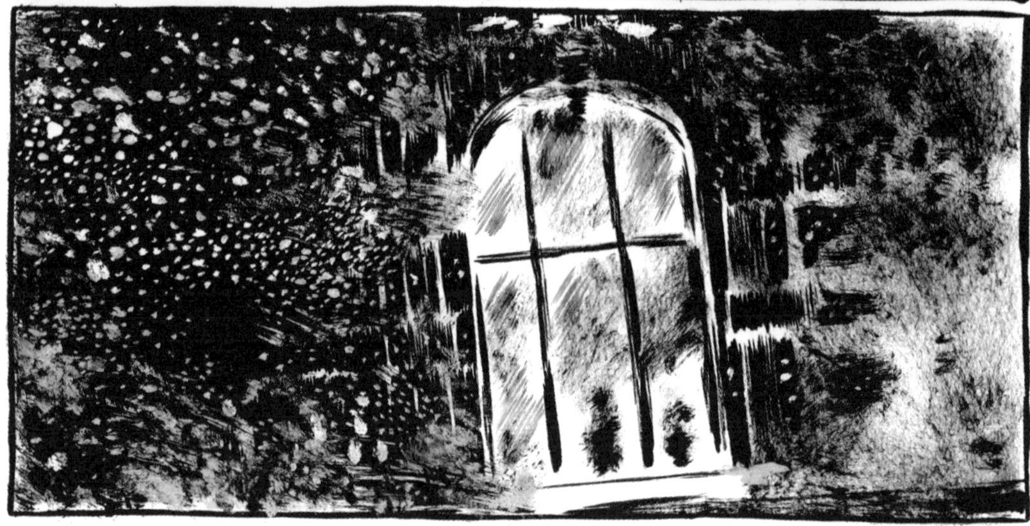

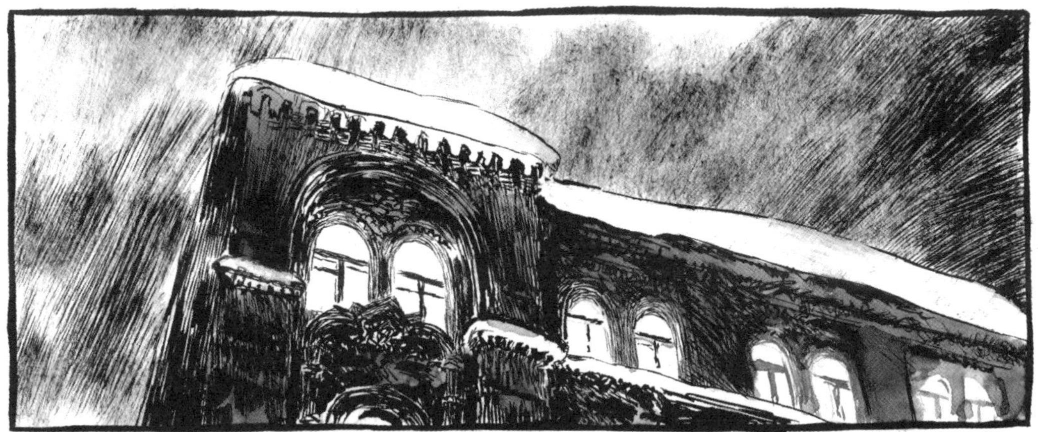

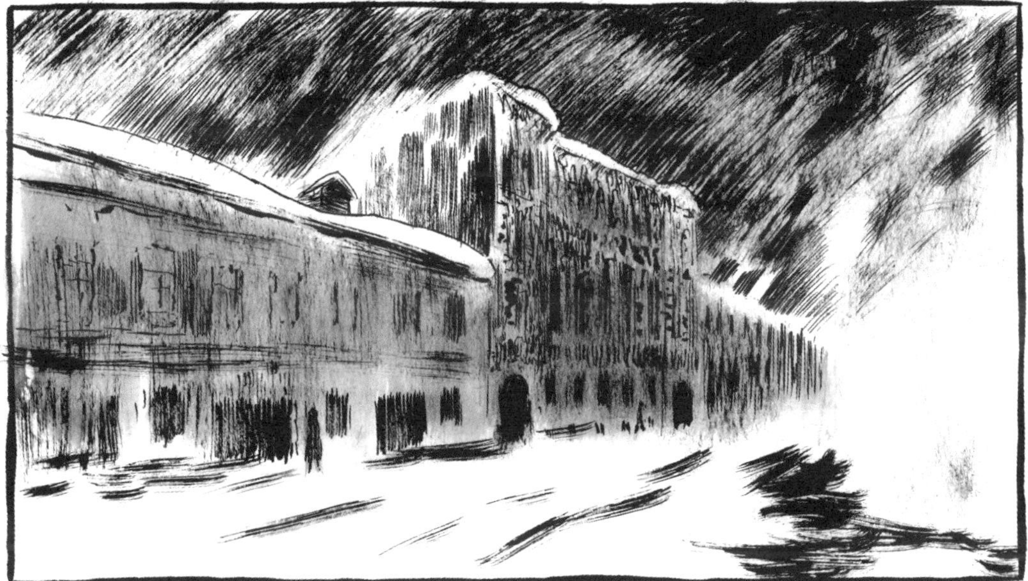

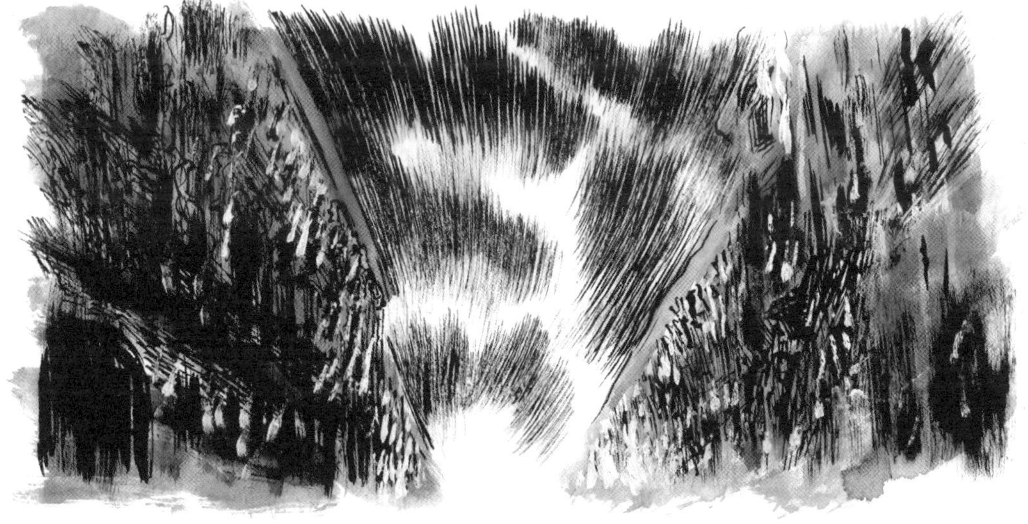

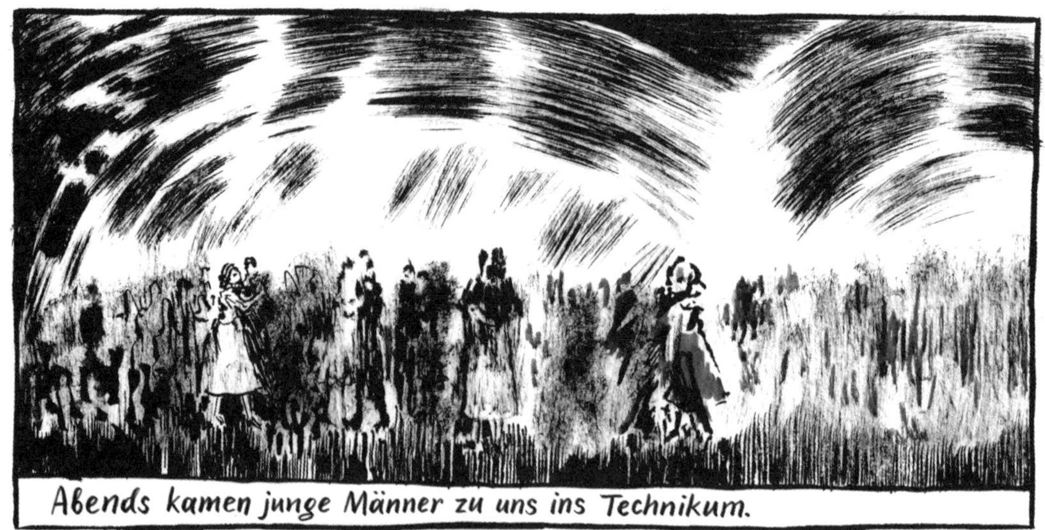
Abends kamen junge Männer zu uns ins Technikum.

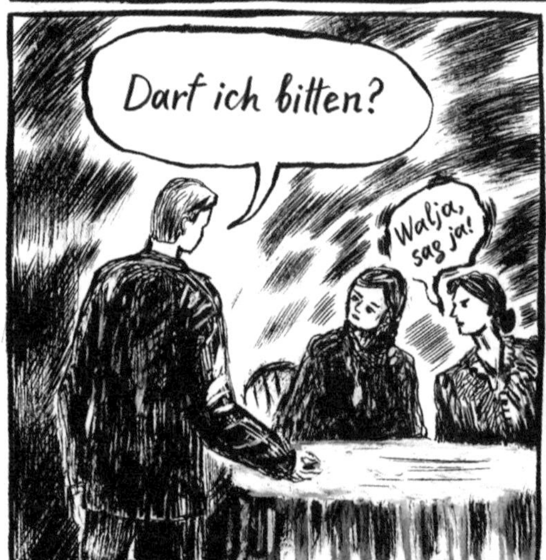
Darf ich bitten?
Walja, sag ja!

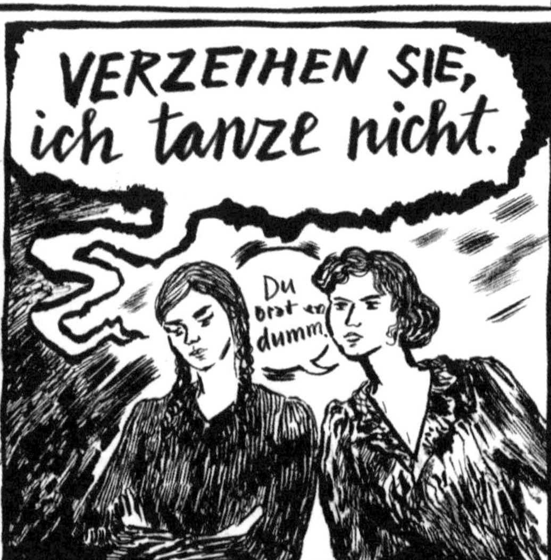
VERZEIHEN SIE, ich tanze nicht.
Du bist so dumm.

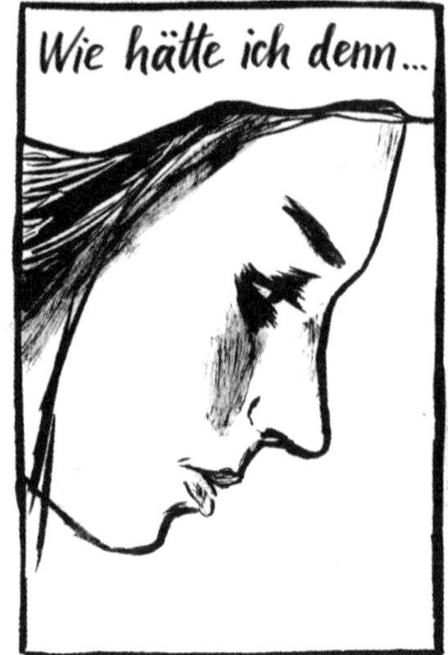
Wie hätte ich denn …

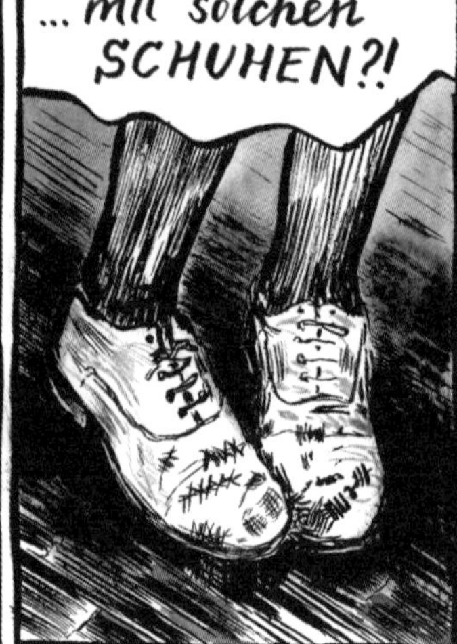
… mit solchen SCHUHEN?!

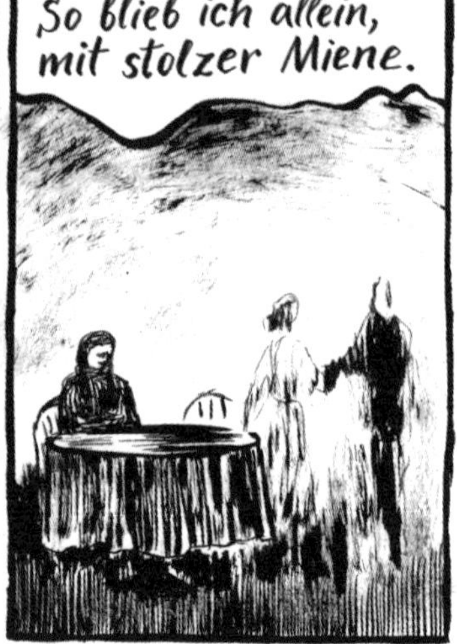
So blieb ich allein, mit stolzer Miene.

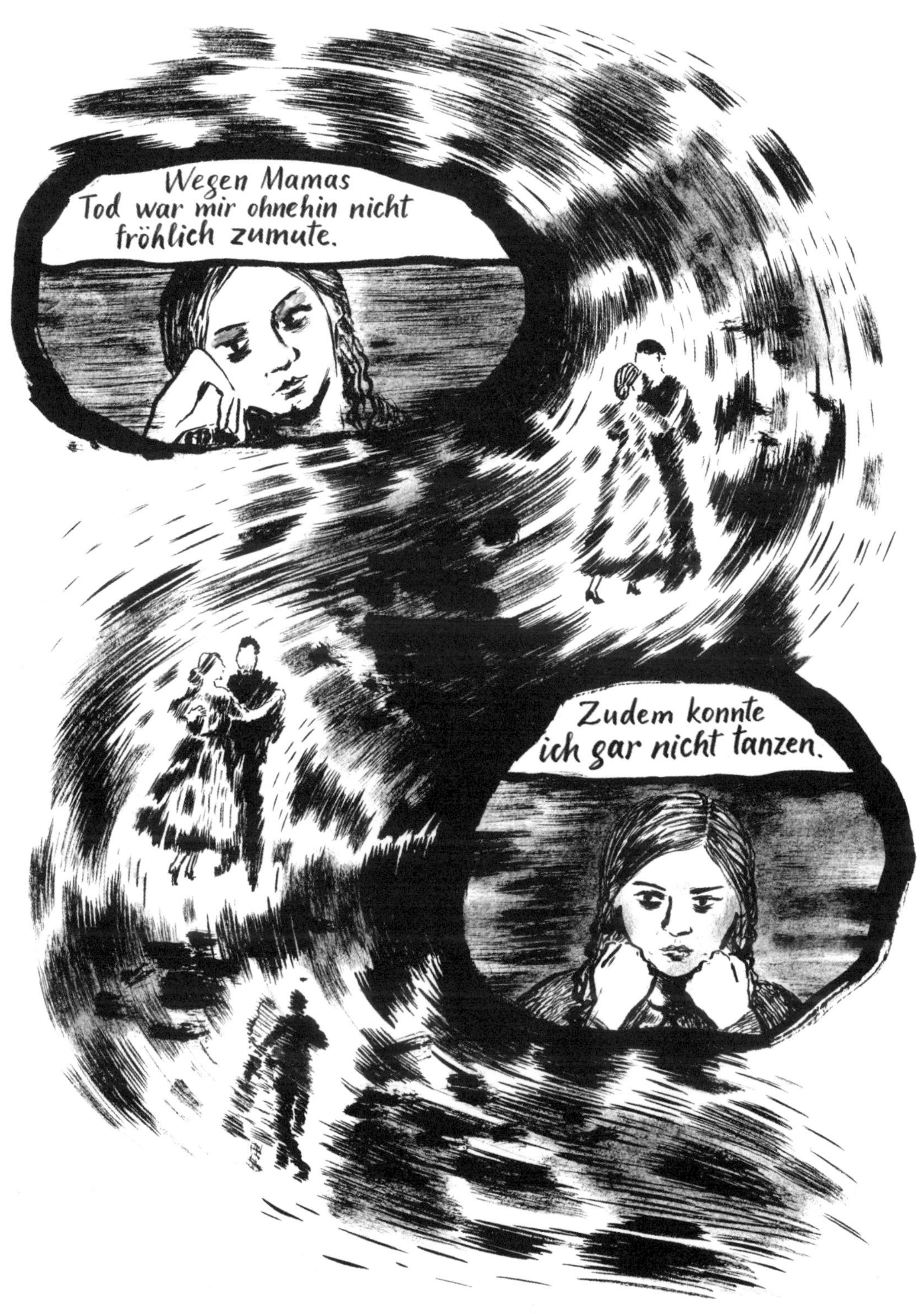
Wegen Mamas Tod war mir ohnehin nicht fröhlich zumute.
Zudem konnte ich gar nicht tanzen.

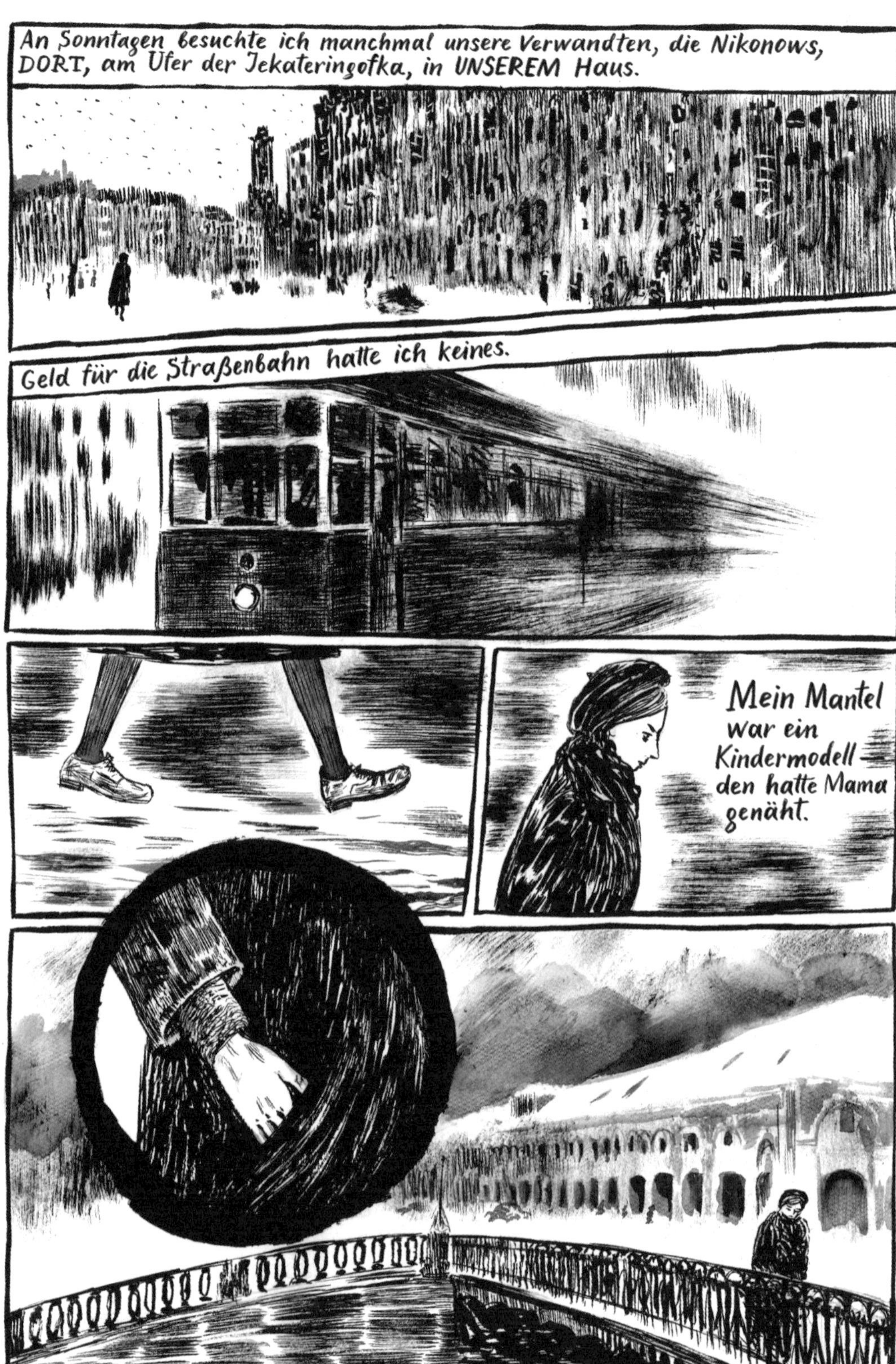
An Sonntagen besuchte ich manchmal unsere Verwandten, die Nikonows, DORT, am Ufer der Jekateringofka, in UNSEREM Haus.
Geld für die Straßenbahn hatte ich keines.
Mein Mantel war ein Kindermodell – den hatte Mama genäht.

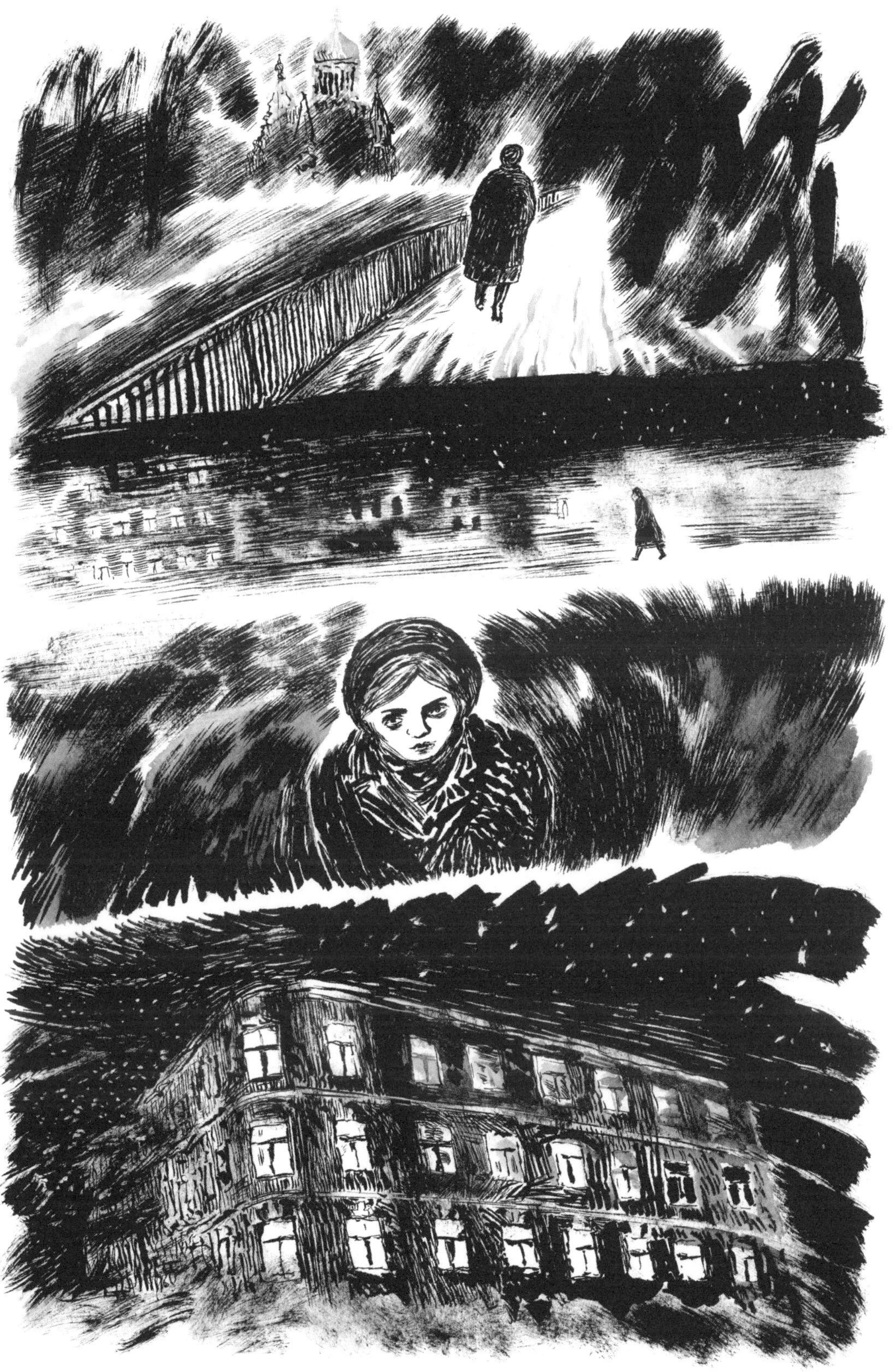

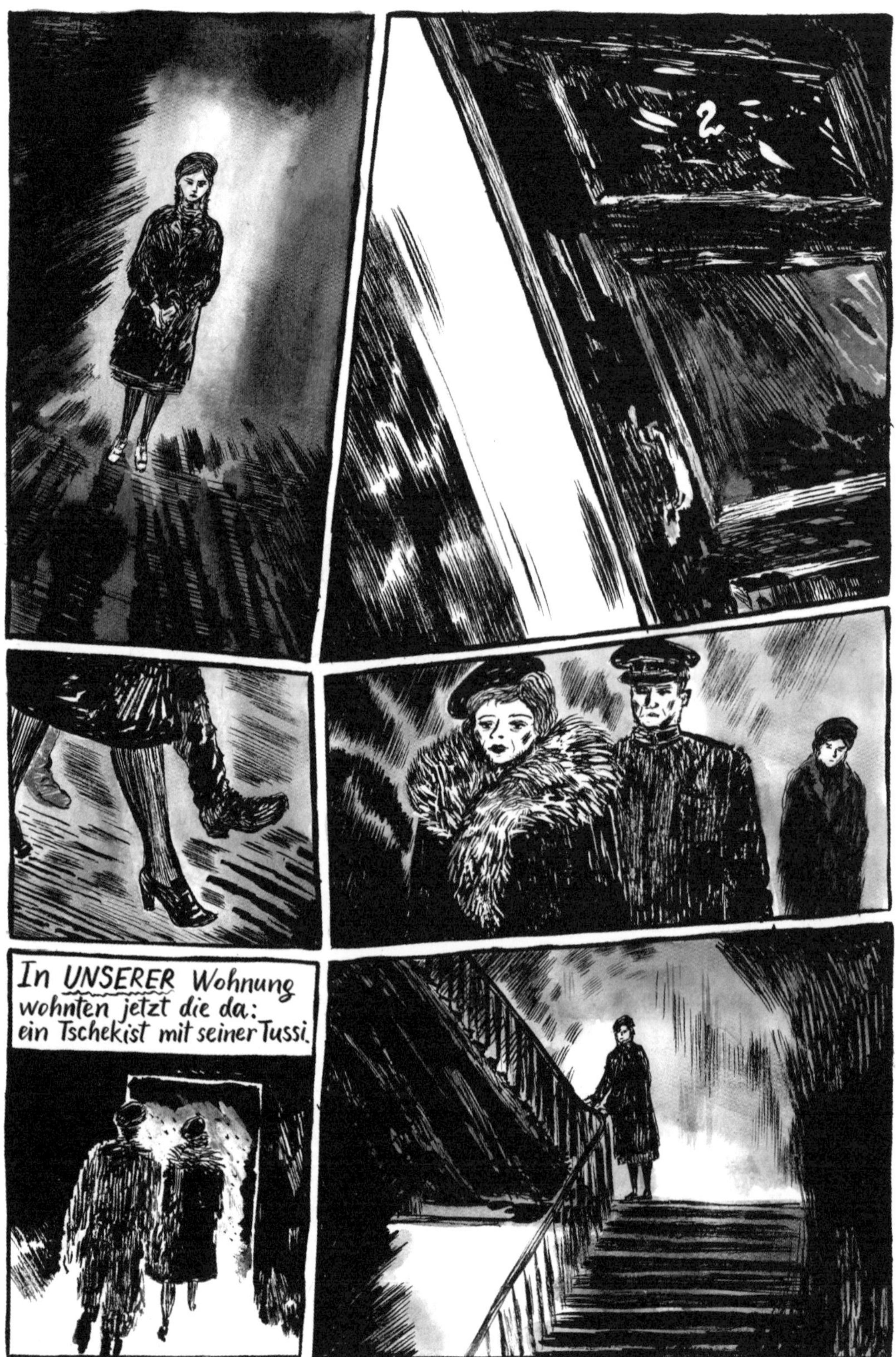
In UNSERER Wohnung
wohnten jetzt die da:
ein Tschekist mit seiner Tussi.

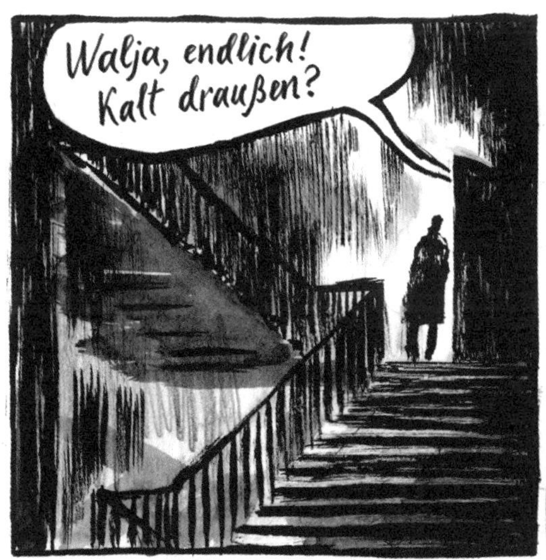
Walja, endlich! Kalt draußen?

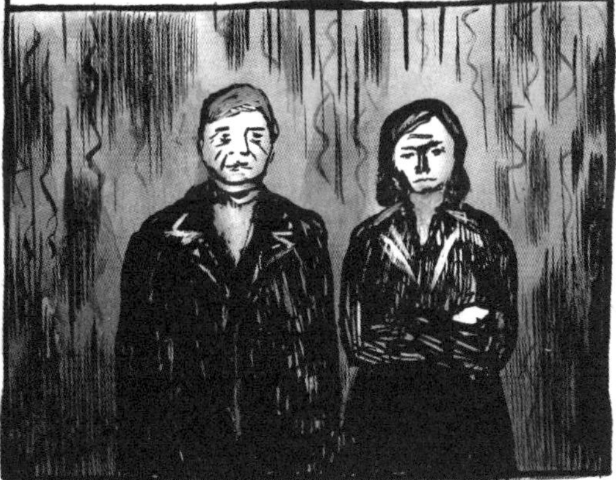
Die Nikonows, das waren mein Onkel, Mamas Bruder, meine Tante (genannt Babunja)...

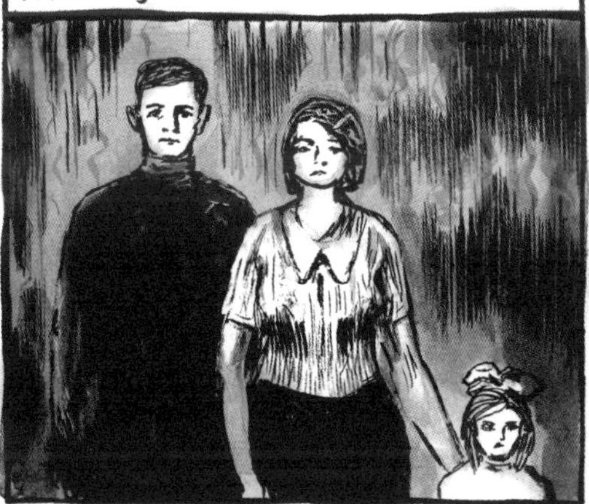
... mein Cousin Tolja, seine Frau Marussja und ihre Tochter.

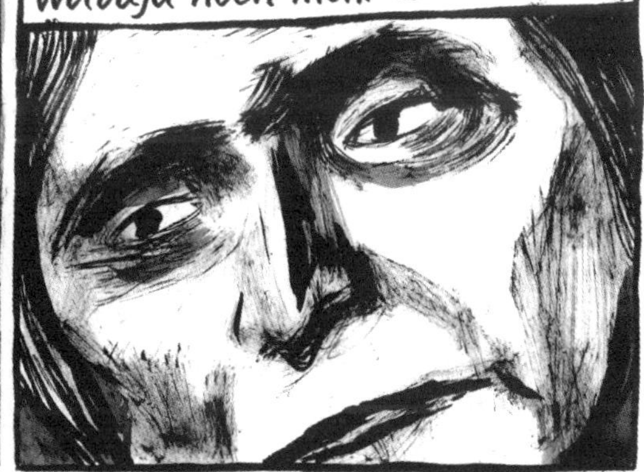
Babunja war immer schweigsam und mürrisch gewesen, und nach dem Tod ihres ältesten Sohnes Wolodja noch mehr...

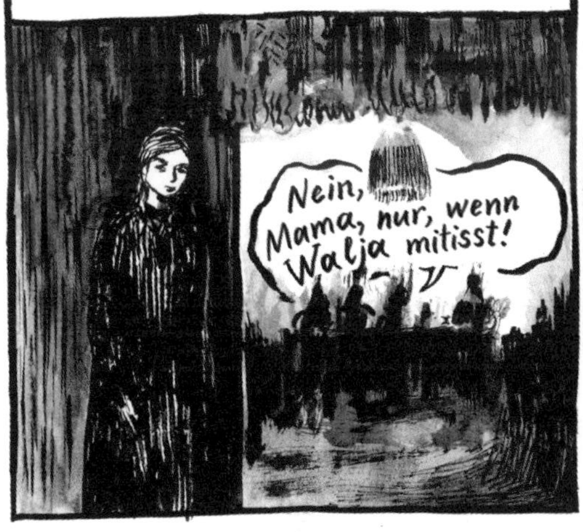
... sie bat mich nie zu Tisch.
Nein, Mama, nur, wenn Walja mitisst!

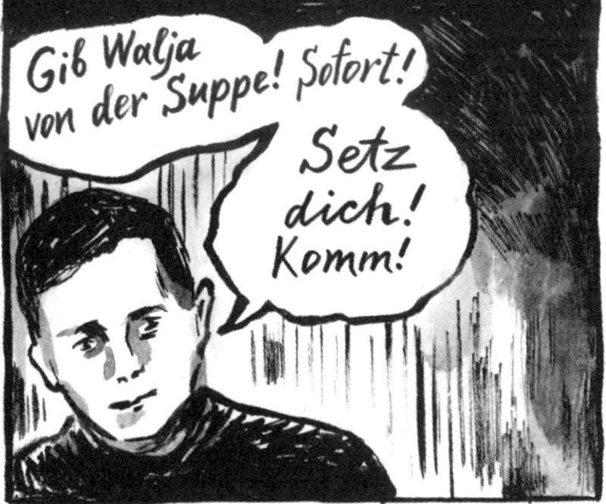
Wäre Tolja nicht gewesen, hätte ich sie nie besucht! Nie im Leben!
Gib Walja von der Suppe! Sofort!
Setz dich! Komm!

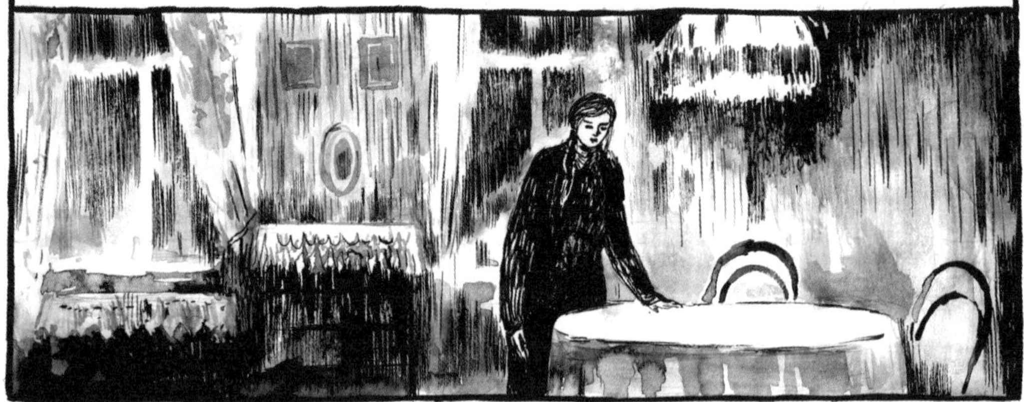
Die Wohnung lag direkt über unserer und hatte denselben Grundriss. Denselben Geruch, dieselben Geräusche. Und hier waren vertraute Sachen aus unserem früheren Leben, die wir zurücklassen mussten.

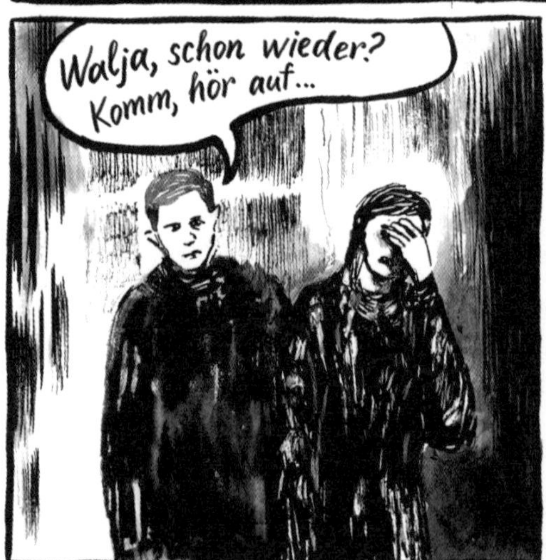
Walja, schon wieder? Komm, hör auf...

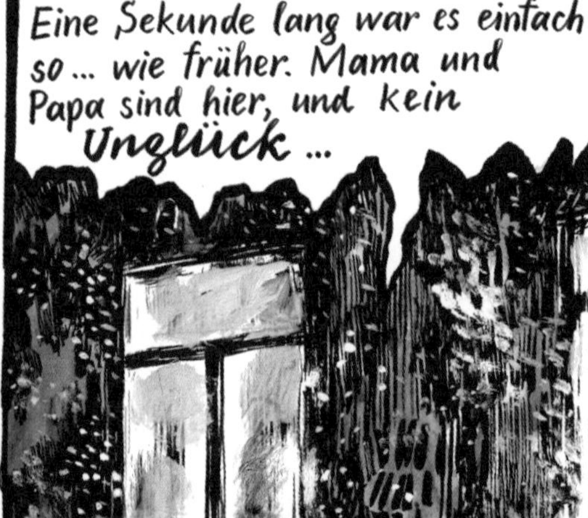
Eine Sekunde lang war es einfach so ... wie früher. Mama und Papa sind hier, und kein Unglück ...

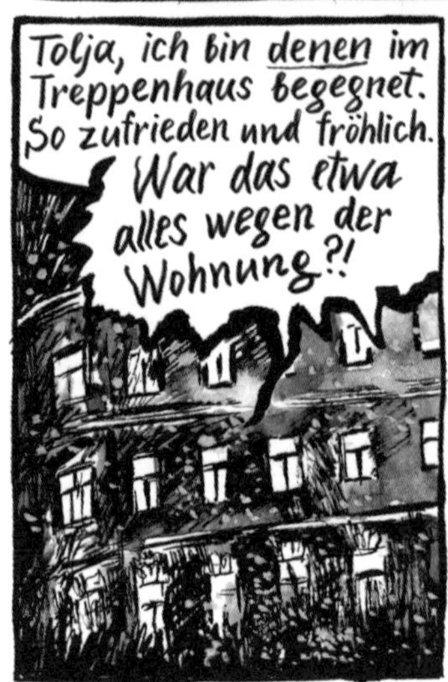
Tolja, ich bin denen im Treppenhaus begegnet. So zufrieden und fröhlich.
War das etwa alles wegen der Wohnung?!

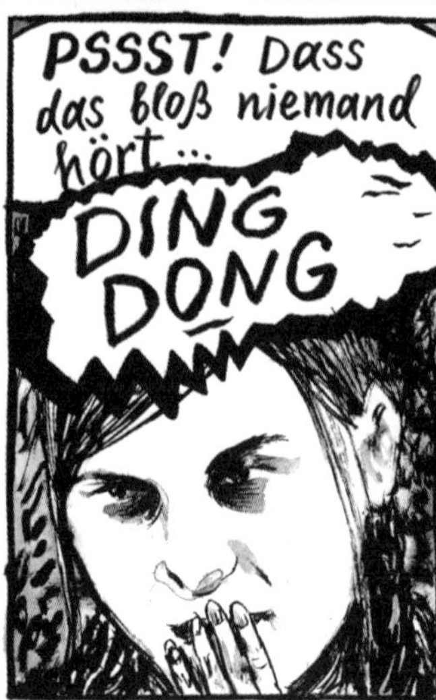
PSSST! Dass das bloß niemand hört ...
DING DONG

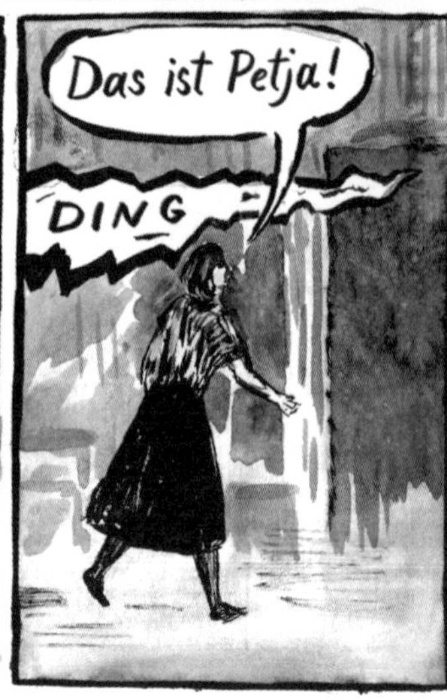
Das ist Petja!
DING

Petja Koroljow, Marussjas jüngerer Bruder ...

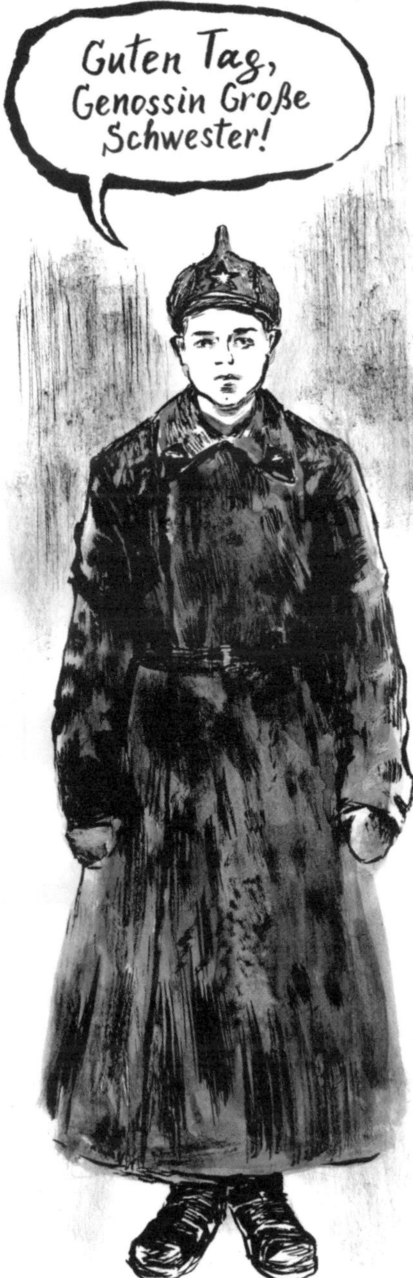

Petja kannte ich von klein auf. Er war schon vor dem Unglück immer bei uns vorbeigekommen, wenn er Marussja besuchte. Papa war sein Freund.

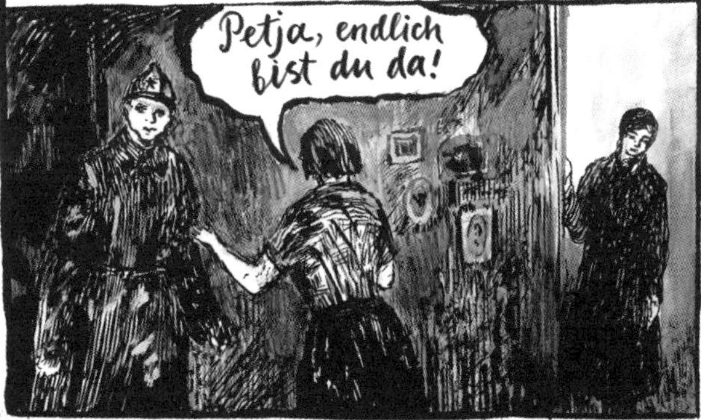

Kombattant im Winterkrieg und Panzerschütze, der sogar in der „Komsomolskaja Prawda" stand. Marussja bewahrte die Seite auf.

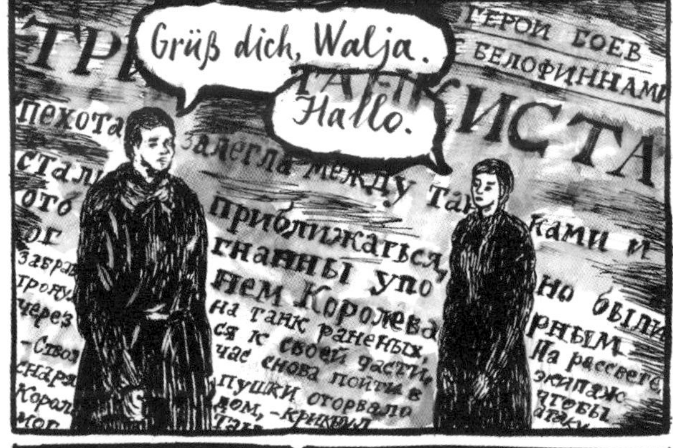

Nach dem Krieg hatte er es schwer.

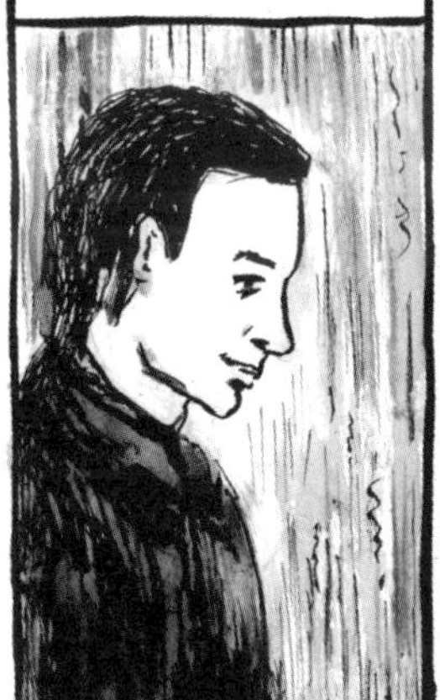

Ehrlich gesagt kamen wir beide nur aus einem Grund hierher: **HUNGER**.

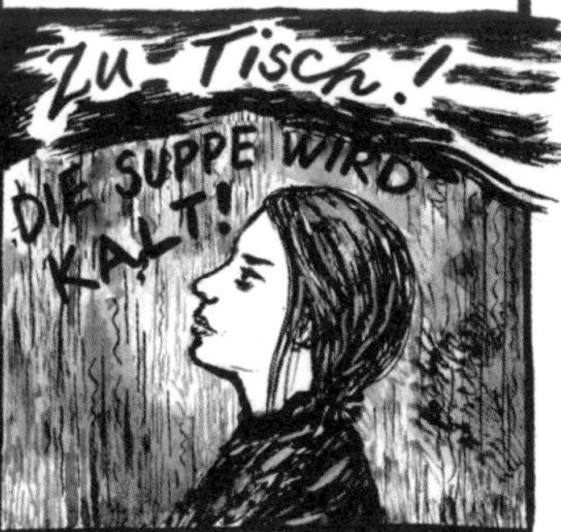

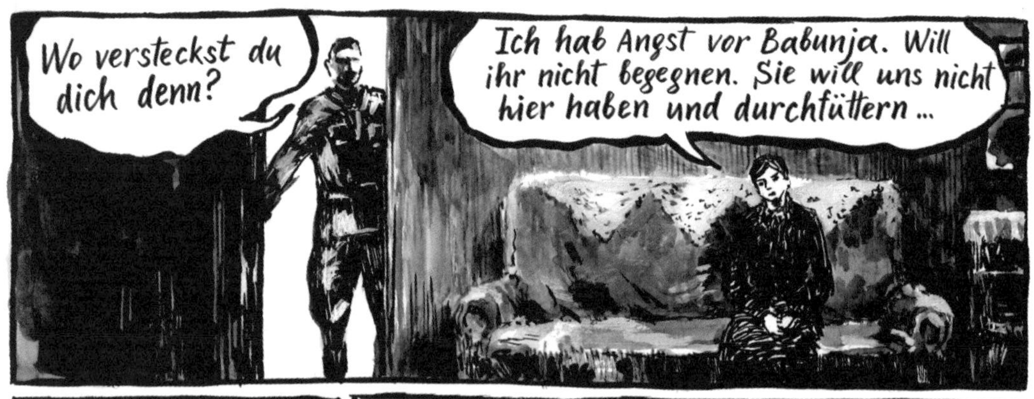
Wo versteckst du dich denn?
Ich hab Angst vor Babunja. Will ihr nicht begegnen. Sie will uns nicht hier haben und durchfüttern ...

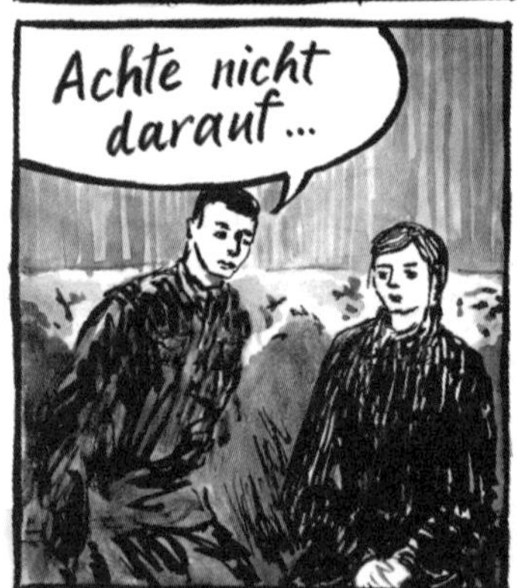
Achte nicht darauf ...

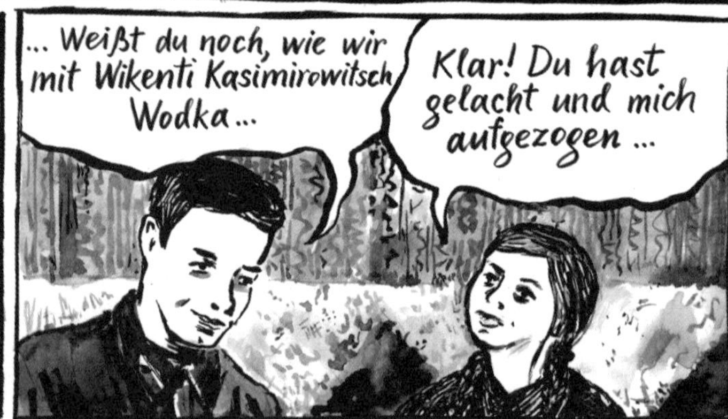
... Weißt du noch, wie wir mit Wikenti Kasimirowitsch Wodka ...
Klar! Du hast gelacht und mich aufgezogen ...

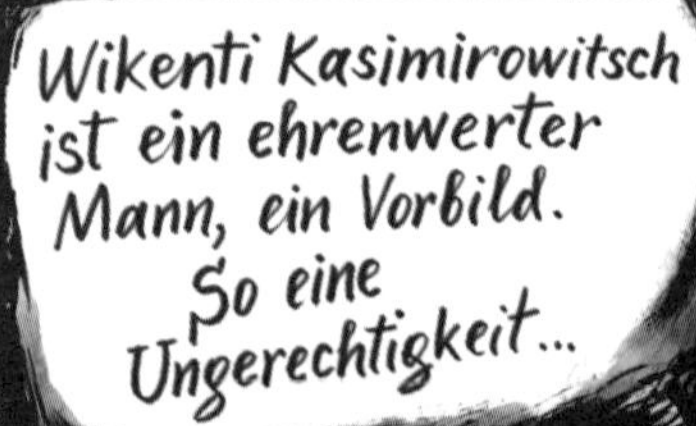
Wikenti Kasimirowitsch ist ein ehrenwerter Mann, ein Vorbild. So eine Ungerechtigkeit ...

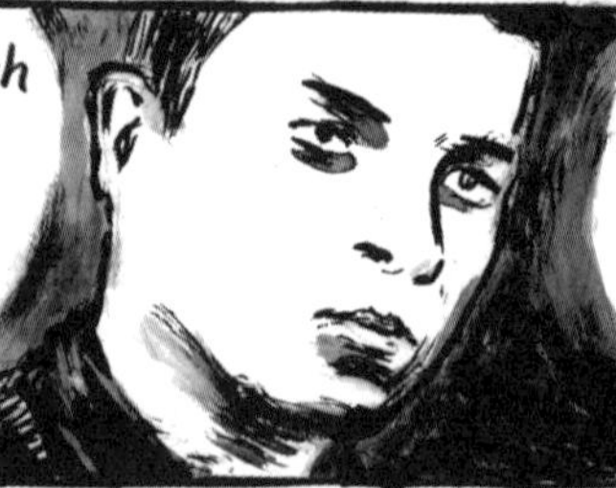
... und Pelageia Nikonowna war immer gut ... Weißt du, bei euch hab ich mich zu Hause gefühlt.

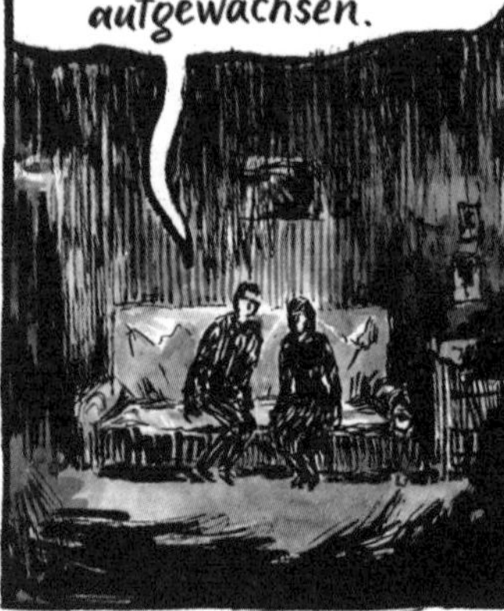
Ich bin ja Waise, seit ich vier bin, bin ich im Kinderheim aufgewachsen.

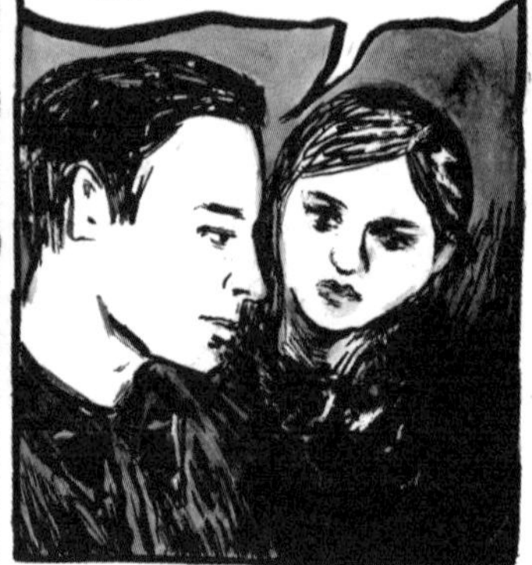
Marussja und ich haben immer zusammengehalten, sie ist wie eine Mutter für mich ...

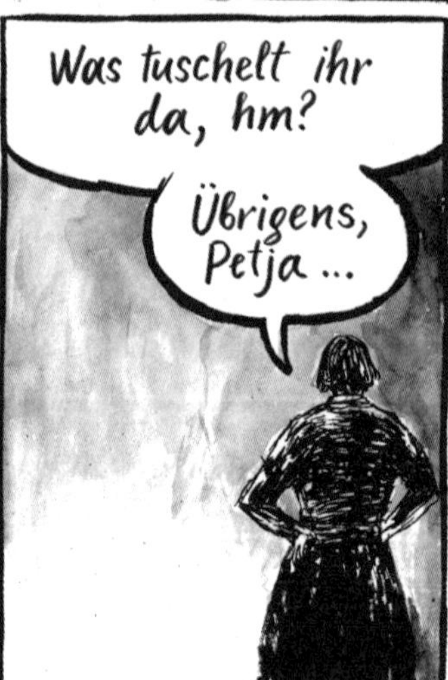
Was tuschelt ihr da, hm?
Übrigens, Petja ...

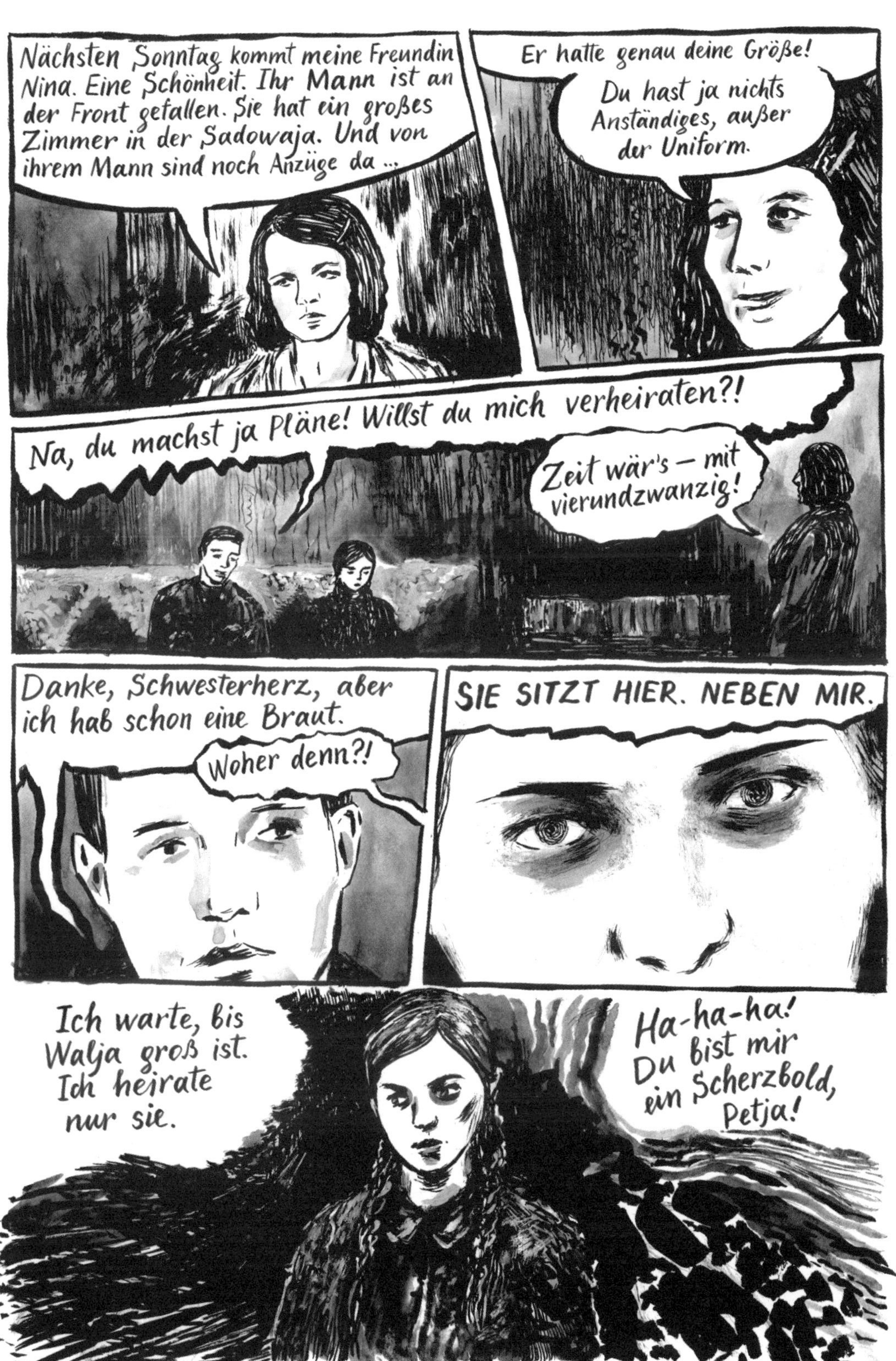
Nächsten Sonntag kommt meine Freundin Nina. Eine Schönheit. Ihr Mann ist an der Front gefallen. Sie hat ein großes Zimmer in der Sadowaja. Und von ihrem Mann sind noch Anzüge da ...
Er hatte genau deine Größe!
Du hast ja nichts Anständiges, außer der Uniform.
Na, du machst ja Pläne! Willst du mich verheiraten?!
Zeit wär's – mit vierundzwanzig!
Danke, Schwesterherz, aber ich hab schon eine Braut.
Woher denn?!
SIE SITZT HIER. NEBEN MIR.
Ich warte, bis Walja groß ist. Ich heirate nur sie.
Ha-ha-ha! Du bist mir ein Scherzbold, Petja!

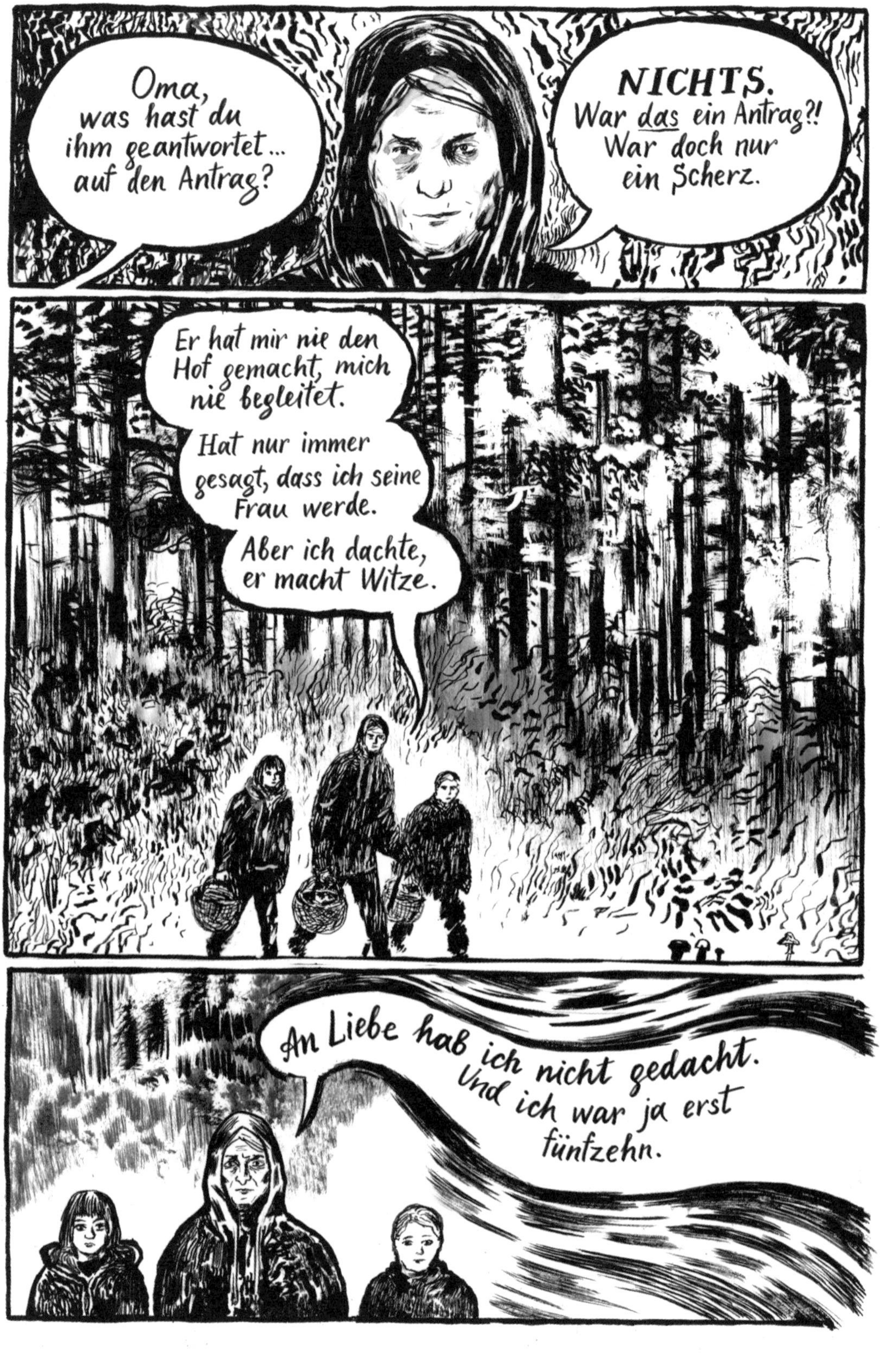

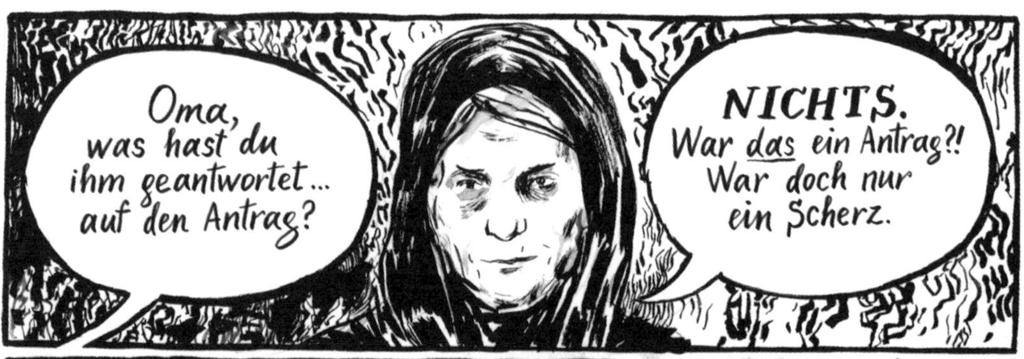

Er hat mir nie den Hof gemacht, mich nie begleitet.

Hat nur immer gesagt, dass ich seine Frau werde.

Aber ich dachte, er macht Witze.

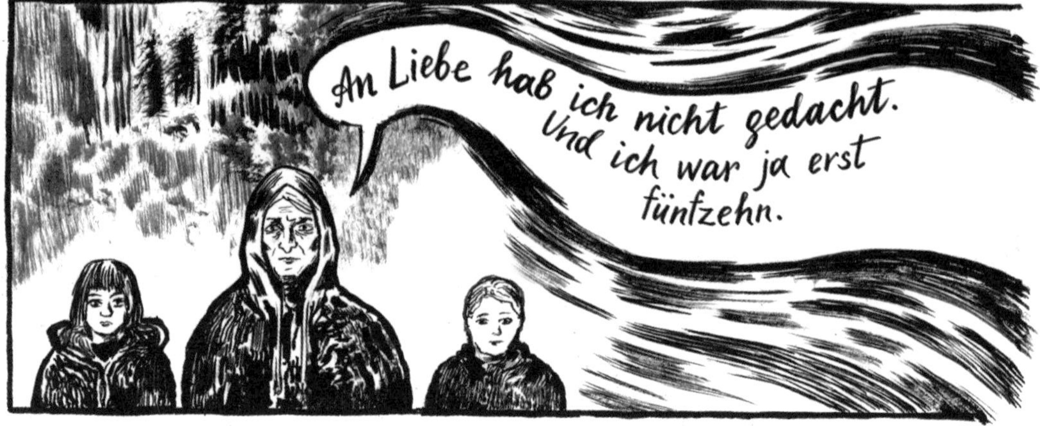

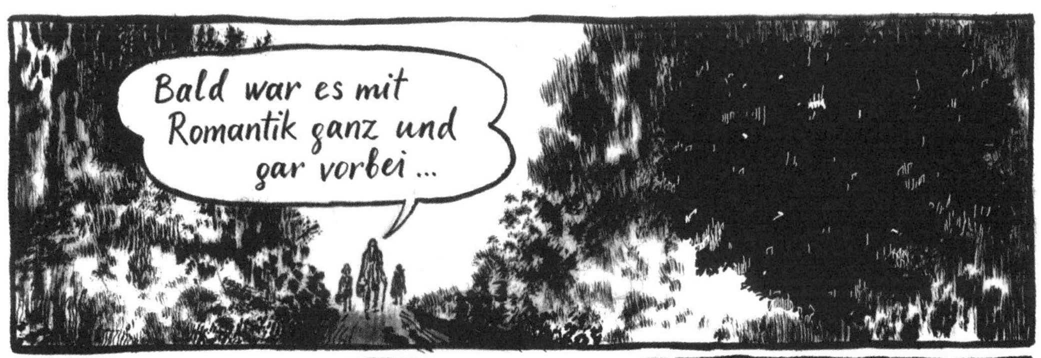

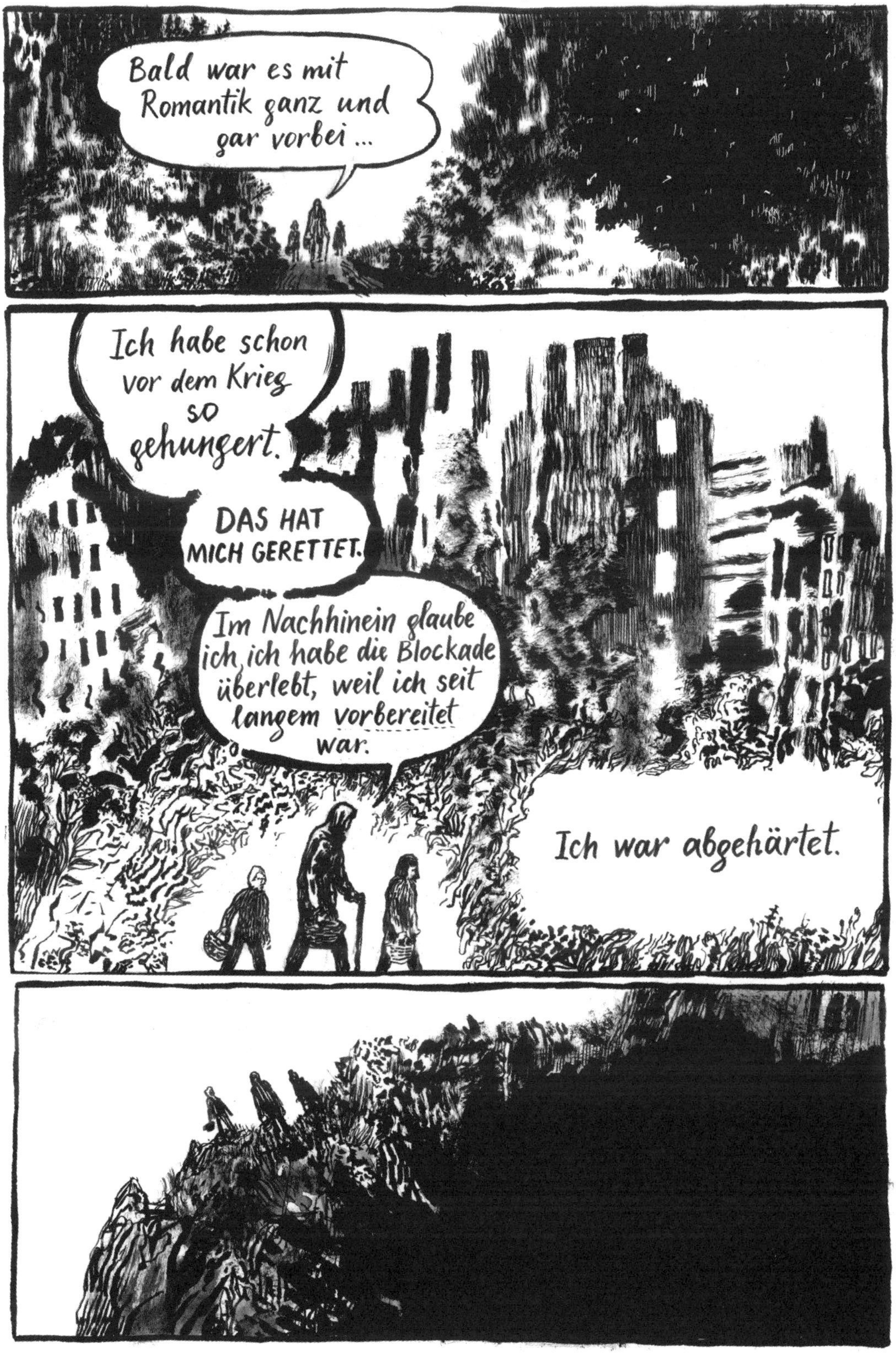

Ich habe schon vor dem Krieg so gehungert.

DAS HAT MICH GERETTET.

Im Nachhinein glaube ich ich habe die Blockade überlebt, weil ich seit langem vorbereitet war.

Ich war abgehärtet.

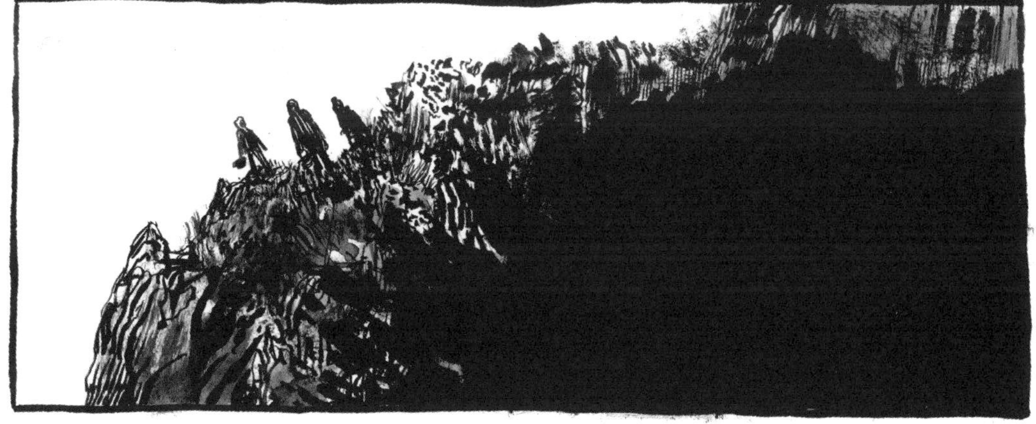

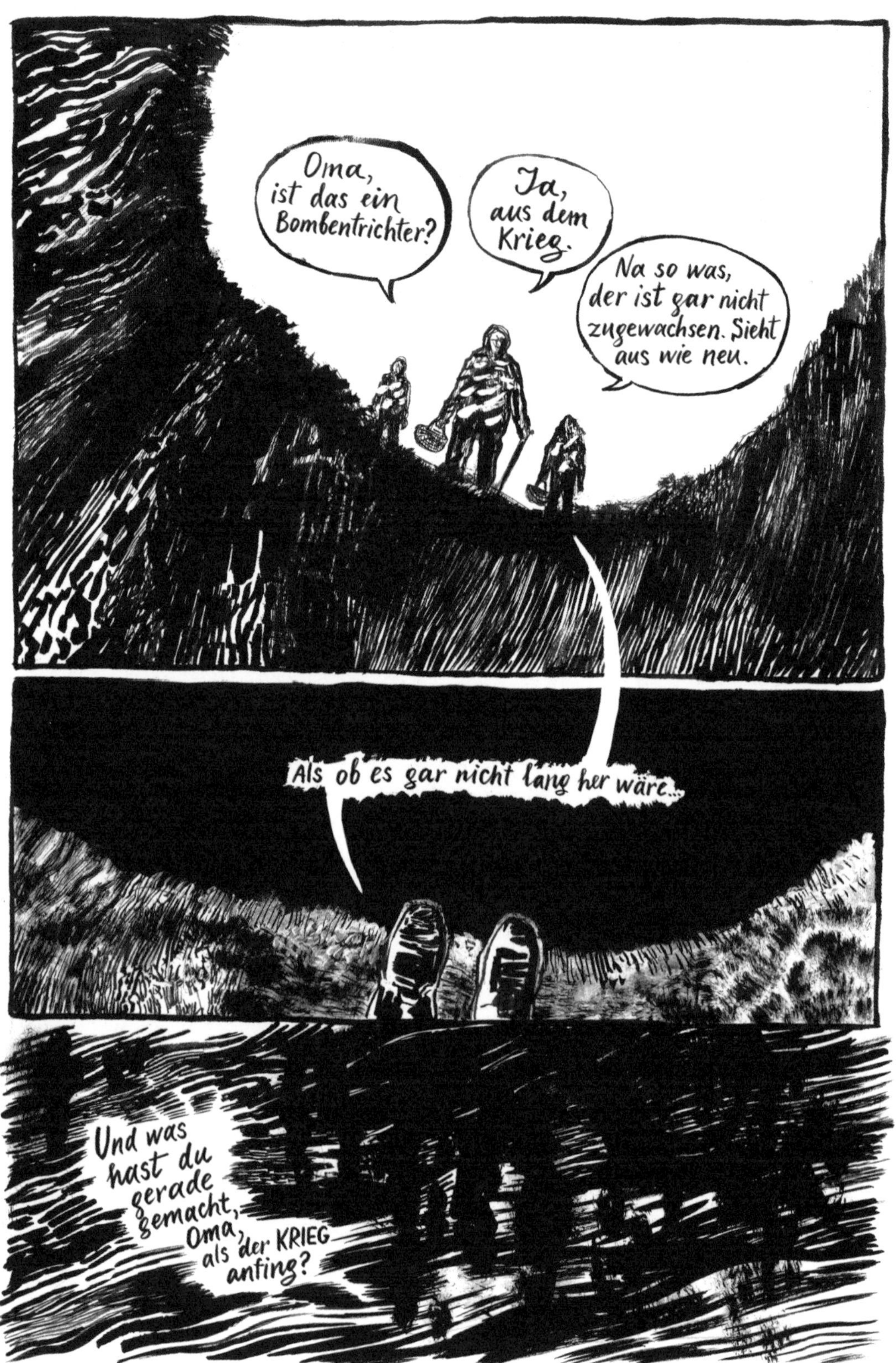
Oma, ist das ein Bombentrichter?
Ja, aus dem Krieg.
Na so was, der ist gar nicht zugewachsen. Sieht aus wie neu.
Als ob es gar nicht lang her wäre...
Und was hast du gerade gemacht, Oma, als der KRIEG anfing?

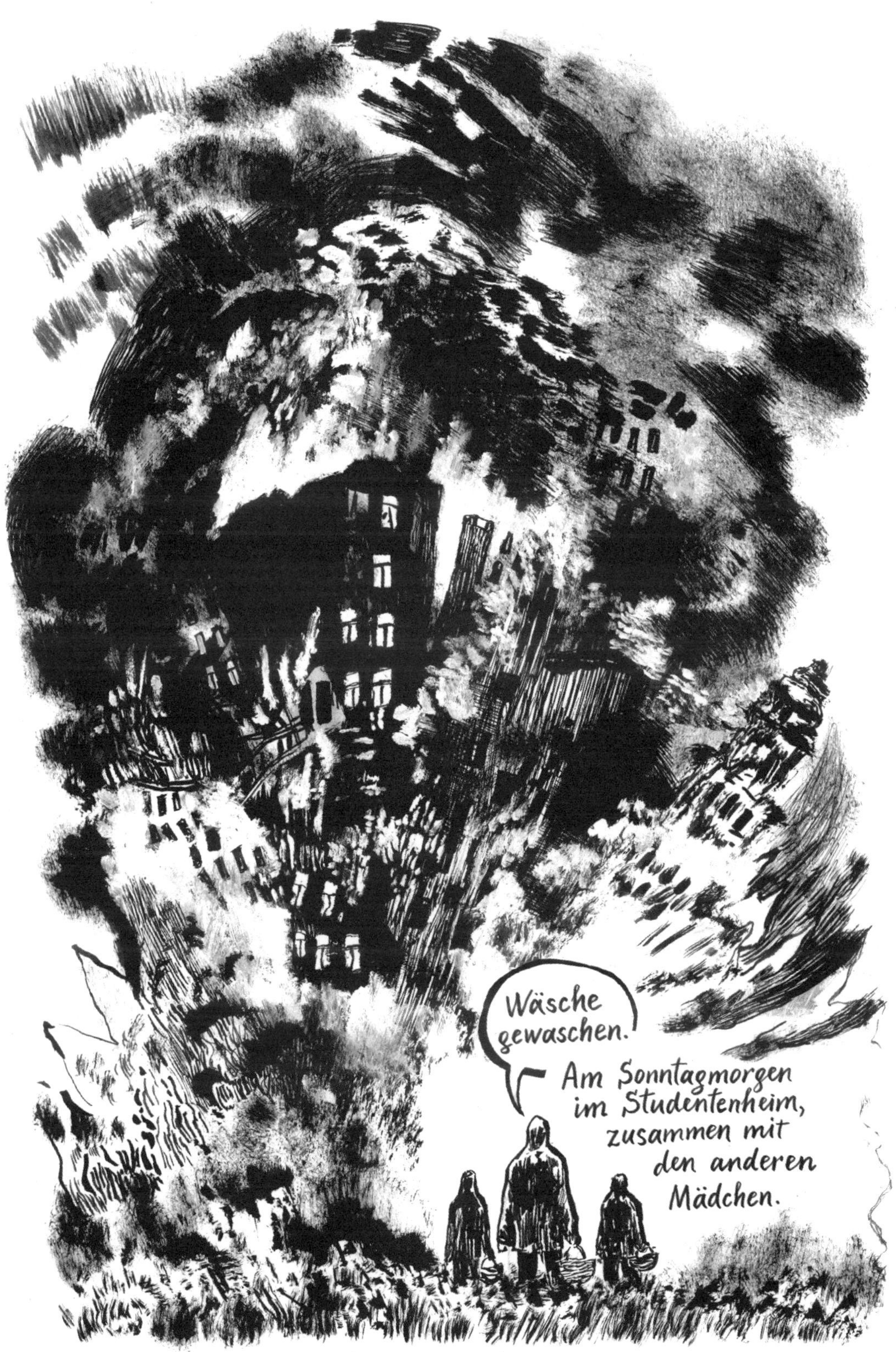
Wäsche gewaschen.
Am Sonntagmorgen im Studentenheim, zusammen mit den anderen Mädchen.

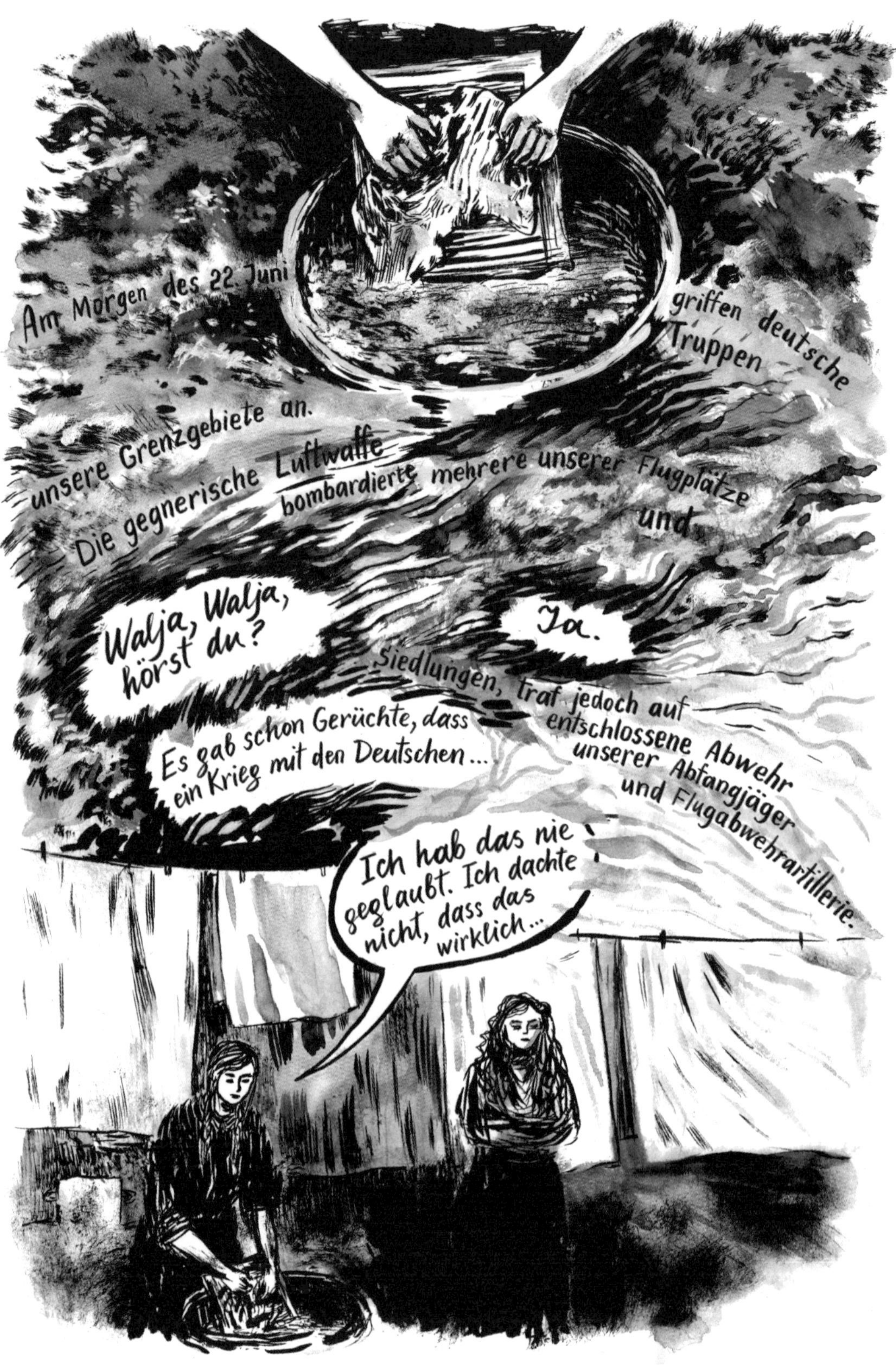
Am Morgen des 22. Juni
griffen deutsche Truppen
unsere Grenzgebiete an.
Die gegnerische Luftwaffe
bombardierte mehrere unserer Flugplätze
und
Walja, Walja, hörst du?
Ja.
Siedlungen, traf jedoch auf entschlossene Abwehr unserer Abfangjäger und Flugabwehrartillerie.
Es gab schon Gerüchte, dass ein Krieg mit den Deutschen …
Ich hab das nie geglaubt. Ich dachte nicht, dass das wirklich …

Im Juni 1941 legte ich meine Prüfungen mit Auszeichnung ab und hatte somit das erste Studienjahr des Technikums abgeschlossen. Das war auch das Ende meines Studiums.

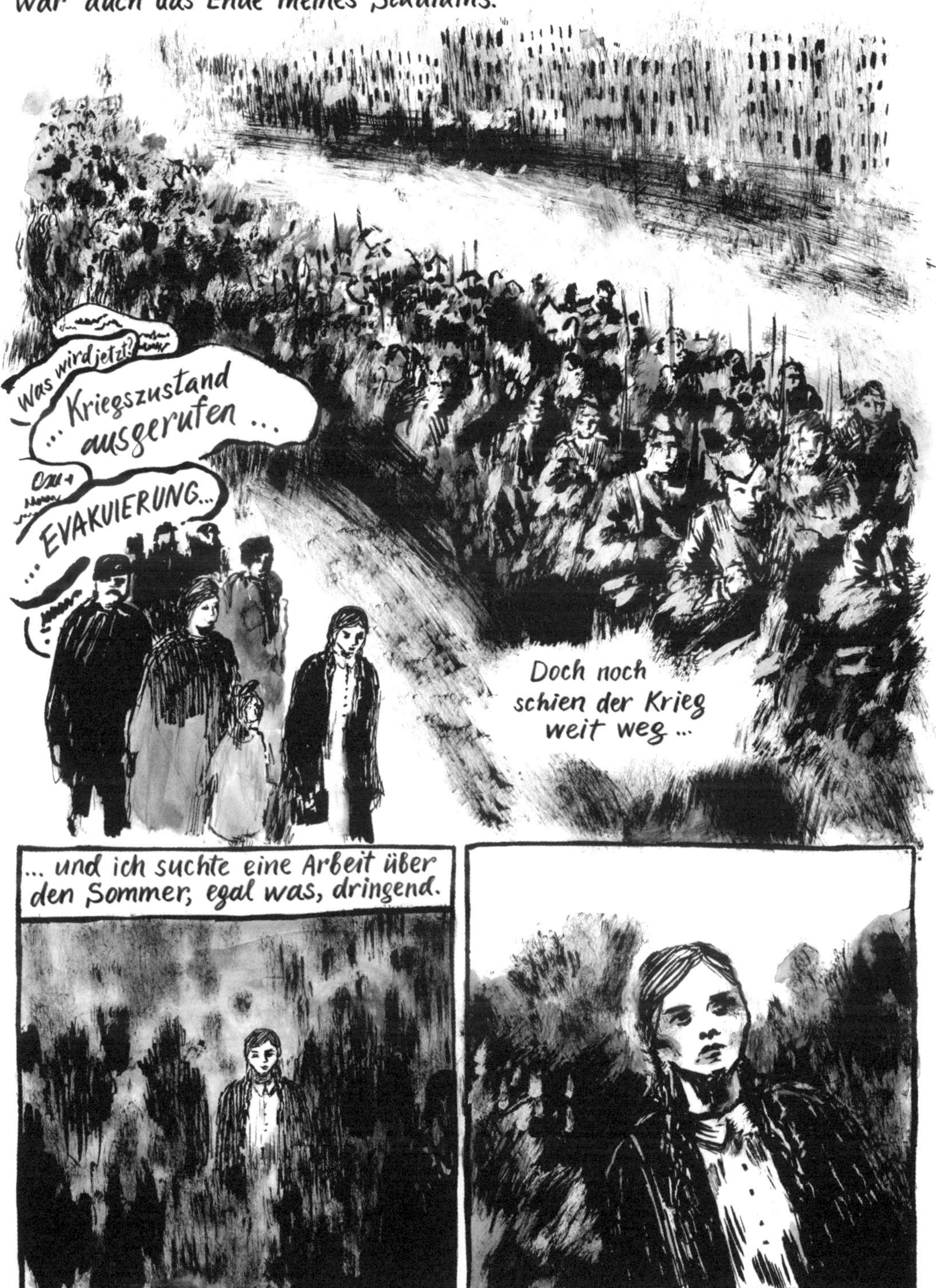

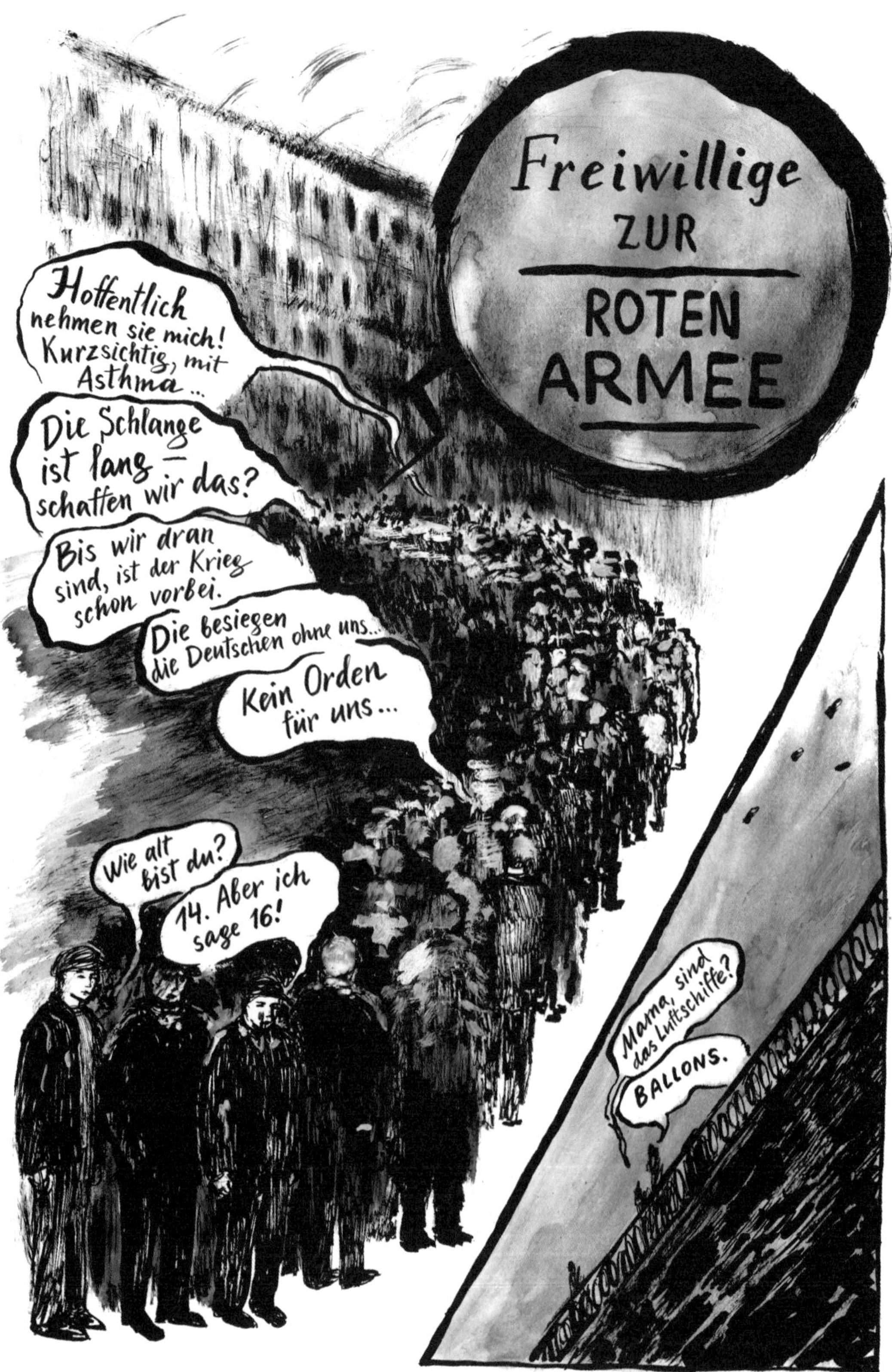
Freiwillige
ZUR
ROTEN
ARMEE
Hoffentlich nehmen sie mich! Kurzsichtig, mit Asthma ...
Die Schlange ist lang – schaffen wir das?
Bis wir dran sind, ist der Krieg schon vorbei.
Die besiegen die Deutschen ohne uns ...
Kein Orden für uns ...
Wie alt bist du?
14. Aber ich sage 16!
Mama, sind das Luftschiffe?
BALLONS.

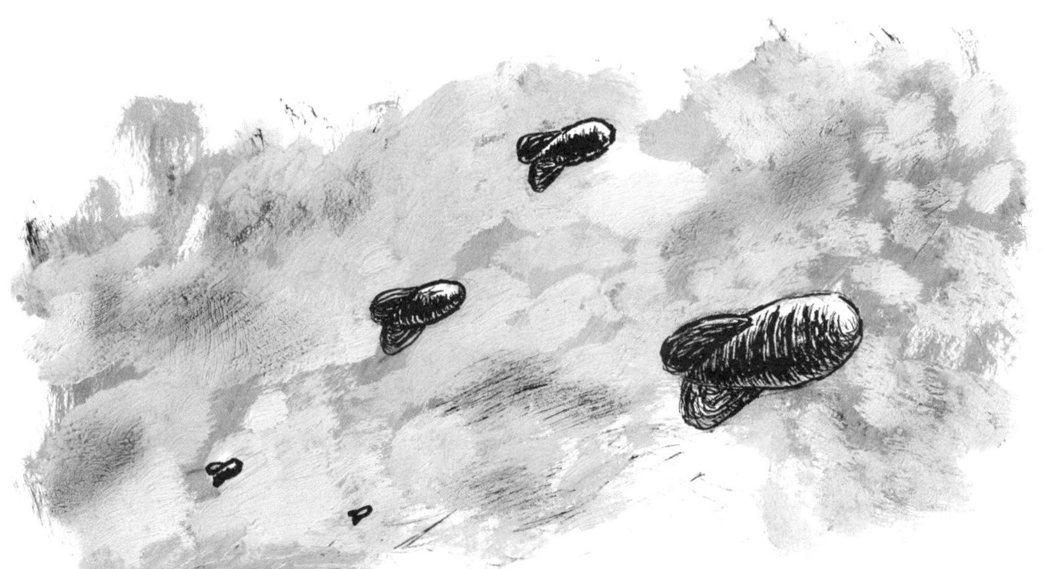

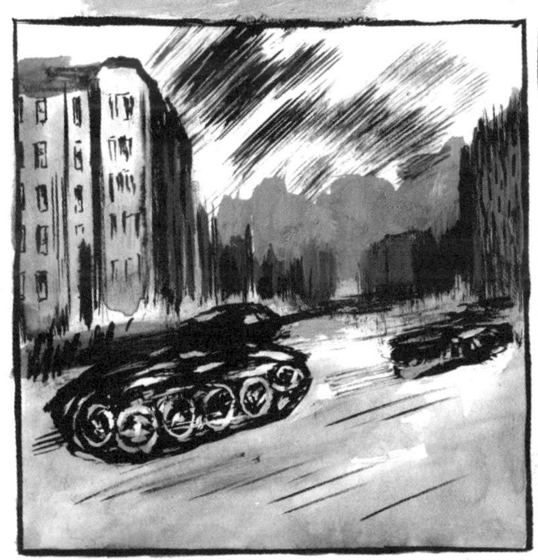

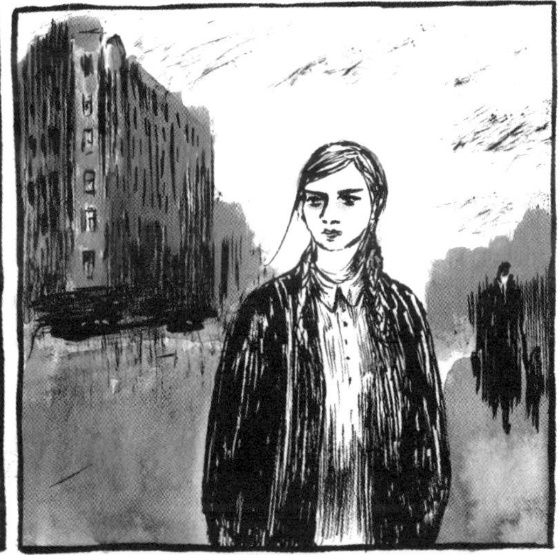

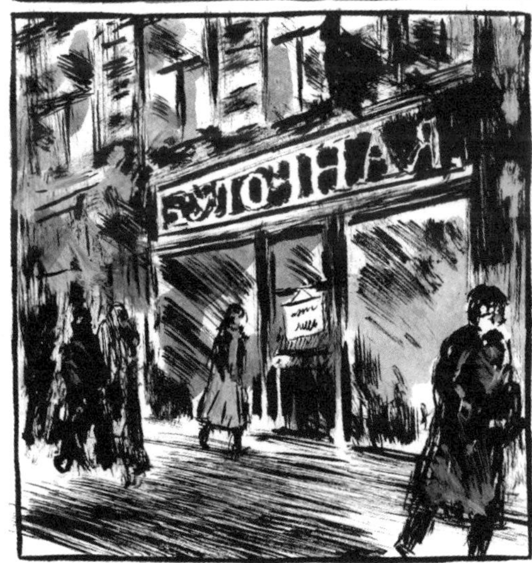

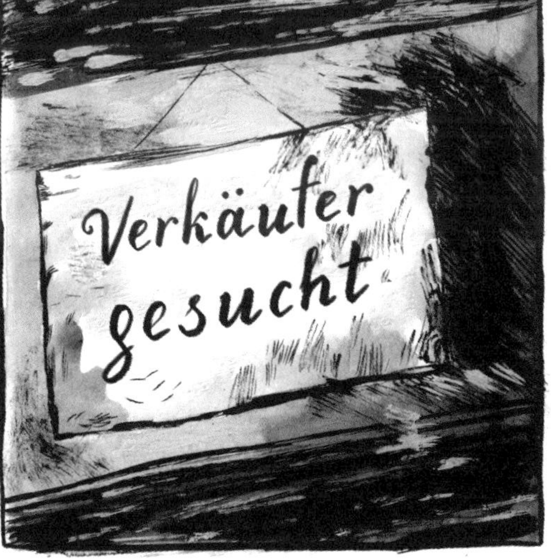
Verkäufer gesucht

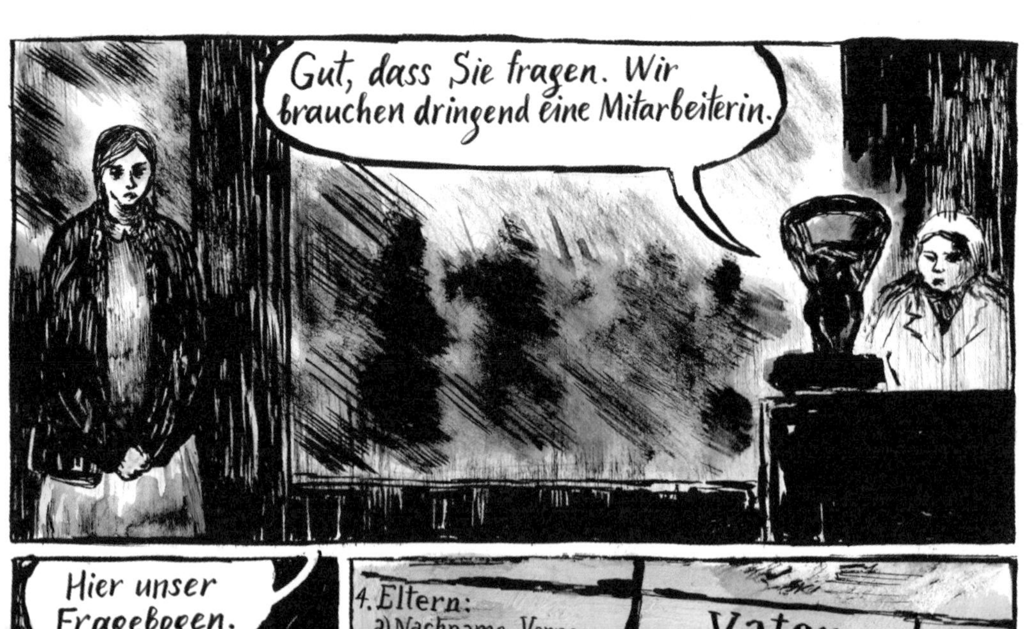
Gut, dass Sie fragen. Wir brauchen dringend eine Mitarbeiterin.

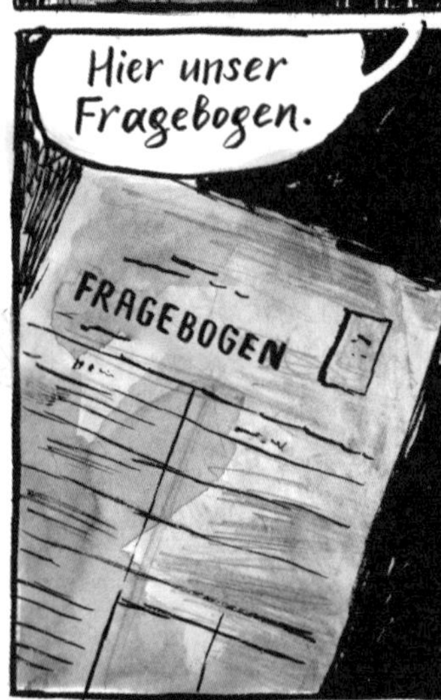
Hier unser Fragebogen.
FRAGEBOGEN

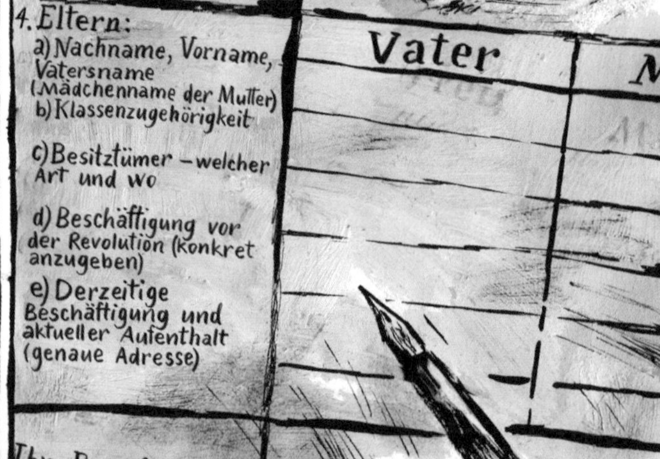
4. Eltern:
a) Nachname, Vorname, Vatersname (Mädchenname der Mutter)
b) Klassenzugehörigkeit
c) Besitztümer – welcher Art und wo
d) Beschäftigung vor der Revolution (konkret anzugeben)
e) Derzeitige Beschäftigung und aktueller Aufenthalt (genaue Adresse)
Vater
Ihr Beruf

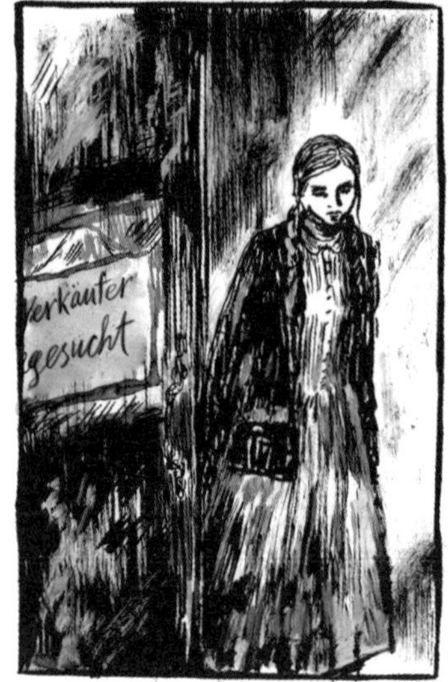
erkäufer
gesucht

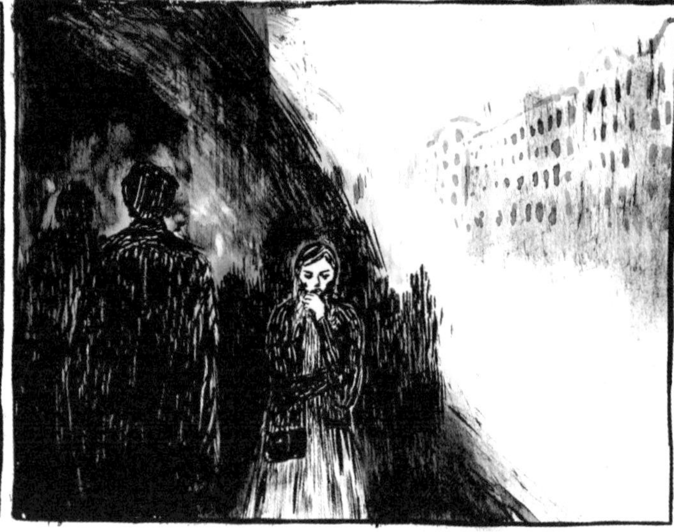

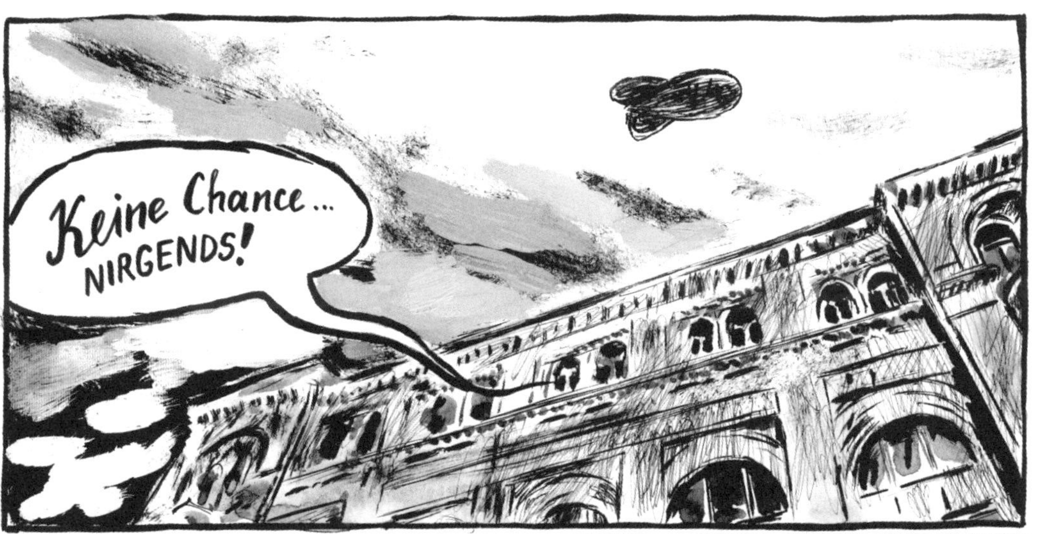
Keine Chance ...
NIRGENDS!

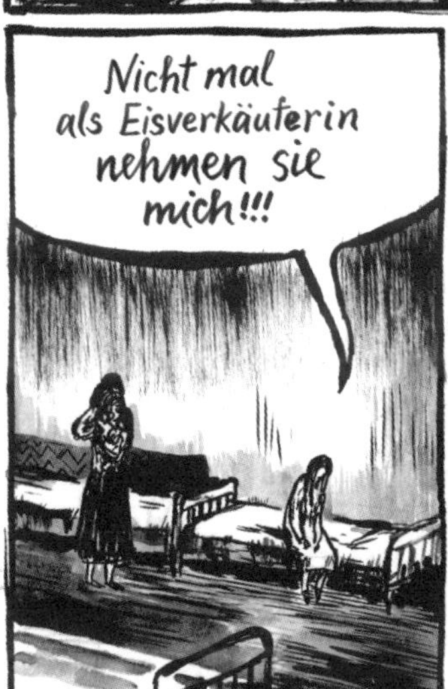
Nicht mal als Eisverkäuferin nehmen sie mich!!!

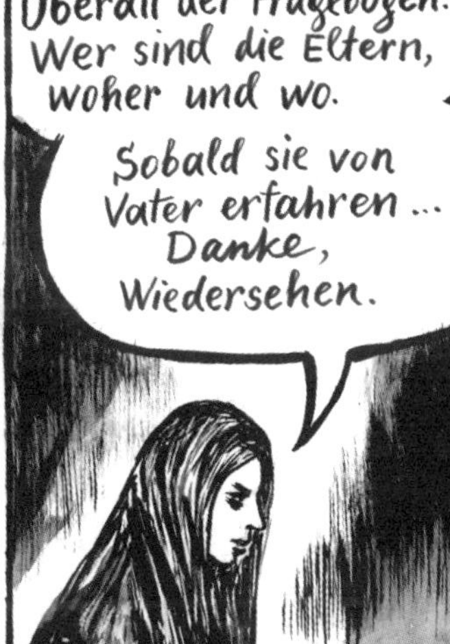
Überall der Fragebogen: Wer sind die Eltern, woher und wo.
Sobald sie von Vater erfahren ... Danke, Wiedersehen.

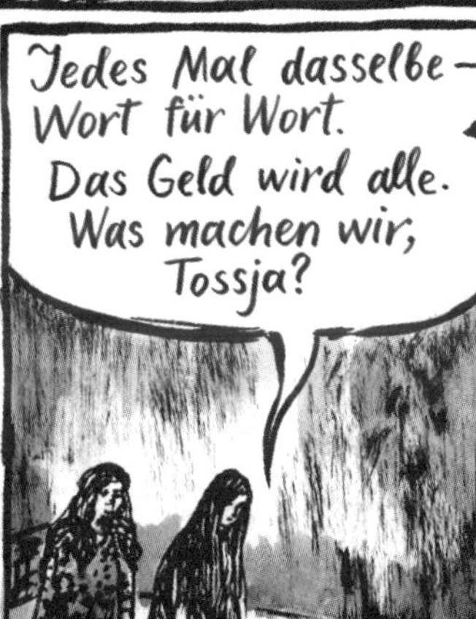
Jedes Mal dasselbe – Wort für Wort.
Das Geld wird alle. Was machen wir, Tossja?

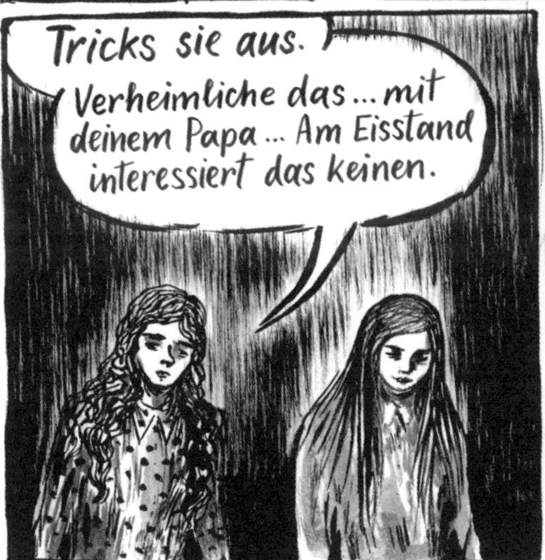
Tricks sie aus.
Verheimliche das ... mit deinem Papa ... Am Eisstand interessiert das keinen.

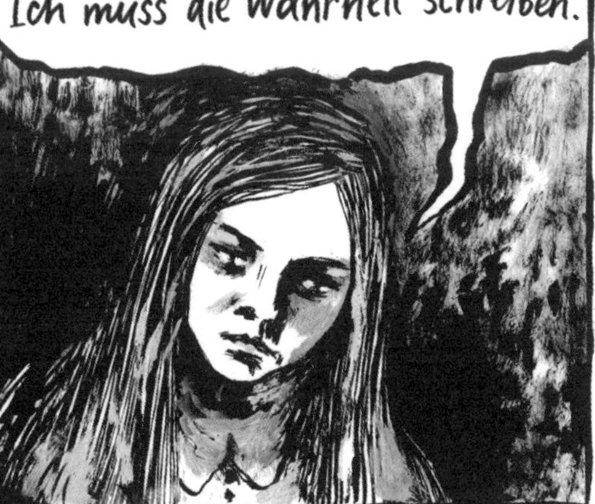
Nein. So was kann ich nicht. Ich muss die Wahrheit schreiben.

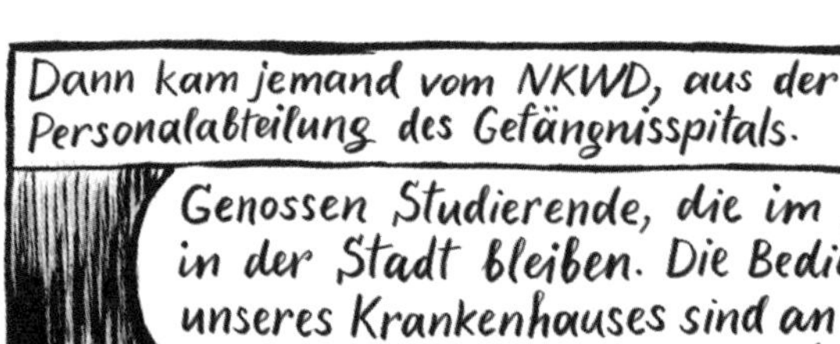

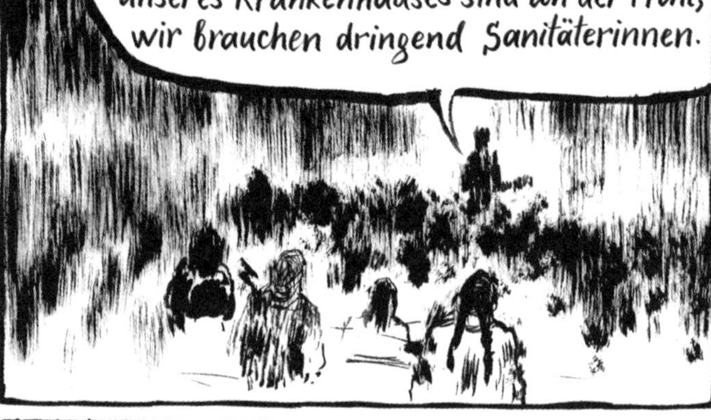

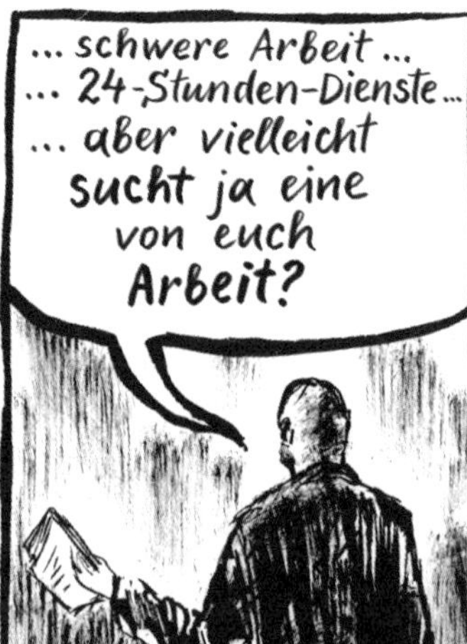

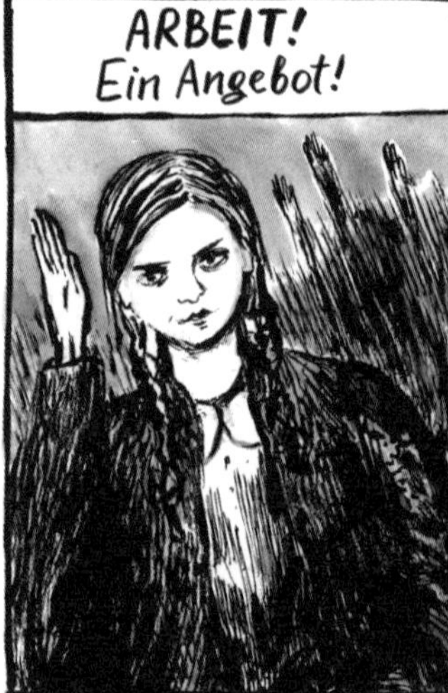

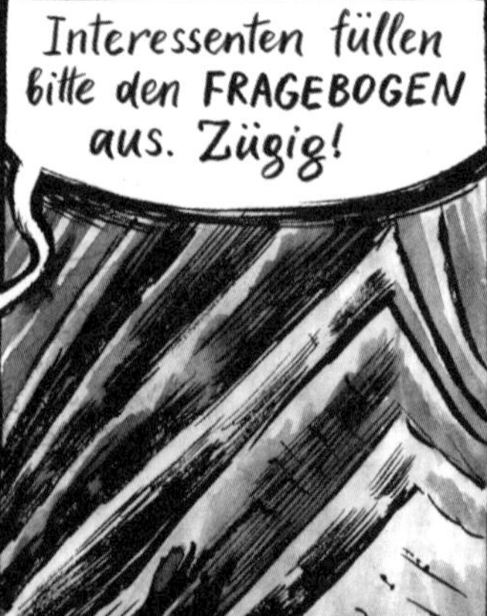

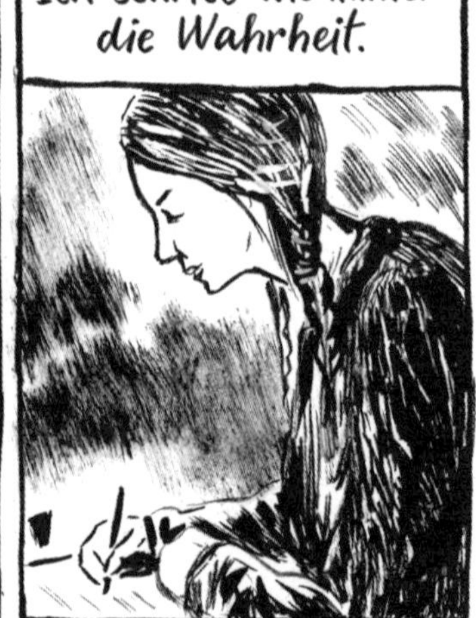

Ich weiß bis heute nicht, wie das zuging. Entweder sie nahmen damals einfach alle, oder sie haben meine unvorteilhaften Antworten übersehen ...

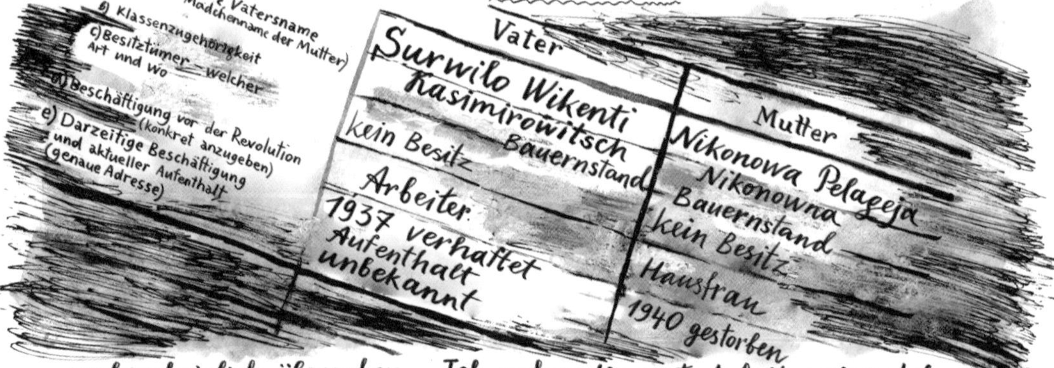

... wahrscheinlich übersehen ... Ich nahm die erste Arbeit meines Lebens an, als Sanitäterin im Dr.-Haass-Gefängniskrankenhaus.

KAPITEL 4

Ich habe den Feind gesehen

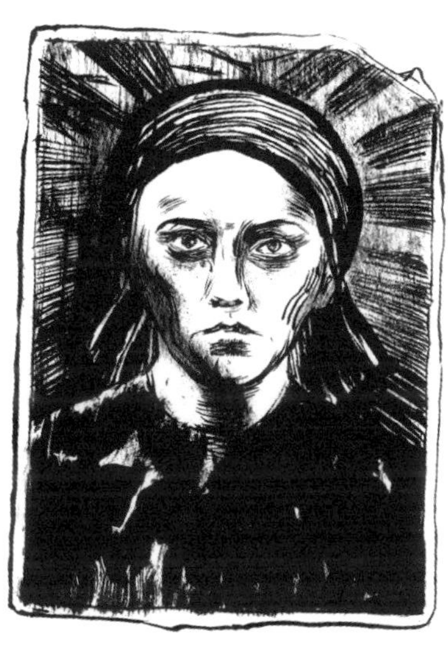

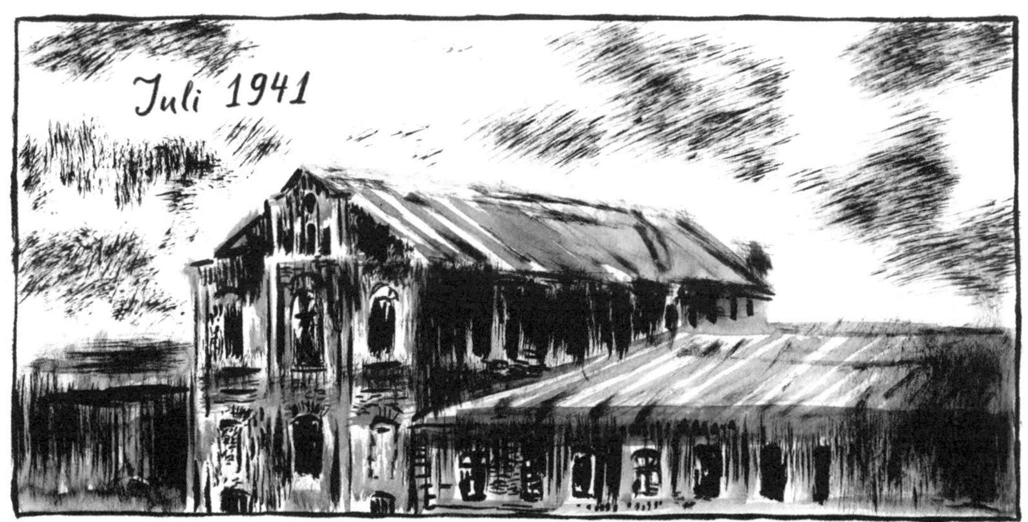
Juli 1941

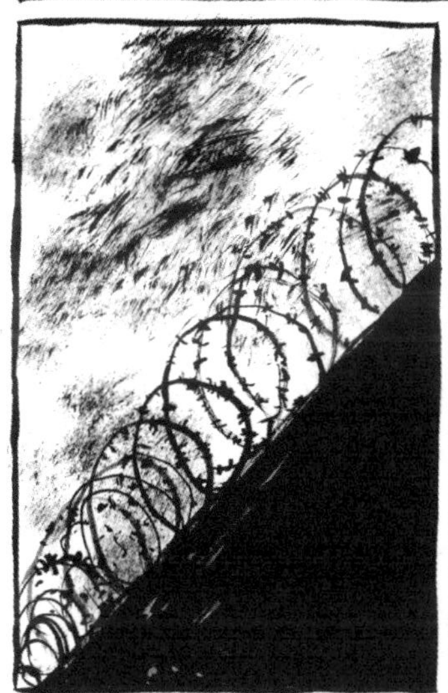

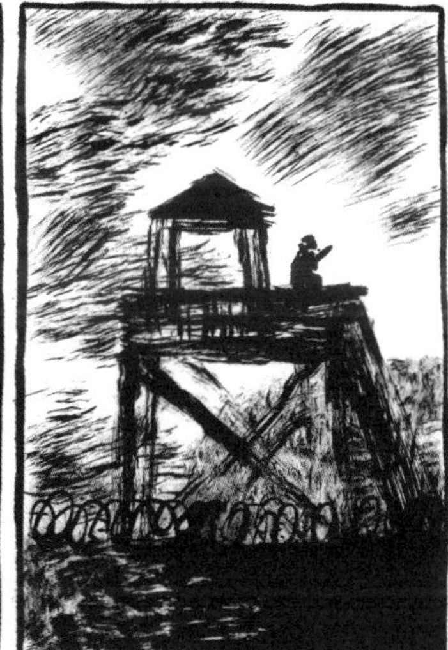

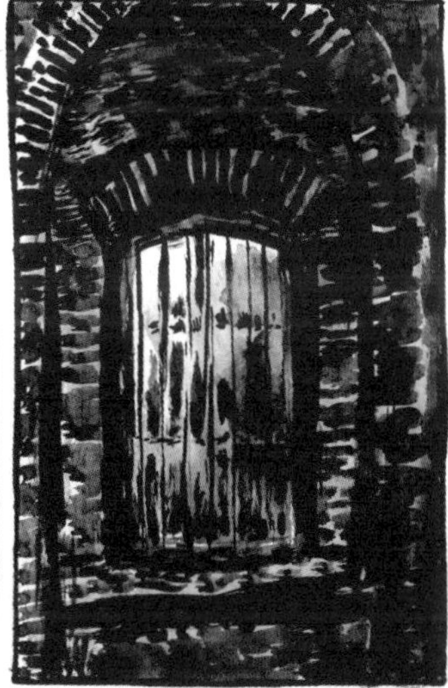

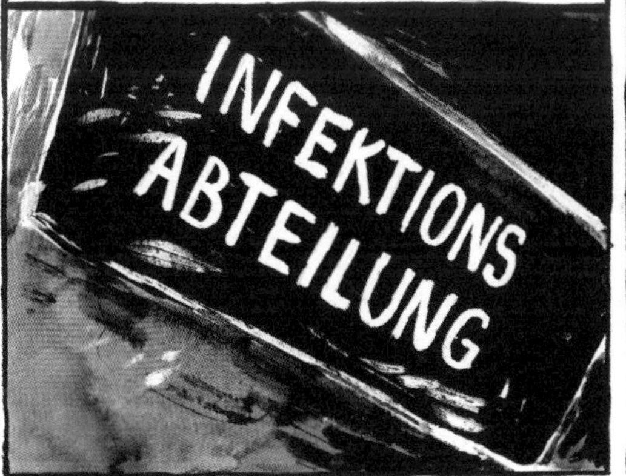
Die Mädchen aus dem Technikum kamen in verschiedene Abteilungen. Tossja und ich in die schlimmste ...
INFEKTIONS ABTEILUNG

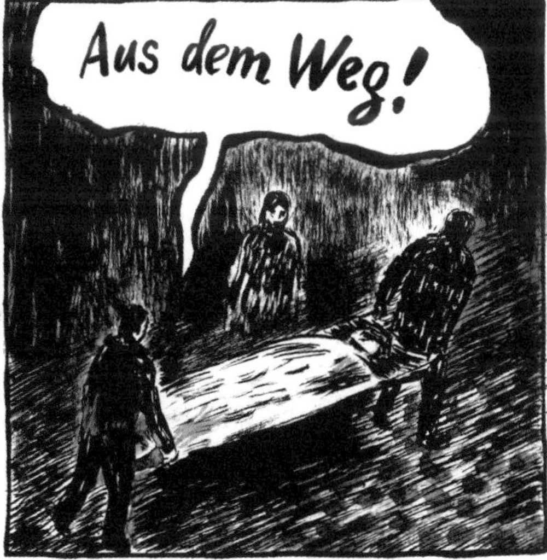
Aus dem Weg!

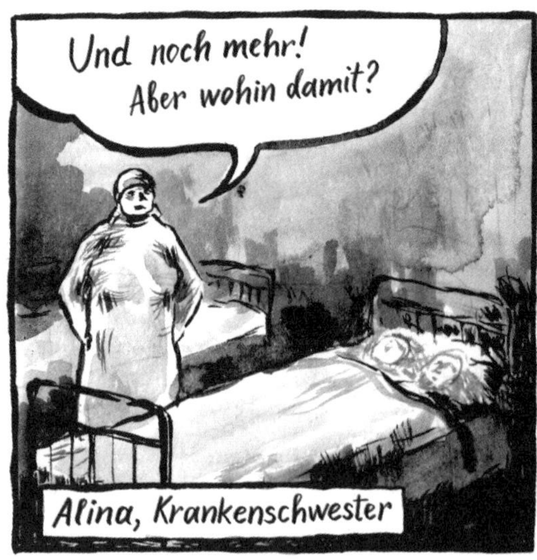
Und noch mehr!
Aber wohin damit?
Alina, Krankenschwester

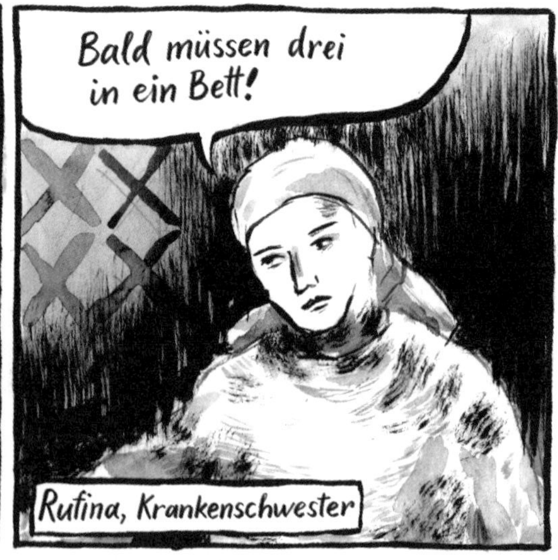
Bald müssen drei
in ein Bett!
Rufina, Krankenschwester

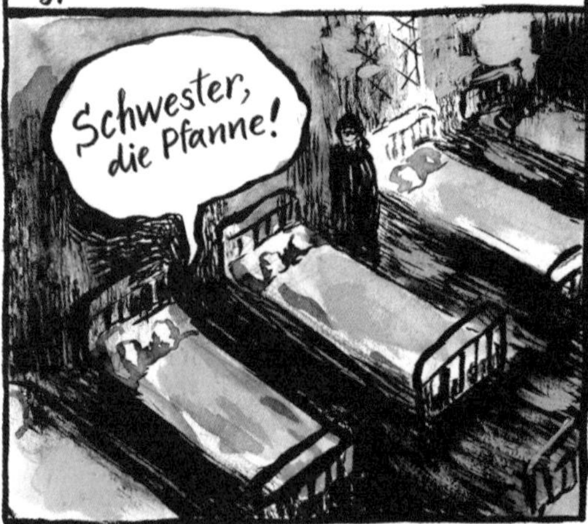
Die Kranken hatten vor allem
Typhus und Ruhr.
Schwester,
die Pfanne!

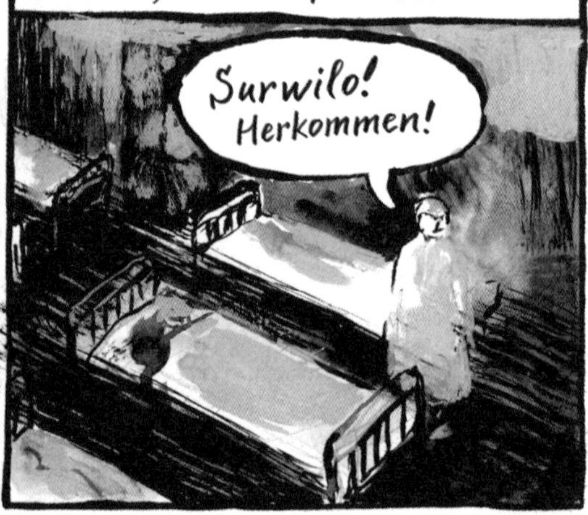
Ich musste Patienten waschen, Wäsche
wechseln, Zimmer putzen …
Surwilo!
Herkommen!

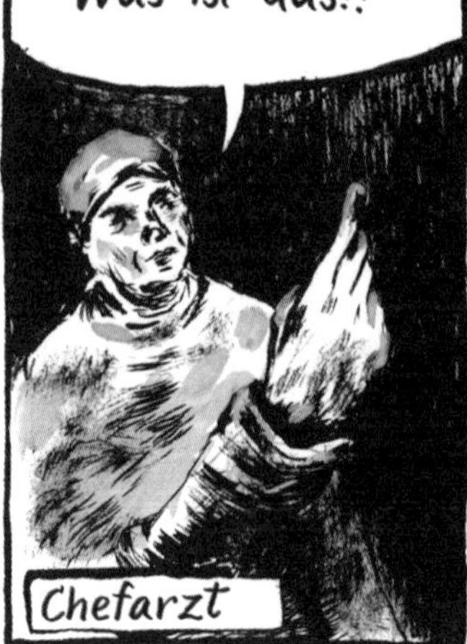
Was ist das?!
Chefarzt

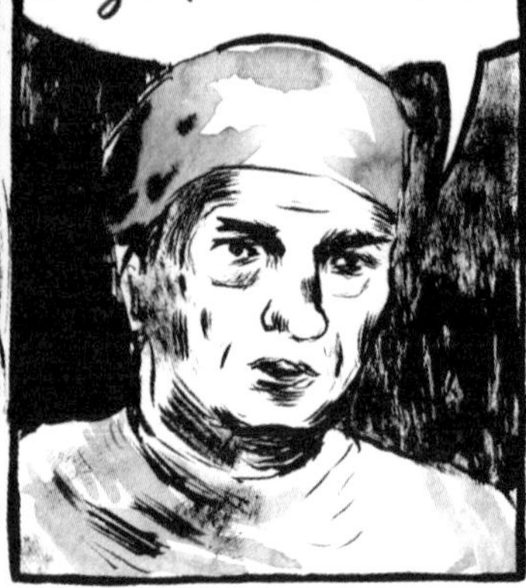
Wenn ich noch mal
Staub finde, egal wo,
kriegen Sie einen Verweis!

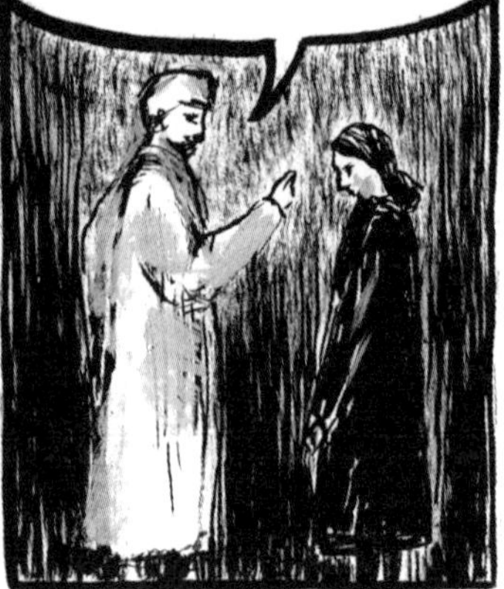
Verstanden?
Ich kontrolliere alles!

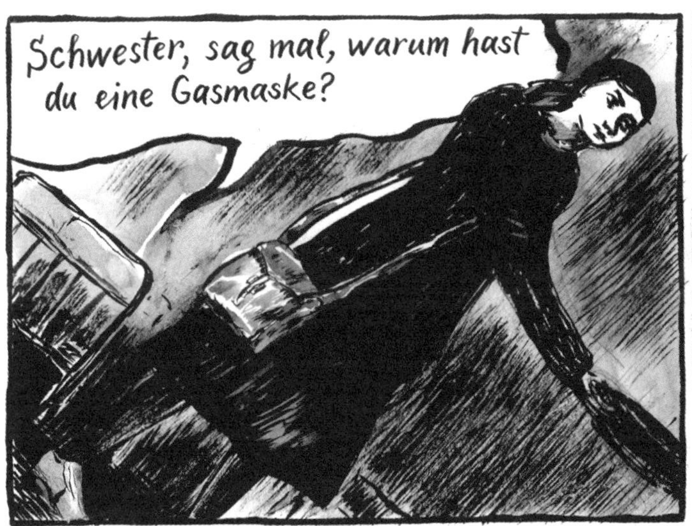
Schwester, sag mal, warum hast du eine Gasmaske?

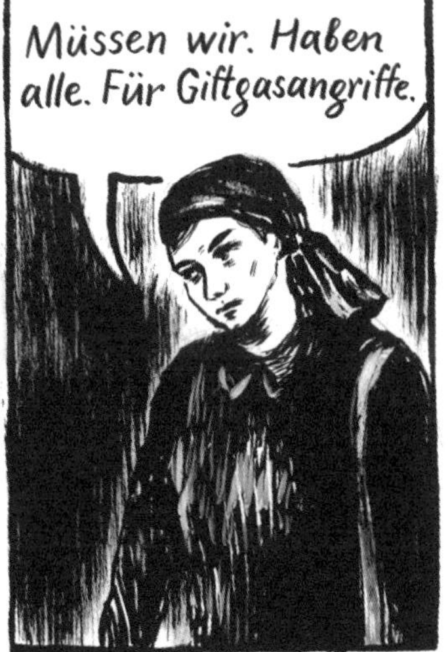
Müssen wir. Haben alle. Für Giftgasangriffe.

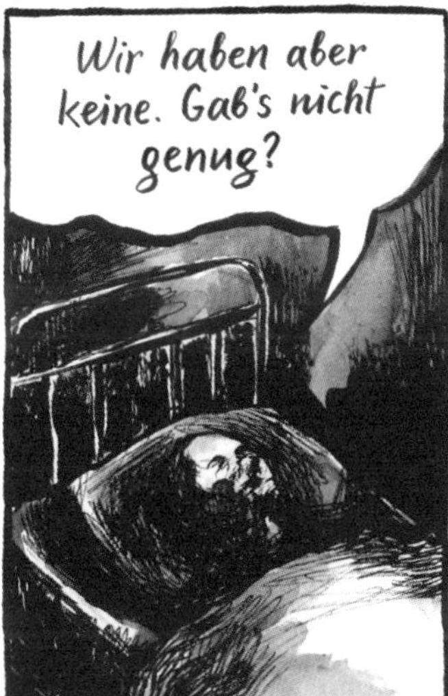
Wir haben aber keine. Gab's nicht genug?

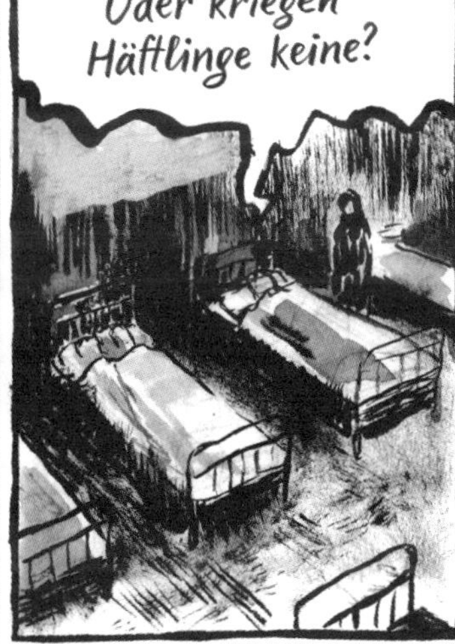
Oder kriegen Häftlinge keine?

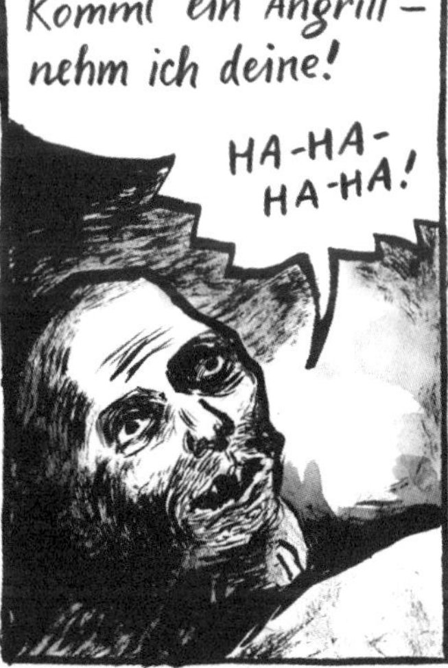
Kommt ein Angriff – nehm ich deine!
HA-HA-HA-HA!

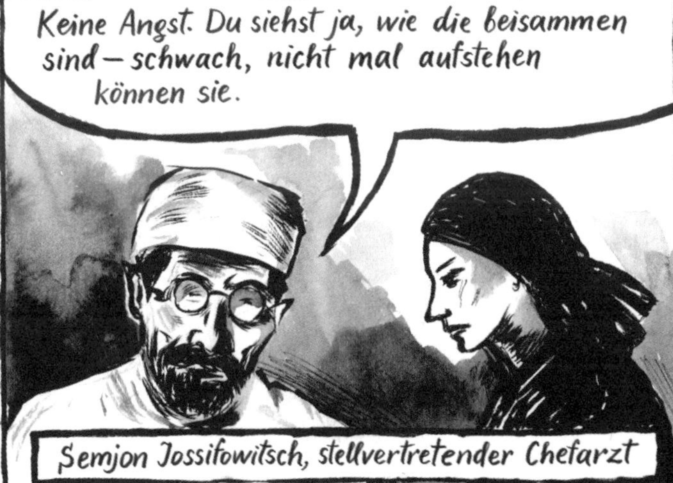
Keine Angst. Du siehst ja, wie die beisammen sind – schwach, nicht mal aufstehen können sie.
Semjon Jossifowitsch, stellvertretender Chefarzt

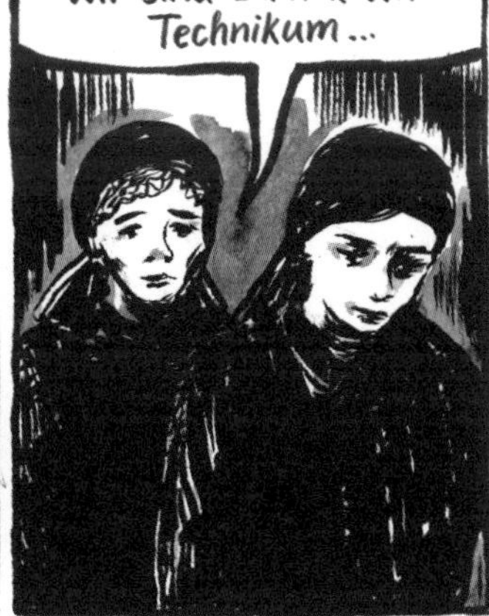
Mach dir nichts draus. Bald ist es vorbei und wir sind zurück im Technikum ...

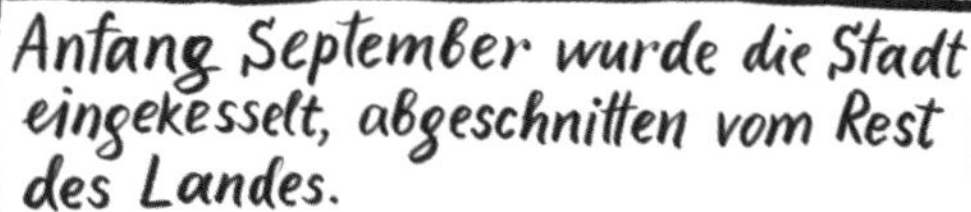
Anfang September wurde die Stadt eingekesselt, abgeschnitten vom Rest des Landes.

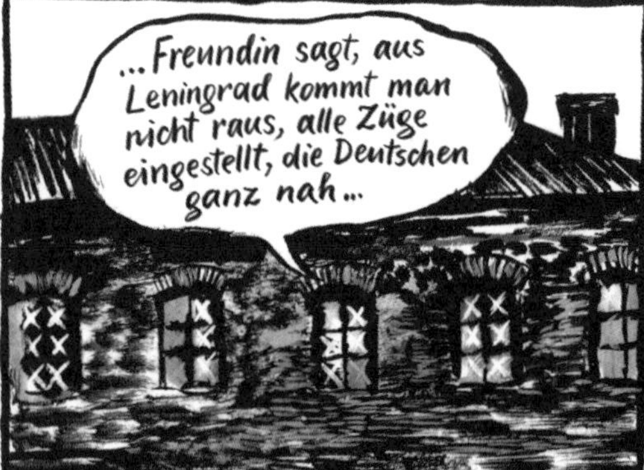
... Freundin sagt, aus Leningrad kommt man nicht raus, alle Züge eingestellt, die Deutschen ganz nah ...

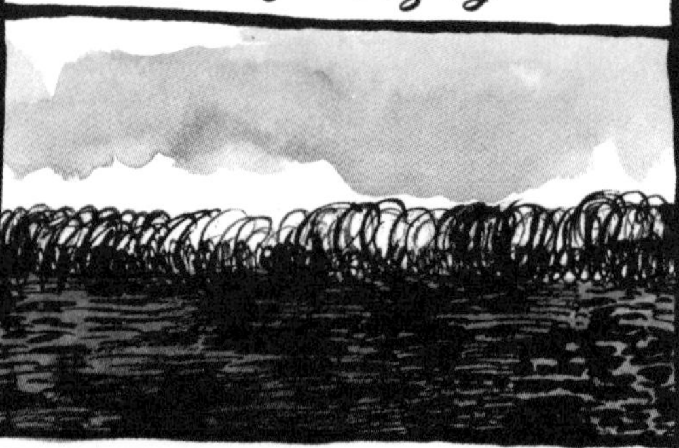
Wir, das Spitalspersonal, wurden kaserniert: in ein angrenzendes Wohnheim. Das Verlassen des Territoriums erforderte eine Sondergenehmigung.

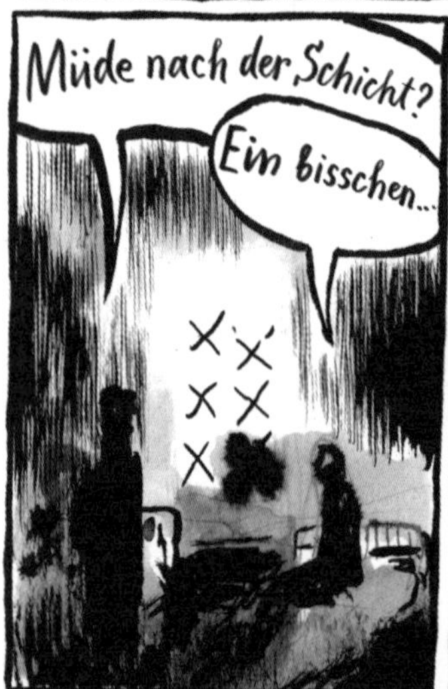
Müde nach der Schicht?
Ein bisschen ...

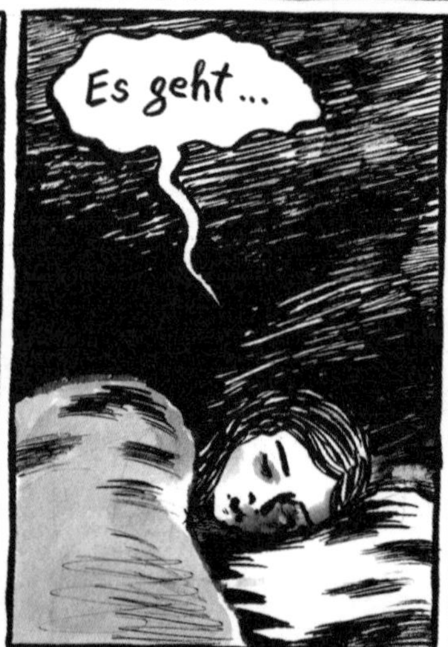
Es geht ...

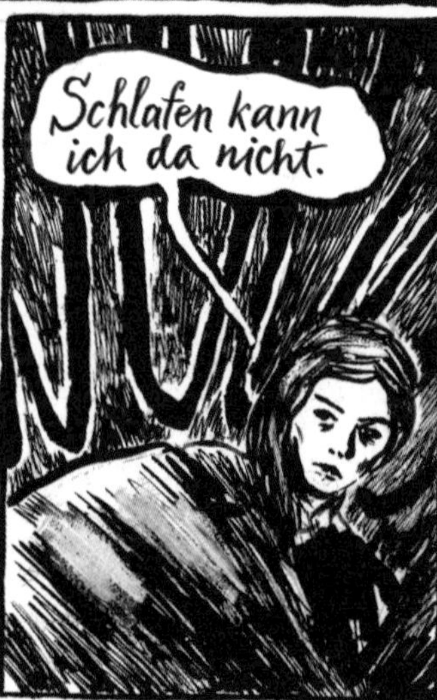
Schlafen kann ich da nicht.

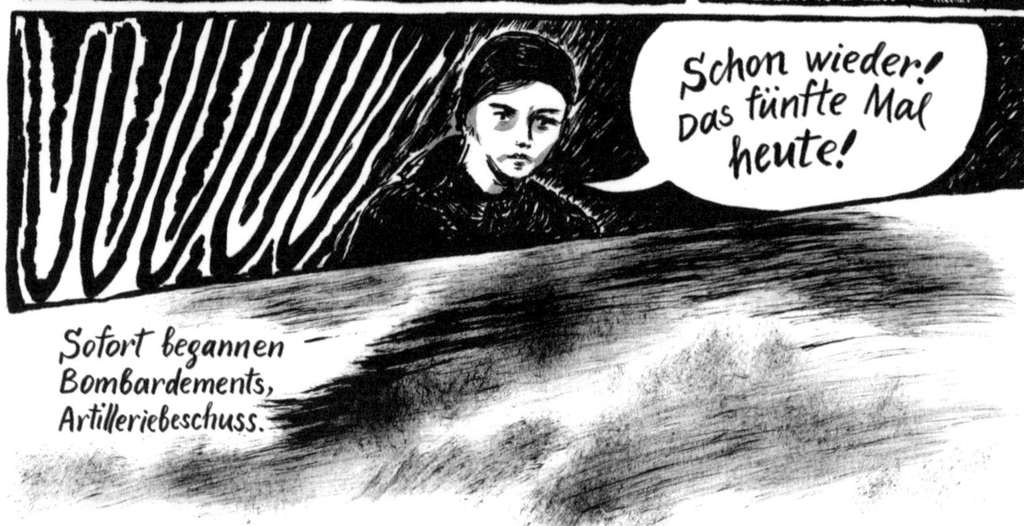
Schon wieder! Das fünfte Mal heute!
Sofort begannen Bombardements, Artilleriebeschuss.

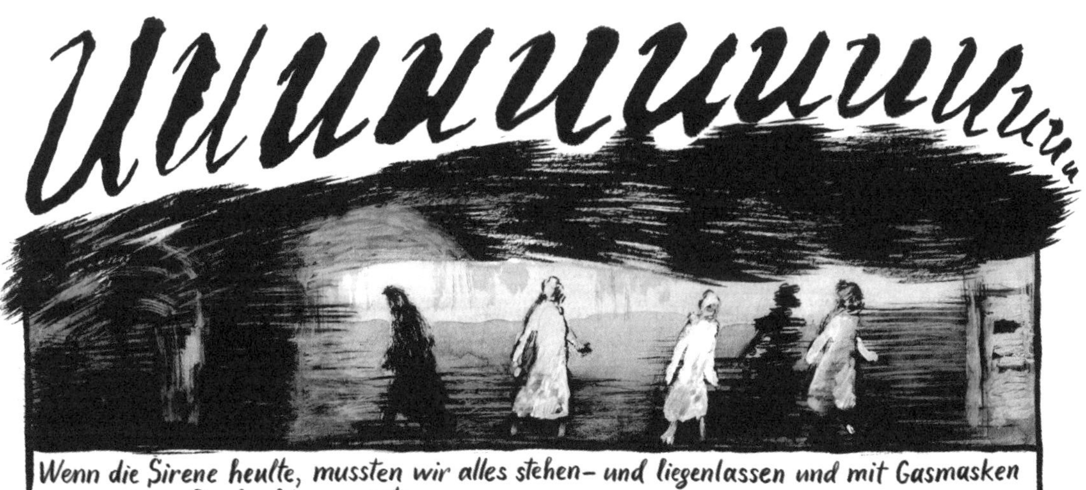

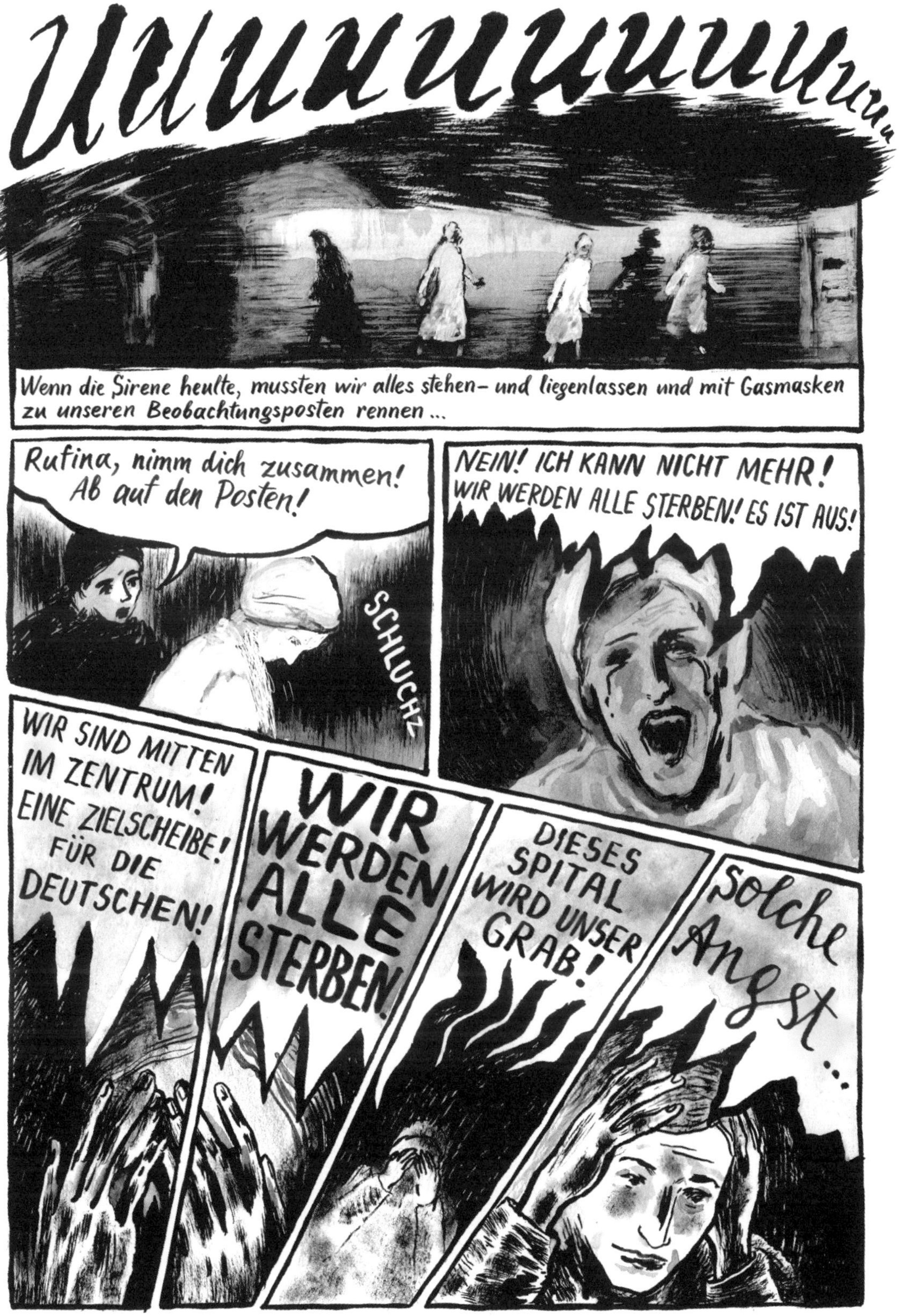

Wenn die Sirene heulte, mussten wir alles stehen- und liegenlassen und mit Gasmasken zu unseren Beobachtungsposten rennen ...

Rufina, nimm dich zusammen! Ab auf den Posten!

SCHLUCHZ

NEIN! ICH KANN NICHT MEHR! WIR WERDEN ALLE STERBEN! ES IST AUS!

WIR SIND MITTEN IM ZENTRUM! EINE ZIELSCHEIBE! FÜR DIE DEUTSCHEN!

WIR WERDEN ALLE STERBEN.

DIESES SPITAL WIRD UNSER GRAB!

Solche Angst ...

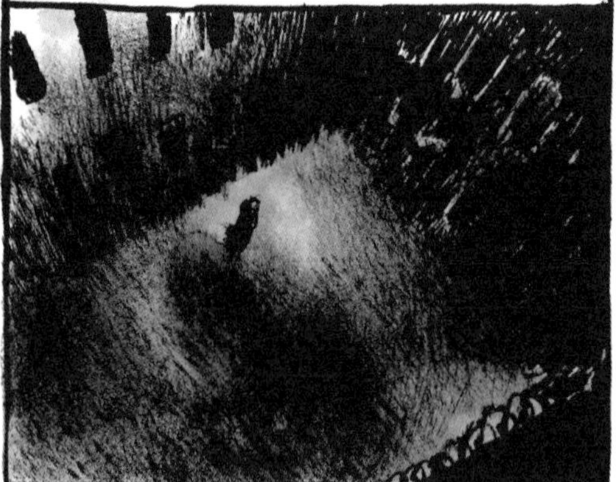
Jeder Mitarbeiter des Krankenhauses hatte seinen Platz.
Meiner war im Hof.

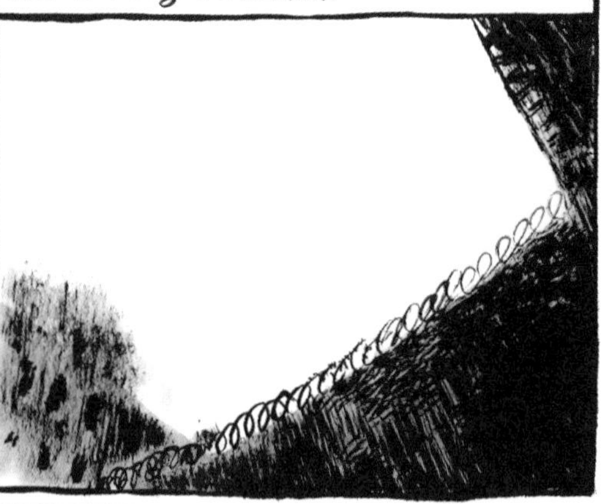
Wir mussten aufpassen, wohin die Geschosse fielen. Und die Einschläge der Leitung berichten.

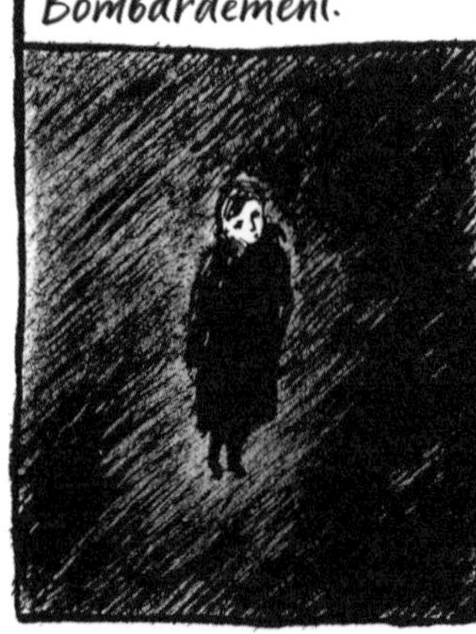
Ich stand allein im Hof – bei jedem Bombardement.

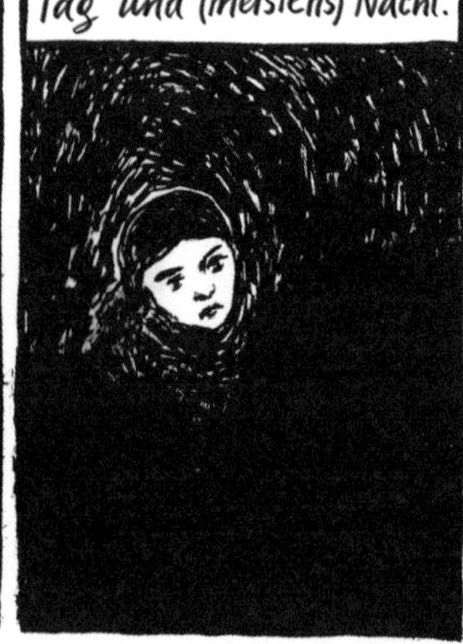
Tag und (meistens) Nacht.

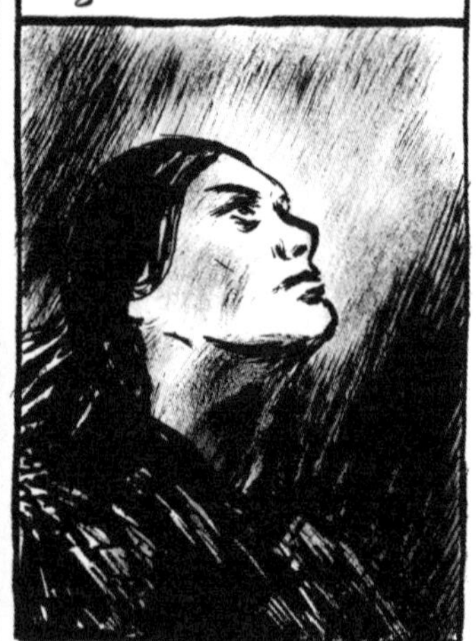
Angst? Nicht besonders.

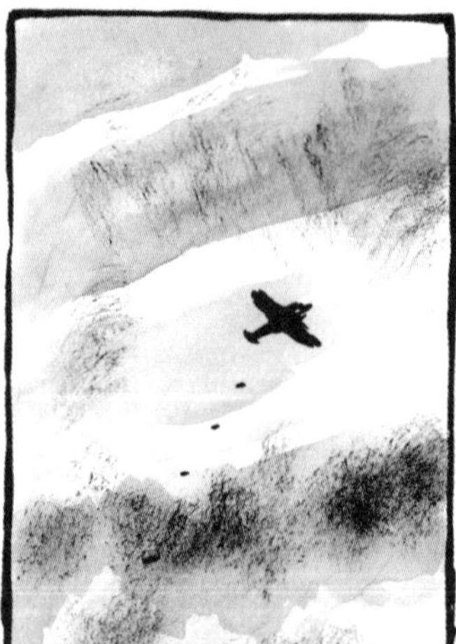

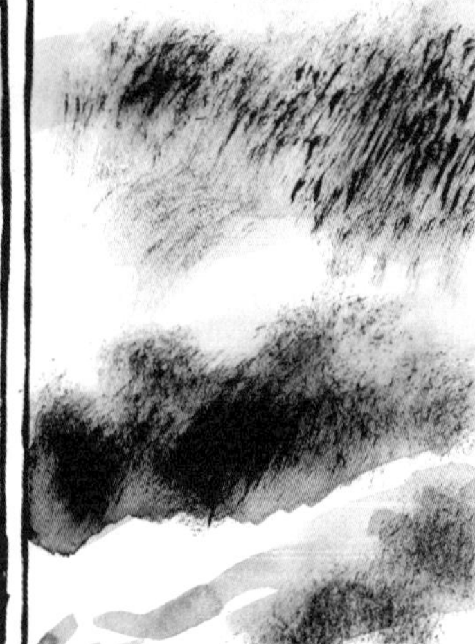

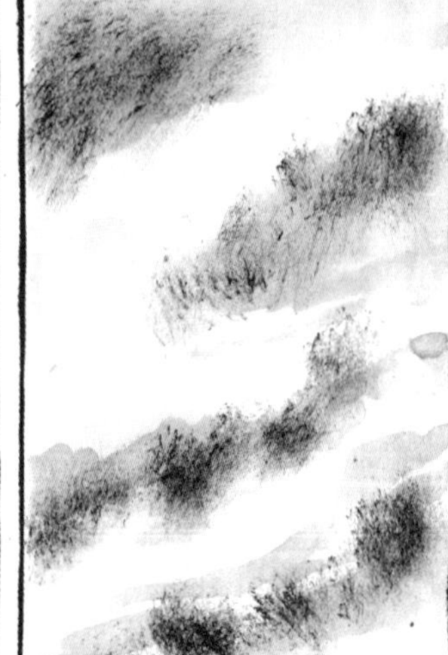

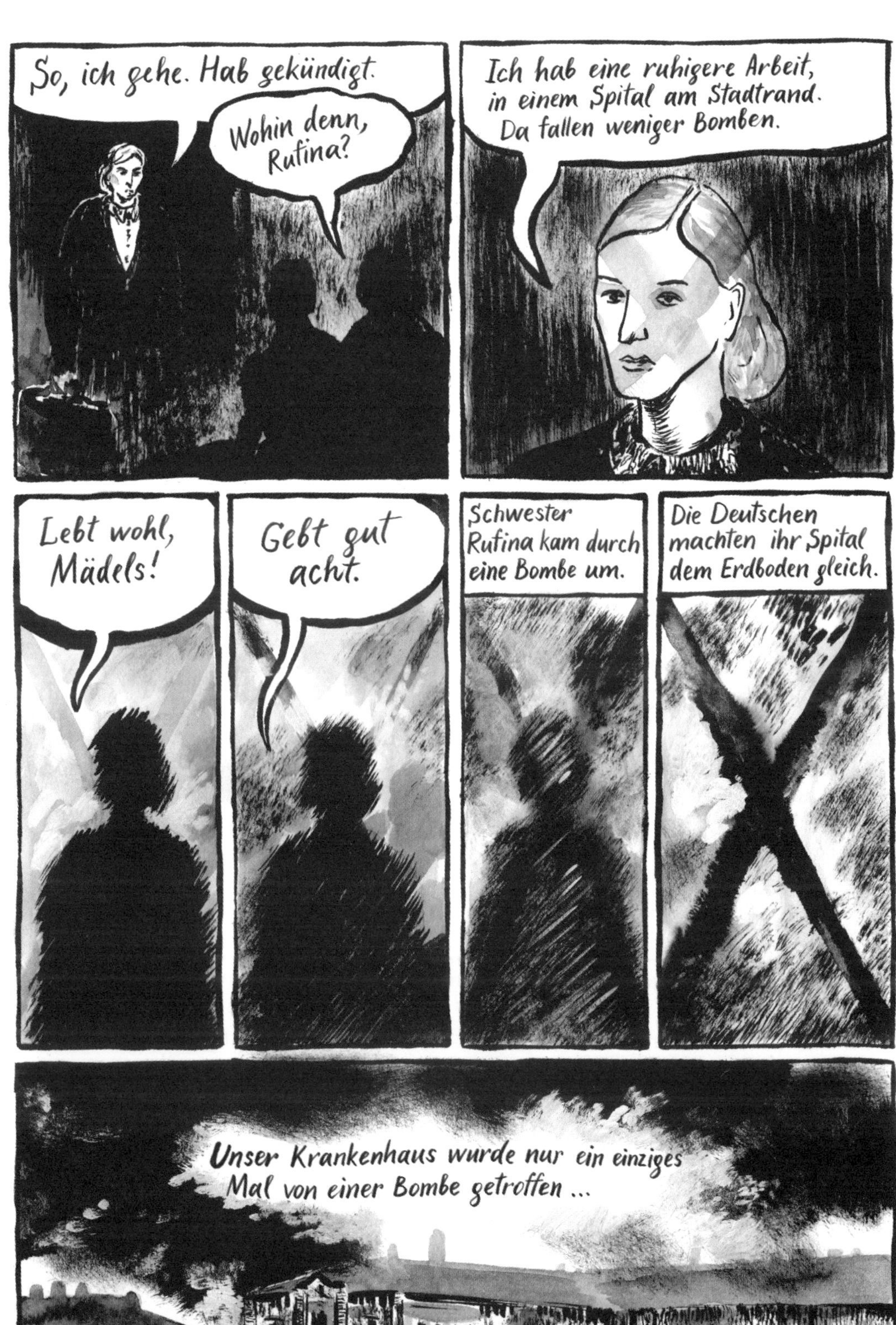
So, ich gehe. Hab gekündigt.
Wohin denn, Rufina?
Ich hab eine ruhigere Arbeit, in einem Spital am Stadtrand. Da fallen weniger Bomben.
Lebt wohl, Mädels!
Gebt gut acht.
Schwester Rufina kam durch eine Bombe um.
Die Deutschen machten ihr Spital dem Erdboden gleich.
Unser Krankenhaus wurde nur ein einziges Mal von einer Bombe getroffen ...

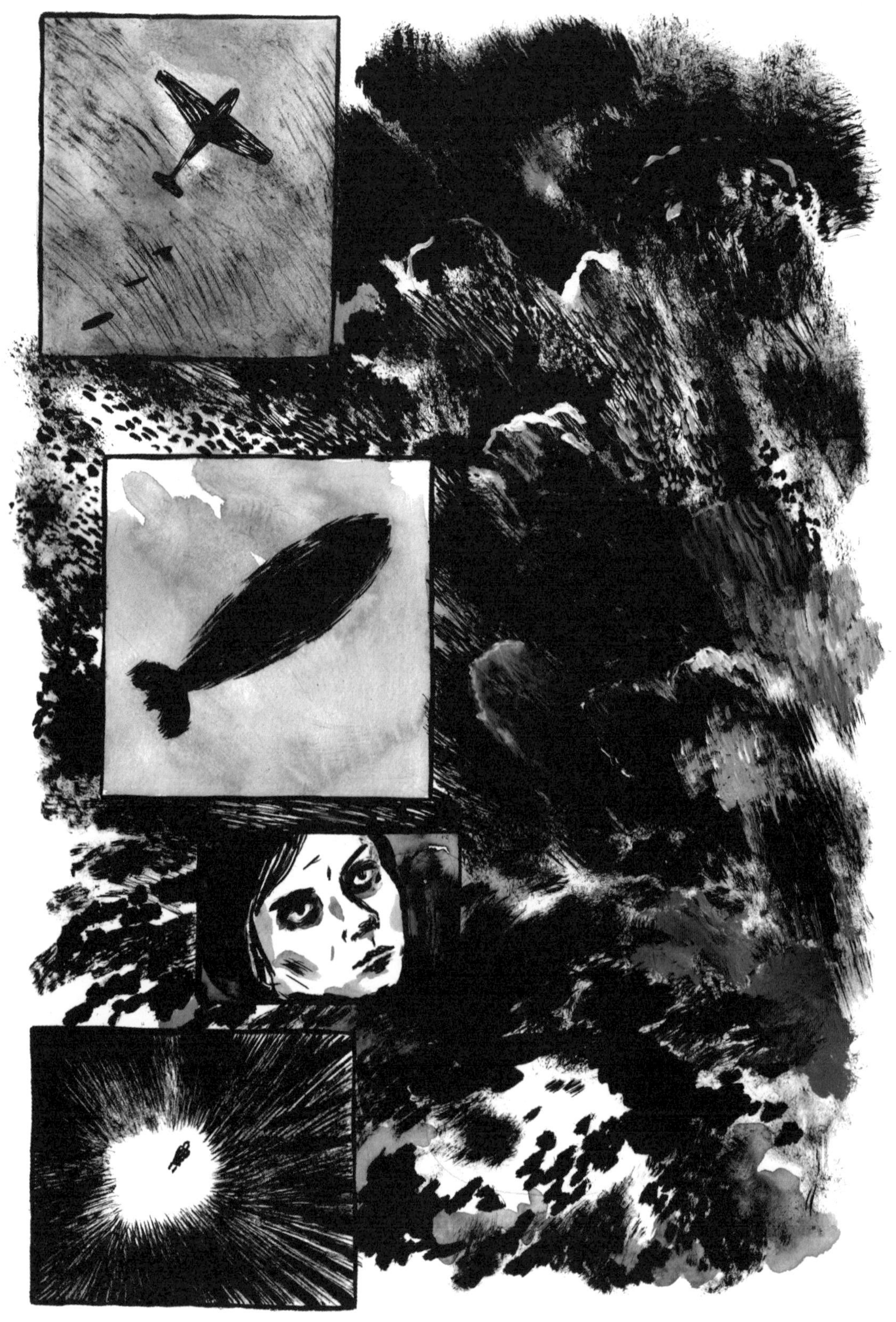

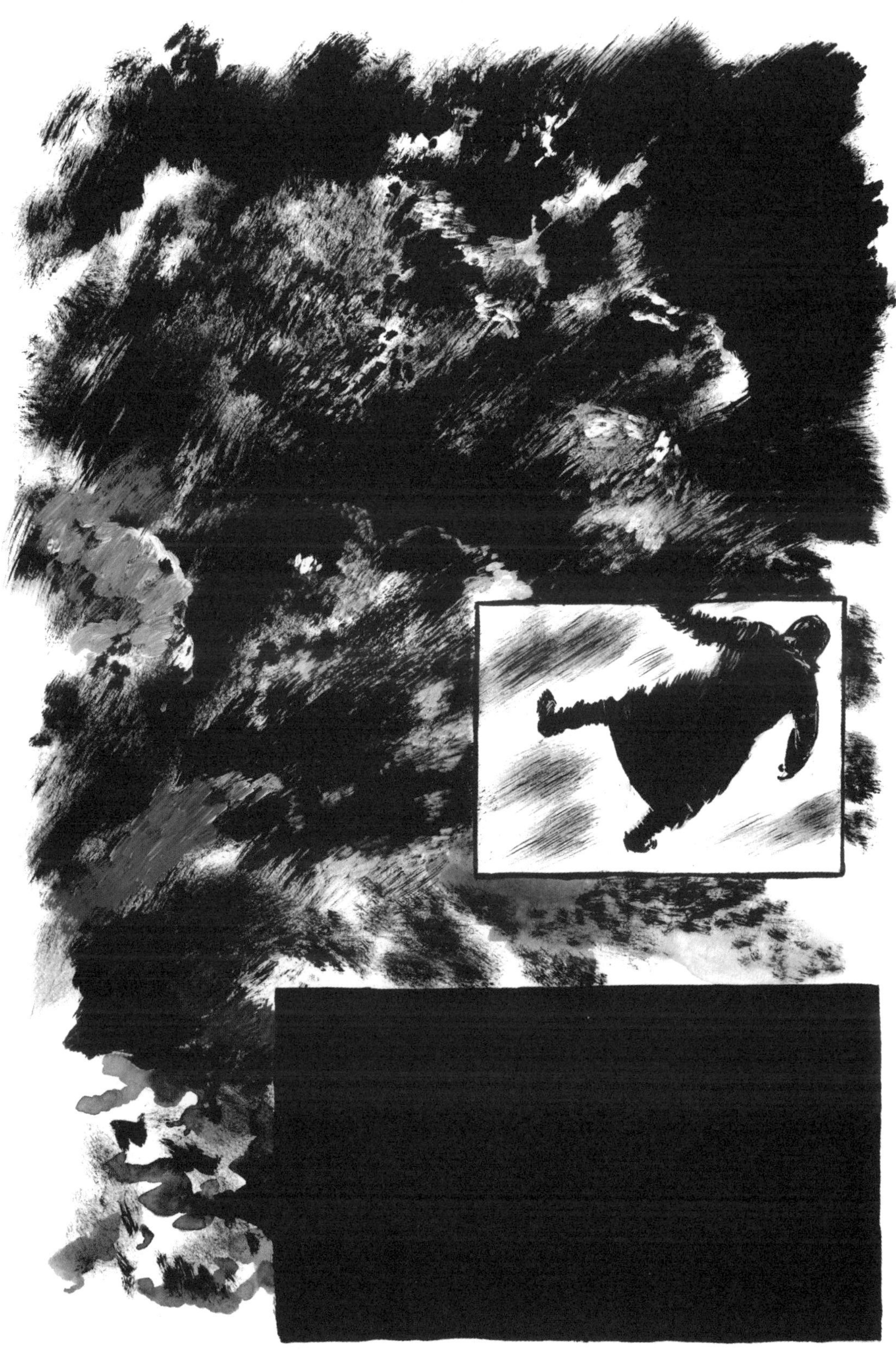

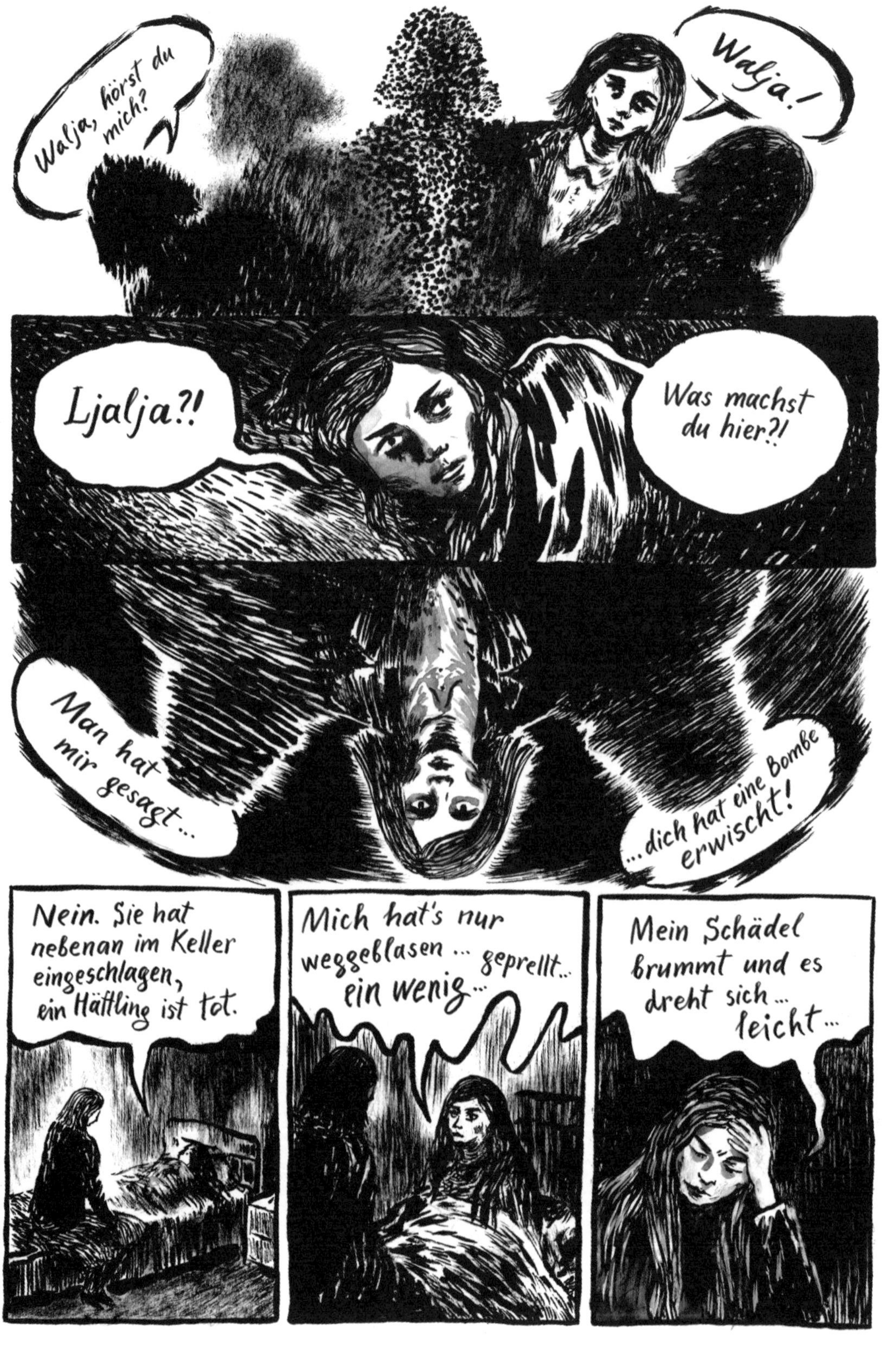

Walja, hörst du mich?

Walja!

Ljalja?!

Was machst du hier?!

Man hat mir gesagt ...

... dich hat eine Bombe erwischt!

Nein. Sie hat nebenan im Keller eingeschlagen, ein Häftling ist tot.

Mich hat's nur weggeblasen ... geprellt ... ein wenig ...

Mein Schädel brummt und es dreht sich ... leicht ...

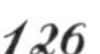

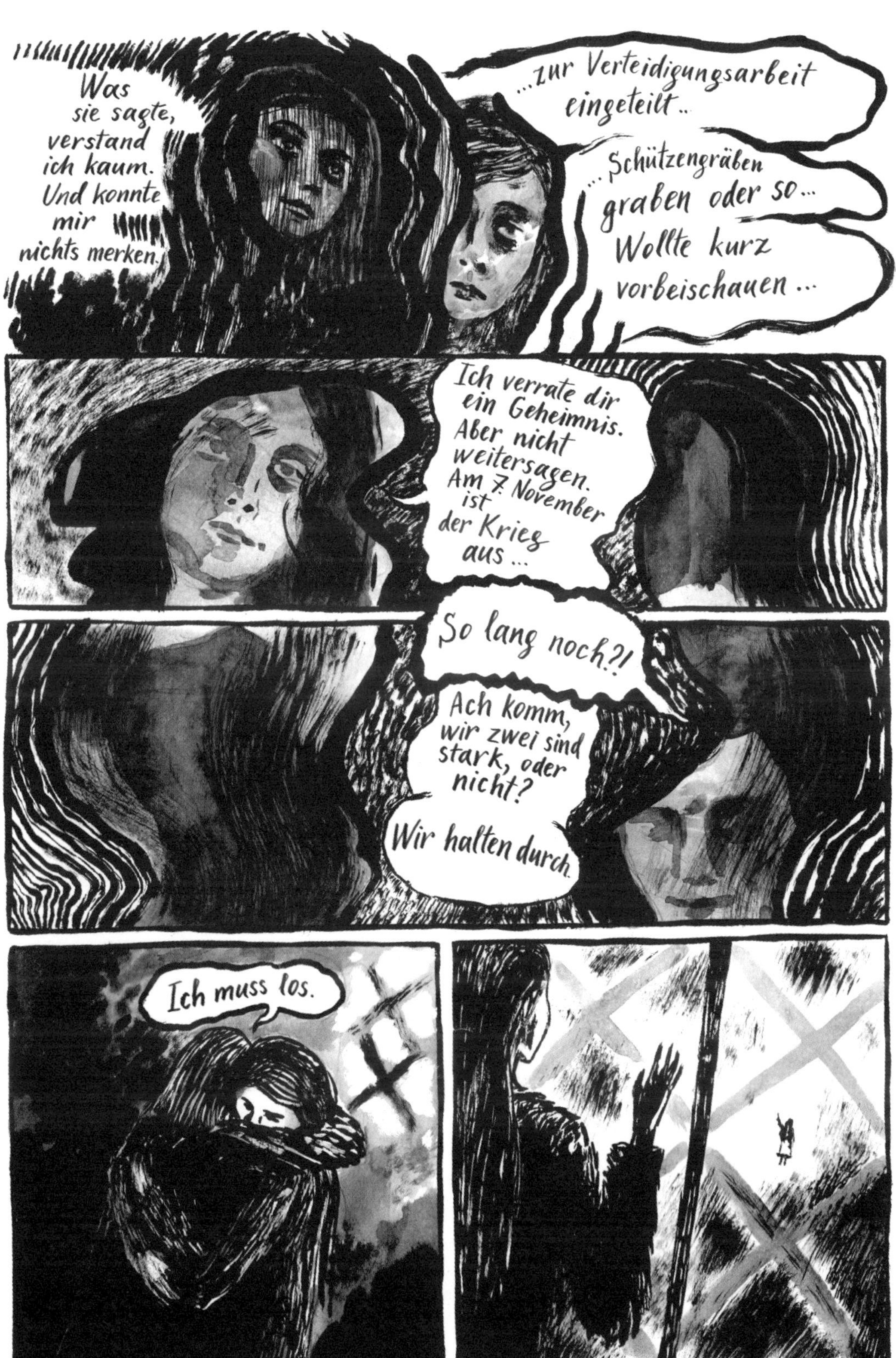
Was sie sagte, verstand ich kaum. Und konnte mir nichts merken.
...zur Verteidigungsarbeit eingeteilt..
...Schützengräben graben oder so... Wollte kurz vorbeischauen...
Ich verrate dir ein Geheimnis. Aber nicht weitersagen. Am 7. November ist der Krieg aus...
So lang noch?!
Ach komm, wir zwei sind stark, oder nicht?
Wir halten durch.
Ich muss los.

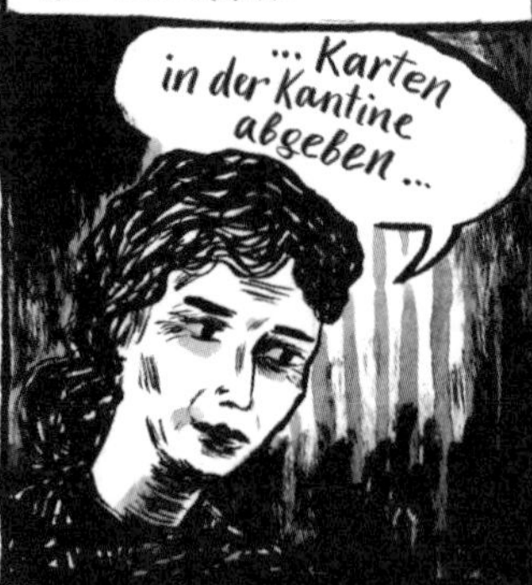
Lebensmittelkarten gab es schon im Sommer vor der Blockade.
... Karten in der Kantine abgeben ...
Tatjana Petrowna, Spitalskommandantin

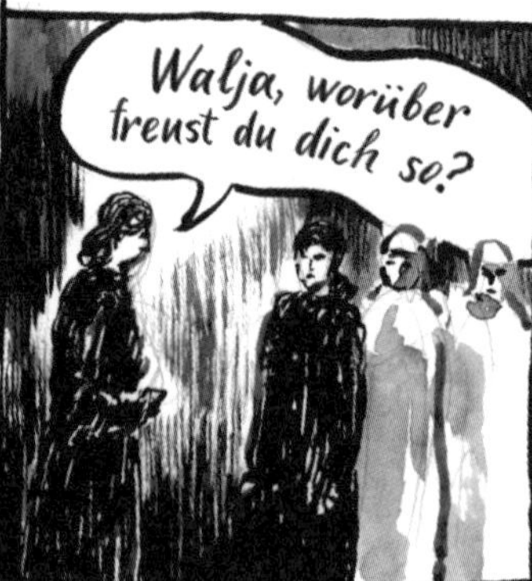
Als Arbeiterinnen bekamen wir große Portionen. Mehr kriegten nur die Soldaten.
Walja, worüber freust du dich so?

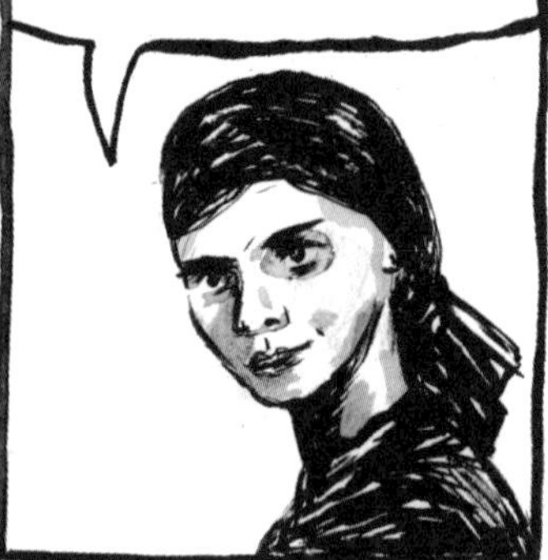
Die Karten bedeuten – kein Schlange stehen mehr! Und kein Hungern mehr!

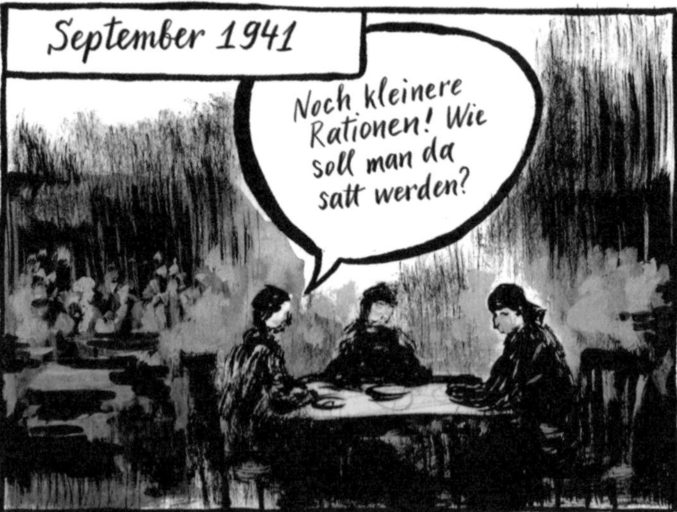
September 1941
Noch kleinere Rationen! Wie soll man da satt werden?

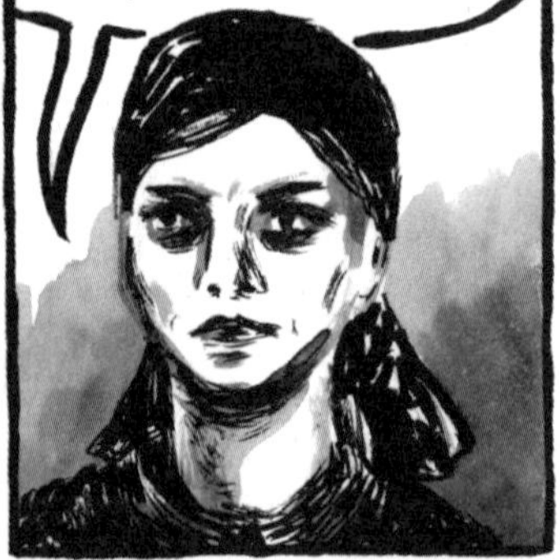
Letzten Winter hatte ich viel weniger, aber trotzdem gute Noten.

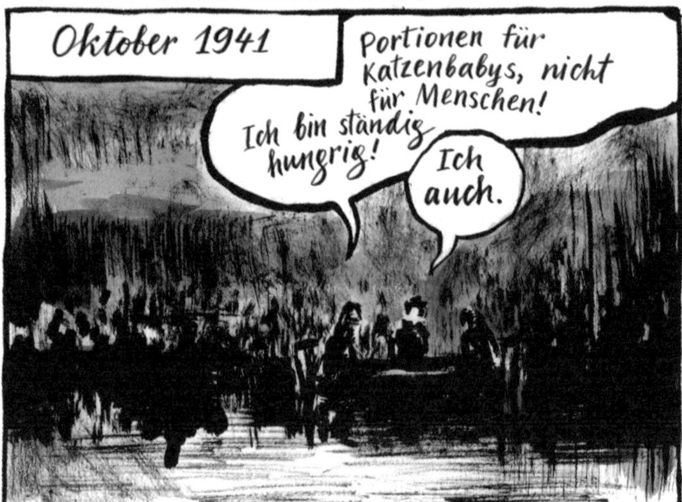
Oktober 1941
Portionen für Katzenbabys, nicht für Menschen!
Ich bin ständig hungrig!
Ich auch.

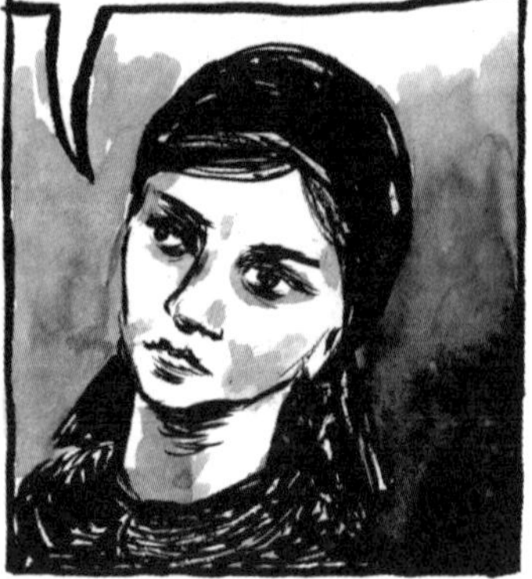
Letztes Jahr war es auch nicht mehr, aber es reichte.

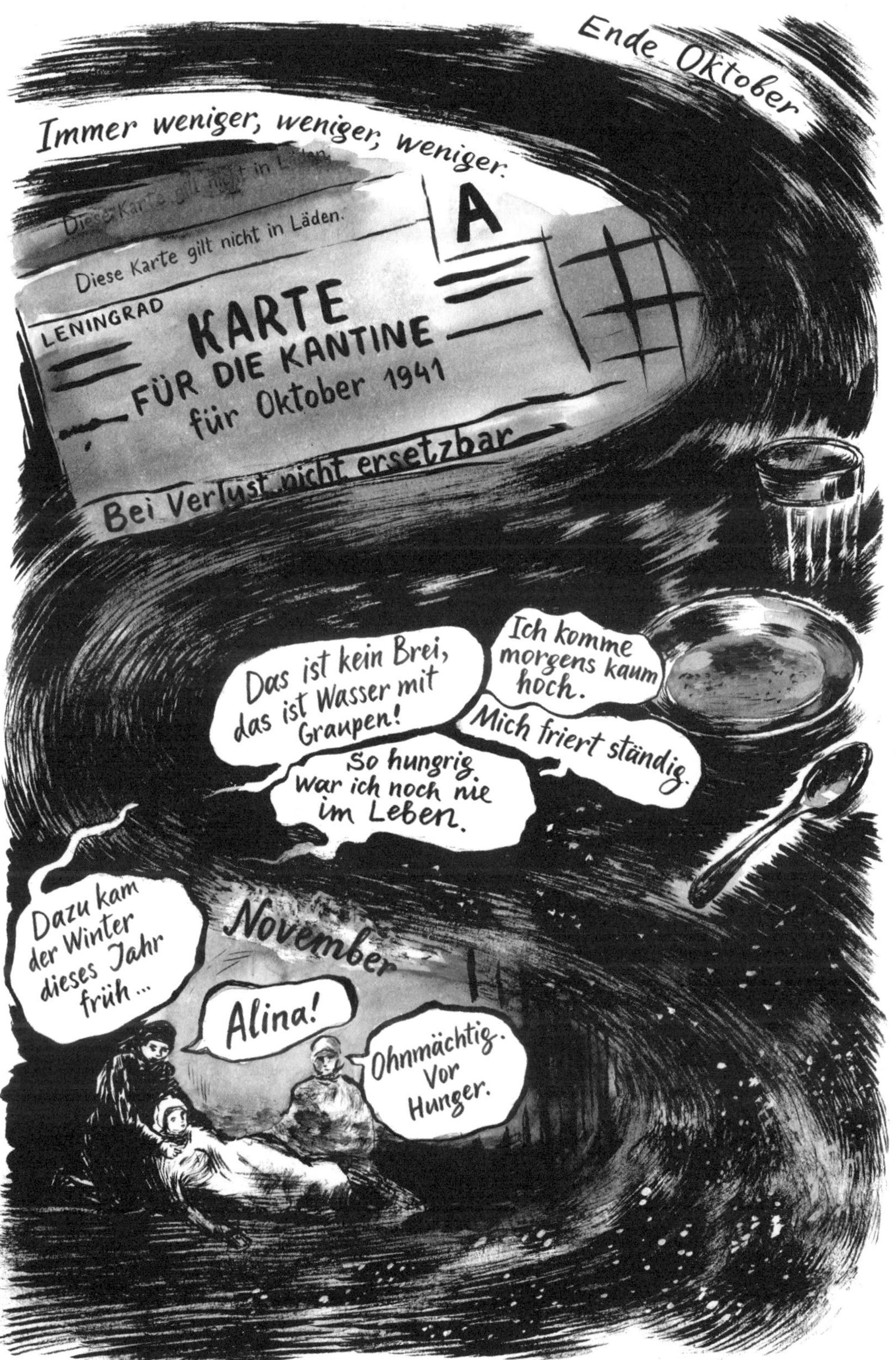
Ende Oktober
Immer weniger, weniger, weniger.
Diese Karte gilt nicht in Läden.
Diese Karte gilt nicht in Läden.
A
LENINGRAD
KARTE
FÜR DIE KANTINE
für Oktober 1941
Bei Verlust nicht ersetzbar
Das ist kein Brei, das ist Wasser mit Graupen!
Ich komme morgens kaum hoch.
Mich friert ständig.
So hungrig war ich noch nie im Leben.
Dazu kam der Winter dieses Jahr früh ...
November
Alina!
Ohnmächtig. Vor Hunger.

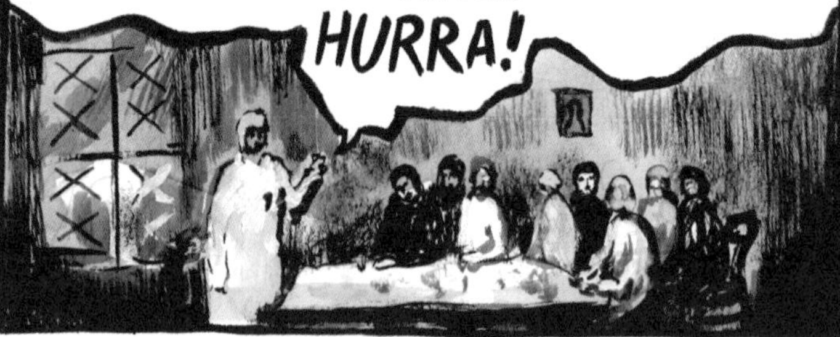
Genossen, heben wir unsere Wassergläser – auf die Große Sozialistische Oktoberrevolution! Diesen Tag feiern wir gemeinsam mit dem ganzen Land, in einer schweren Zeit ... Doch der Feind wird geschlagen, der Sieg ist unser!
HURRA!

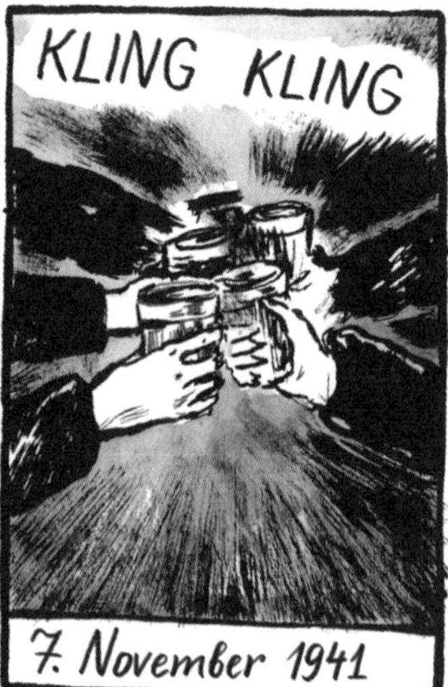
KLING KLING
7. November 1941

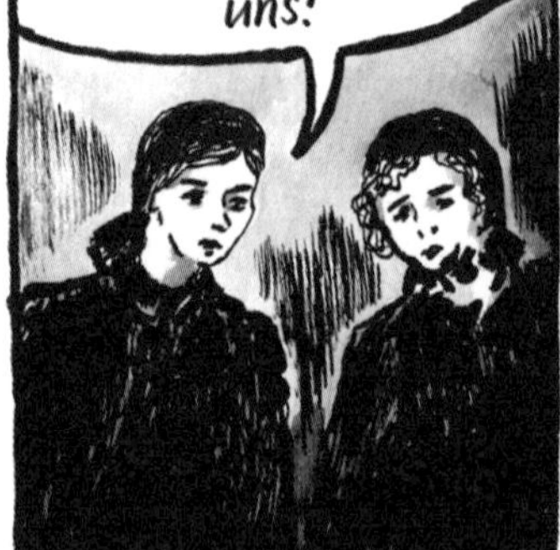
Endlich mal ein Fest. Das Schlimmste haben wir hinter uns!

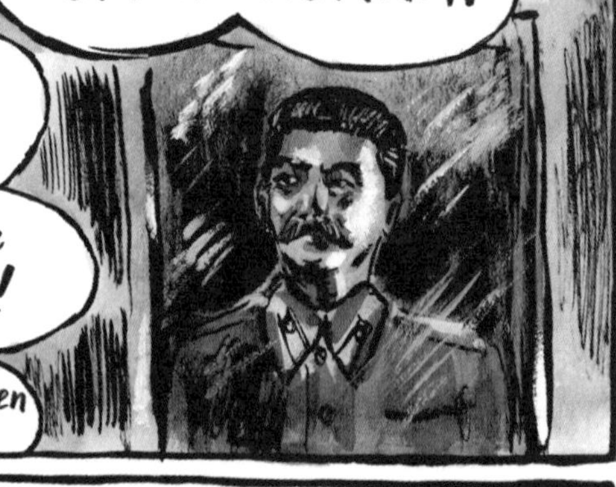
Oma, habt ihr wirklich alle an den Sieg geglaubt? Ohne Zweifel?
HURRA! HURRA! HURRA!
Auf die Rote ARMEE!
Auf Genosse STALIN!
Auf den baldigen SIEG!!!

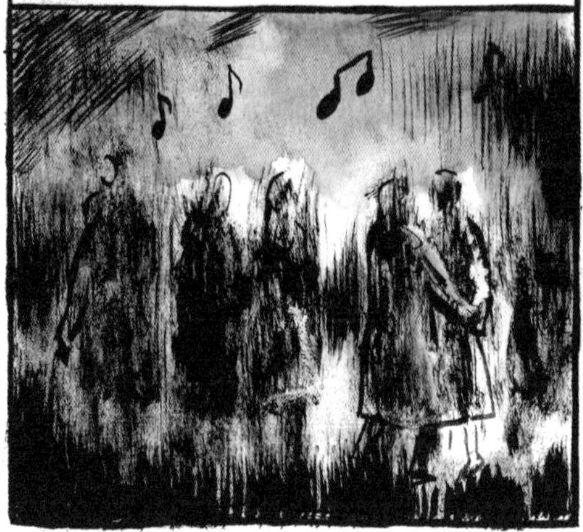
Keine Spur von Zweifel.

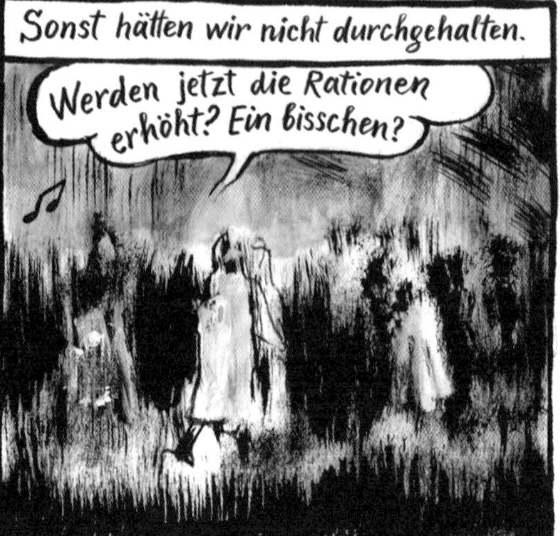
Sonst hätten wir nicht durchgehalten.
Werden jetzt die Rationen erhöht? Ein bisschen?

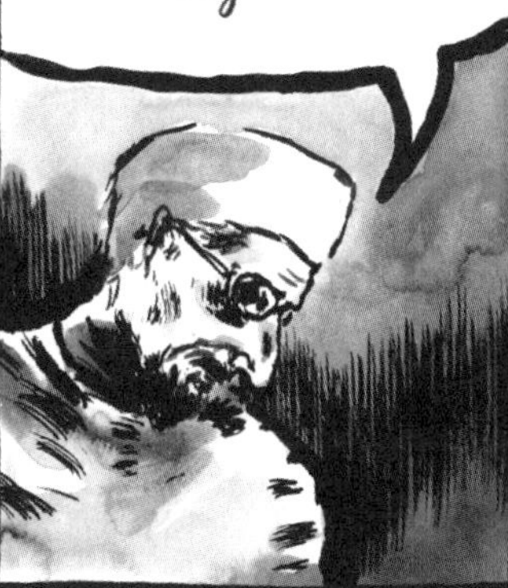

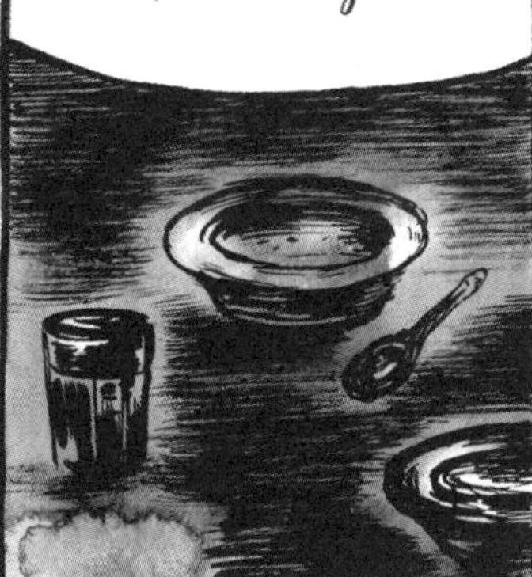

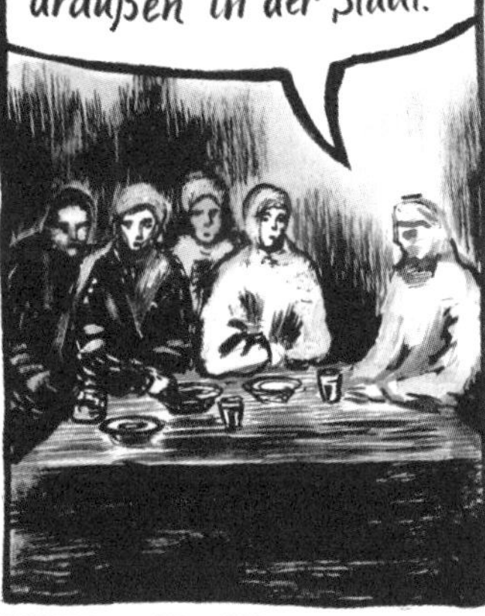

Die Vorräte haben bis 7. November gereicht.

Doch mehr haben wir nicht. Die Lager sind leer.

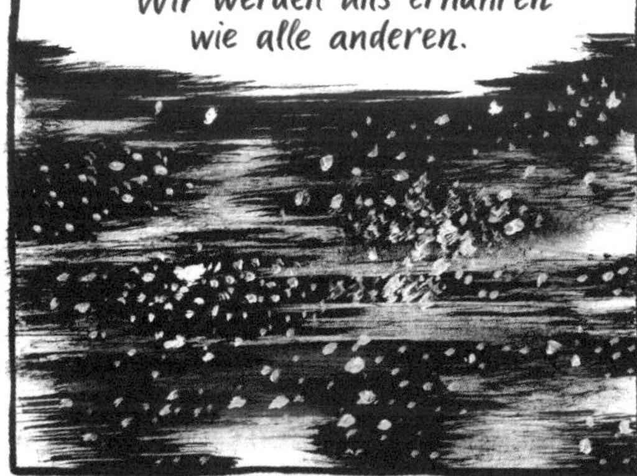

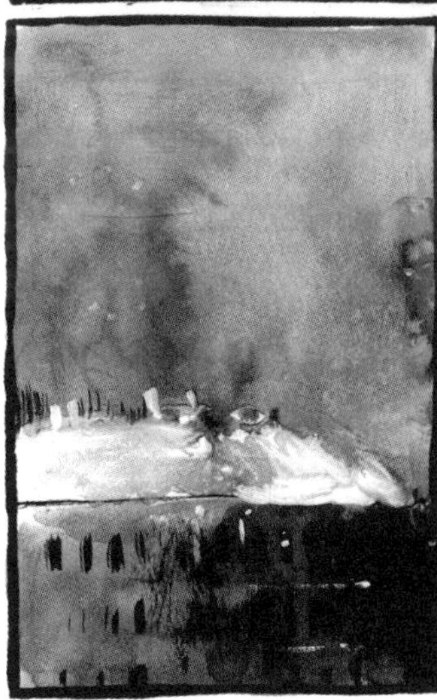

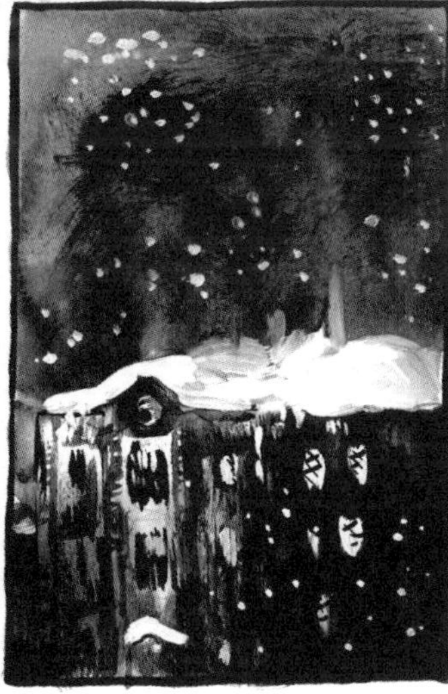

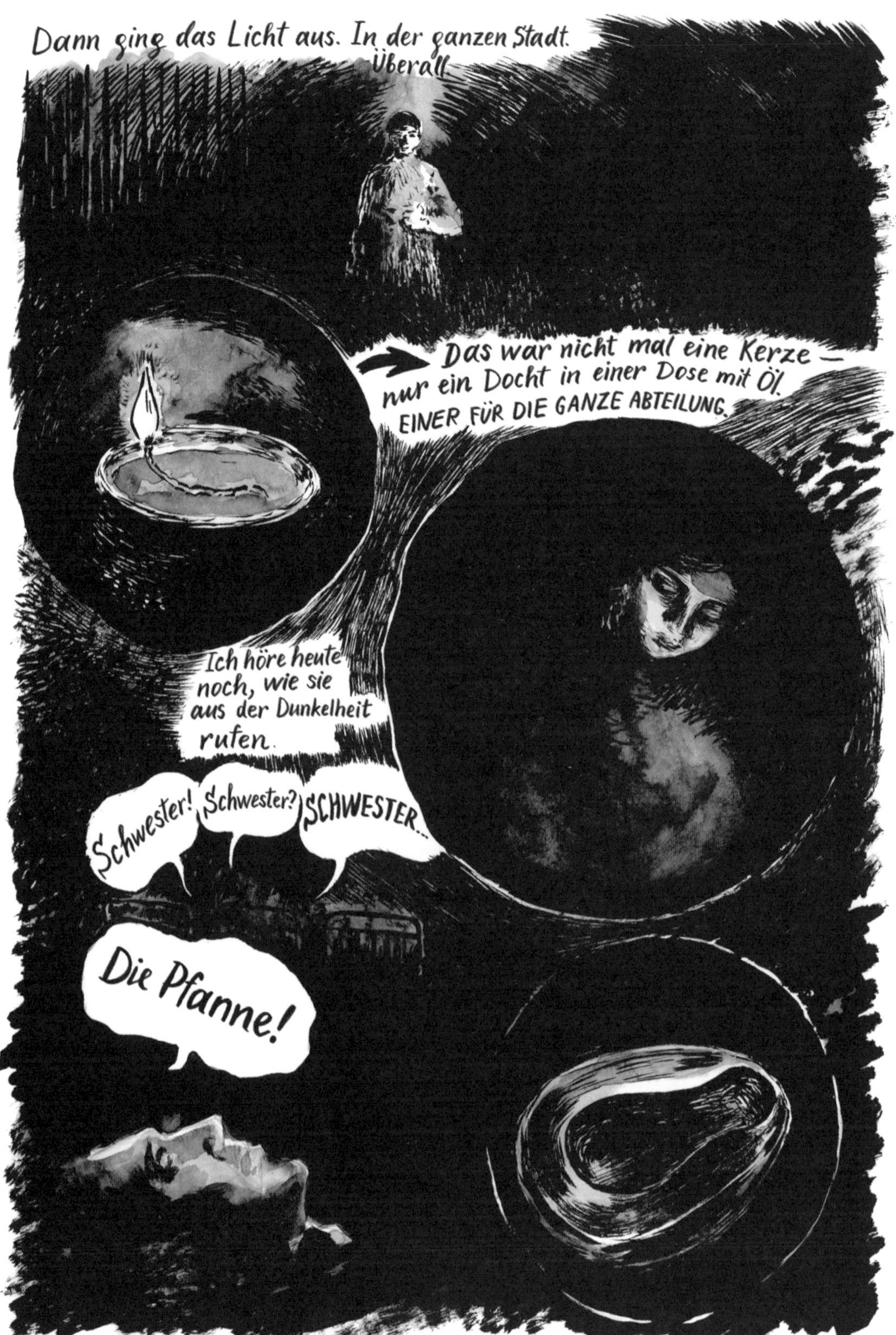
Dann ging das Licht aus. In der ganzen Stadt. Überall
Das war nicht mal eine Kerze – nur ein Docht in einer Dose mit Öl.
EINER FÜR DIE GANZE ABTEILUNG.
Ich höre heute noch, wie sie aus der Dunkelheit rufen.
Schwester!
Schwester?
SCHWESTER...
Die Pfanne!

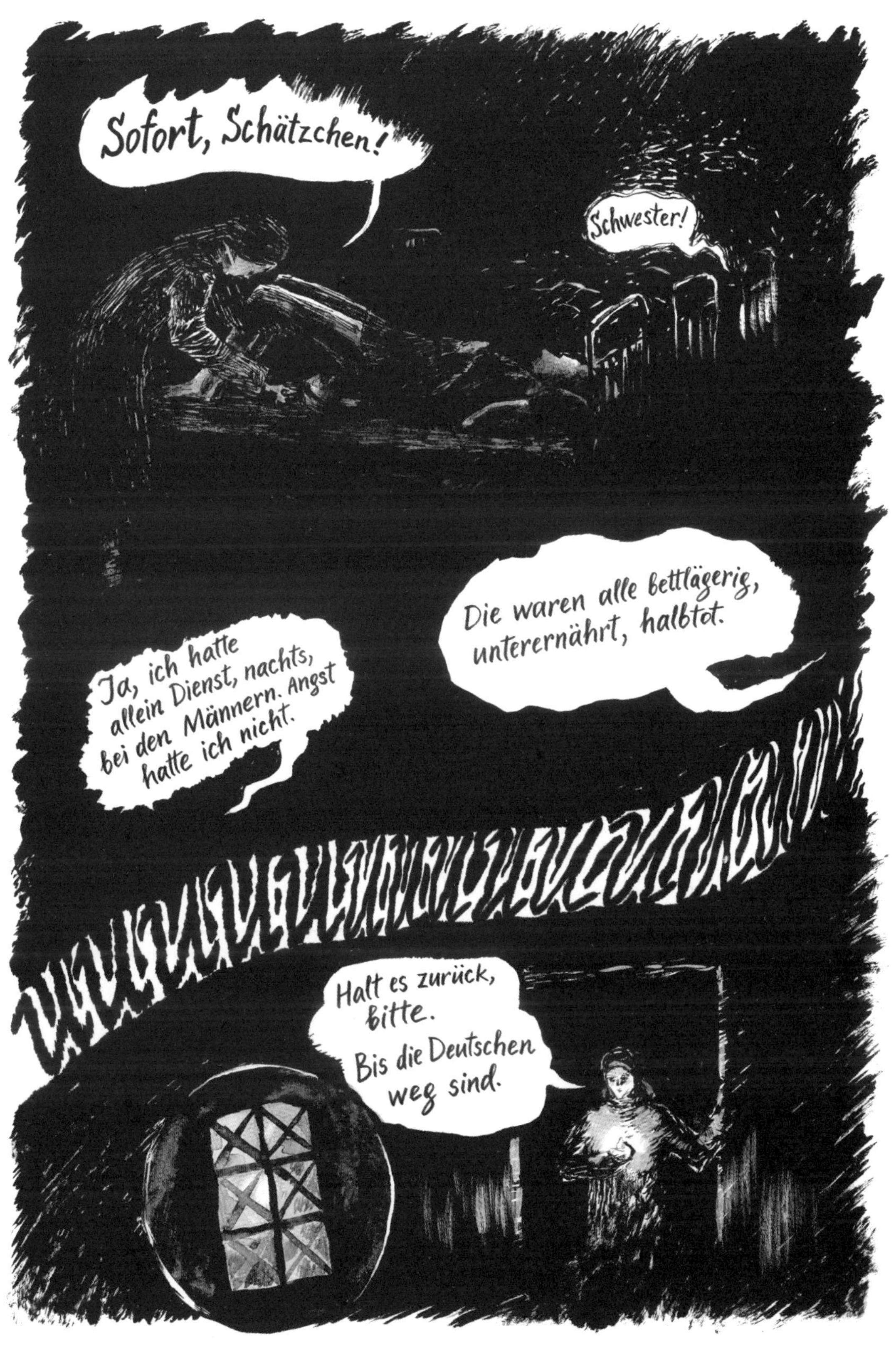
Sofort, Schätzchen!
Schwester!
Ja, ich hatte allein Dienst, nachts, bei den Männern. Angst hatte ich nicht.
Die waren alle bettlägerig, unterernährt, halbtot.
Halt es zurück, bitte.
Bis die Deutschen weg sind.

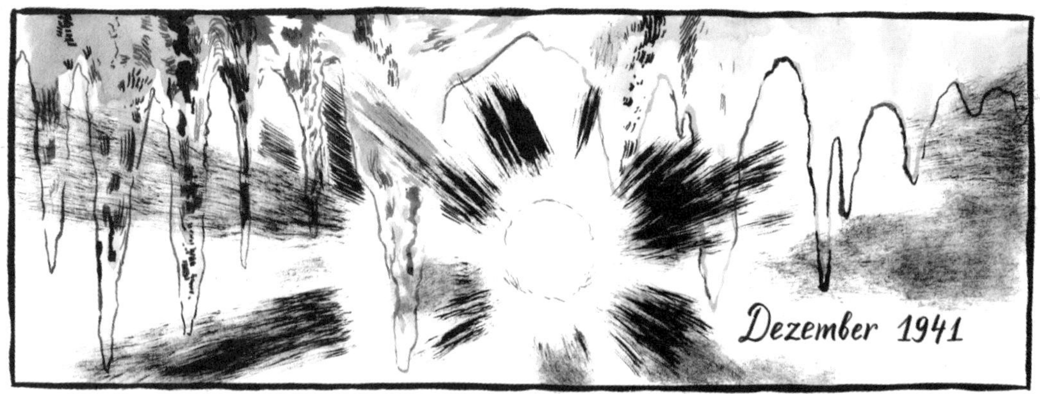
Dezember 1941

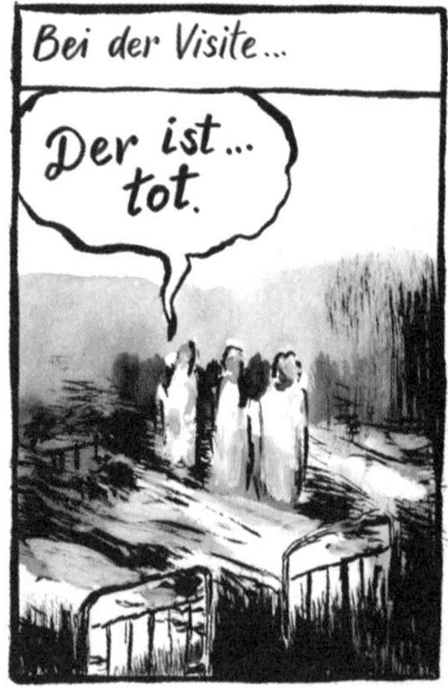
Bei der Visite …
Der ist … tot.

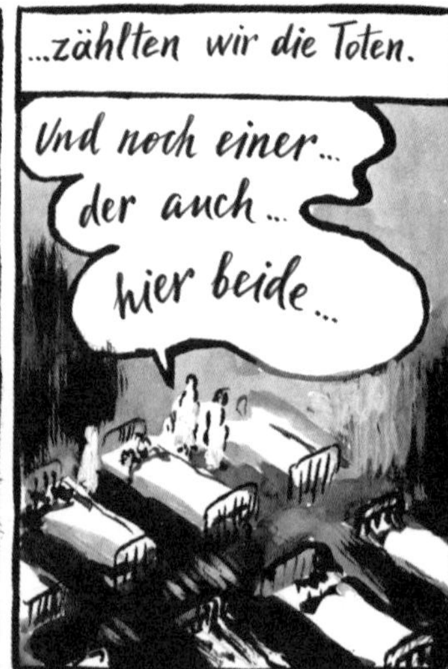
… zählten wir die Toten.
Und noch einer … der auch … hier beide …

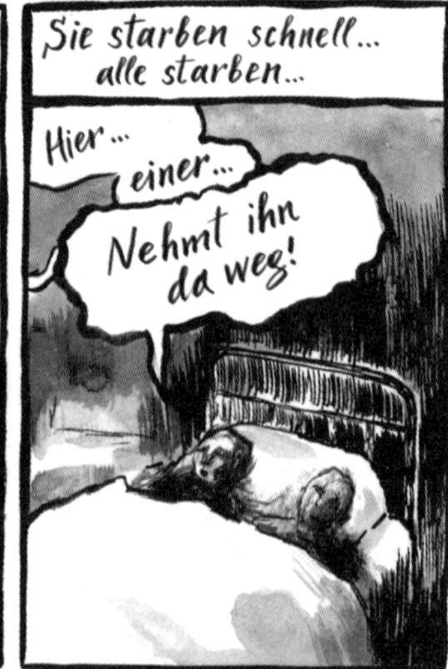
Sie starben schnell … alle starben …
Hier … einer …
Nehmt ihn da weg!

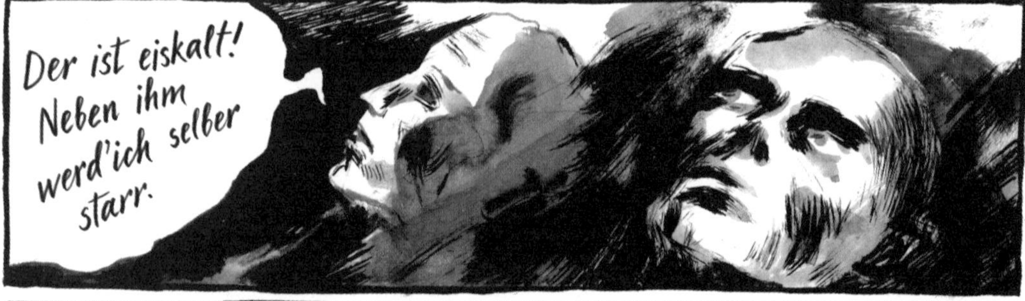
Der ist eiskalt! Neben ihm werd' ich selber starr.

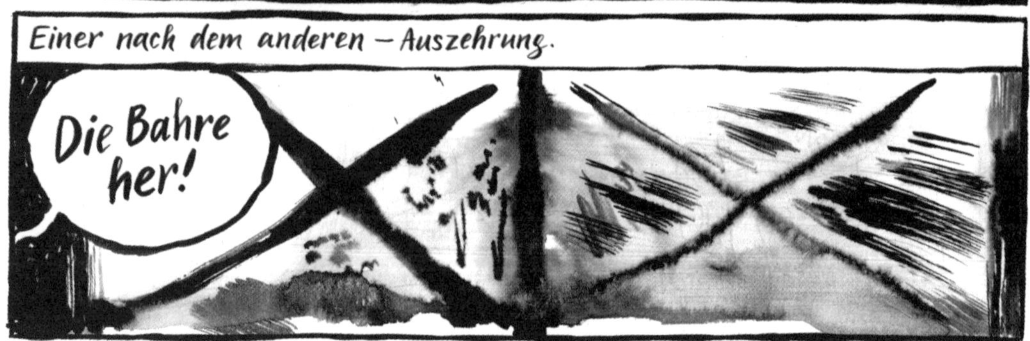
Einer nach dem anderen – Auszehrung.
Die Bahre her!

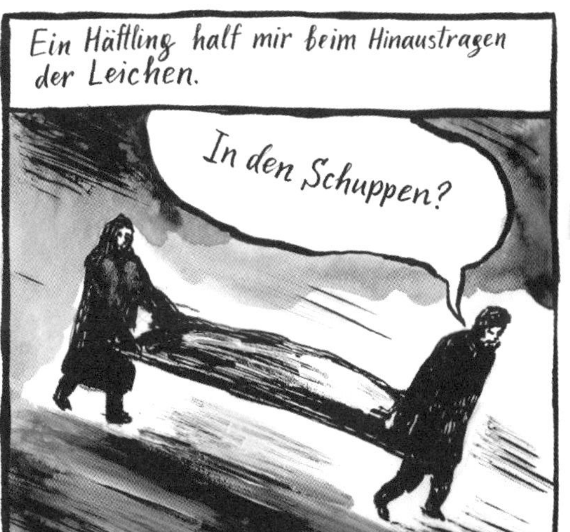
Ein Häftling half mir beim Hinaustragen der Leichen.
In den Schuppen?

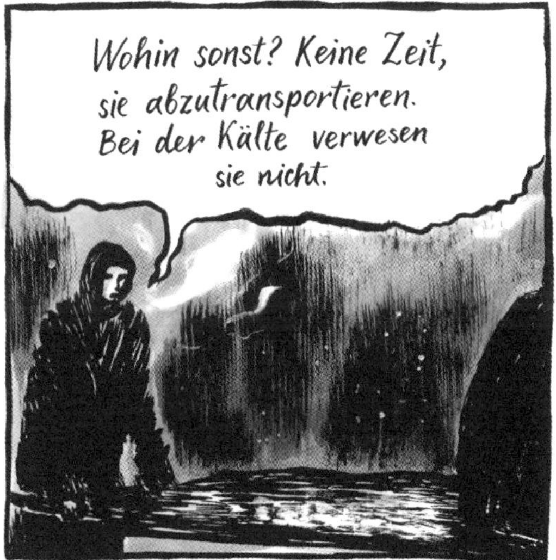
Wohin sonst? Keine Zeit, sie abzutransportieren. Bei der Kälte verwesen sie nicht.

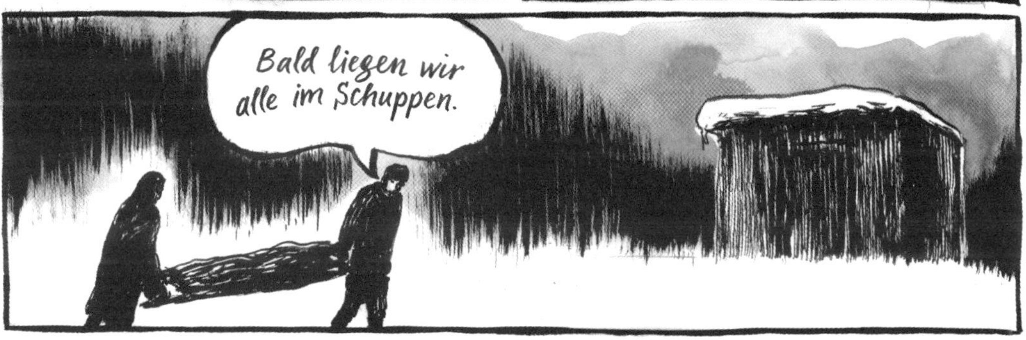
Bald liegen wir alle im Schuppen.

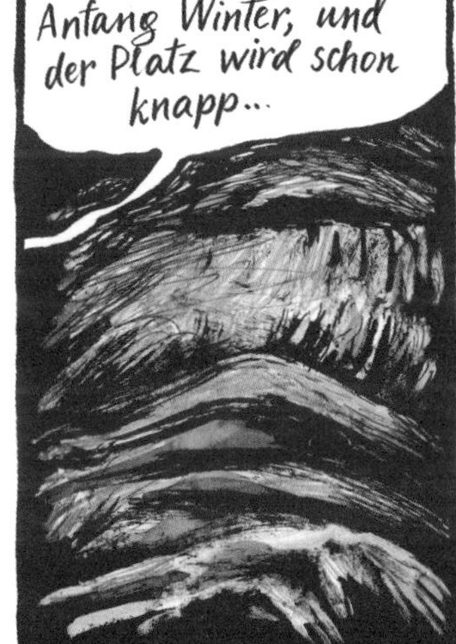
Anfang Winter, und der Platz wird schon knapp...

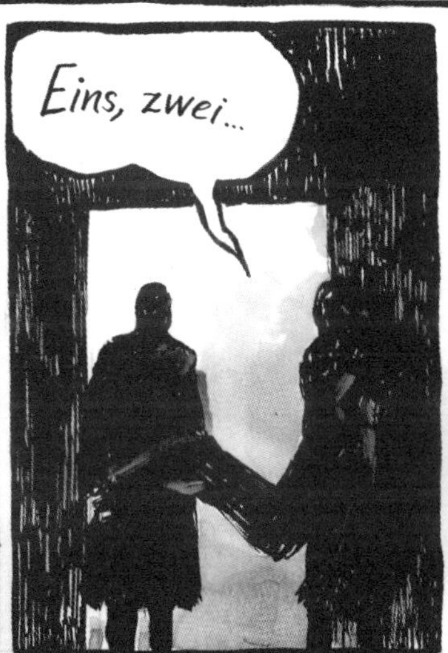
Eins, zwei...

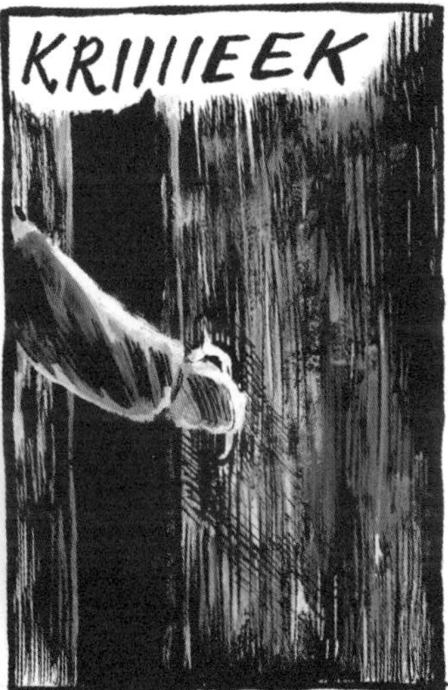
KRIIIIEEK

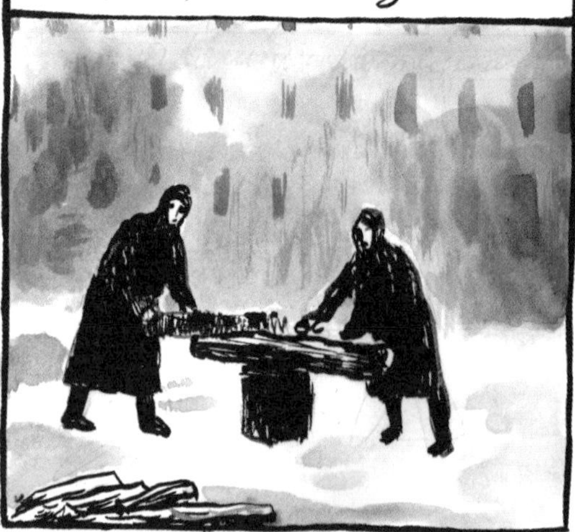
Ohne Strom, ohne Heizung ...

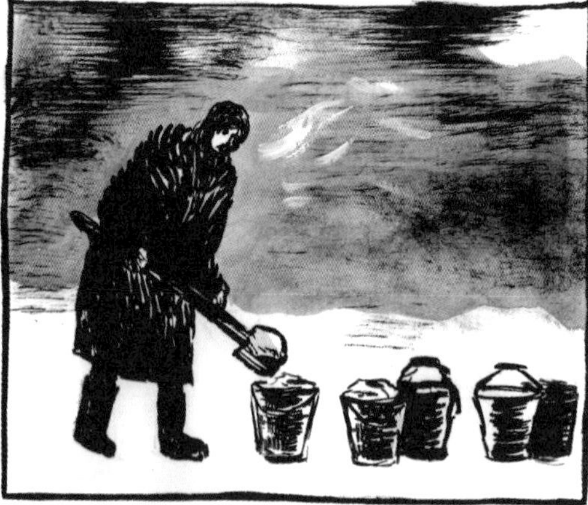
Als die Wasserleitung einfror, schmolzen wir Schnee.

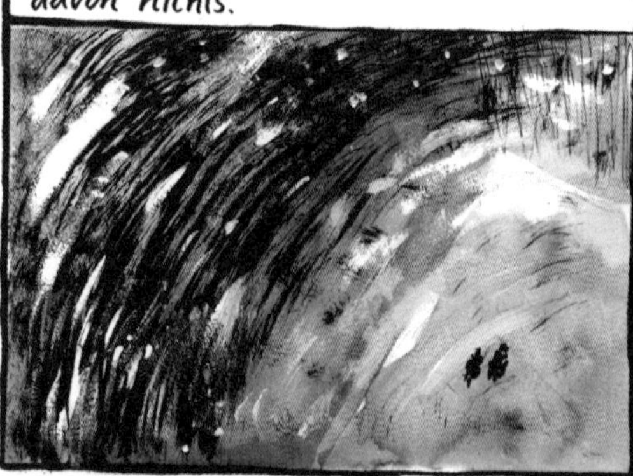
Was in der Stadt los war, las ich später in Büchern: gestohlene Karten, Kannibalismus ... Damals wussten wir davon nichts.

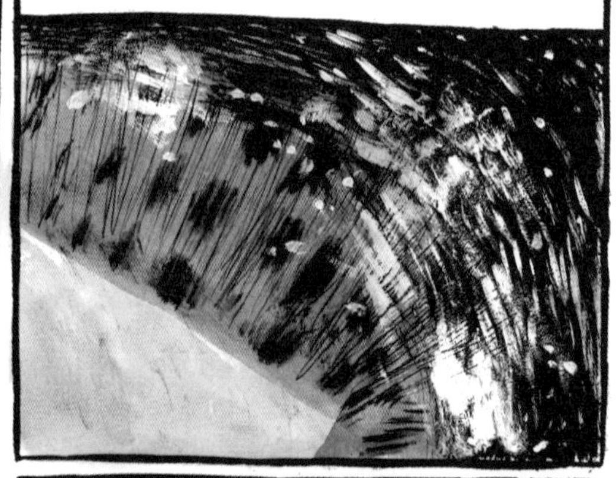
Nachrichten und Tratsch sickerten kaum durch die Mauern und den Stacheldraht.

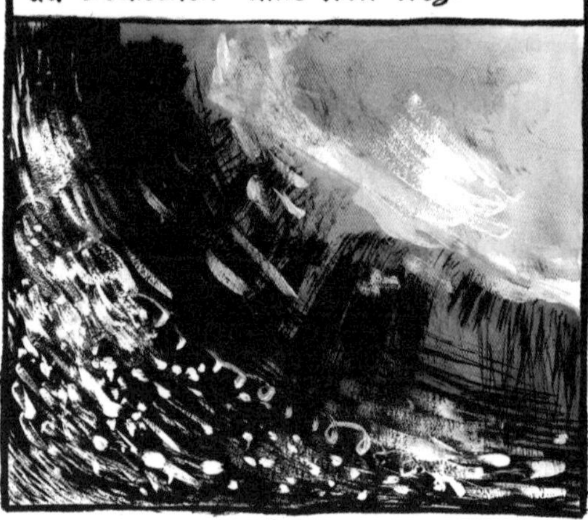
Frontnachrichten, der Vormarsch der Deutschen – alles weit weg.

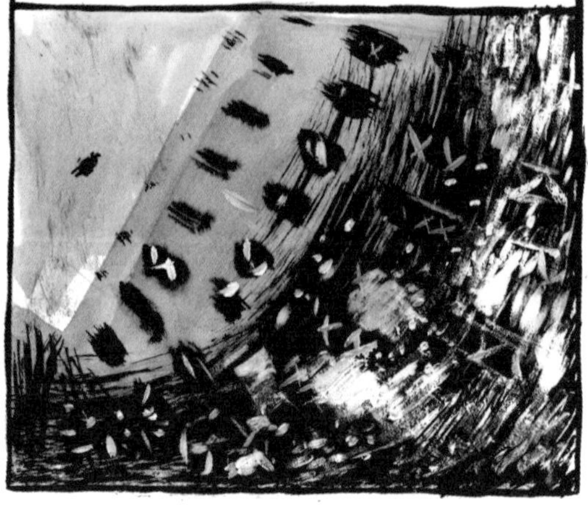
Wir lebten in unserer eigenen Welt des Gefängnisspitals.

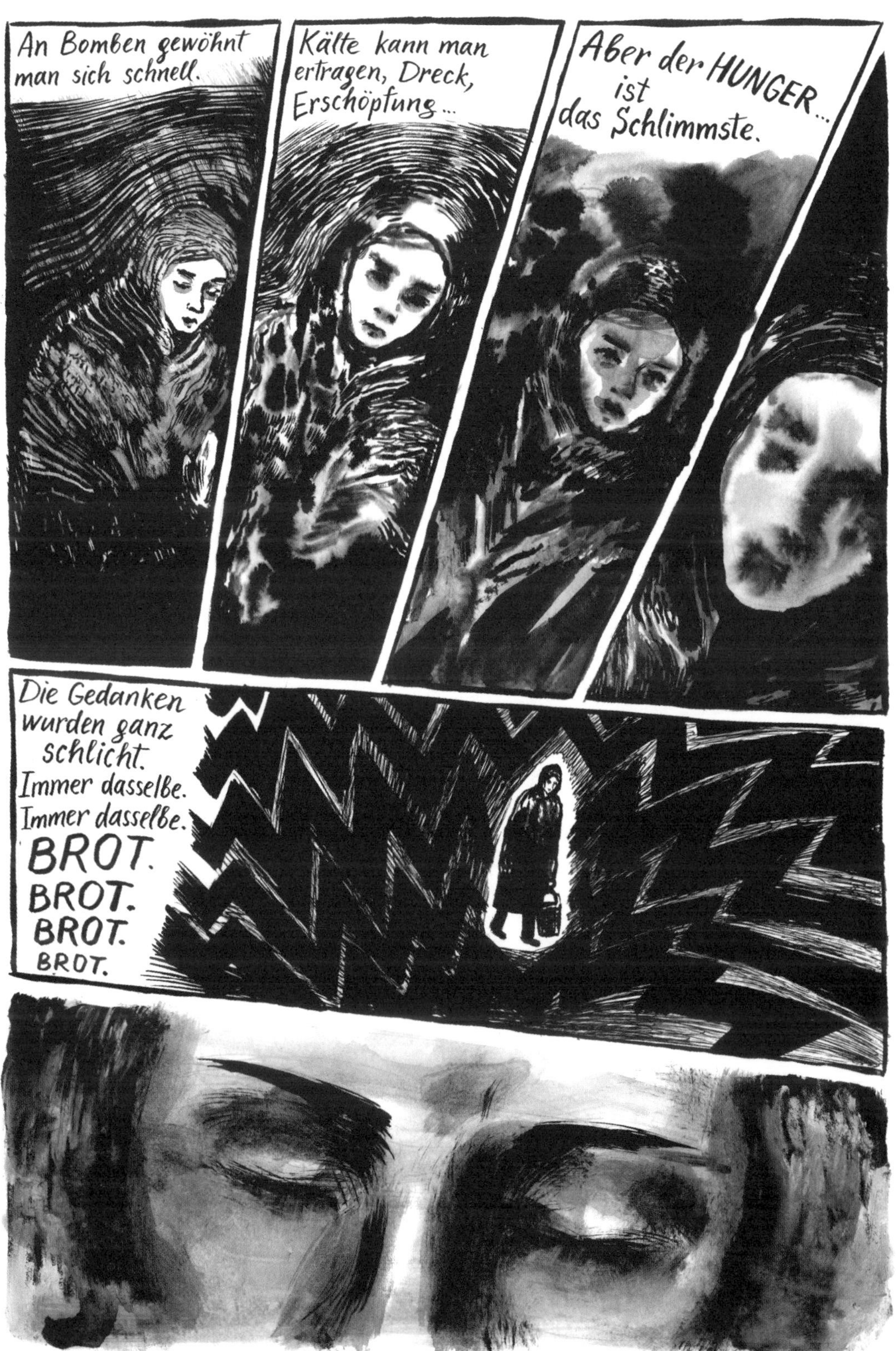
An Bomben gewöhnt man sich schnell.
Kälte kann man ertragen, Dreck, Erschöpfung ...
Aber der HUNGER ... ist das Schlimmste.
Die Gedanken wurden ganz schlicht.
Immer dasselbe.
Immer dasselbe.
BROT.
BROT.
BROT.
BROT.

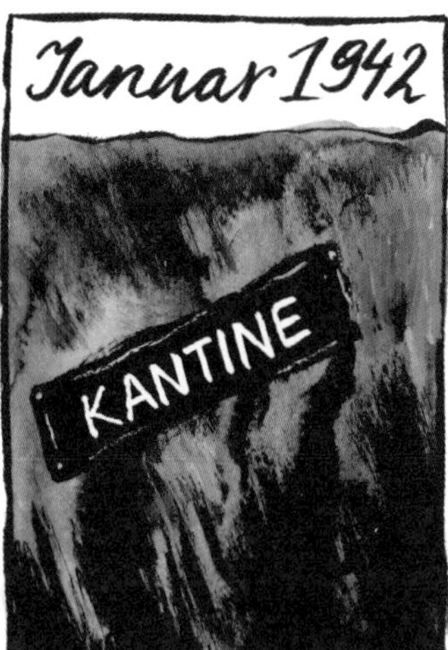
Januar 1942
KANTINE

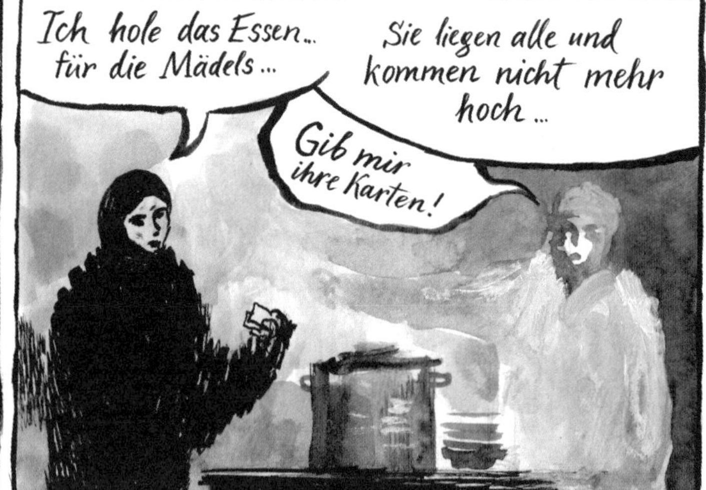
Ich hole das Essen... für die Mädels...
Sie liegen alle und kommen nicht mehr hoch...
Gib mir ihre Karten!

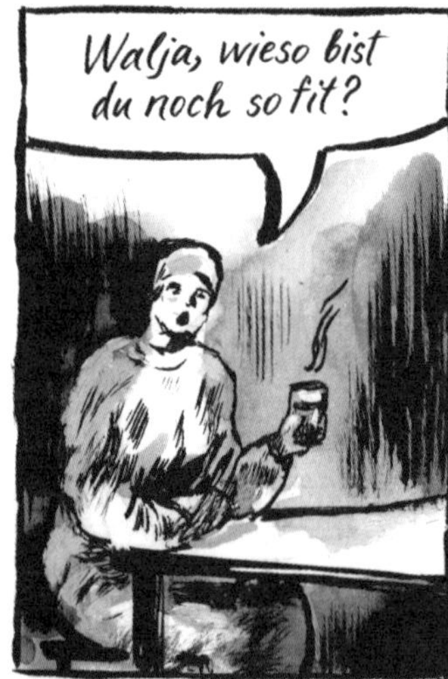
Walja, wieso bist du noch so fit?

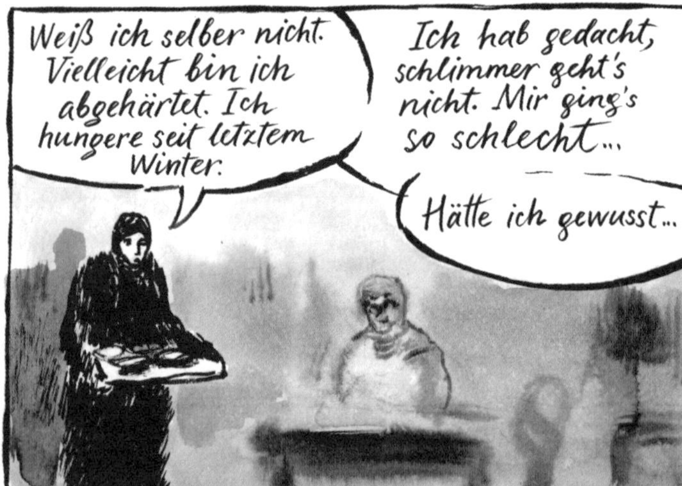
Weiß ich selber nicht. Vielleicht bin ich abgehärtet. Ich hungere seit letztem Winter.
Ich hab gedacht, schlimmer geht's nicht. Mir ging's so schlecht...
Hätte ich gewusst...

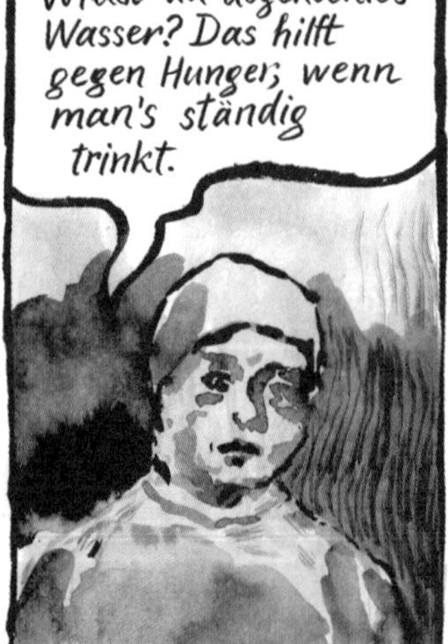
Willst du abgekochtes Wasser? Das hilft gegen Hunger, wenn man's ständig trinkt.

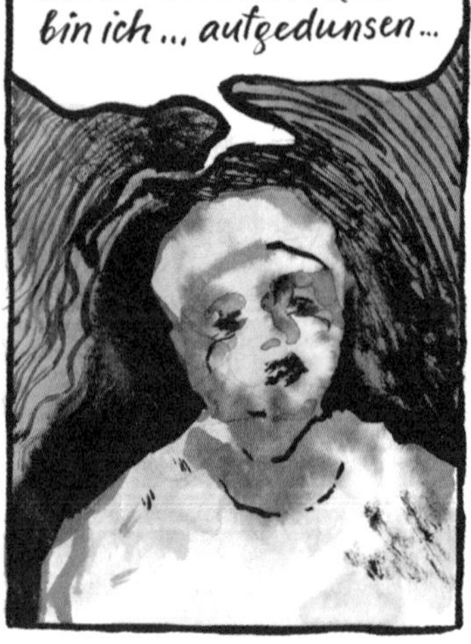
Aber verschwollen bin ich... aufgedunsen...

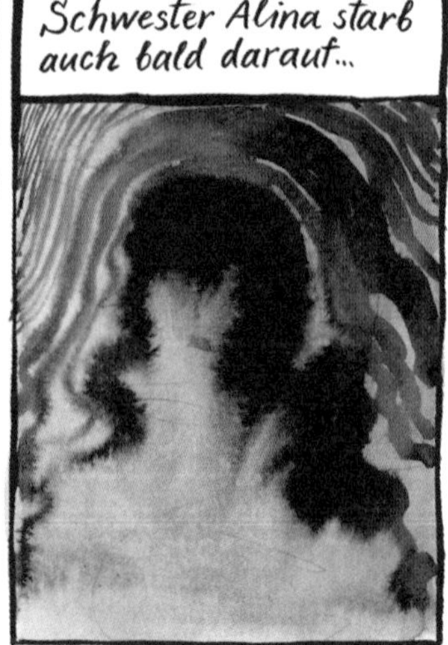
Schwester Alina starb auch bald darauf...

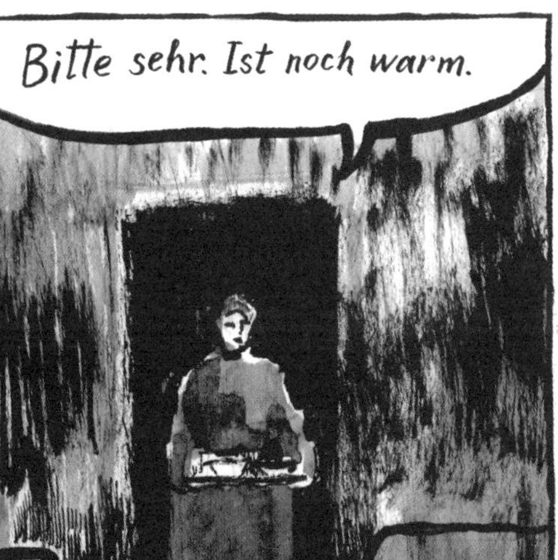
Bitte sehr. Ist noch warm.

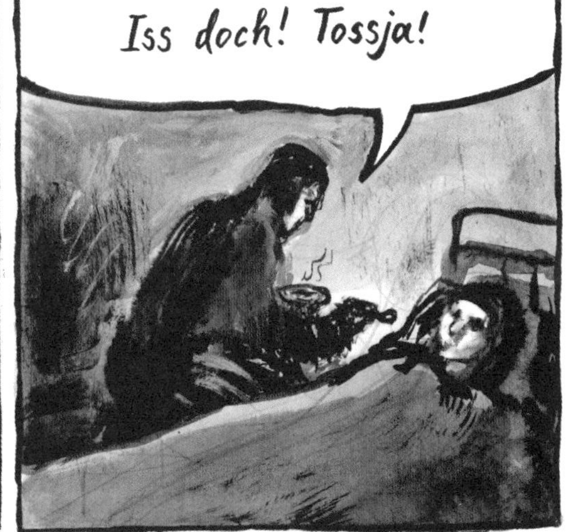
Iss doch! Tossja!

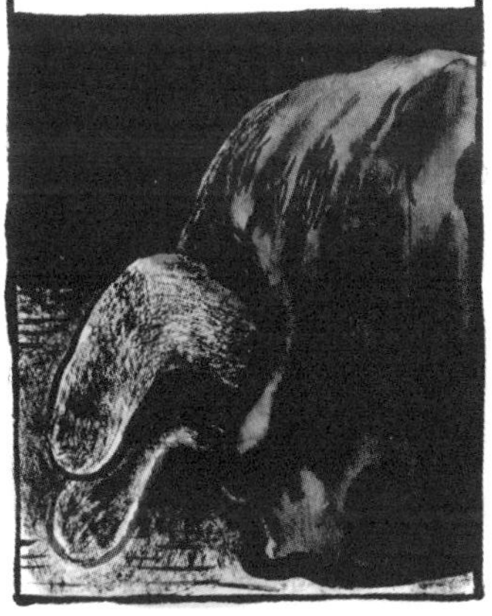
Wir zogen uns zum Schlafen längst nicht mehr aus.

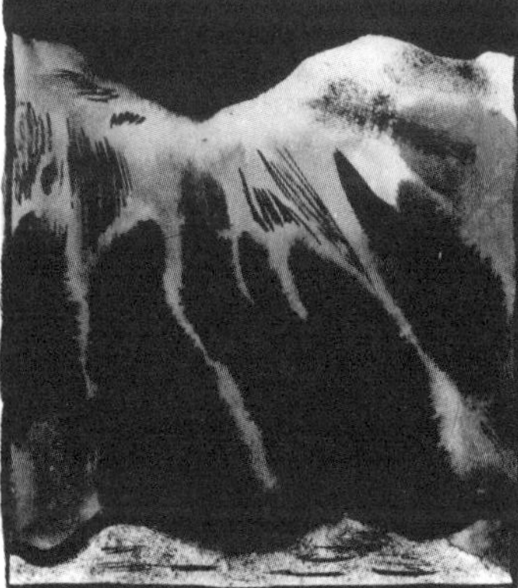
Skelette in hundert Fetzen, wir sahen alle gleich aus …

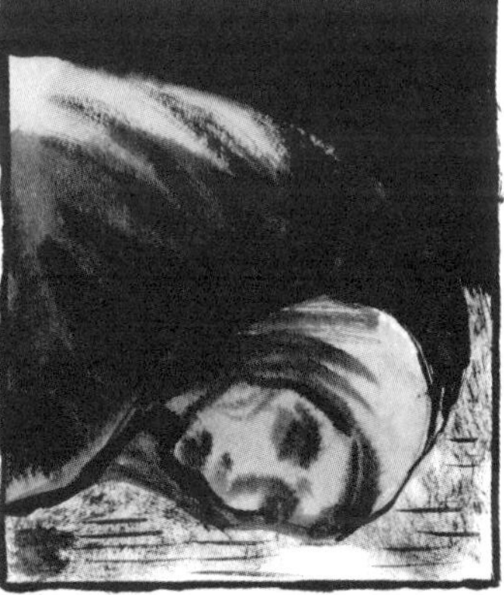
… gar nicht mehr wie Frauen, alles Weibliche war weg …

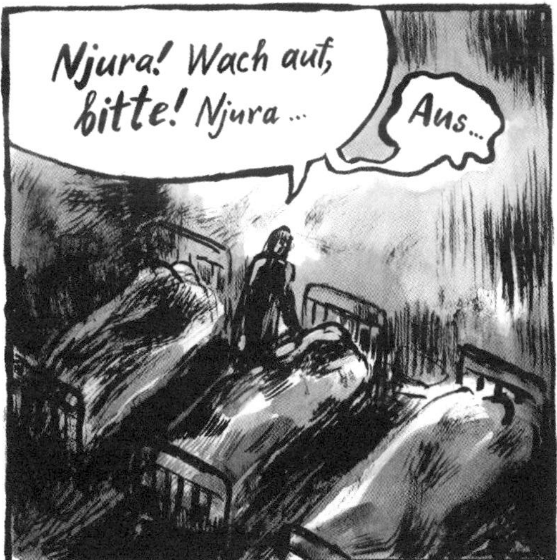
Njura! Wach auf, bitte! Njura …
Aus …

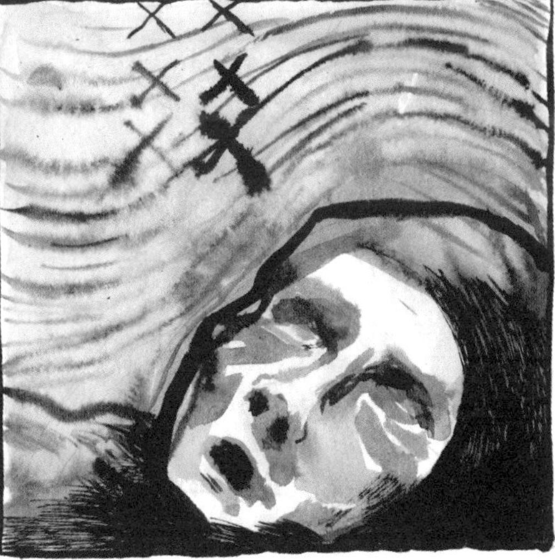

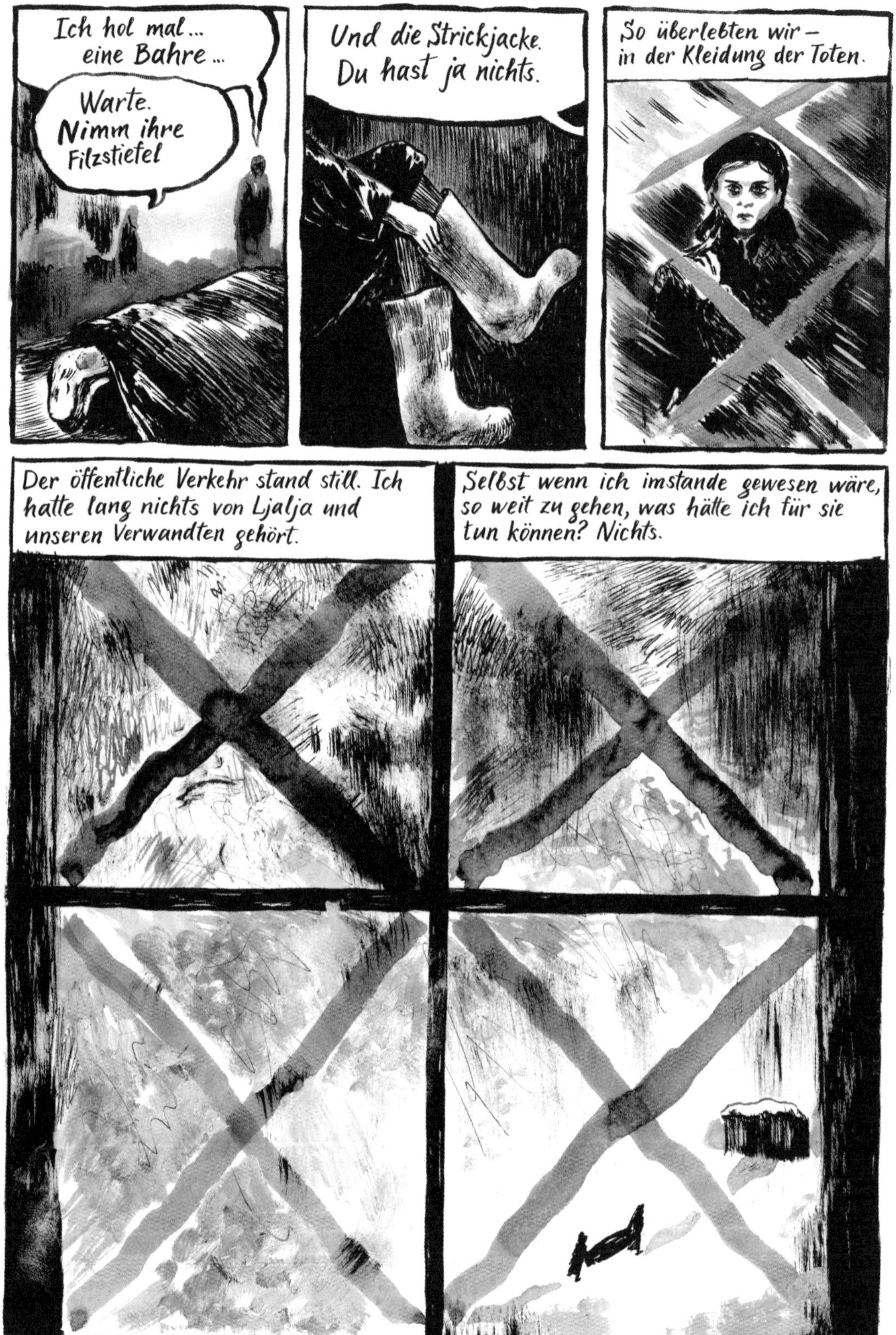

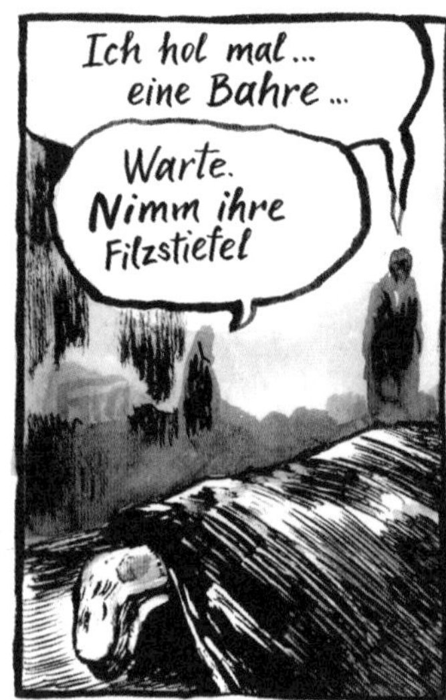

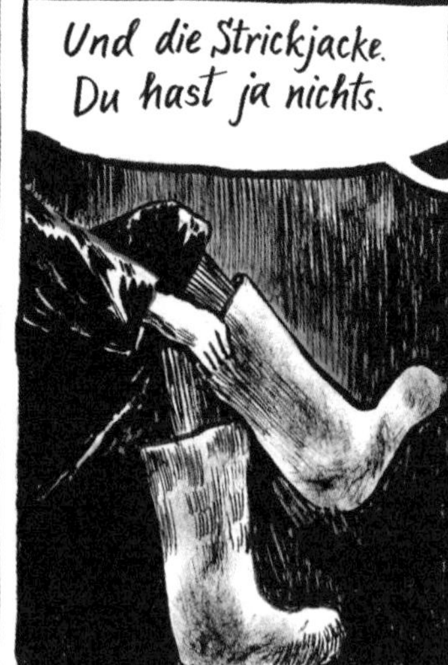

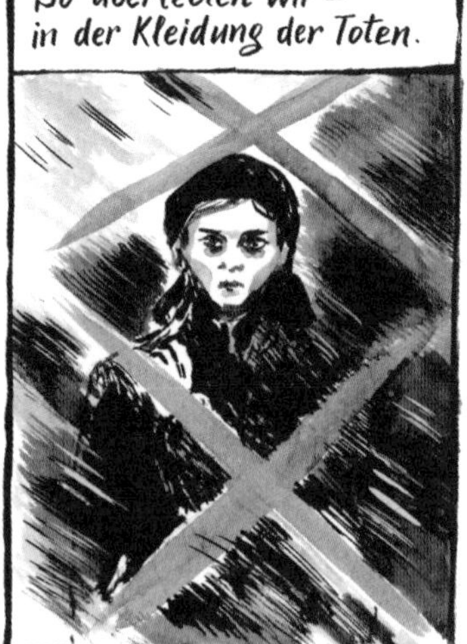

Der öffentliche Verkehr stand still. Ich hatte lang nichts von Ljalja und unseren Verwandten gehört.

Selbst wenn ich imstande gewesen wäre, so weit zu gehen, was hätte ich für sie tun können? Nichts.

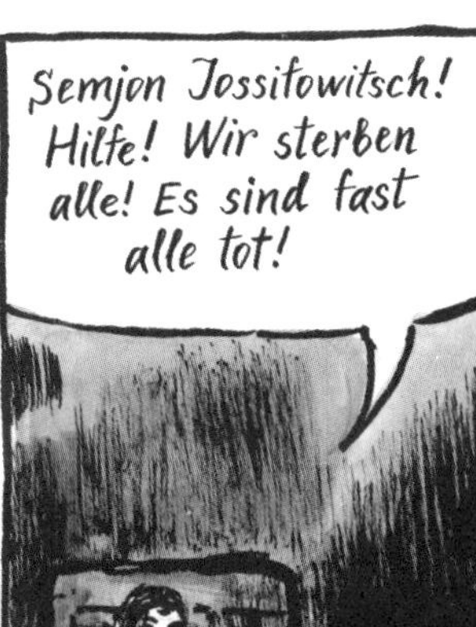
Semjon Jossifowitsch! Hilfe! Wir sterben alle! Es sind fast alle tot!

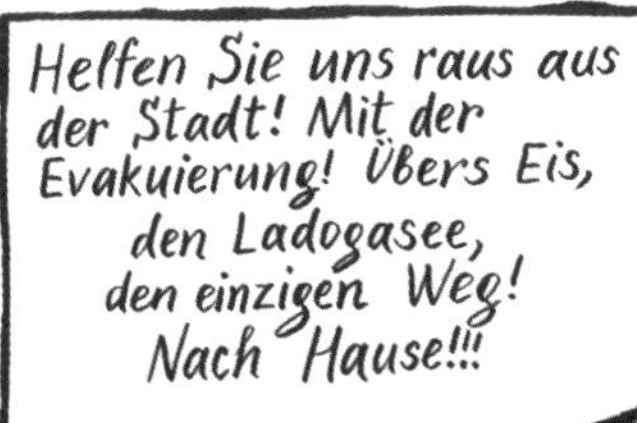
Helfen Sie uns raus aus der Stadt! Mit der Evakuierung! Übers Eis, den Ladogasee, den einzigen Weg! Nach Hause!!!

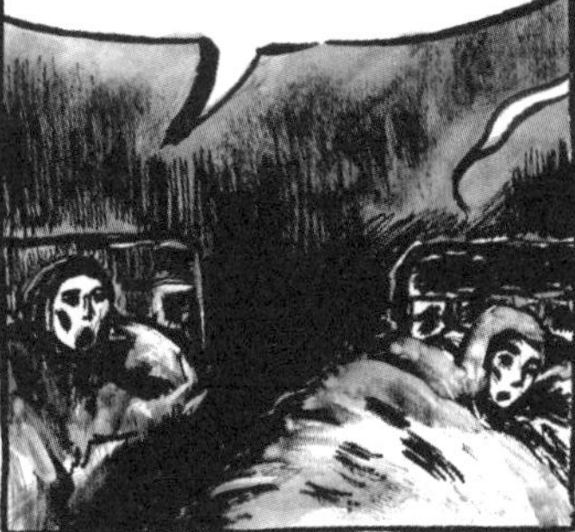

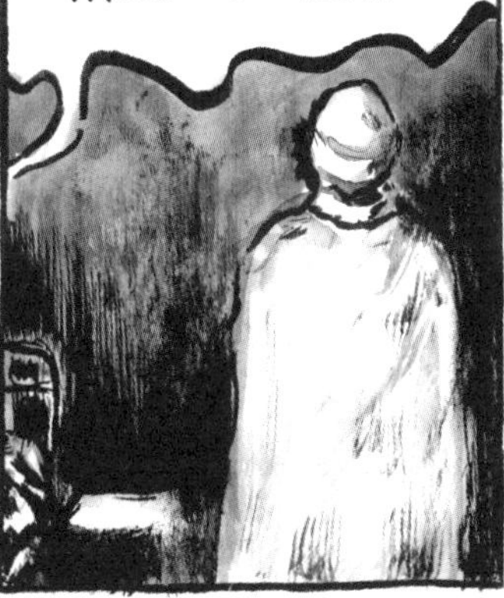
Wir halten es nicht mehr aus. Keine Kraft mehr. Nichts ...

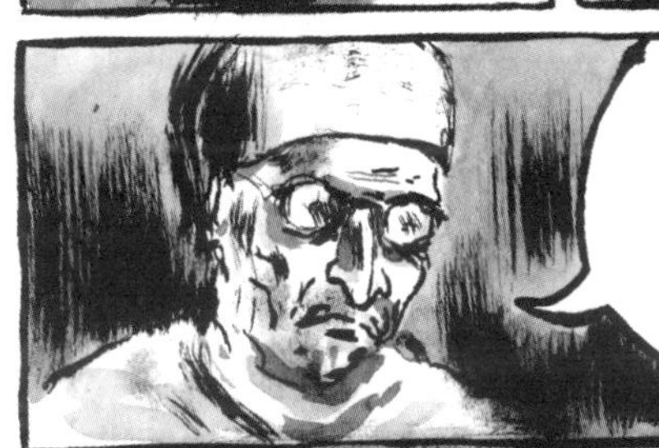
Schreiben Sie einen Antrag im Namen des Chefarztes. Geben Sie die Stadt an, in der Ihre Verwandten leben. Ich kann nichts versprechen. Aber ich bemühe mich. Werde tun, was ich kann.

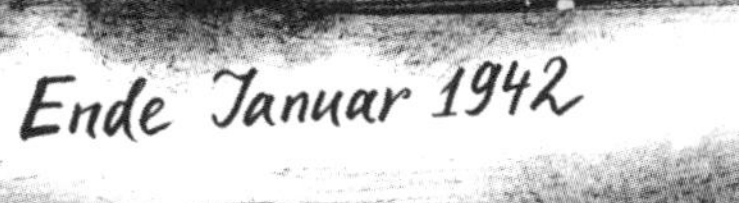
Ende Januar 1942

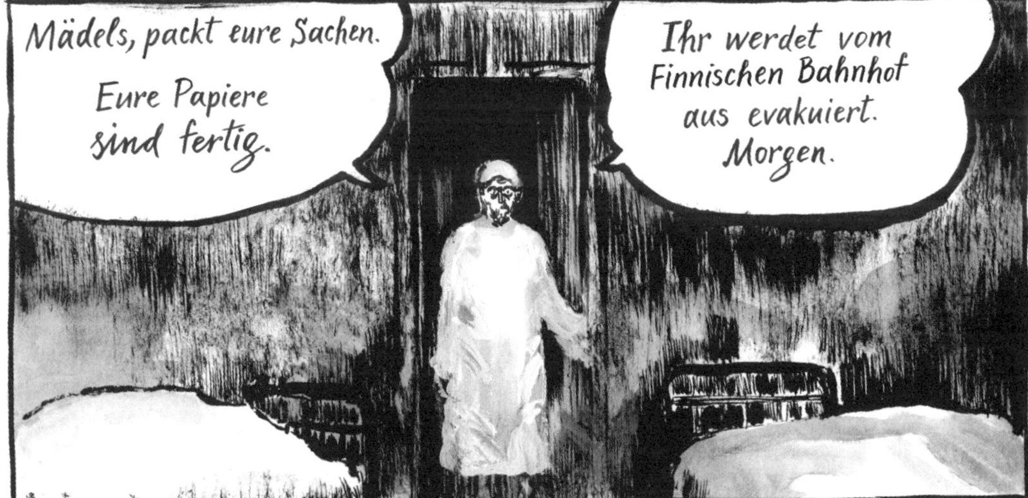
Mädels, packt eure Sachen.
Eure Papiere sind fertig.
Ihr werdet vom Finnischen Bahnhof aus evakuiert. Morgen.

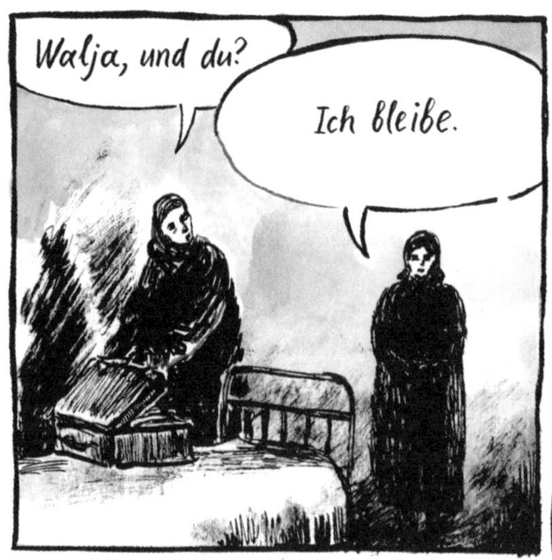
Walja, und du?
Ich bleibe.

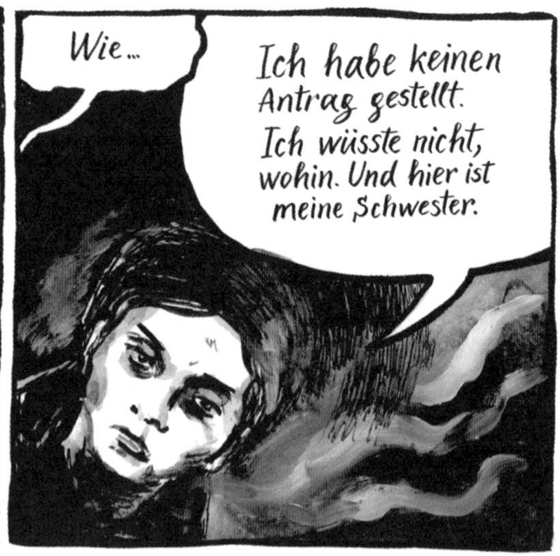
Wie...
Ich habe keinen Antrag gestellt. Ich wüsste nicht, wohin. Und hier ist meine Schwester.

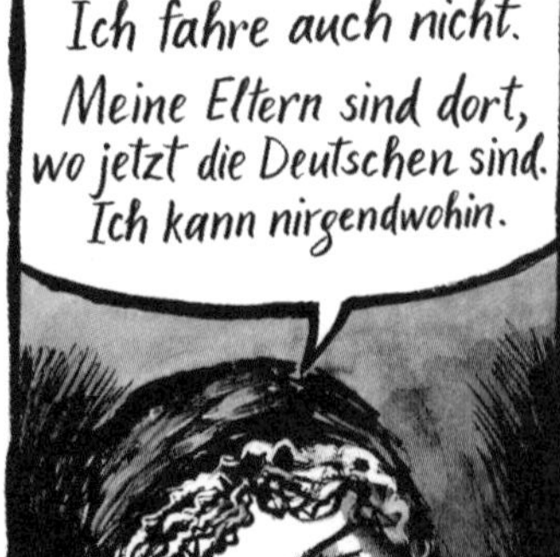
Ich fahre auch nicht. Meine Eltern sind dort, wo jetzt die Deutschen sind. Ich kann nirgendwohin.

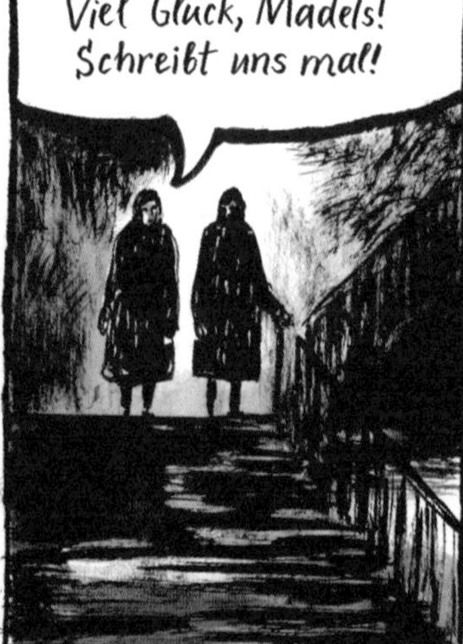
Viel Glück, Mädels! Schreibt uns mal!

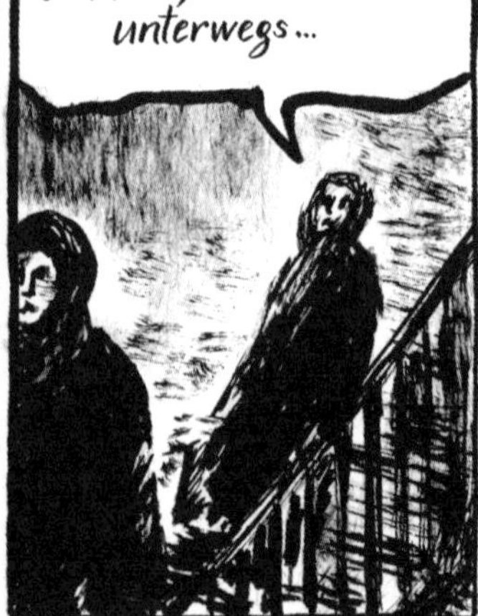
Wenn wir's nur lebend schaffen, nicht erfrieren unterwegs...

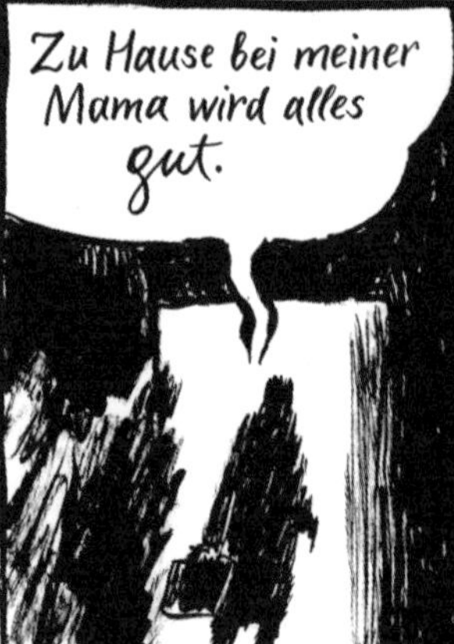
Zu Hause bei meiner Mama wird alles gut.

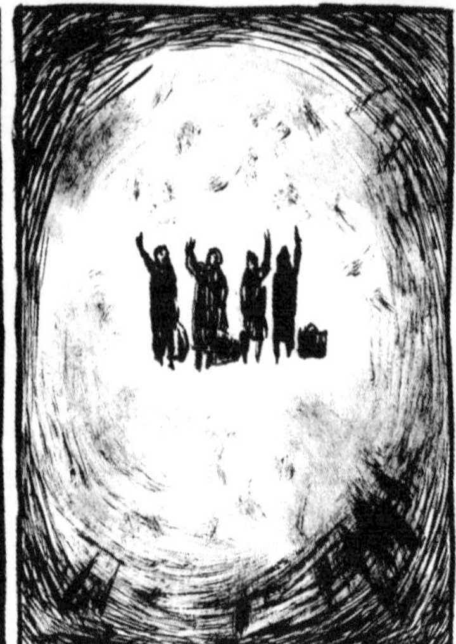

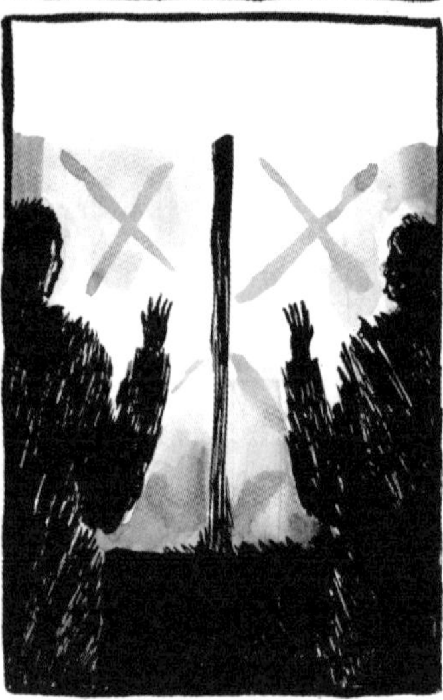

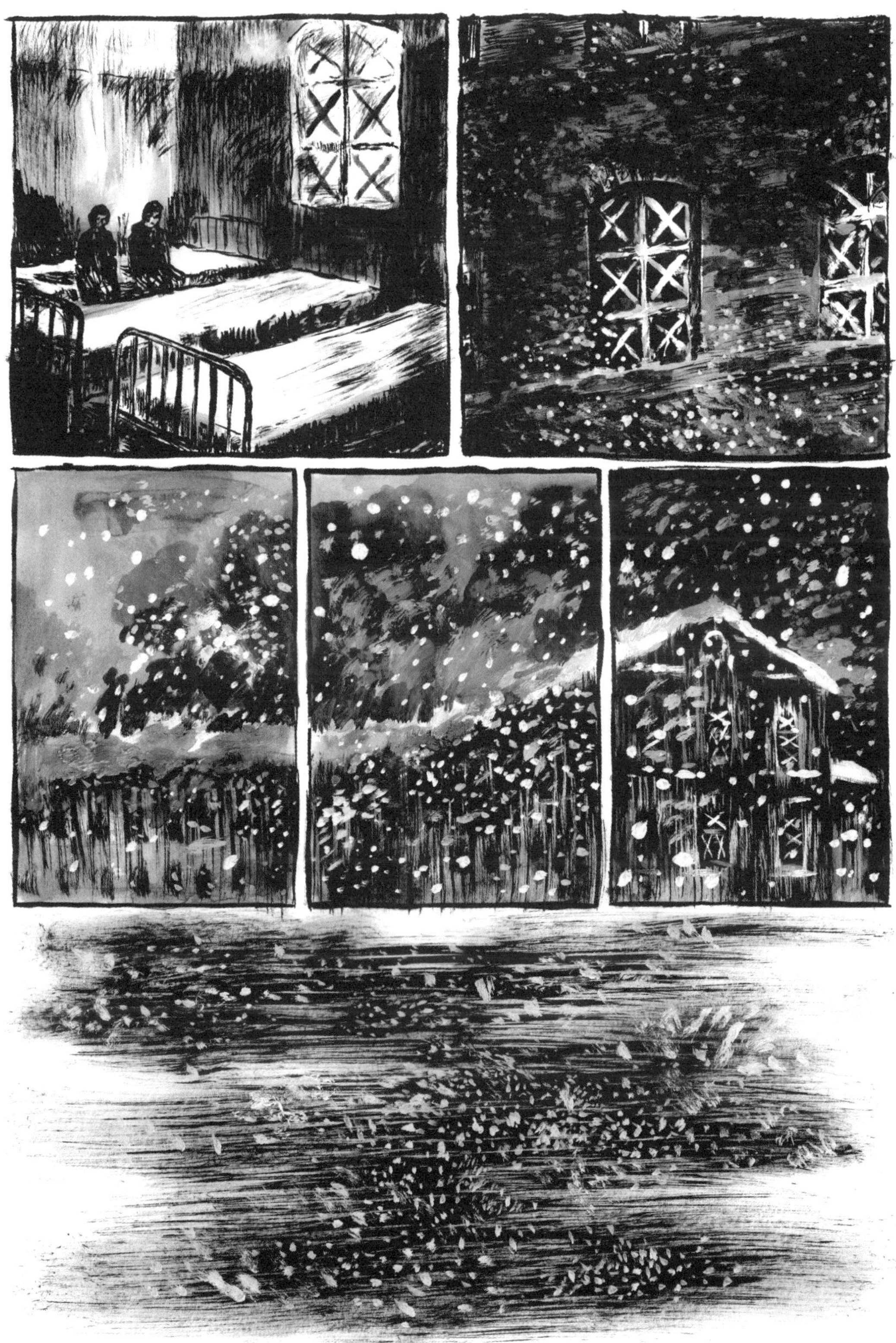

So ging es weiter … Bombenangriffe:

ALARM Entwarnung ALARM Entwarnung ALARM

Pausenlos! Sie machten uns extra fertig – ließen uns nicht zur Ruhe kommen.

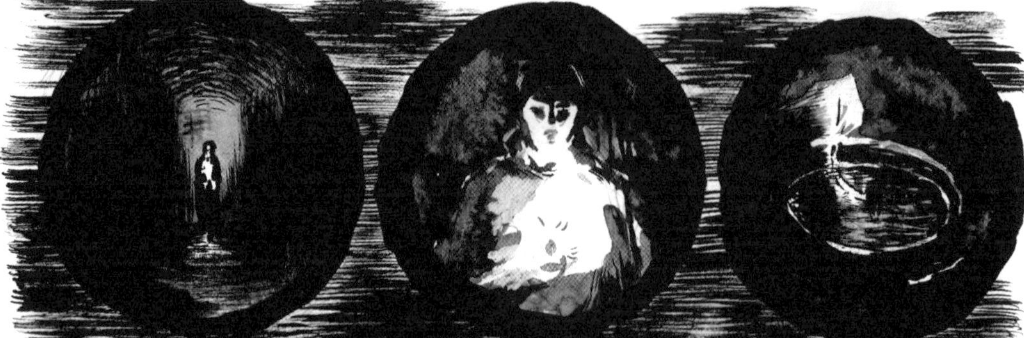

Dienste Finsternis Kälte Kälte

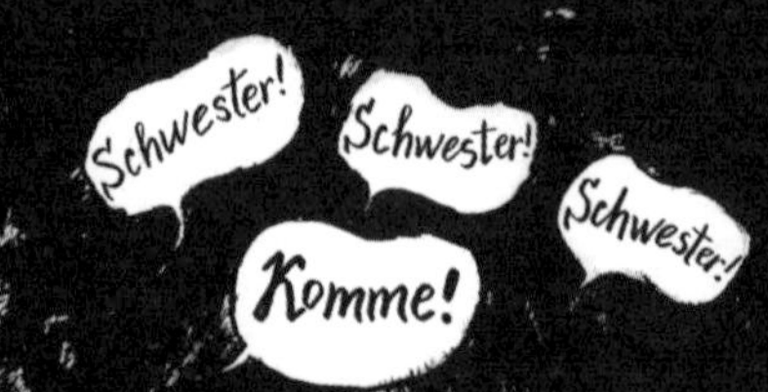

HUNGERHUNGERHUNGERHUNGER

Ich wollte nur Brot. Schwarzbrot.

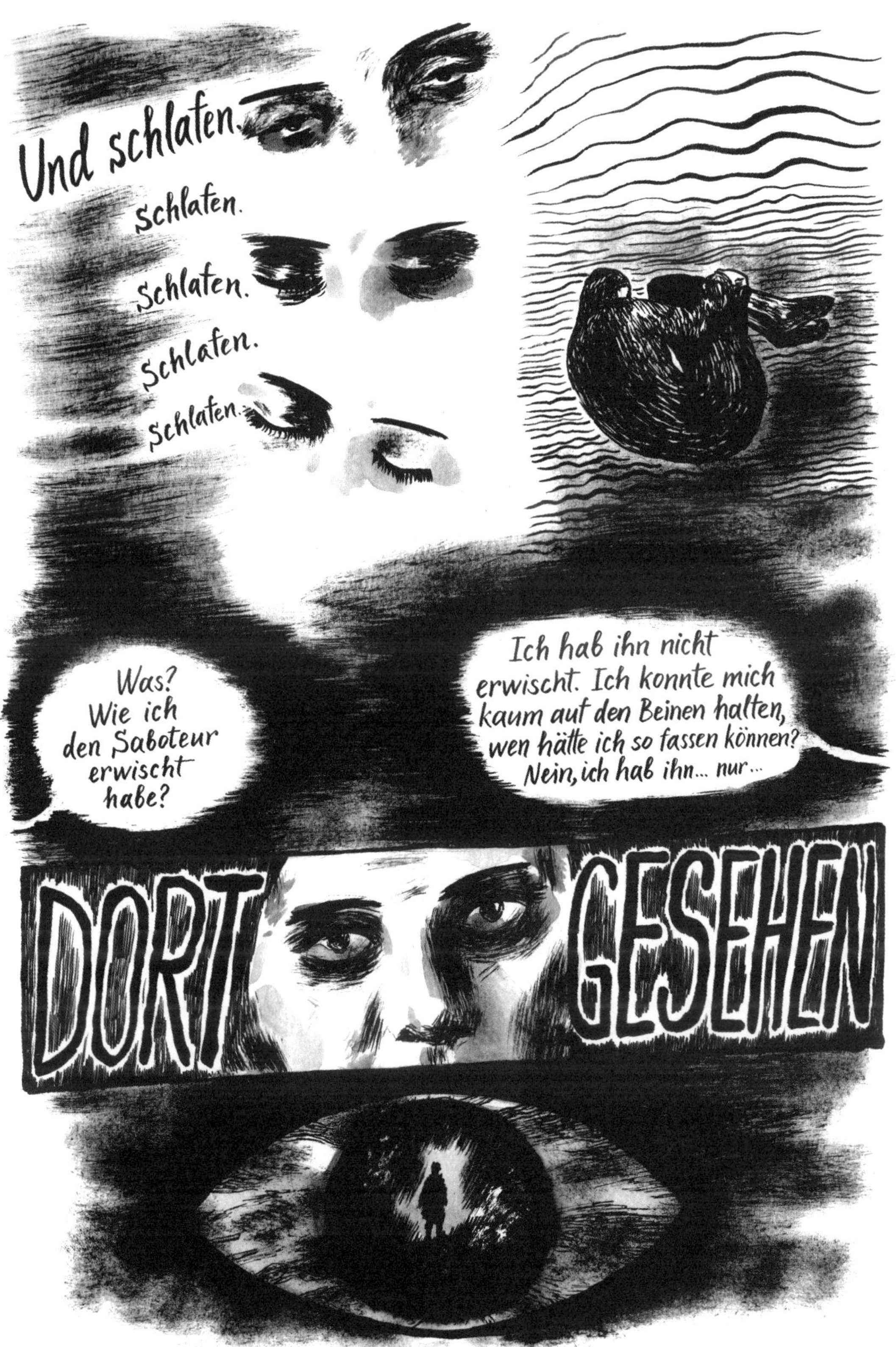
Und schlafen.
Schlafen.
Schlafen.
Schlafen.
Schlafen.
Was? Wie ich den Saboteur erwischt habe?
Ich hab ihn nicht erwischt. Ich konnte mich kaum auf den Beinen halten, wen hätte ich so fassen können? Nein, ich hab ihn… nur…
DORT GESEHEN

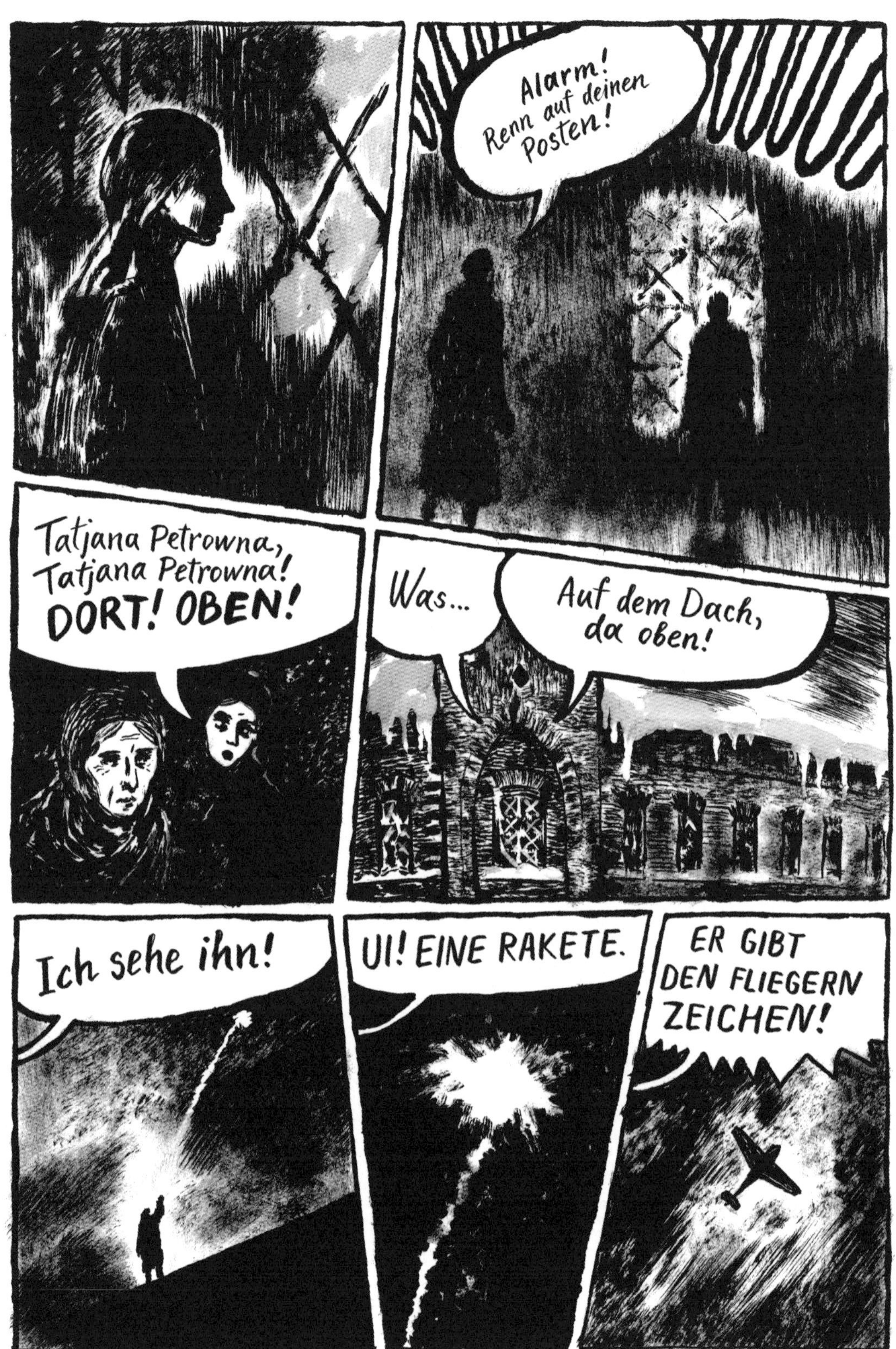
Alarm! Renn auf deinen Posten!
Tatjana Petrowna, Tatjana Petrowna! DORT! OBEN!
Was...
Auf dem Dach, da oben!
Ich sehe ihn!
UI! EINE RAKETE.
ER GIBT DEN FLIEGERN ZEICHEN!

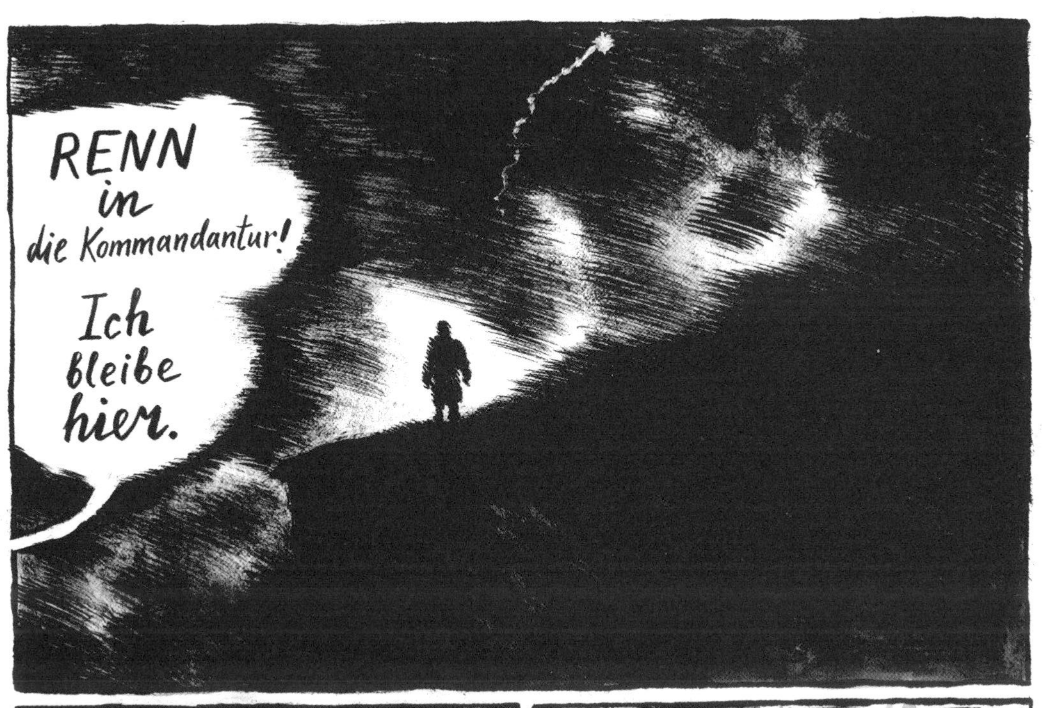
RENN in die Kommandantur!
Ich bleibe hier.

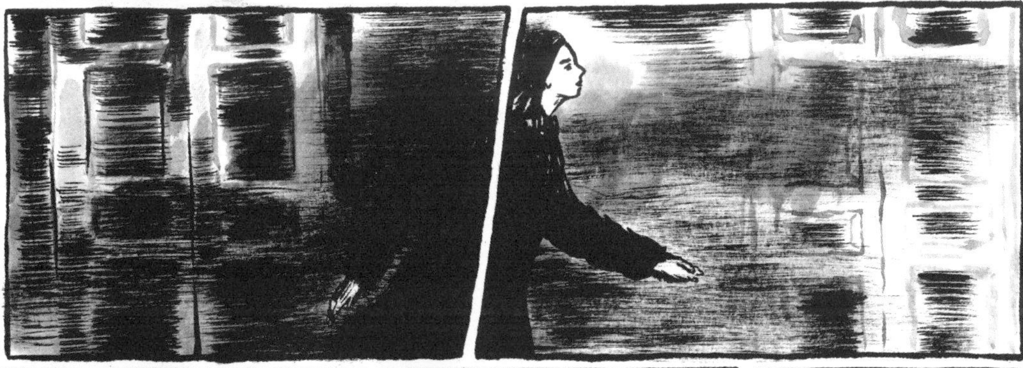

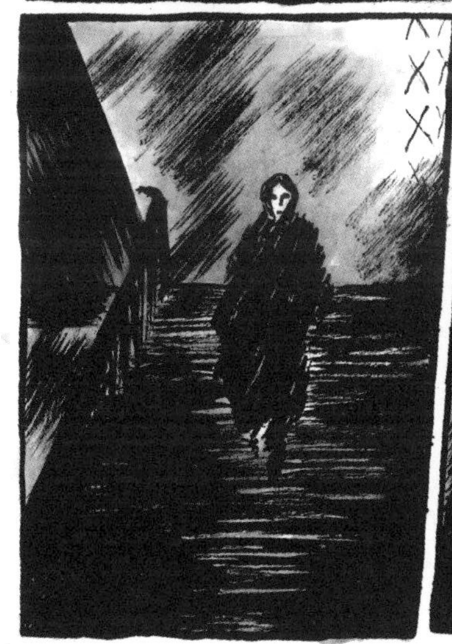

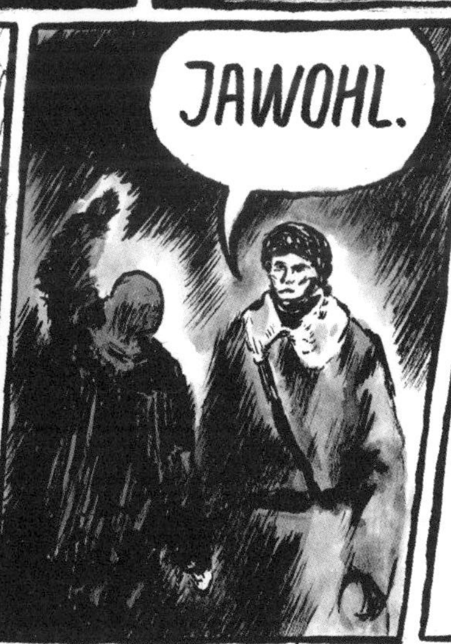
JAWOHL.

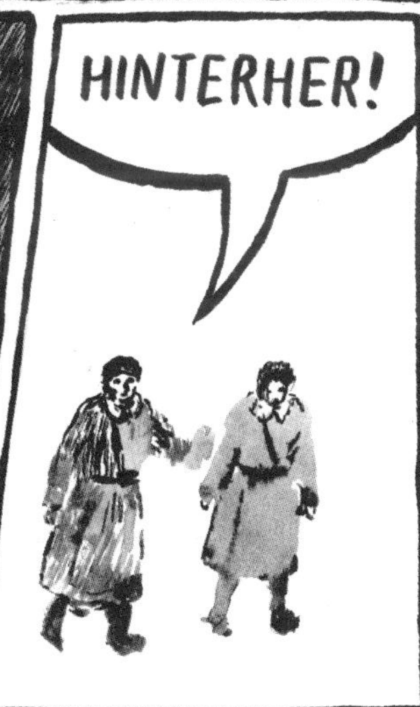
HINTERHER!

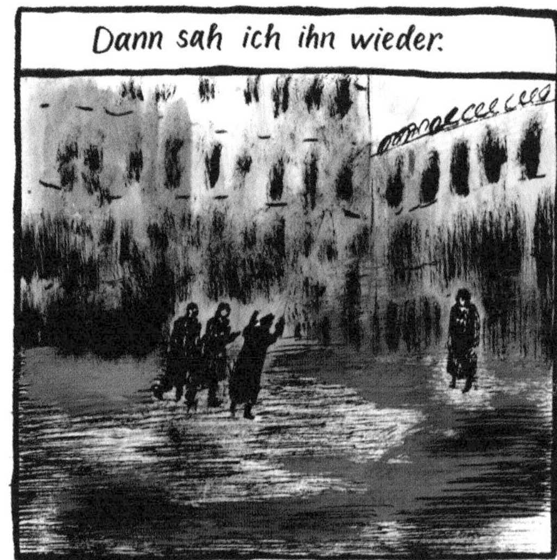

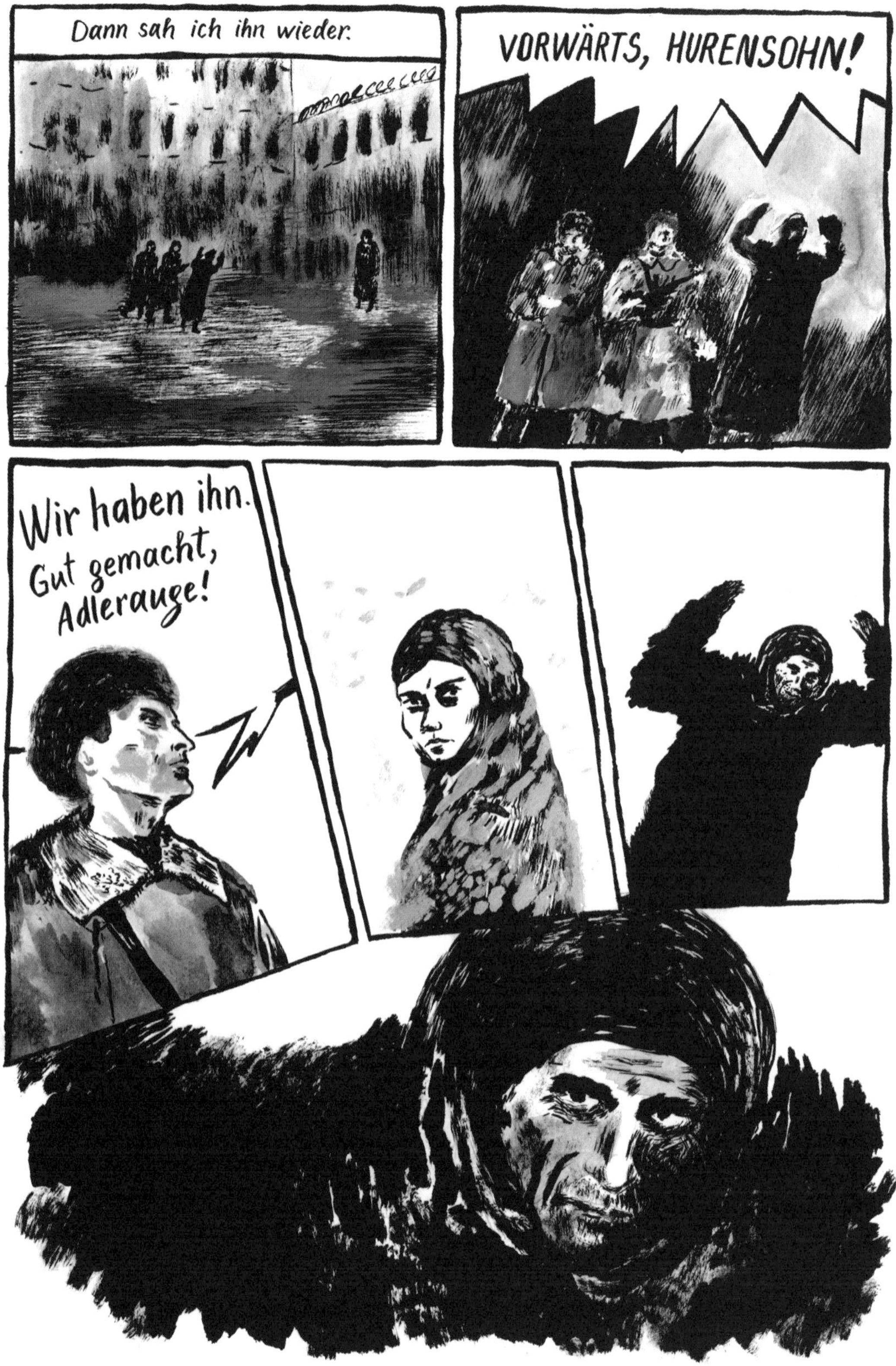

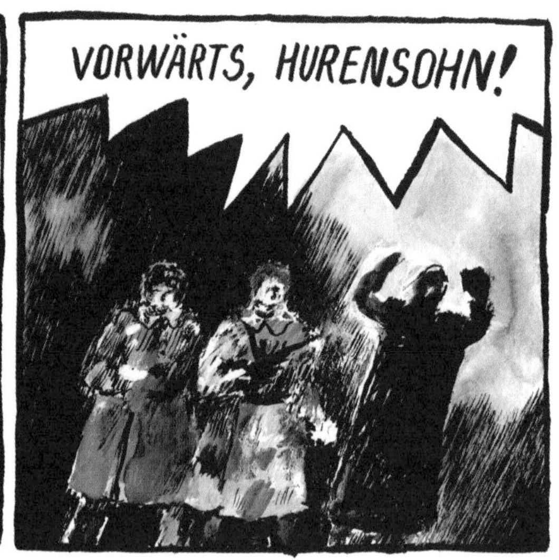

Wir haben ihn.
Gut gemacht, Adlerauge!

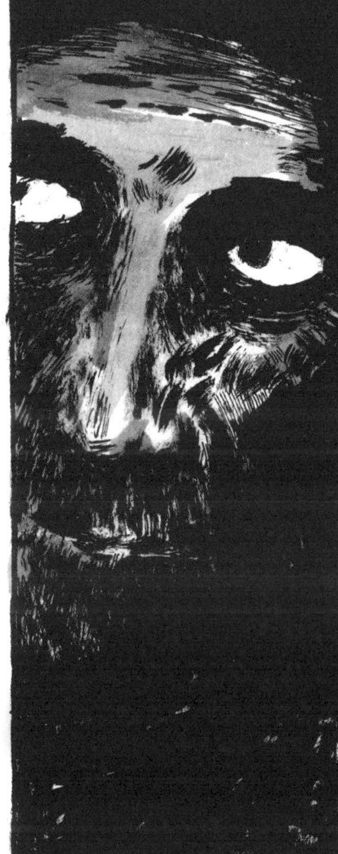
So nah hab ich den Feind nie mehr gesehen.

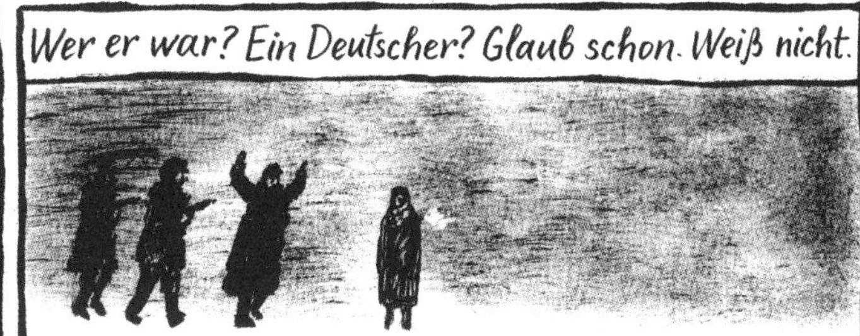
Wer er war? Ein Deutscher? Glaub schon. Weiß nicht.

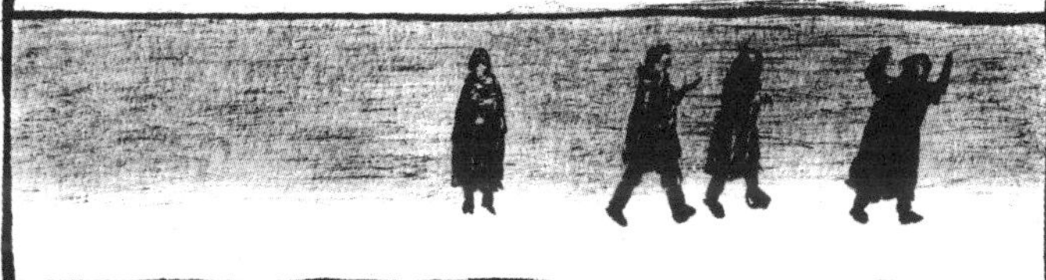
Dann ... bekamen Tatjana Petrowna und ich eine Urkunde für unsere Wachsamkeit.

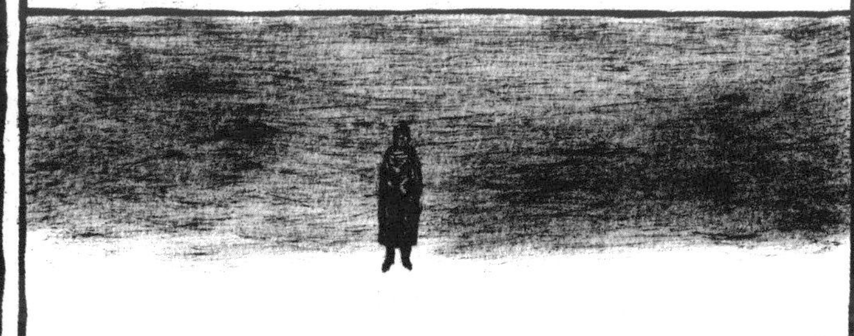
Was aus dem Saboteur wurde? Fragte ich nicht. Was ist denn da noch unklar?

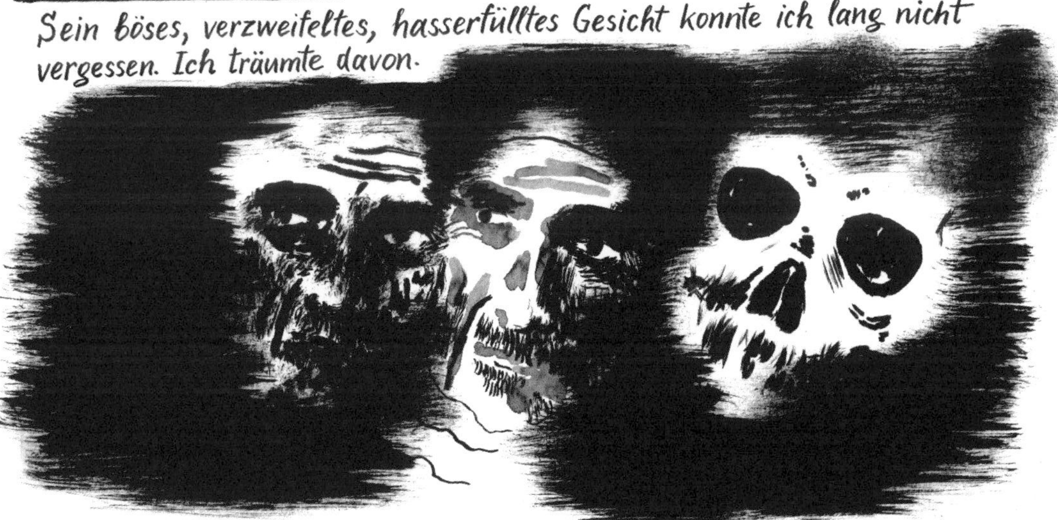
Sein böses, verzweifeltes, hasserfülltes Gesicht konnte ich lang nicht vergessen. Ich träumte davon.

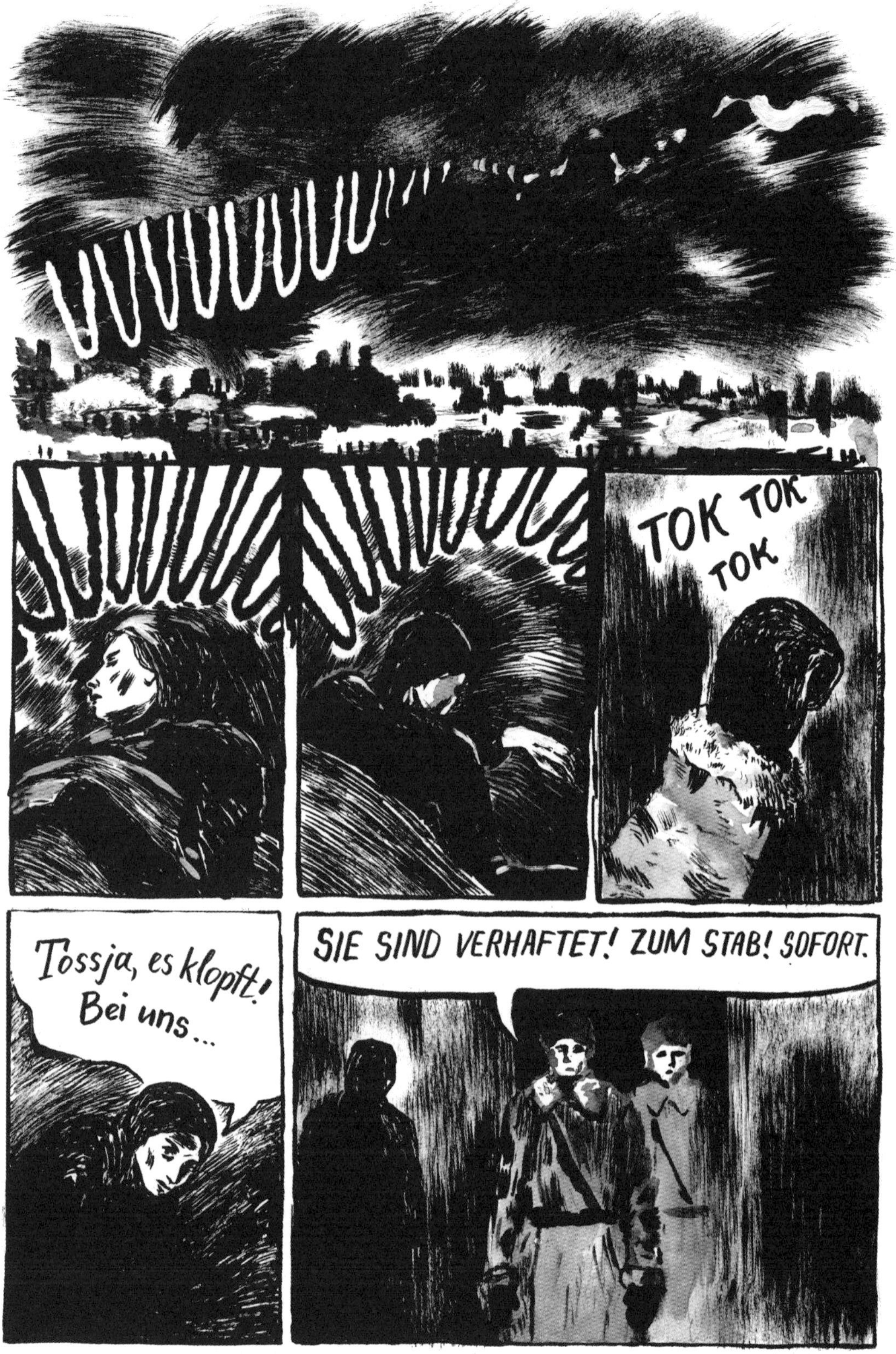

TOK TOK TOK

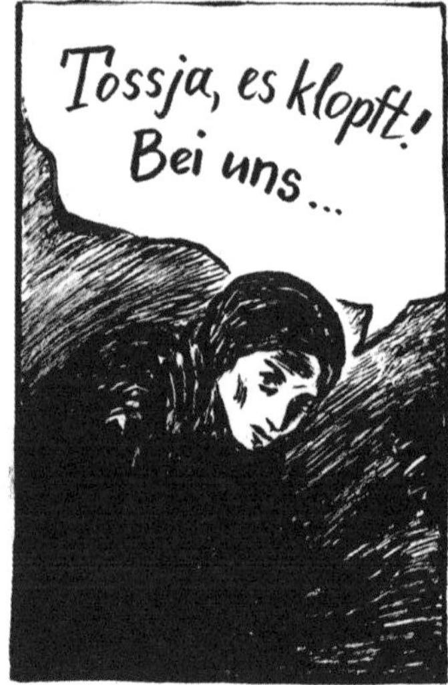

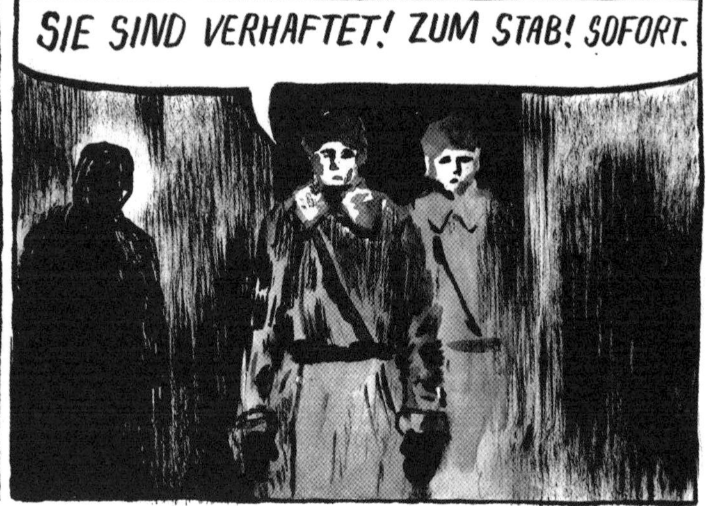

KAPITEL 5

JENER Winter

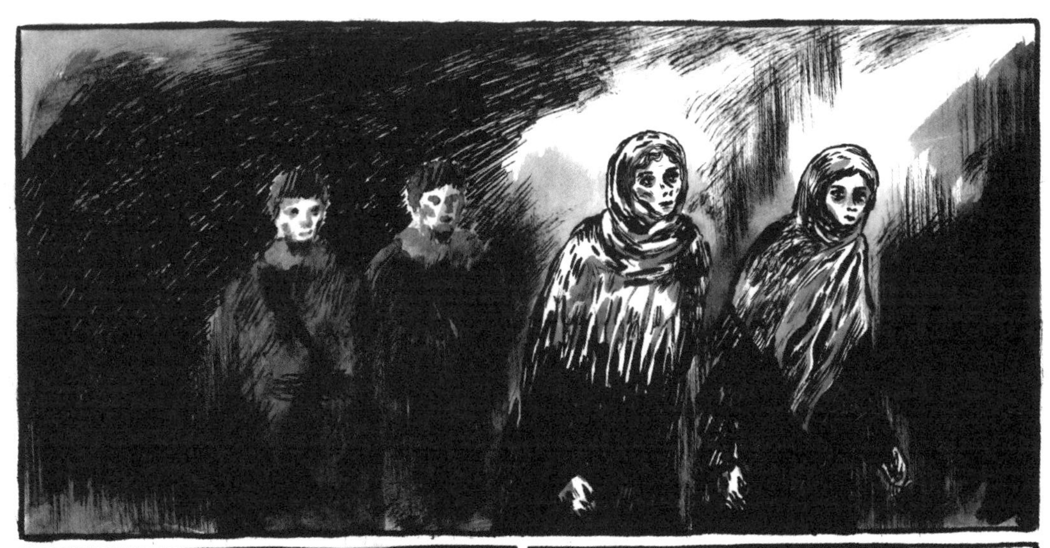

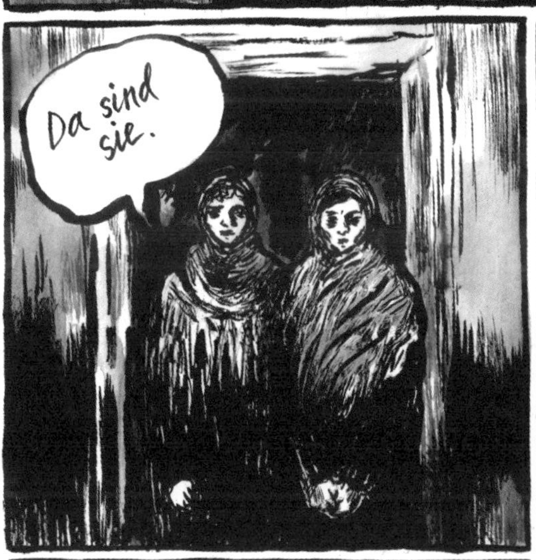
Da sind sie.

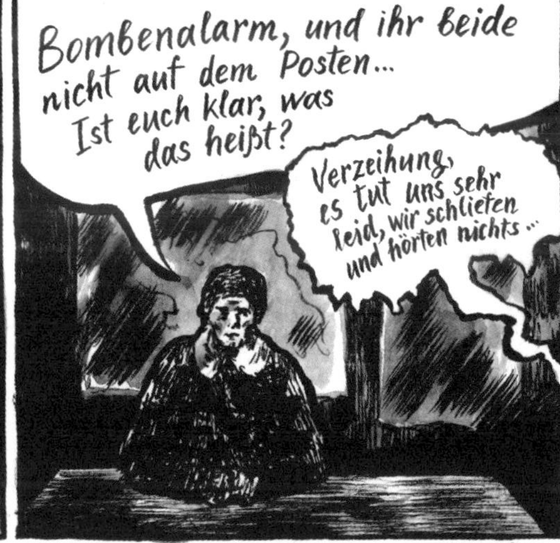
Bombenalarm, und ihr beide nicht auf dem Posten... Ist euch klar, was das heißt?
Verzeihung, es tut uns sehr leid, wir schliefen und hörten nichts ...

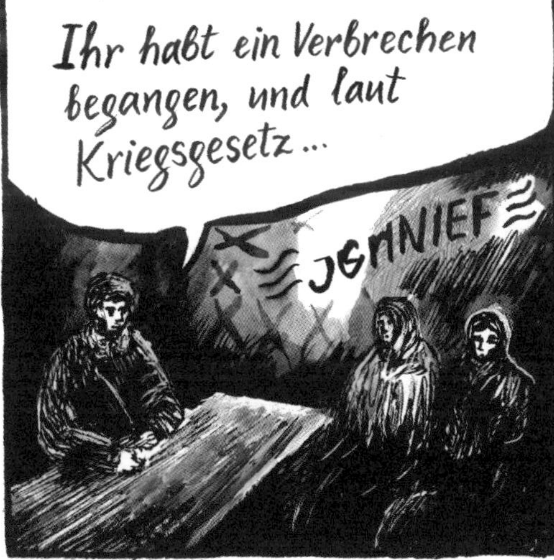
Ihr habt ein Verbrechen begangen, und laut Kriegsgesetz ...

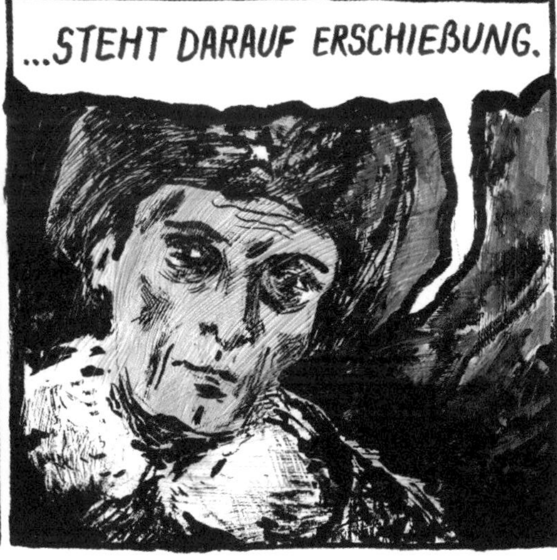
...STEHT DARAUF ERSCHIEßUNG.

153

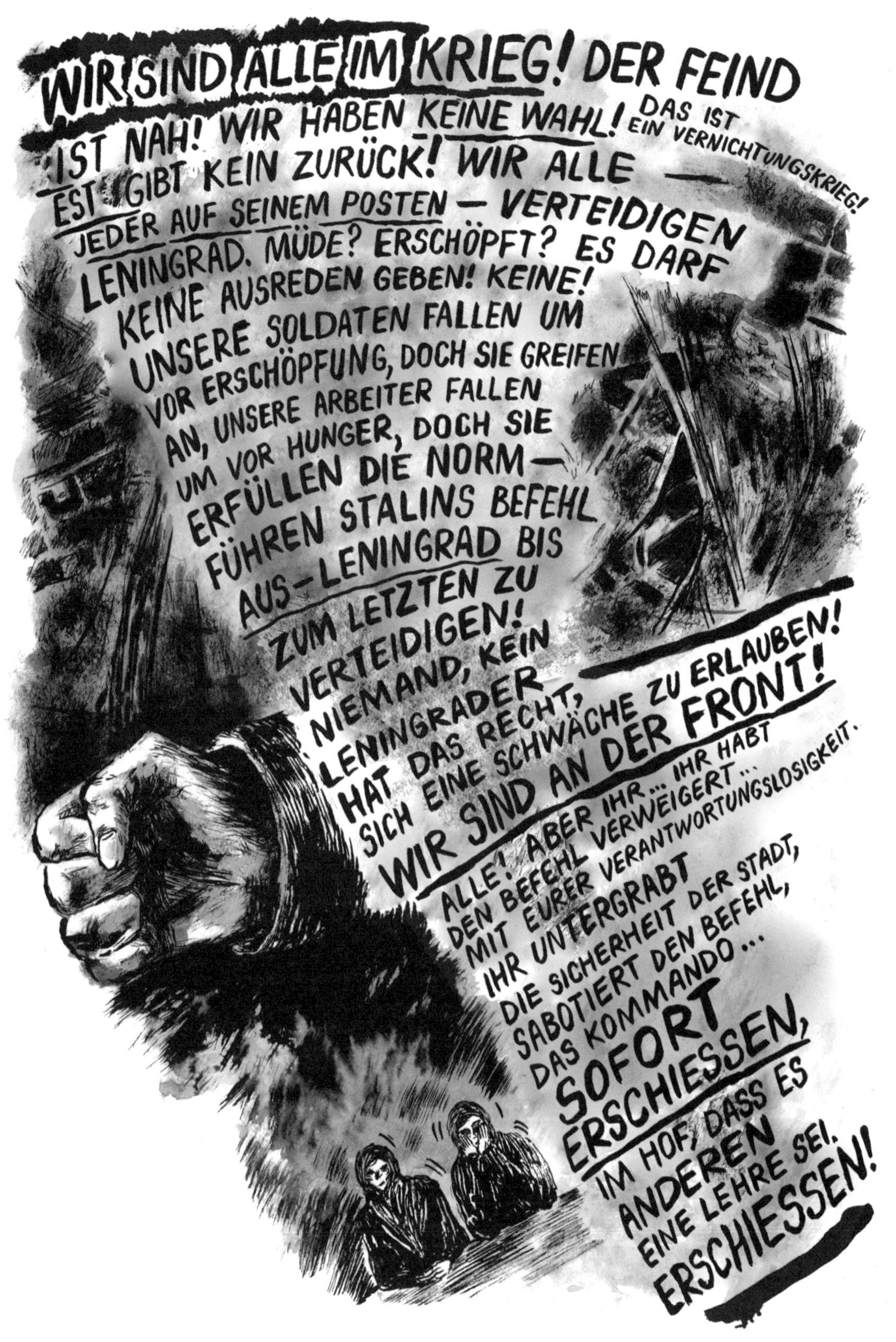
WIR SIND ALLE IM KRIEG! DER FEIND IST NAH! WIR HABEN KEINE WAHL!
DAS IST EIN VERNICHTUNGSKRIEG!
EST GIBT KEIN ZURÜCK! WIR ALLE — JEDER AUF SEINEM POSTEN — VERTEIDIGEN LENINGRAD. MÜDE? ERSCHÖPFT? ES DARF KEINE AUSREDEN GEBEN! KEINE!
UNSERE SOLDATEN FALLEN UM VOR ERSCHÖPFUNG, DOCH SIE GREIFEN AN, UNSERE ARBEITER FALLEN UM VOR HUNGER, DOCH SIE ERFÜLLEN DIE NORM — FÜHREN STALINS BEFEHL AUS — LENINGRAD BIS ZUM LETZTEN ZU VERTEIDIGEN!
NIEMAND, KEIN LENINGRADER HAT DAS RECHT, SICH EINE SCHWÄCHE ZU ERLAUBEN!
WIR SIND AN DER FRONT!
ALLE! ABER IHR... IHR HABT DEN BEFEHL VERWEIGERT... MIT EURER VERANTWORTUNGSLOSIGKEIT.
IHR UNTERGRABT DIE SICHERHEIT DER STADT, SABOTIERT DEN BEFEHL, DAS KOMMANDO...
SOFORT ERSCHIESSEN,
IM HOF, DASS ES ANDEREN EINE LEHRE SEI. ERSCHIESSEN!

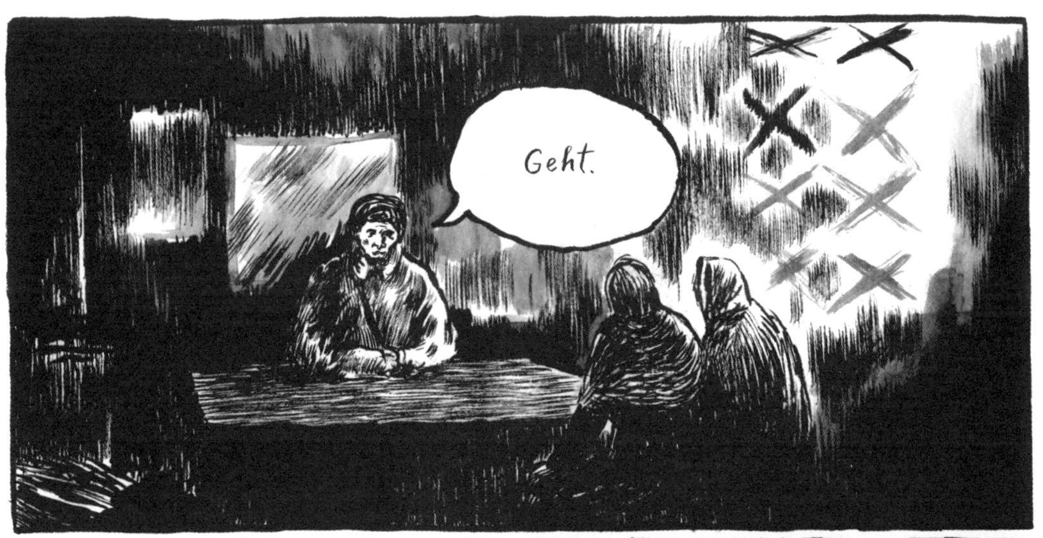

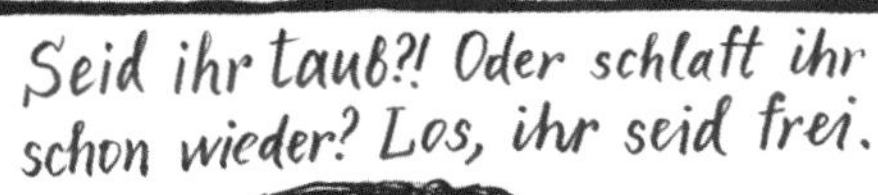

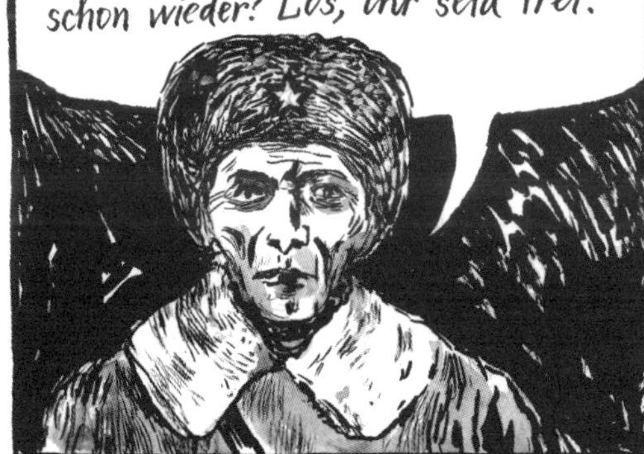

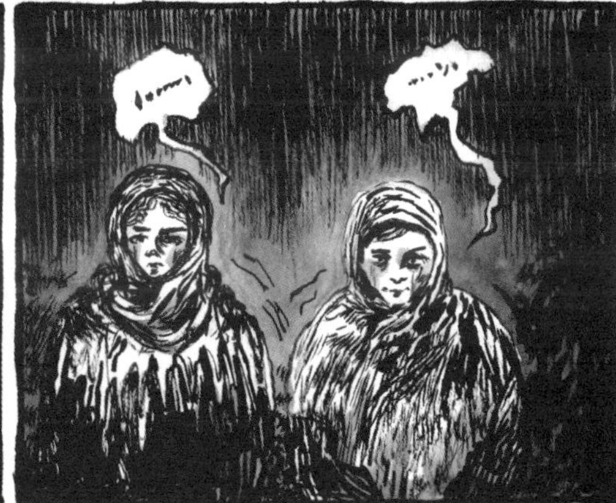

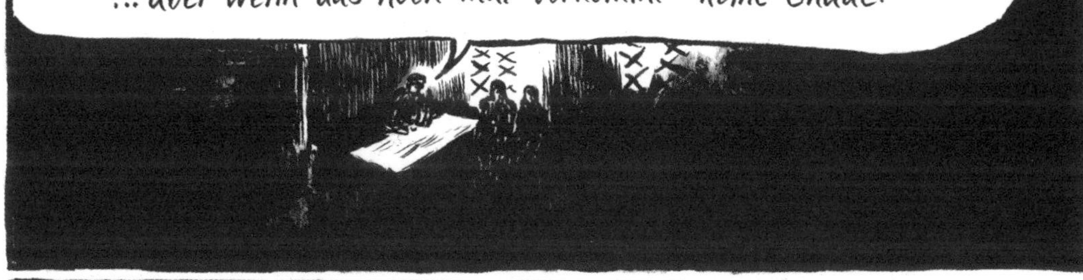

Danach habe ich nie wieder verschlafen. Mein Leben lang stand ich von selbst auf, ohne Wecker, pünktlich.

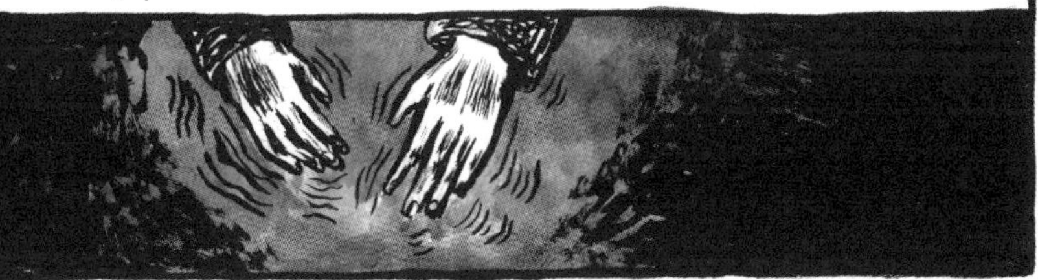

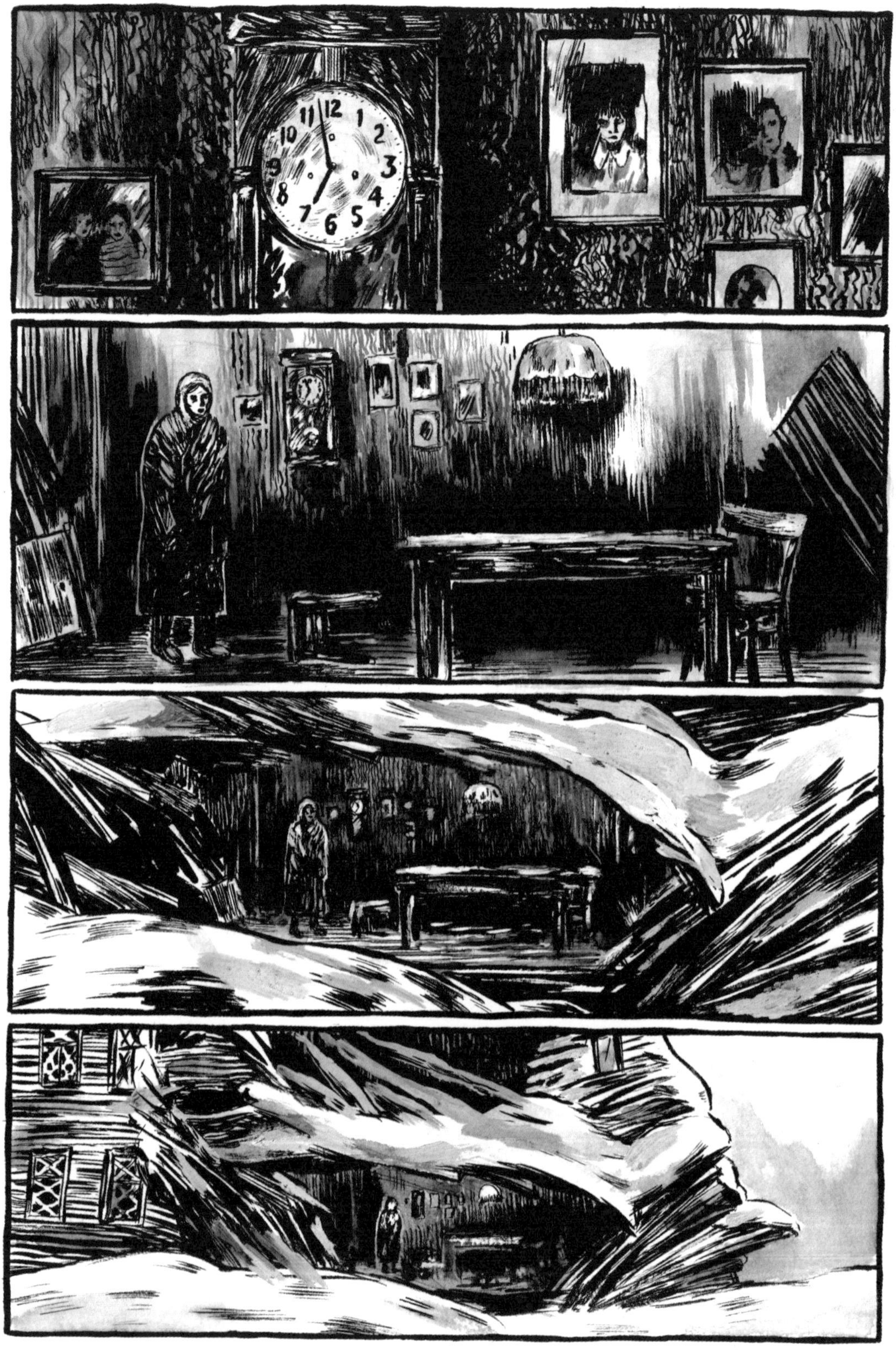

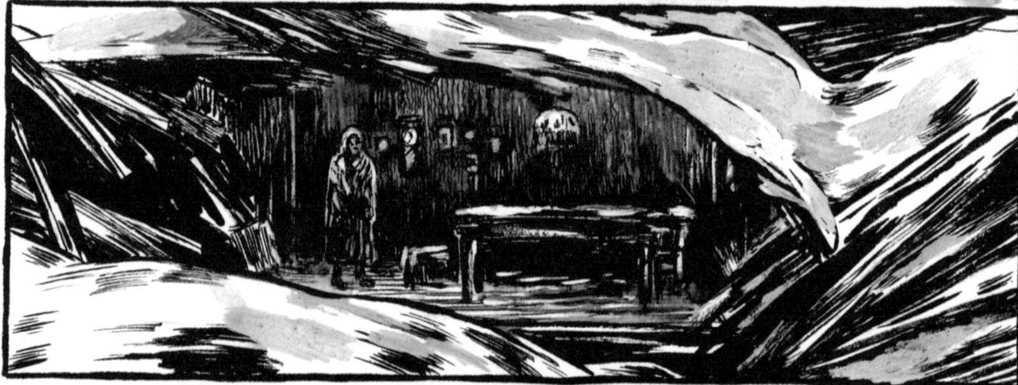

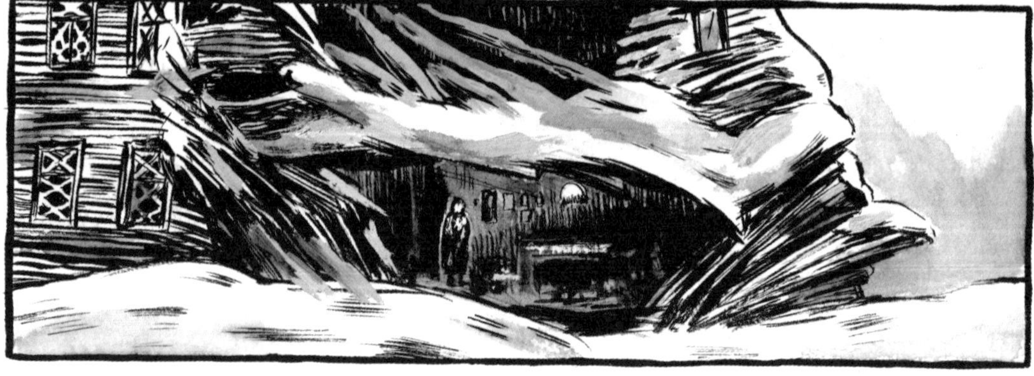

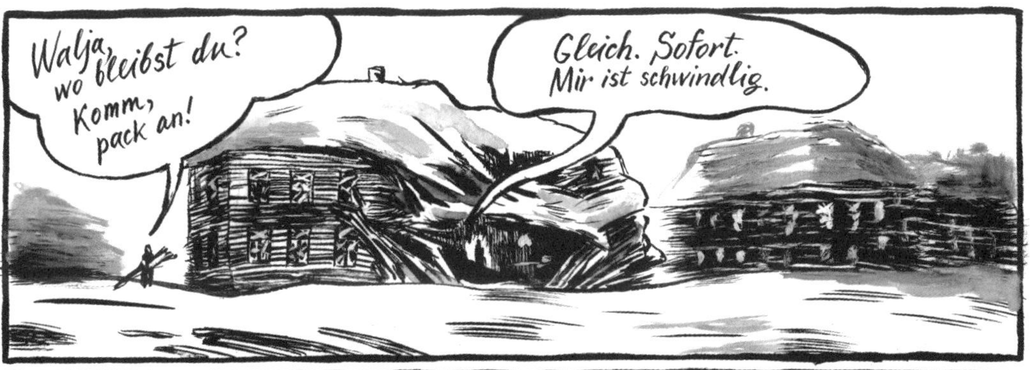

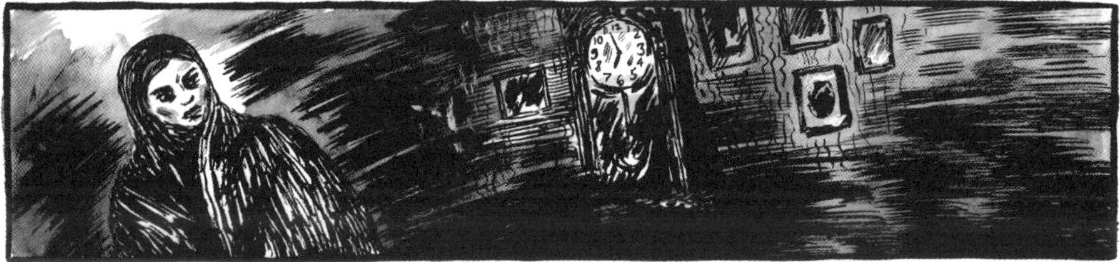

Jenen Winter verließ ich ein paarmal das Spital, um mit einem Häftling Holz zu holen. Wir zerlegten Häuser.

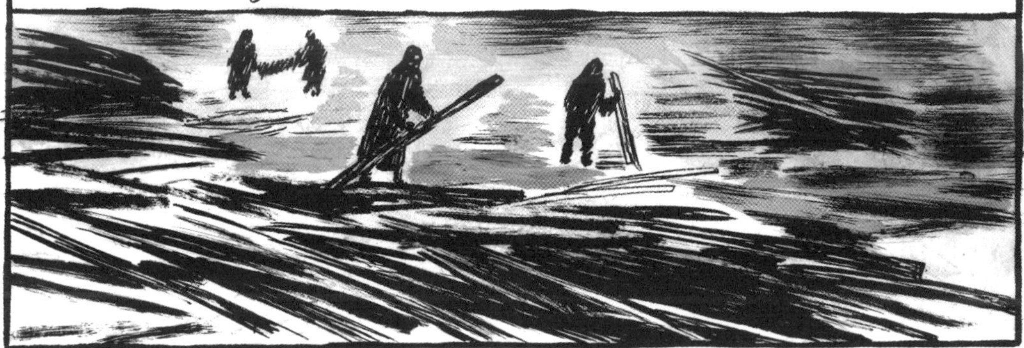

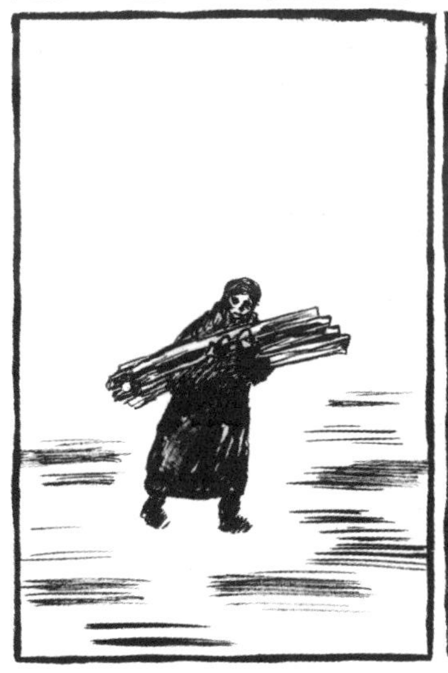

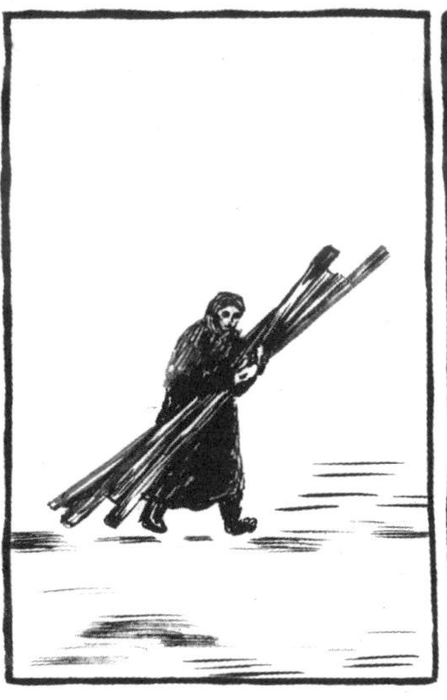

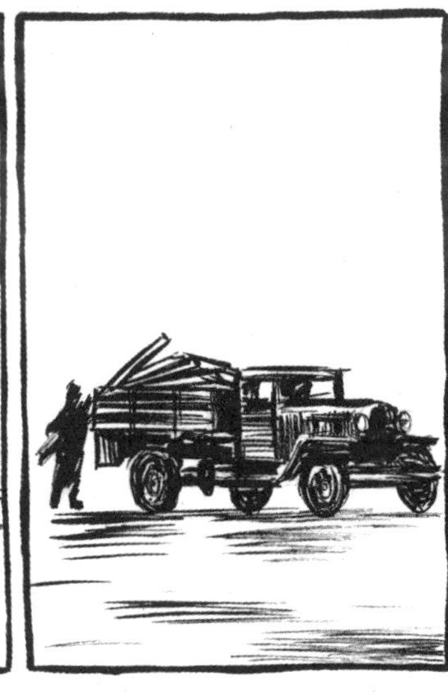

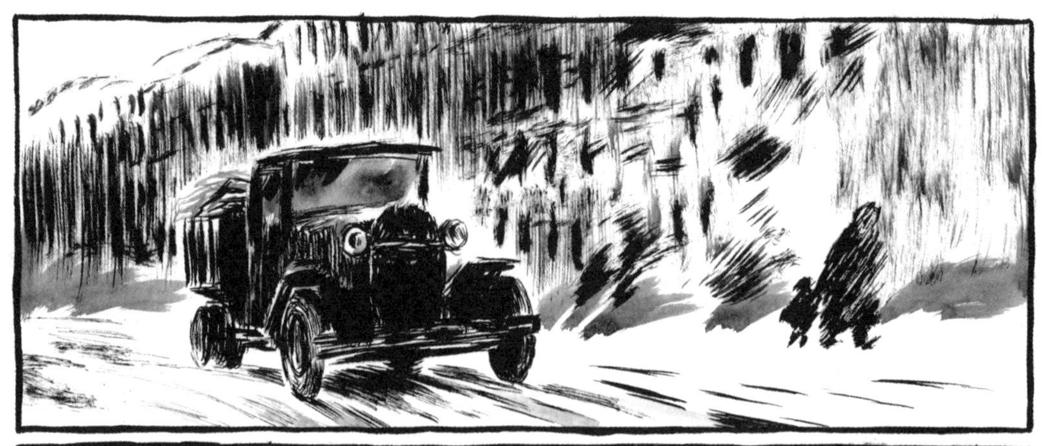

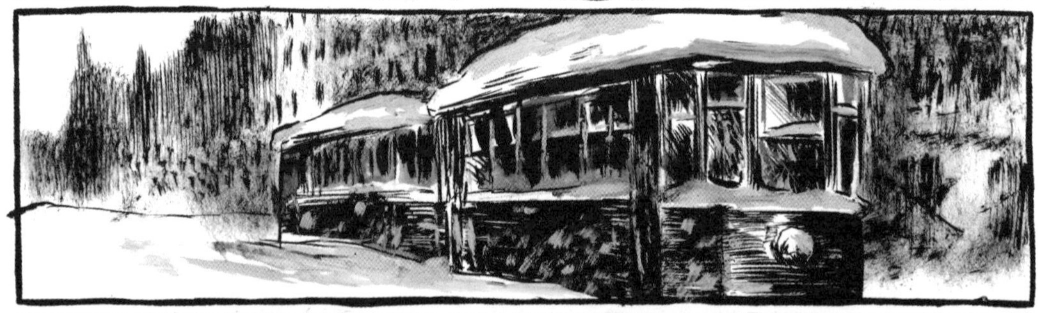

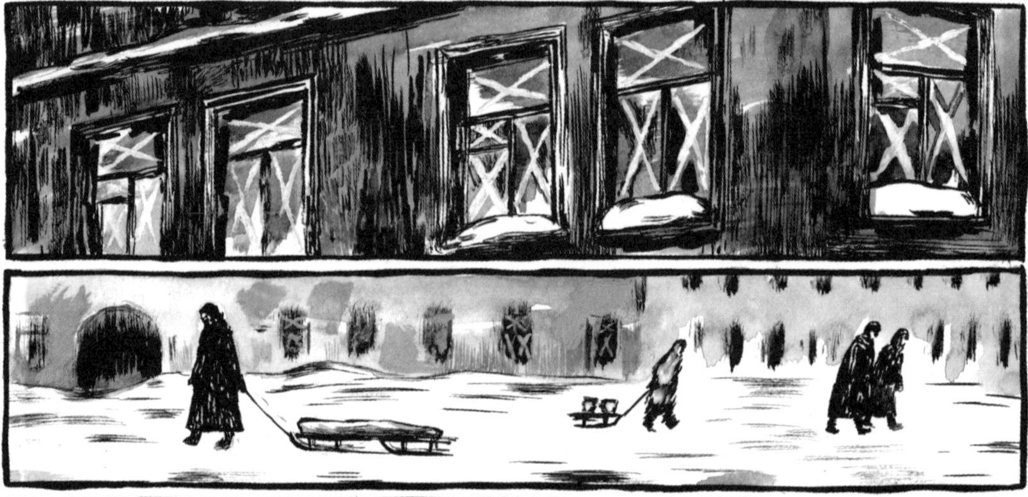

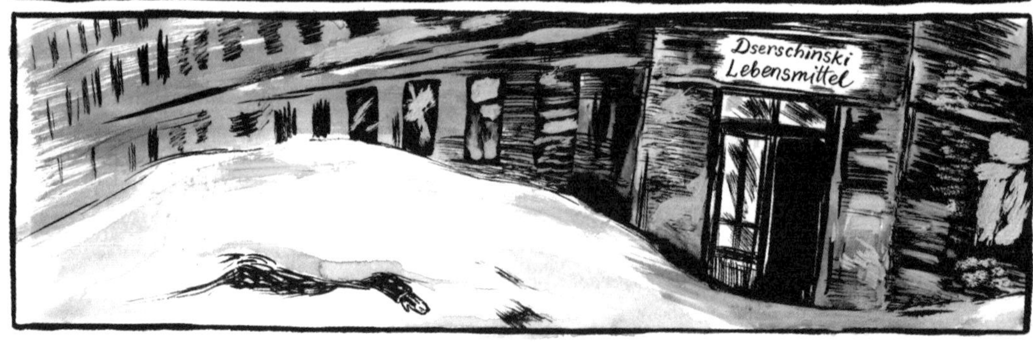
Dserschinski
Lebensmittel

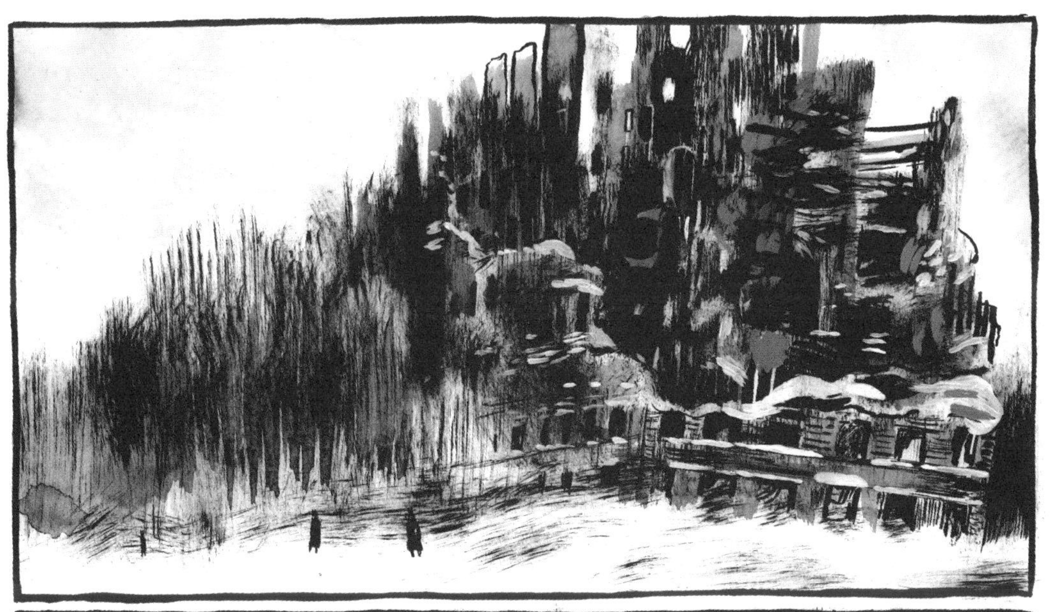

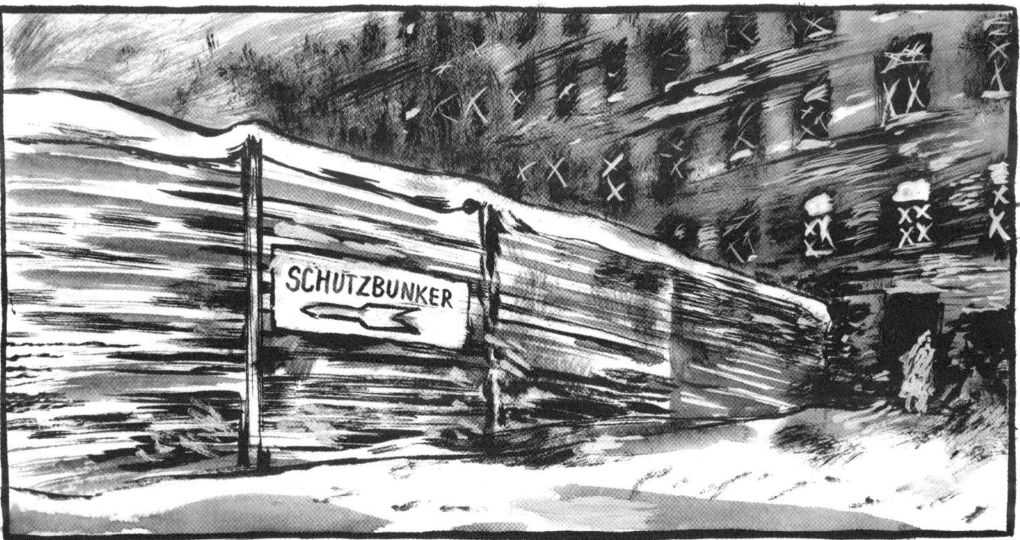
SCHUTZBUNKER

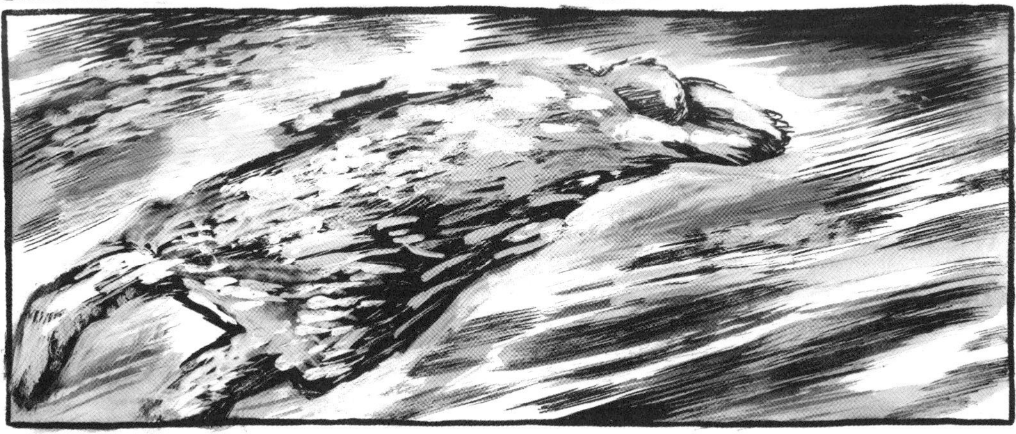

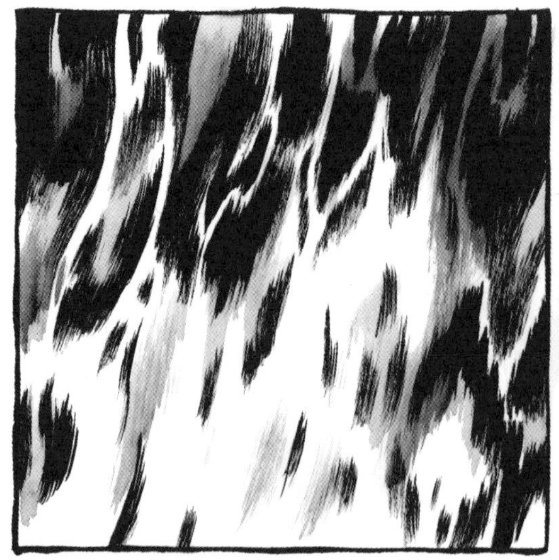
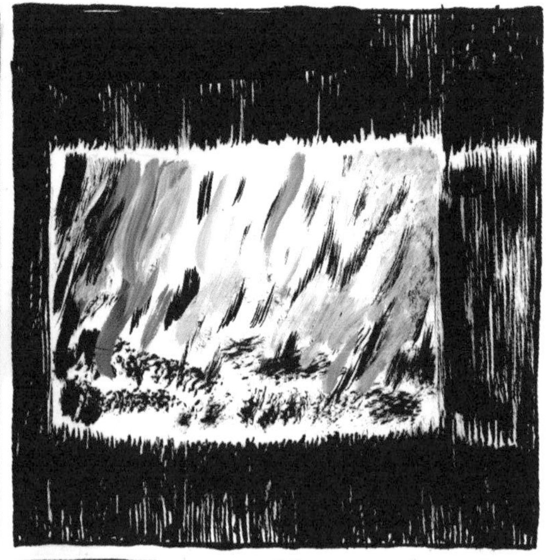
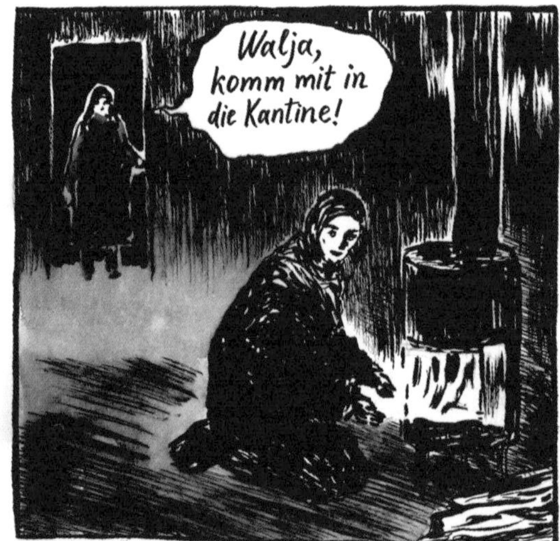
Walja, komm mit in die Kantine!
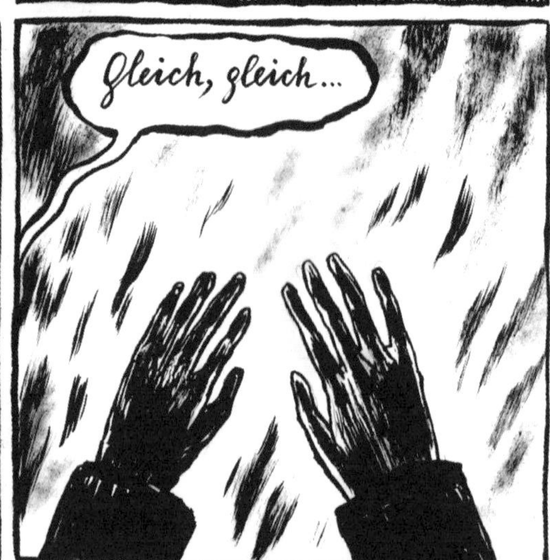
Gleich, gleich …
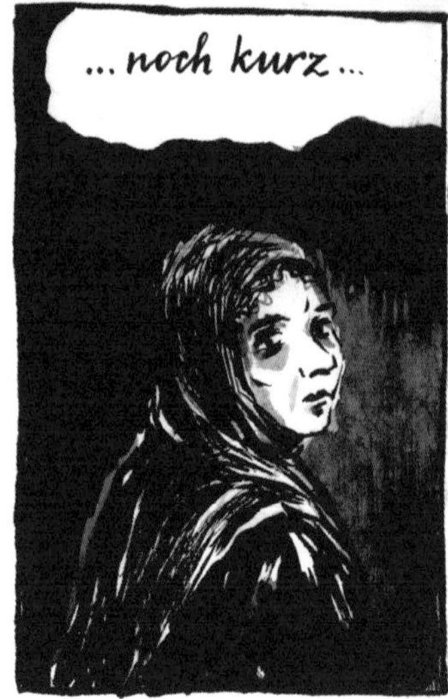
… noch kurz …
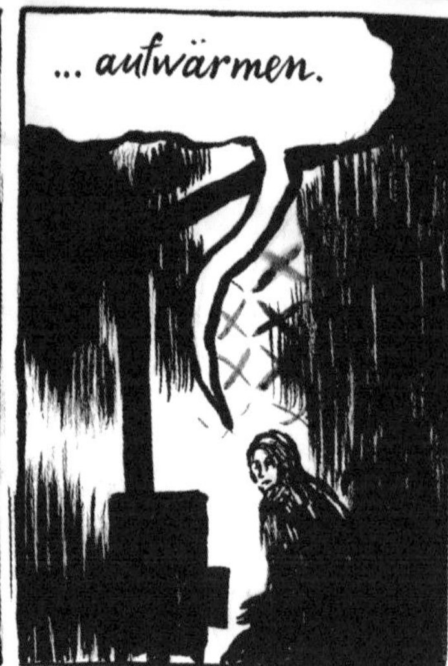
… aufwärmen.
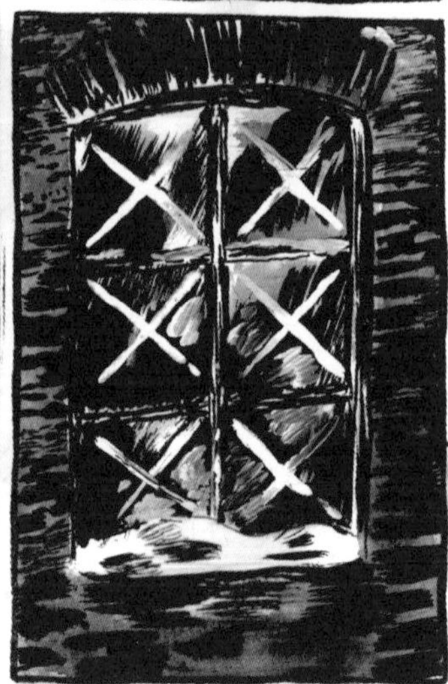

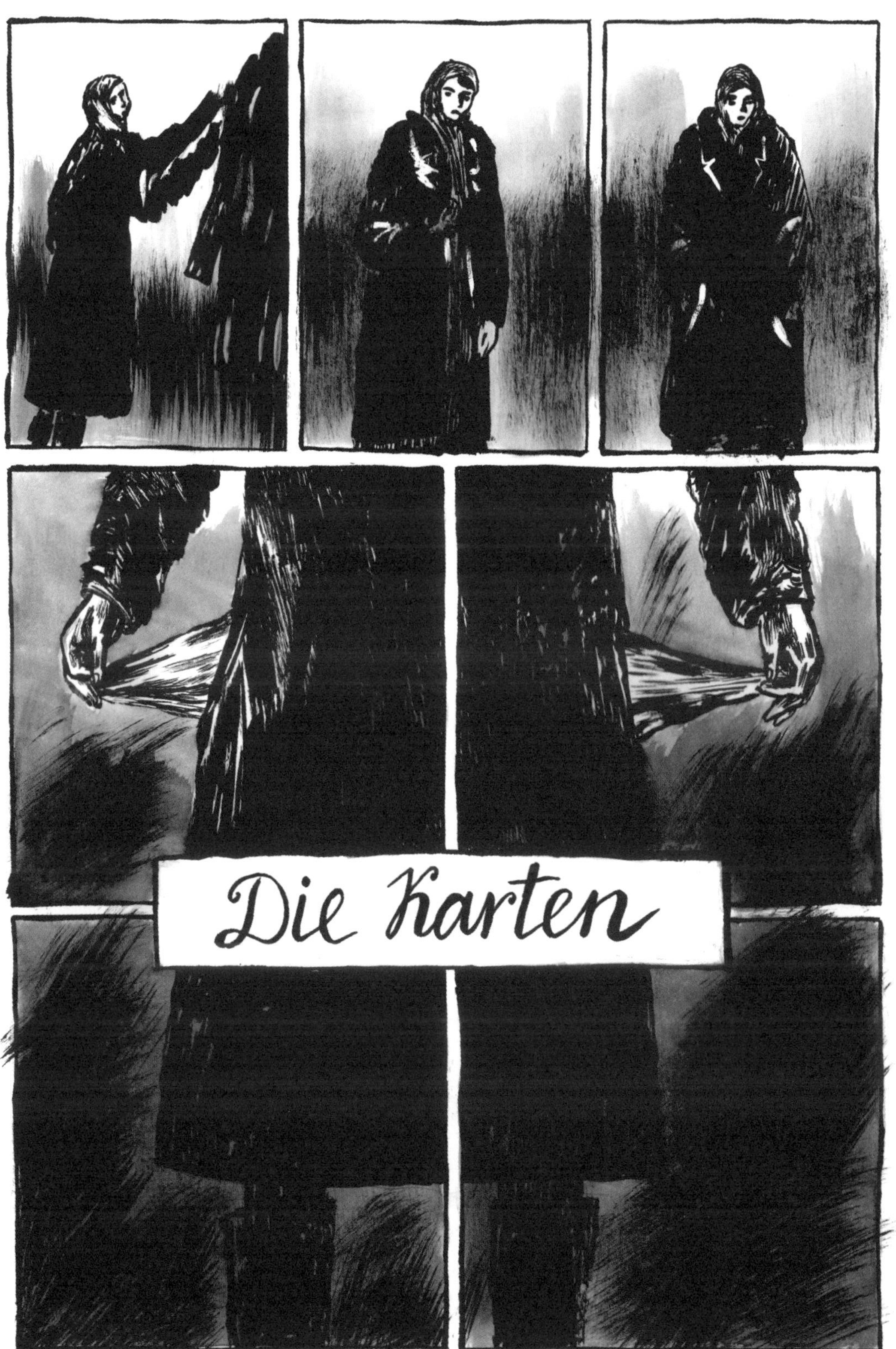
Die Karten

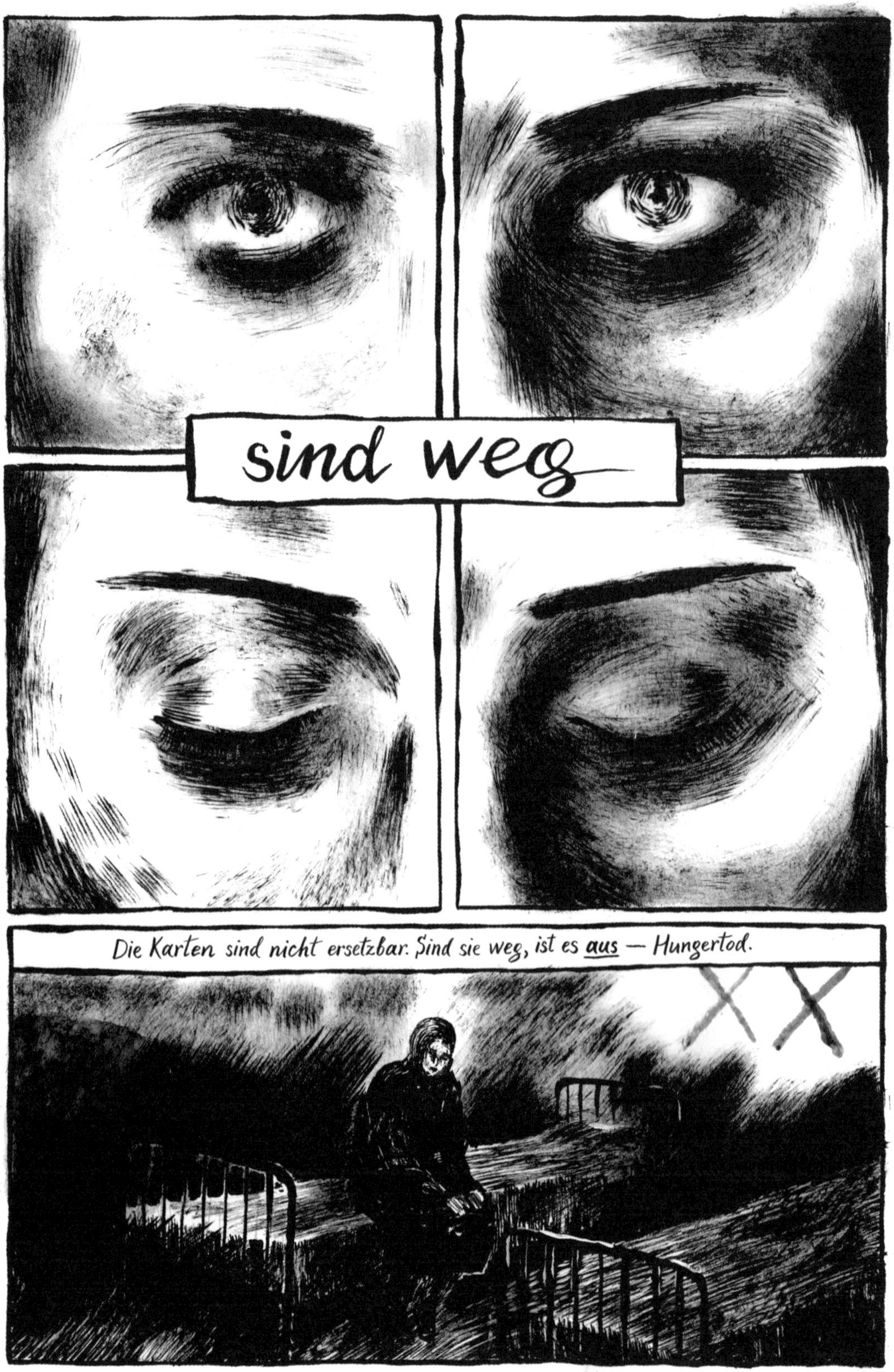

sind weg

Die Karten sind nicht ersetzbar. Sind sie weg, ist es **aus** — Hungertod.

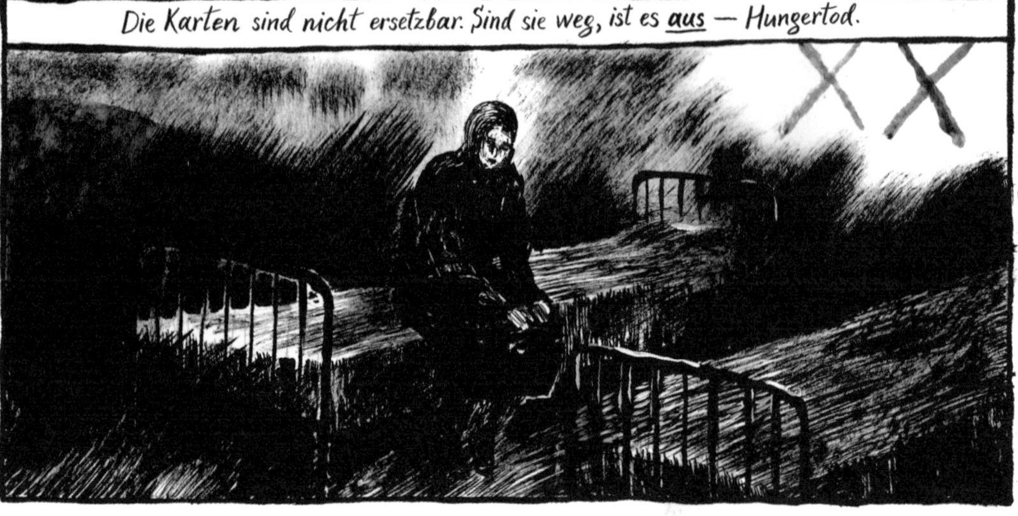

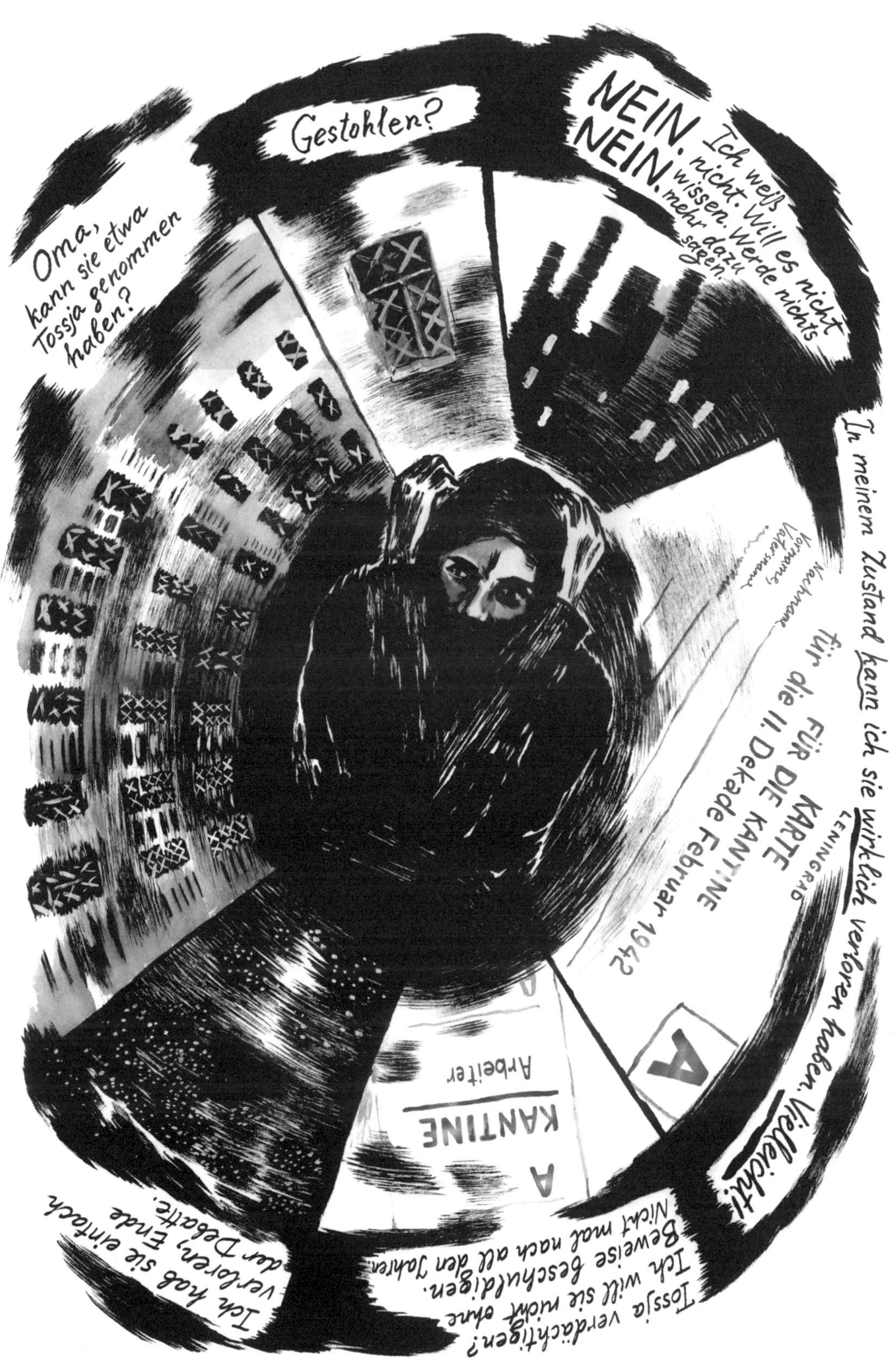
Oma, kann sie etwa Tossja genommen haben?
Gestohlen?
NEIN. NEIN.
Ich weiß nicht. Will es nicht wissen. Werde nichts mehr dazu sagen.
In meinem Zustand kann ich sie wirklich verloren haben. Vielleicht.
LENINGRAD
KARTE FÜR DIE KANTINE
für die II. Dekade Februar 1942
Arbeiter
KANTINE
Tossja verdächtigen? Ich will sie nicht ohne Beweise beschuldigen. Nicht mal nach all den Jahren.
Ich hab sie einfach verloren, Ende der Debatte.

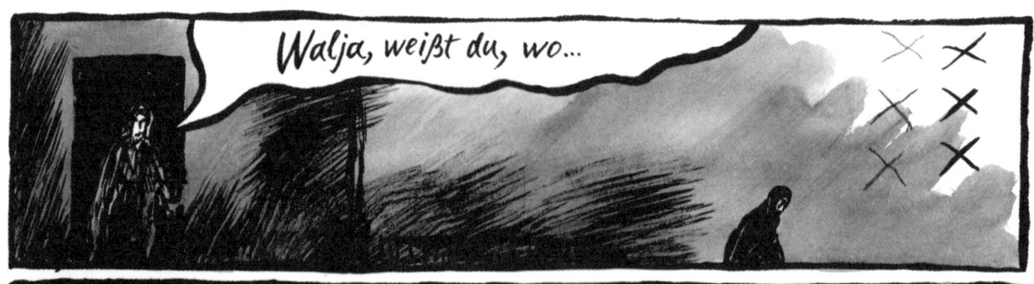
Walja, weißt du, wo...

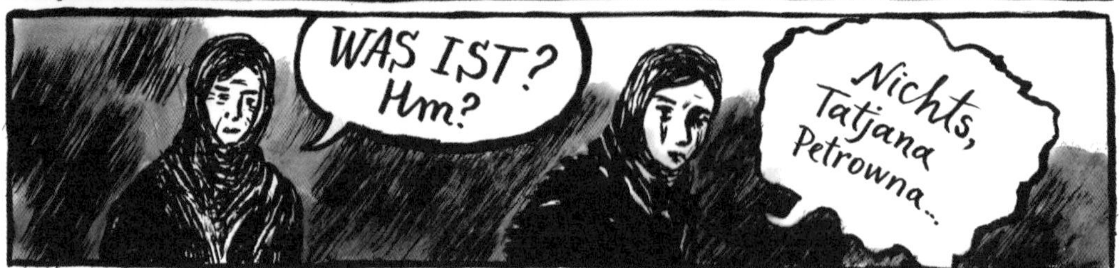
WAS IST? Hm?
Nichts, Tatjana Petrowna...

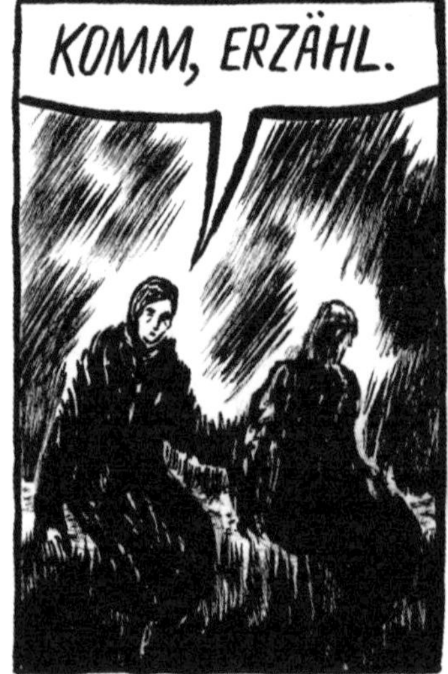
KOMM, ERZÄHL.

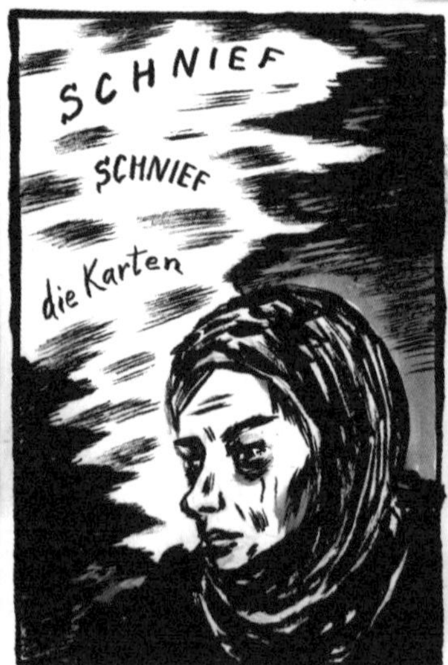
SCHNIEF
SCHNIEF
die Karten

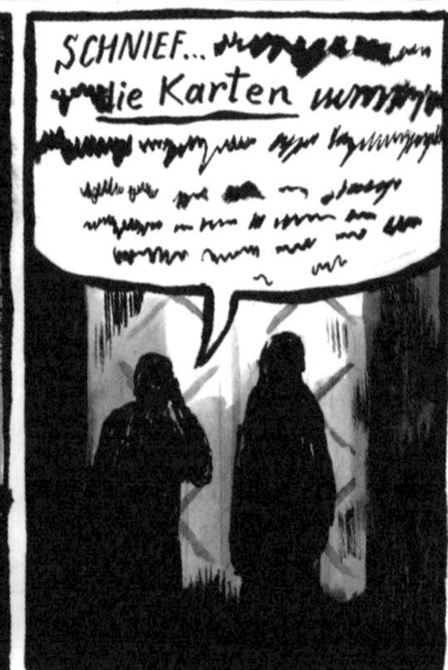
SCHNIEF...
die Karten

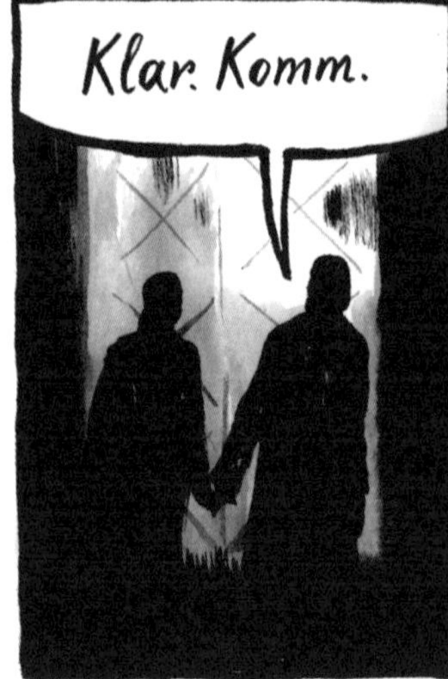
Klar. Komm.

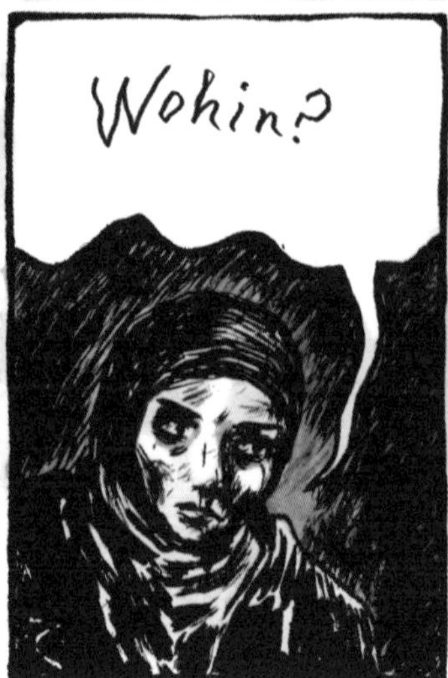
Wohin?

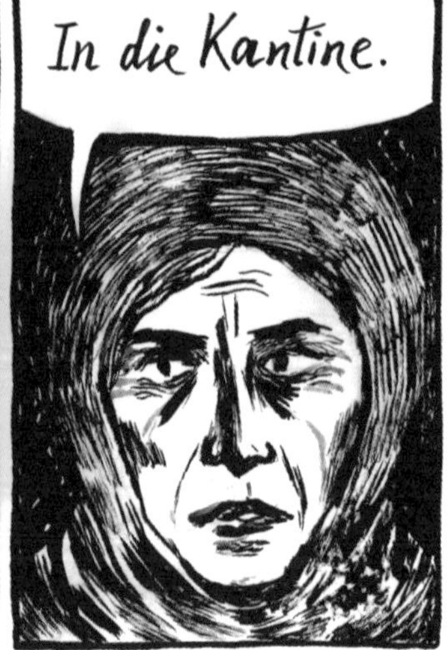
In die Kantine.

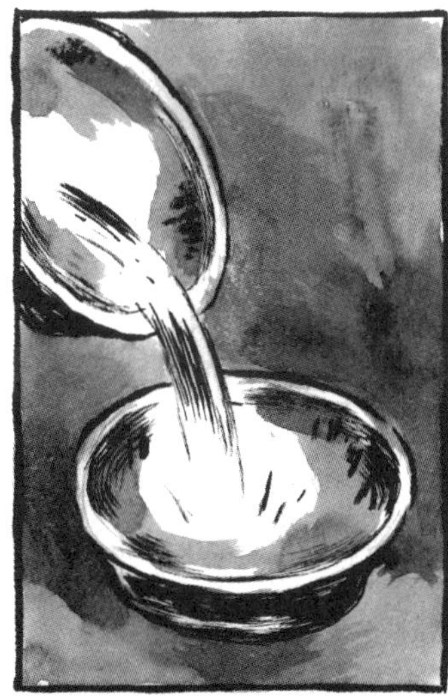

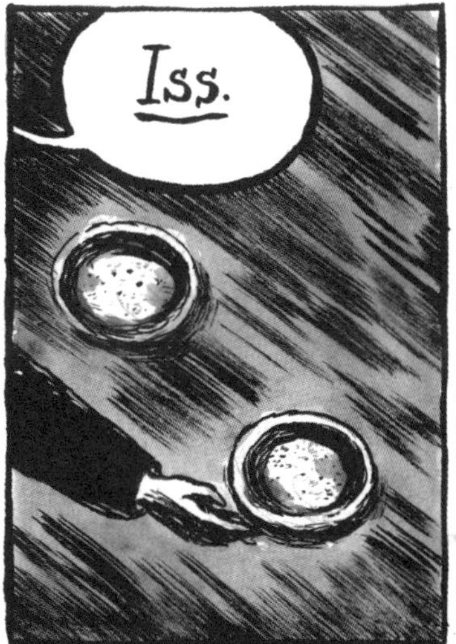

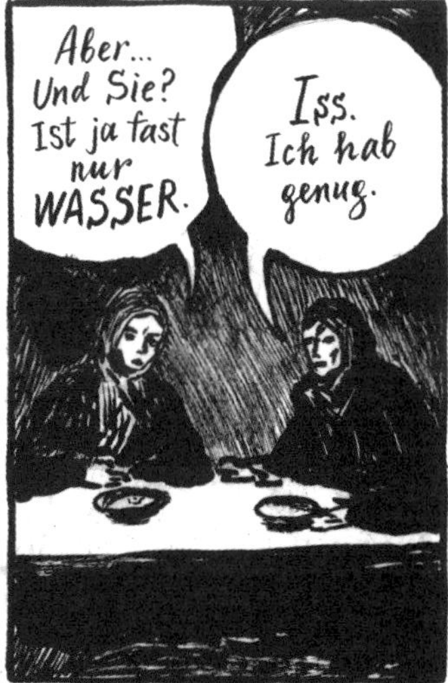

Sie teilte ein paar Tage mit mir, bis neue Karten ausgeteilt wurden.

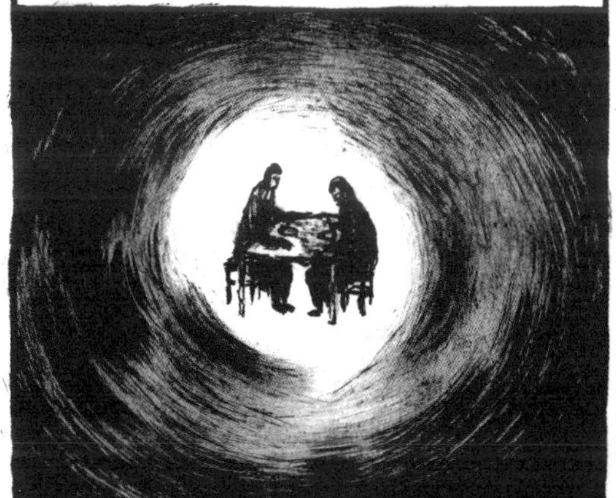

Tatjana Petrowna ... Ohne sie ... wäre ich ... ich hätte nicht ...

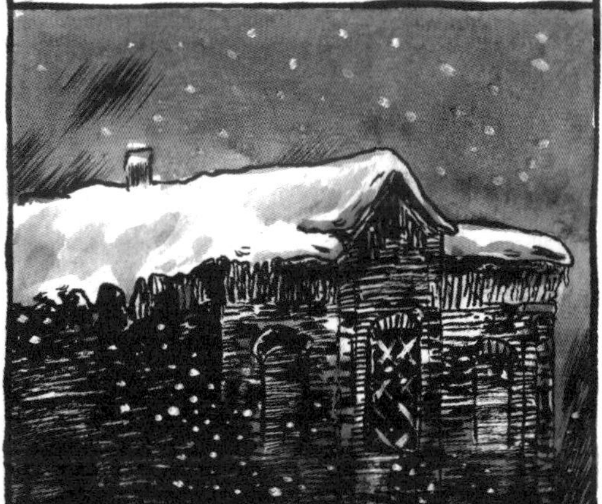

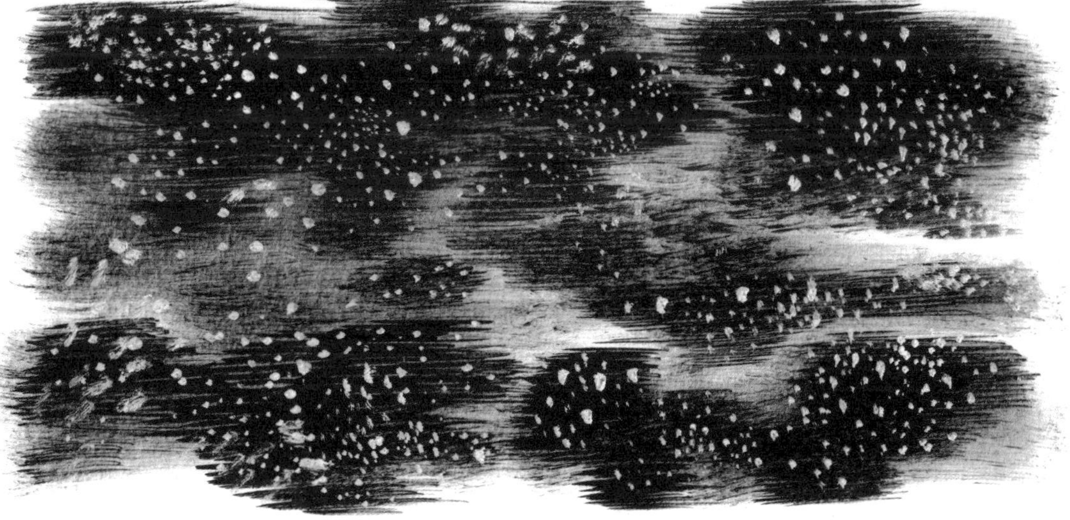

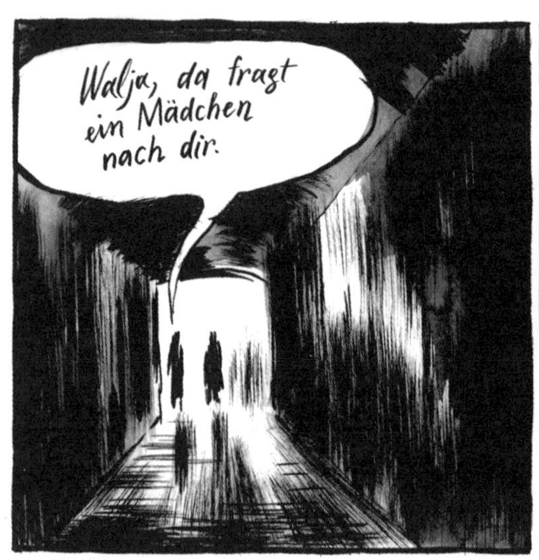
Walja, da fragt ein Mädchen nach dir.

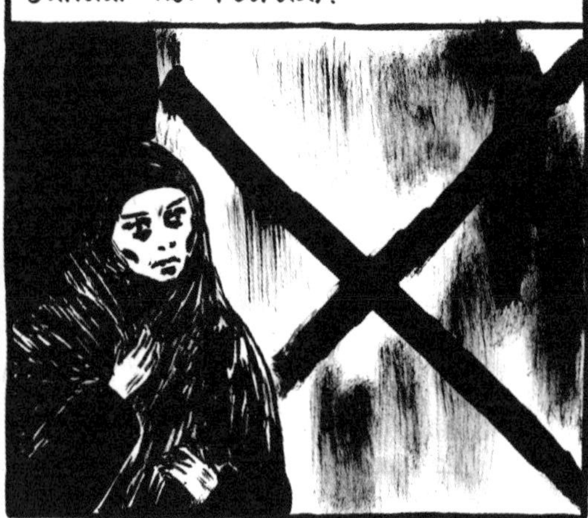
Wann war das – Dezember 41? Januar 42? Februar?

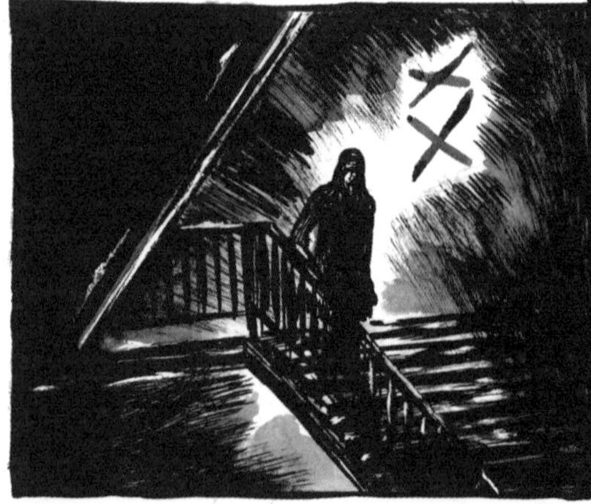
Oder viel später, erst im Winter darauf?

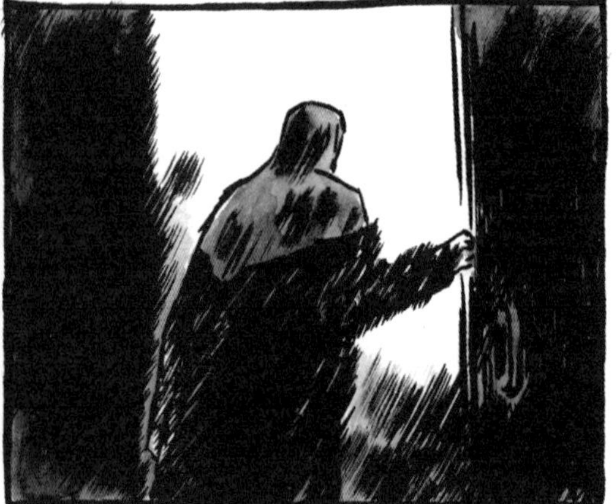
In der Erinnerung verschwimmt alles zu einem großen grauen Fleck.

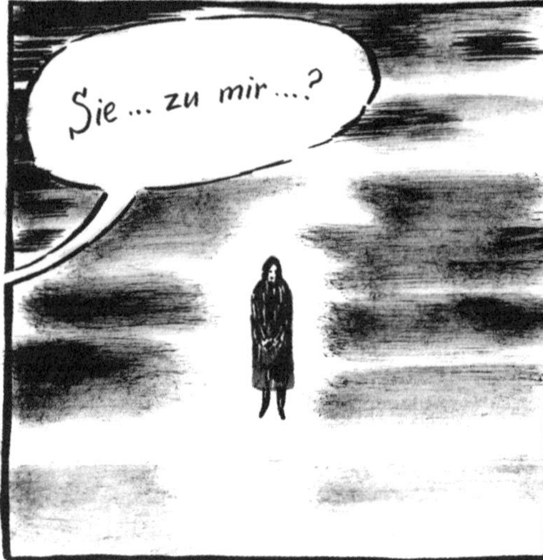
Sie ... zu mir ...?

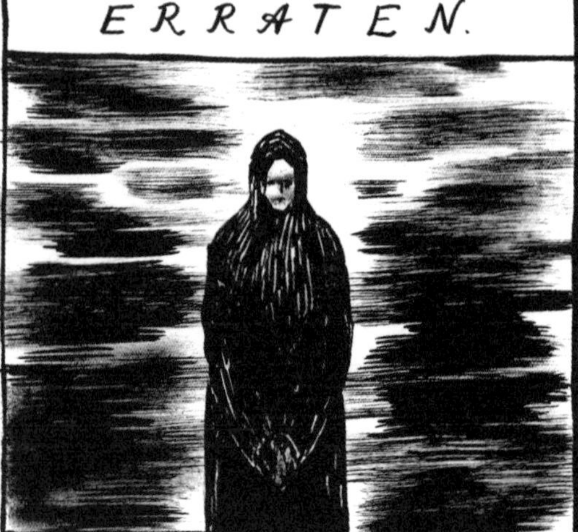
Ich habe es sofort ERRATEN.

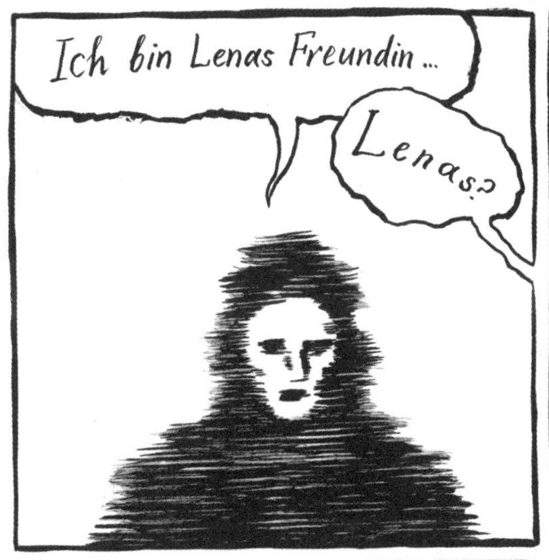

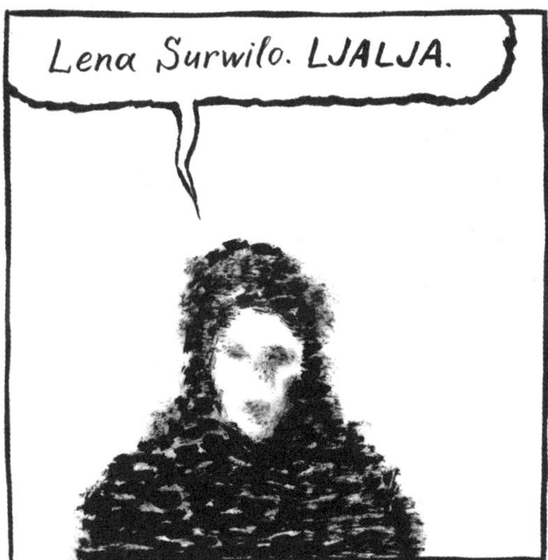

Ich weiß nicht mehr, wie sie aussah. Sah sie nur einmal.

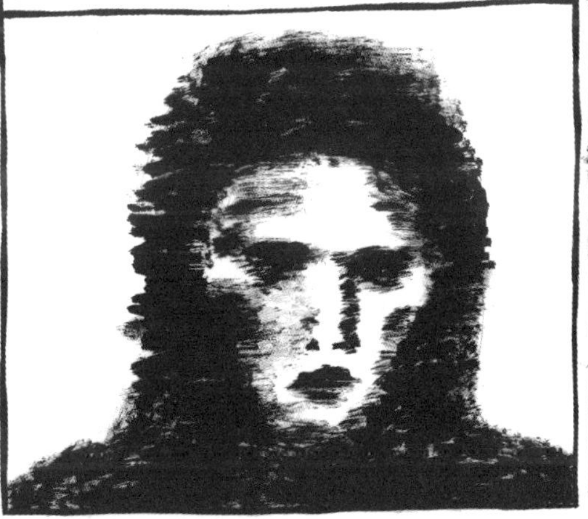

Wie sie hieß – auch nicht.

Was sie sagte, verstand ich damals schwer ...

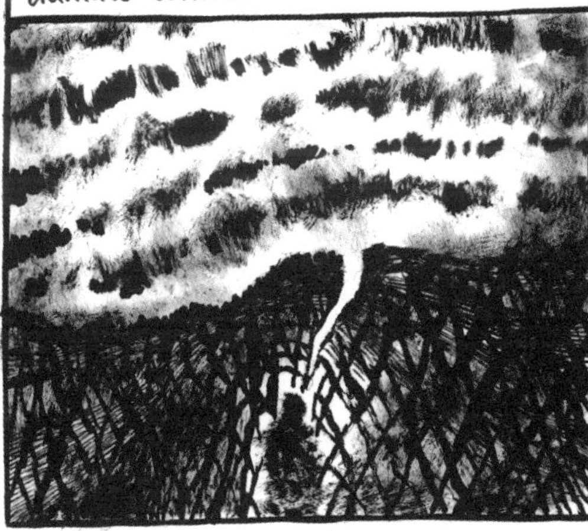

... und jetzt erinnere ich mich an keine Details mehr ...

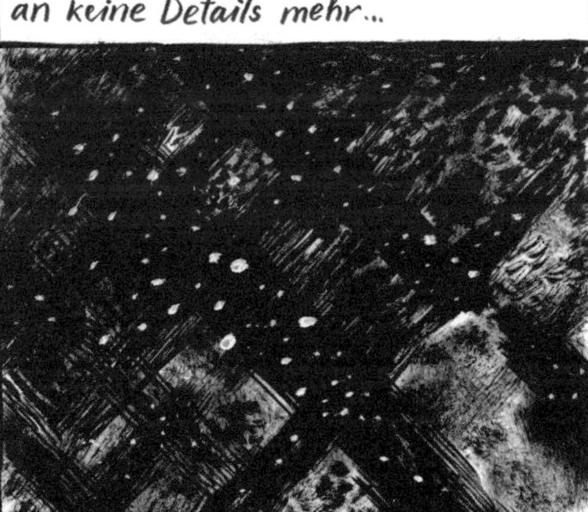

LJALJA
IM MASSENGRAB, WIE ALLE DAMALS...
Kein Datum, kein Ort...
keine Dokumente...
nichts blieb
VON IHR.
Jelena
TYPHUS?
Oma, ich glaube, früher hast du mal Typhus erwähnt...
Hab ich? Möglich, JA. Weiß NICHT mehr.
Vergessen
Vergessen

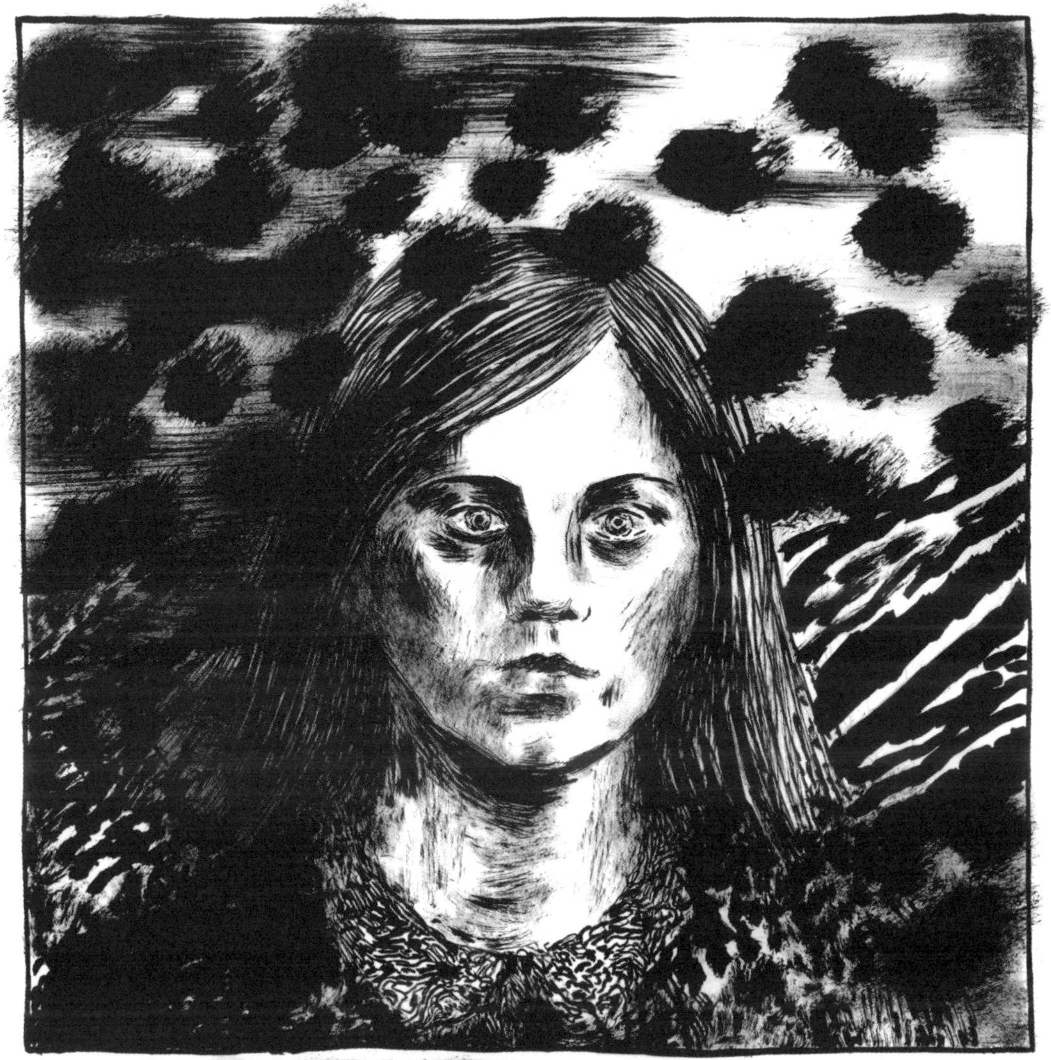

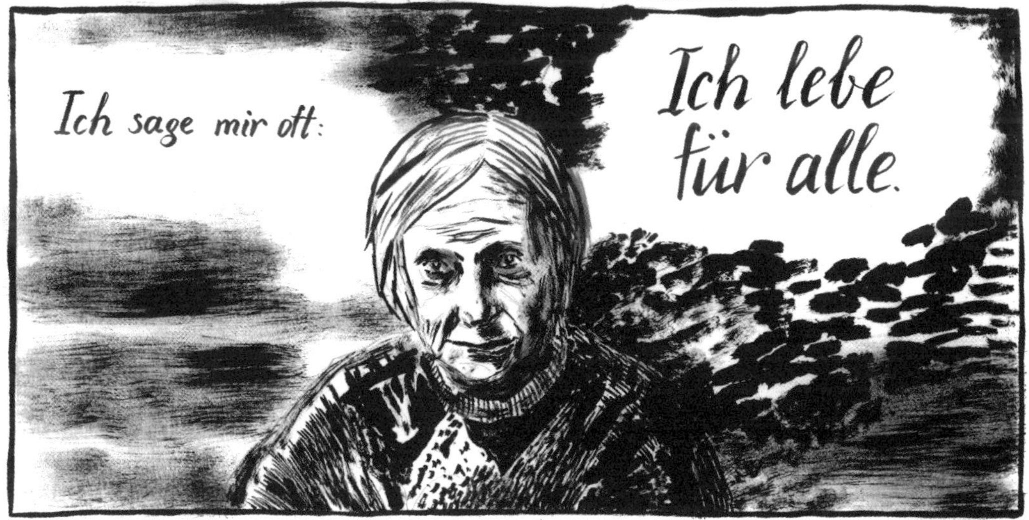
Ich sage mir oft:
Ich lebe für alle.

Wir arbeiteten weiter. Dachten nicht nach. Woher wir die Kraft nahmen – ich weiß es nicht. Für Trauer war keine Zeit.

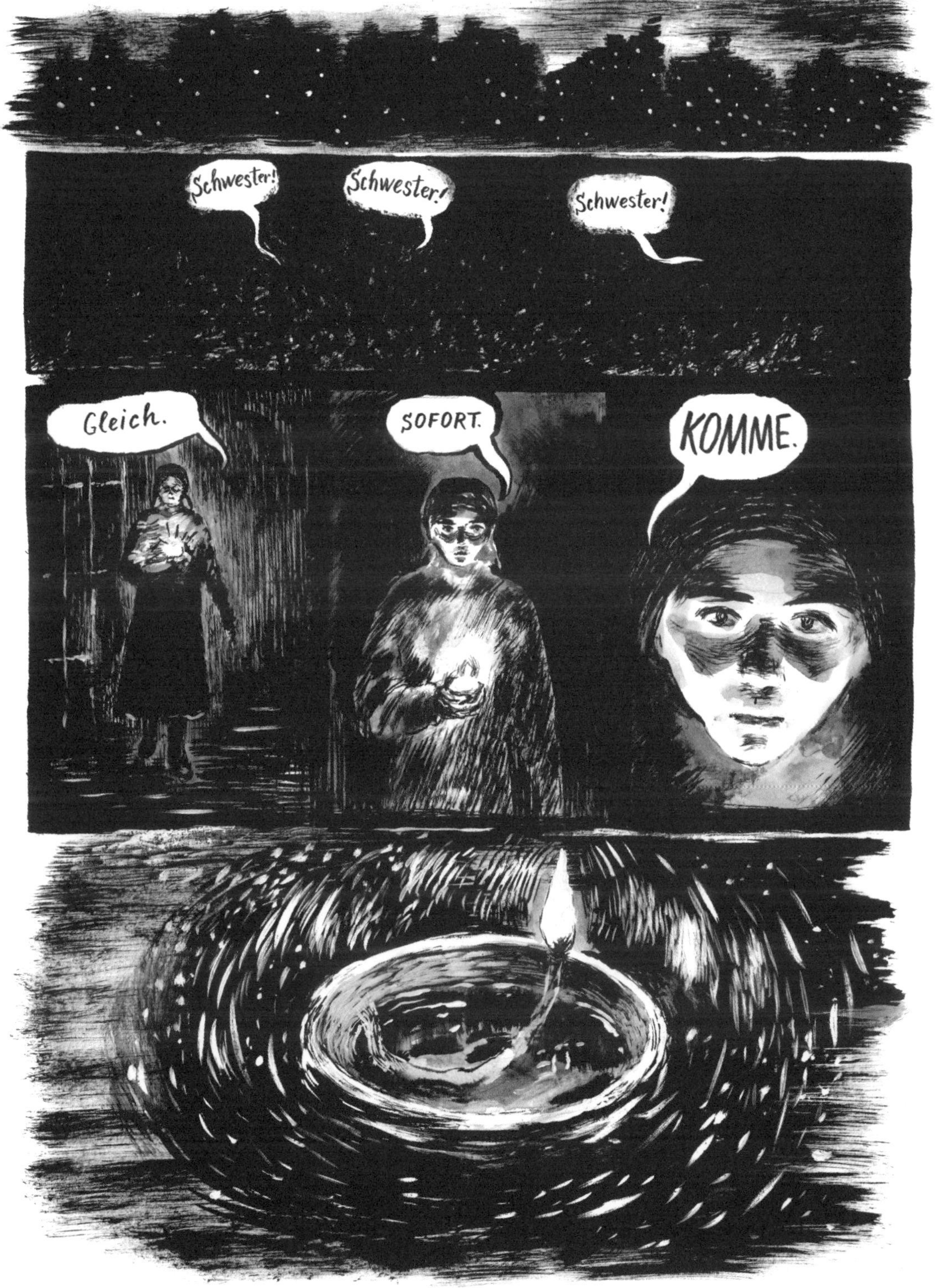

Schwester!

Schwester!

Schwester!

Gleich.

SOFORT.

KOMME.

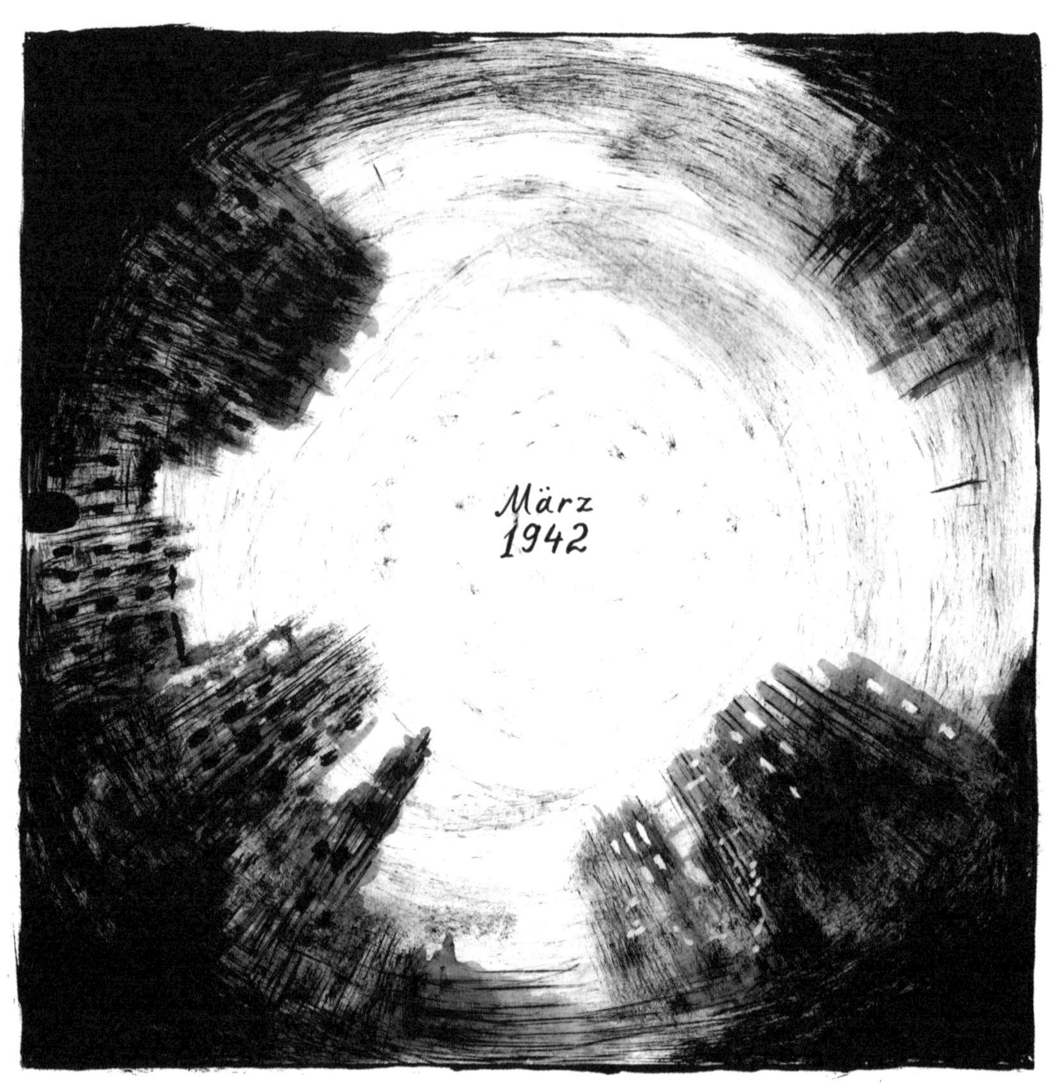
März
1942

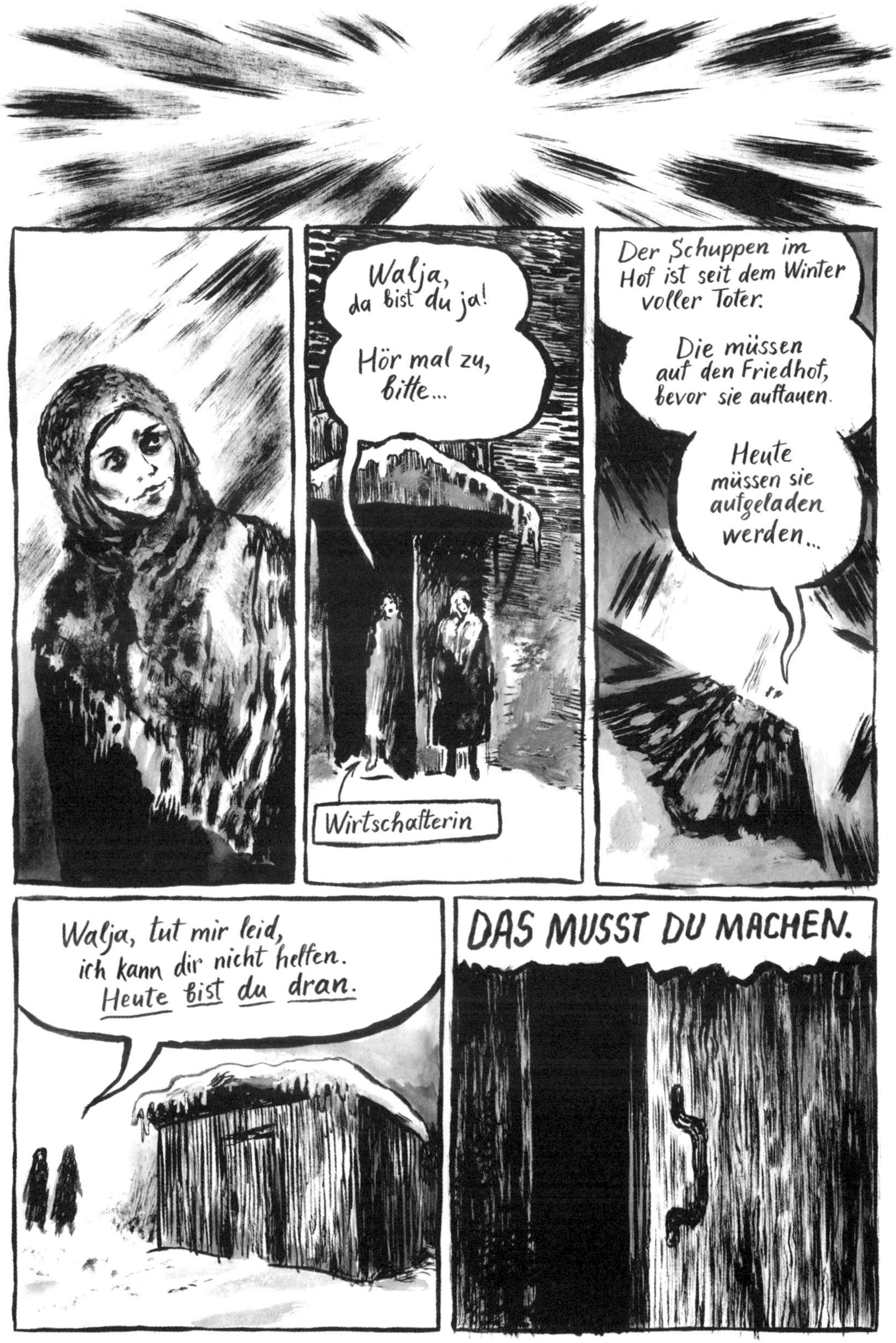

Walja, da bist du ja!

Hör mal zu, bitte...

Wirtschafterin

Der Schuppen im Hof ist seit dem Winter voller Toter.

Die müssen auf den Friedhof, bevor sie auftauen.

Heute müssen sie aufgeladen werden...

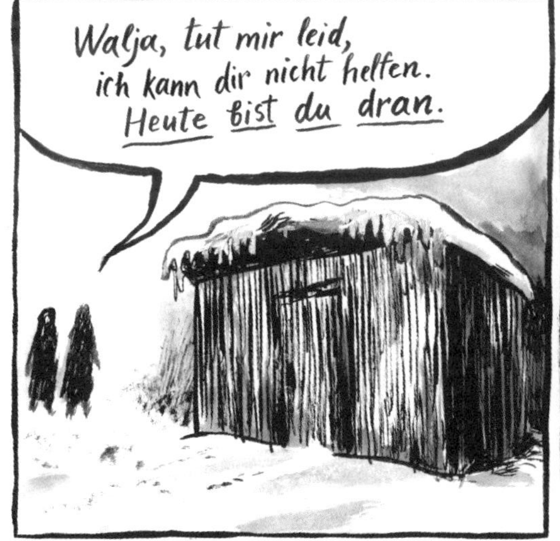

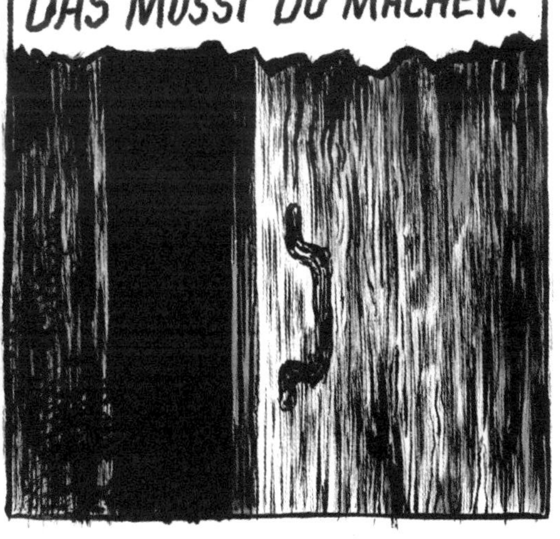

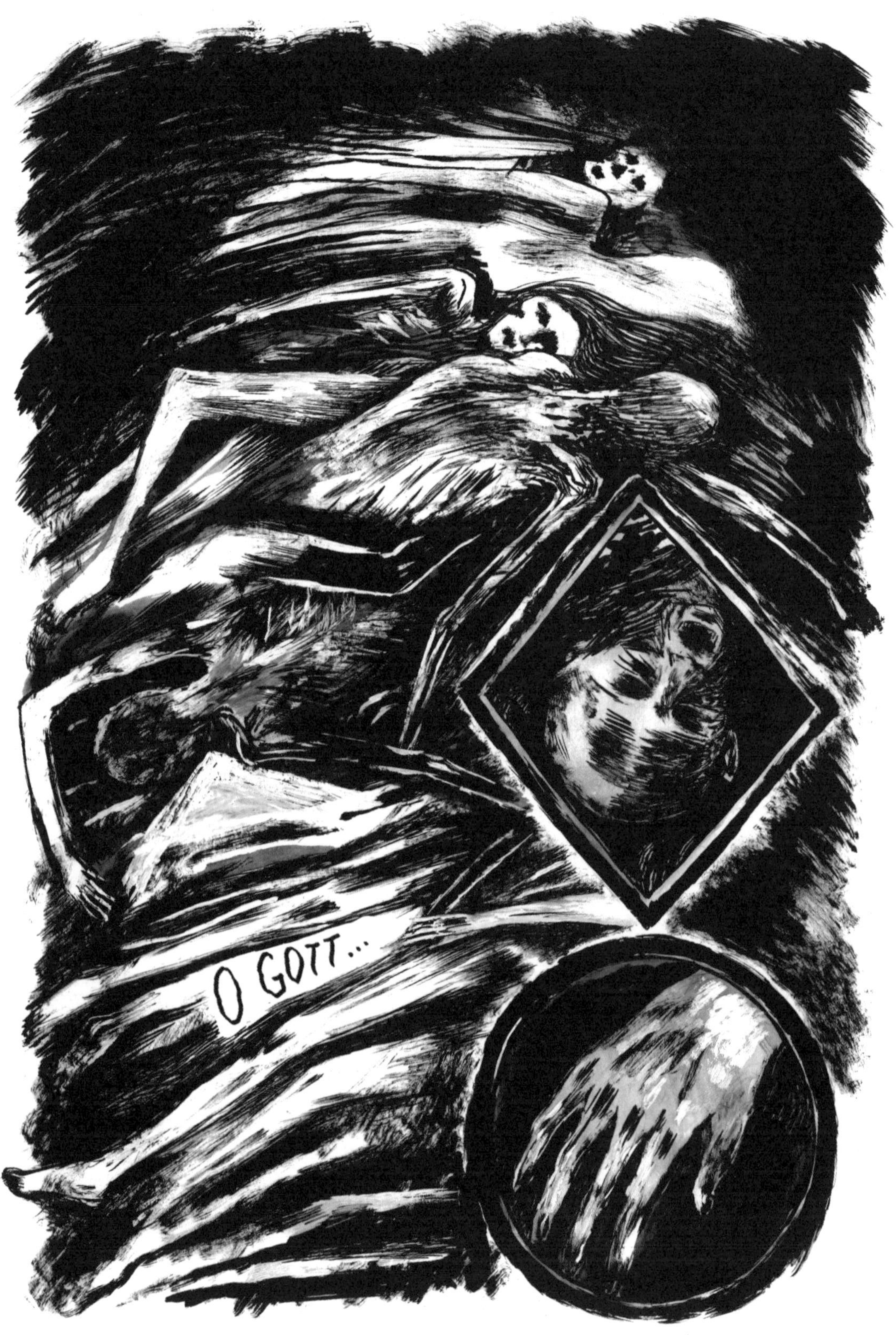
O GOTT...

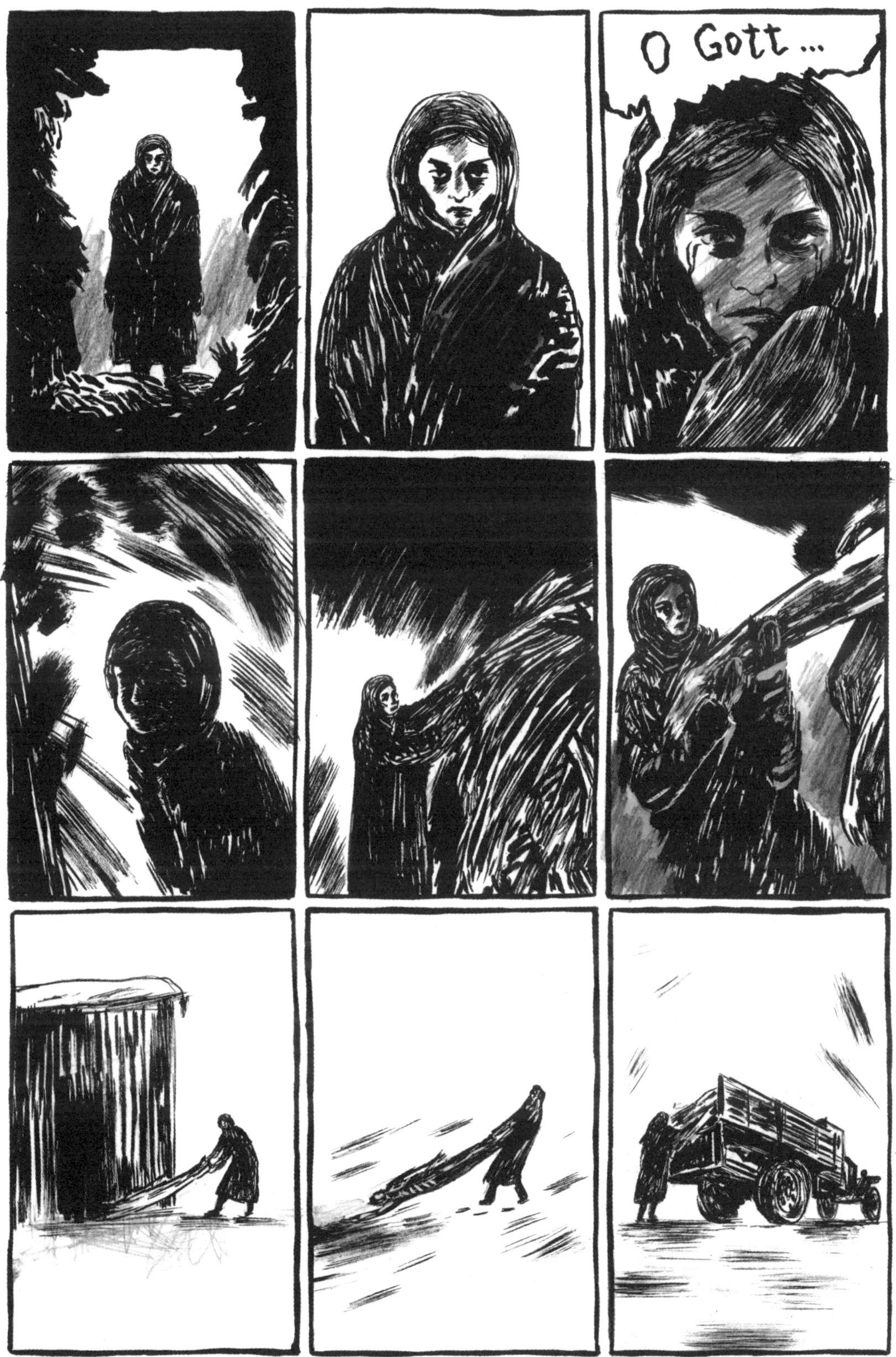
O Gott ...

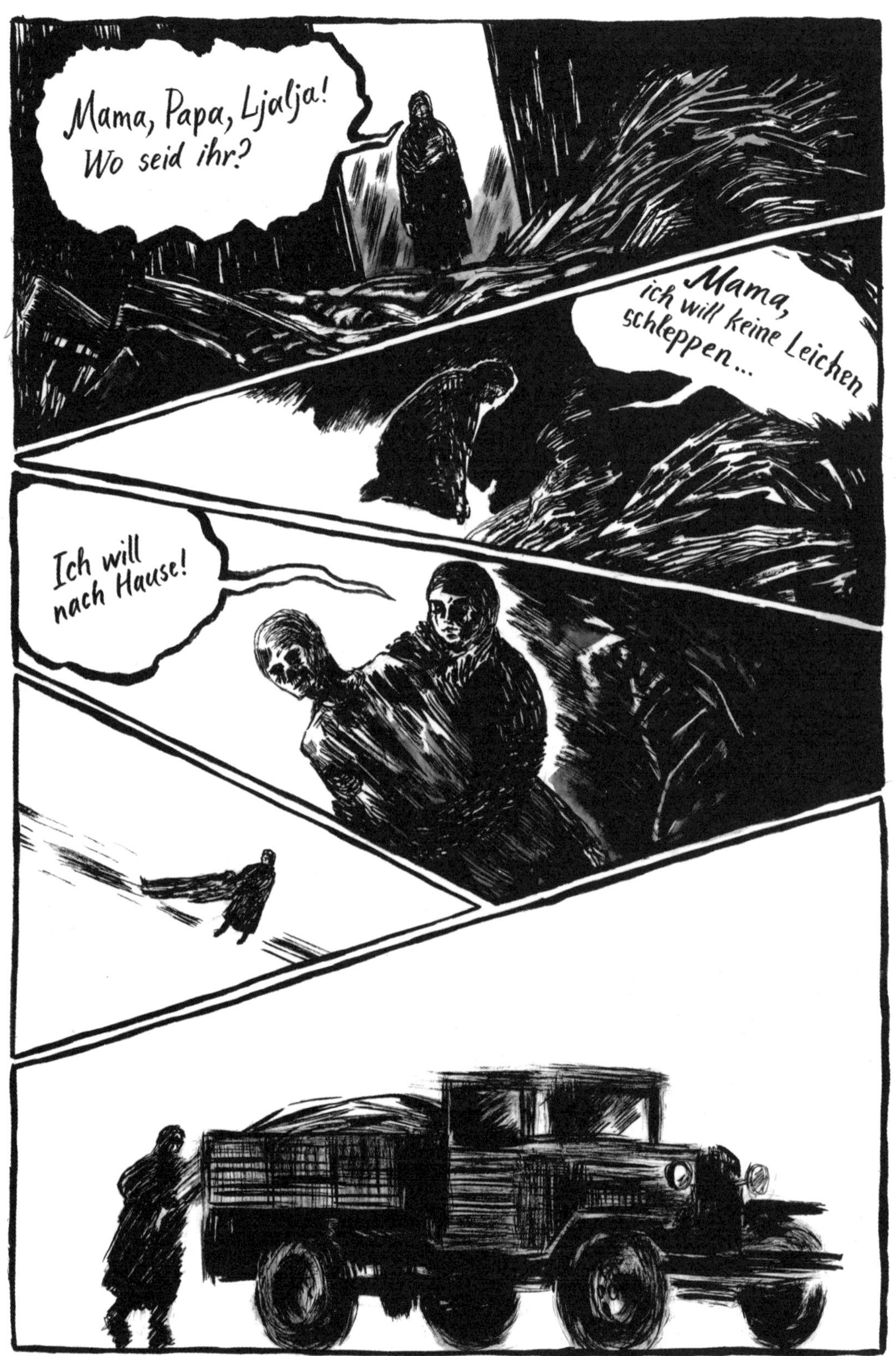
Mama, Papa, Ljalja! Wo seid ihr?
Mama, ich will keine Leichen schleppen...
Ich will nach Hause!

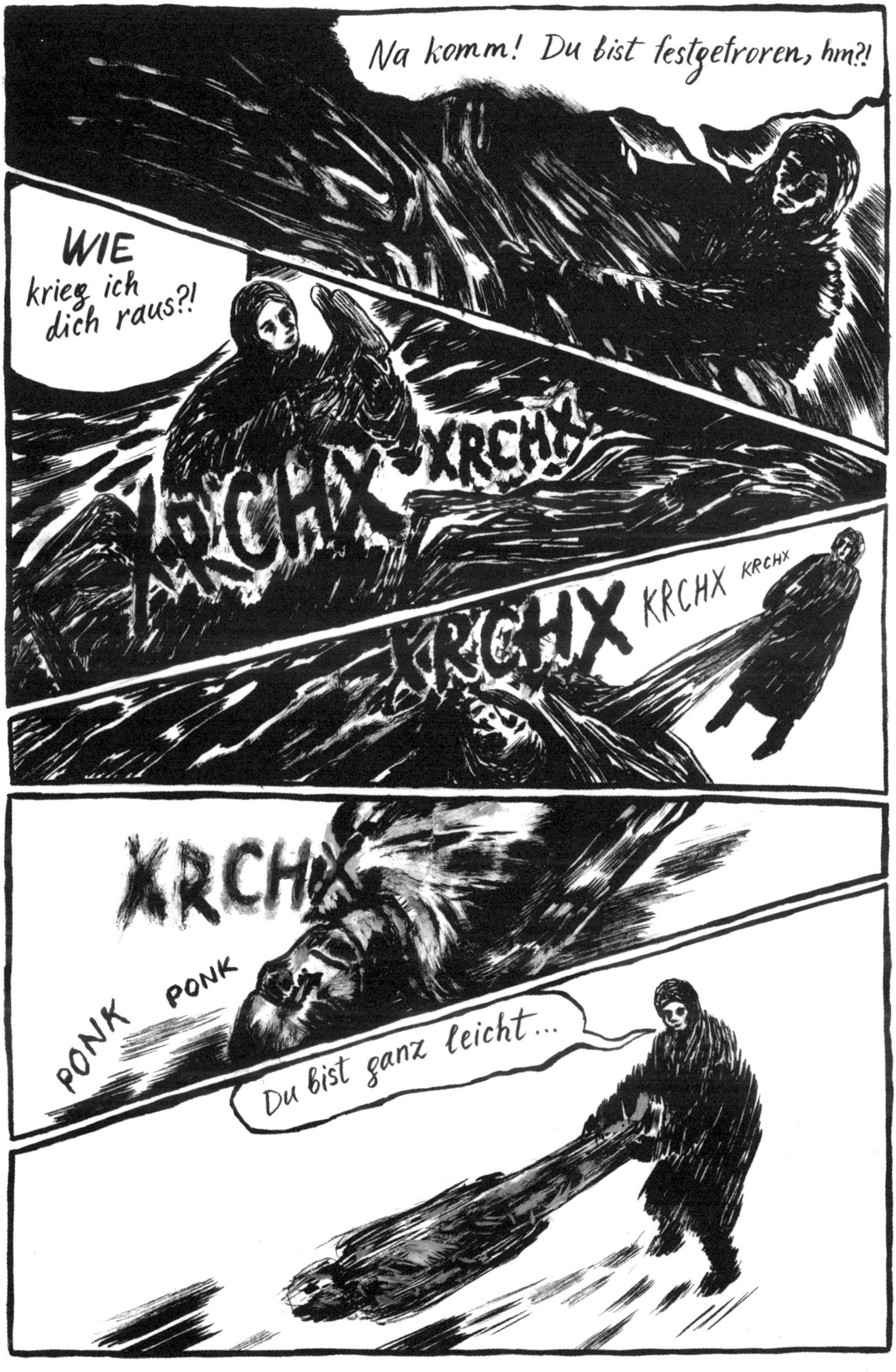

Na komm! Du bist festgefroren, hm?!
WIE krieg ich dich raus?!
KRCHX
KRCHX
KRCHX
KRCHX
KRCHX

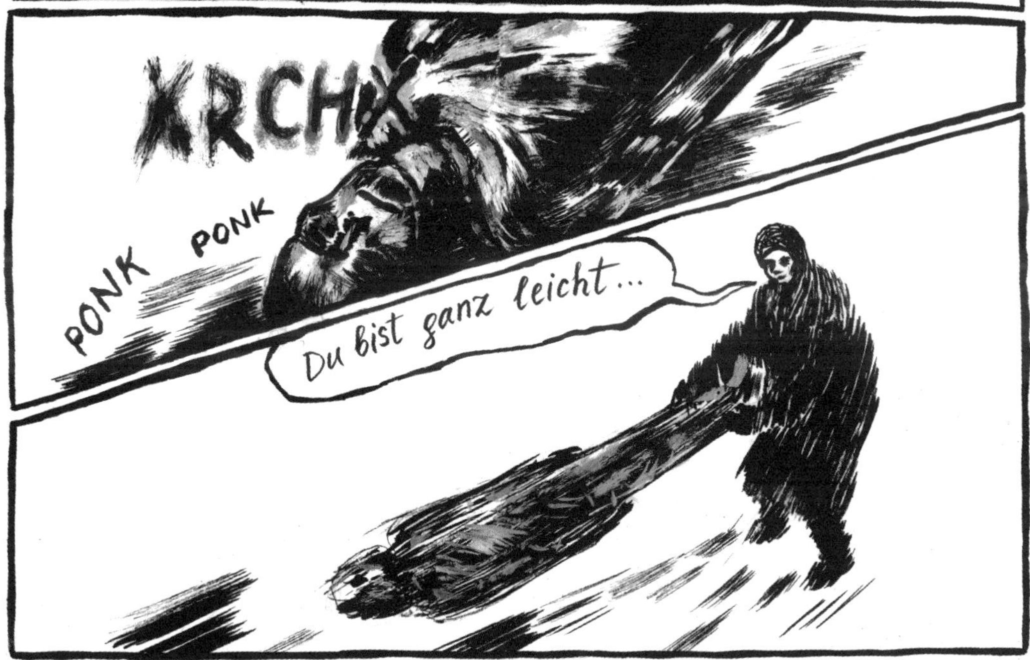
KRCHX
PONK PONK
Du bist ganz leicht ...

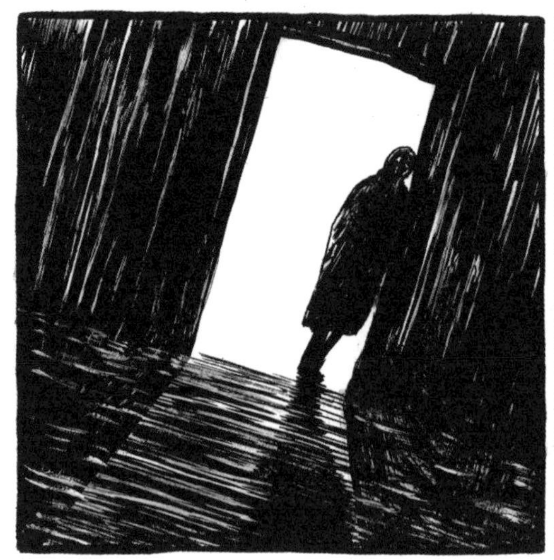
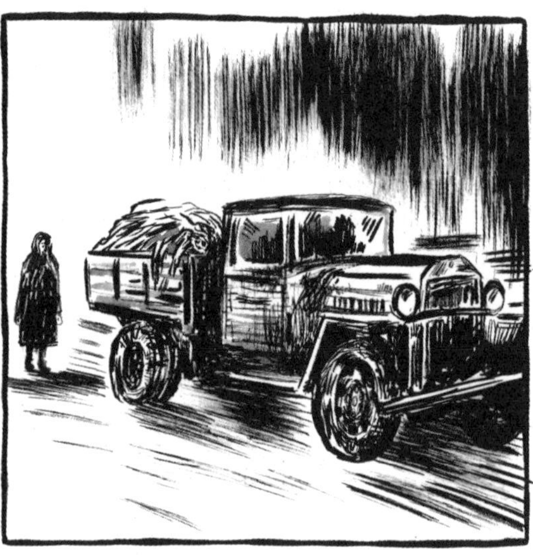
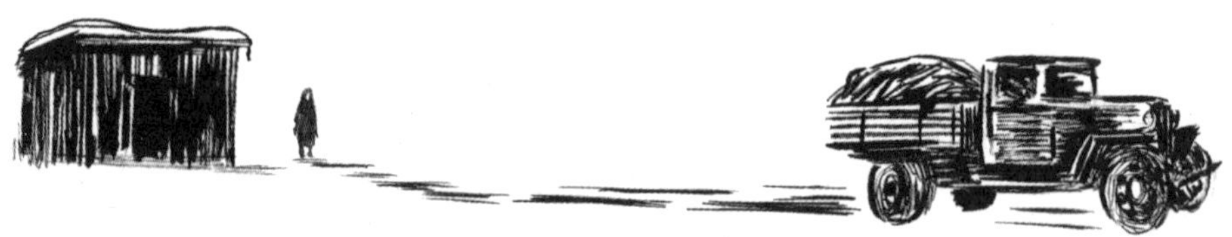
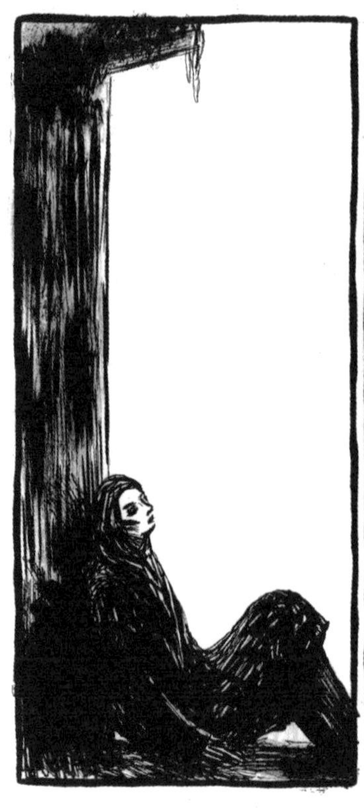
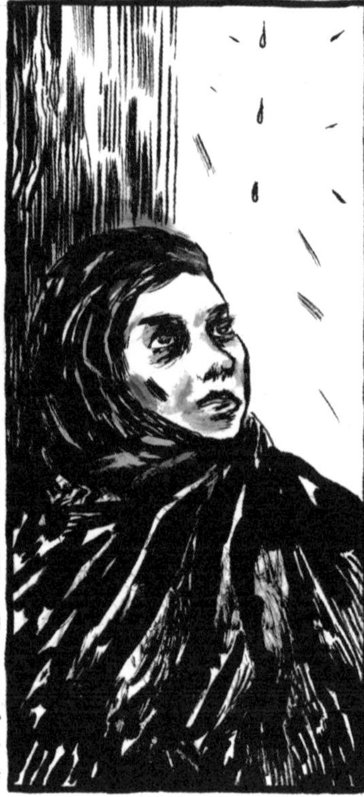
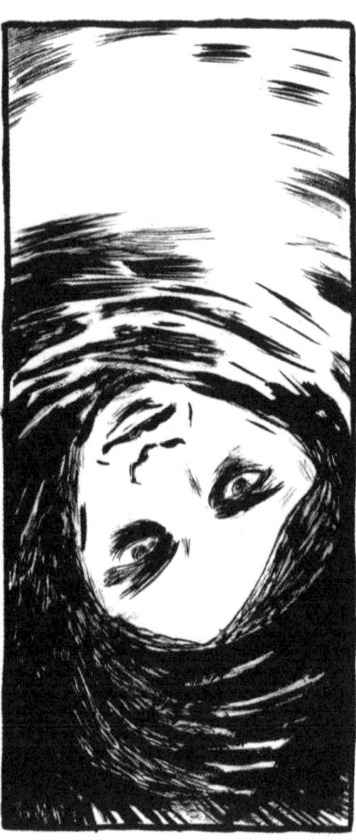

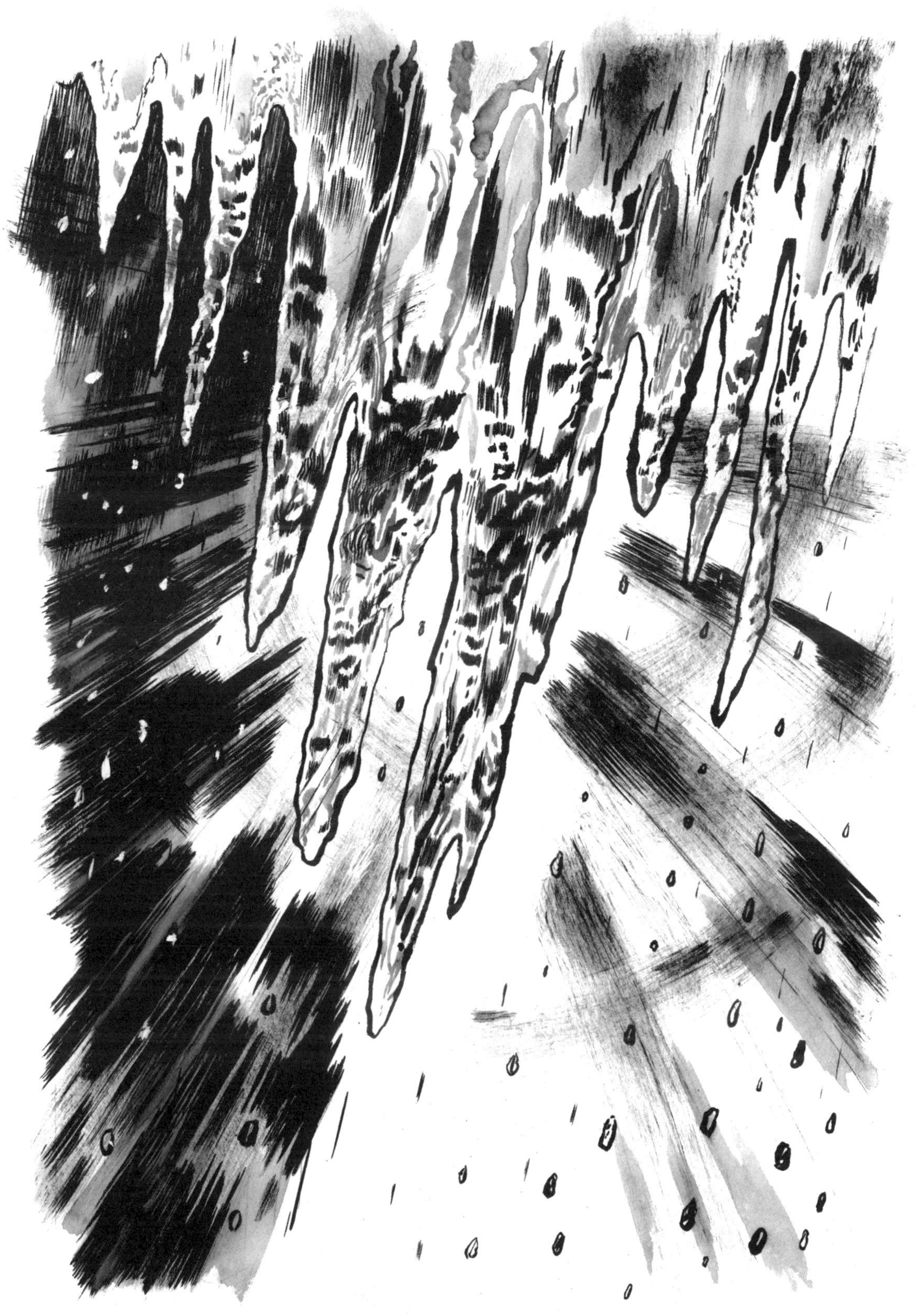

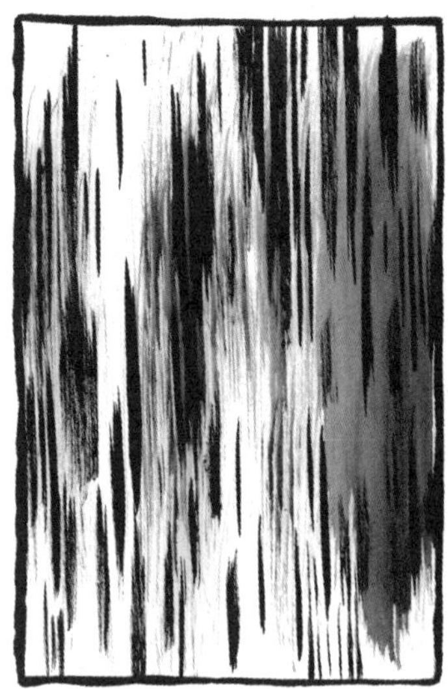
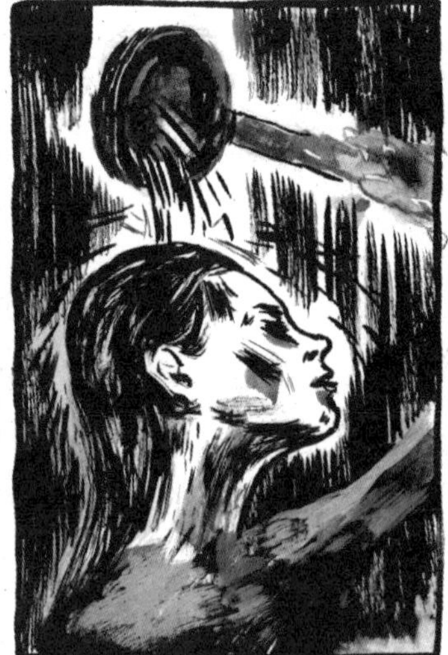
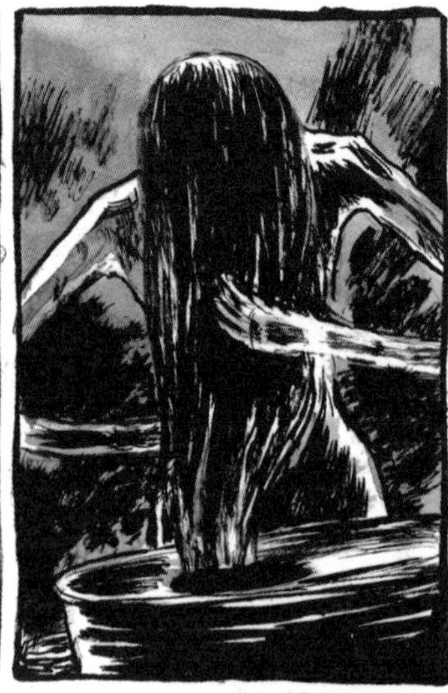
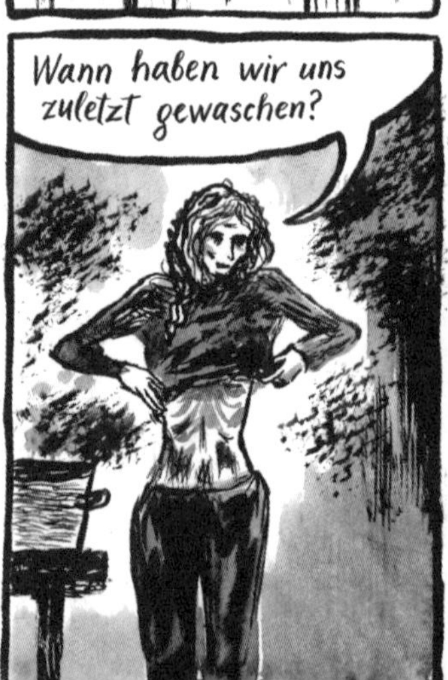
Wann haben wir uns zuletzt gewaschen?
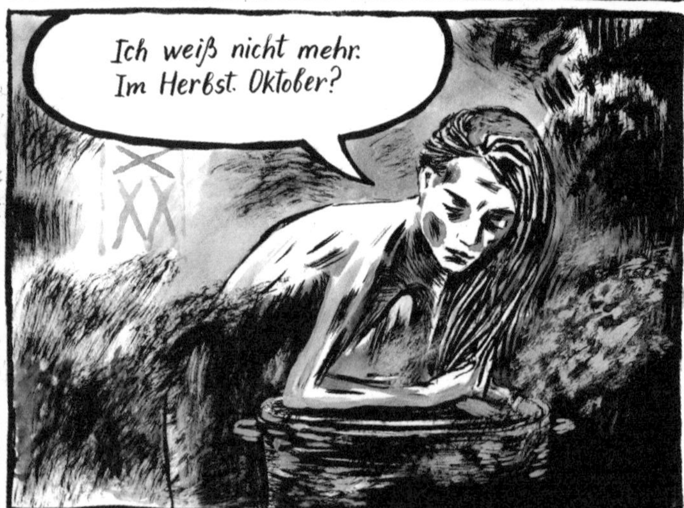
Ich weiß nicht mehr. Im Herbst. Oktober?
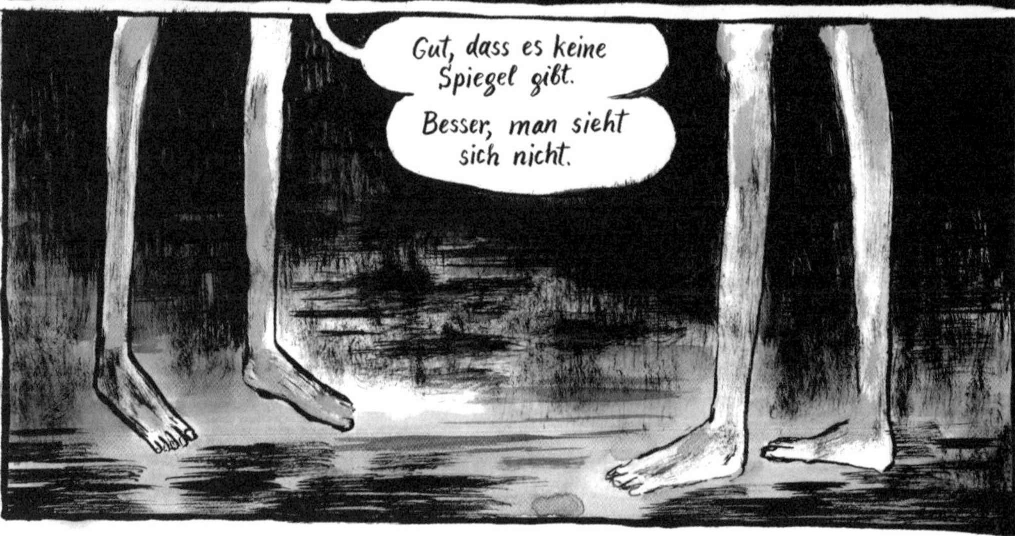
Gut, dass es keine Spiegel gibt.
Besser, man sieht sich nicht.

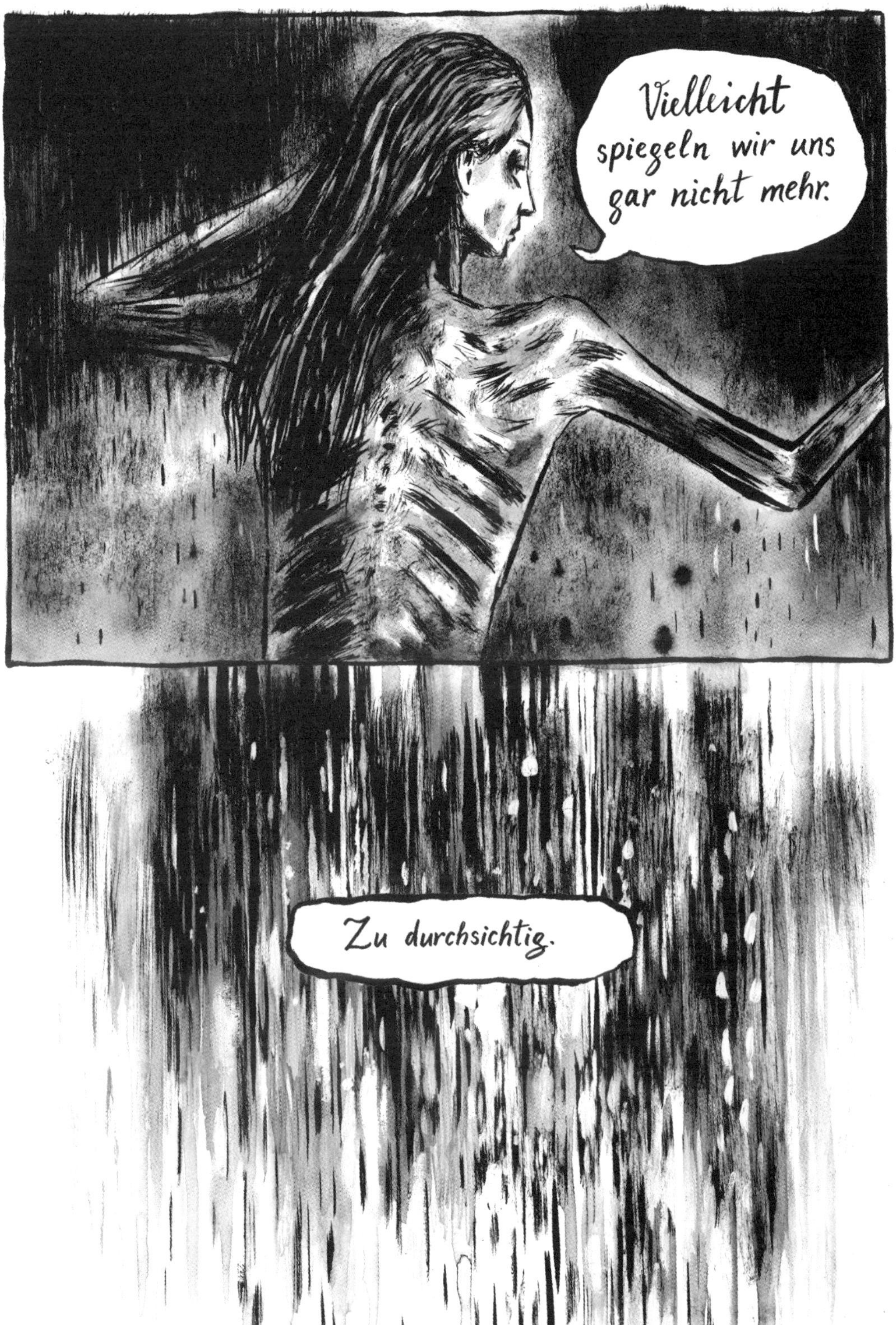

Vielleicht spiegeln wir uns gar nicht mehr.

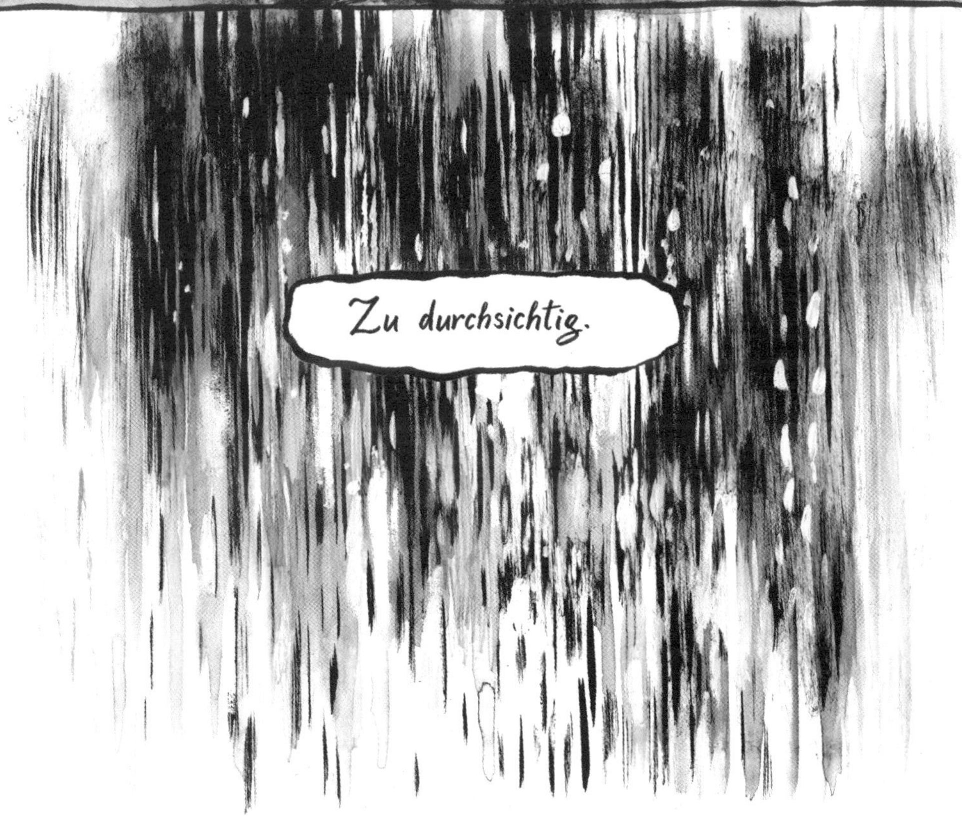

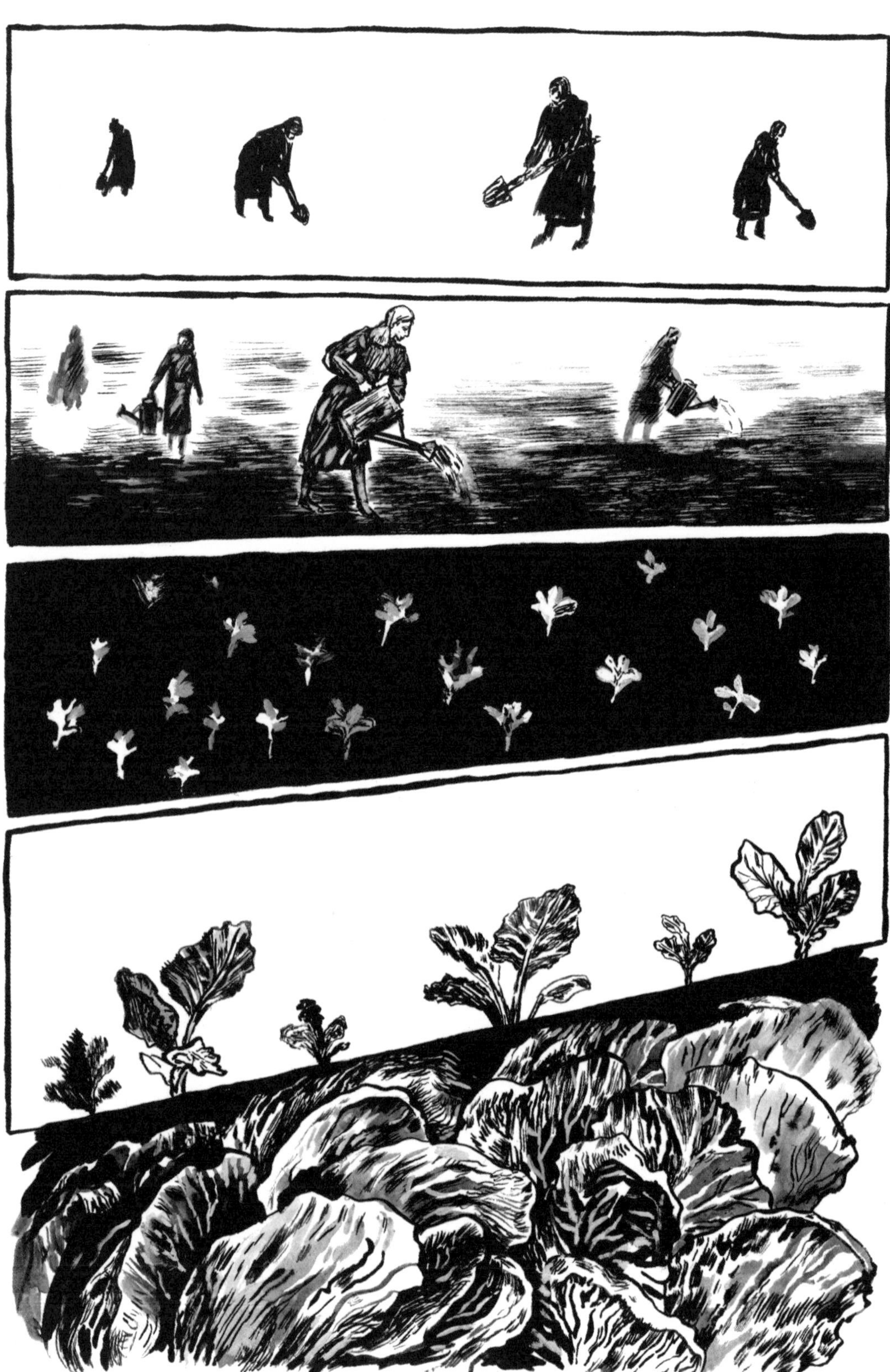

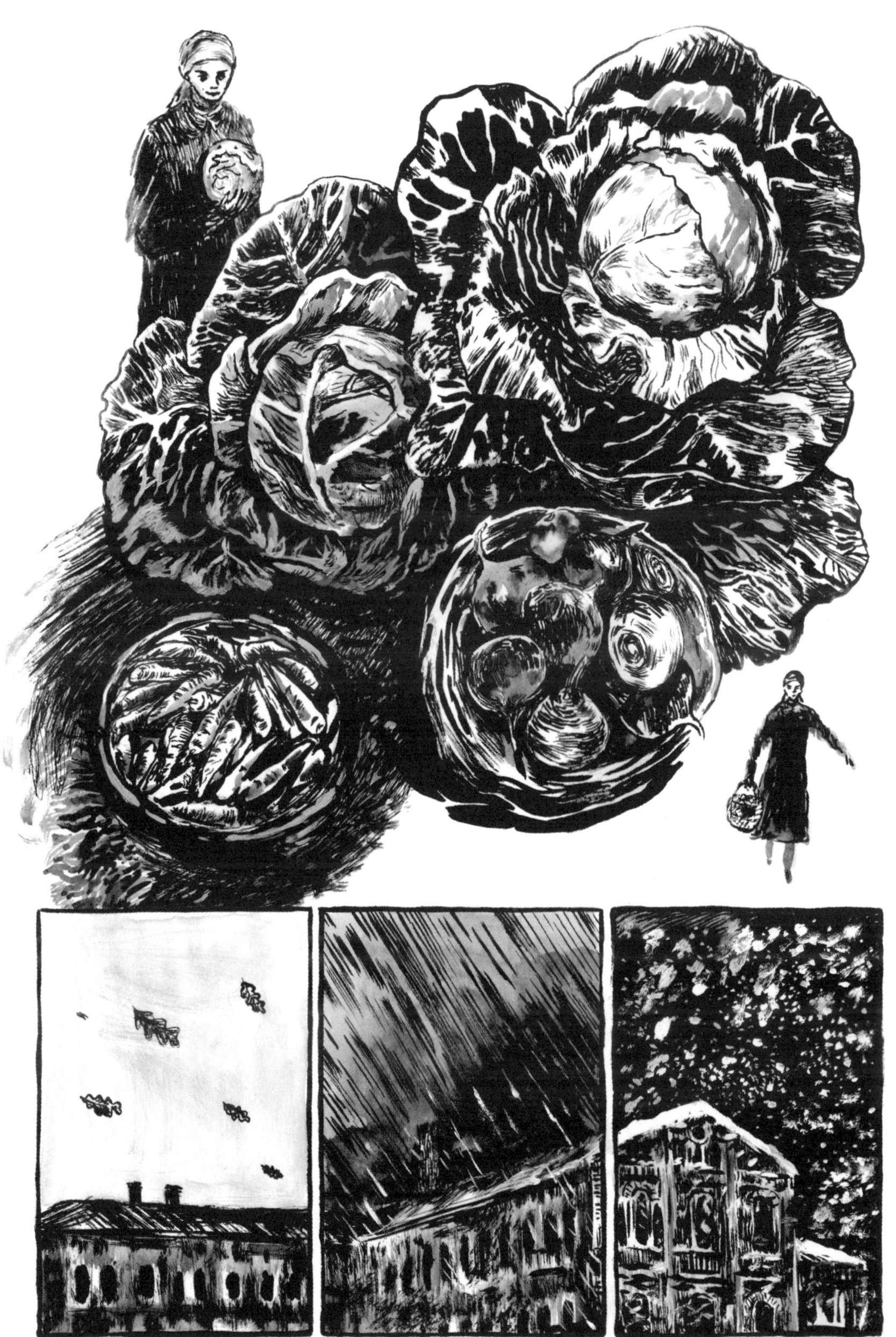

Der zweite Blockadewinter – in der Erinnerung verschmilzt er mit dem ersten. Noch mal dasselbe: Hunger, Bomben, Kälte, Arbeit. Nur etwas milder war er: weniger hungrig, weniger kalt. Erträglicher als jener erste.

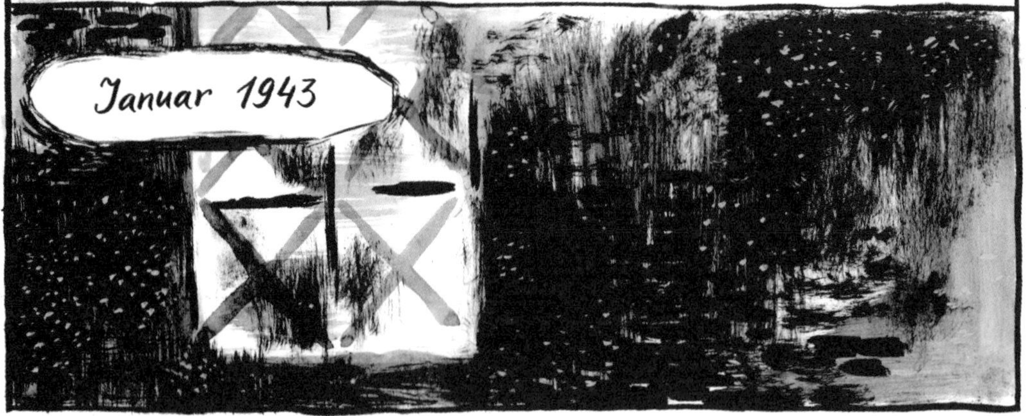

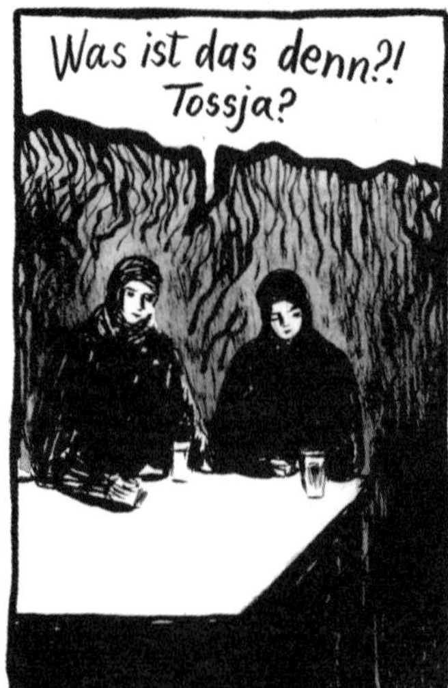

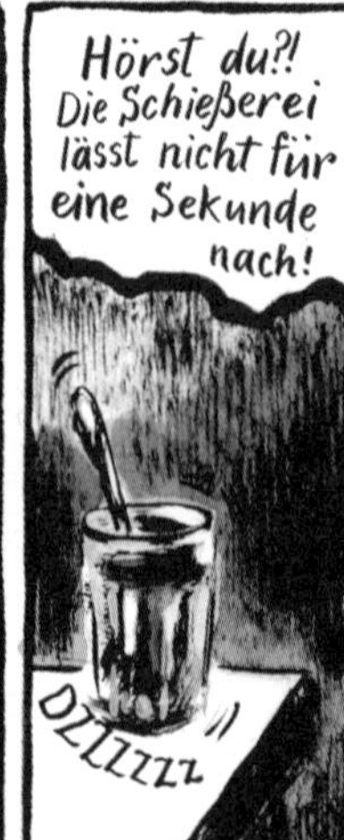

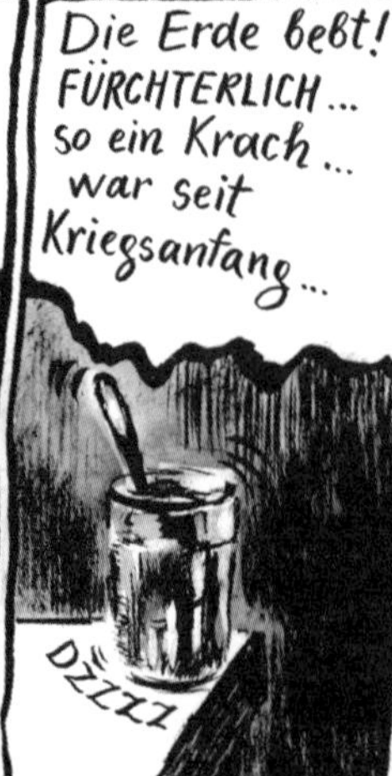

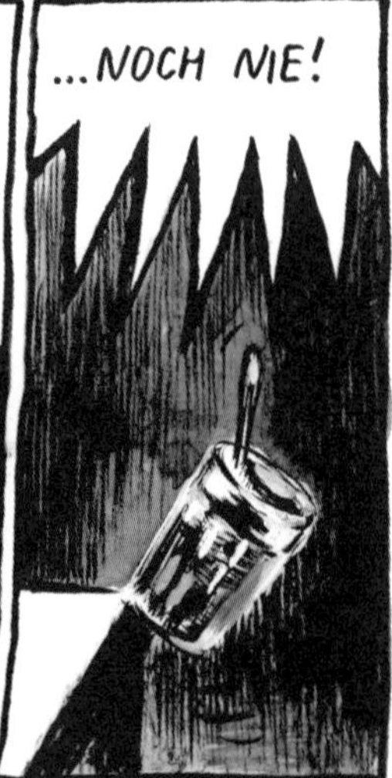

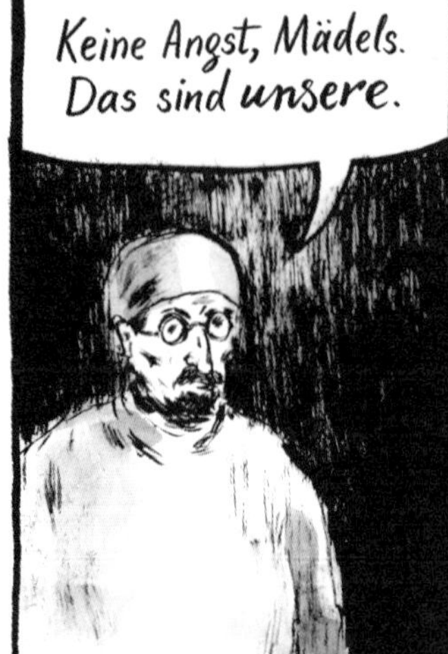

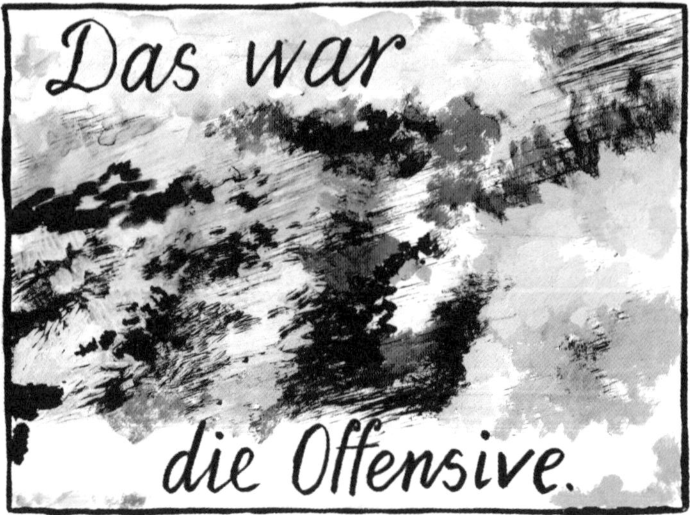

KAPITEL 6

Schau, was aus mir geworden ist

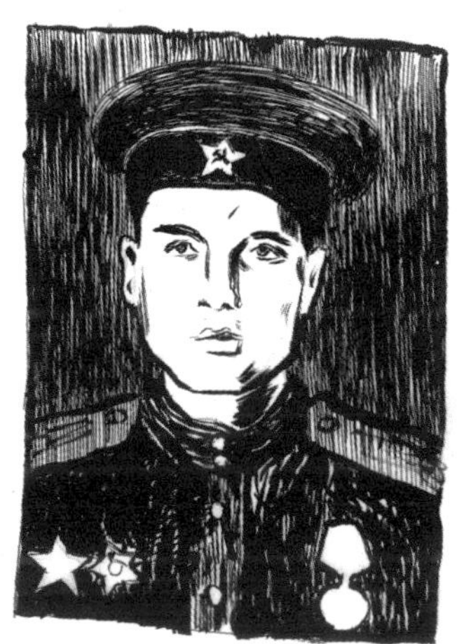

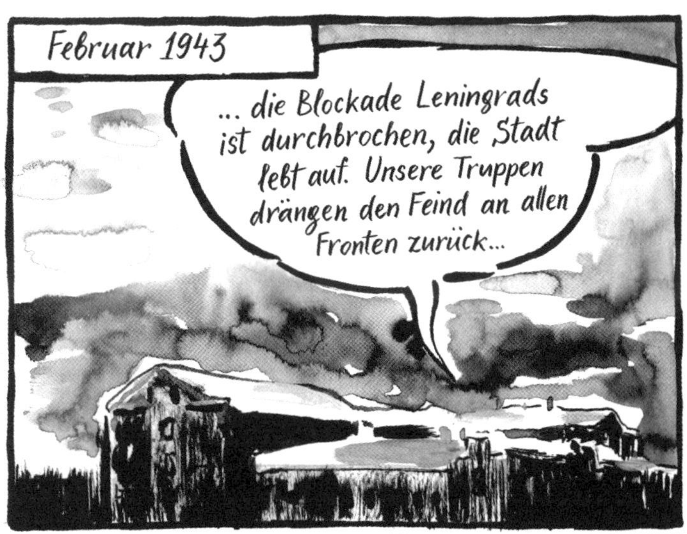
Februar 1943
... die Blockade Leningrads ist durchbrochen, die Stadt lebt auf. Unsere Truppen drängen den Feind an allen Fronten zurück...
... Was soll ich sagen? Ihr versteht das selbst.
Das ist der Wendepunkt. Früher oder später ist der Krieg vorbei.

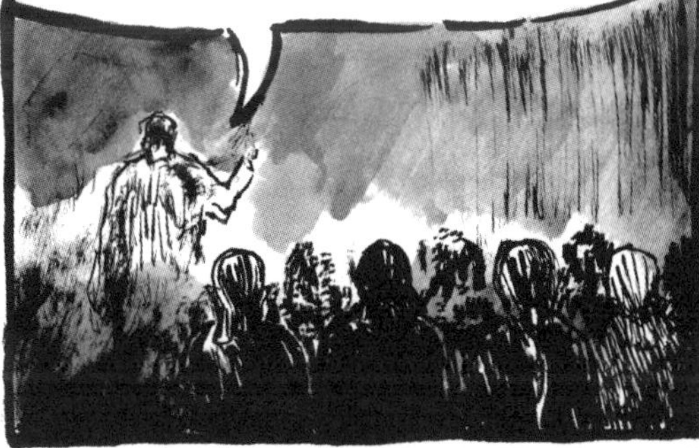
Denkt ihr an die Zukunft? Was macht ihr im Frieden? Ihr seid noch so jung, habt noch nicht mal eine Ausbildung. Ihr wollt doch nicht euer ganzes Leben als Sanitäterinnen verbringen?

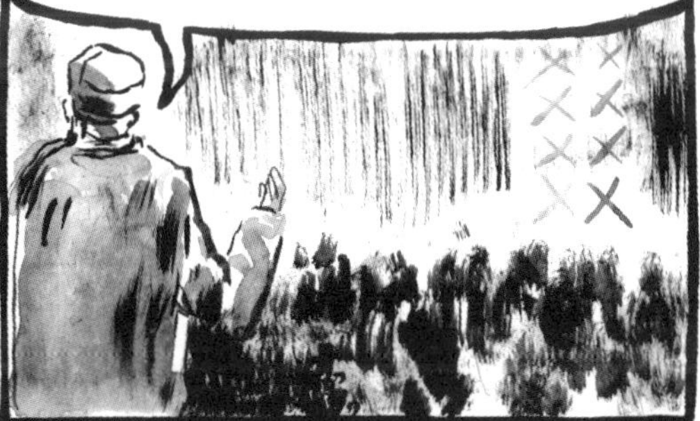
Das Kombinat für die Ausbildung von Rechenpersonal für die Zentralverwaltung der Statistik der Staatlichen Plankommission sucht Bewerberinnen für Buchhaltungskurse.

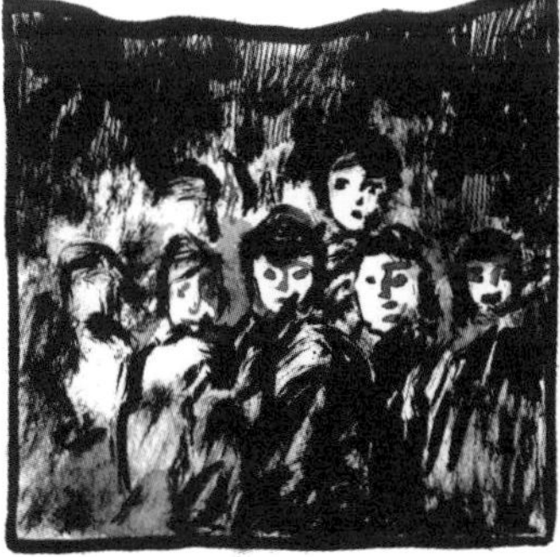
... drei Monate Kurs, Freistellung vom Dienst, Stipendium... Abschlussprüfung und...

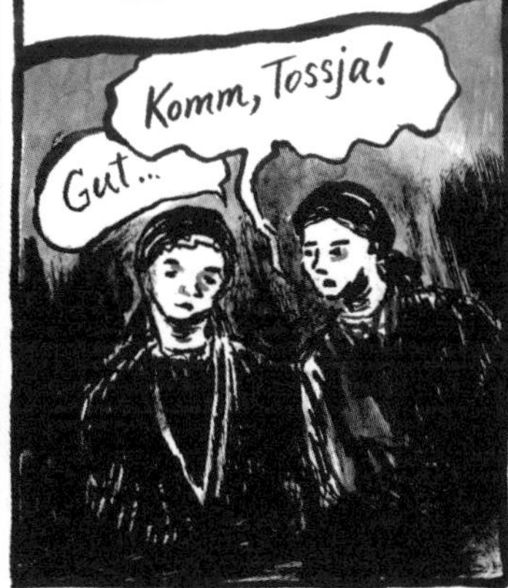
Das ist eure Chance auf einen ordentlichen Beruf...
Komm, Tossja!
Gut...

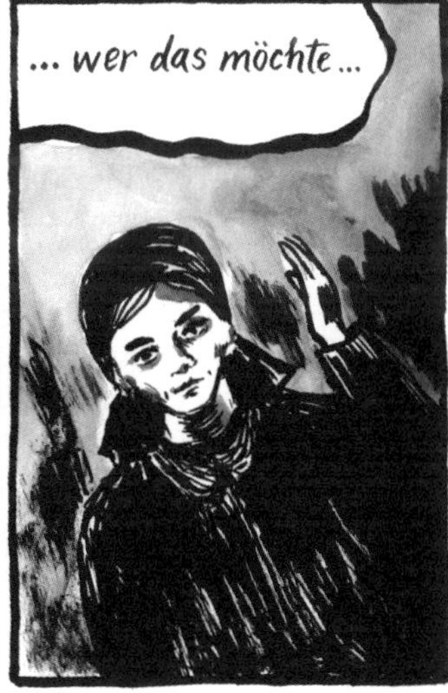
... wer das möchte...

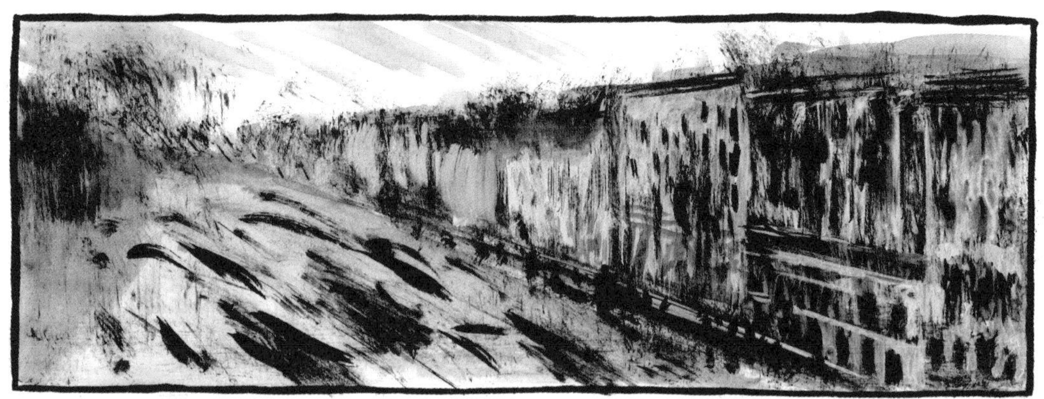

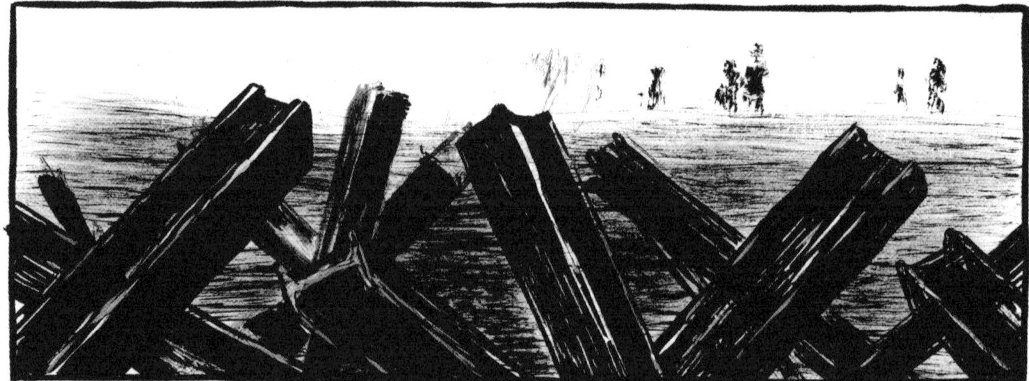

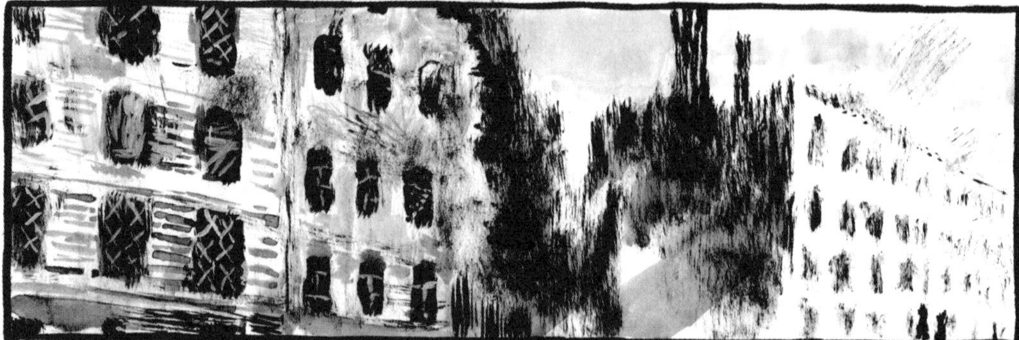

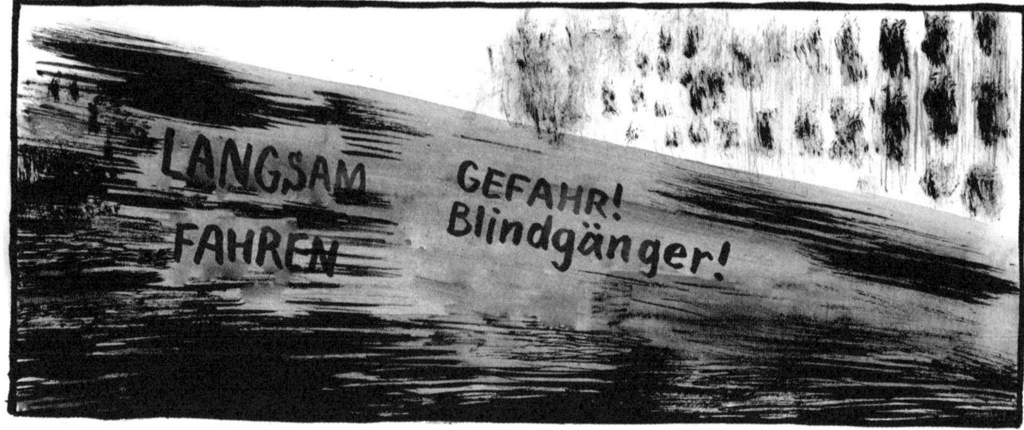
LANGSAM
FAHREN
GEFAHR!
Blindgänger!

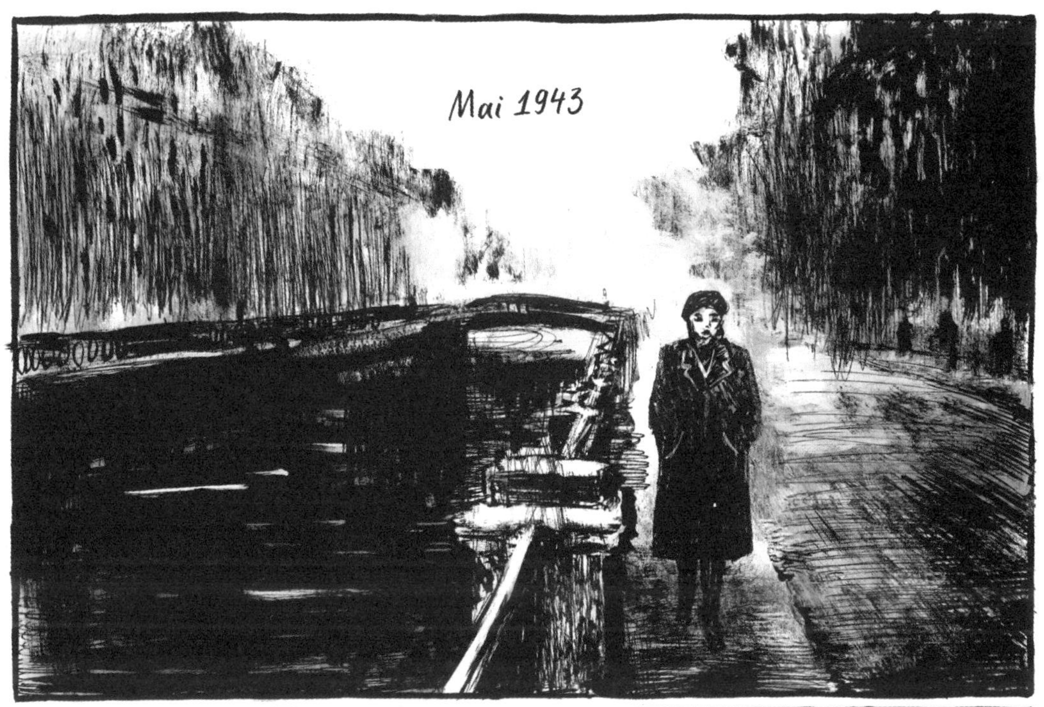
Mai 1943

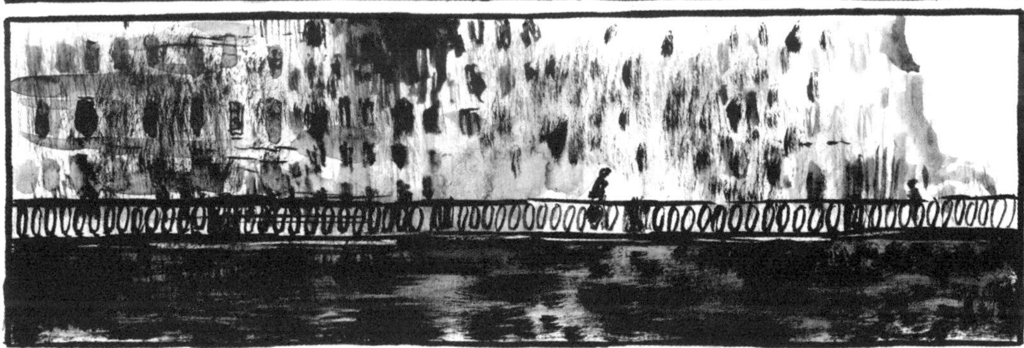

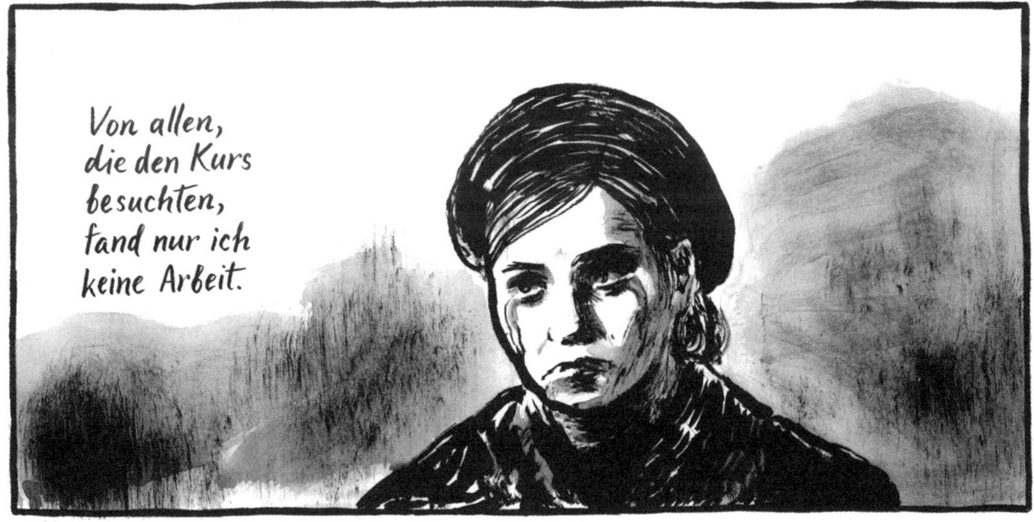
Von allen,
die den Kurs
besuchten,
fand nur ich
keine Arbeit.

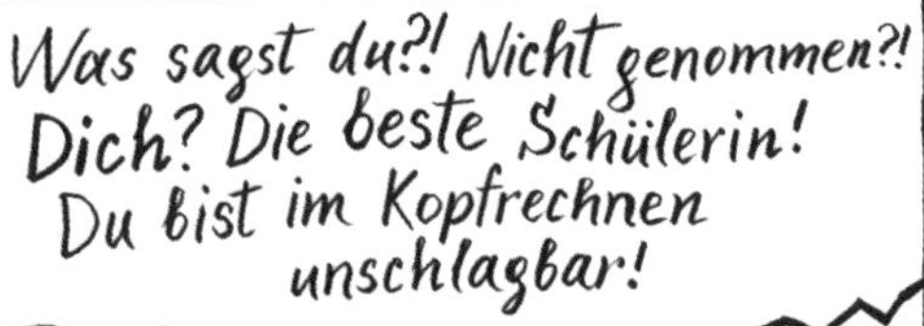
Was sagst du?! Nicht genommen?! Dich? Die beste Schülerin! Du bist im Kopfrechnen unschlagbar!
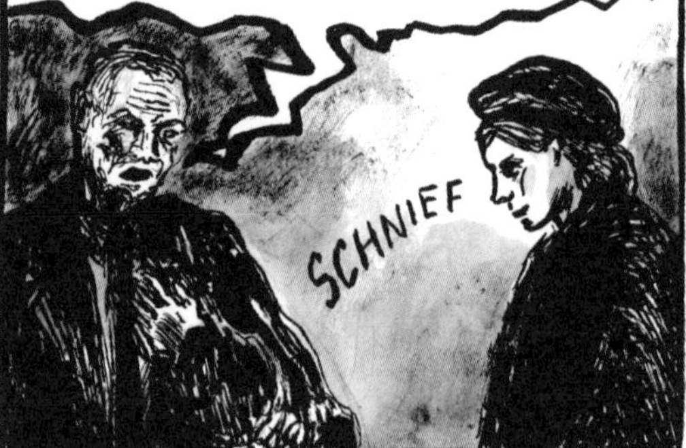
SCHNIEF
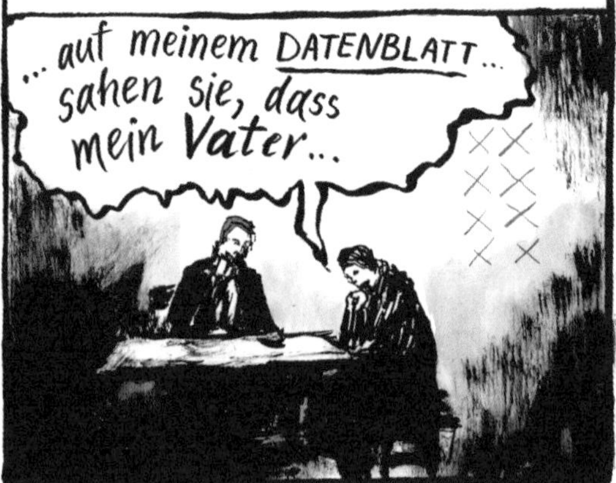
Ich wandte mich an meinen Kursleiter, weil ich nicht wusste, was ich tun sollte ...
... auf meinem DATENBLATT ... sahen sie, dass mein Vater ...
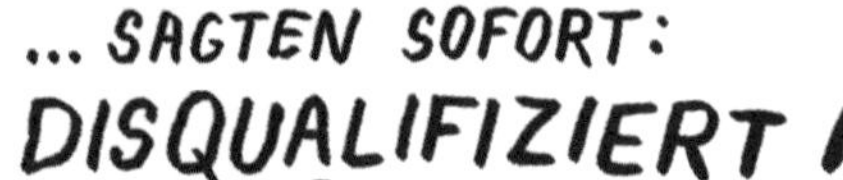
... SAGTEN SOFORT: DISQUALIFIZIERT!
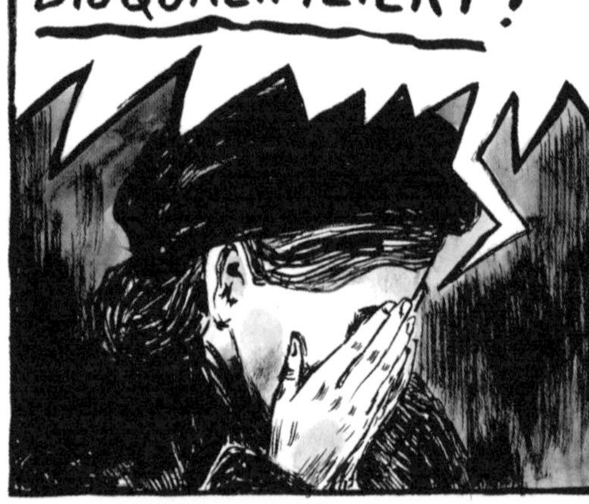
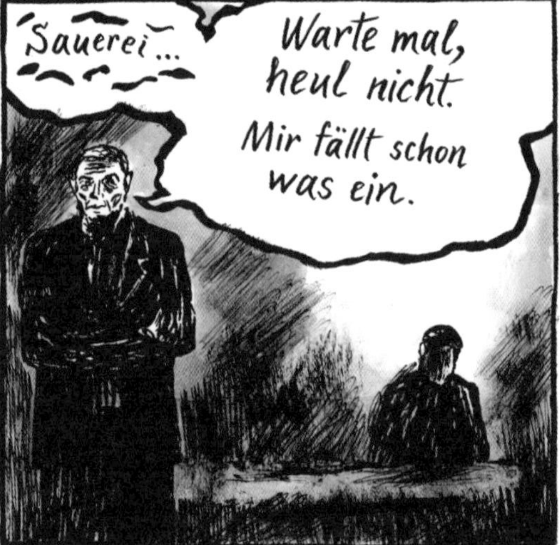
Sauerei ...
Warte mal, heul nicht. Mir fällt schon was ein.
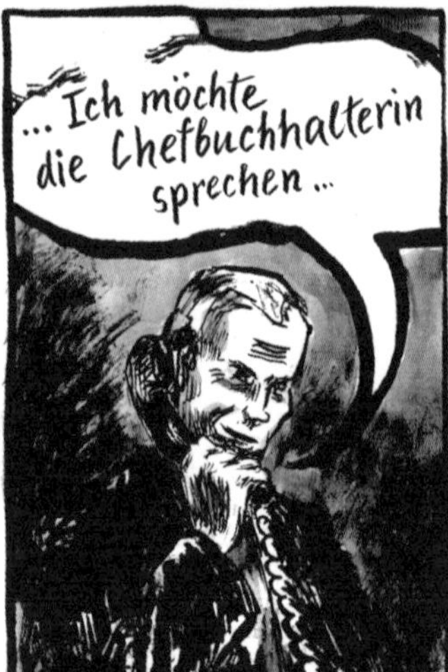
... Ich möchte die Chefbuchhalterin sprechen ...
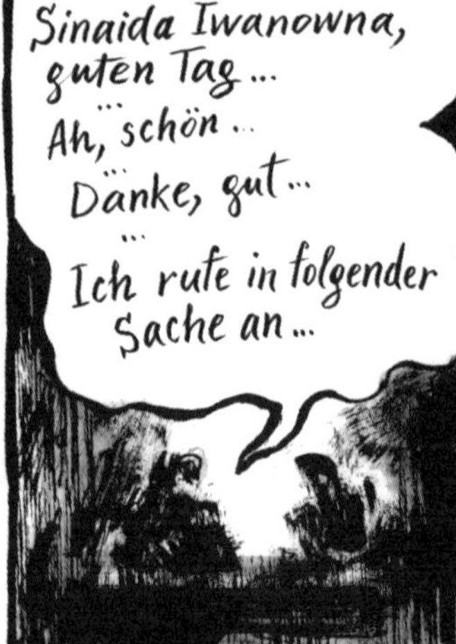
Sinaida Iwanowna, guten Tag ... ... Ah, schön ... ... Danke, gut ... ... Ich rufe in folgender Sache an ...
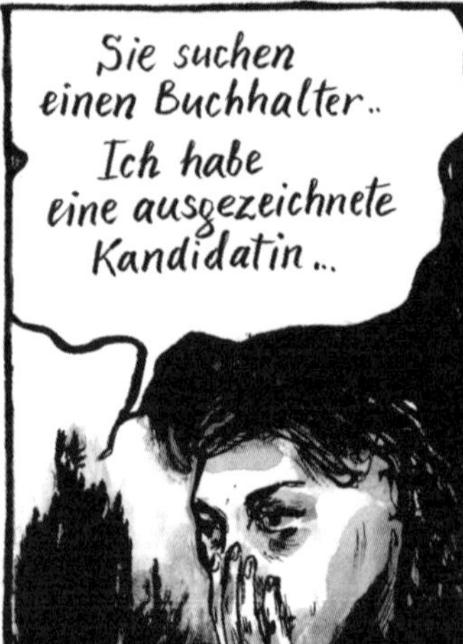
Sie suchen einen Buchhalter .. Ich habe eine ausgezeichnete Kandidatin ...

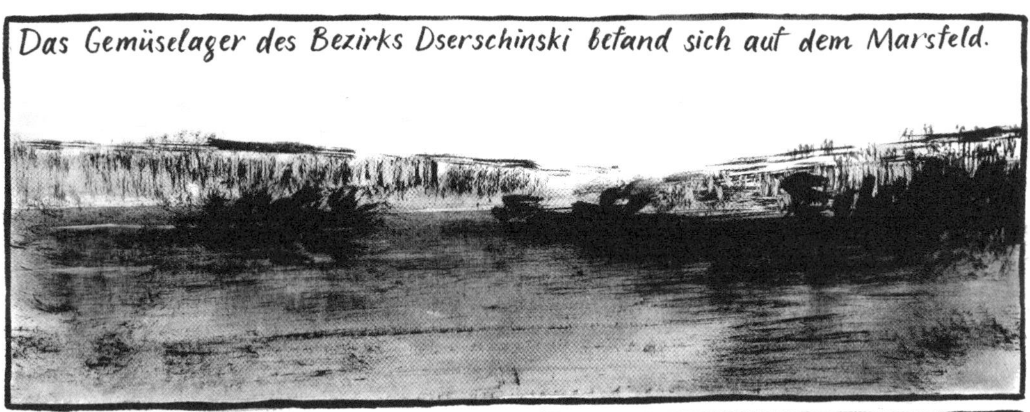
Das Gemüselager des Bezirks Dserschinski befand sich auf dem Marsfeld.

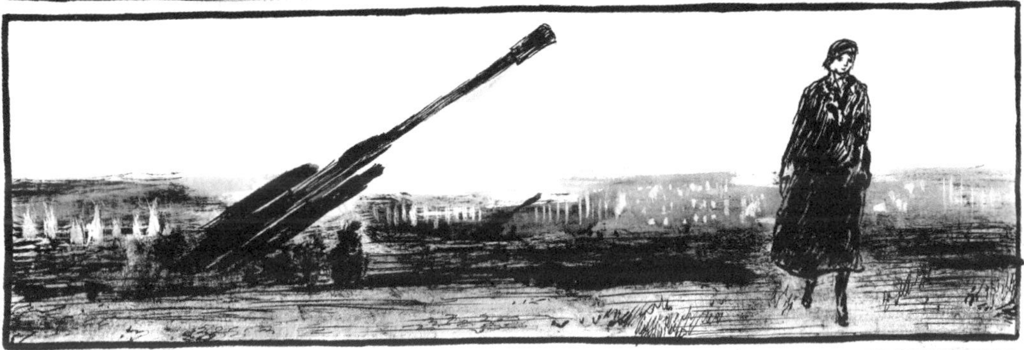

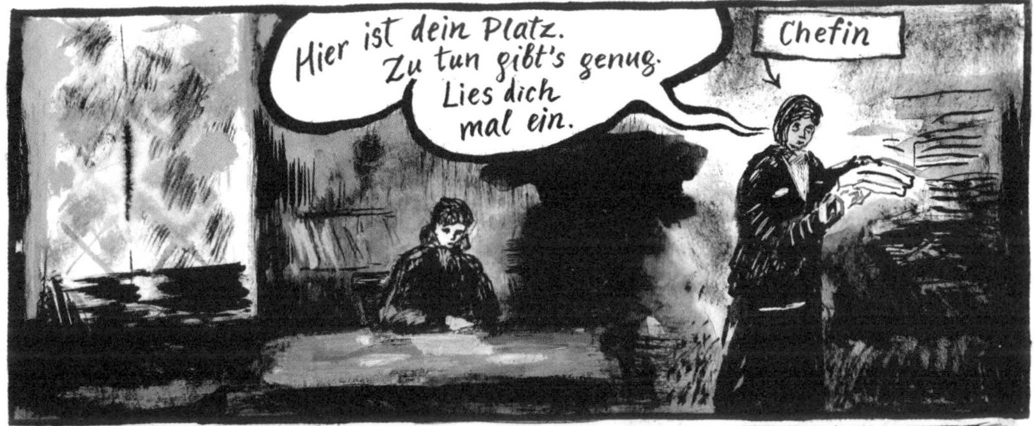
Hier ist dein Platz. Zu tun gibt's genug. Lies dich mal ein.
Chefin

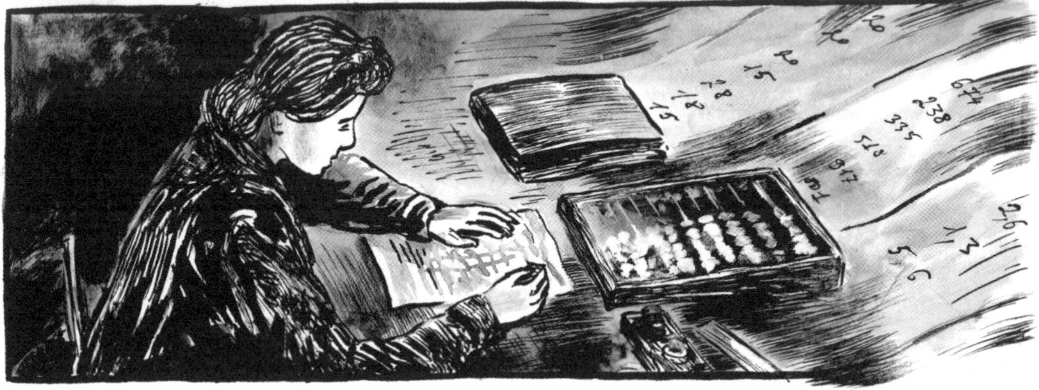

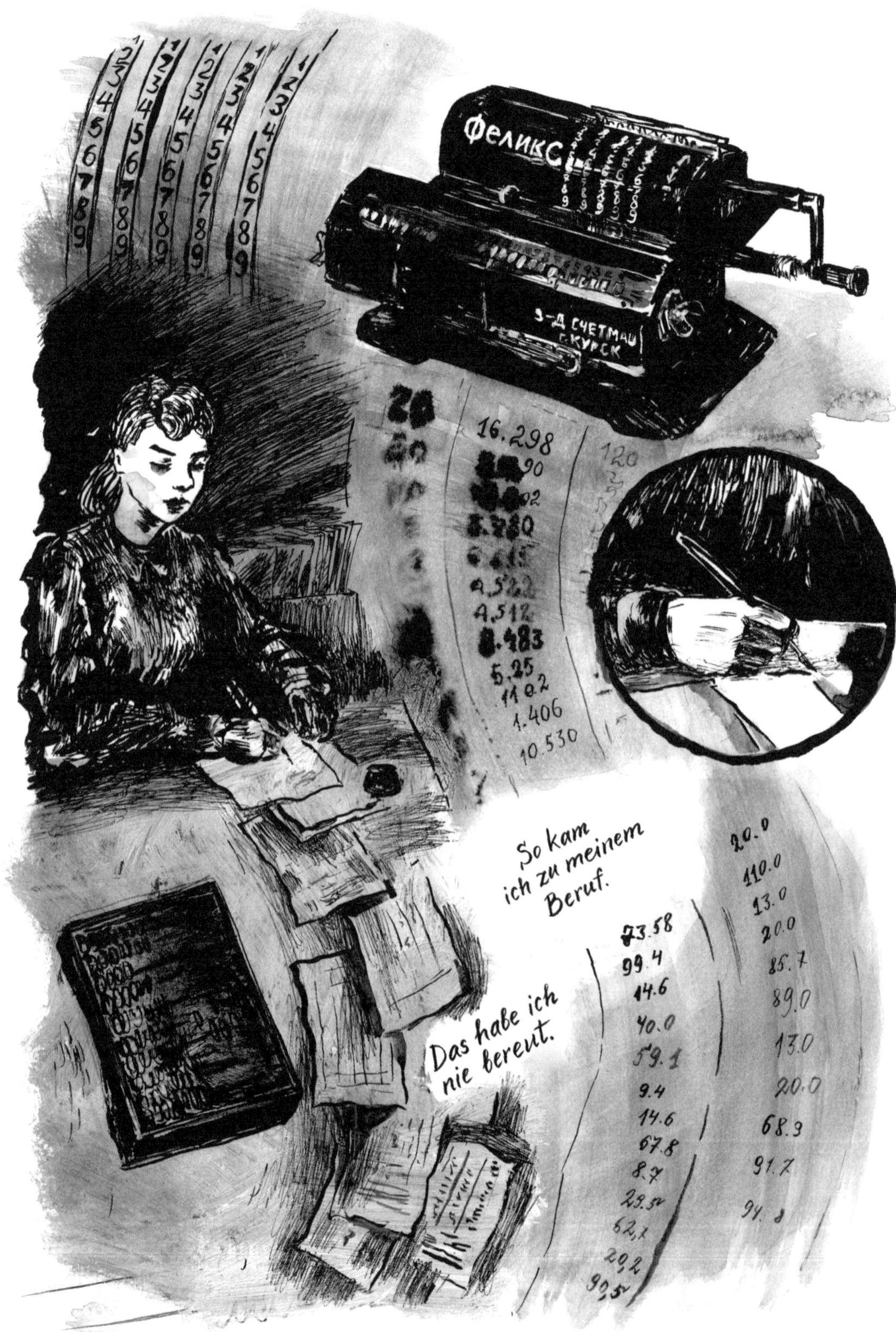
Феликс
З-Д СЧЕТМАШ
Г. КУРСК
So kam ich zu meinem Beruf.
Das habe ich nie bereut.

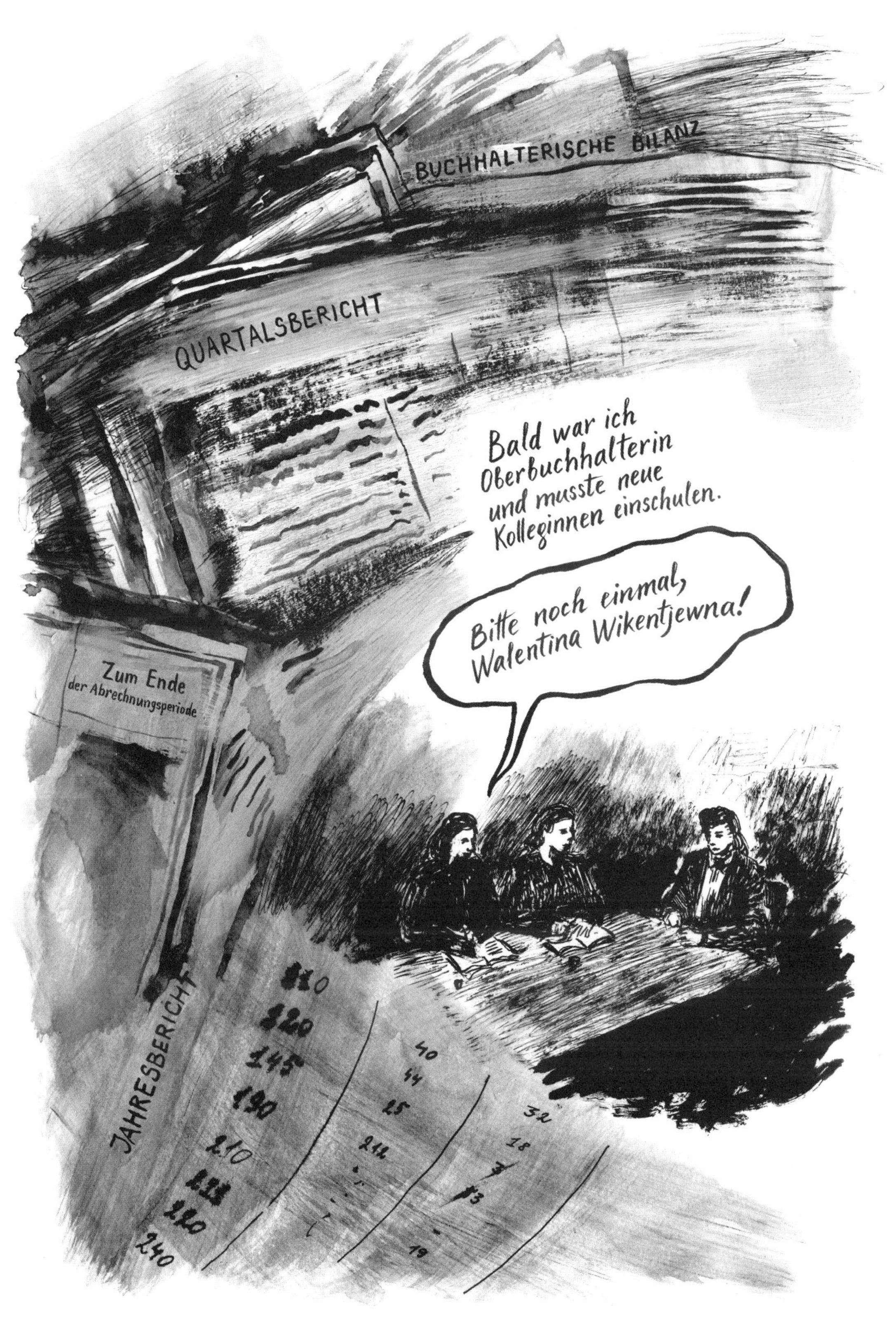
BUCHHALTERISCHE BILANZ
QUARTALSBERICHT
Bald war ich Oberbuchhalterin und musste neue Kolleginnen einschulen.
Bitte noch einmal, Walentina Wikentjewna!
Zum Ende der Abrechnungsperiode
JAHRESBERICHT

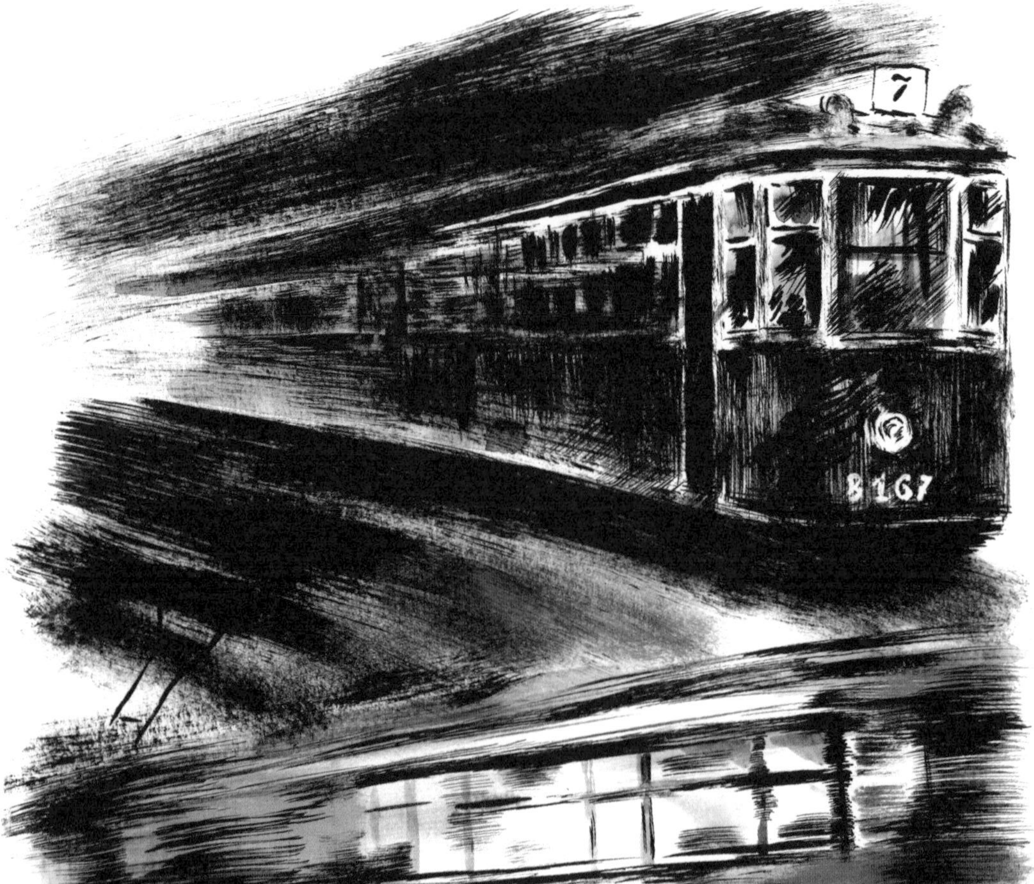

Ich wohnte noch immer im Wohnheim des Krankenhauses, aber nun mit Tossja in einem Zweierzimmer (Tatjana Petrowna hatte das für uns erreicht).

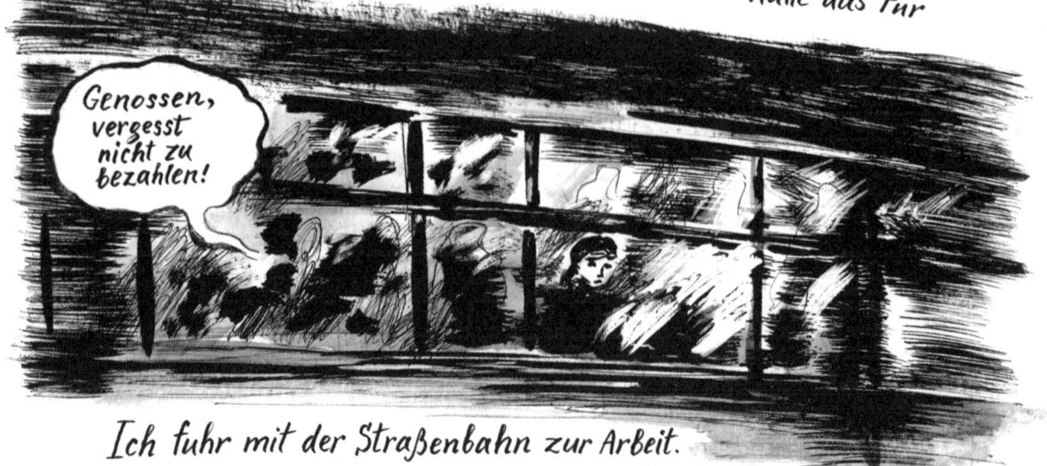

Ich fuhr mit der Straßenbahn zur Arbeit.

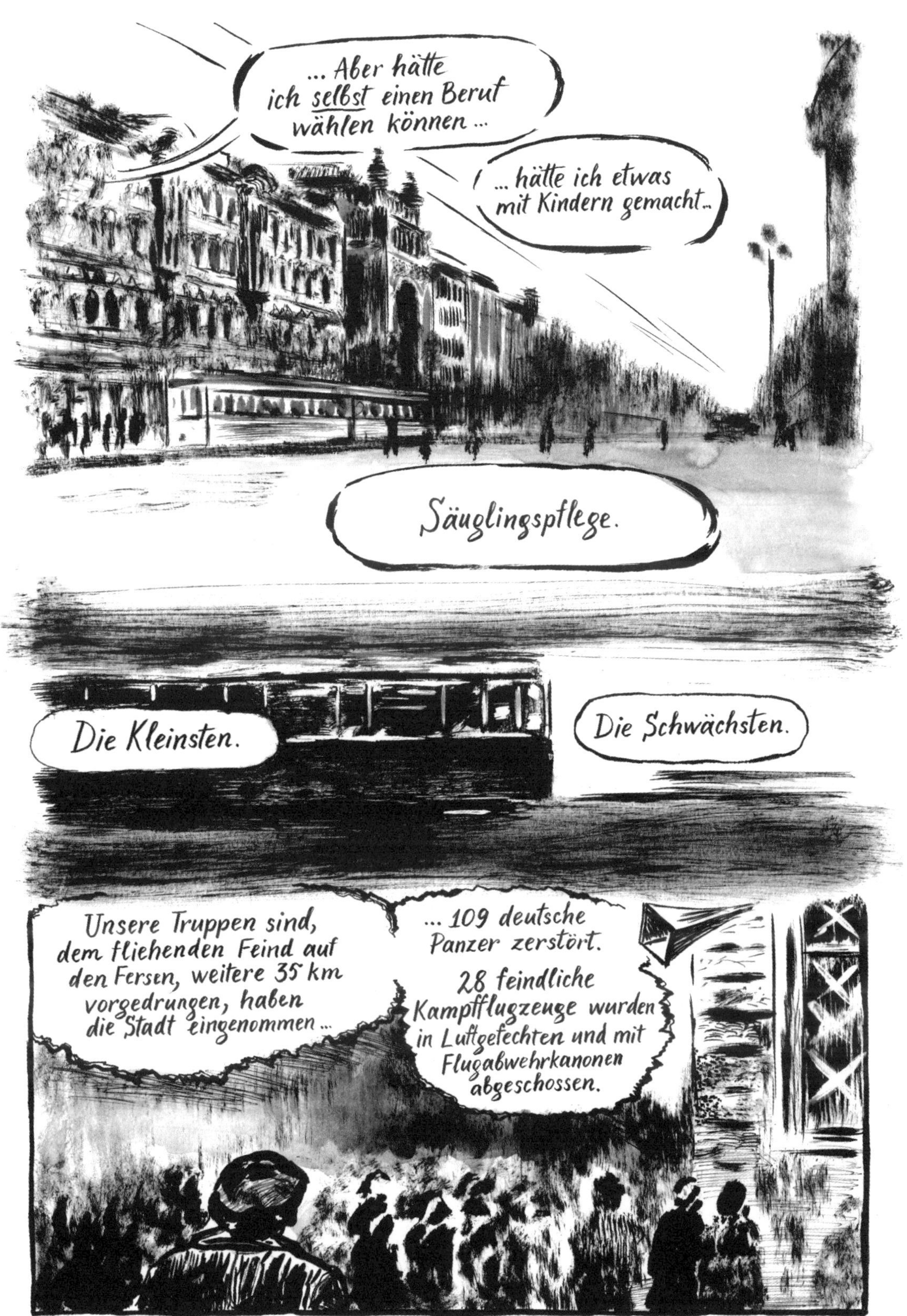
... Aber hätte ich selbst einen Beruf wählen können ...
... hätte ich etwas mit Kindern gemacht ..
Säuglingspflege.
Die Kleinsten.
Die Schwächsten.
Unsere Truppen sind, dem fliehenden Feind auf den Fersen, weitere 35 km vorgedrungen, haben die Stadt eingenommen ...
... 109 deutsche Panzer zerstört.
28 feindliche Kampfflugzeuge wurden in Luftgefechten und mit Flugabwehrkanonen abgeschossen.

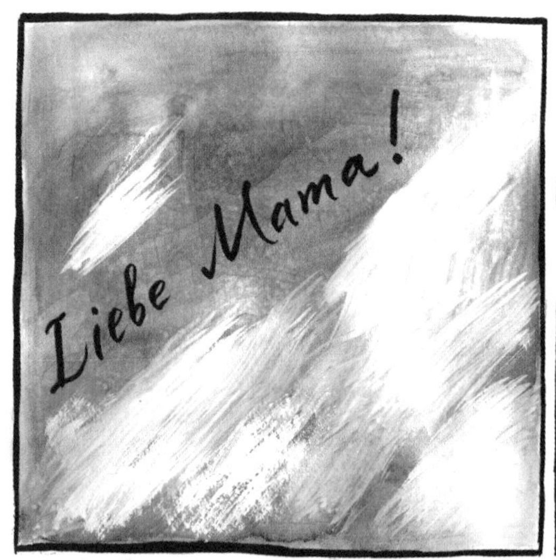
Liebe Mama!

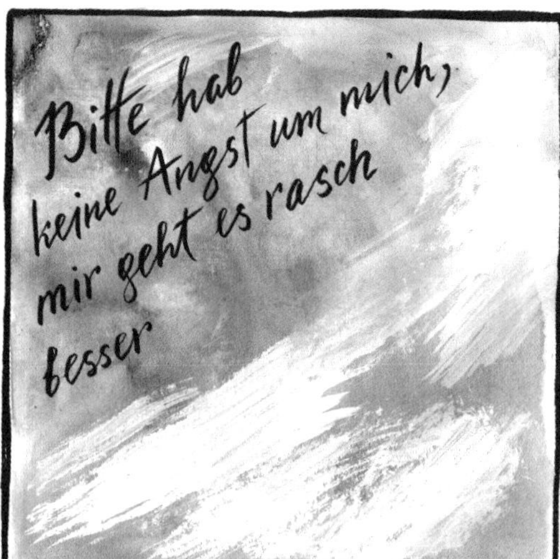
Bitte hab keine Angst um mich, mir geht es rasch besser

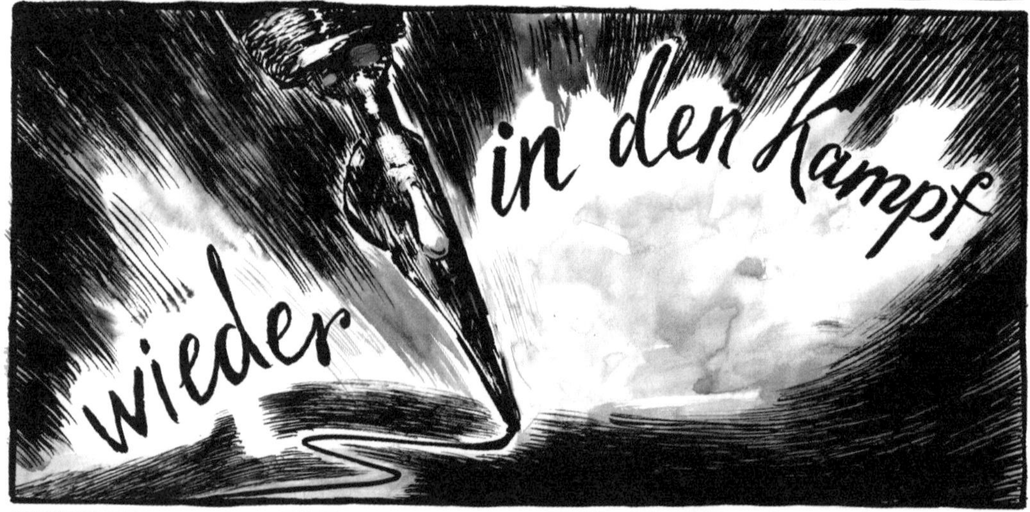
wieder in den Kampf

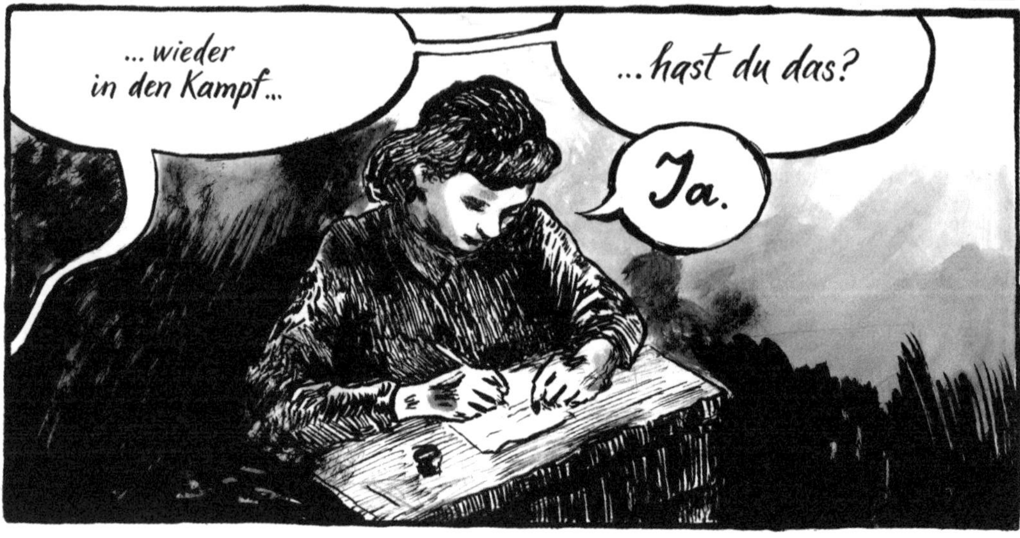
... wieder in den Kampf ...
... hast du das?
Ja.

Ich arbeitete nicht mehr als Sanitäterin, kam aber, wenn wir frei hatten, mit Kolleginnen aus der Buchhaltung ins Spital, um Verwundete zu pflegen und moralisch zu unterstützen.

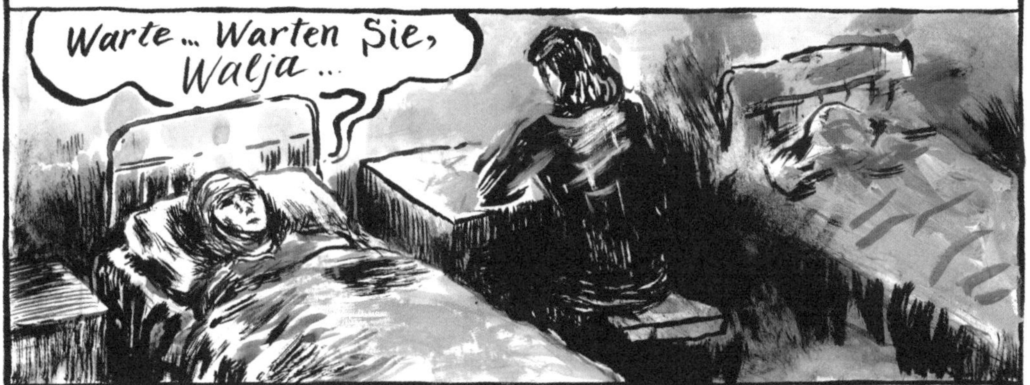

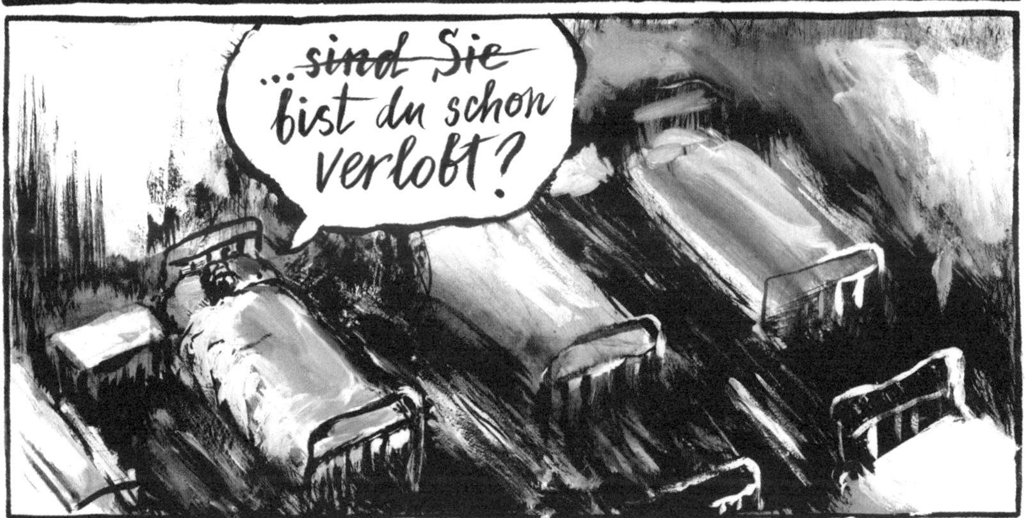

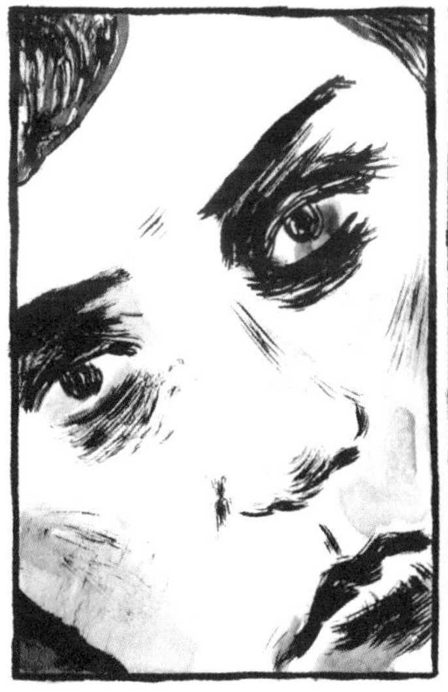

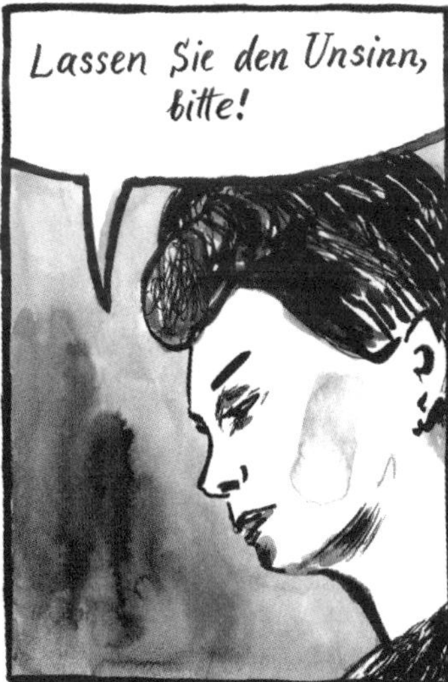

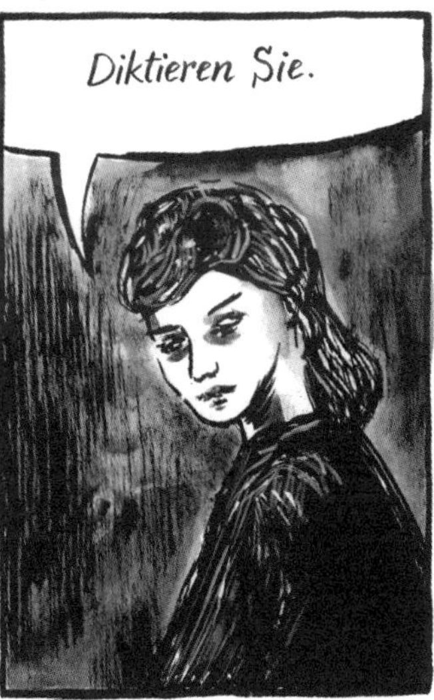

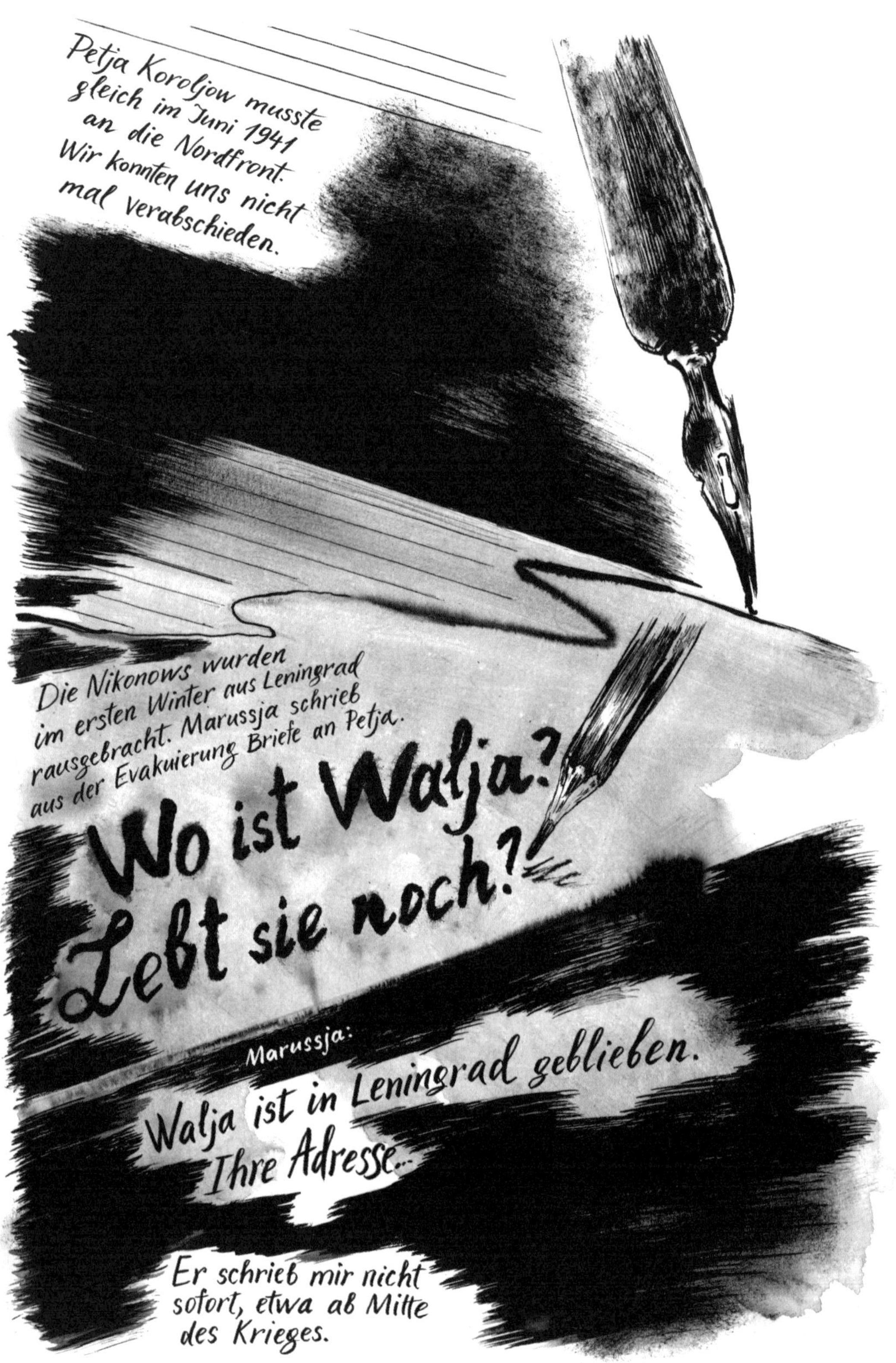
Petja Koroljow musste gleich im Juni 1941 an die Nordfront. Wir konnten uns nicht mal verabschieden.
Die Nikonows wurden im ersten Winter aus Leningrad rausgebracht. Marussja schrieb aus der Evakuierung Briefe an Petja.
Wo ist Walja? Lebt sie noch?
Marussja:
Walja ist in Leningrad geblieben. Ihre Adresse...
Er schrieb mir nicht sofort, etwa ab Mitte des Krieges.

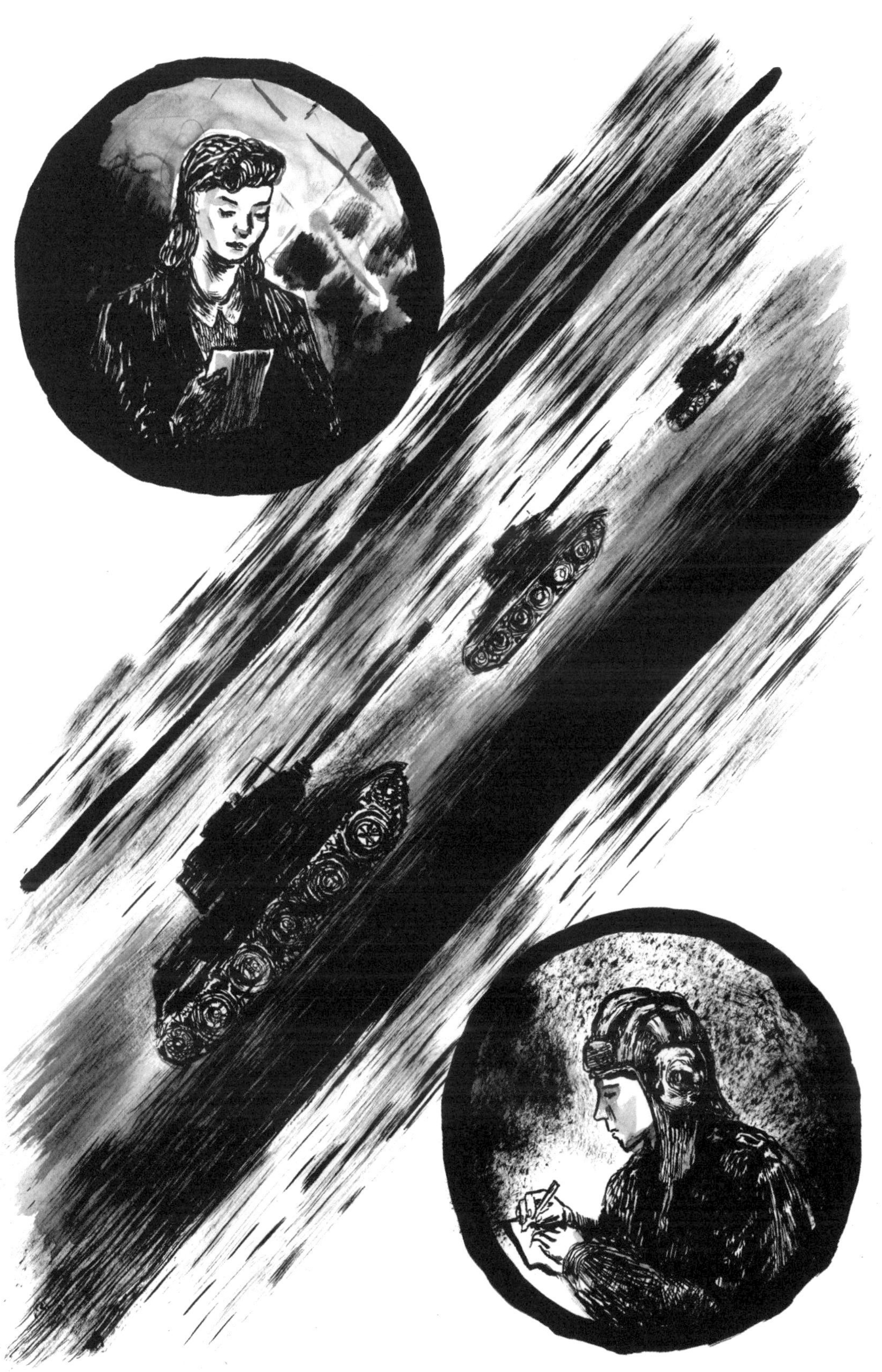

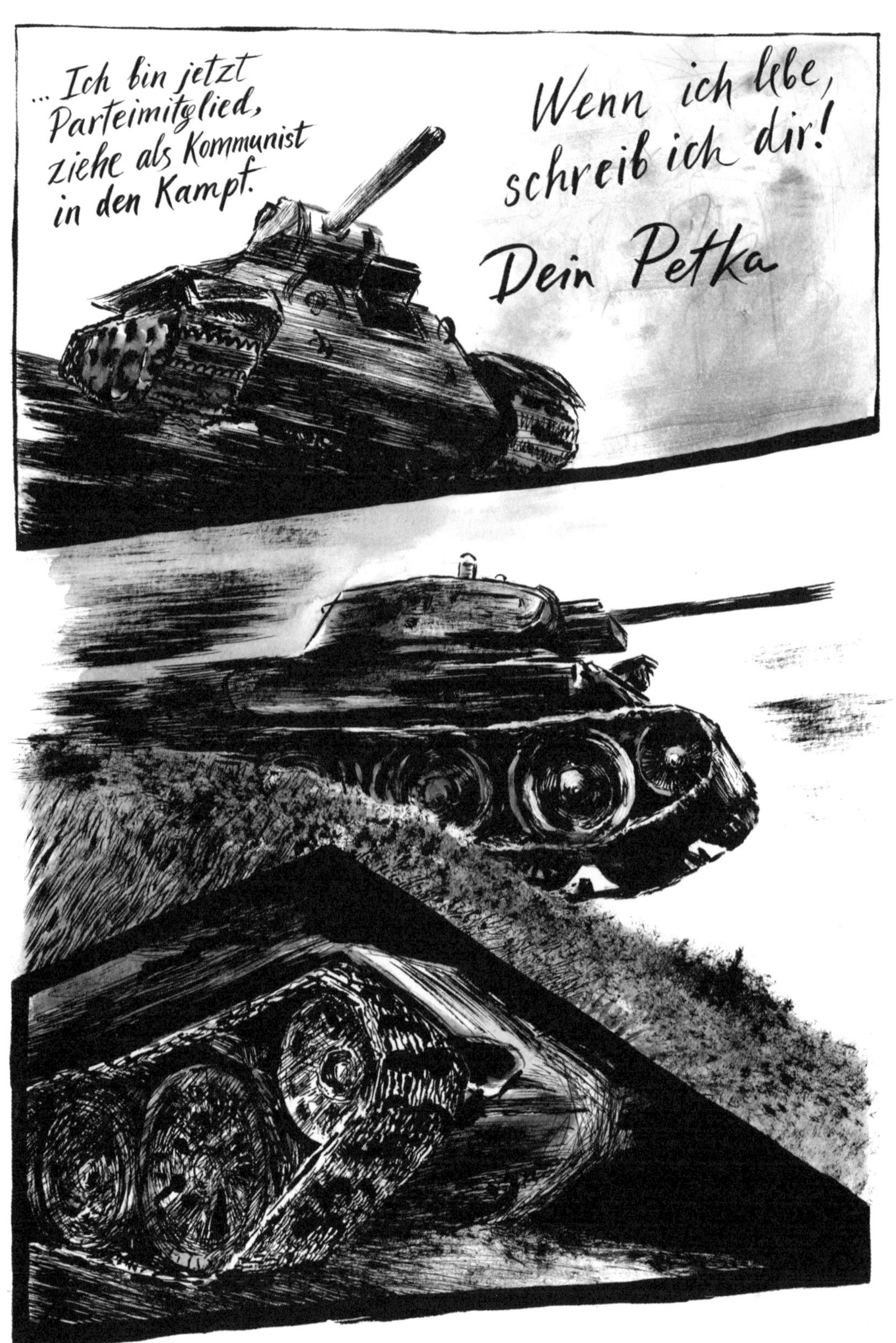
... Ich bin jetzt Parteimitglied, ziehe als Kommunist in den Kampf.
Wenn ich lebe, schreib ich dir!
Dein Petka

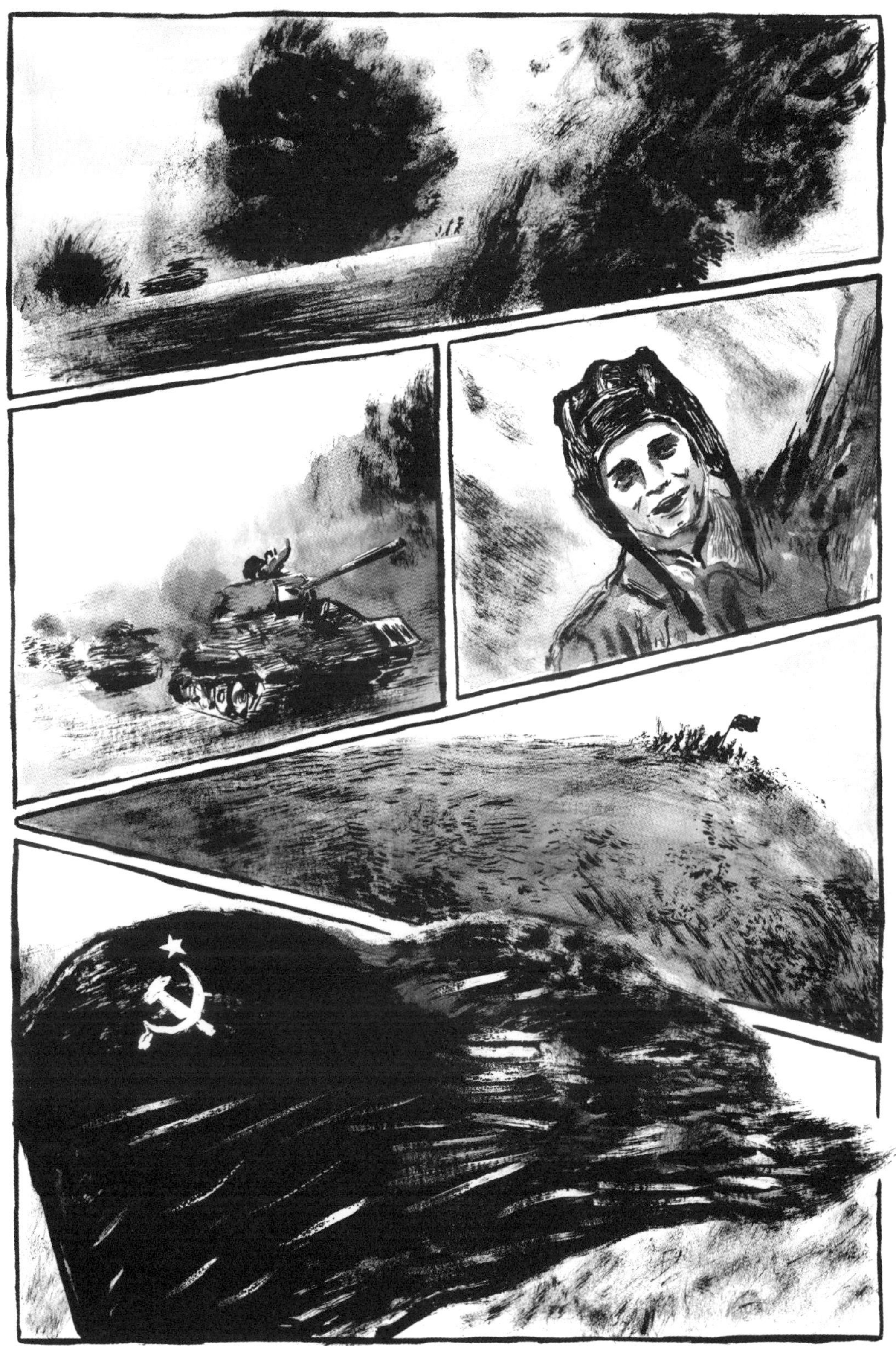

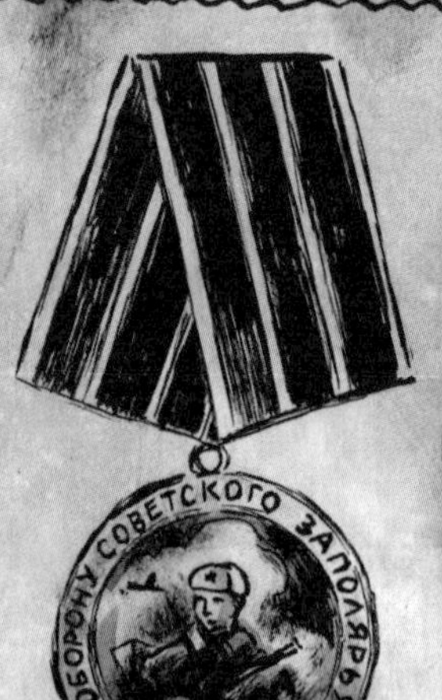
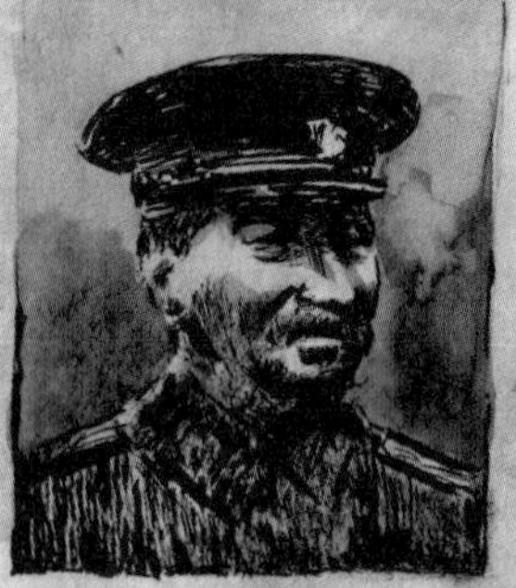
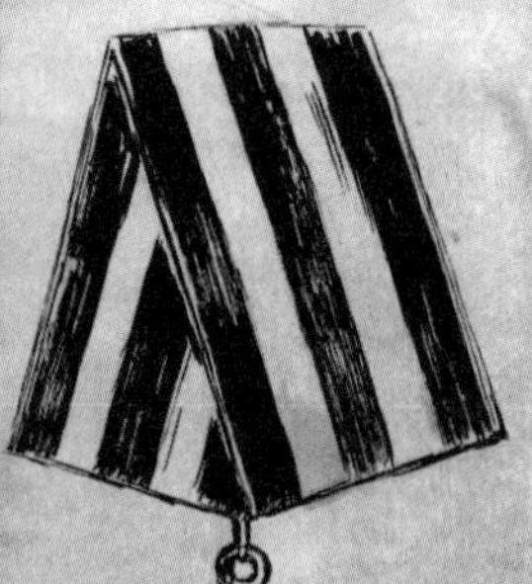
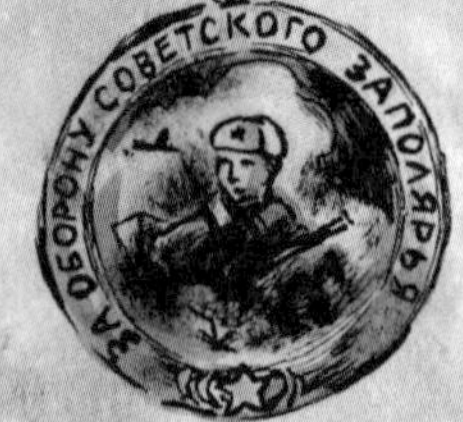

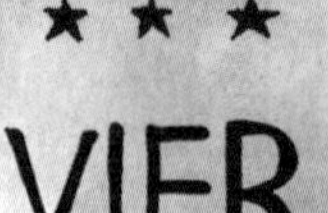
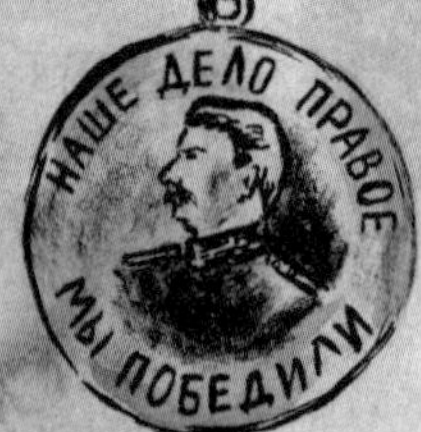

VIER

DANKSAGUNGEN DES FÜHRERS

Oberleutnant Koroljow Pjotr Feofanowitsch

(Rang, Name, Vorname, Vatersname)

Auf Befehl des Oberkommandierenden Marschalls der Sowjetunion, Genosse STALIN

Vom 15. Oktober 1944 für die Durchbrechung der massiv verstärkten deutschen Defensive nordwestlich von Murmansk und die Eroberung der Stadt Petsamo (Petschenga);

Vom 23. Oktober 1944 für die Befreiung des gesamten Nickelproduktionsgebiets von den deutschen Invasoren und die Besetzung wichtiger Siedlungen des Gebiets Petschenga (Petsamo) – Nikel, Achmalachti, Salmijarwi;

Vom 25. Oktober 1944 für die Eroberung der Stadt Kirkenes – ein wichtiger Hafen an der Barentsee;

Vom 1. November 1944 für die restlose Befreiung des Gebiets Petschenga (Petsamo) von den deutschen Invasoren.

Für hervorragende Kampfhandlungen in diesen Gebieten wird den Soldaten der karelischen Front sowie auch Ihnen für Ihren Beitrag ANERKENNUNG AUSGESPROCHEN.

Truppenführer .... п. п. 44432

Gen. Major [Unterschrift] /Bykow/

Order №. 286

Wir schrieben einander bis zum Kriegsende.

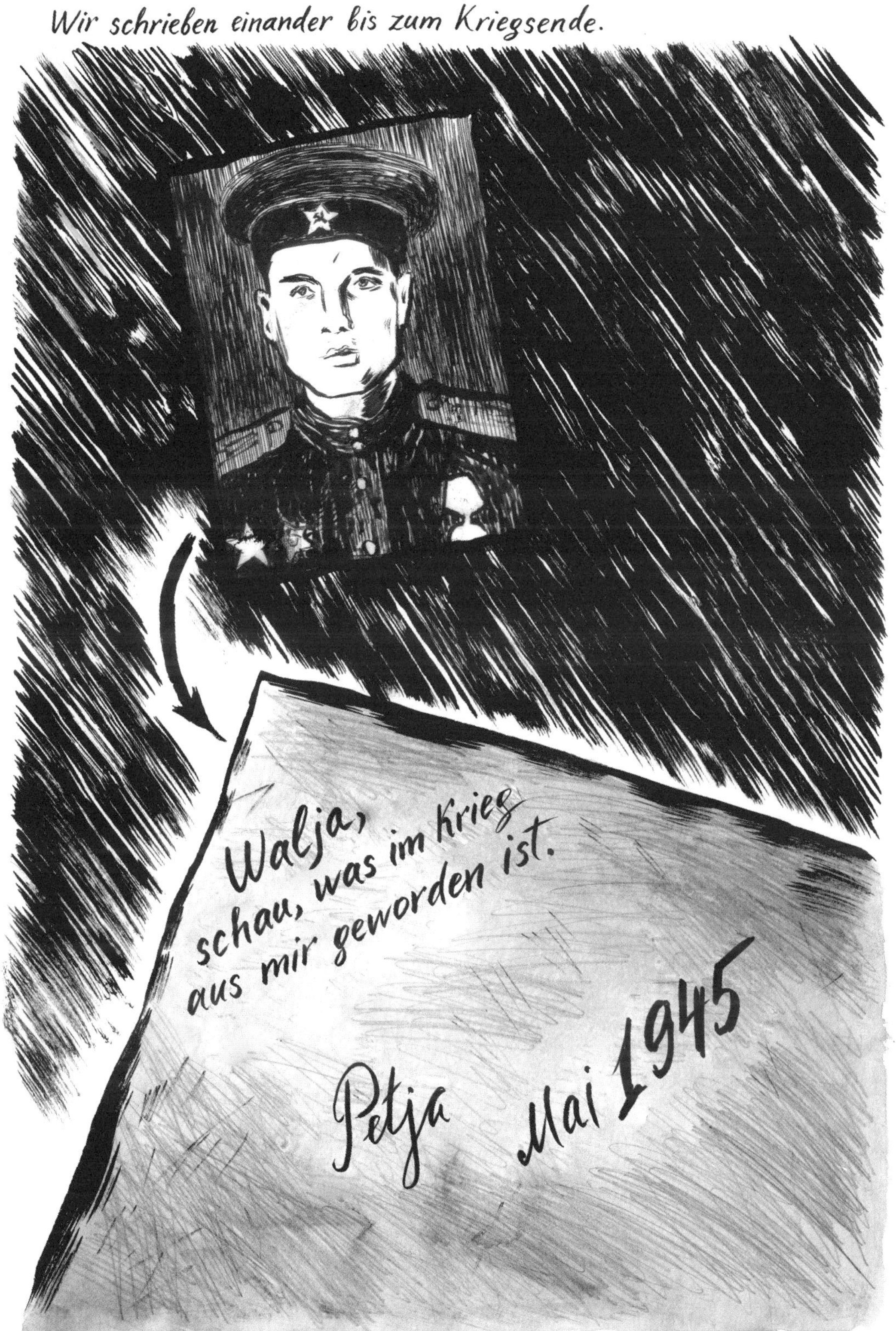

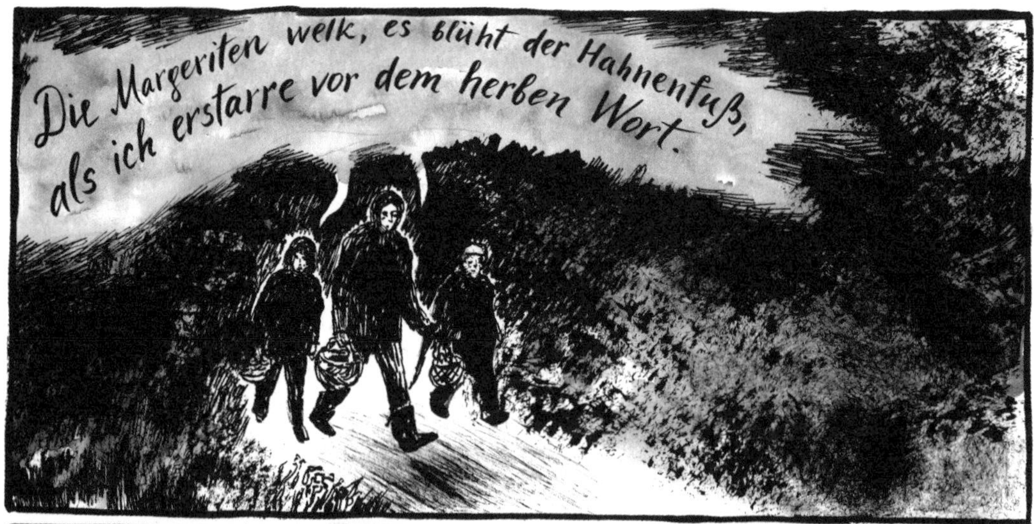
Die Margeriten welk, es blüht der Hahnenfuß,
als ich erstarre vor dem herben Wort.

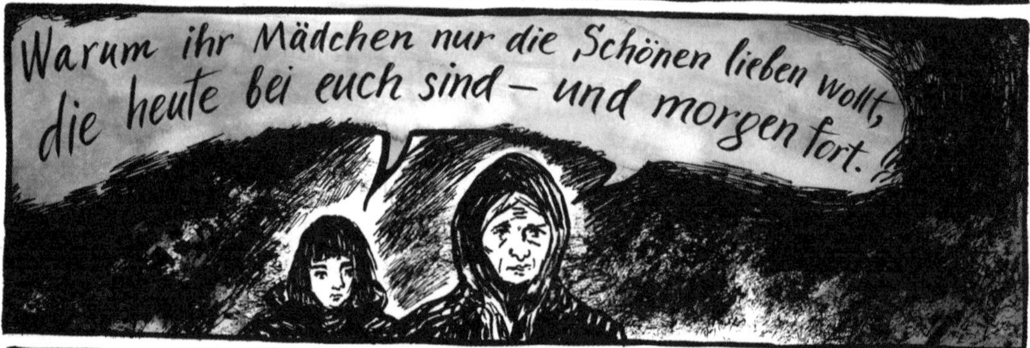
Warum ihr Mädchen nur die ‚Schönen lieben wollt,
die heute bei euch sind – und morgen fort.'

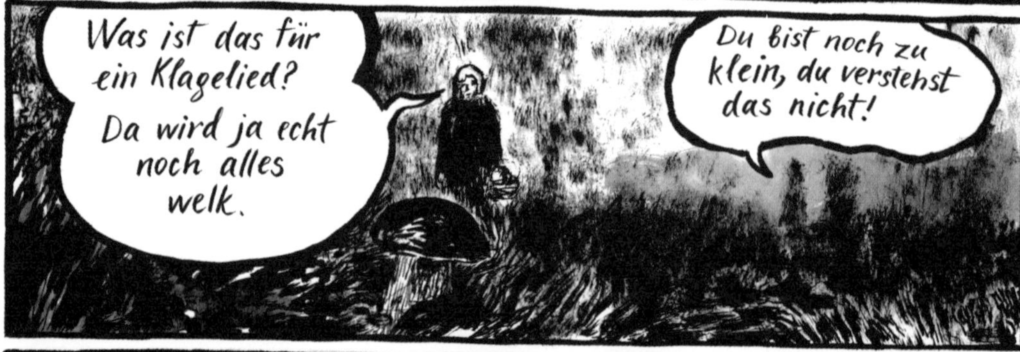
Was ist das für ein Klagelied? Da wird ja echt noch alles welk.
Du bist noch zu klein, du verstehst das nicht!

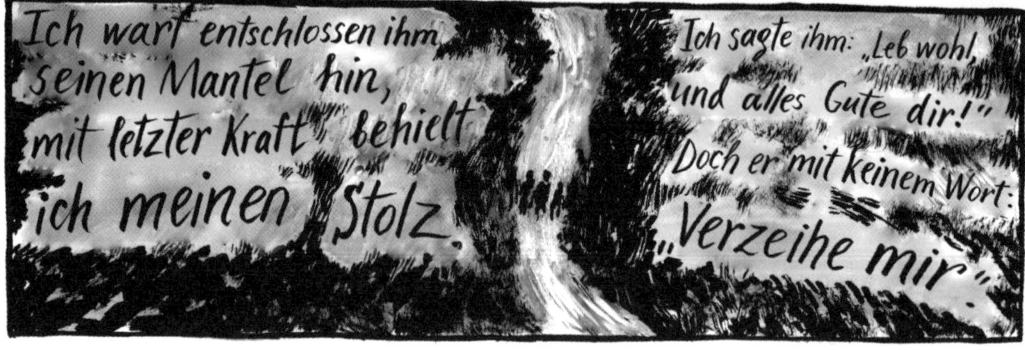
Ich warf entschlossen ihm seinen Mantel hin, mit letzter Kraft behielt ich meinen Stolz.
Ich sagte ihm: „Leb wohl, und alles Gute dir!" Doch er mit keinem Wort: „Verzeihe mir".

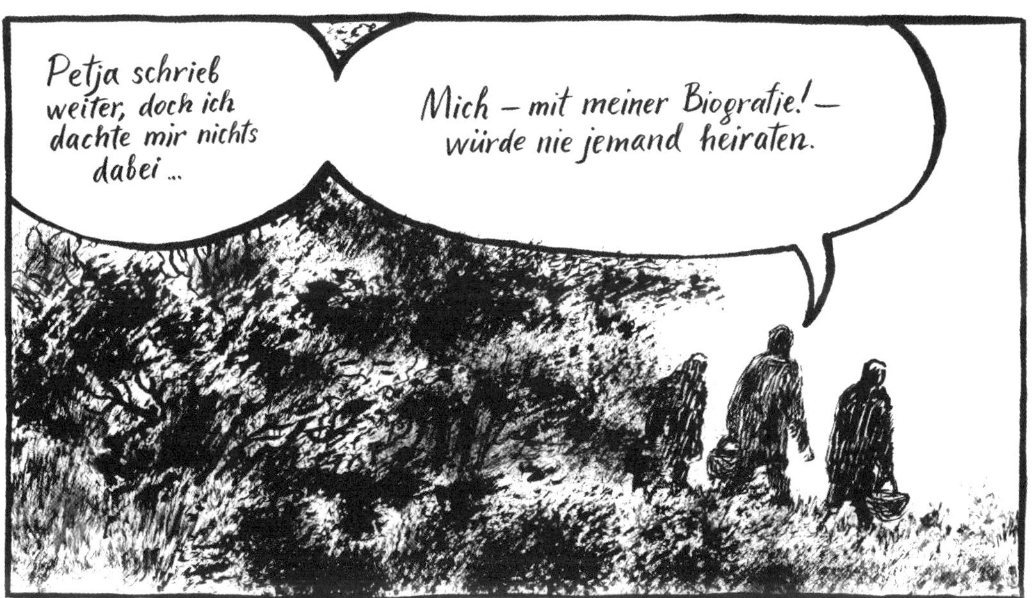

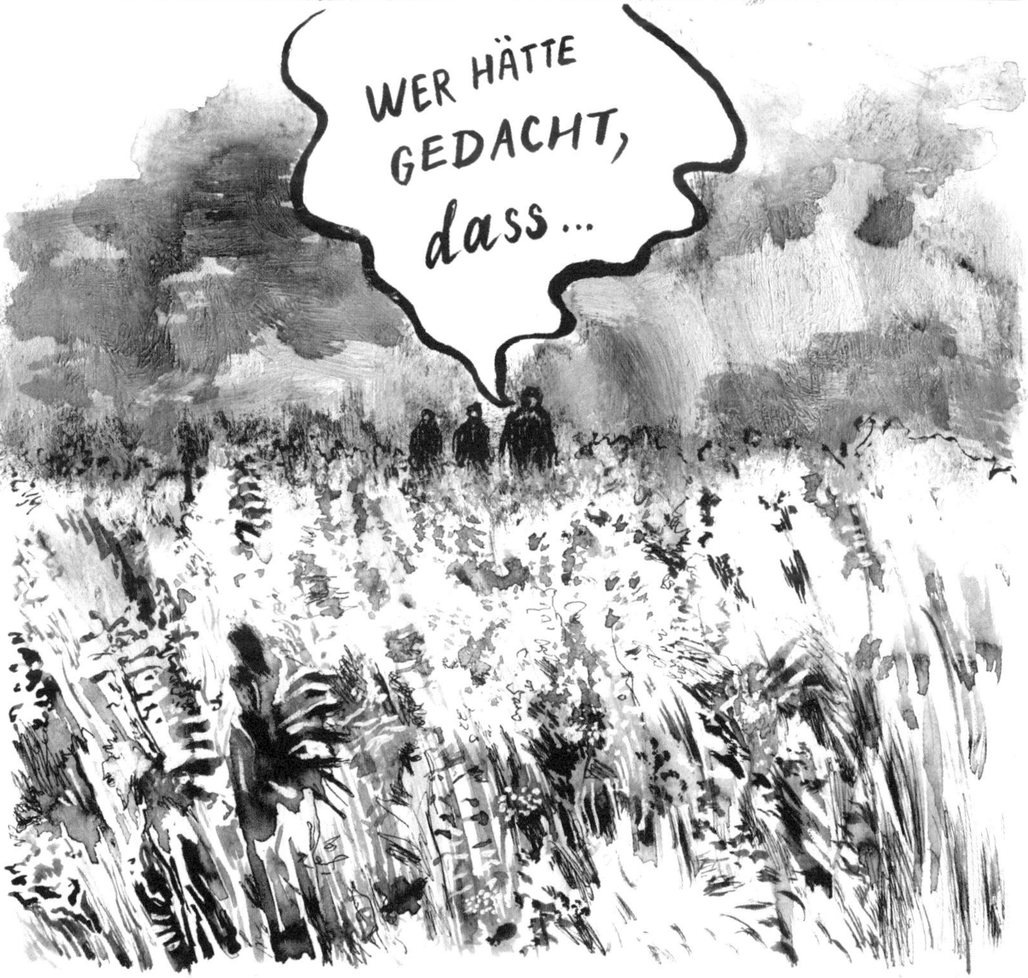

WER HÄTTE GEDACHT, dass …

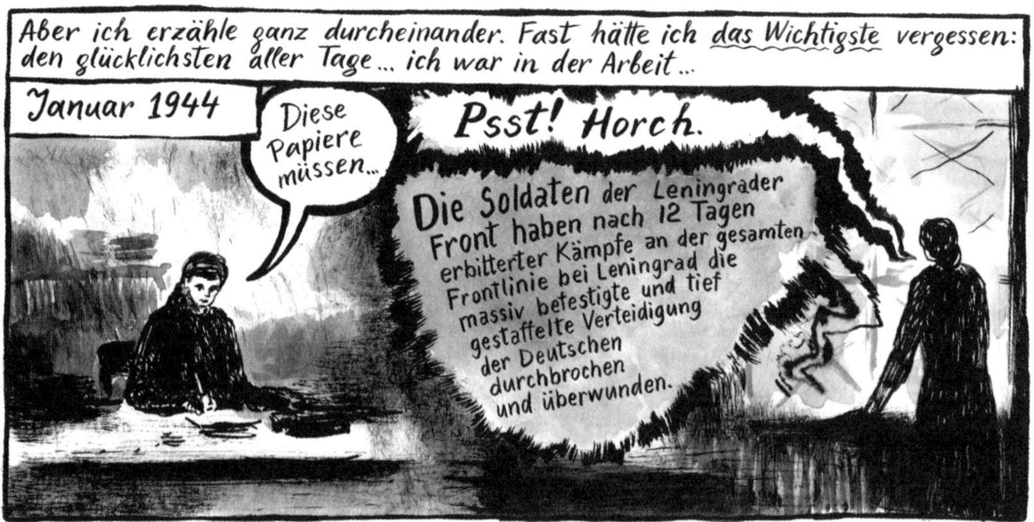
Aber ich erzähle ganz durcheinander. Fast hätte ich das Wichtigste vergessen: den glücklichsten aller Tage ... ich war in der Arbeit ...
Januar 1944
Diese Papiere müssen ...
Psst! Horch.
Die Soldaten der Leningrader Front haben nach 12 Tagen erbitterter Kämpfe an der gesamten Frontlinie bei Leningrad die massiv befestigte und tief gestaffelte Verteidigung der Deutschen durchbrochen und überwunden.

LENINGRAD IST FREI VON DER FEINDLICHEN BLOCKADE

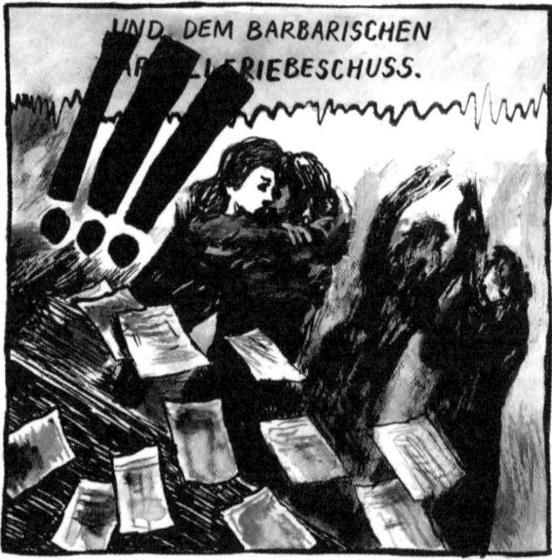
UND DEM BARBARISCHEN
RIEBESCHUSS.

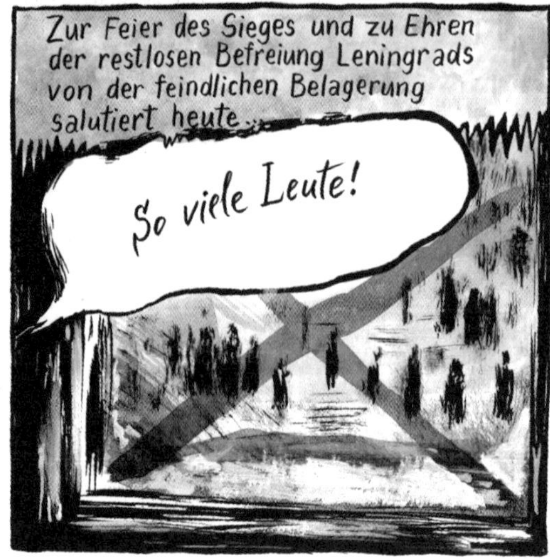
Zur Feier des Sieges und zu Ehren der restlosen Befreiung Leningrads von der feindlichen Belagerung salutiert heute ...
So viele Leute!

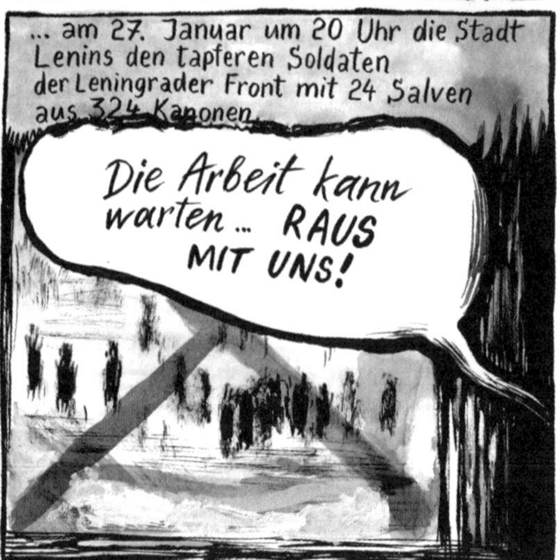
... am 27. Januar um 20 Uhr die Stadt Lenins den tapferen Soldaten der Leningrader Front mit 24 Salven aus 324 Kanonen.
Die Arbeit kann warten ... RAUS MIT UNS!

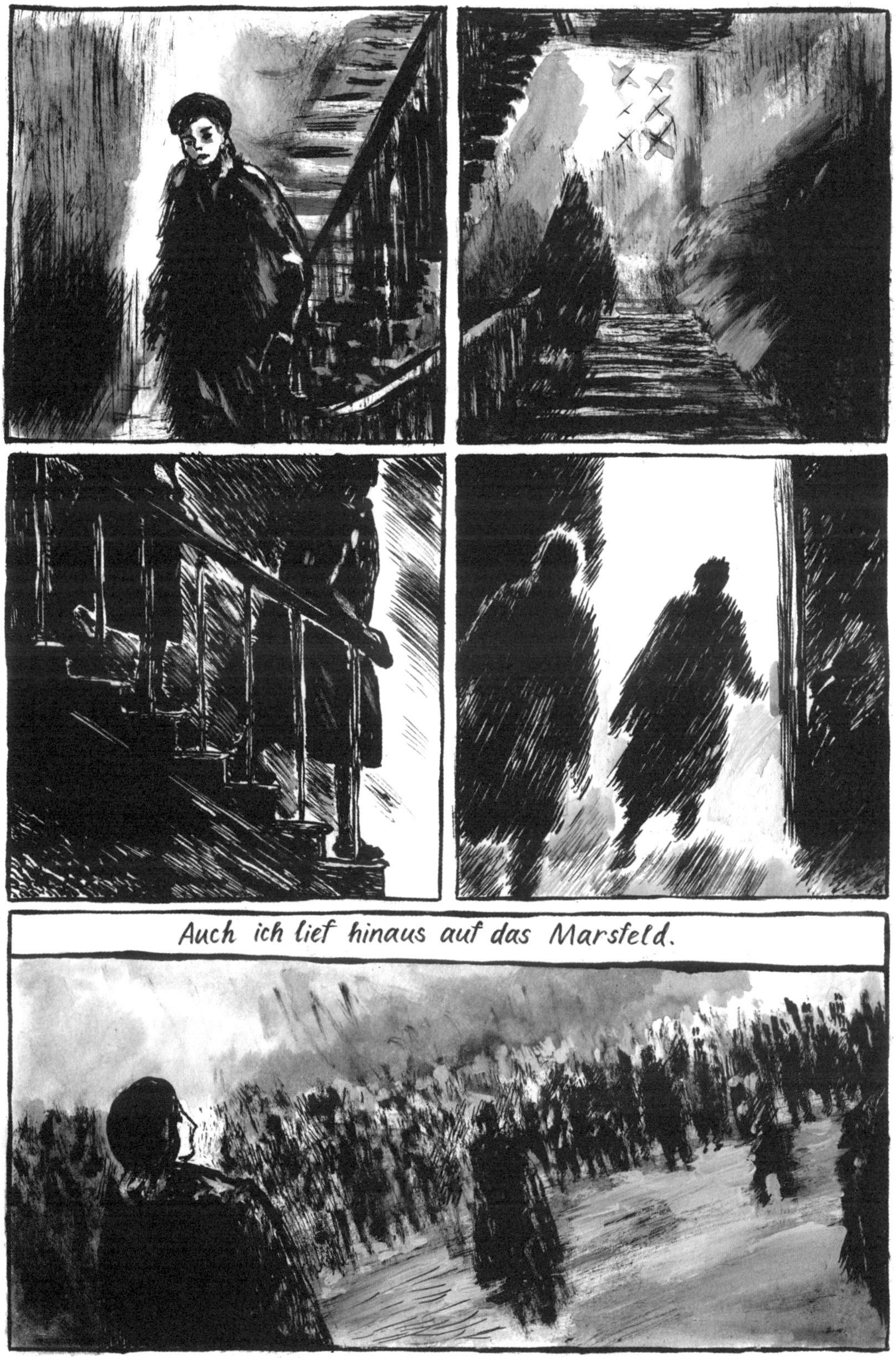

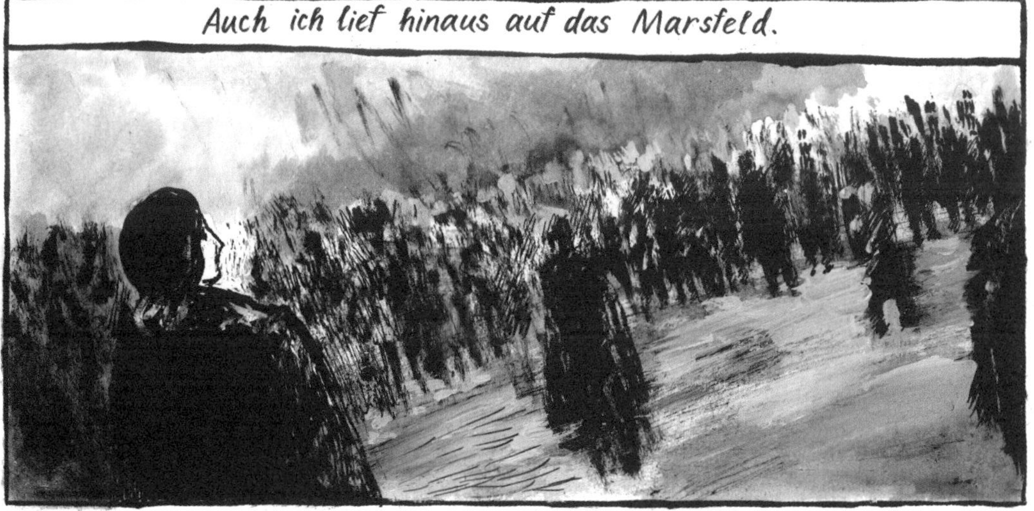
Auch ich lief hinaus auf das Marsfeld.

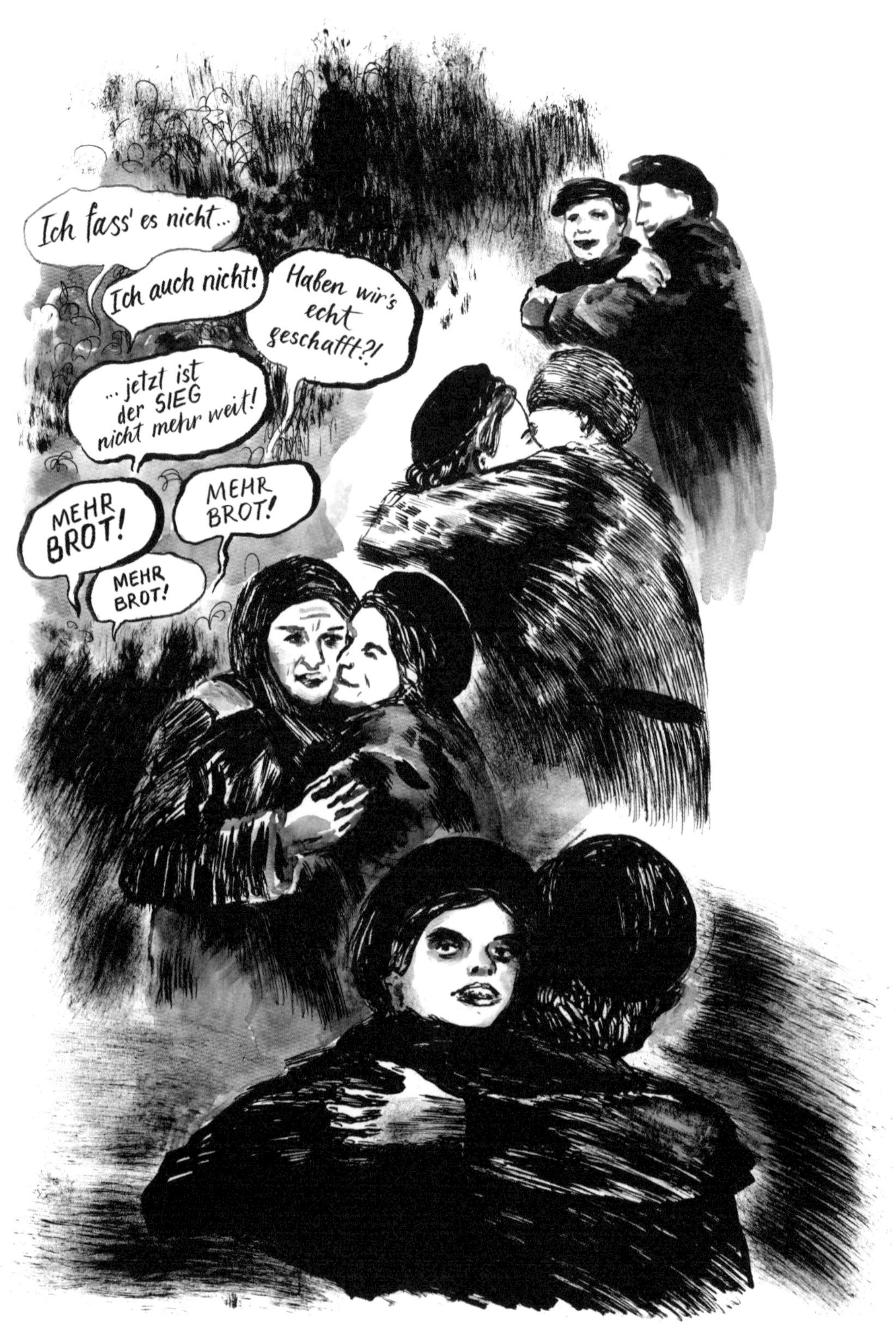
Ich fass' es nicht...
Ich auch nicht!
Haben wir's echt geschafft?!
... jetzt ist der SIEG nicht mehr weit!
MEHR BROT!
MEHR BROT!
MEHR BROT!

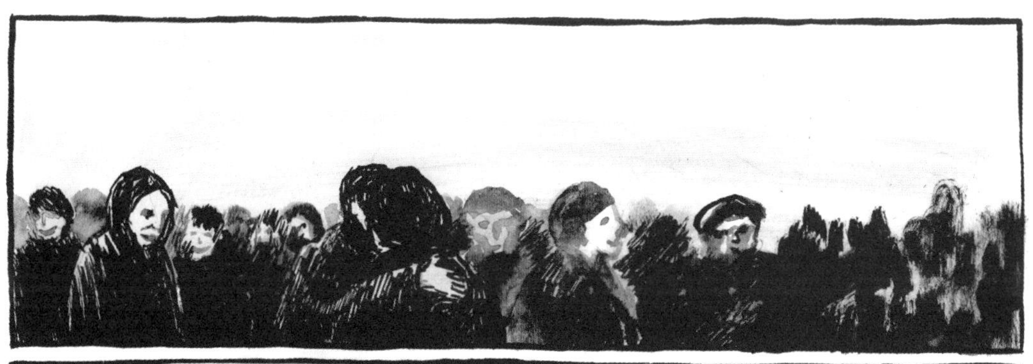

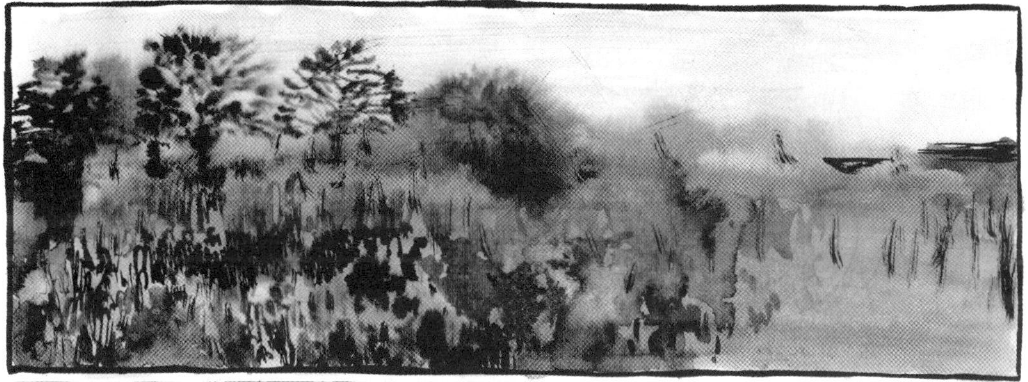

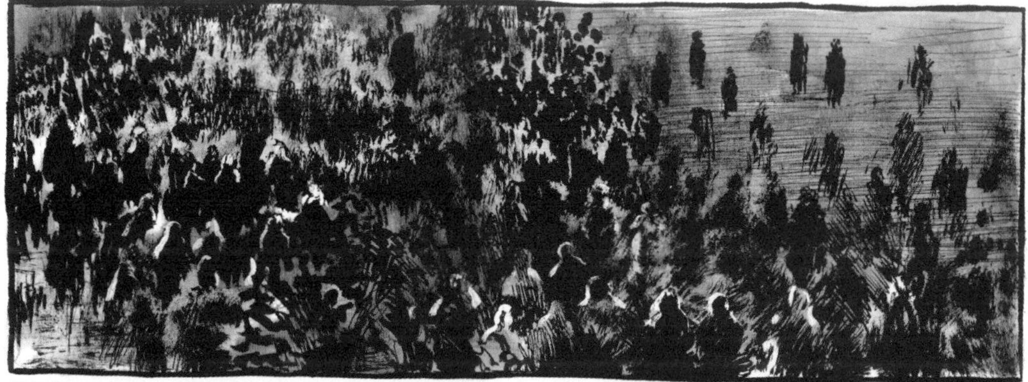

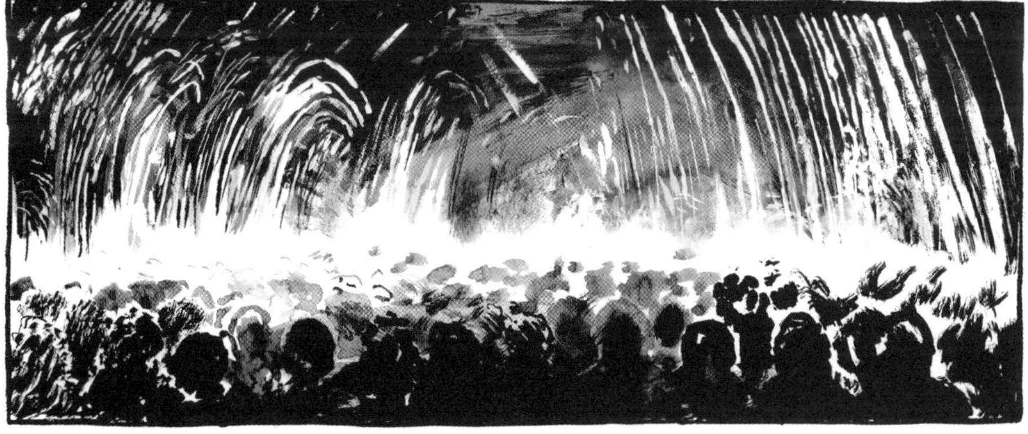

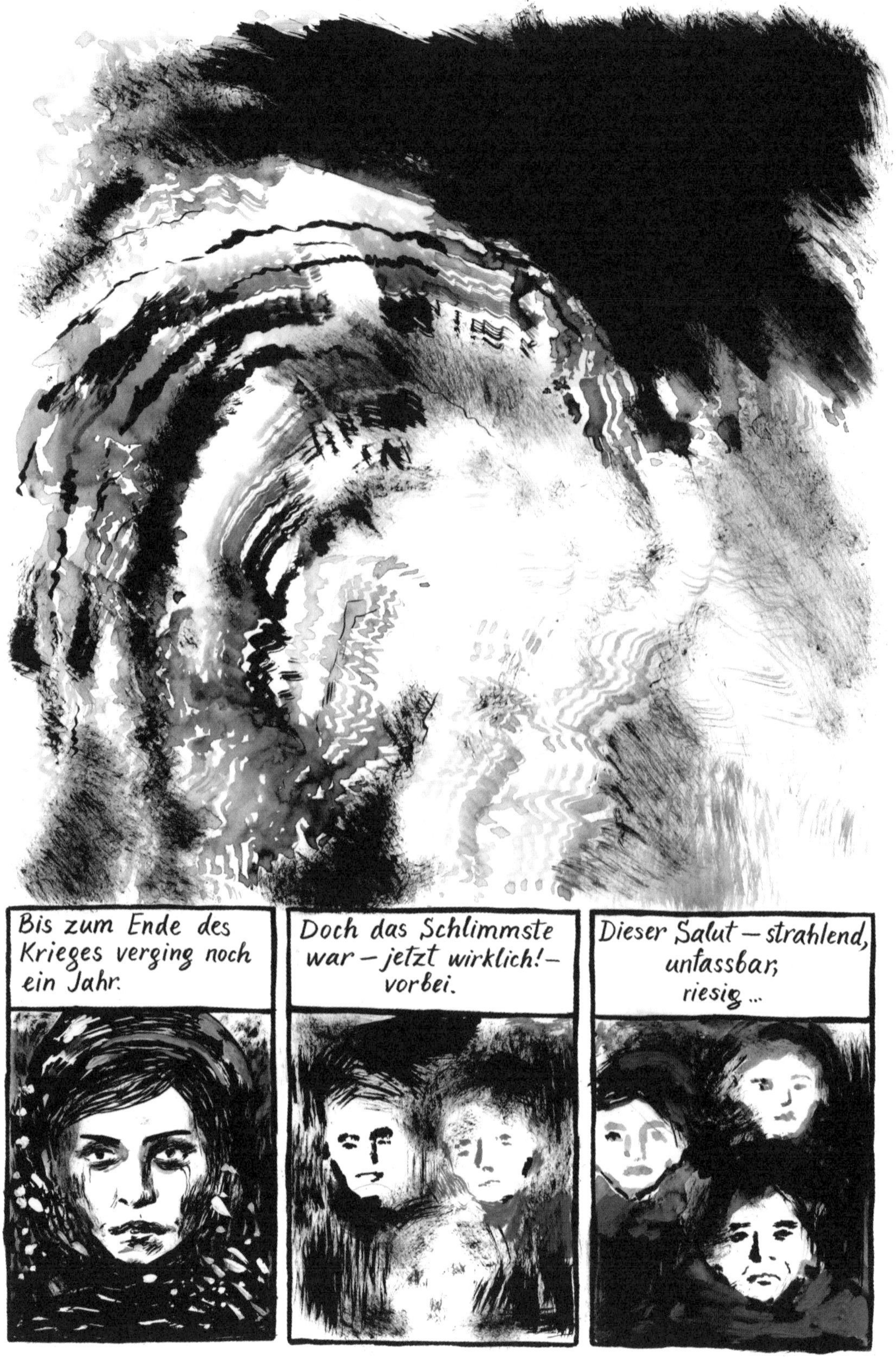

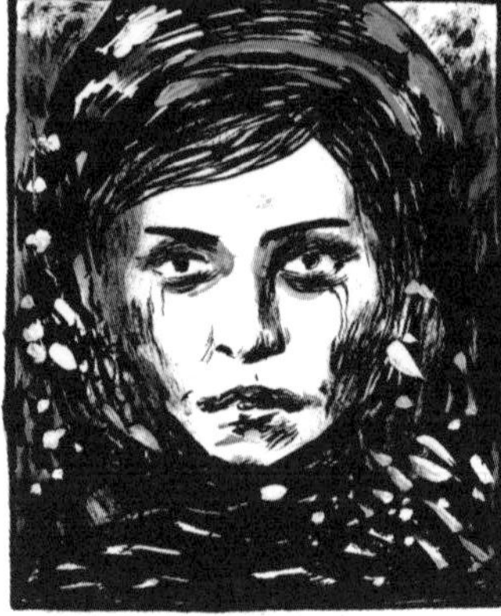
Bis zum Ende des Krieges verging noch ein Jahr.

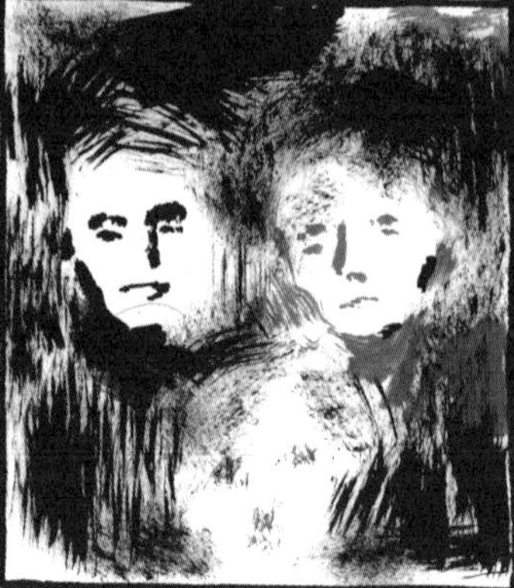
Doch das Schlimmste war – jetzt wirklich! – vorbei.

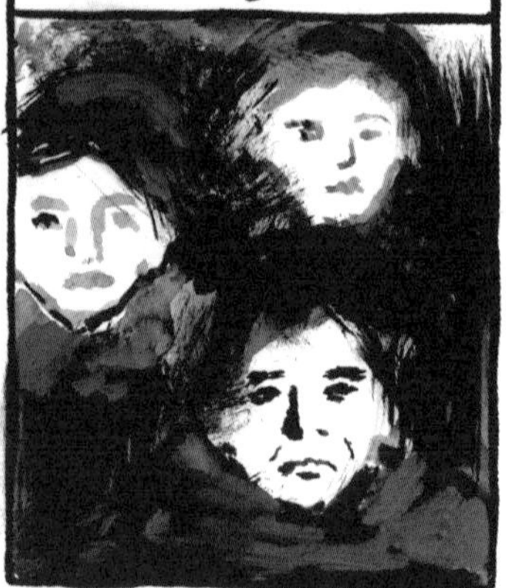
Dieser Salut – strahlend, unfassbar, riesig …

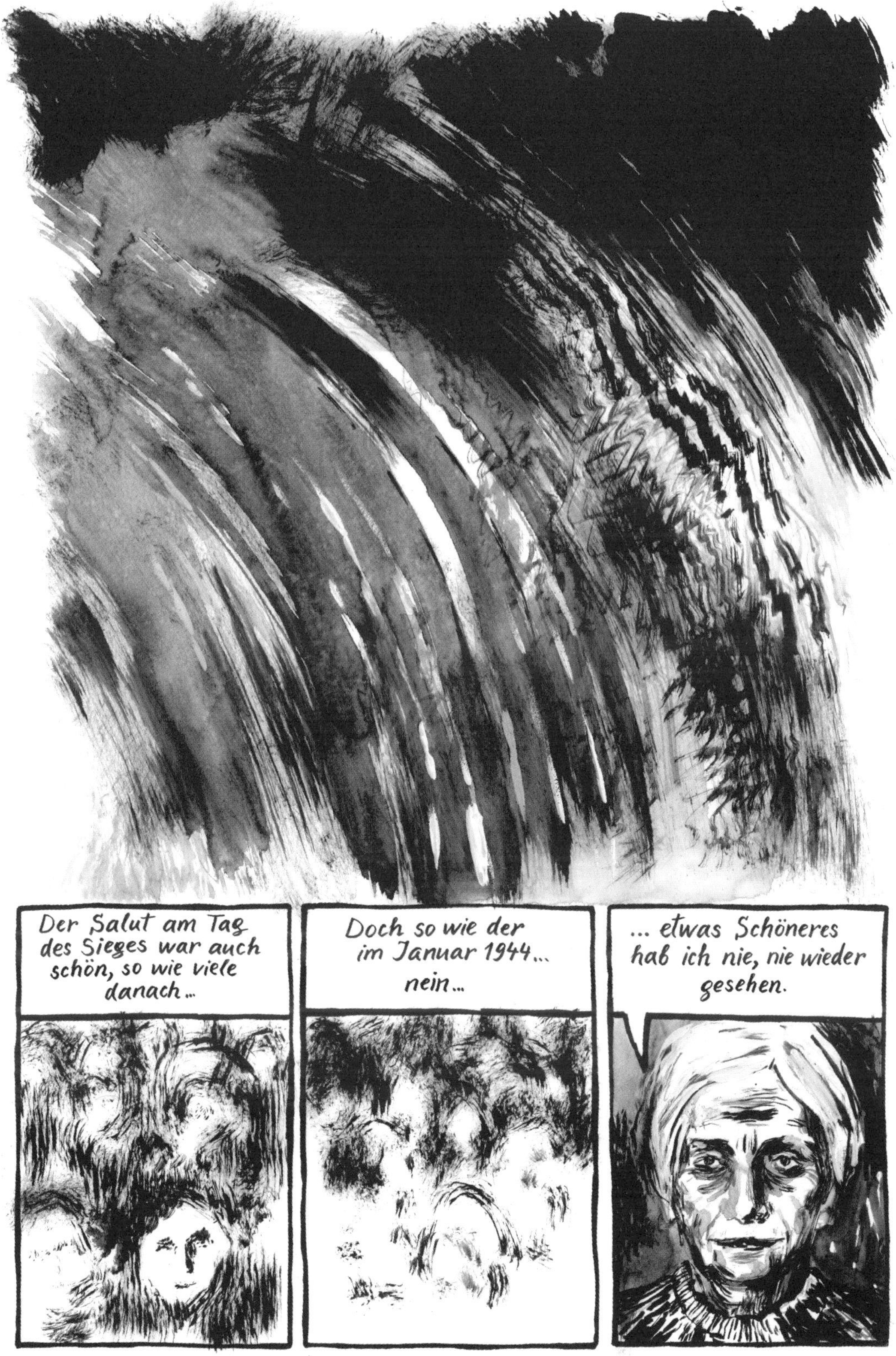

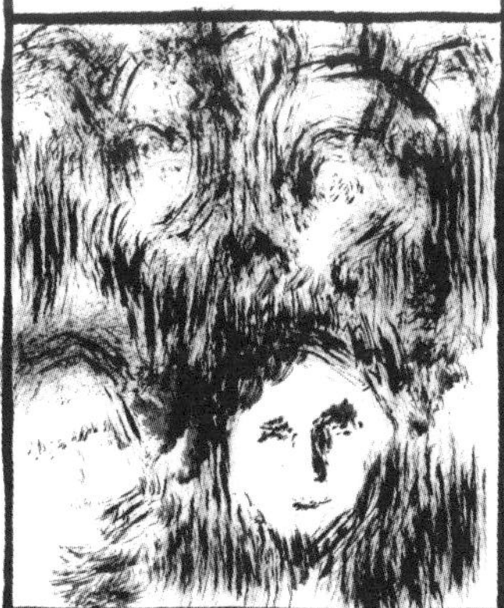
Der Salut am Tag des Sieges war auch schön, so wie viele danach ...

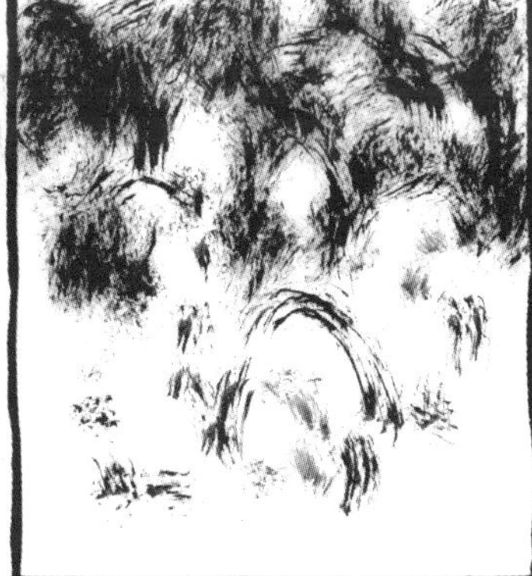
Doch so wie der im Januar 1944 ... nein ...

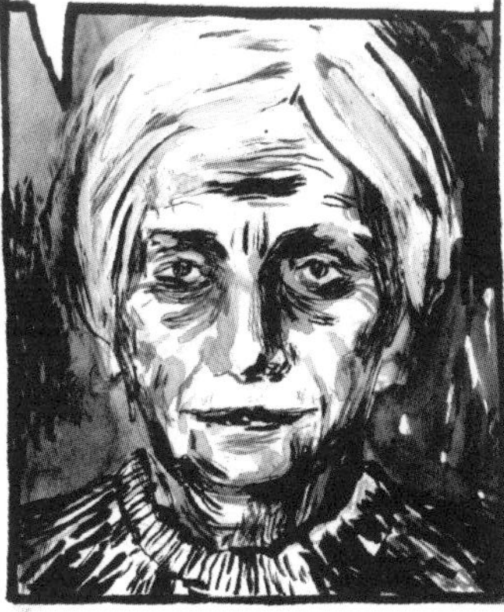
... etwas Schöneres hab ich nie, nie wieder gesehen.

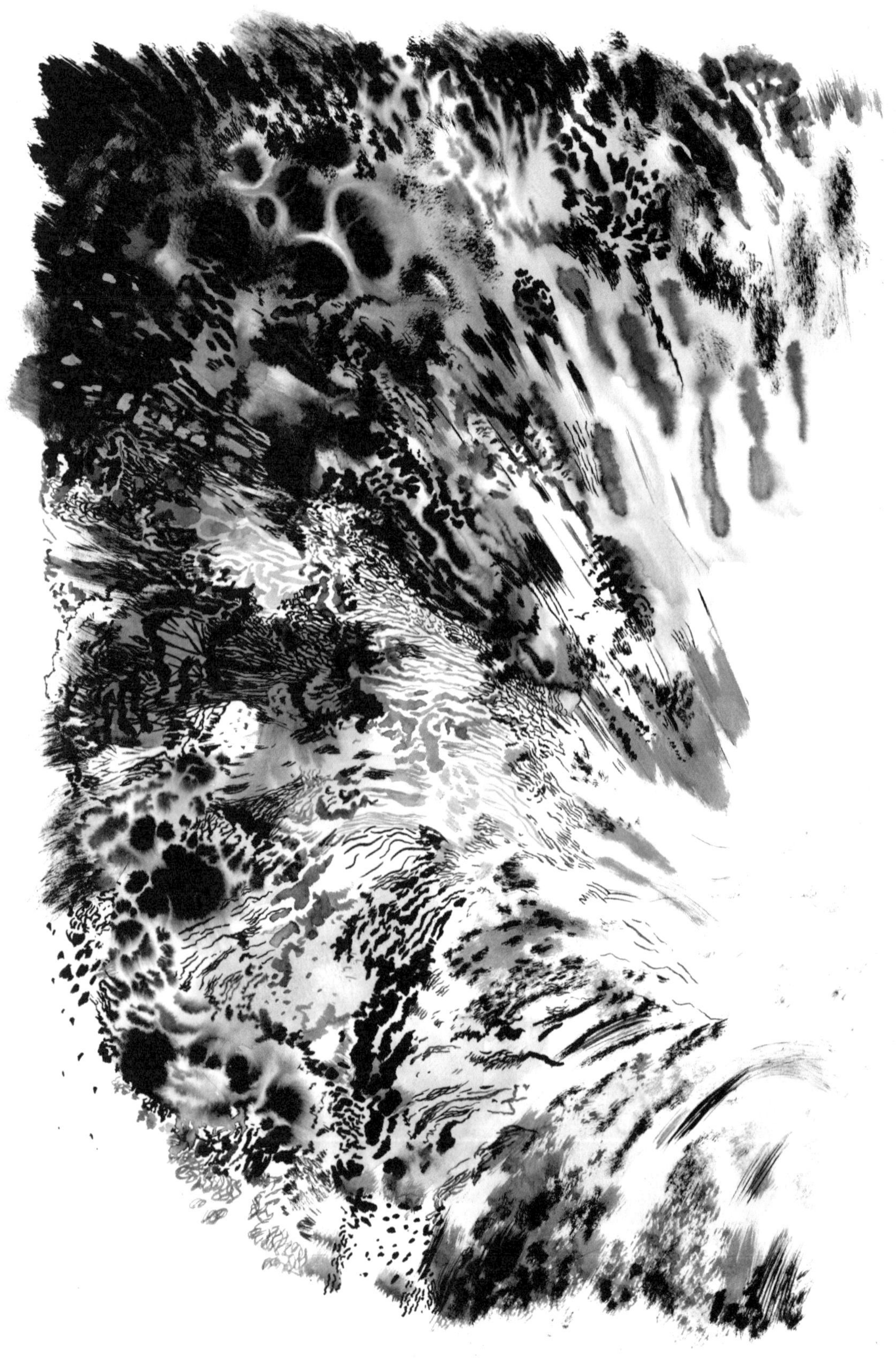

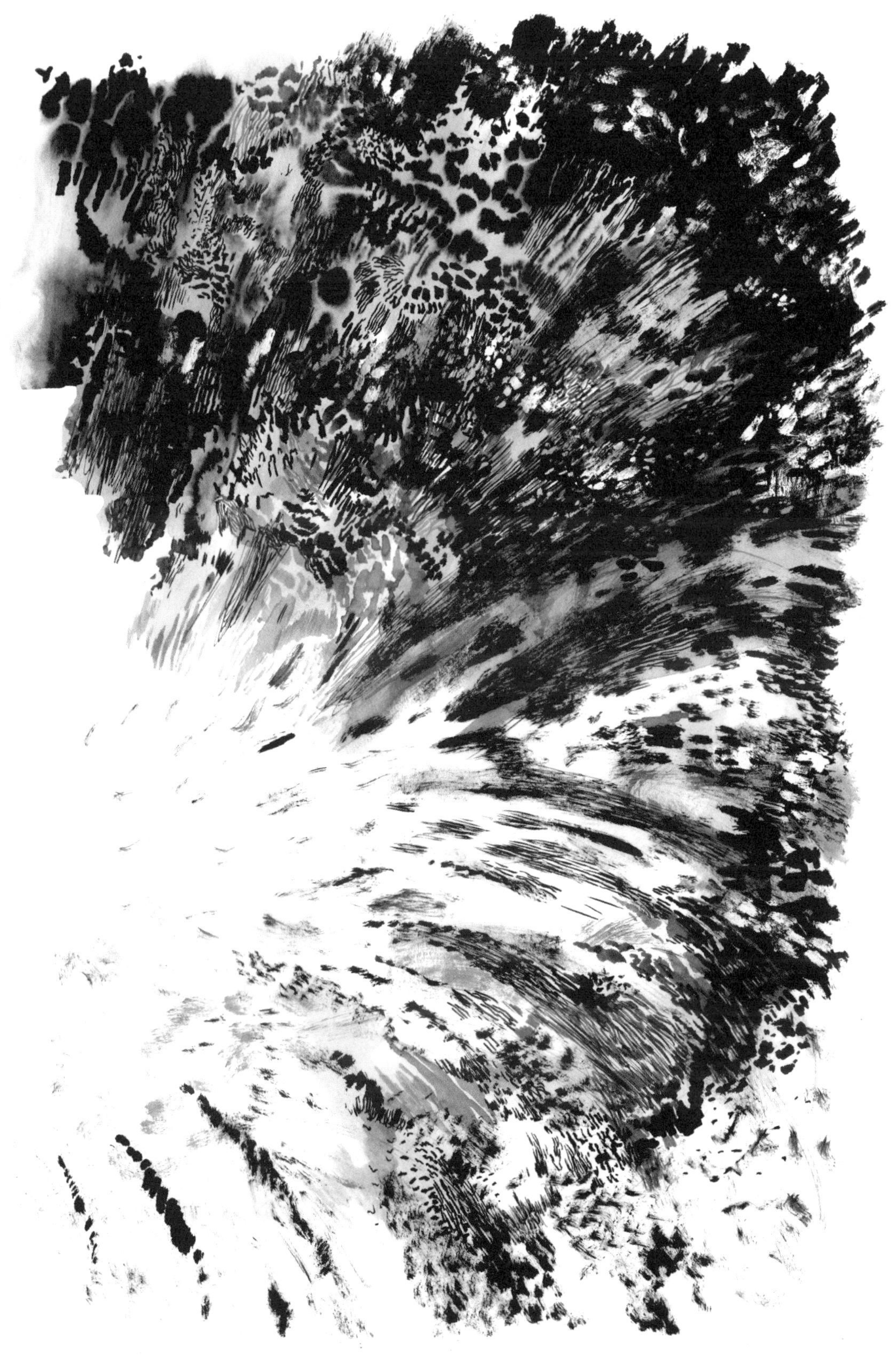

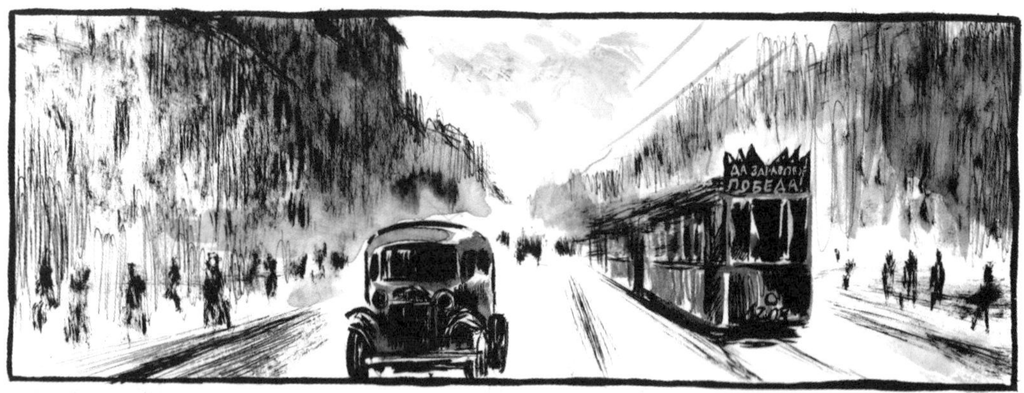
ПОБЕДА!

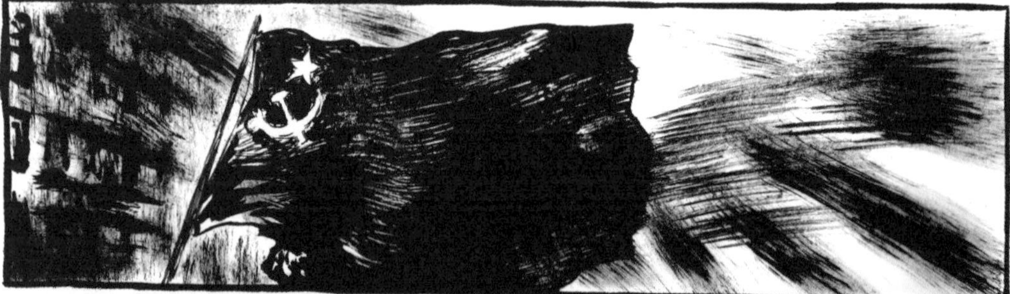

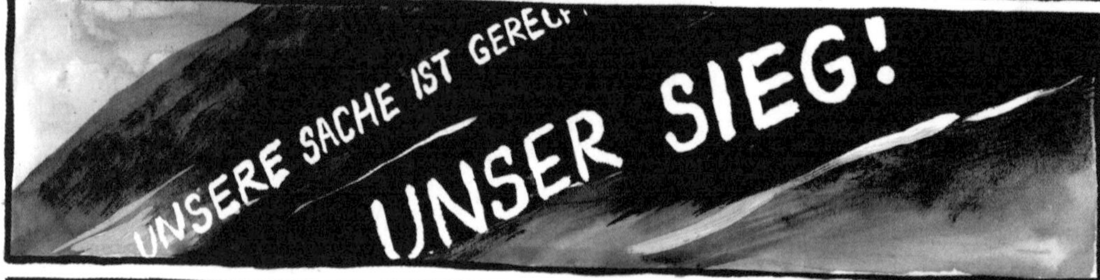
UNSERE SACHE IST GEREC
UNSER SIEG!

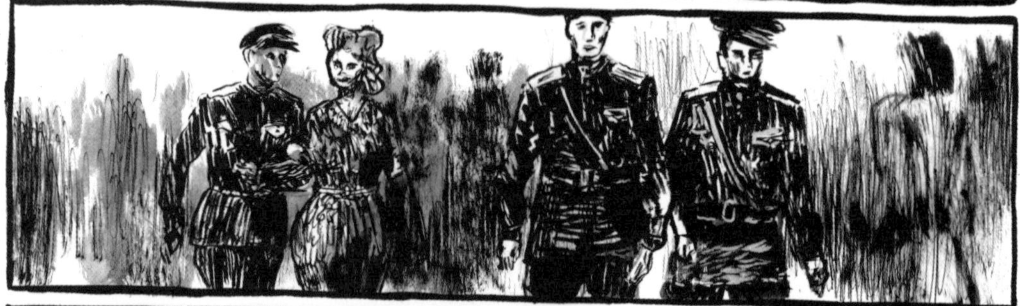

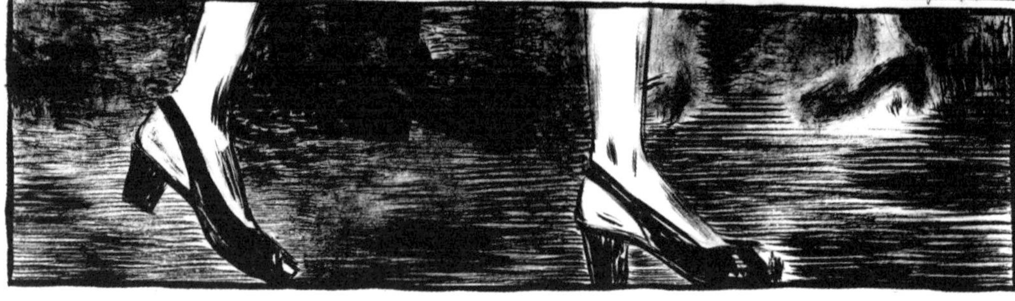

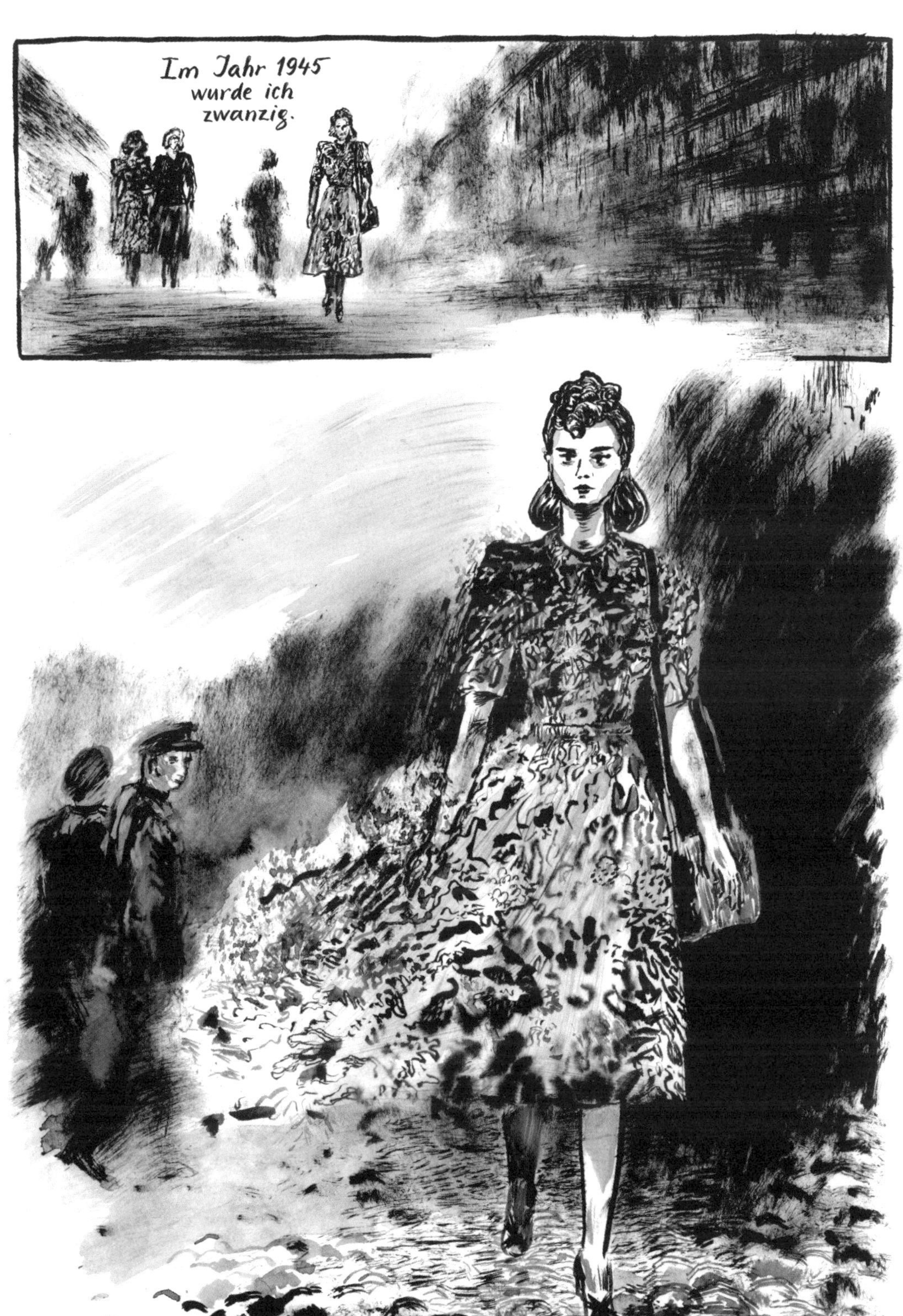
Im Jahr 1945
wurde ich
zwanzig.

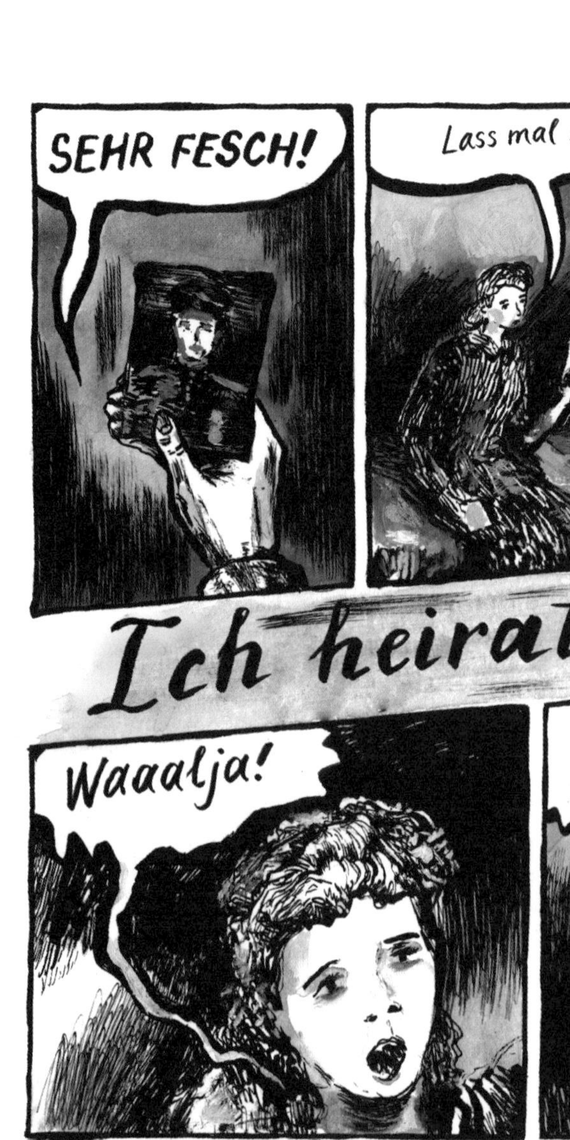
SEHR FESCH!

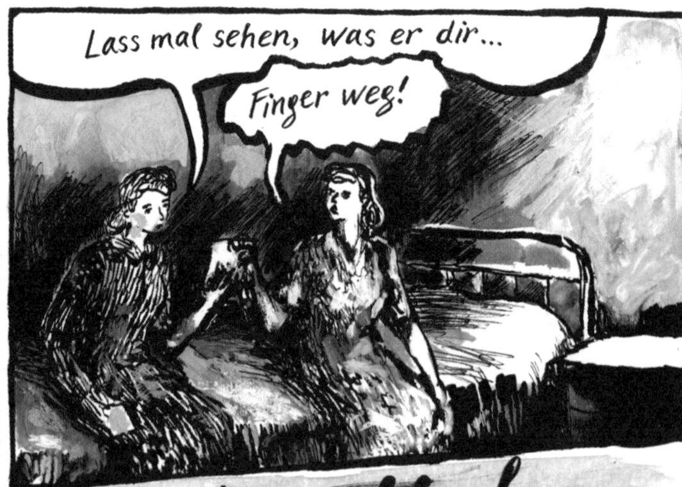
Lass mal sehen, was er dir...
Finger weg!
Ich heirate dich.

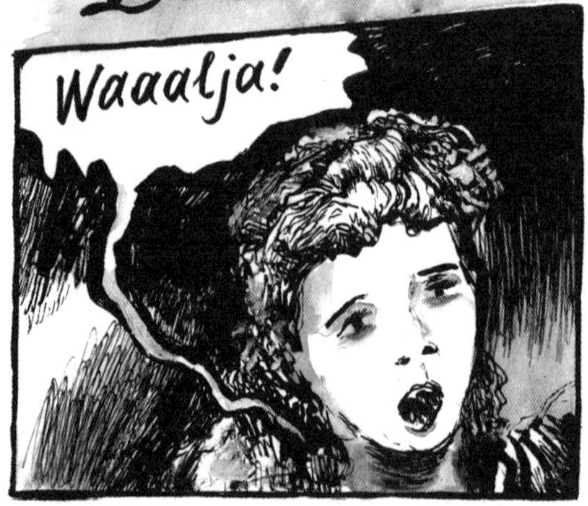
Waaalja!

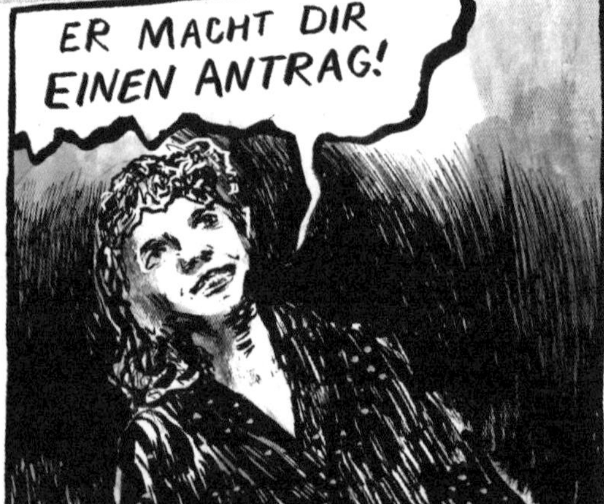
ER MACHT DIR EINEN ANTRAG!

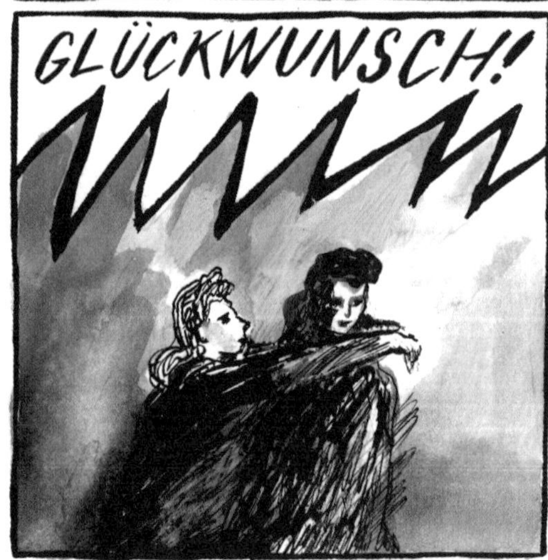
GLÜCKWUNSCH!

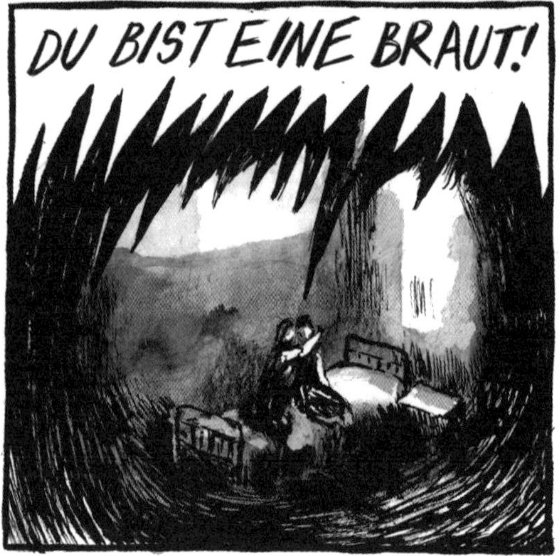
DU BIST EINE BRAUT!

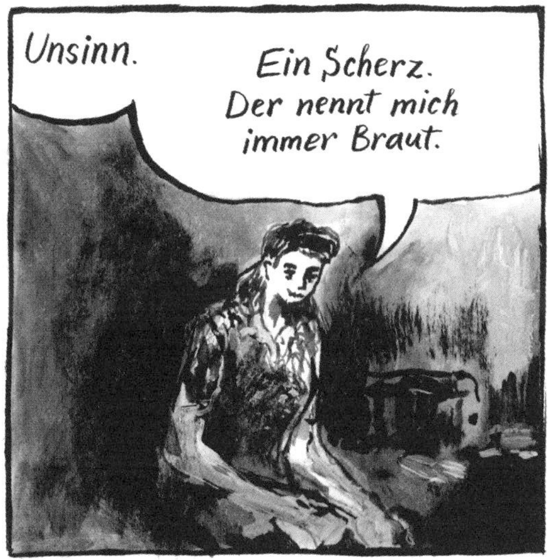
Unsinn.
Ein Scherz. Der nennt mich immer Braut.
Mit so was scherzt man nicht!
Mich doch nicht!

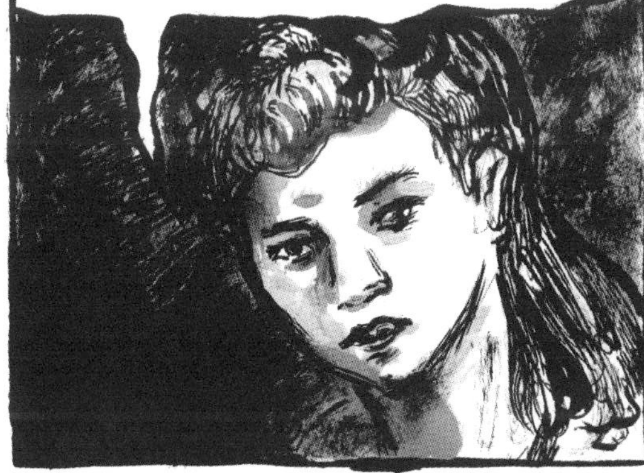
Der hat mich zuletzt vor vier Jahren gesehen, vor dem Krieg, unglücklich, verheult ... verloren ...

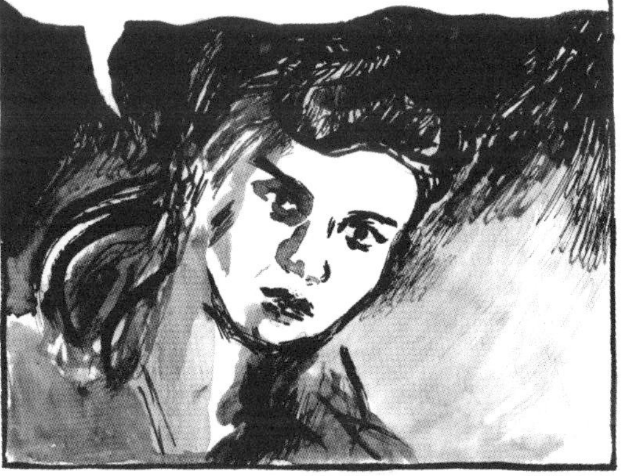
Fad ist ihm, also schreibt er allen Mädchen, die er kennt, BLÖDSINN.

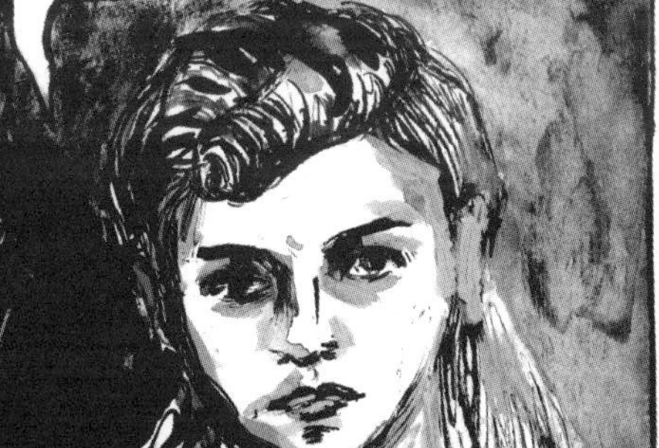
Der heiratet mich nicht.

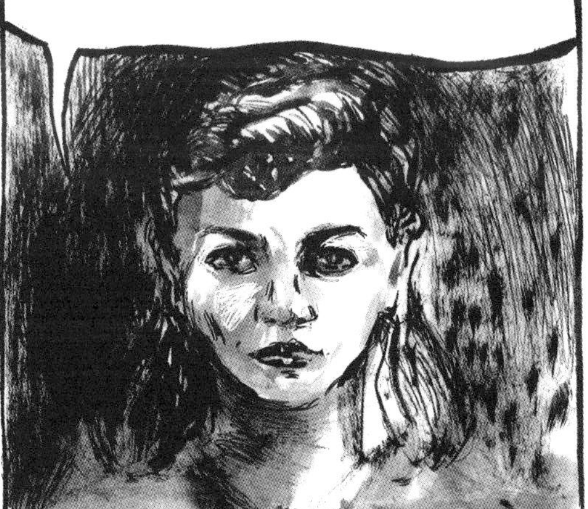
So dumm ist er nicht ...

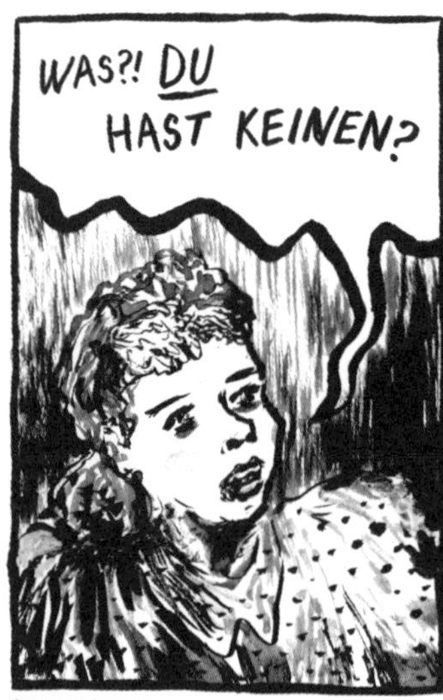
WAS?! DU
HAST KEINEN?

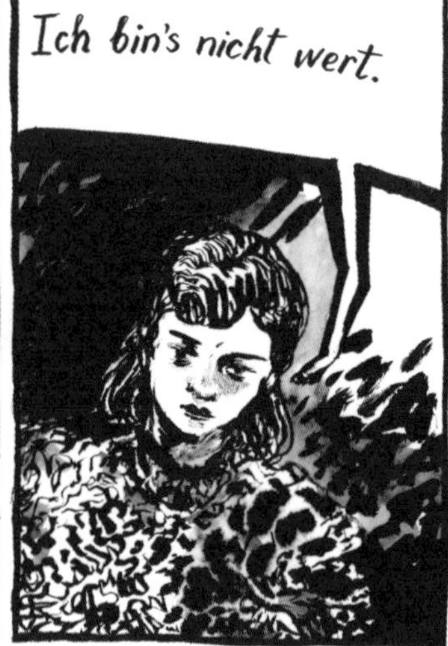
Ich bin's nicht wert.

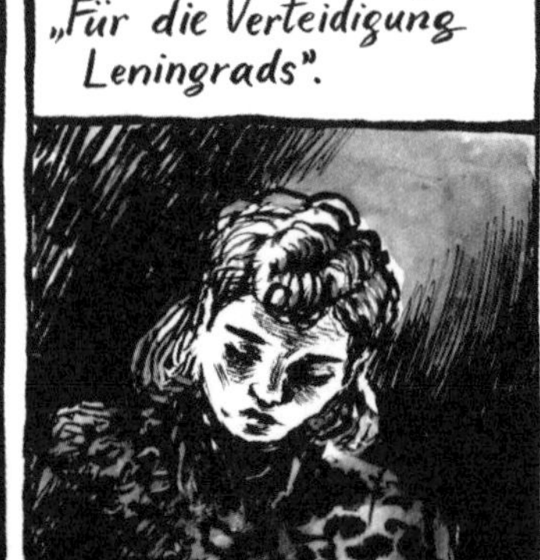
Alle haben
einen Orden gekriegt
„Für die Verteidigung
Leningrads".

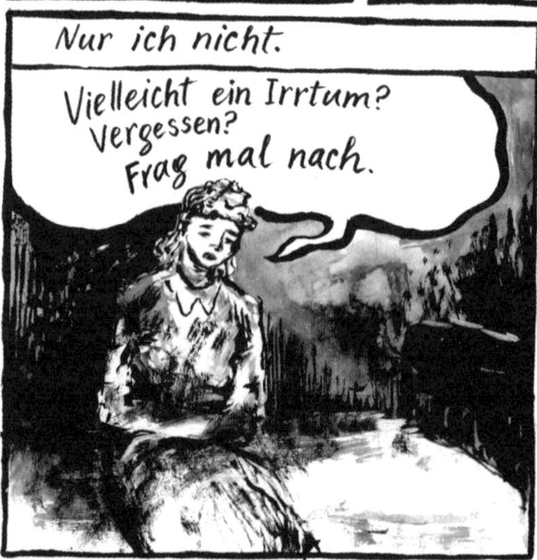
Nur ich nicht.
Vielleicht ein Irrtum?
Vergessen?
Frag mal nach.

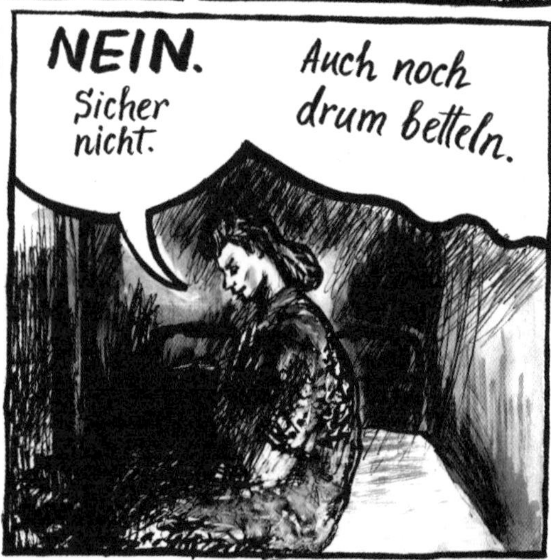
NEIN.
Sicher
nicht.
Auch noch
drum betteln.

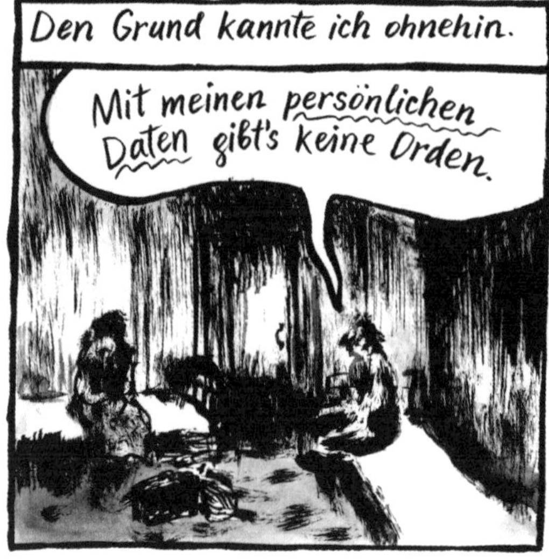
Den Grund kannte ich ohnehin.
Mit meinen persönlichen
Daten gibt's keine Orden.

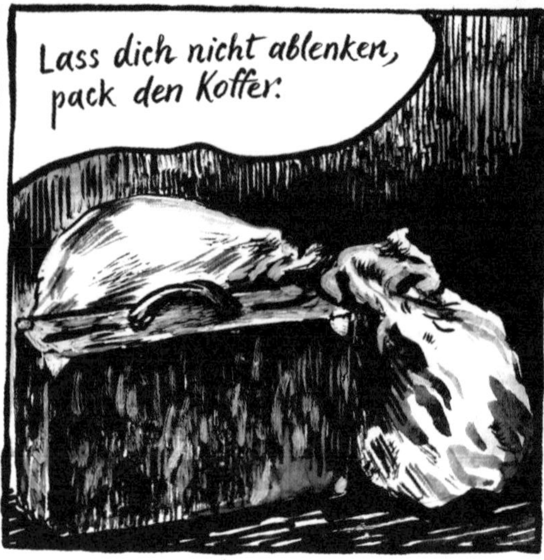
Lass dich nicht ablenken,
pack den Koffer.

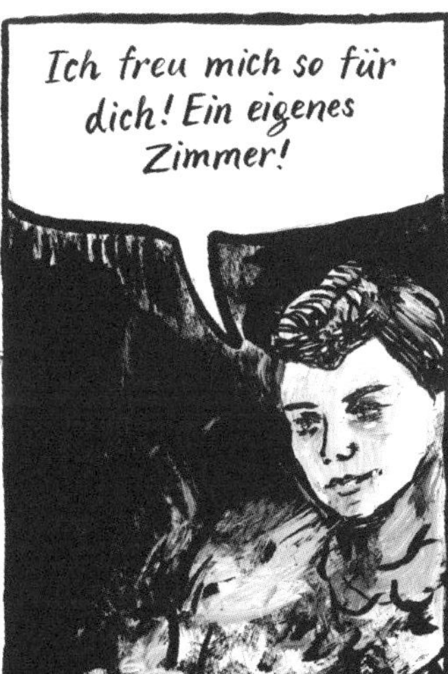
Ich freu mich so für dich! Ein eigenes Zimmer!

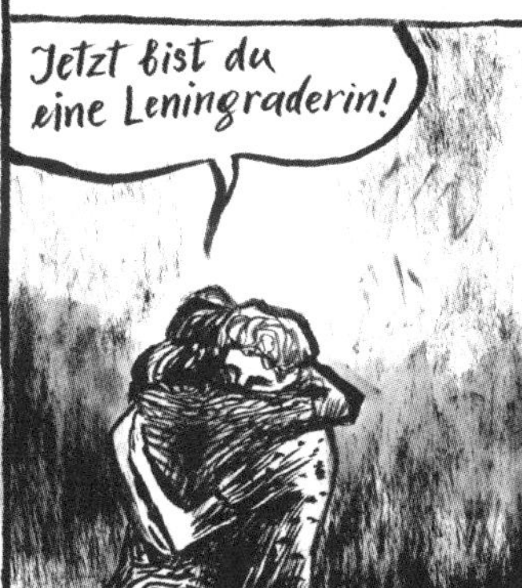
Als aktive Komsomolzin bekam Tossja ein Zimmer in einer Kommunalka.
Jetzt bist du eine Leningraderin!

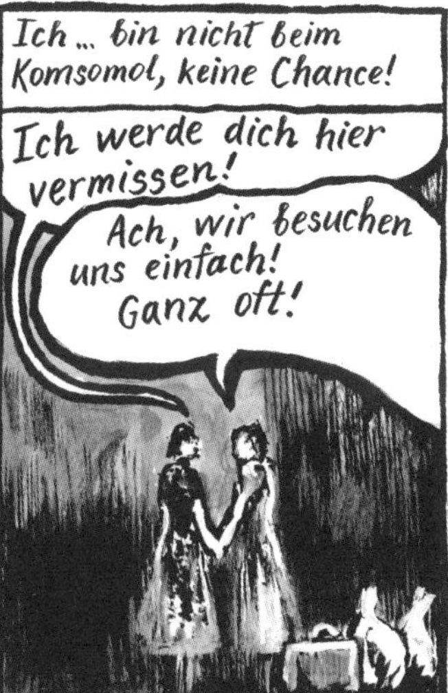
Ich ... bin nicht beim Komsomol, keine Chance!
Ich werde dich hier vermissen!
Ach, wir besuchen uns einfach! Ganz oft!

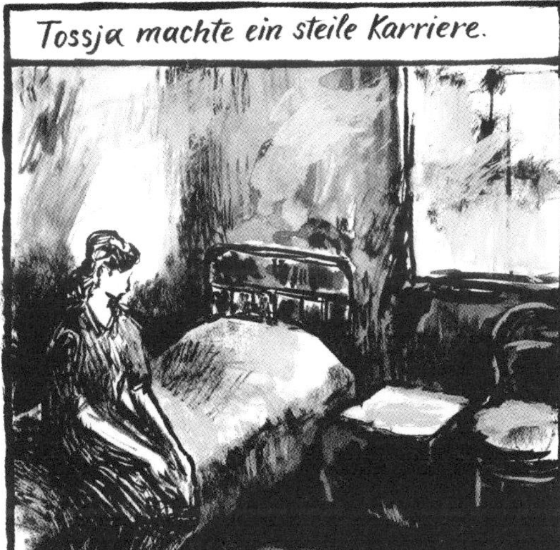
Tossja machte ein steile Karriere.

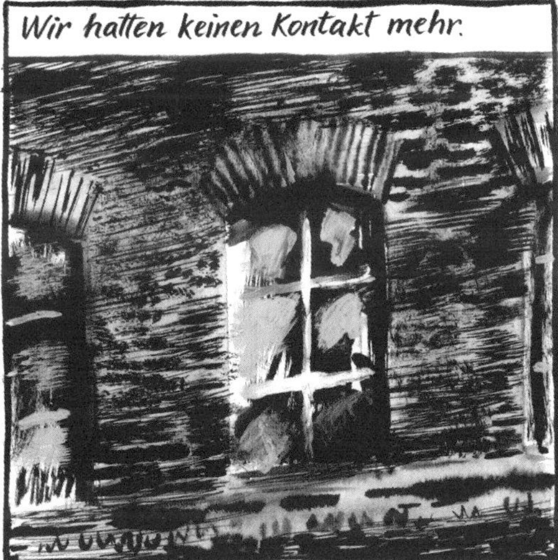
Wir hatten keinen Kontakt mehr.

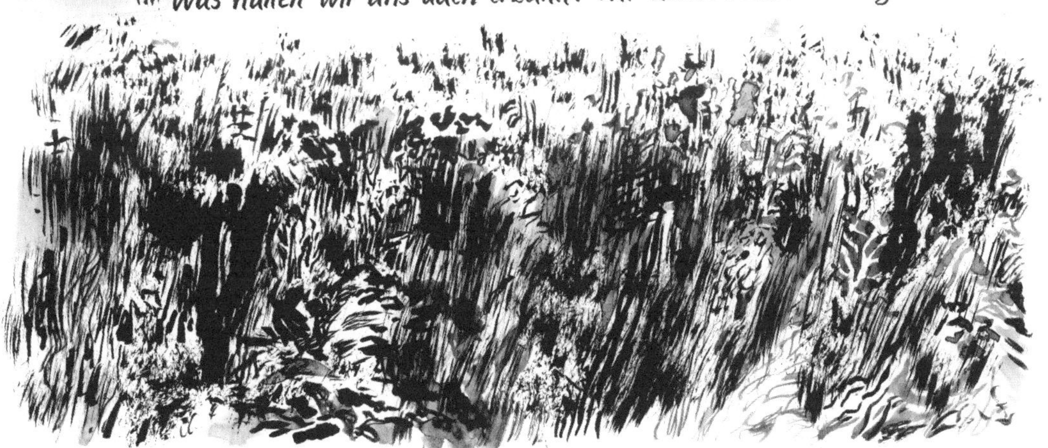
... Was hätten wir uns auch erzählt? Wir hatten nichts mehr gemeinsam.

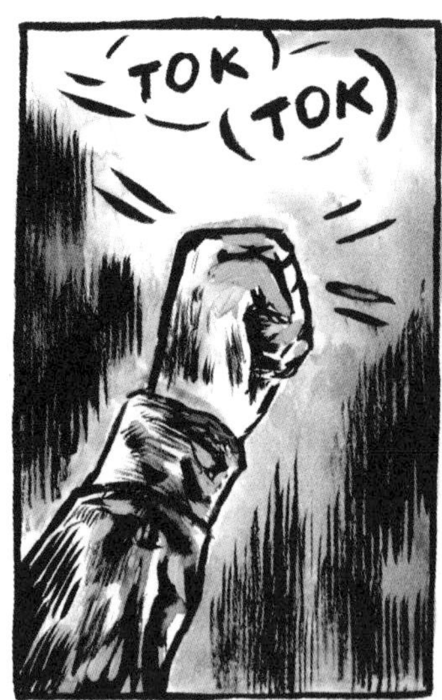
TOK
TOK
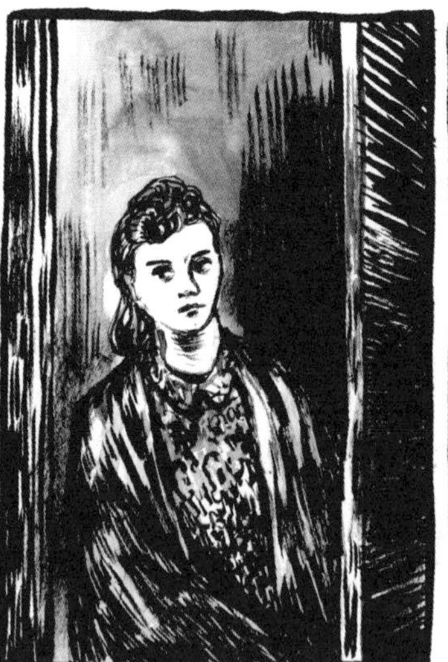
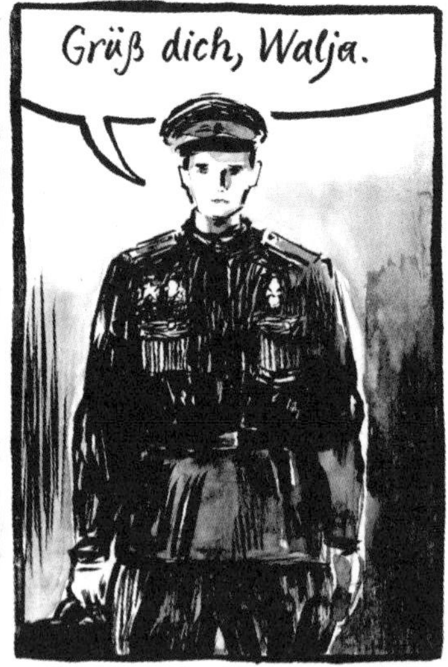
Grüß dich, Walja.
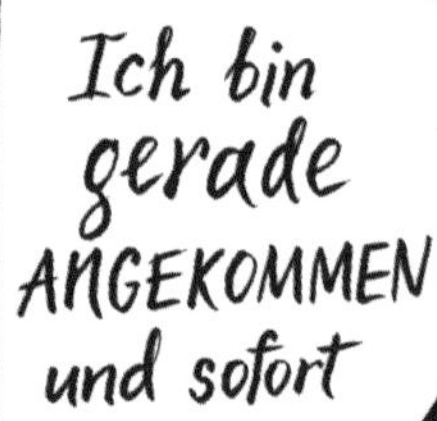
Ich bin gerade ANGEKOMMEN und sofort
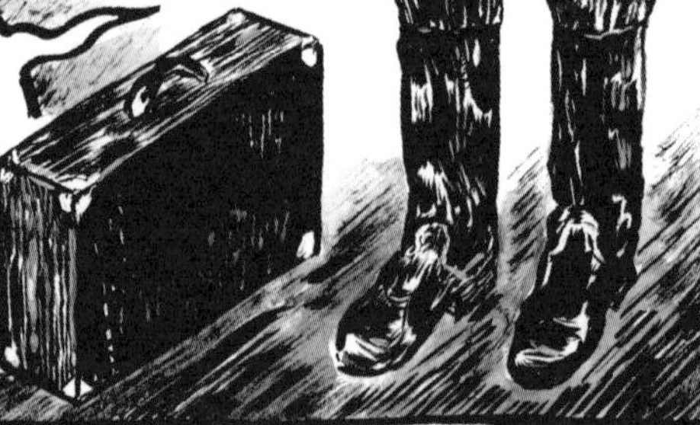
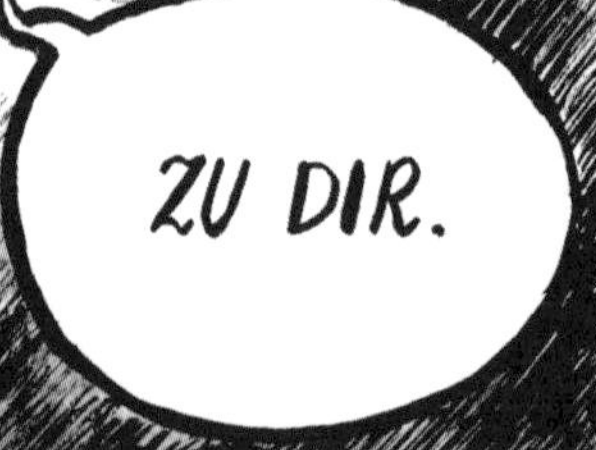
ZU DIR.
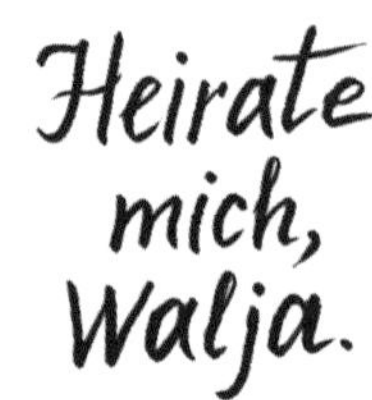
Heirate mich, Walja.
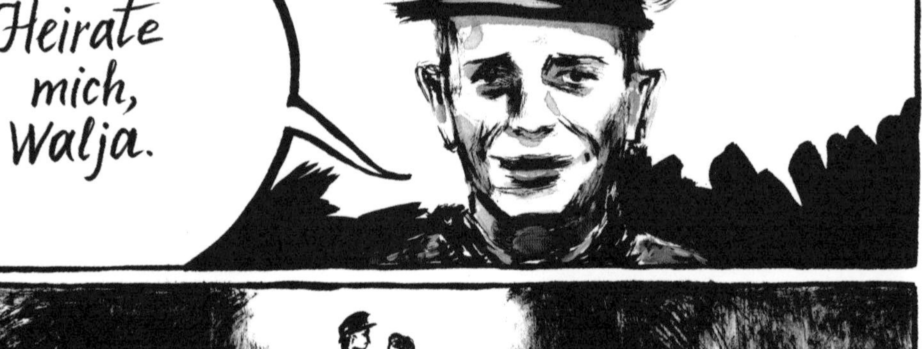
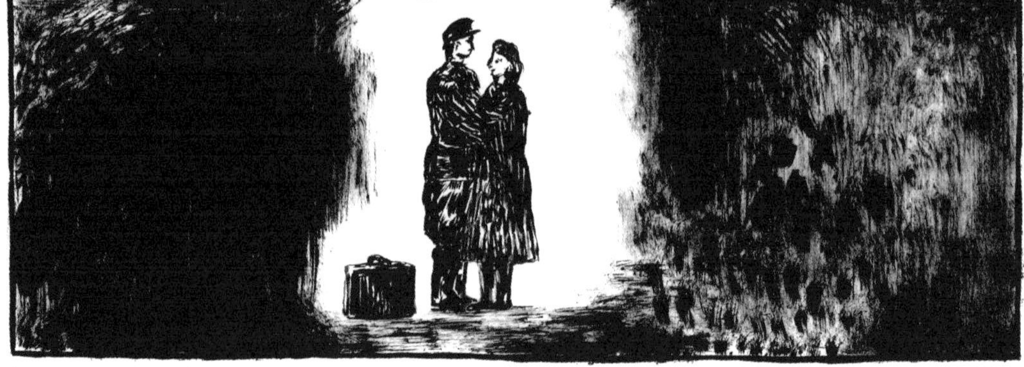

KAPITEL 7
Alle waren Idioten

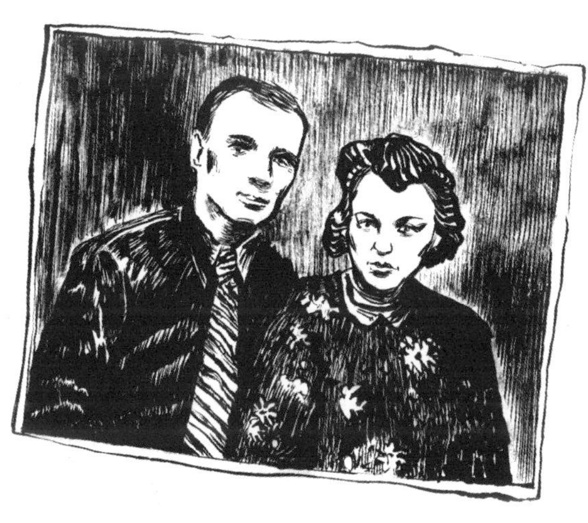

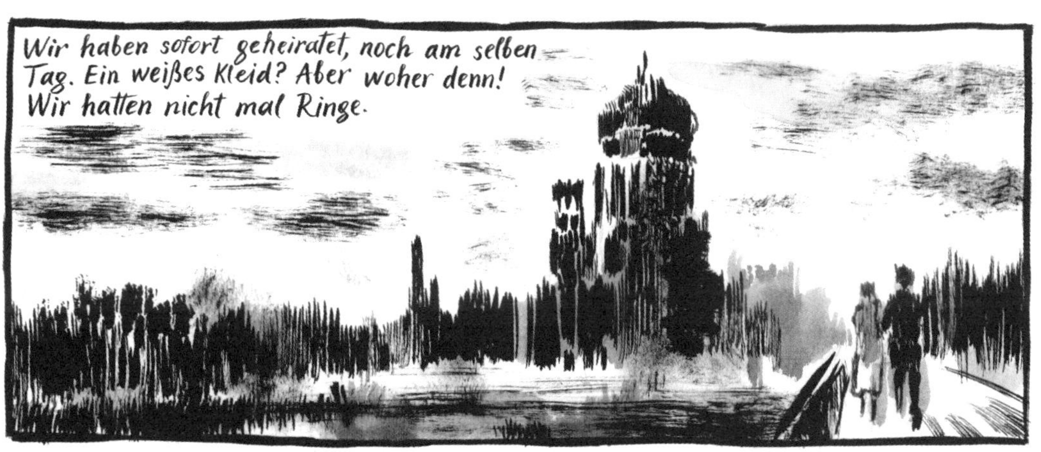

Dann besuchten wir die Nikonows. Sie waren gerade aus der Evakuierung zurück und wussten noch nicht, dass Petja wieder da war. Auch nichts von unserer Hochzeit ...

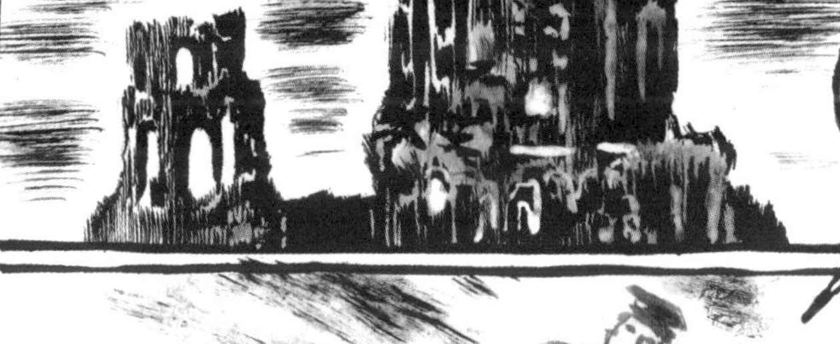

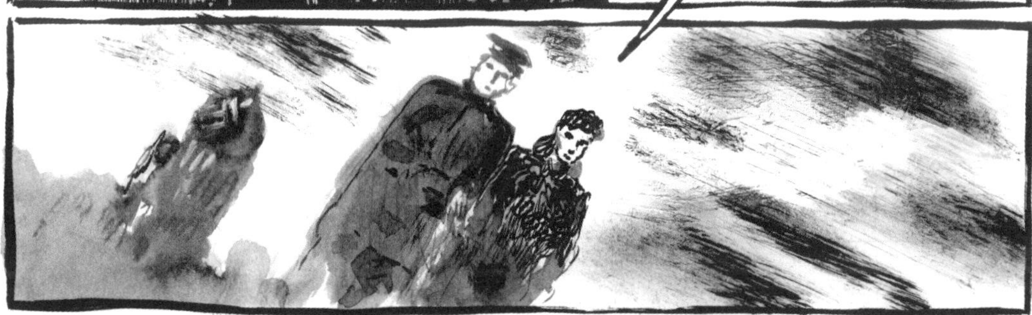

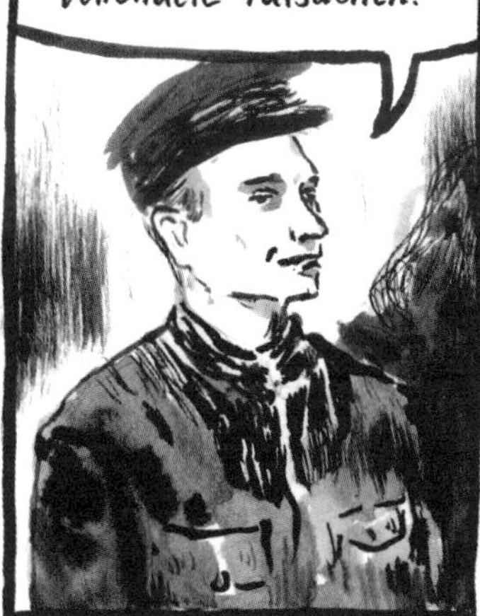

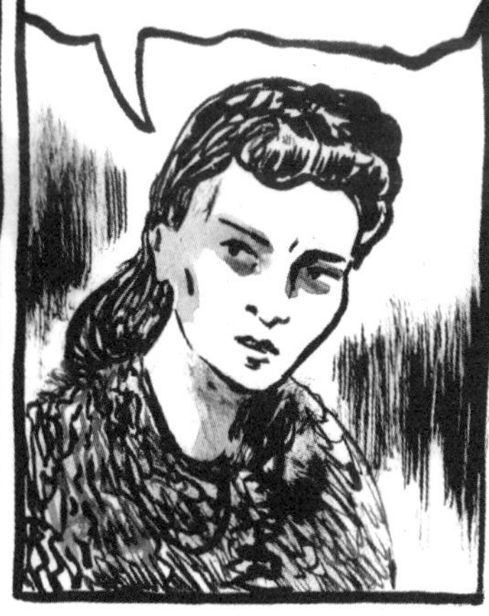

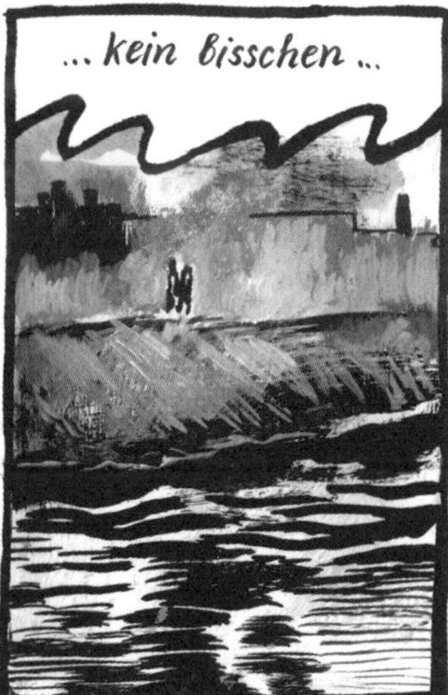

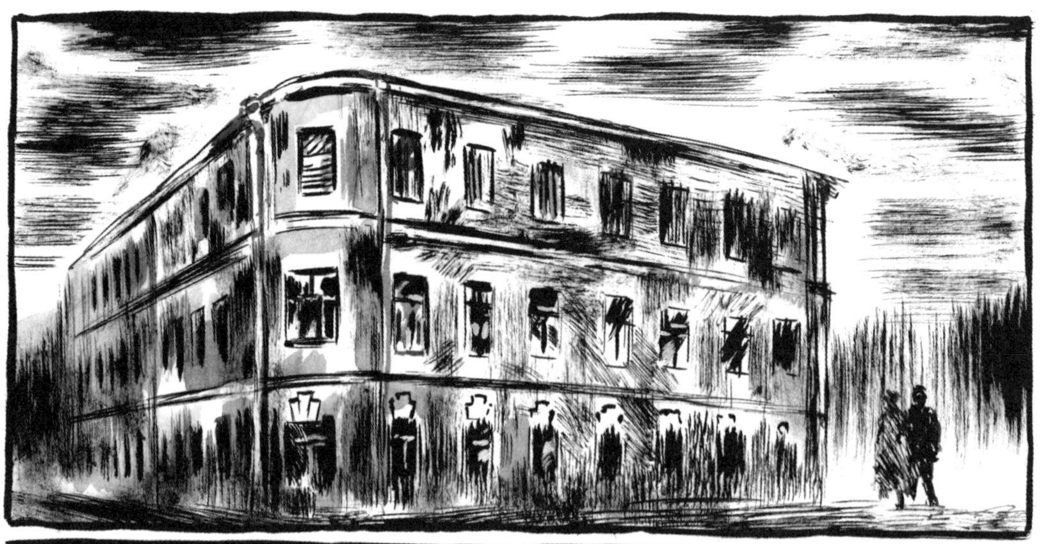

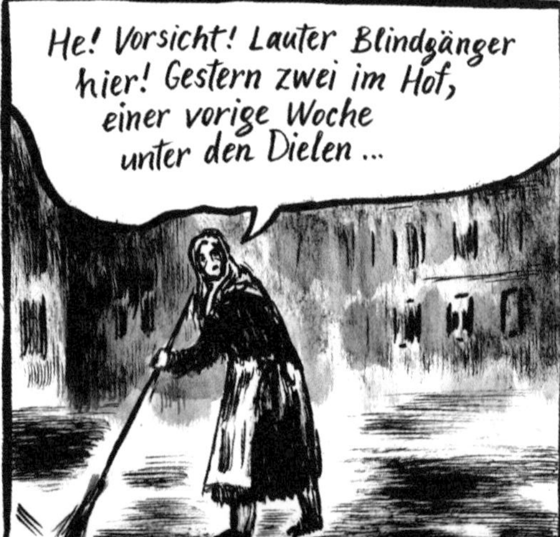
He! Vorsicht! Lauter Blindgänger hier! Gestern zwei im Hof, einer vorige Woche unter den Dielen ...

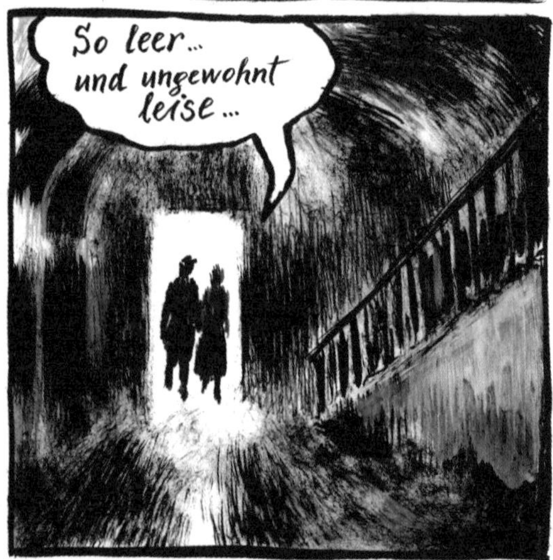
So leer... und ungewohnt leise ...

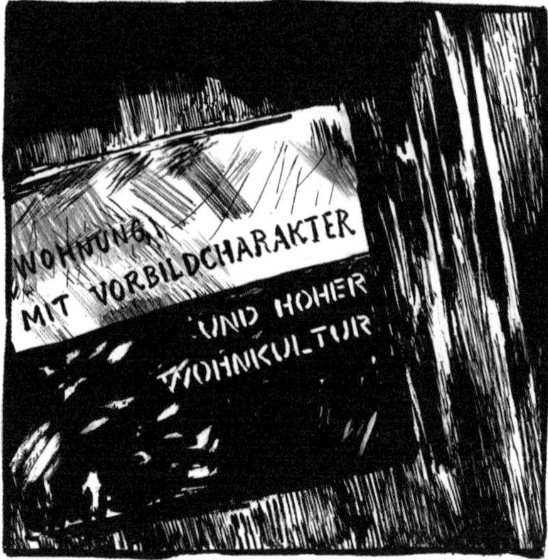
WOHNUNG MIT VORBILDCHARAKTER
UND HOHER WOHNKULTUR

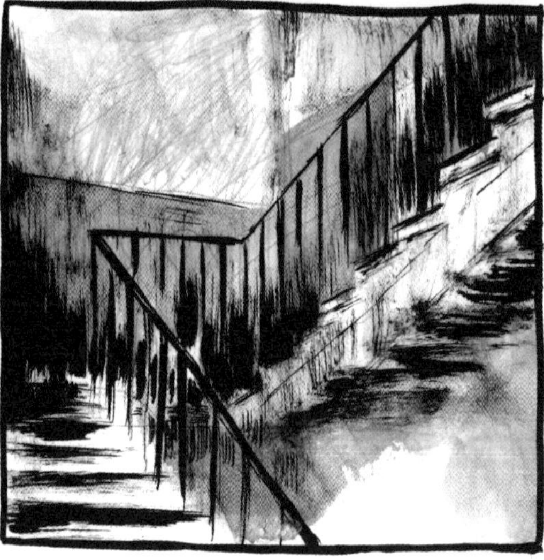

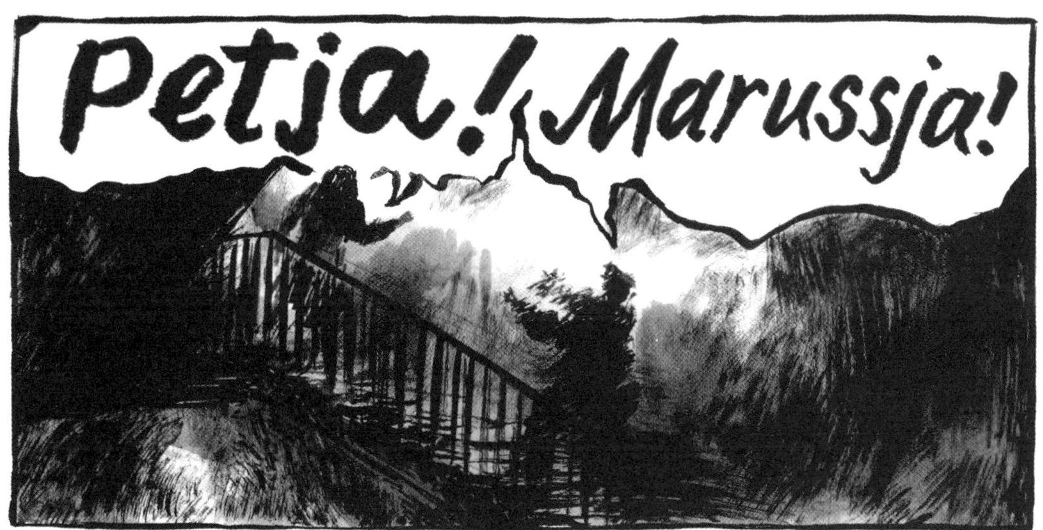
Petja!
Marussja!

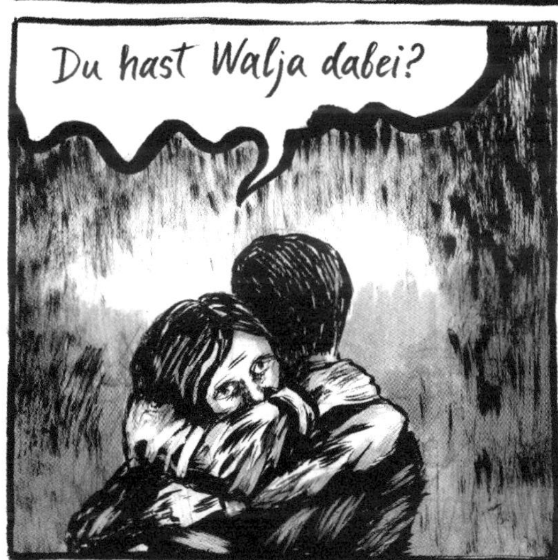
Du hast Walja dabei?

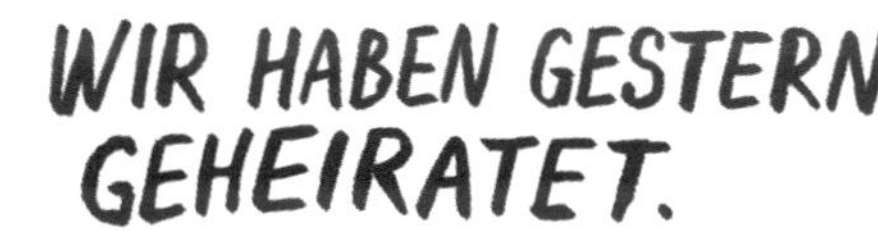
WIR HABEN GESTERN GEHEIRATET.

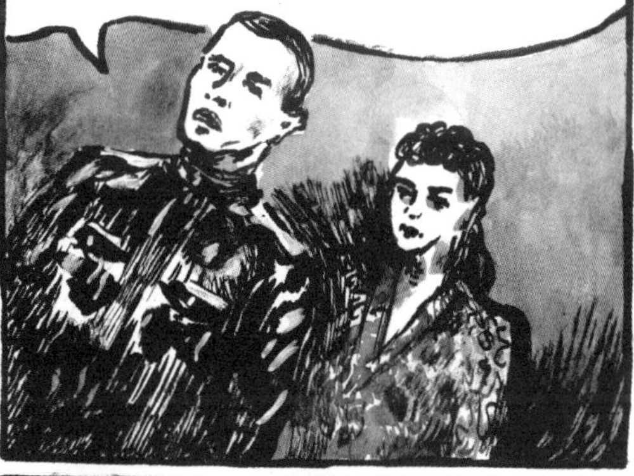

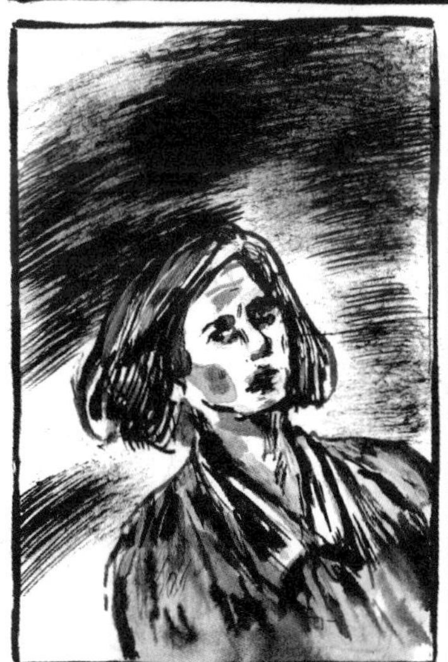

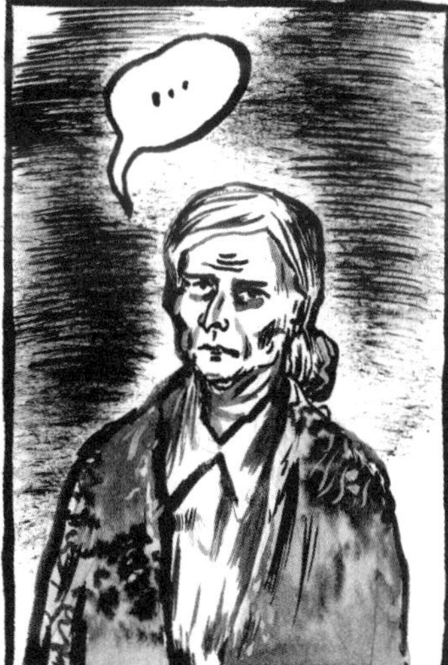
...

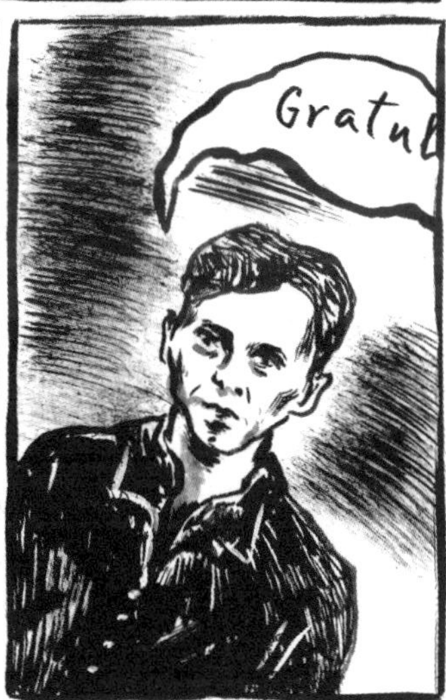
Gratul

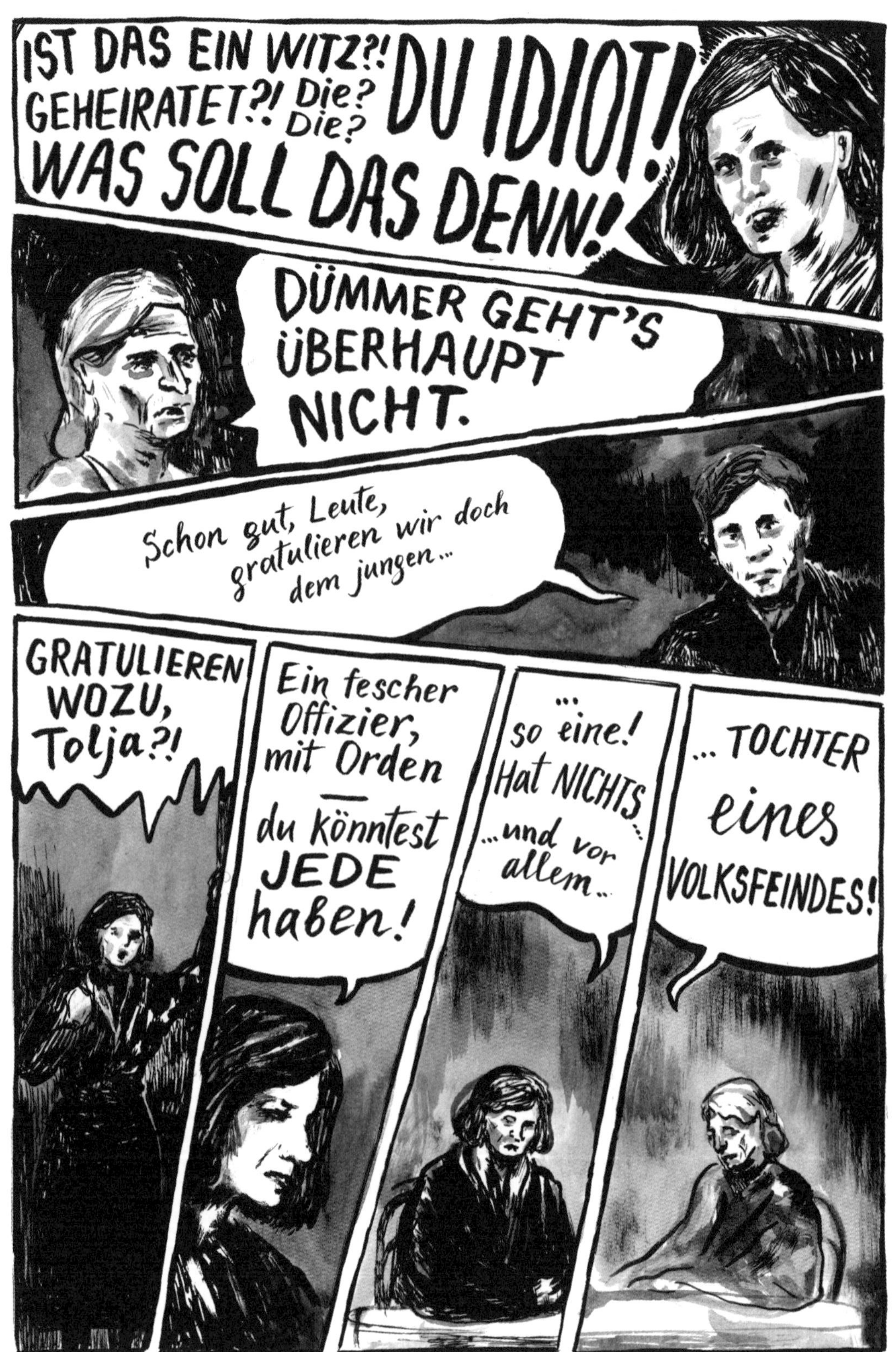
IST DAS EIN WITZ?!
GEHEIRATET?! Die? Die?
WAS SOLL DAS DENN!
DU IDIOT!
DÜMMER GEHT'S ÜBERHAUPT NICHT.
Schon gut, Leute, gratulieren wir doch dem jungen...
GRATULIEREN WOZU, Tolja?!
Ein fescher Offizier, mit Orden — du könntest JEDE haben!
... so eine! Hat NICHTS ... und vor allem...
... TOCHTER eines VOLKSFEINDES!

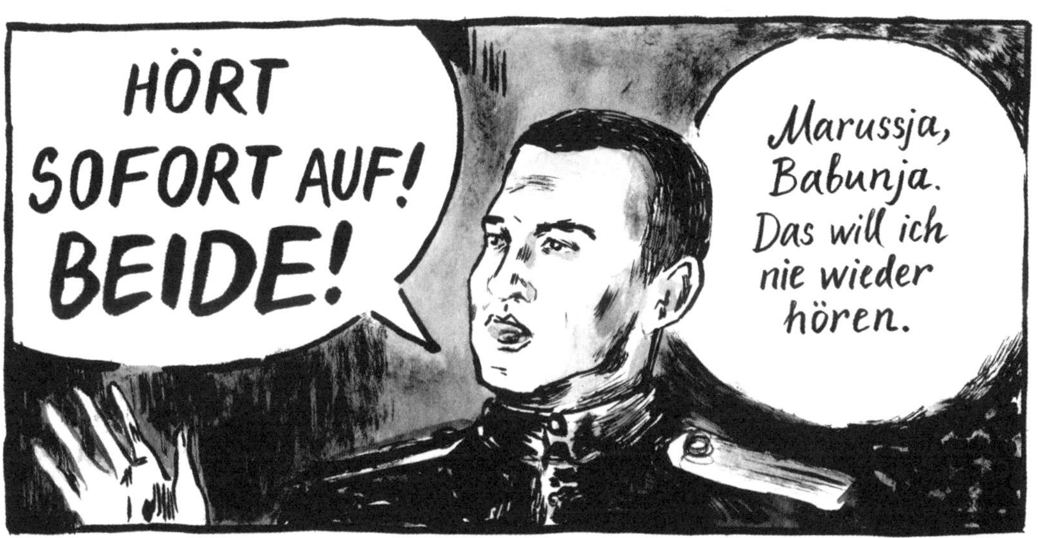
HÖRT SOFORT AUF! BEIDE!
Marussja, Babunja. Das will ich nie wieder hören.

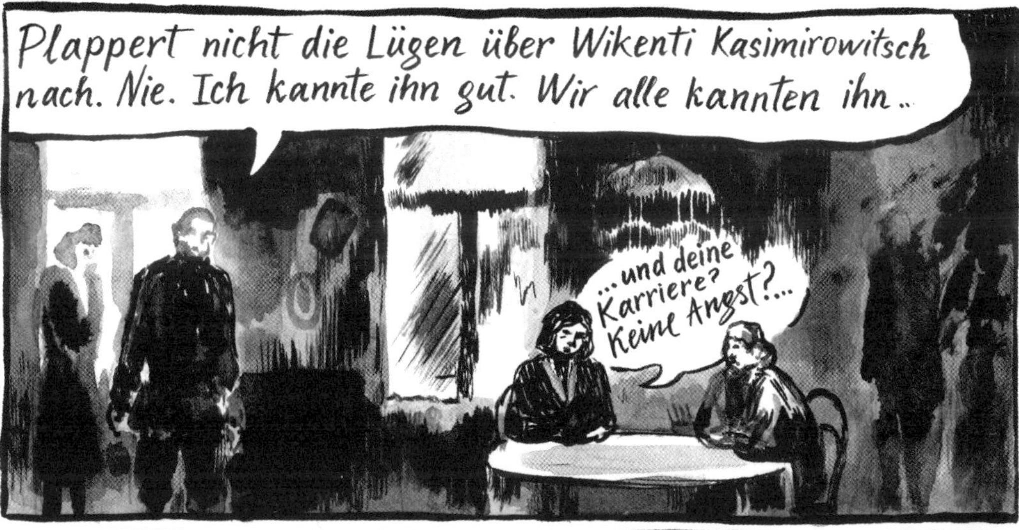
Plappert nicht die Lügen über Wikenti Kasimirowitsch nach. Nie. Ich kannte ihn gut. Wir alle kannten ihn ..
... und deine Karriere? Keine Angst? ...

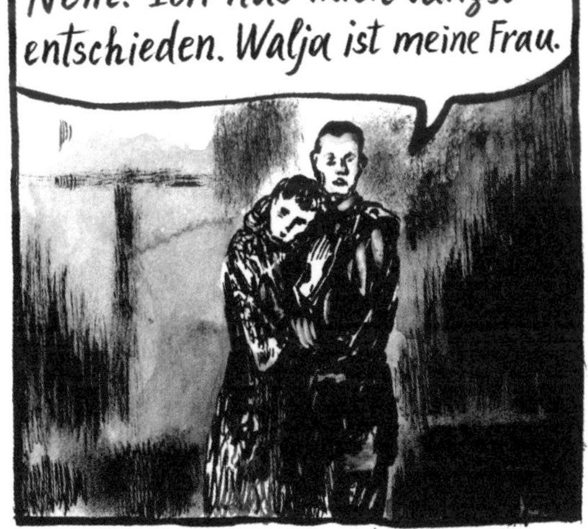
Nein. Ich hab mich längst entschieden. Walja ist meine Frau.

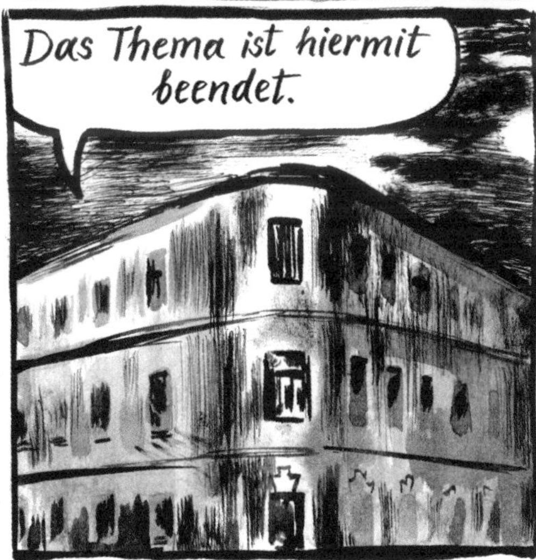
Das Thema ist hiermit beendet.

Wir zogen zu mir, ins Wohnheim, in mein 8 m²-Zimmer – seit Tossjas Auszug hatte ich da allein gewohnt. In der Gemeinschaftsküche lernte ich kochen.

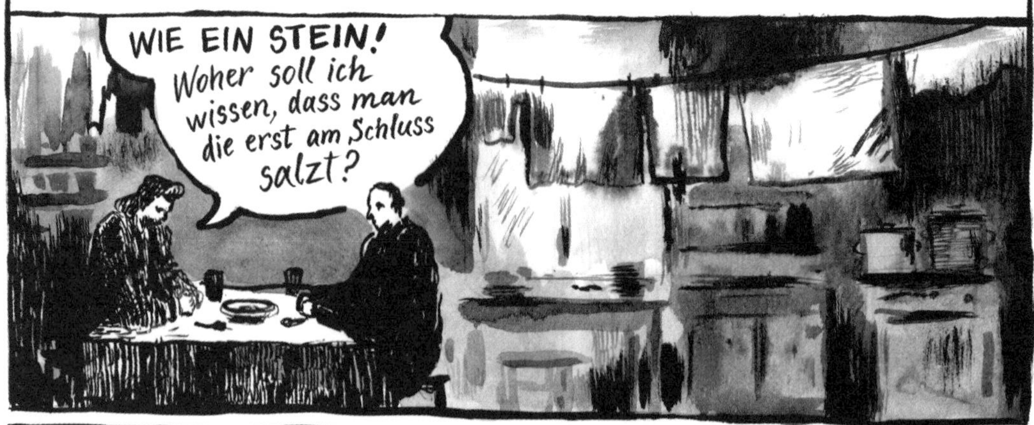

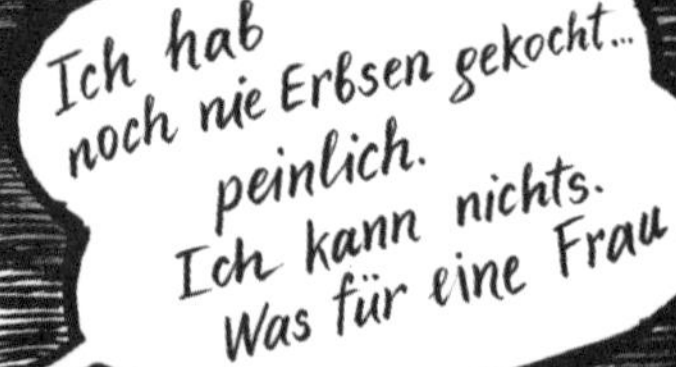

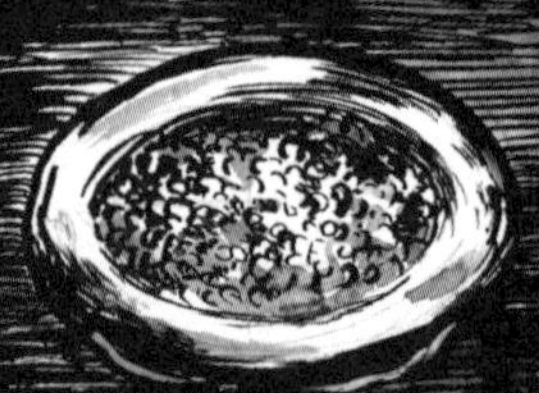

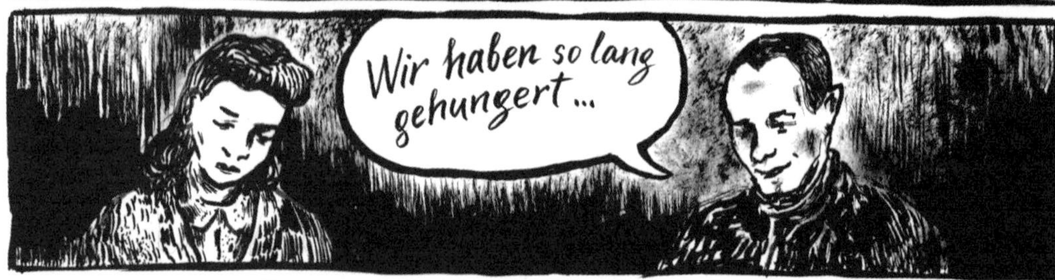

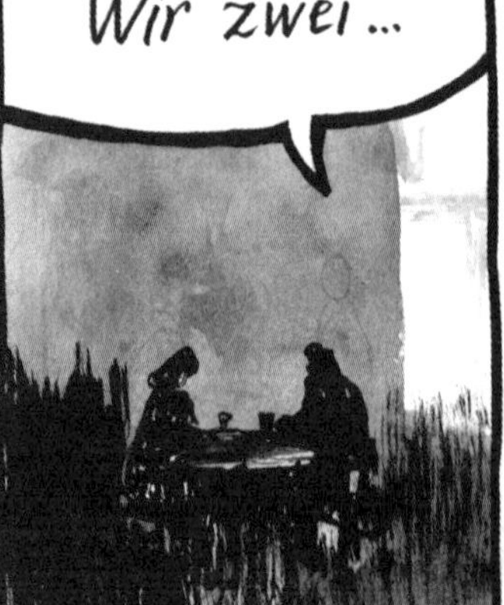

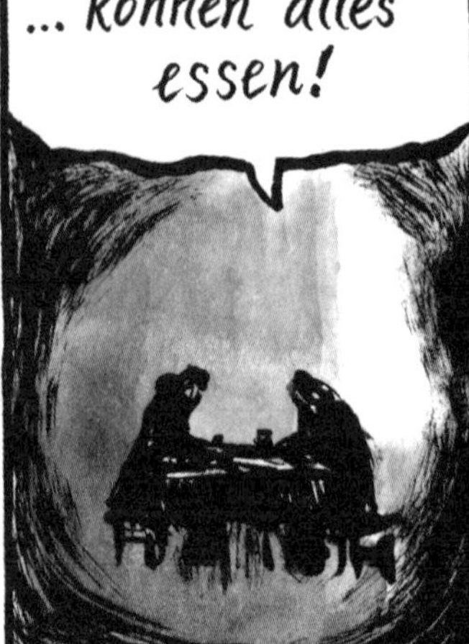

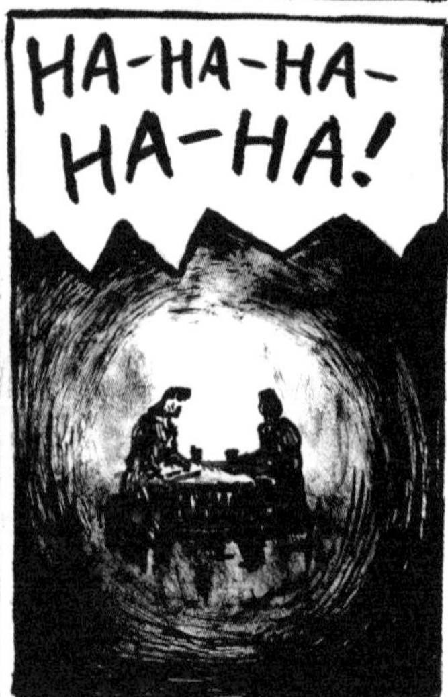

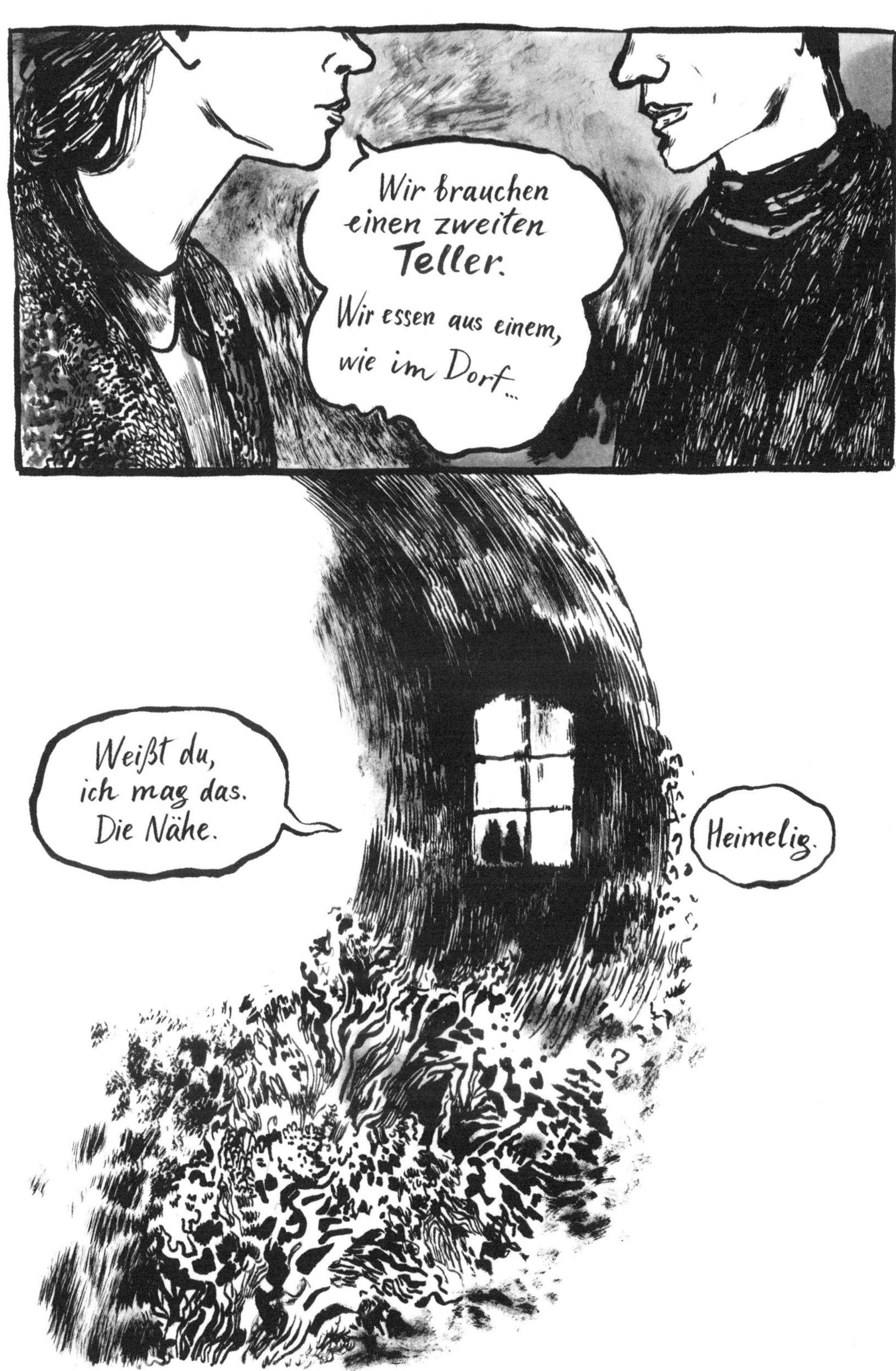
Wir brauchen einen zweiten Teller.
Wir essen aus einem, wie im Dorf…
Weißt du, ich mag das. Die Nähe.
Heimelig.

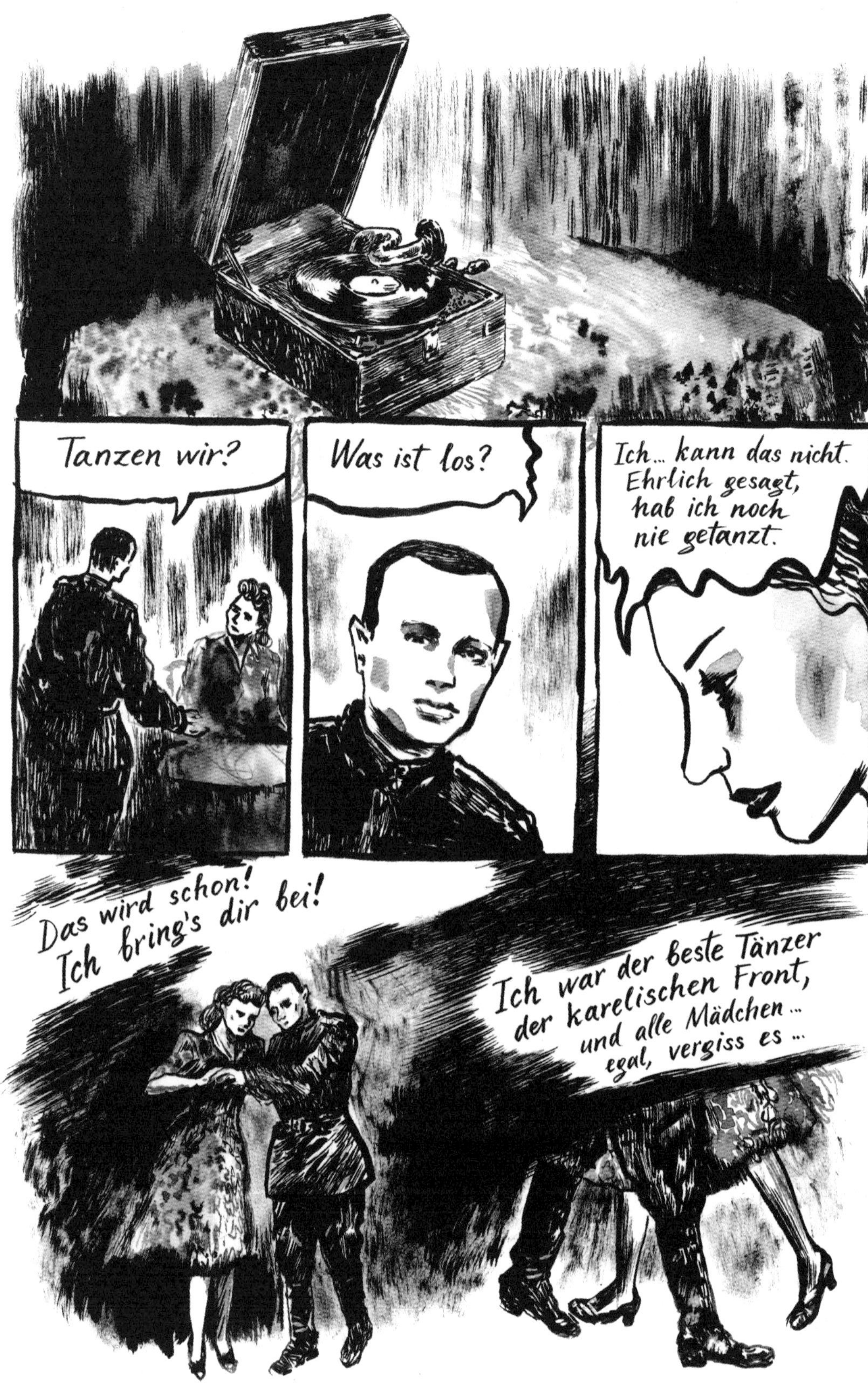
Tanzen wir?
Was ist los?
Ich... kann das nicht. Ehrlich gesagt, hab ich noch nie getanzt.
Das wird schon! Ich bring's dir bei!
Ich war der beste Tänzer der karelischen Front, und alle Mädchen ... egal, vergiss es ...

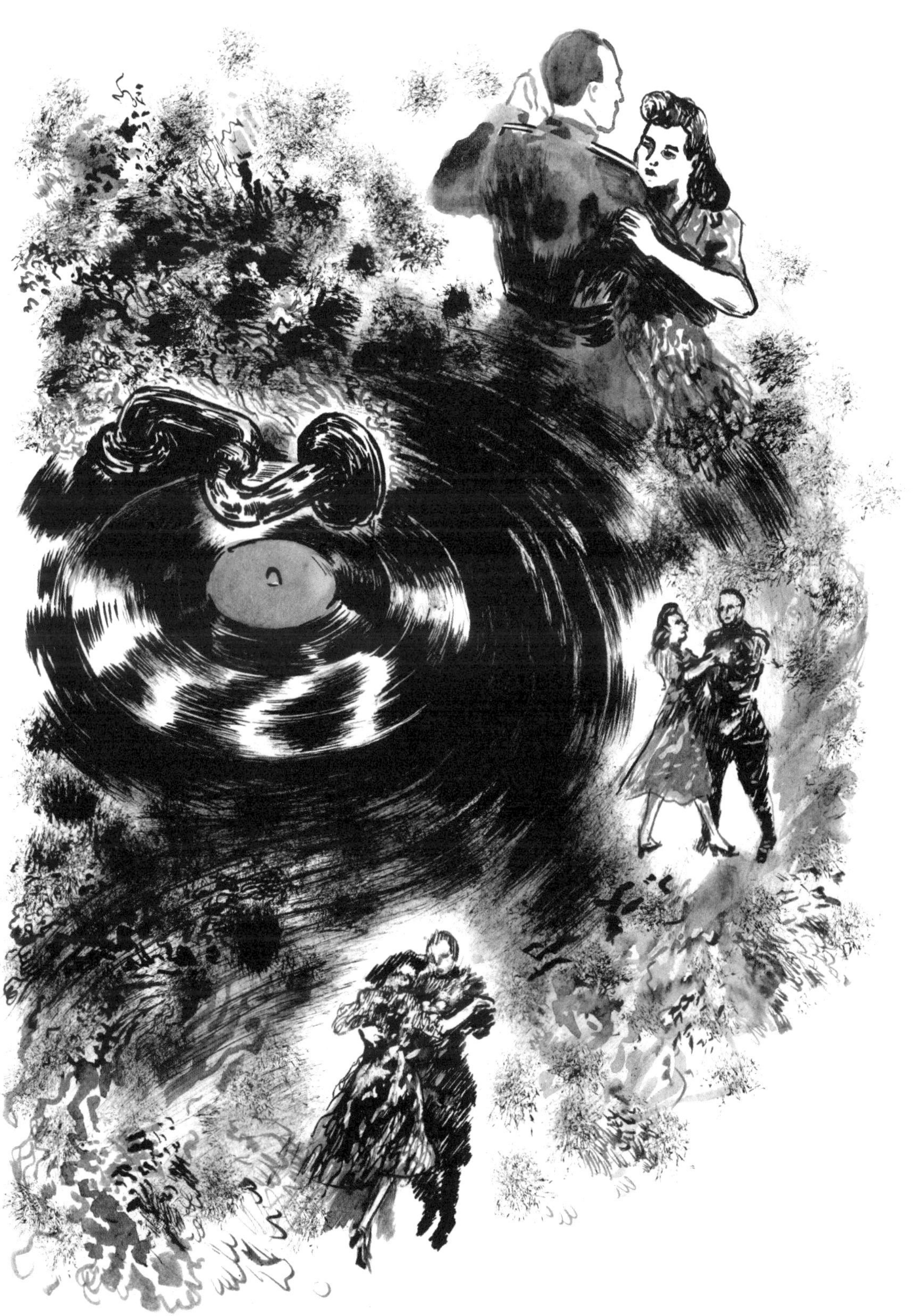

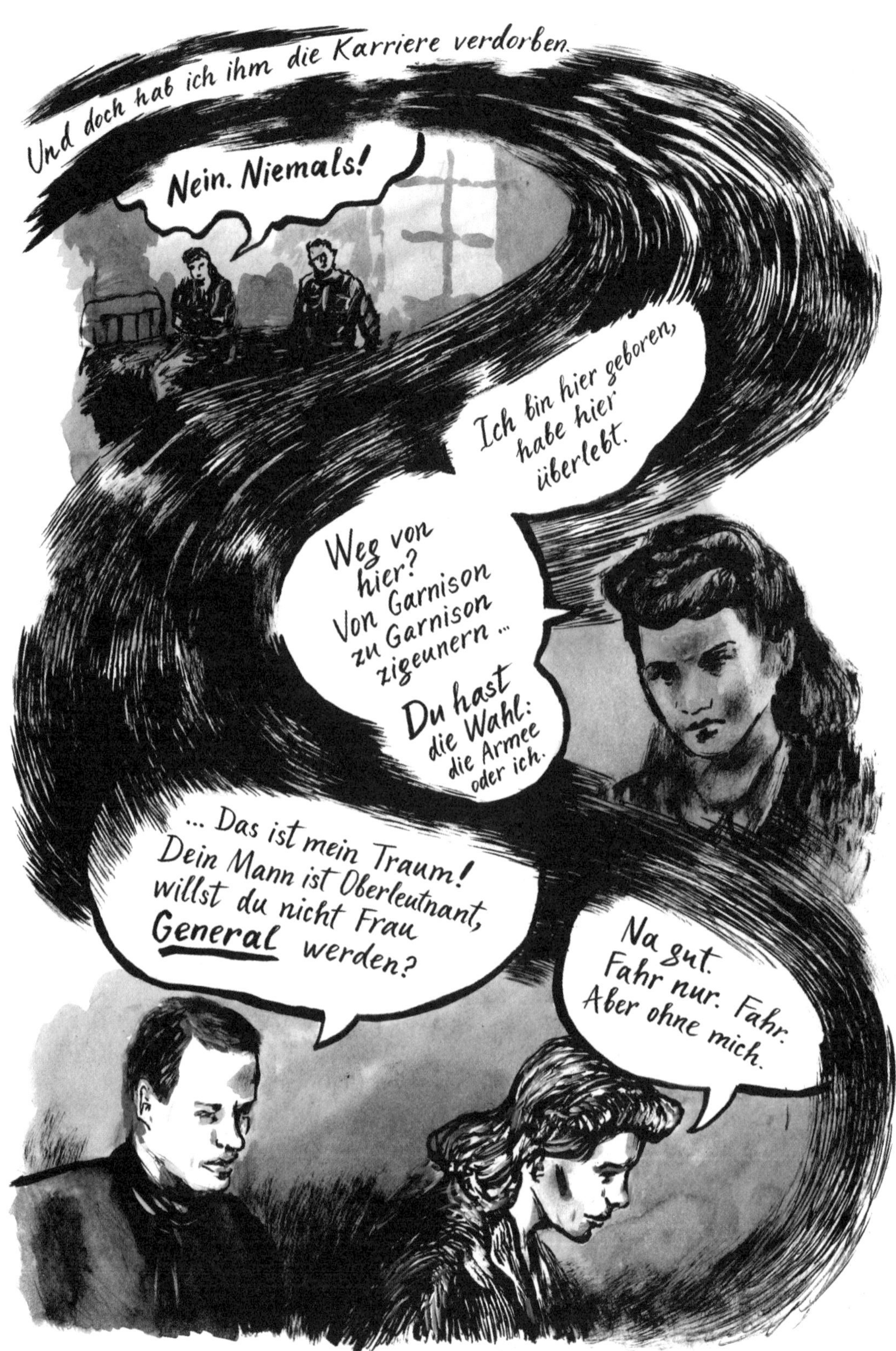
Und doch hab ich ihm die Karriere verdorben.
Nein. Niemals!
Ich bin hier geboren, habe hier überlebt.
Weg von hier? Von Garnison zu Garnison zigeunern …
Du hast die Wahl: die Armee oder ich.
… Das ist mein Traum! Dein Mann ist Oberleutnant, willst du nicht Frau General werden?
Na gut. Fahr nur. Fahr. Aber ohne mich.

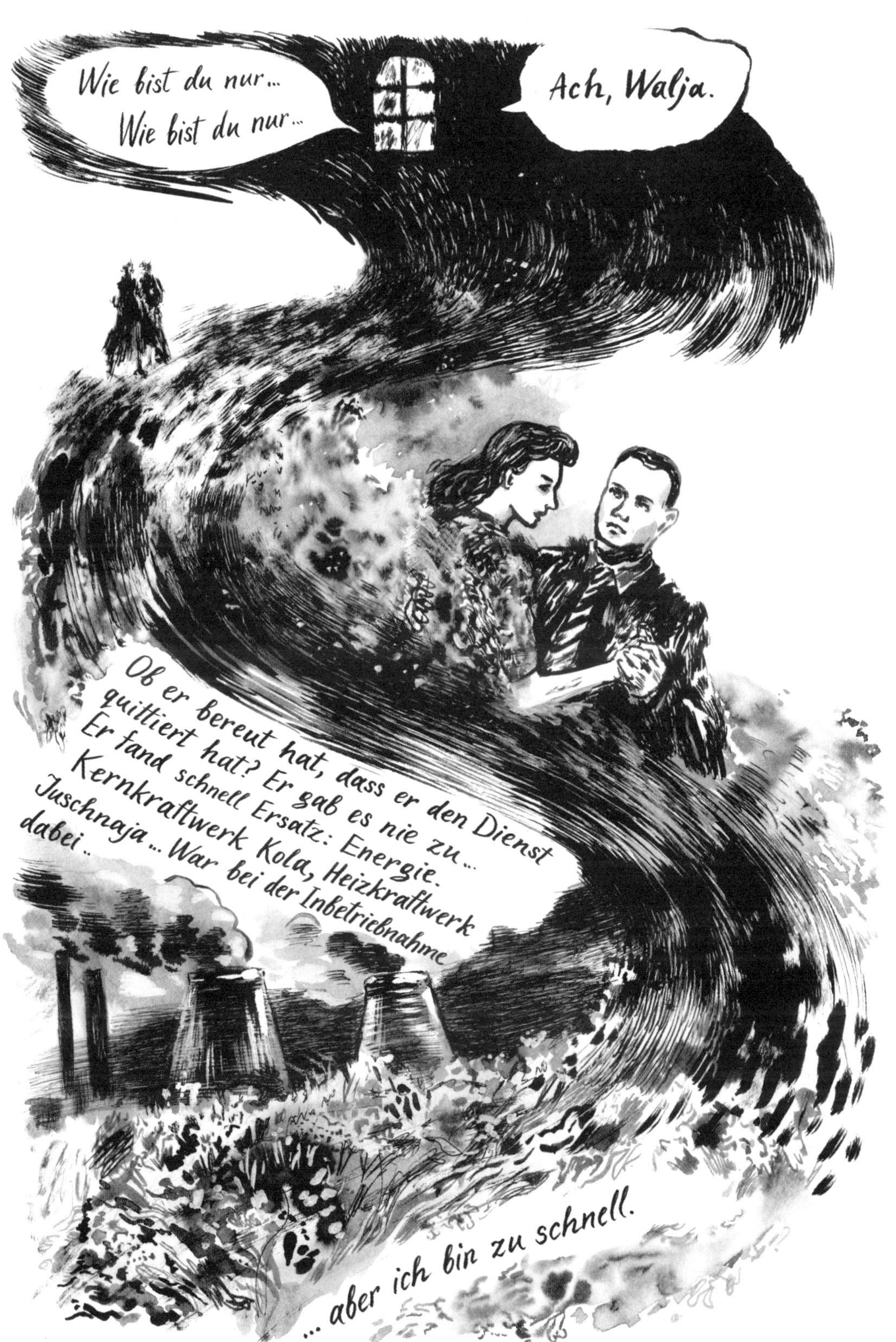
Wie bist du nur...
Wie bist du nur...
Ach, Walja.
Ob er bereut hat, dass er den Dienst quittiert hat? Er gab es nie zu... Er fand schnell Ersatz: Energie. Kernkraftwerk Kola, Heizkraftwerk Juschnaja... War bei der Inbetriebnahme dabei...
... aber ich bin zu schnell.

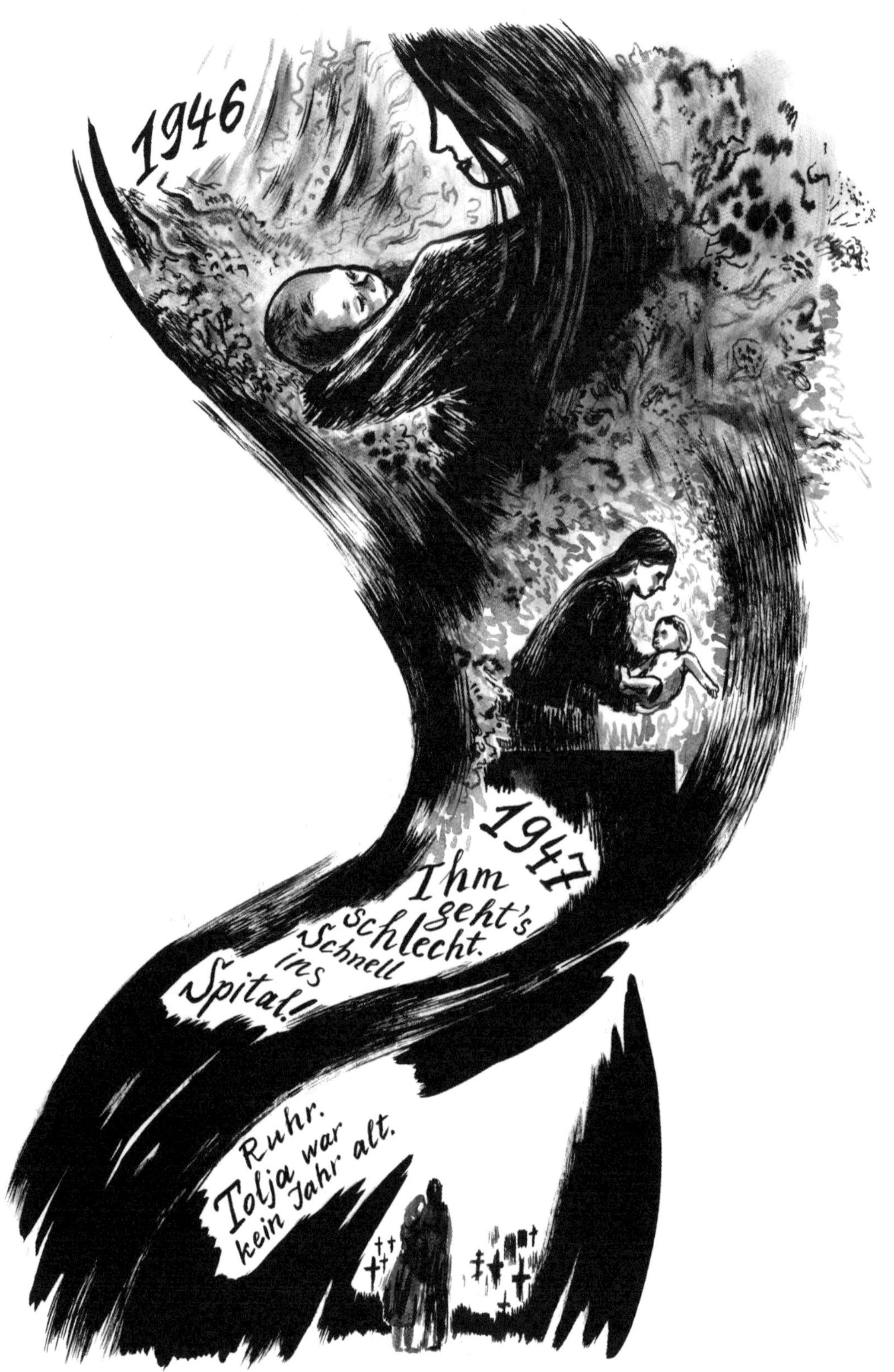
1946
1947
Ihm geht's schlecht.
Schnell ins Spital!
Ruhr.
Tolja war kein Jahr alt.

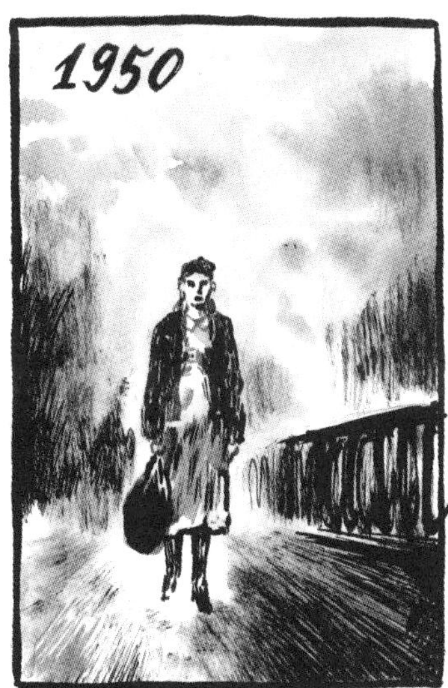
1950

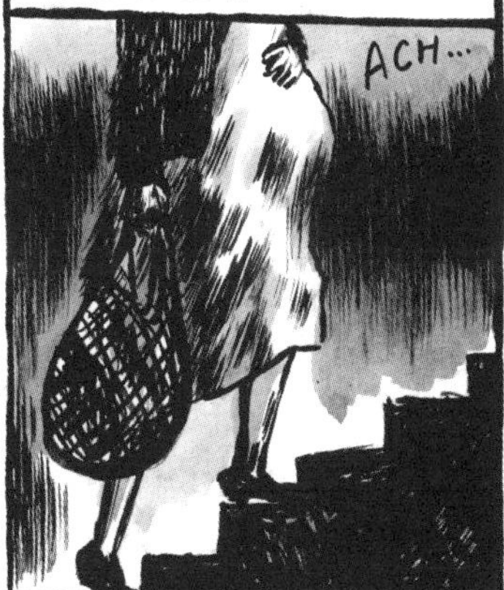
Nach Tolja hatten wir lang keine Kinder. Endlich ...
ACH...

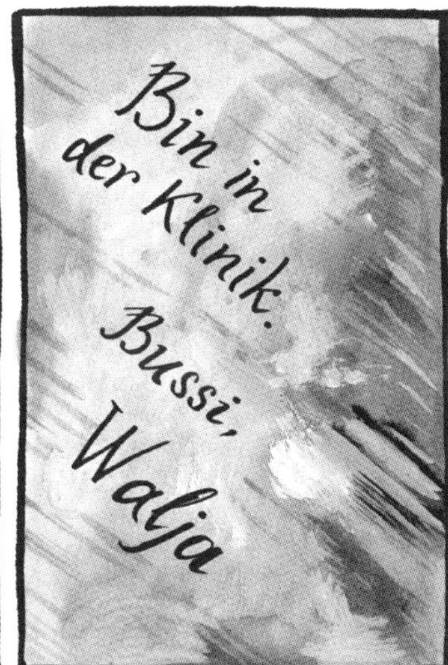
Bin in der Klinik. Bussi, Walja

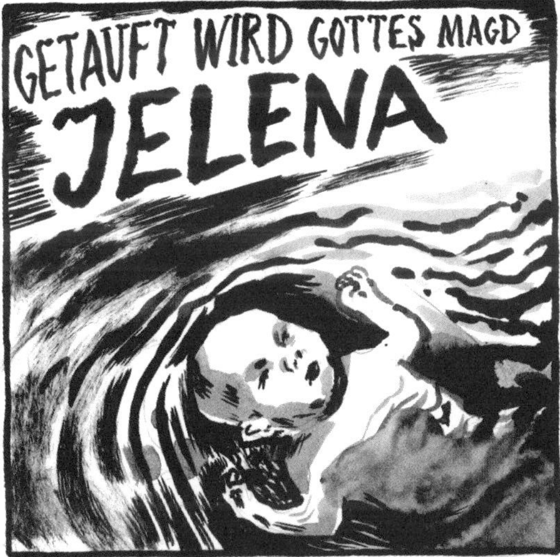
GETAUFT WIRD GOTTES MAGD
JELENA

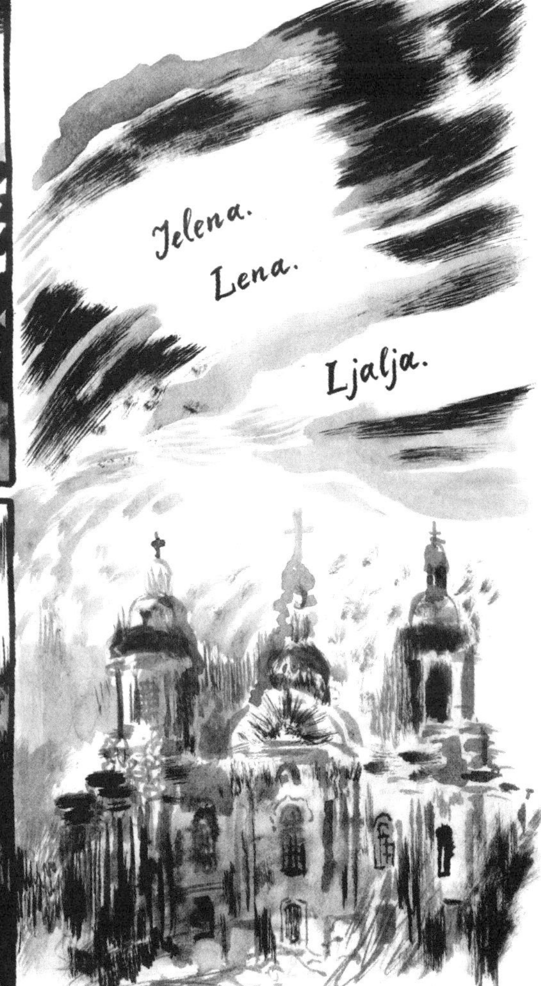
Jelena.
Lena.
Ljalja.

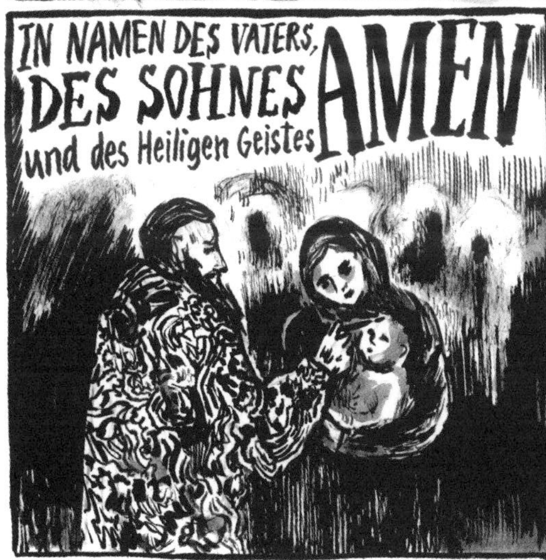
IN NAMEN DES VATERS, DES SOHNES und des Heiligen Geistes
AMEN

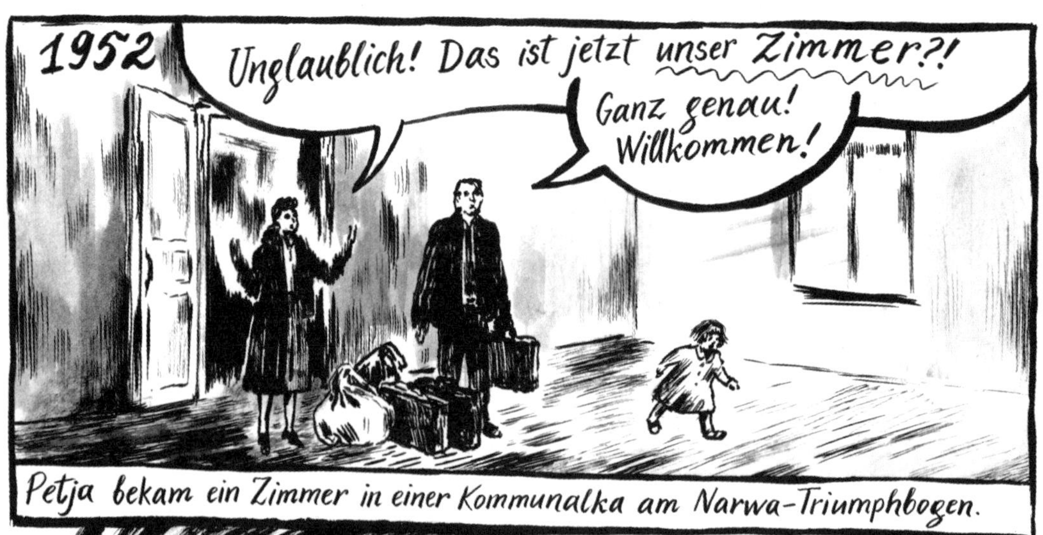

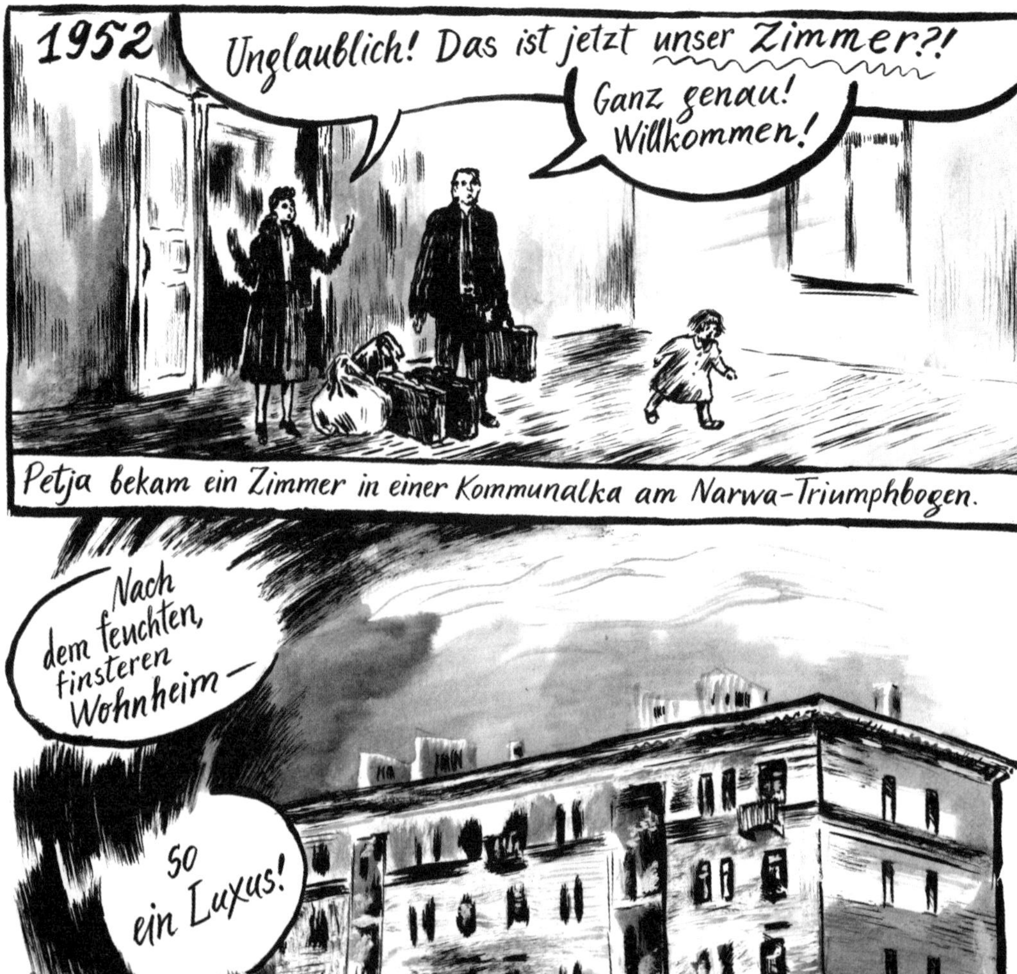

Nach dem feuchten, finsteren Wohnheim –

So ein Luxus!

Ein Neubau!

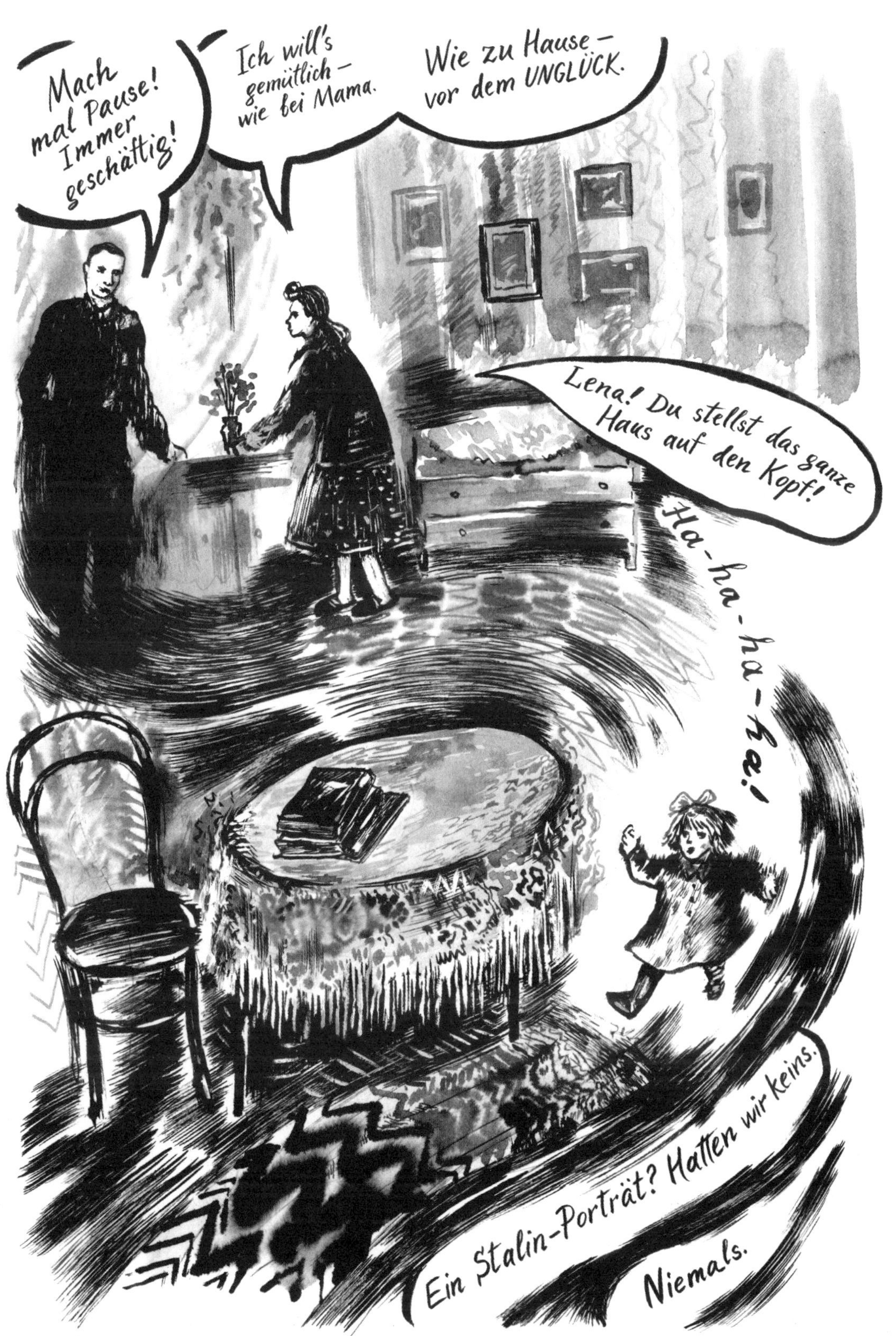
Mach mal Pause! Immer geschäftig!
Ich will's gemütlich – wie bei Mama.
Wie zu Hause – vor dem UNGLÜCK.
Lena! Du stellst das ganze Haus auf den Kopf!
Ha-ha-ha-ha!
Ein Stalin-Porträt? Hatten wir keins.
Niemals.

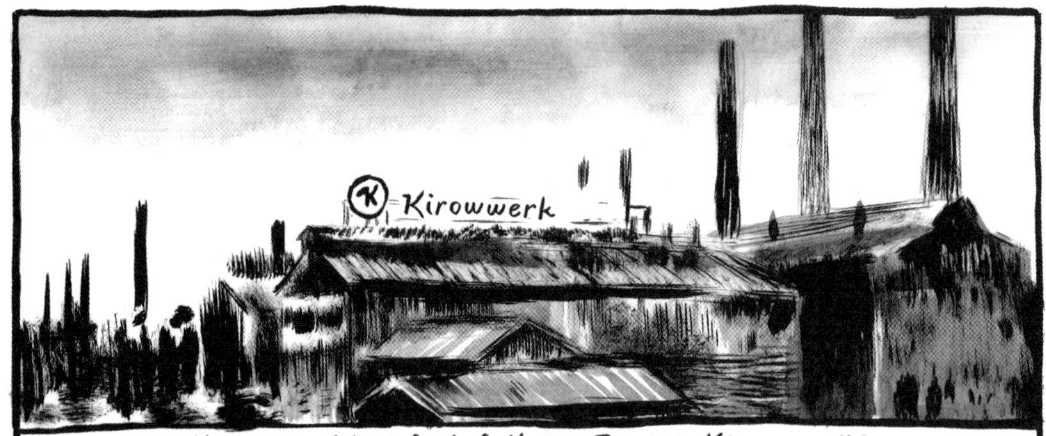

Nach dem Umzug suchte ich Arbeit im Bezirk Kirow, näher an Zuhause.

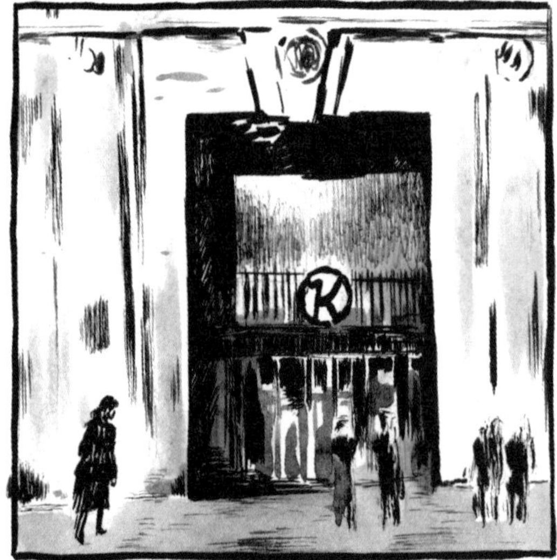

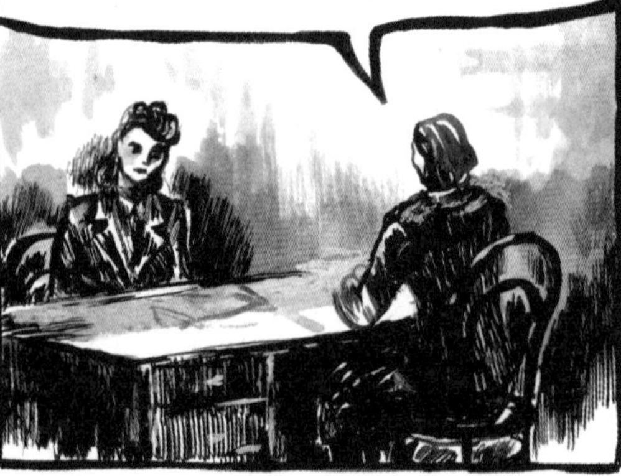

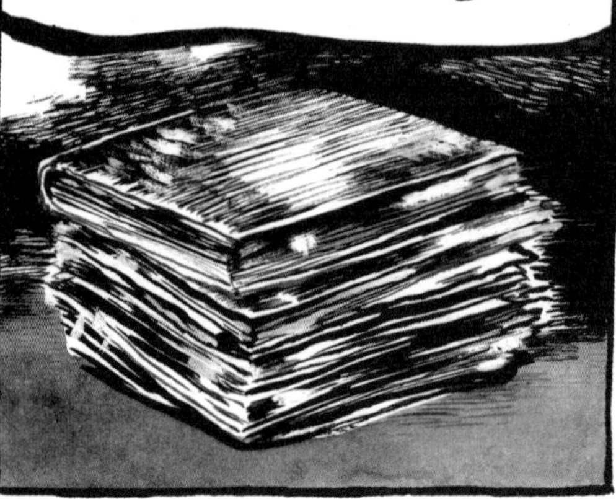

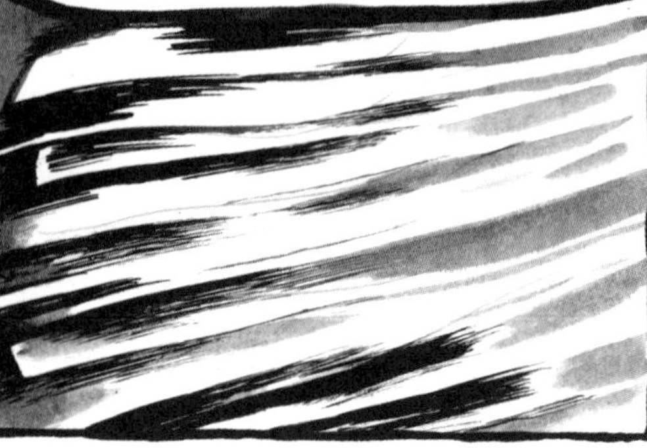

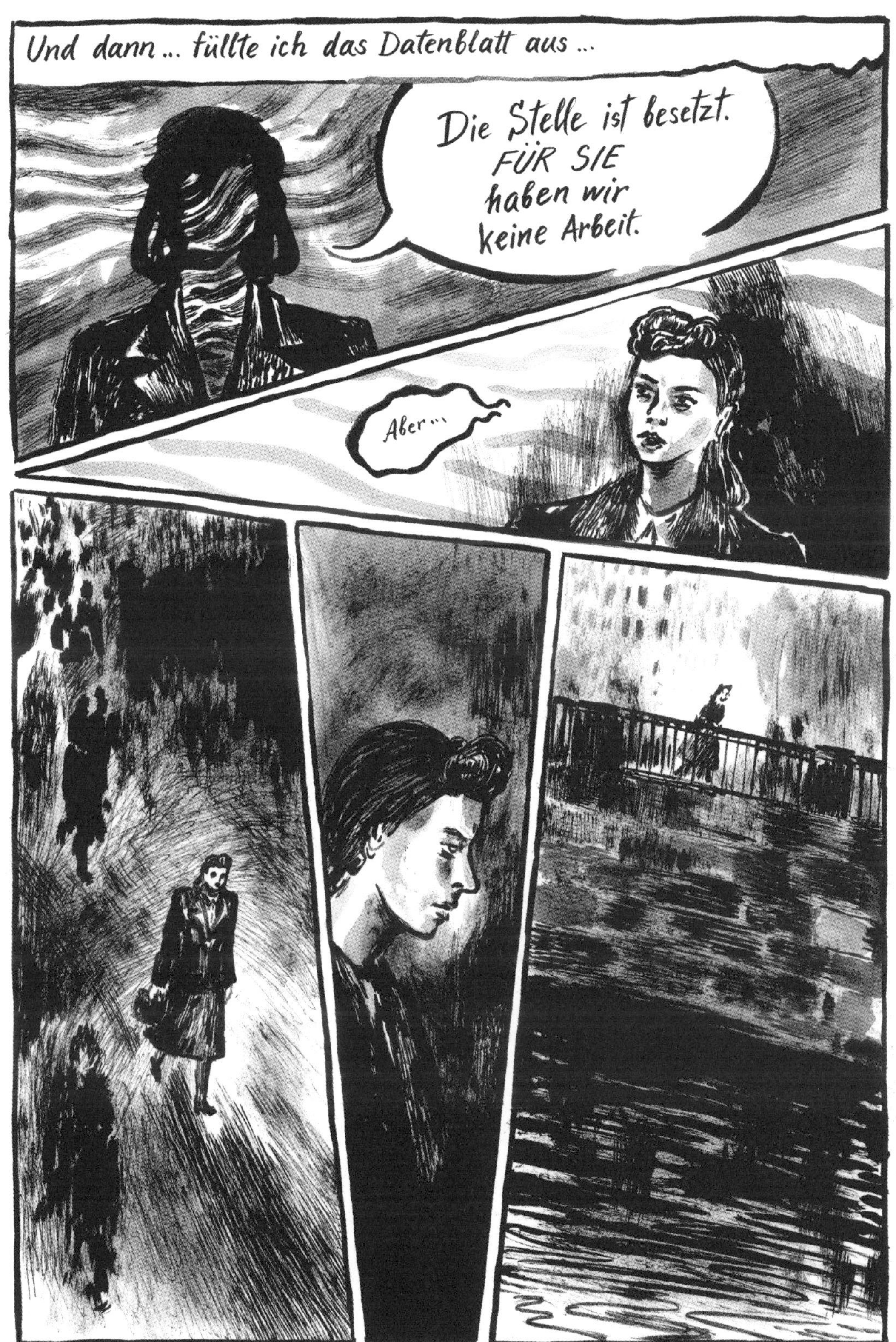
Und dann ... füllte ich das Datenblatt aus ...
Die Stelle ist besetzt. FÜR SIE haben wir keine Arbeit.
Aber ...

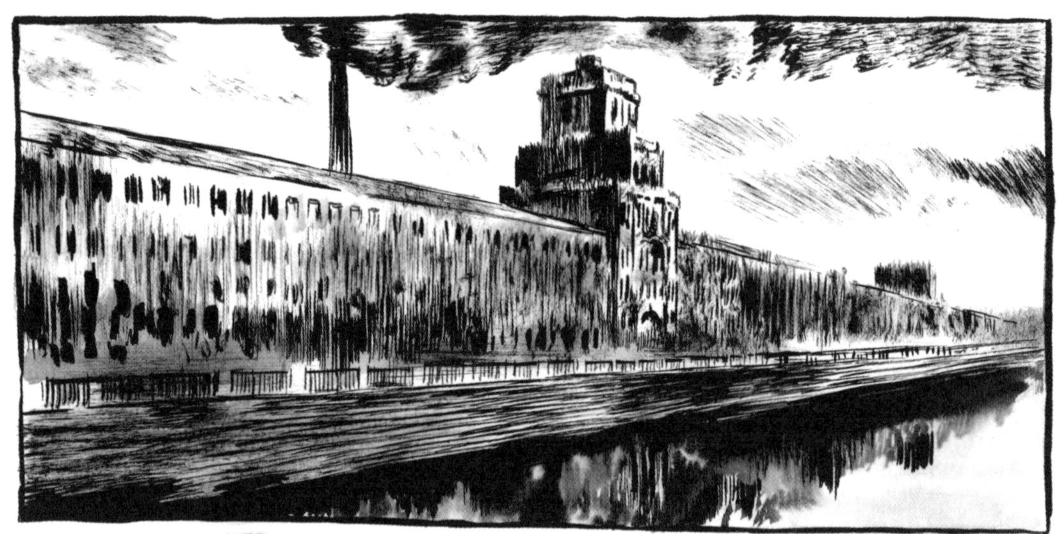

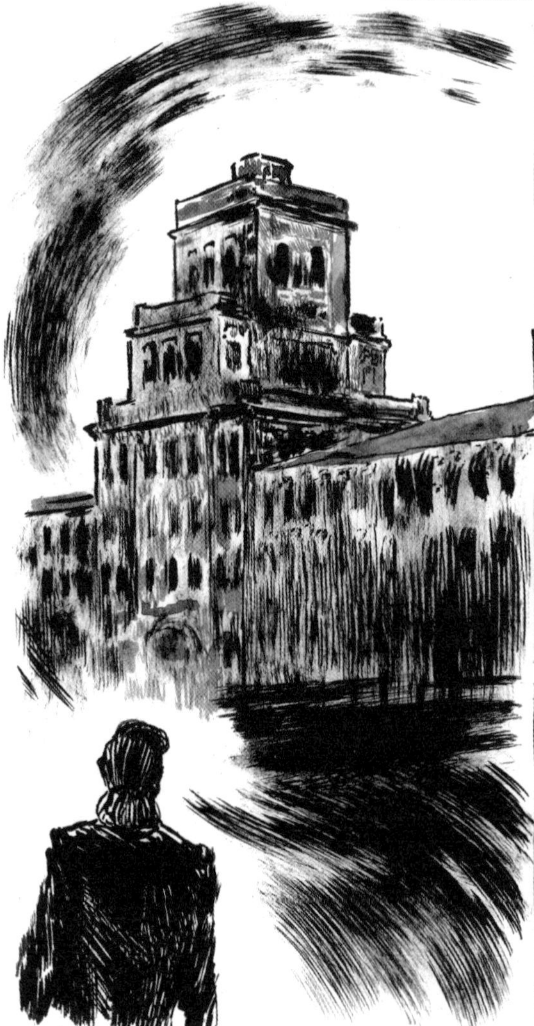

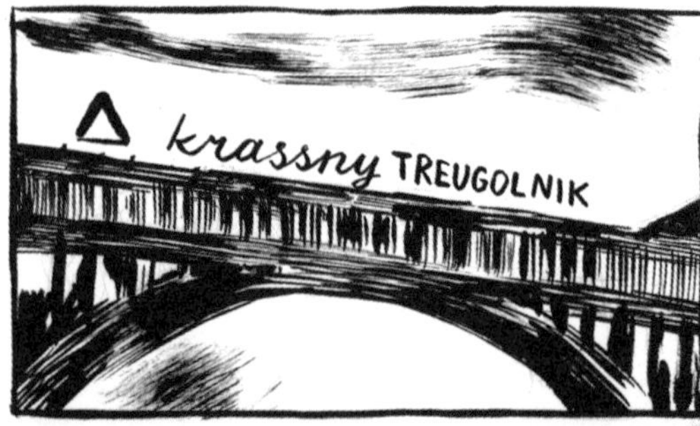

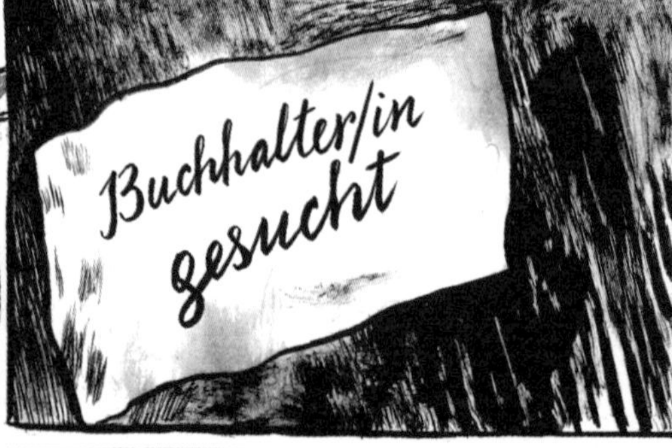

Nur im Krassny Treugolnik, der Gummiwarenfabrik, schreckten sie nicht vor meinen Daten zurück.

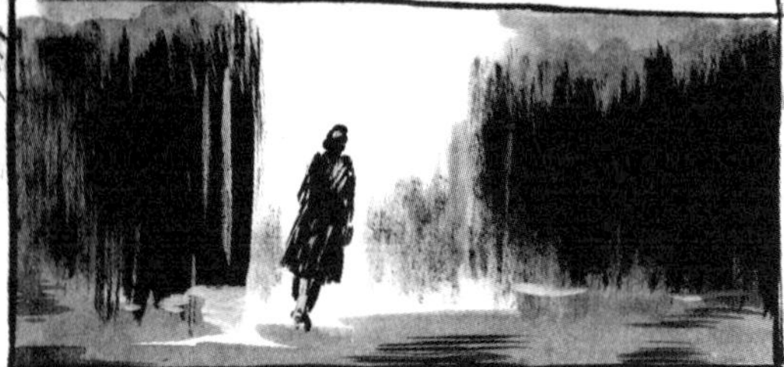

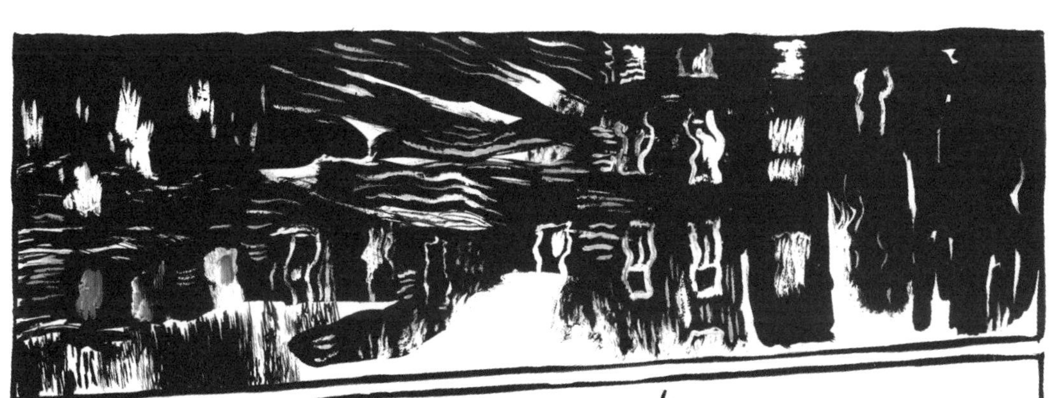

Ich habe in Angst gelebt. Sie war immer da.

In mir und um mich – ich war daran gewöhnt.

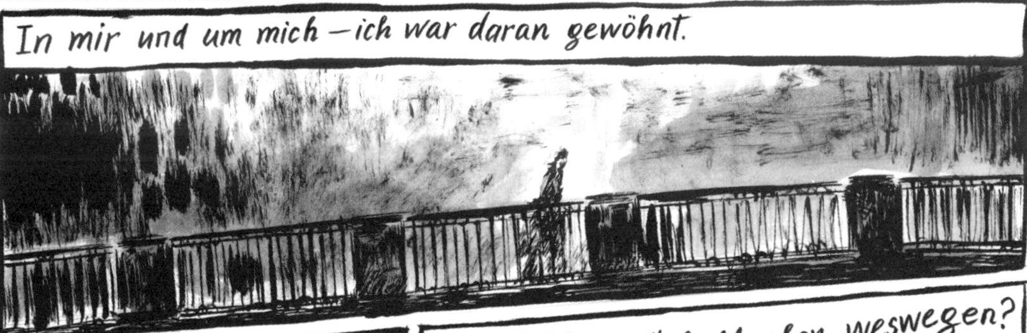

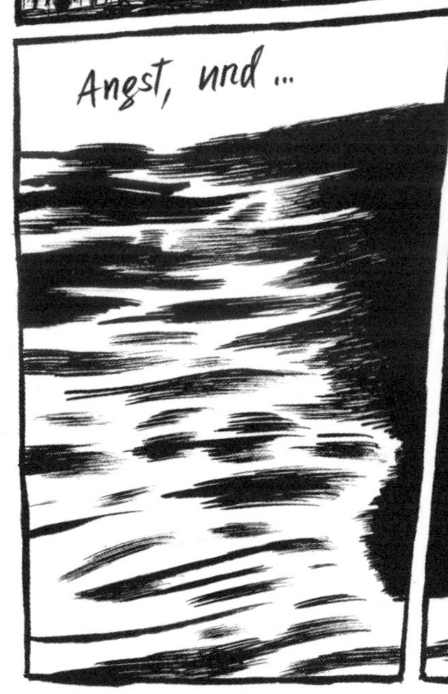

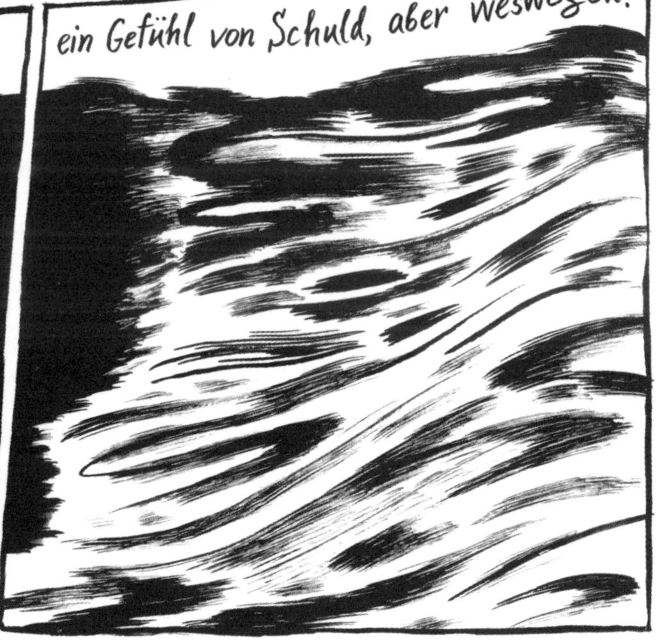

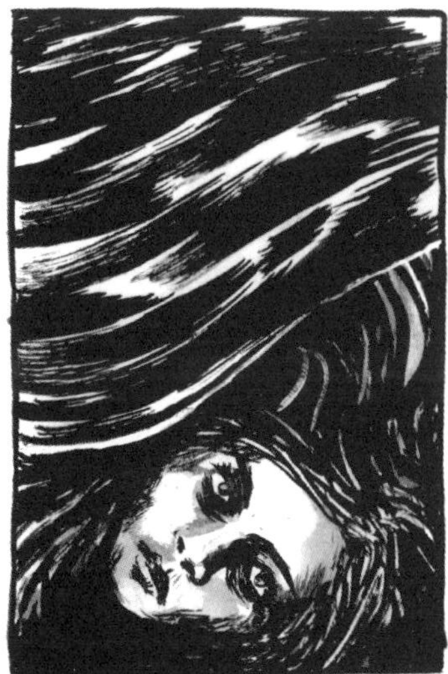
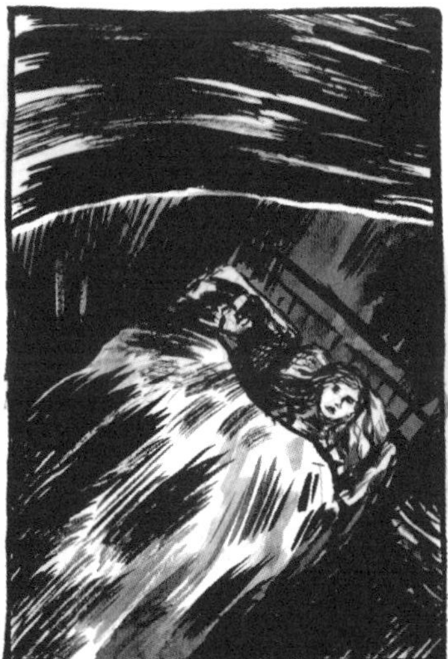
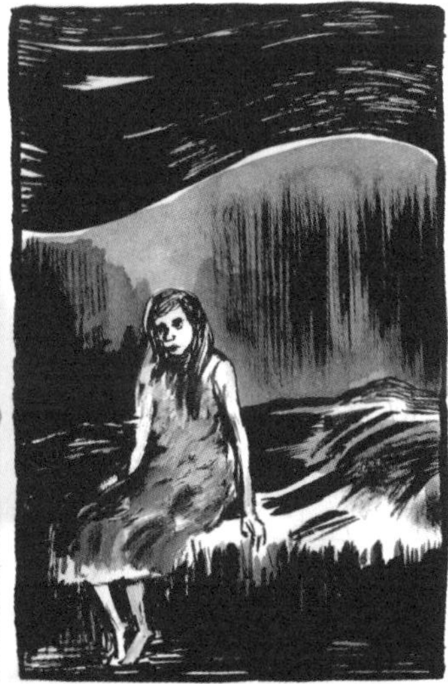
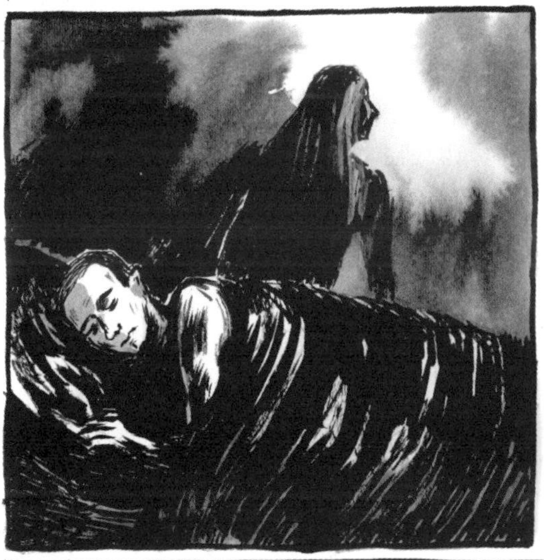
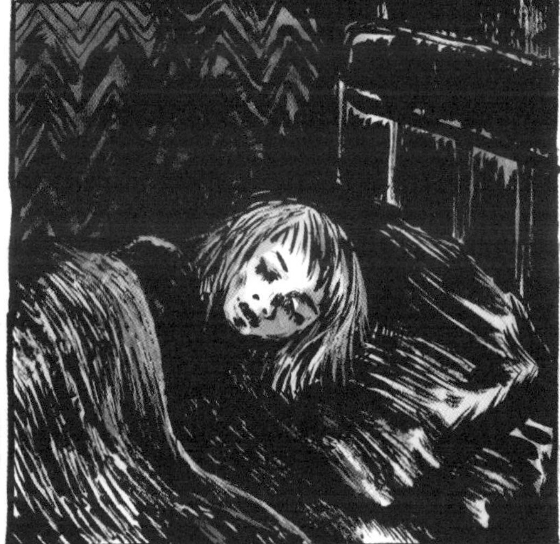
Albträume ... Fast jede Nacht hatte ich Albträume.

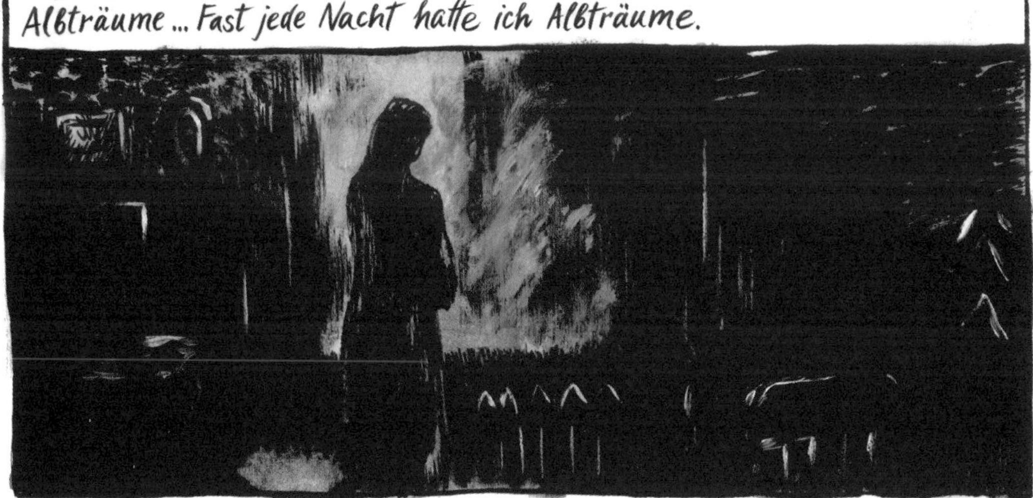

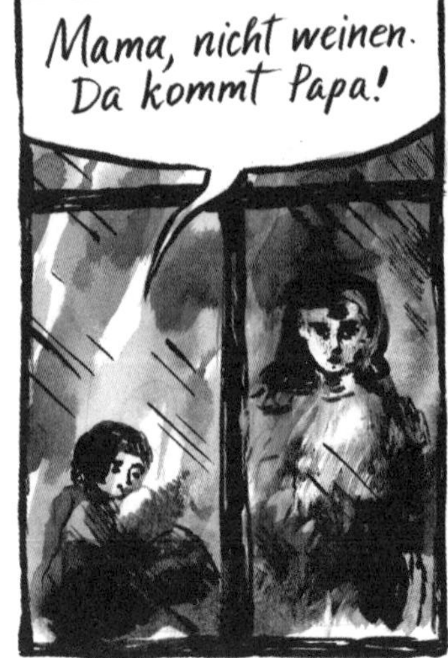
Mama, nicht weinen. Da kommt Papa!
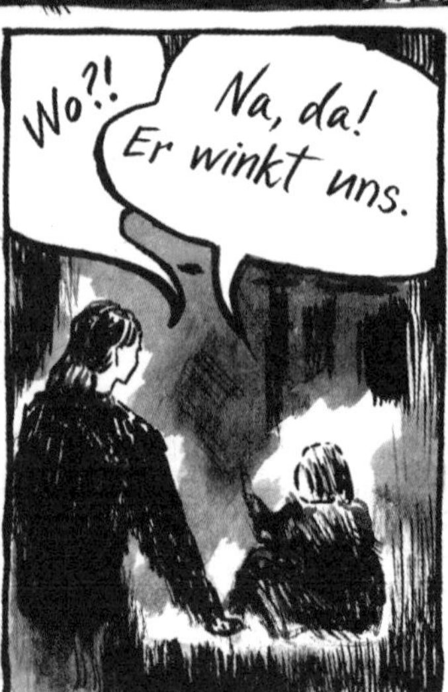
Wo?!
Na, da! Er winkt uns.
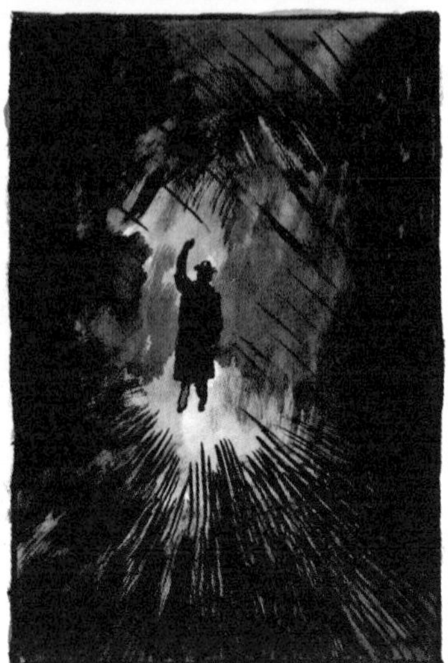

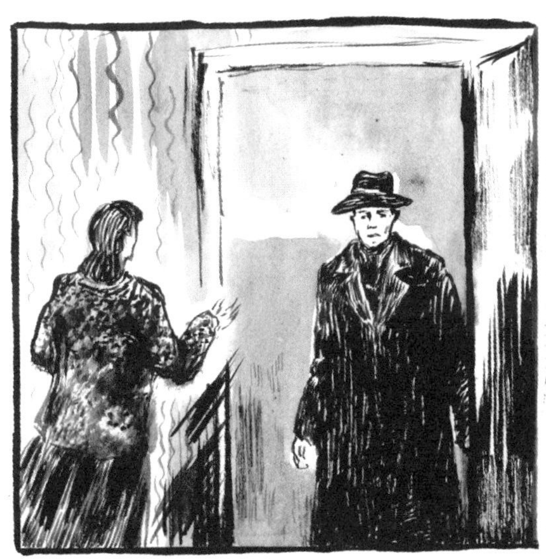

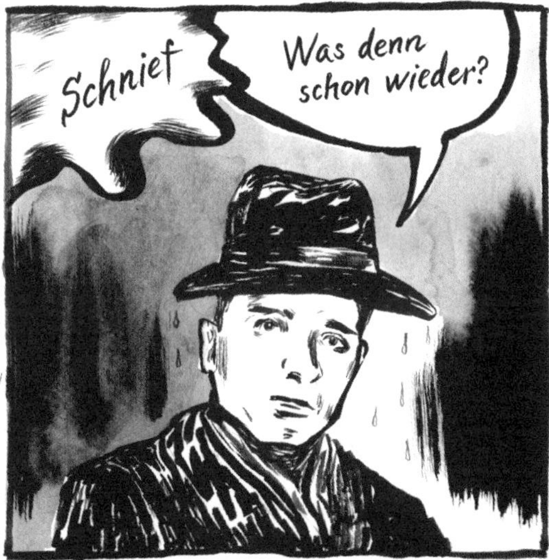
Schnief
Was denn schon wieder?

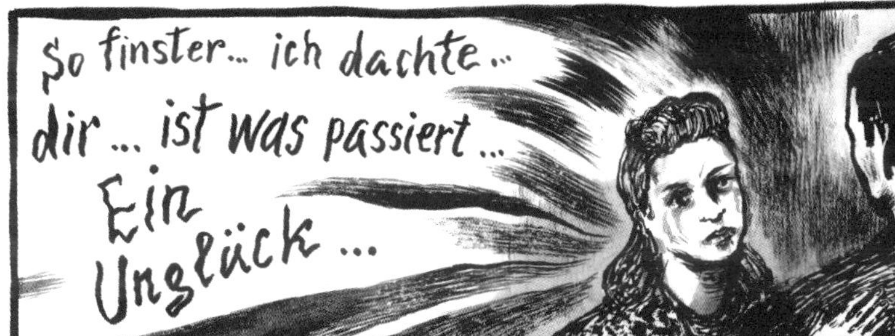
So finster... ich dachte...
dir ... ist was passiert ...
Ein Unglück ...

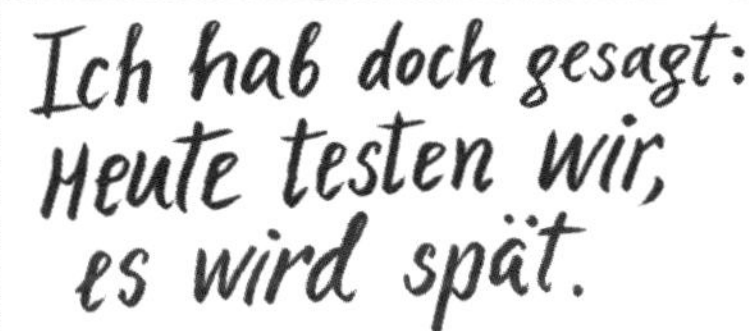
Ich hab doch gesagt: Heute testen wir, es wird spät.

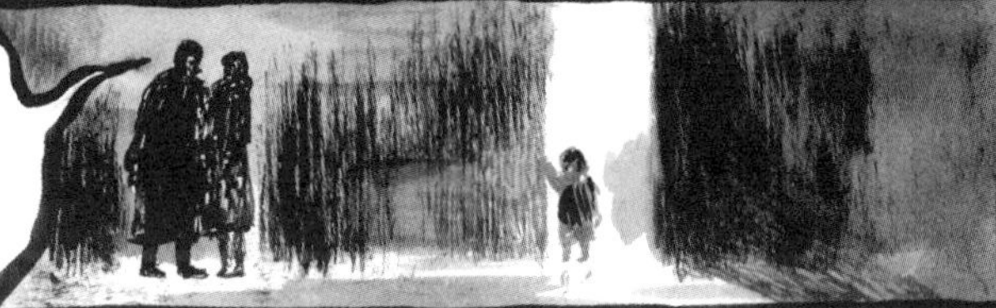

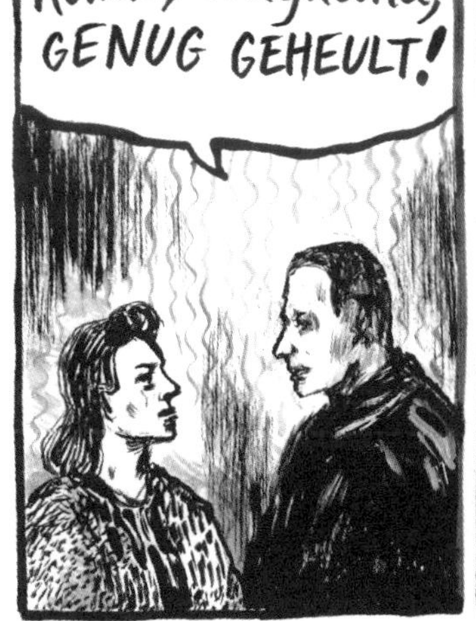
Komm, Waljuscha, GENUG GEHEULT!

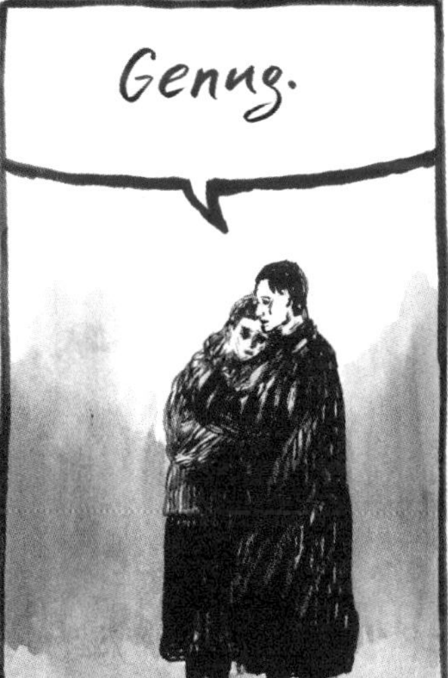
Genug.

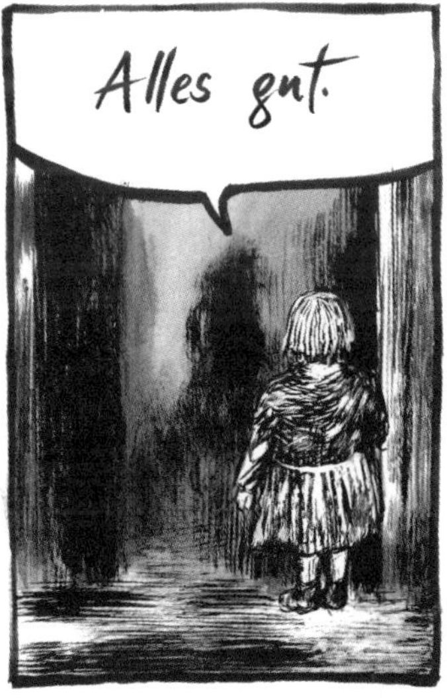
Alles gut.

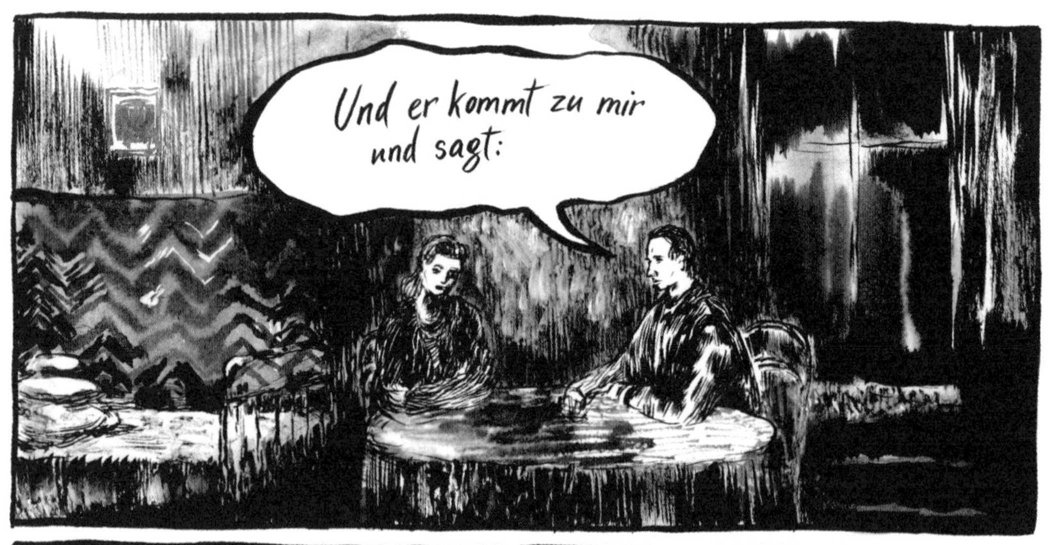
Und er kommt zu mir und sagt:

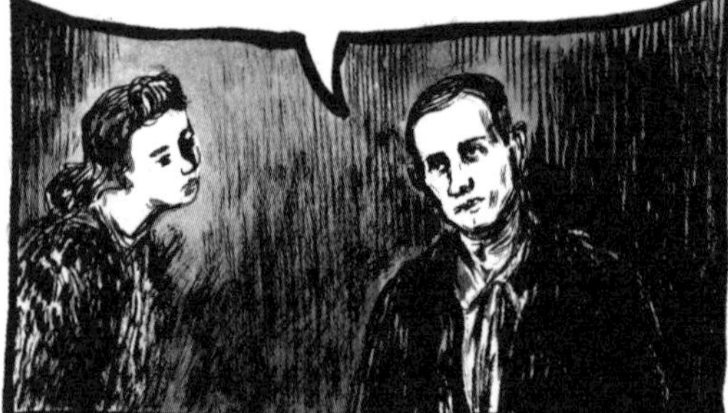
Pjotr Feofanowitsch, ich bitte Sie! Ich kann nicht mehr! Drei Kinder, meine Frau krank, alle in einem Zimmer… inklusive Schwiegermutter…

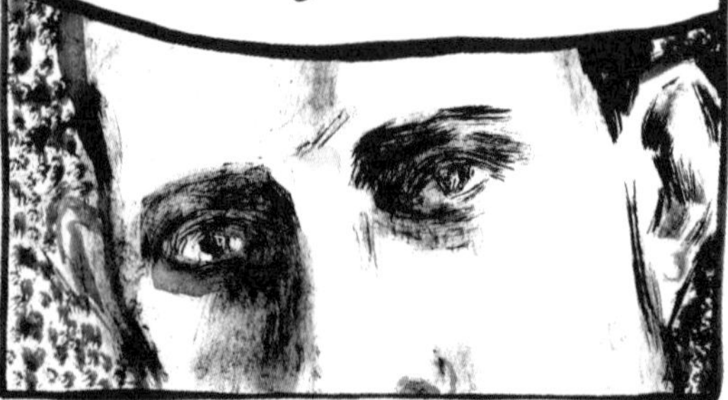
Pjotr Feofanowitsch, Sie sind mein Chef… Sie sind dran mit dem verbesserten Wohnraum… Sie bekommen eine eigene Wohnung…

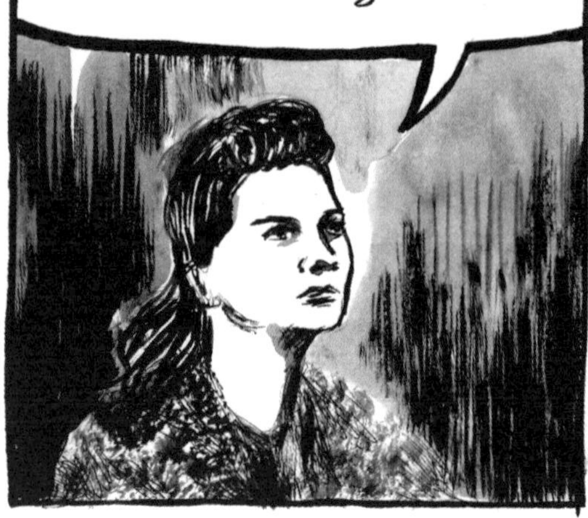
Was hast du gemacht?!

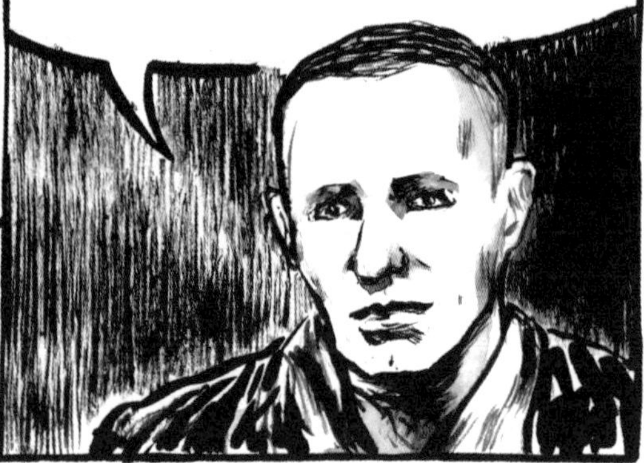
Walja, verzeih. Ich hab ihm den Vortritt gelassen…

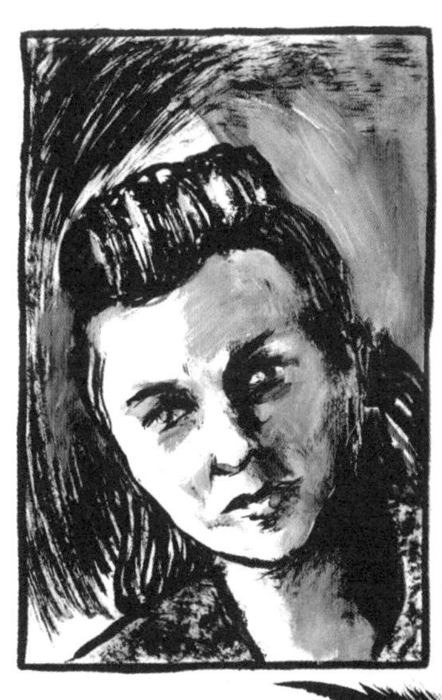

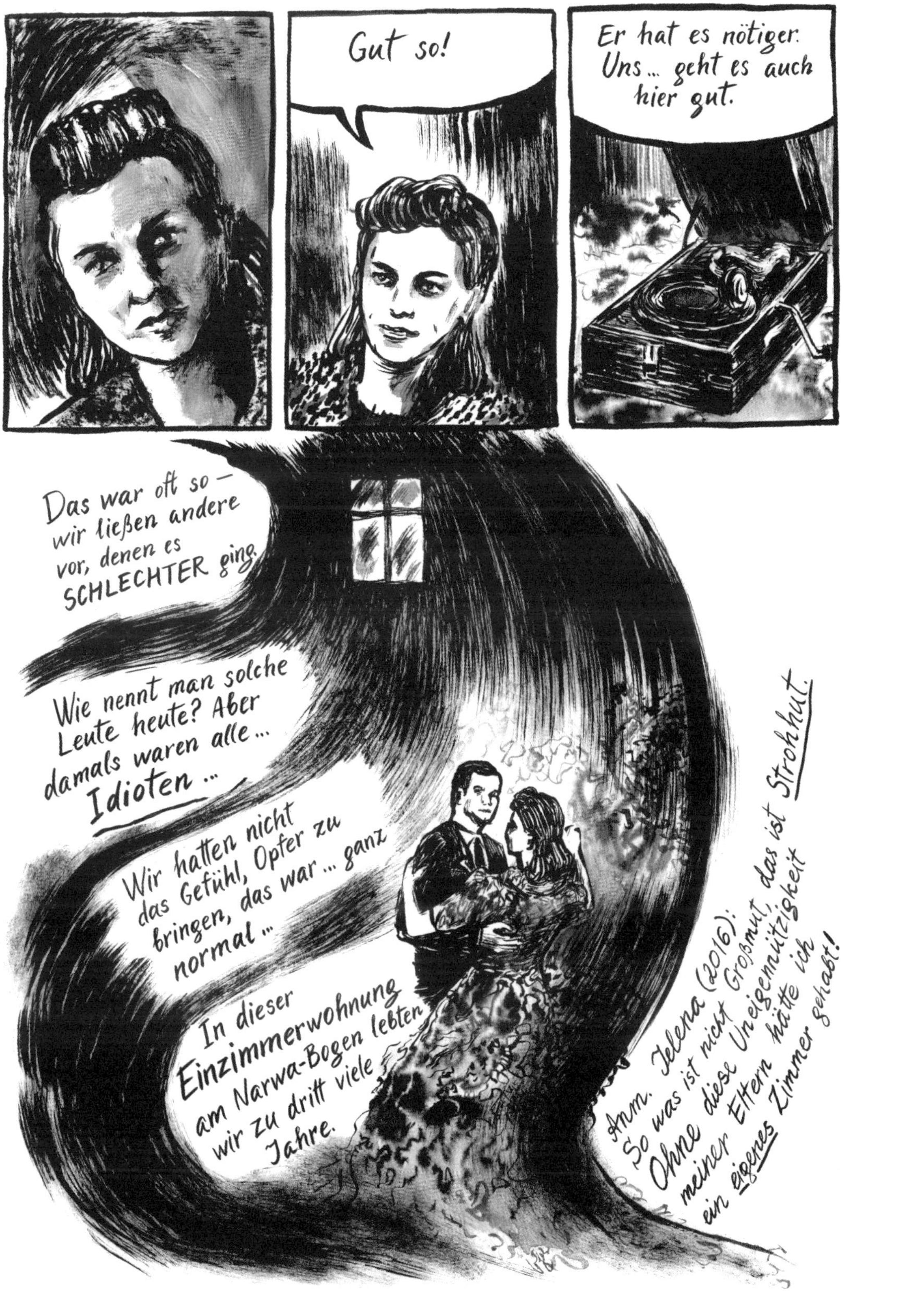

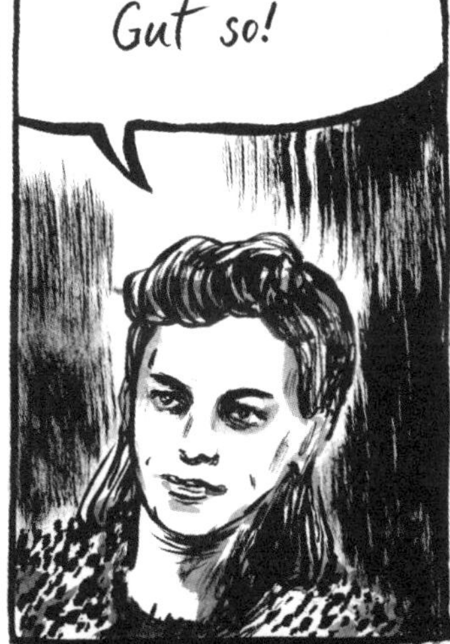

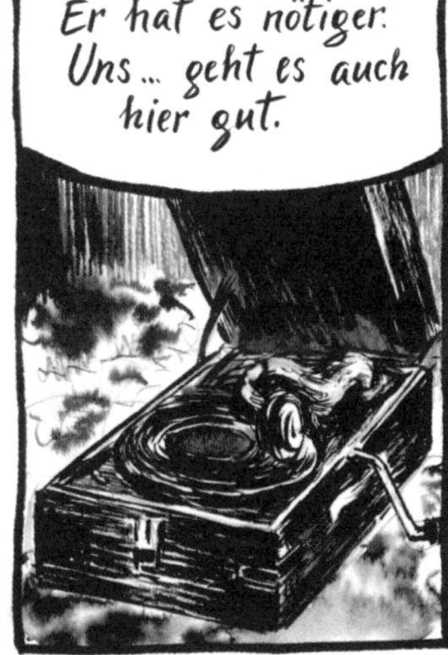

Das war oft so – wir ließen andere vor, denen es SCHLECHTER ging.

Wie nennt man solche Leute heute? Aber damals waren alle … Idioten …

Wir hatten nicht das Gefühl, Opfer zu bringen, das war … ganz normal …

In dieser Einzimmerwohnung am Narwa-Bogen lebten wir zu dritt viele Jahre.

Anm. Jelena (2016): So was ist nicht Großmut, das ist Strohhut. Ohne diese Uneigennützigkeit meiner Eltern hätte ich ein eigenes Zimmer gehabt!

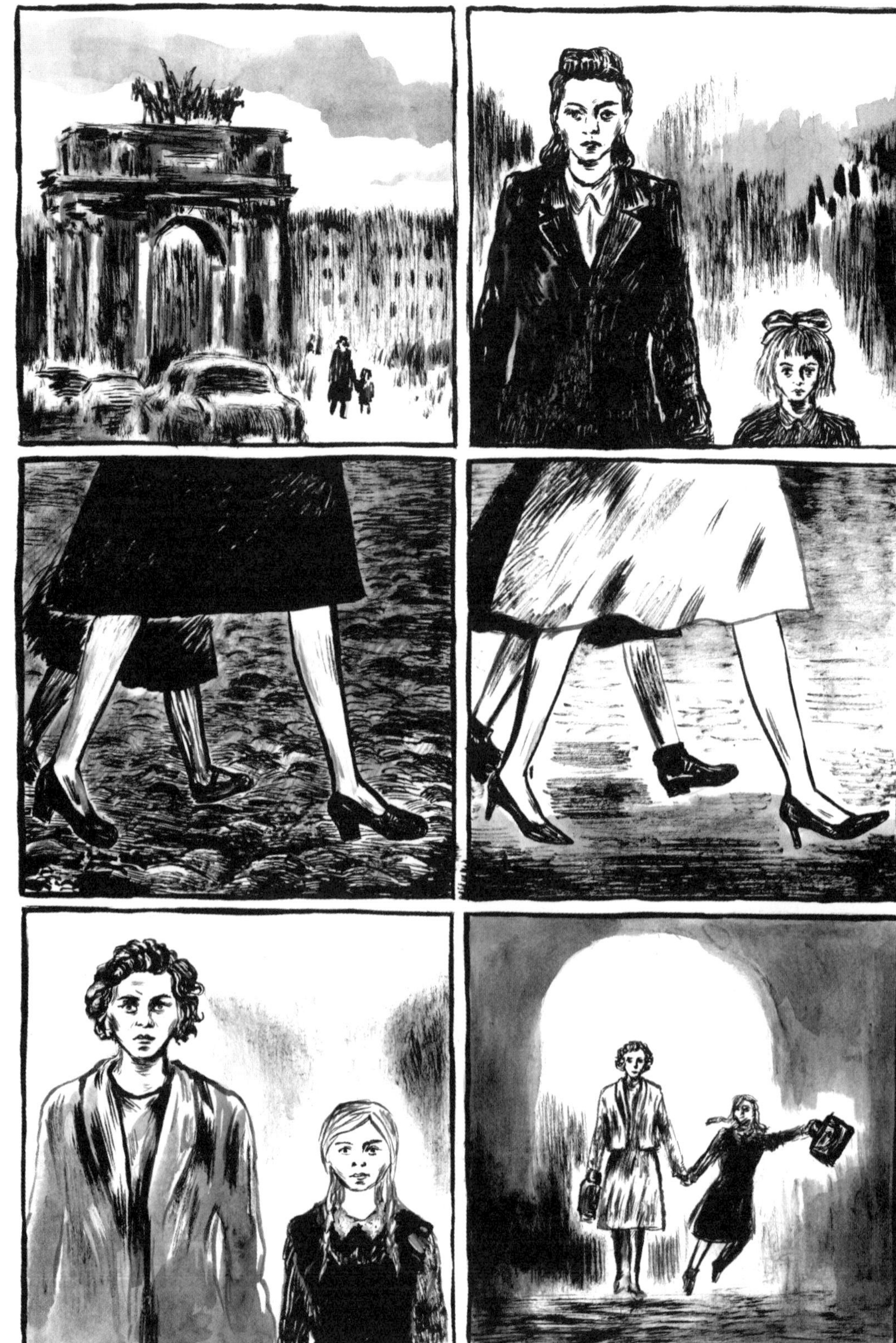

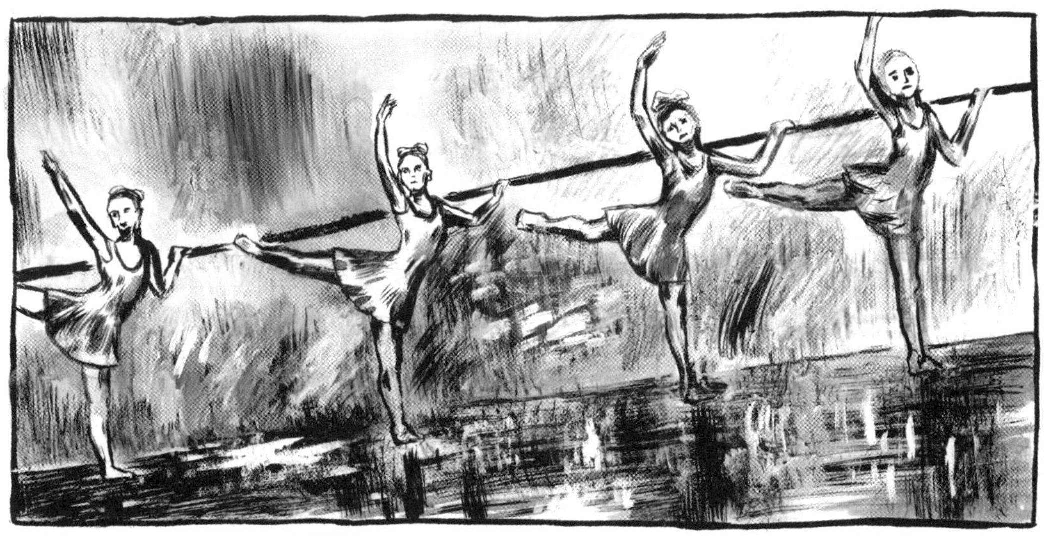

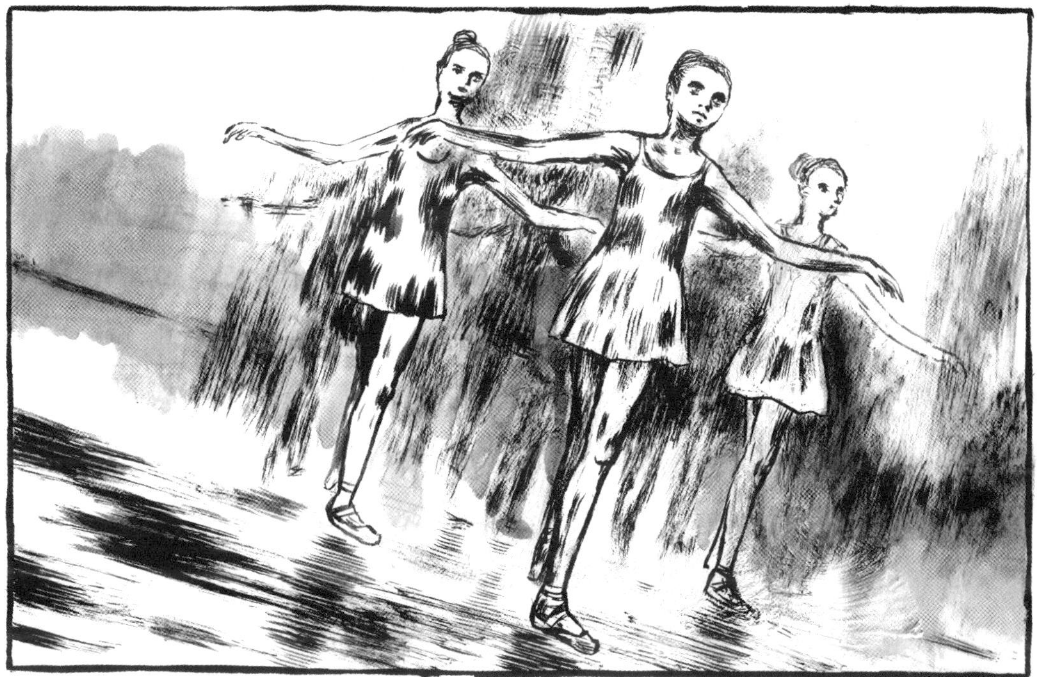

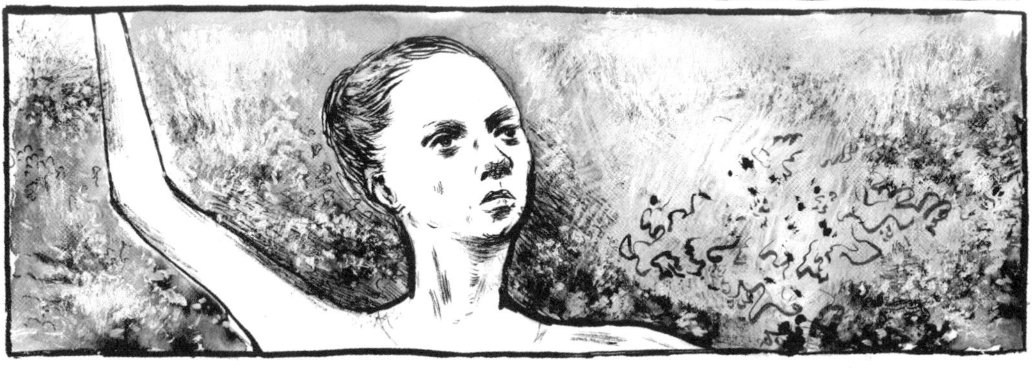

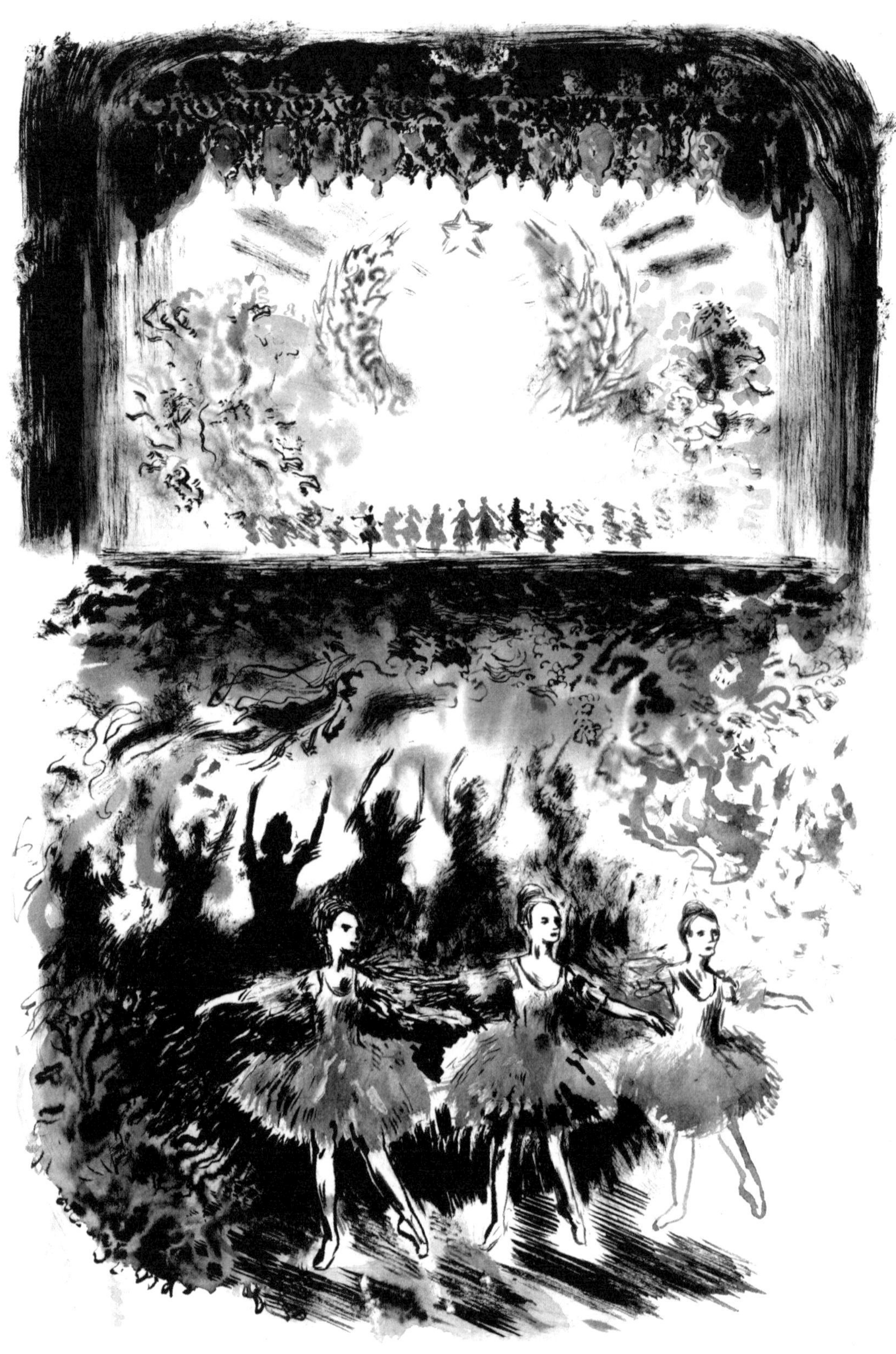

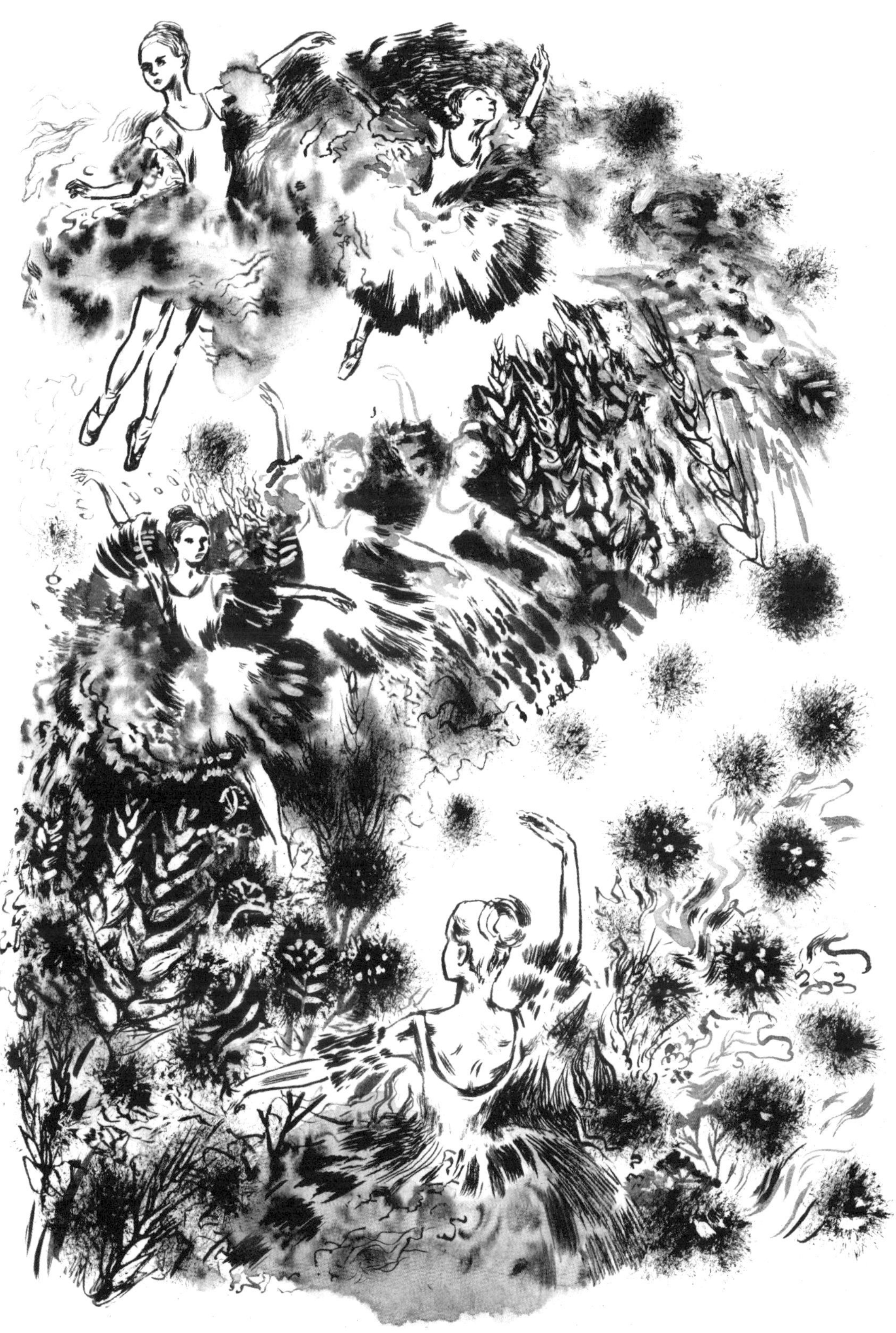

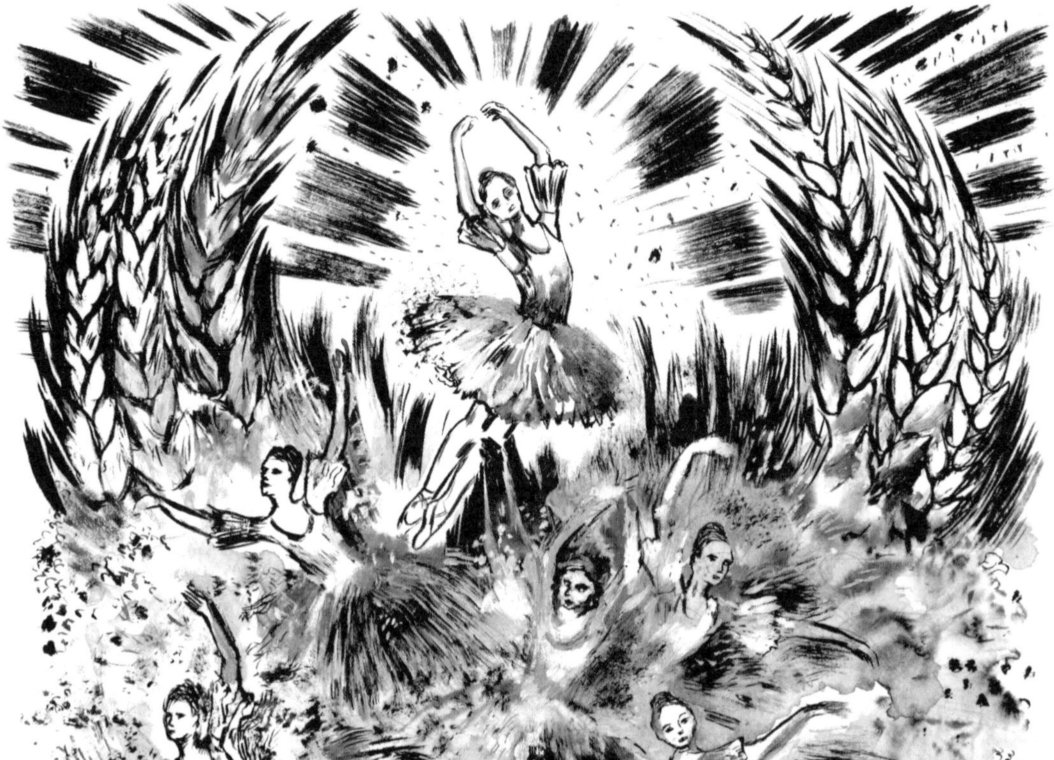

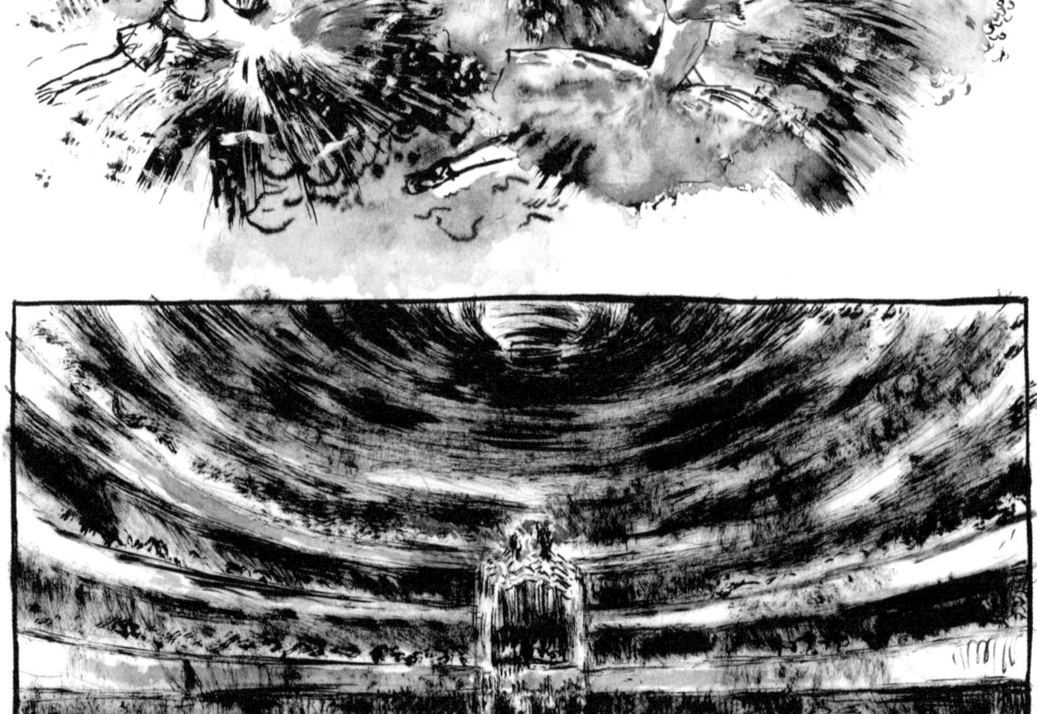

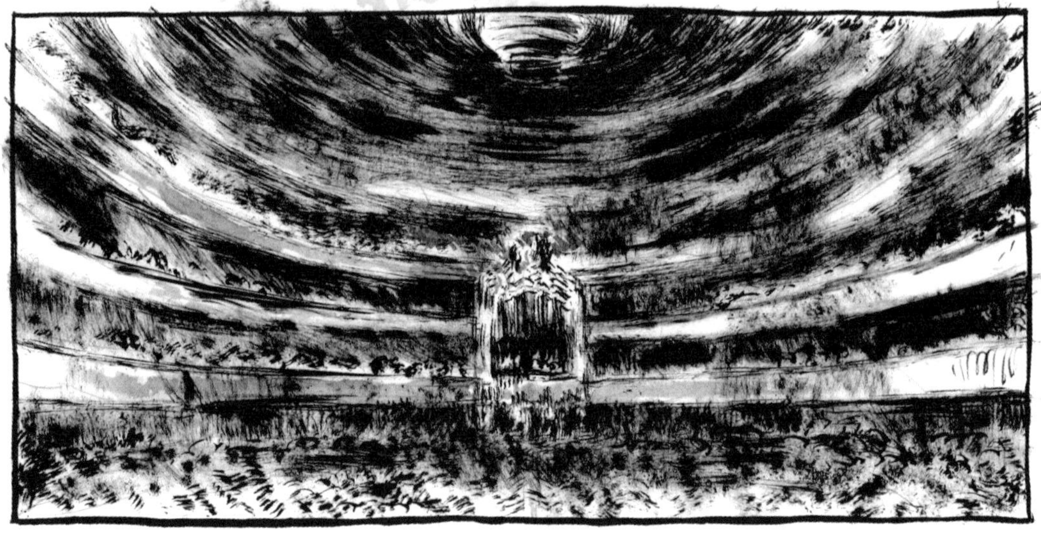

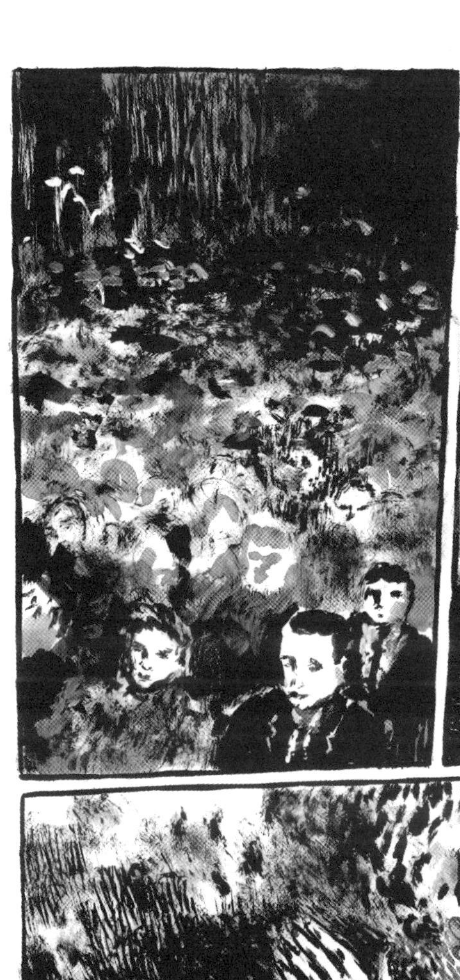

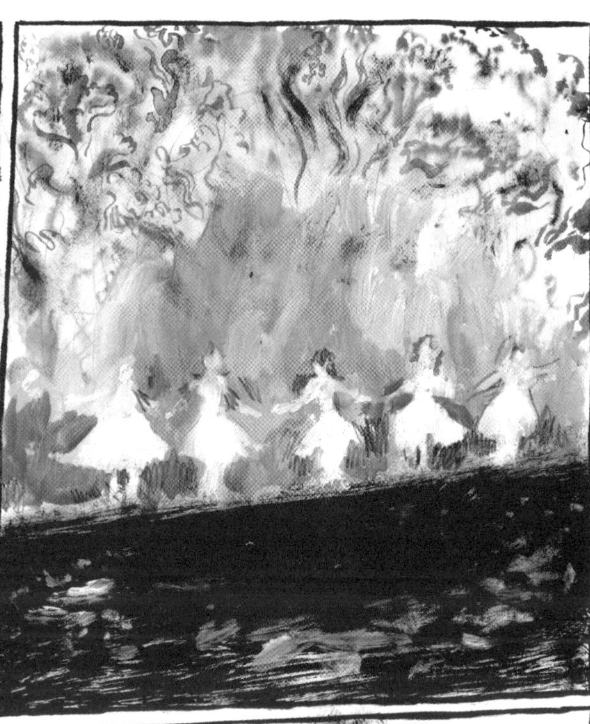

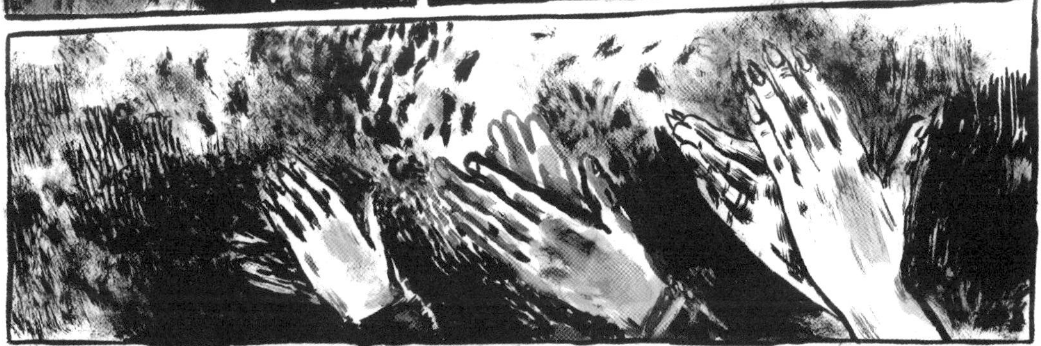

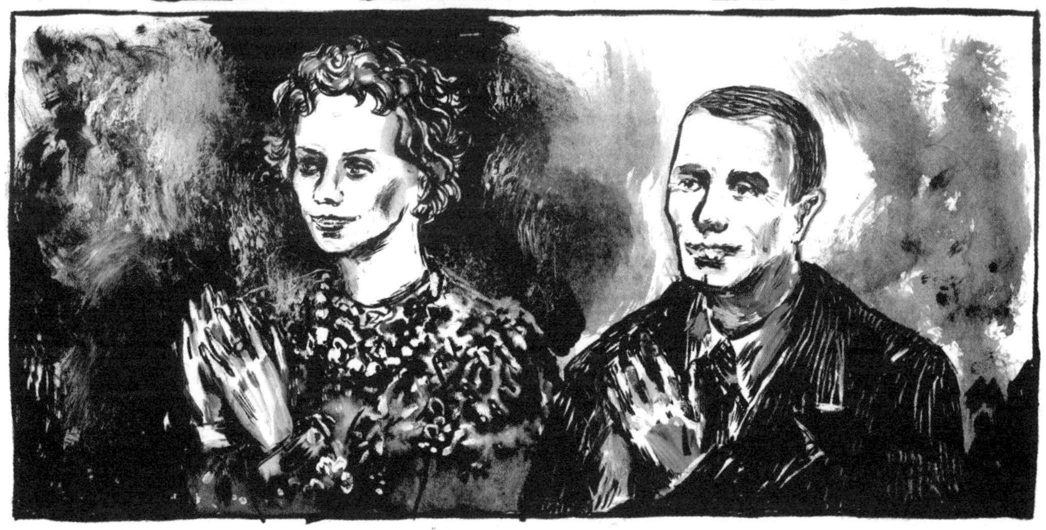

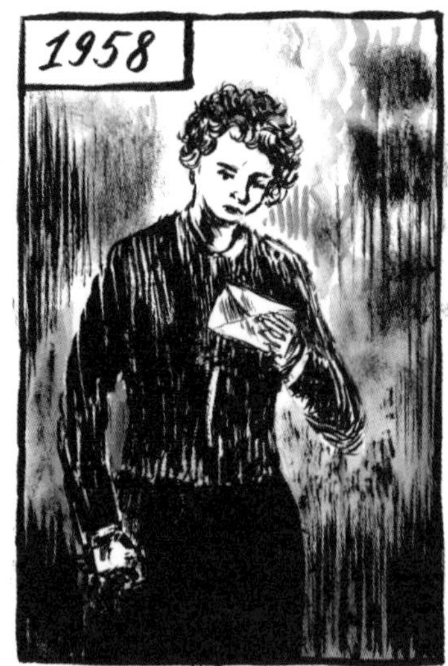
1958

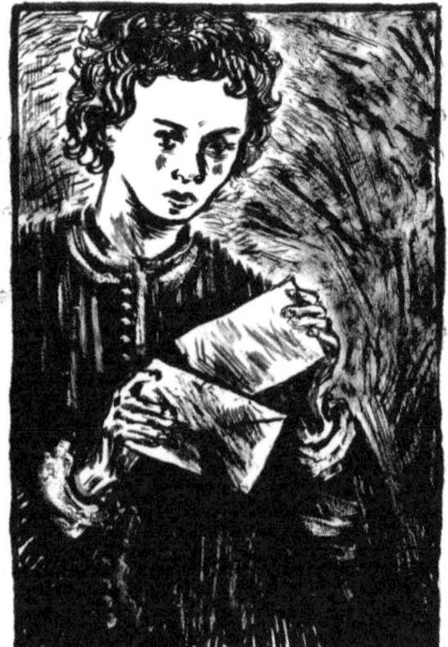

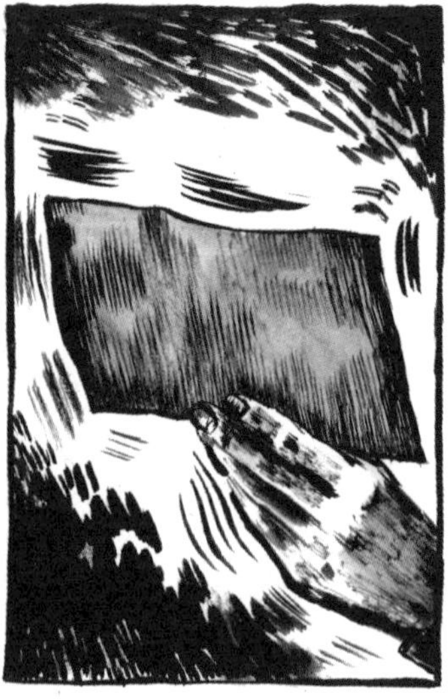

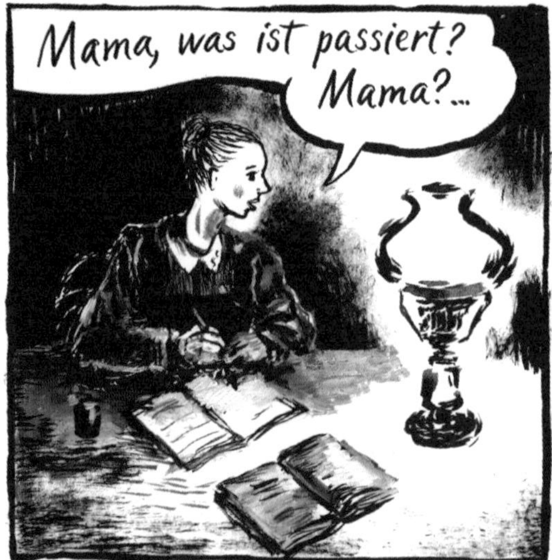
Mama, was ist passiert?
Mama?...

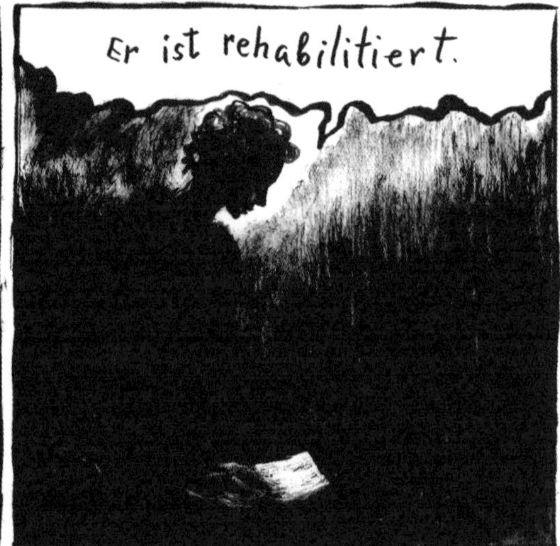
Er ist rehabilitiert.

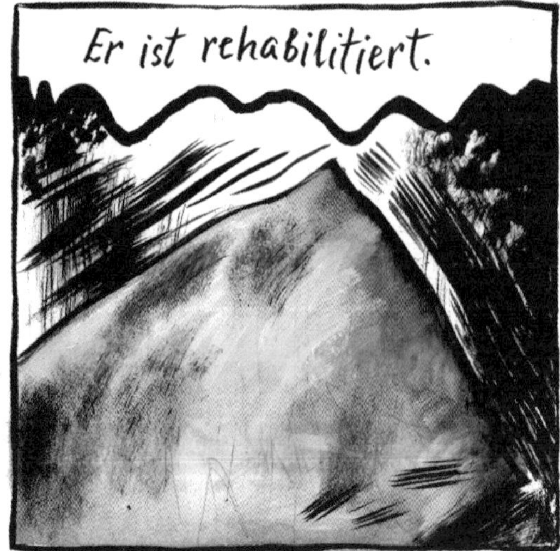
Er ist rehabilitiert.

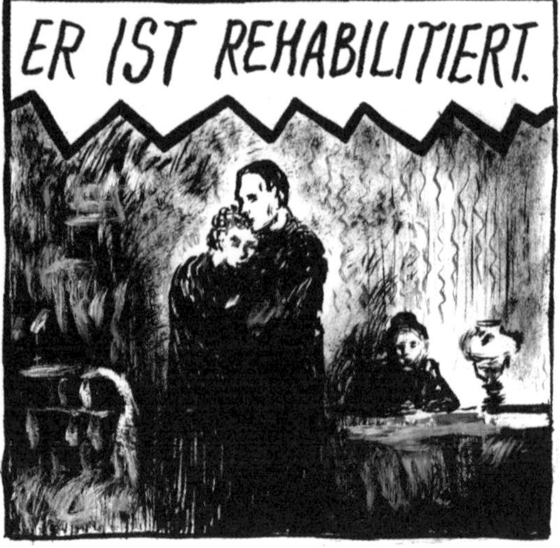
ER IST REHABILITIERT.

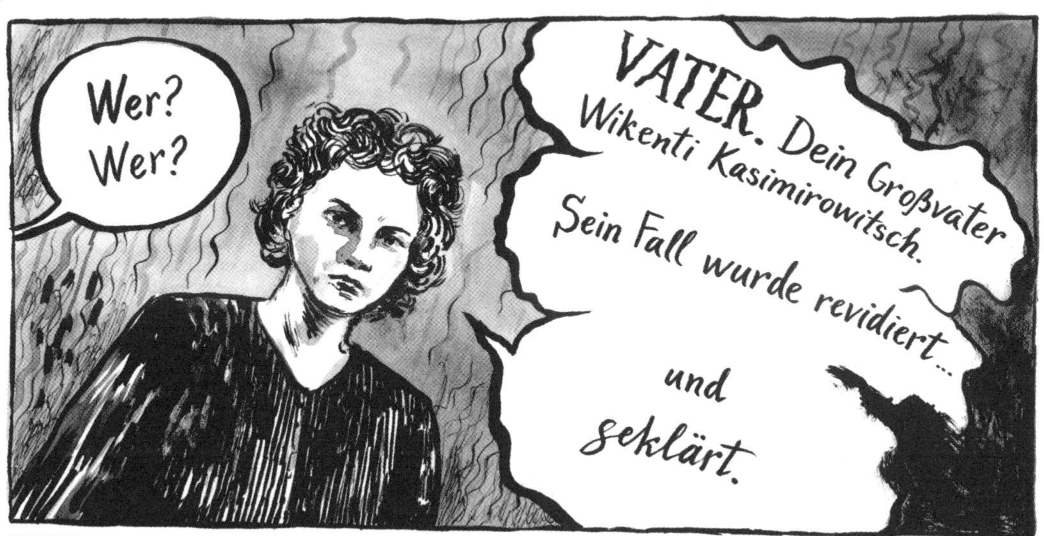
Wer?
Wer?
VATER. Dein Großvater
Wikenti Kasimirowitsch.
Sein Fall wurde revidiert...
und
geklärt.

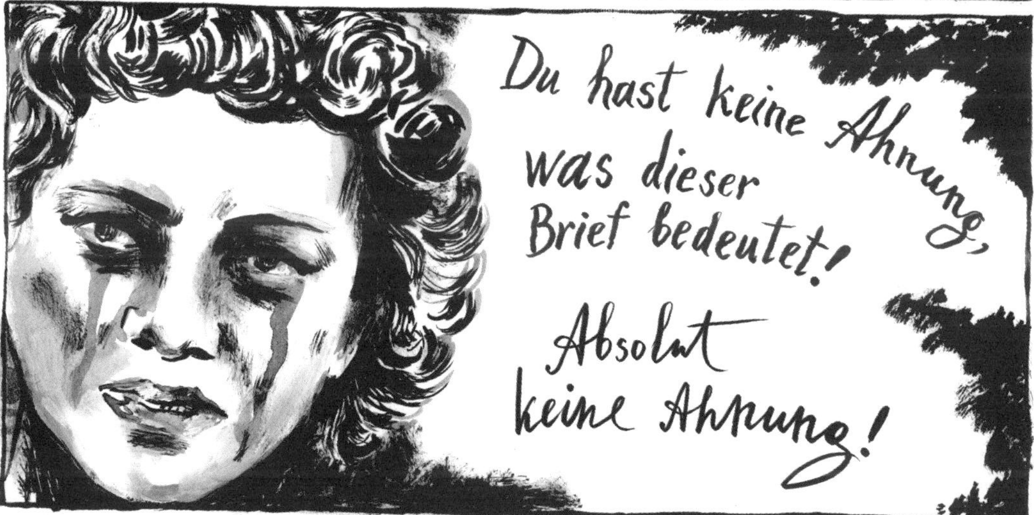
Du hast keine Ahnung,
was dieser
Brief bedeutet!
Absolut
keine Ahnung!

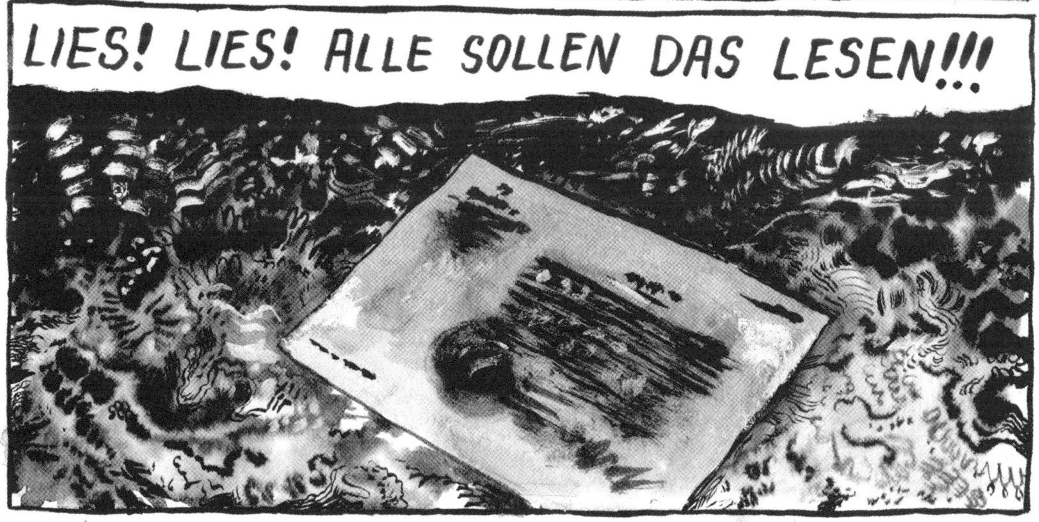
LIES! LIES! ALLE SOLLEN DAS LESEN!!!

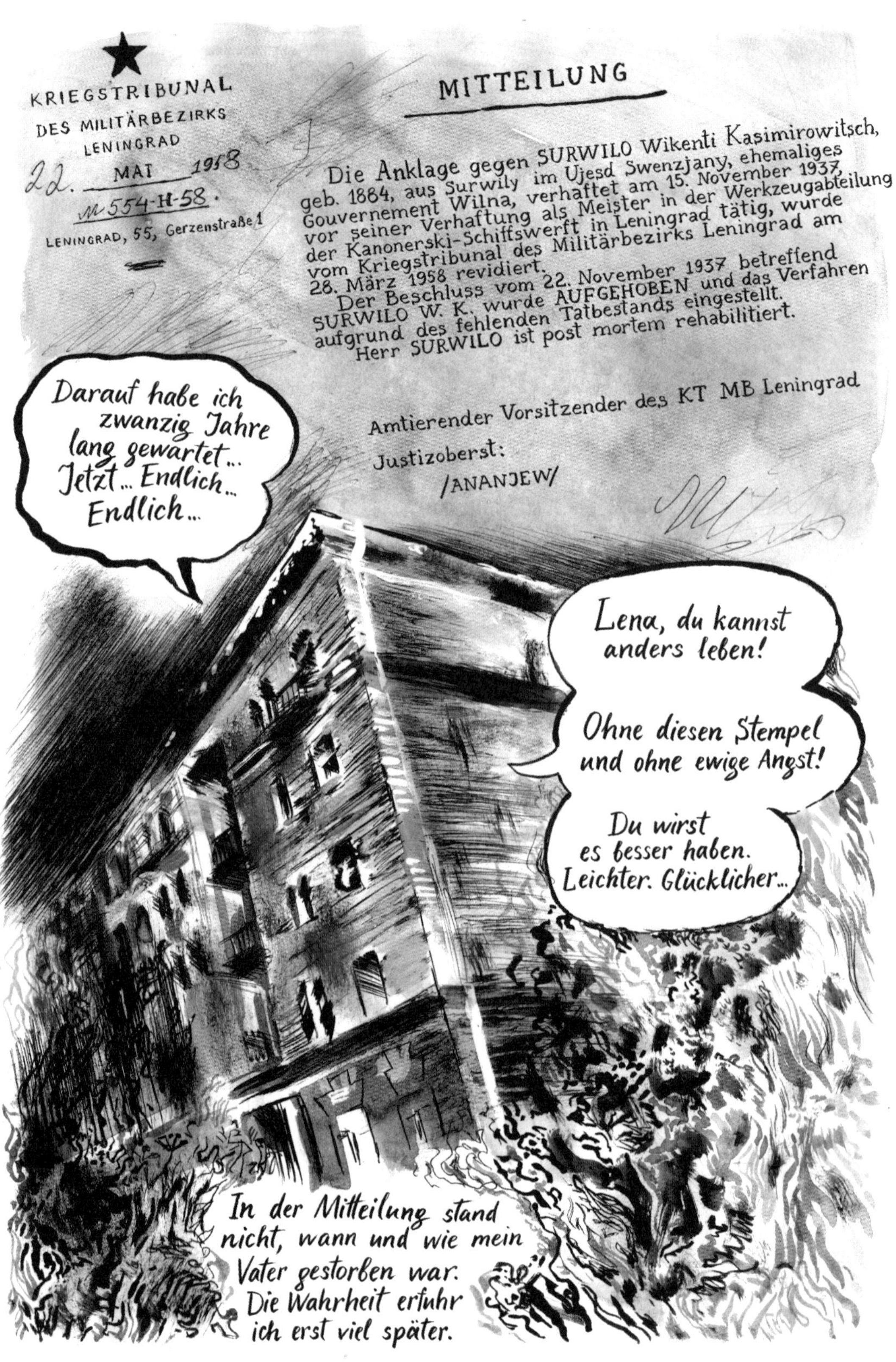
KRIEGSTRIBUNAL
DES MILITÄRBEZIRKS
LENINGRAD
22. MAI 1958
№ 554-H-58.
LENINGRAD, 55, Gerzenstraße 1
MITTEILUNG
Die Anklage gegen SURWILO Wikenti Kasimirowitsch, geb. 1884, aus Surwily im Ujesd Swenzjany, ehemaliges Gouvernement Wilna, verhaftet am 15. November 1937, vor seiner Verhaftung als Meister in der Werkzeugabteilung der Kanonerski-Schiffswerft in Leningrad tätig, wurde vom Kriegstribunal des Militärbezirks Leningrad am 28. März 1958 revidiert.
Der Beschluss vom 22. November 1937 betreffend SURWILO W. K. wurde AUFGEHOBEN und das Verfahren aufgrund des fehlenden Tatbestands eingestellt.
Herr SURWILO ist post mortem rehabilitiert.
Amtierender Vorsitzender des KT MB Leningrad
Justizoberst:
/ANANJEW/
Darauf habe ich zwanzig Jahre lang gewartet... Jetzt... Endlich... Endlich...
Lena, du kannst anders leben!
Ohne diesen Stempel und ohne ewige Angst!
Du wirst es besser haben. Leichter. Glücklicher...
In der Mitteilung stand nicht, wann und wie mein Vater gestorben war. Die Wahrheit erfuhr ich erst viel später.

ZWISCHENSPIEL

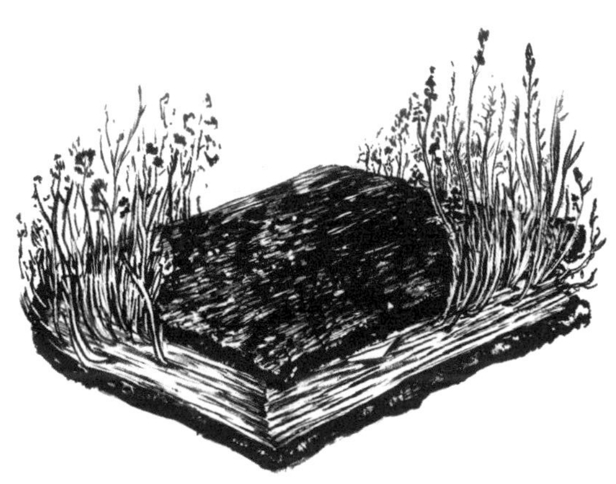

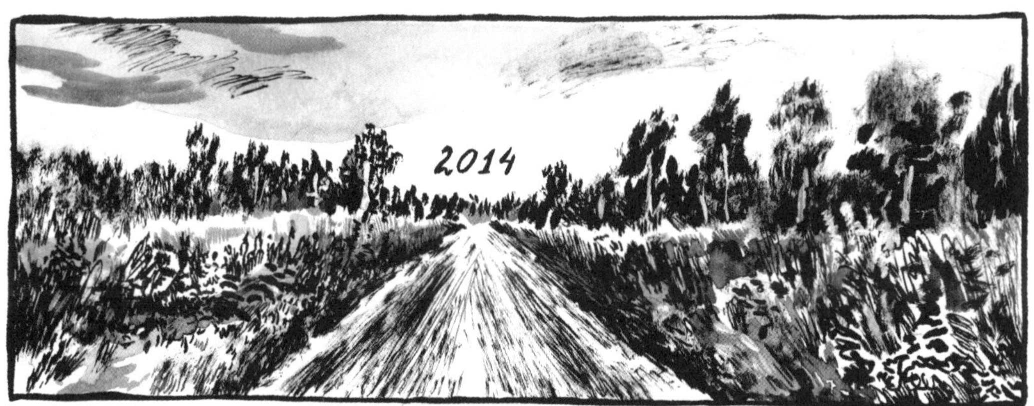
2014

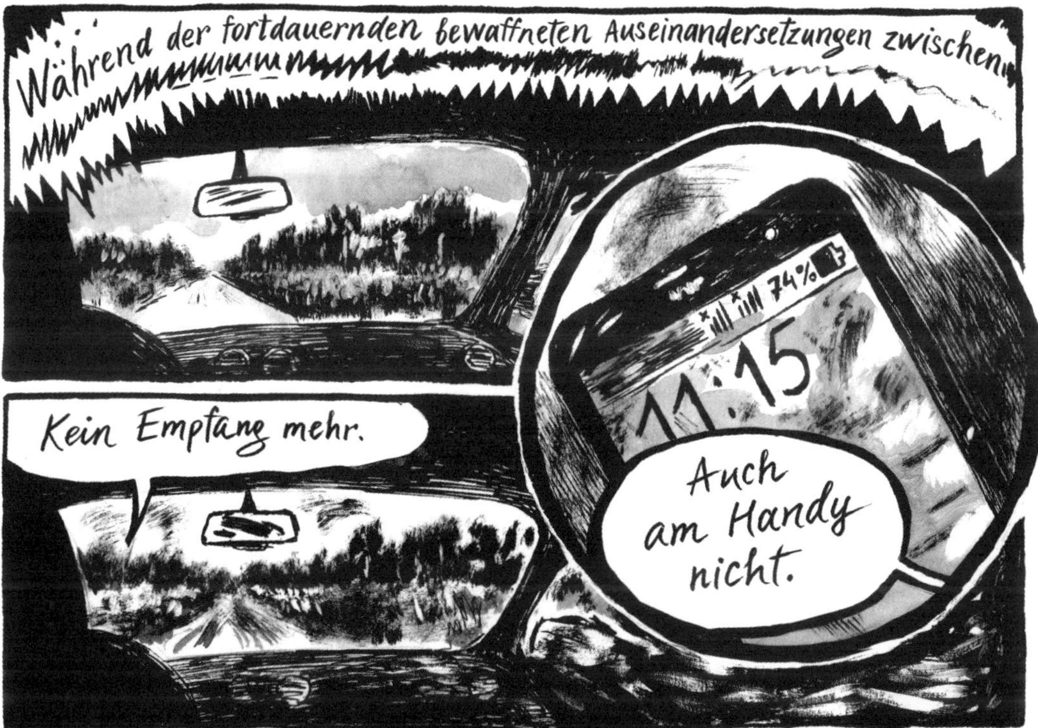
Während der fortdauernden bewaffneten Auseinandersetzungen zwischen
74%
11:15
Kein Empfang mehr.
Auch am Handy nicht.

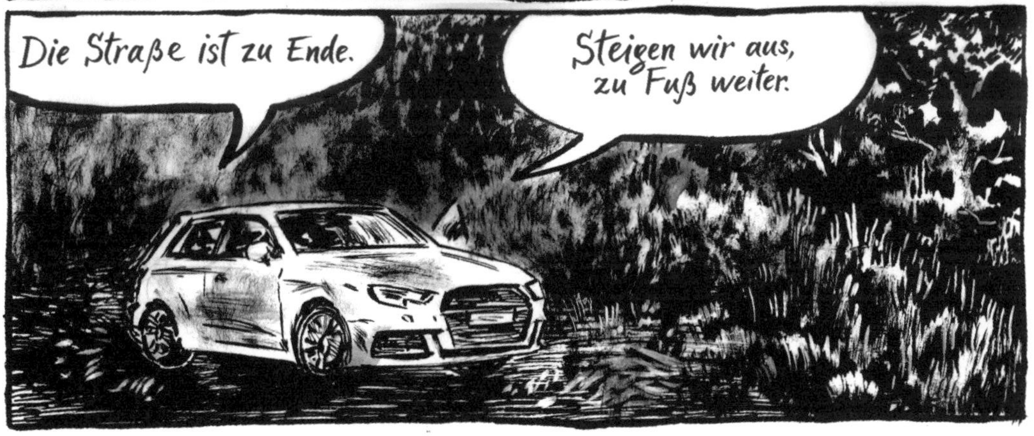
Die Straße ist zu Ende.
Steigen wir aus, zu Fuß weiter.

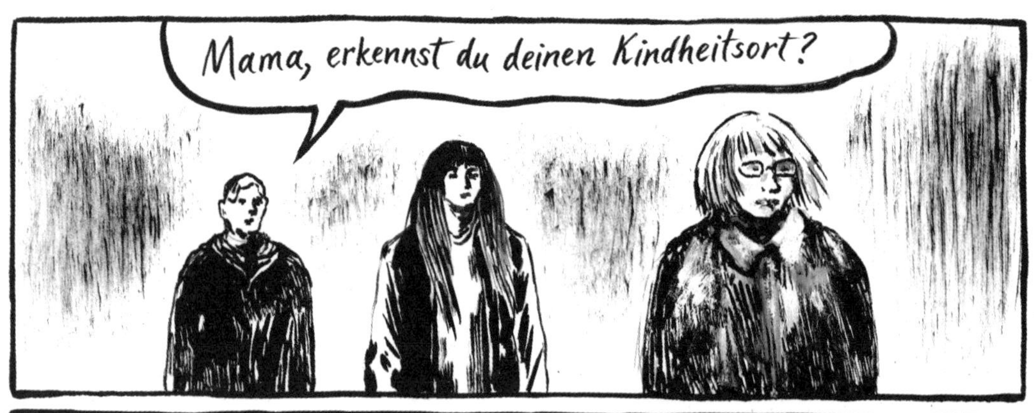
Mama, erkennst du deinen Kindheitsort?

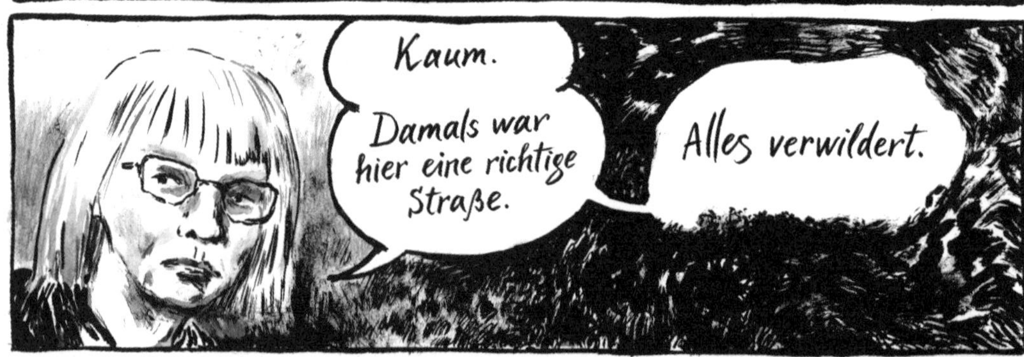
Kaum.
Damals war hier eine richtige Straße.
Alles verwildert.

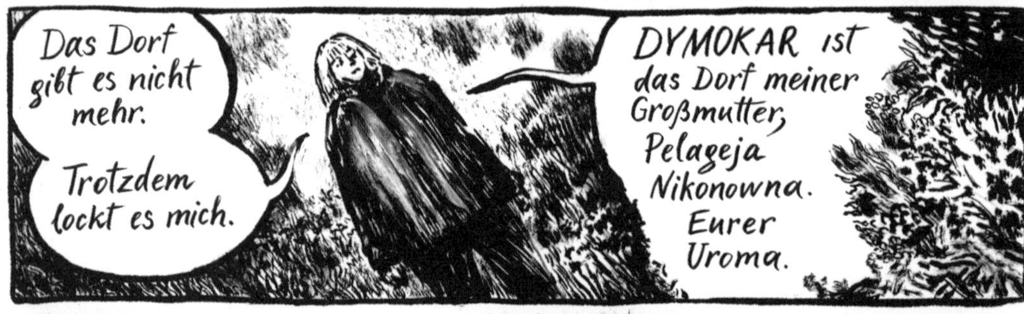
Das Dorf gibt es nicht mehr.
Trotzdem lockt es mich.
DYMOKAR ist das Dorf meiner Großmutter, Pelageja Nikonowna. Eurer Uroma.

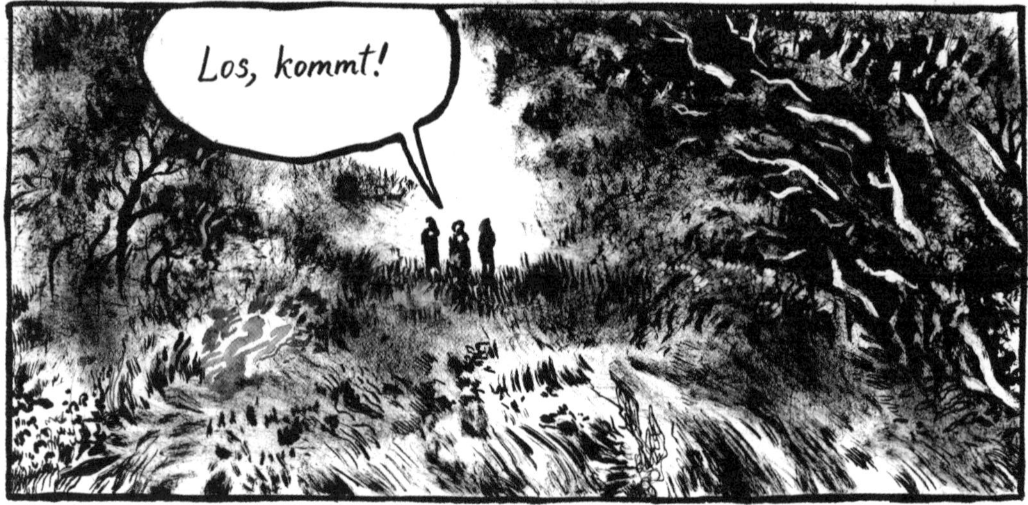
Los, kommt!

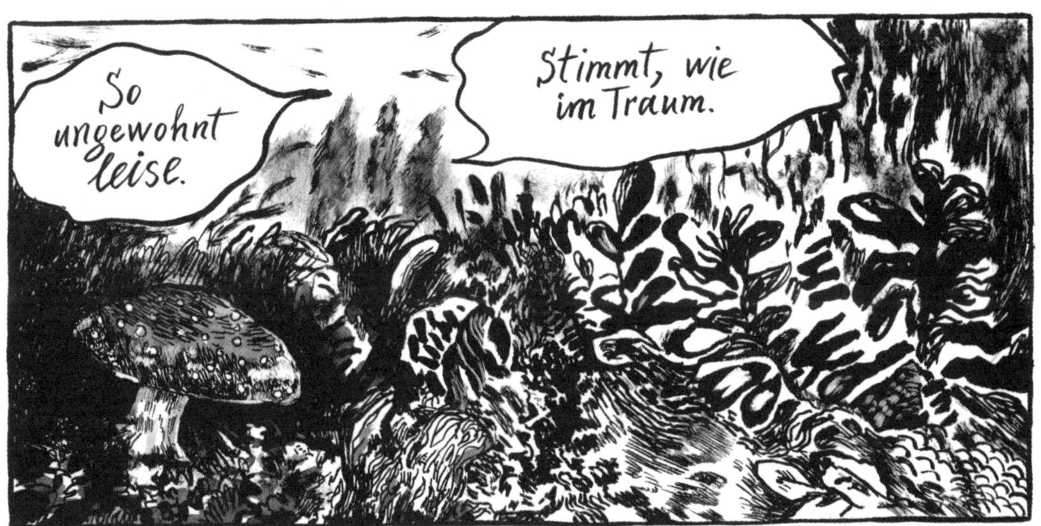
So ungewohnt leise.
Stimmt, wie im Traum.

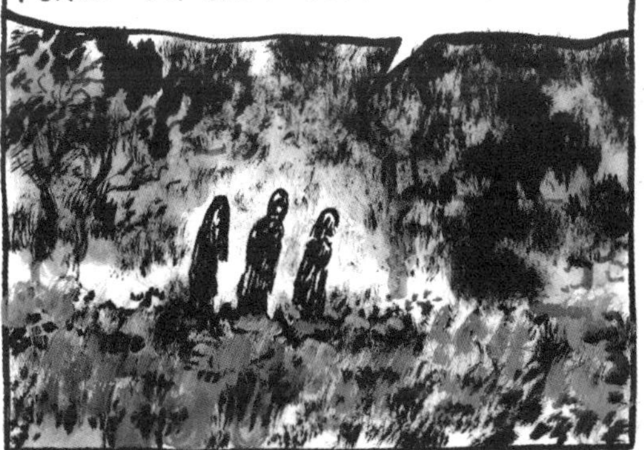
Ich bin ohne Großeltern aufgewachsen. Die Eltern arbeiteten viel. Im Sommer war ich immer im Gebiet Pskow bei einer Verwandten.

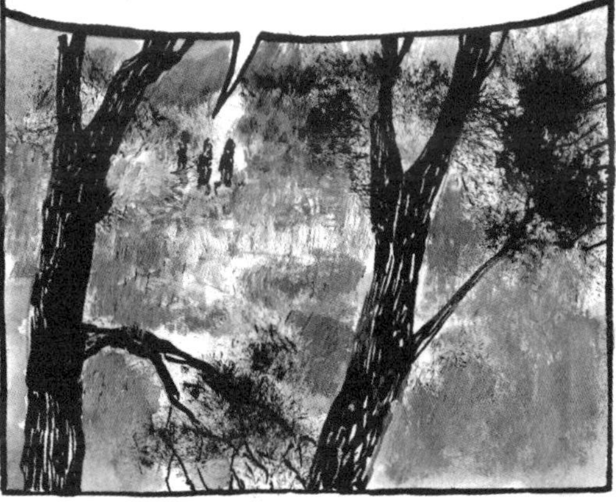
Im Nachbardorf von Dymokar, Meschtschanski Luschok.

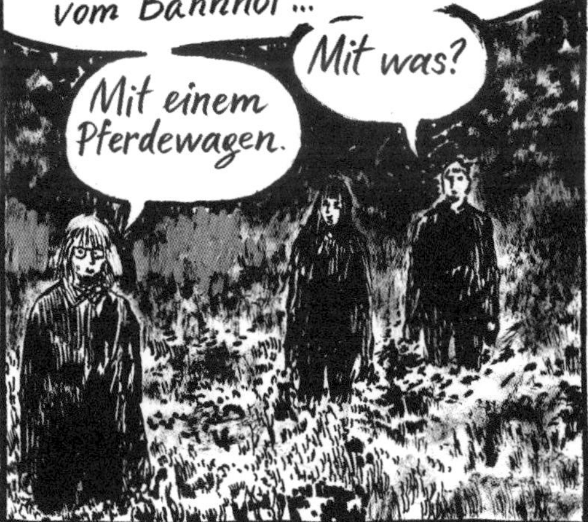
Hier kamen wir mit dem Fuhrwerk vom Bahnhof ...
Mit was?
Mit einem Pferdewagen.

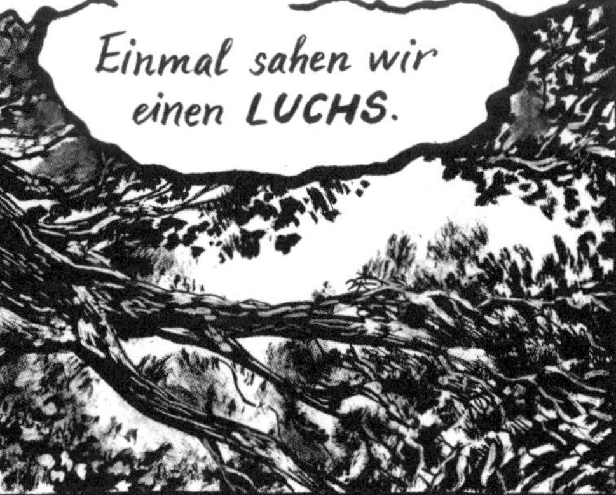
Hier liefen wir Mädels zu Fuß von einem Dorf zum anderen, trafen uns, sammelten Pilze ...
Einmal sahen wir einen LUCHS.

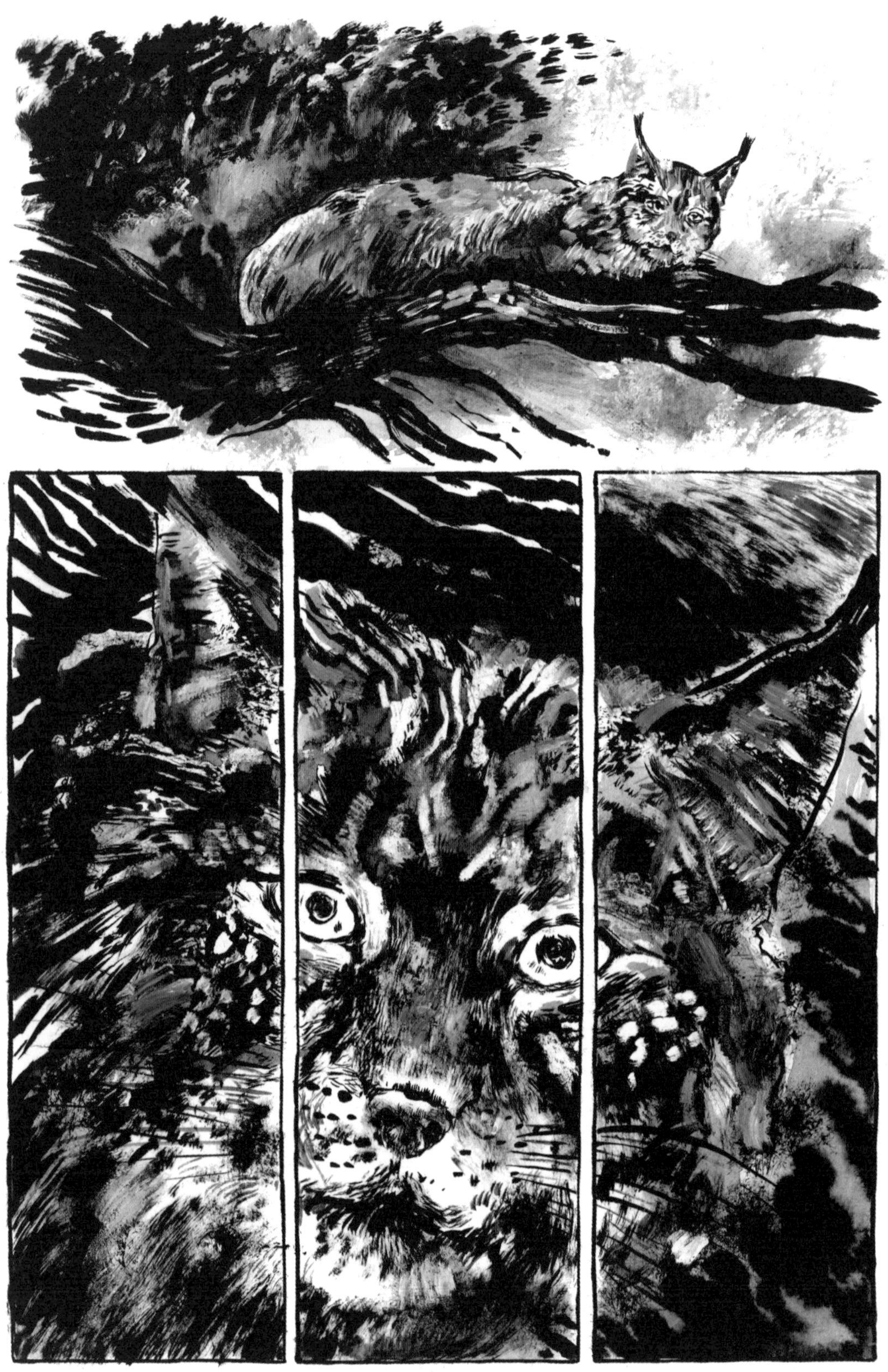

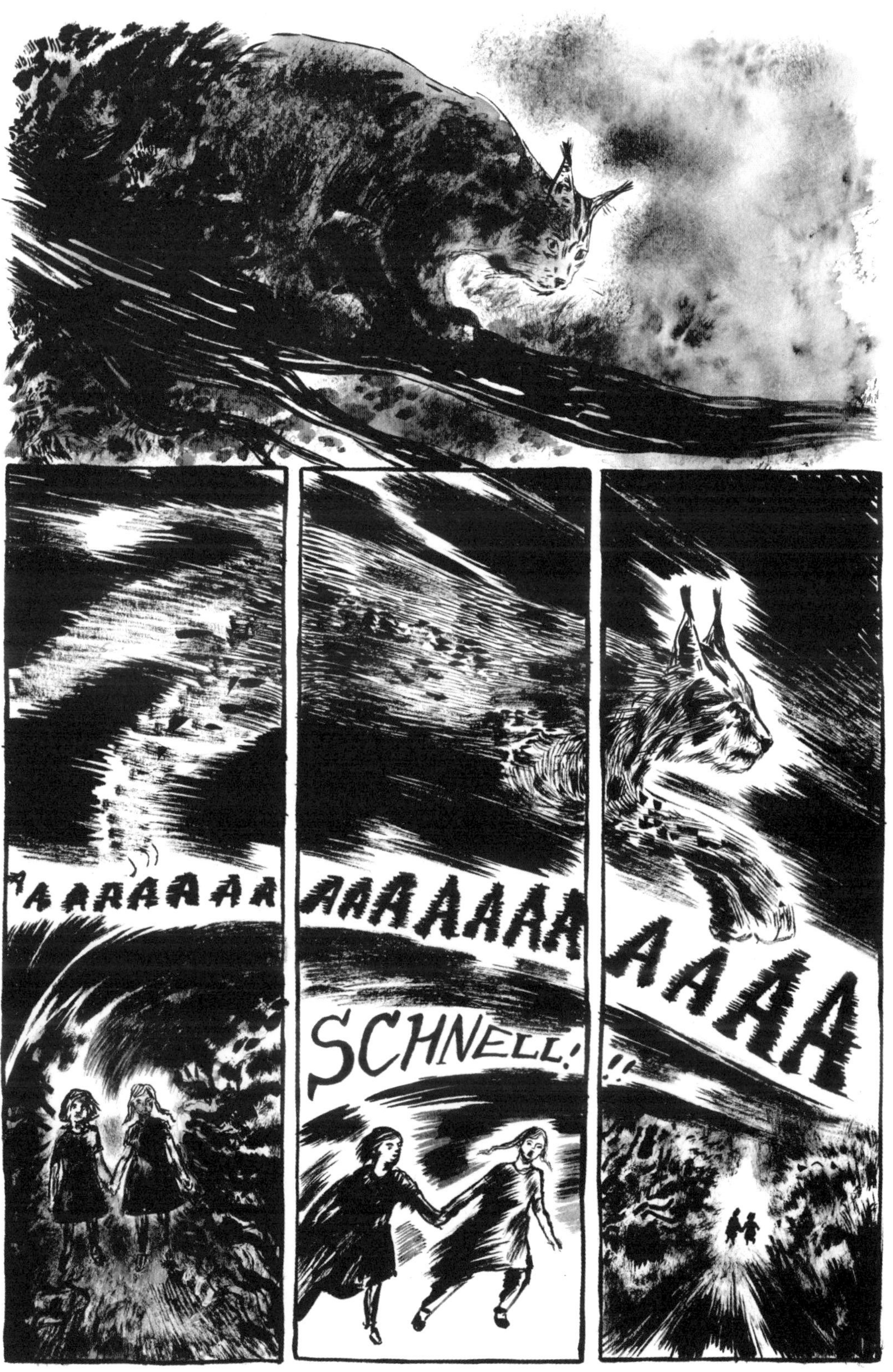
AAAAAAAA
AAAAAAAAA
AAAAAAA
SCHNELL!
!!

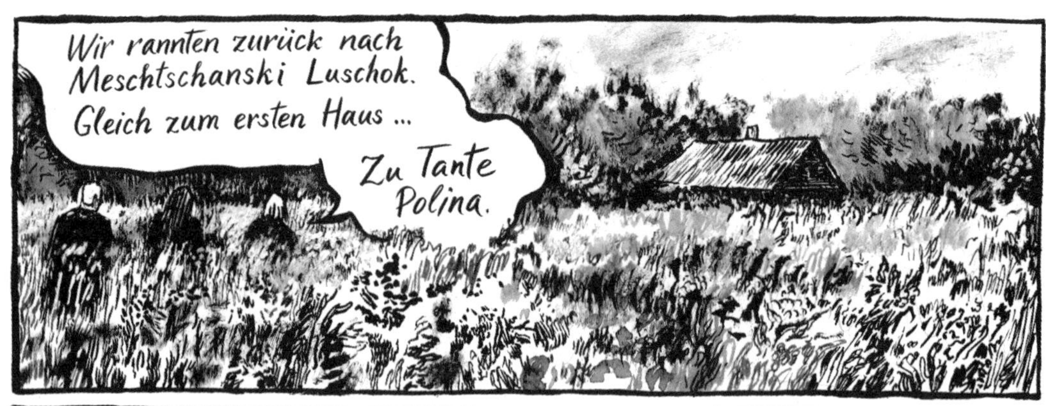
Wir rannten zurück nach Meschtschanski Luschok. Gleich zum ersten Haus ...
Zu Tante Polina.

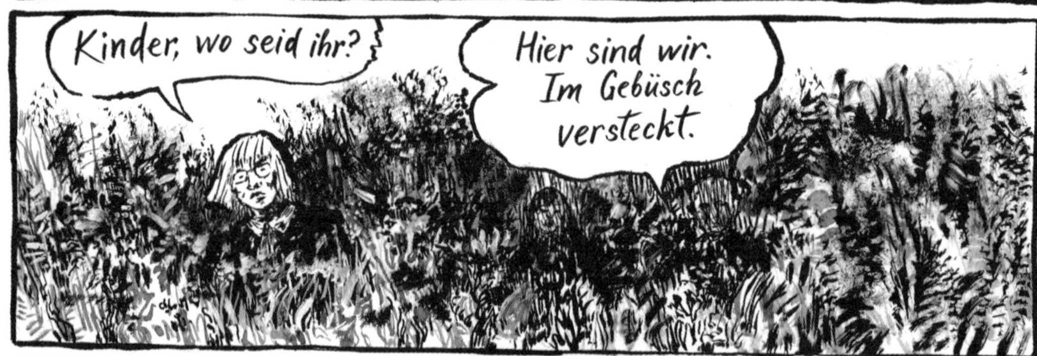
Kinder, wo seid ihr?
Hier sind wir. Im Gebüsch versteckt.

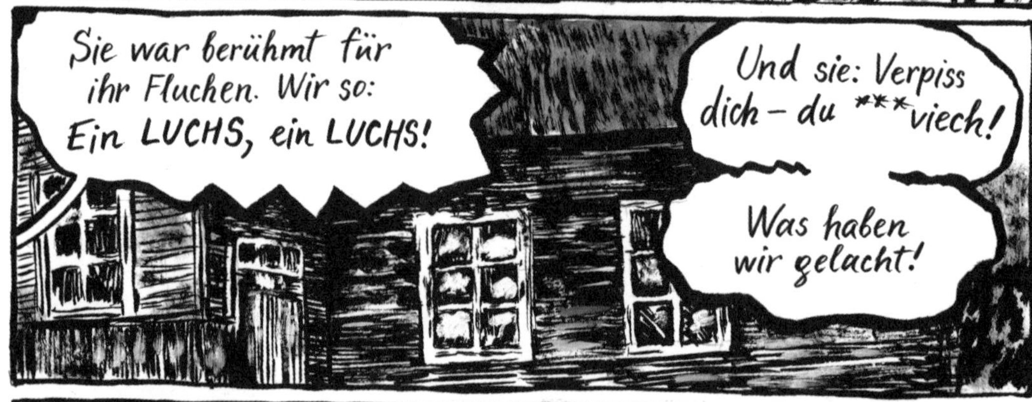
Sie war berühmt für ihr Fluchen. Wir so: Ein LUCHS, ein LUCHS!
Und sie: Verpiss dich – du ***viech!
Was haben wir gelacht!

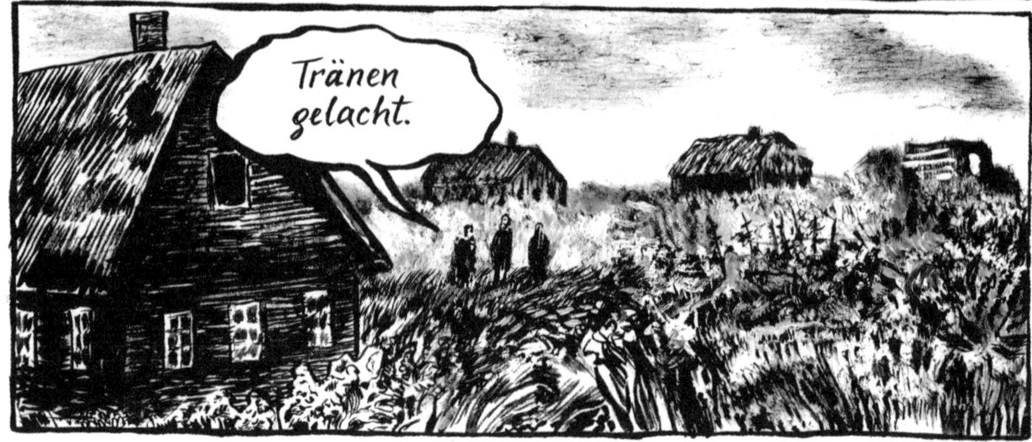
Tränen gelacht.

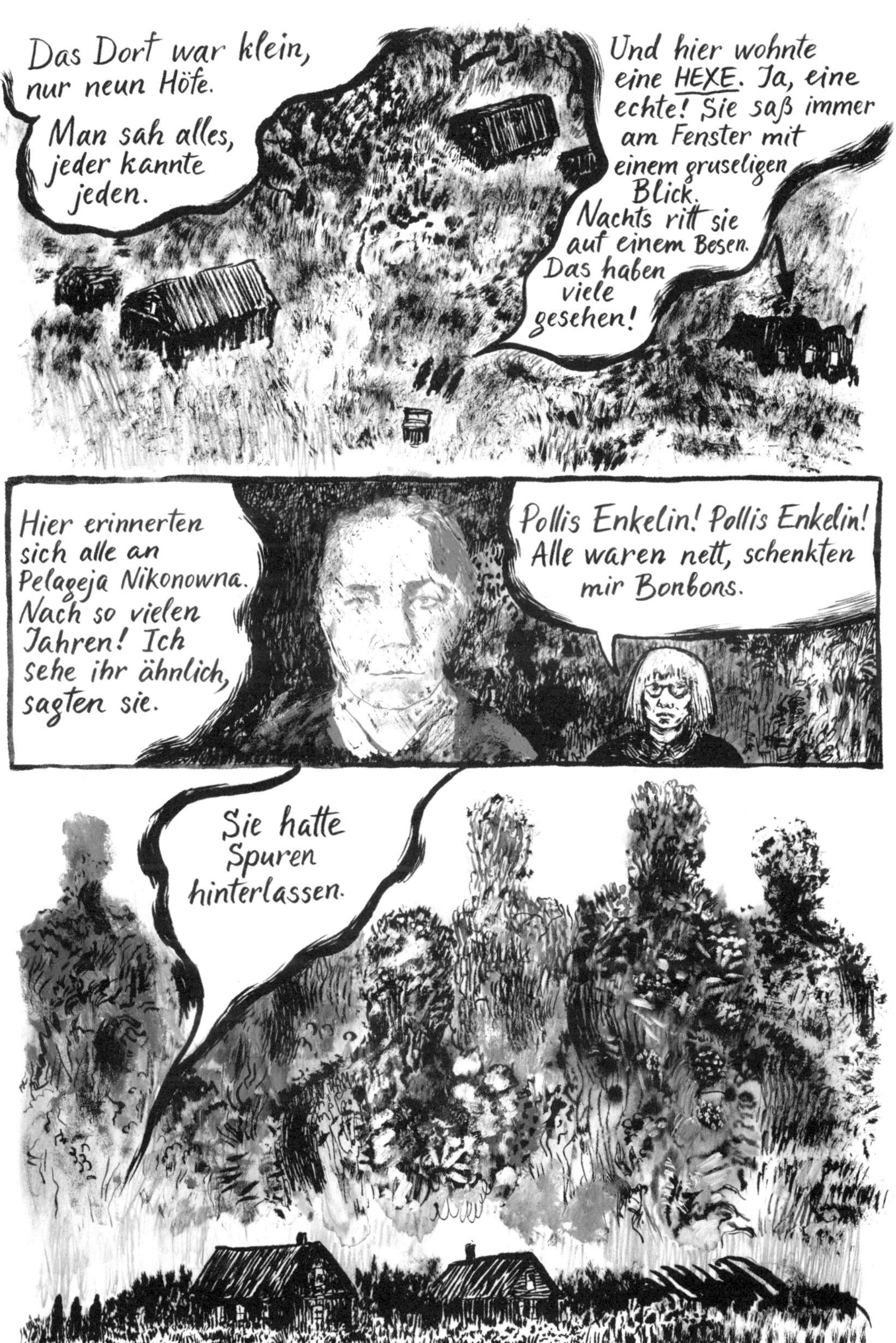
Das Dorf war klein, nur neun Höfe.
Man sah alles, jeder kannte jeden.
Und hier wohnte eine HEXE. Ja, eine echte! Sie saß immer am Fenster mit einem gruseligen Blick.
Nachts ritt sie auf einem Besen. Das haben viele gesehen!
Hier erinnerten sich alle an Pelageja Nikonowna. Nach so vielen Jahren! Ich sehe ihr ähnlich, sagten sie.
Pollis Enkelin! Pollis Enkelin! Alle waren nett, schenkten mir Bonbons.
Sie hatte Spuren hinterlassen.

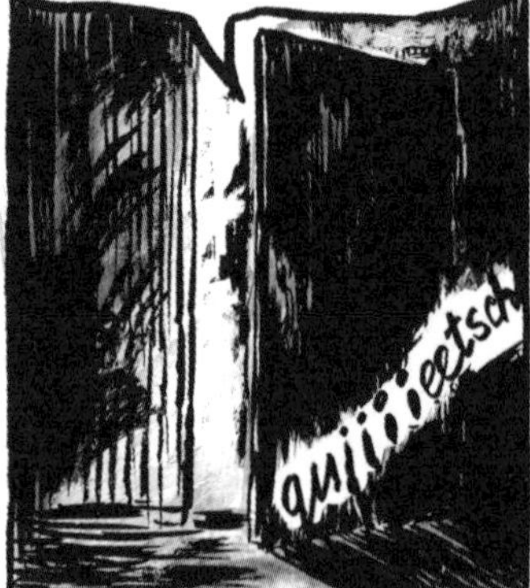
Seltsam – die Türen stehen offen, man kann überall rein.
quiiieetsch

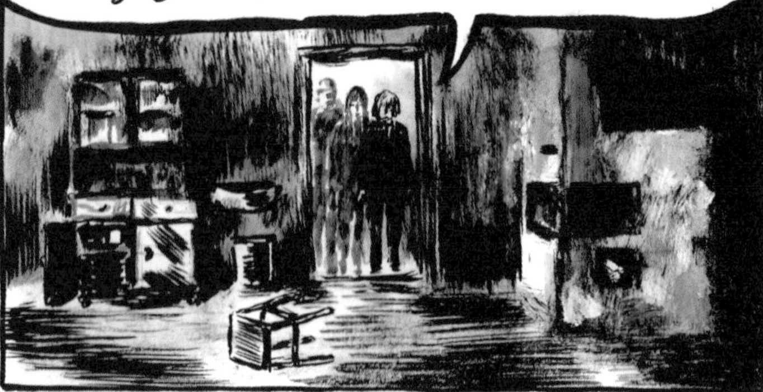
Dann... war ich groß und kam nicht mehr hierher. Nach und nach verließen die Jungen das Dorf. Dann gab's keine Arbeit mehr, und alle gingen weg... Und jetzt...

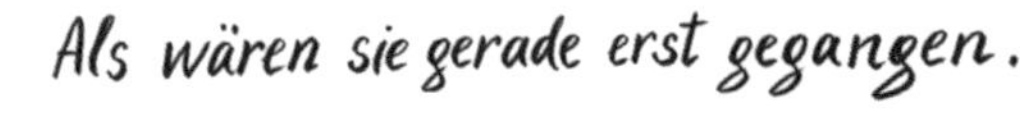
Als wären sie gerade erst gegangen...

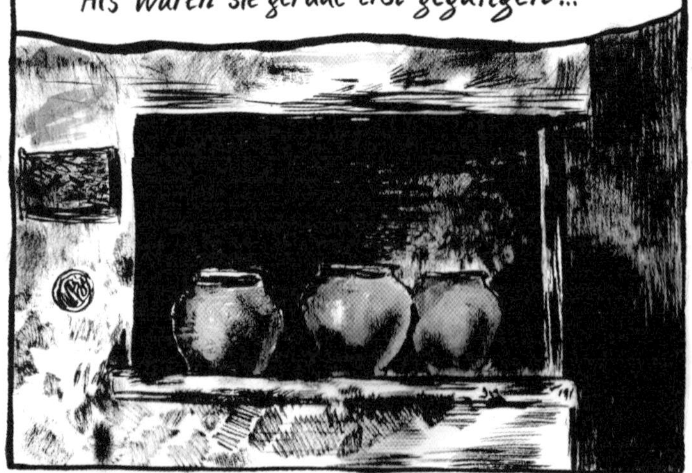

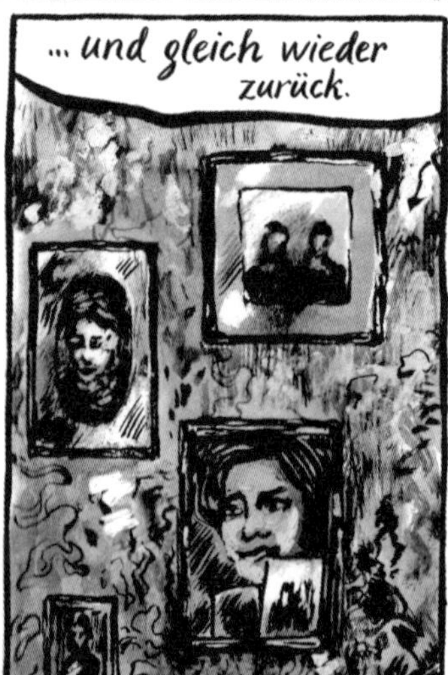
... und gleich wieder zurück.

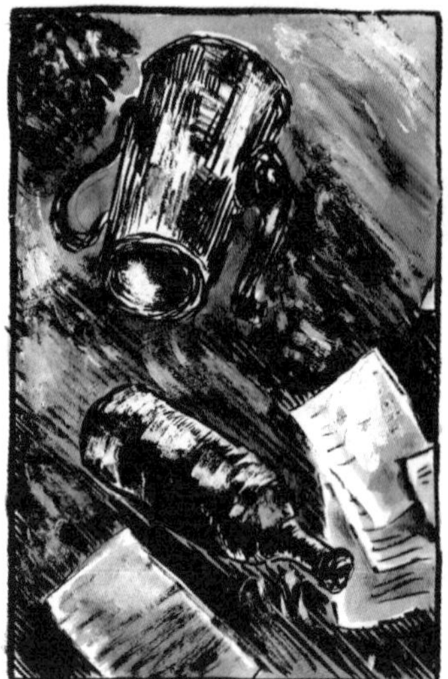

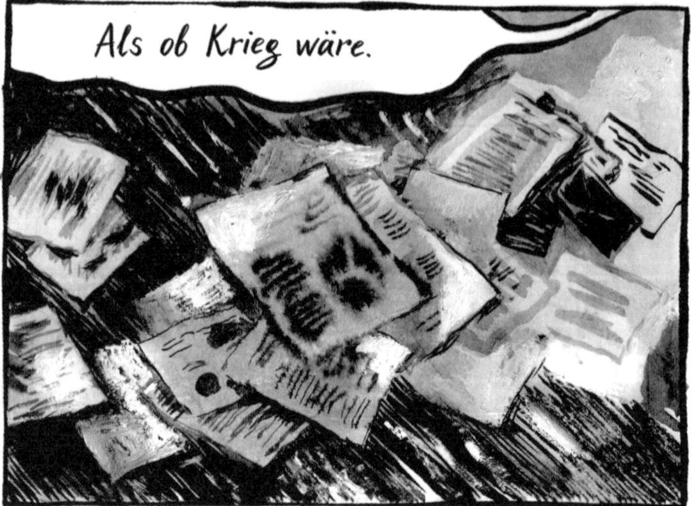
Als ob Krieg wäre.

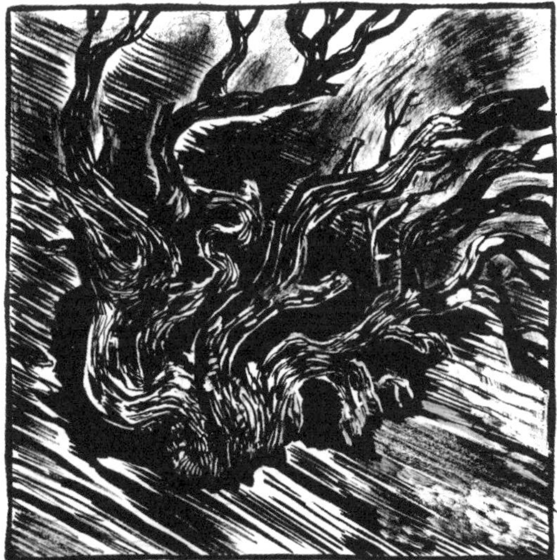

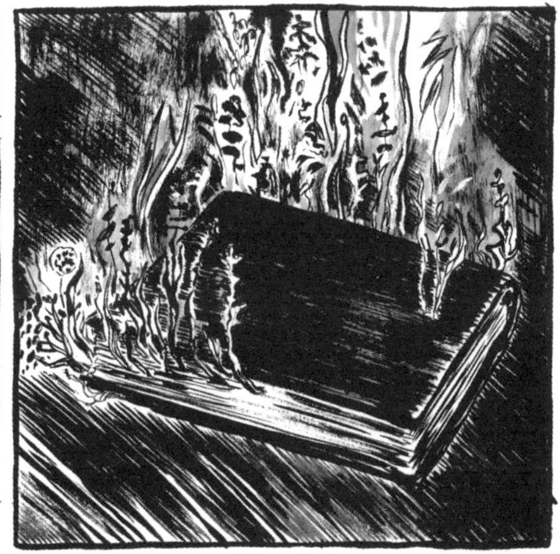

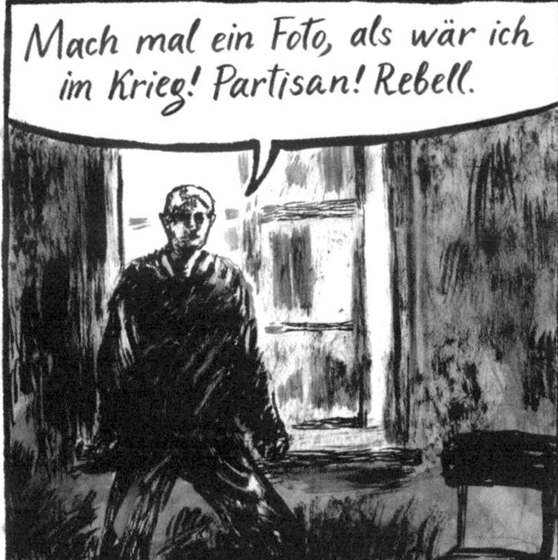
Mach mal ein Foto, als wär ich im Krieg! Partisan! Rebell.

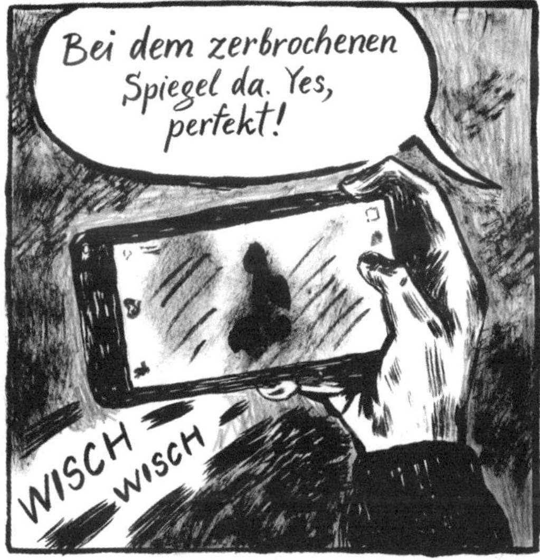
Bei dem zerbrochenen Spiegel da. Yes, perfekt!
WISCH
WISCH

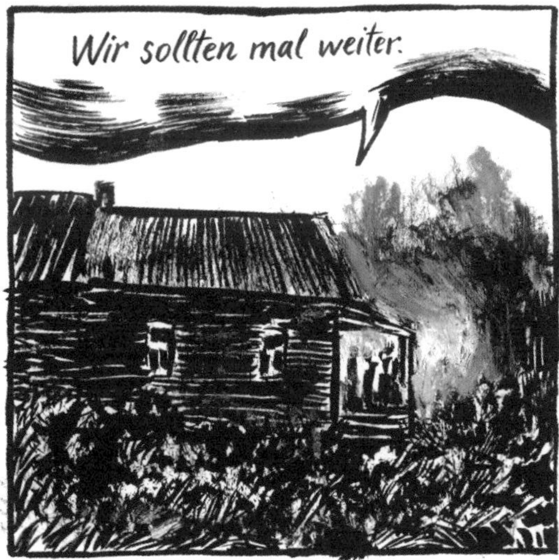
Wir sollten mal weiter.

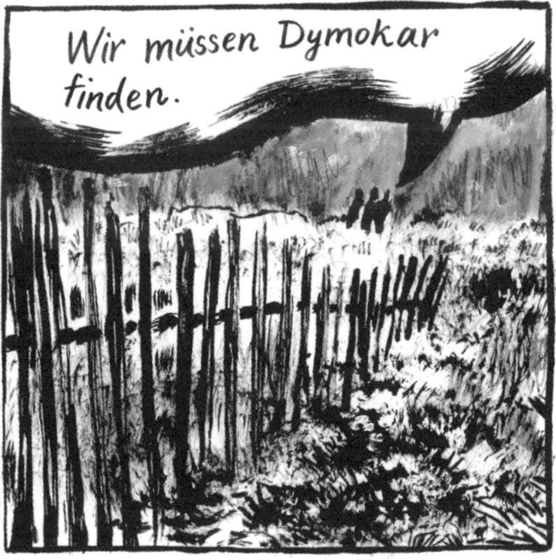
Wir müssen Dymokar finden.

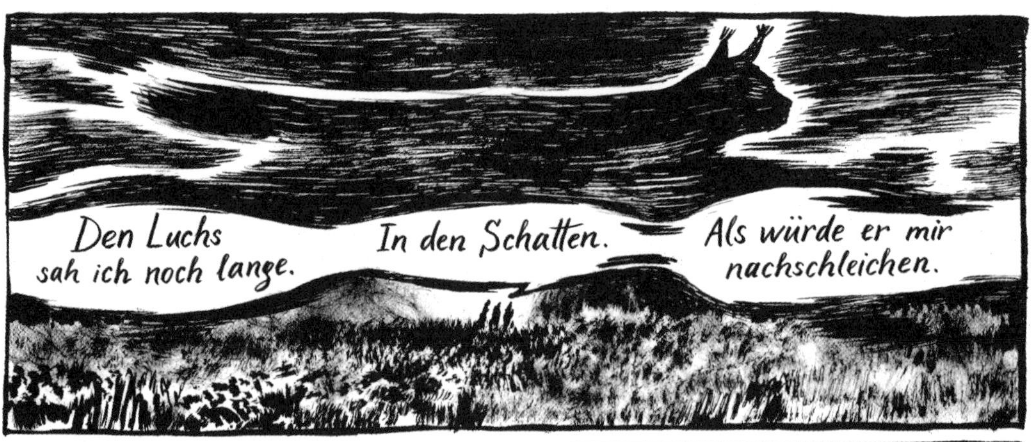
Den Luchs
sah ich noch lange.
In den Schatten.
Als würde er mir
nachschleichen.

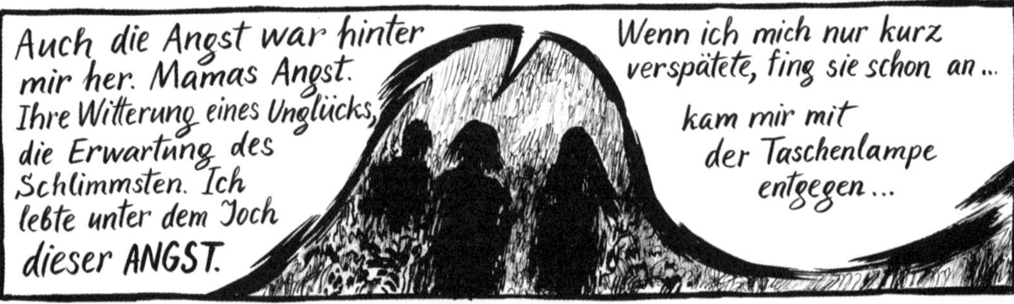
Auch die Angst war hinter
mir her. Mamas Angst.
Ihre Witterung eines Unglücks,
die Erwartung des
Schlimmsten. Ich
lebte unter dem Joch
dieser ANGST.
Wenn ich mich nur kurz
verspätete, fing sie schon an …
kam mir mit
der Taschenlampe
entgegen …

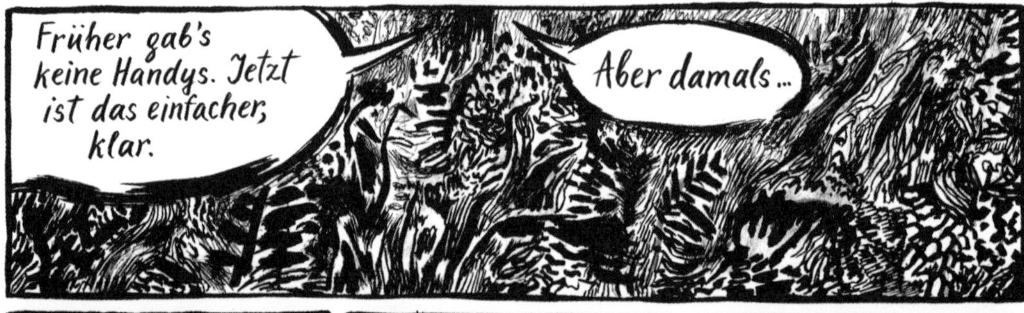
Früher gab's
keine Handys. Jetzt
ist das einfacher,
klar.
Aber damals …

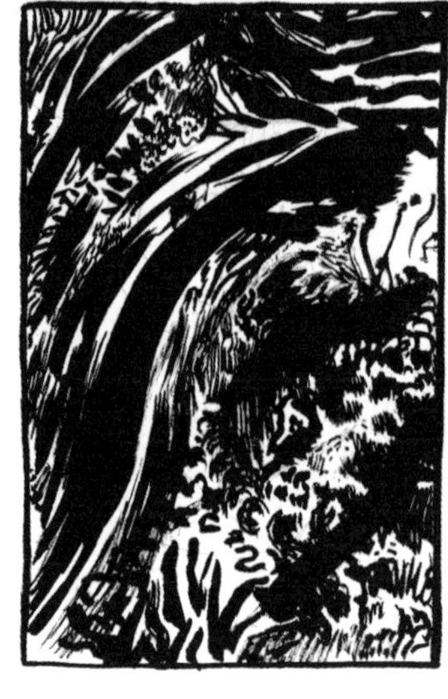

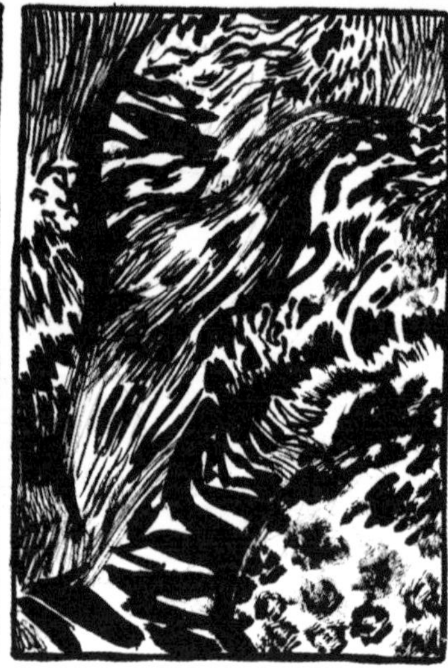

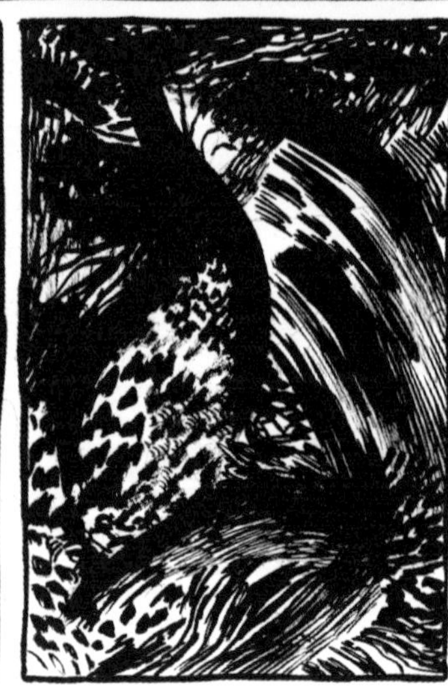

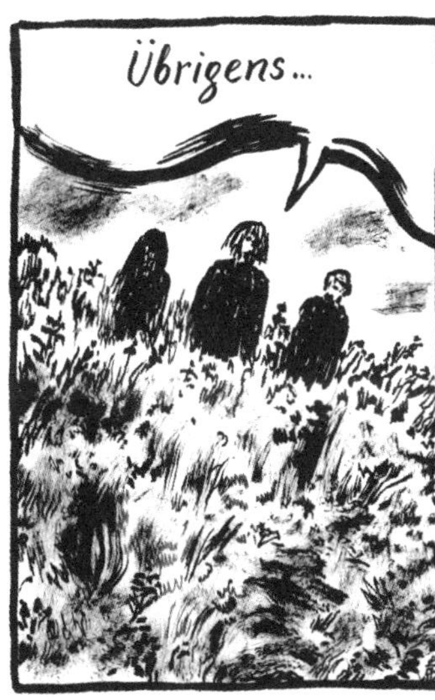
Übrigens...

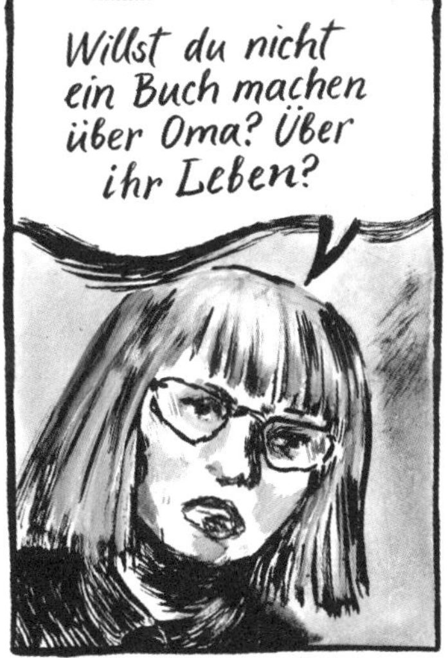
Willst du nicht ein Buch machen über Oma? Über ihr Leben?

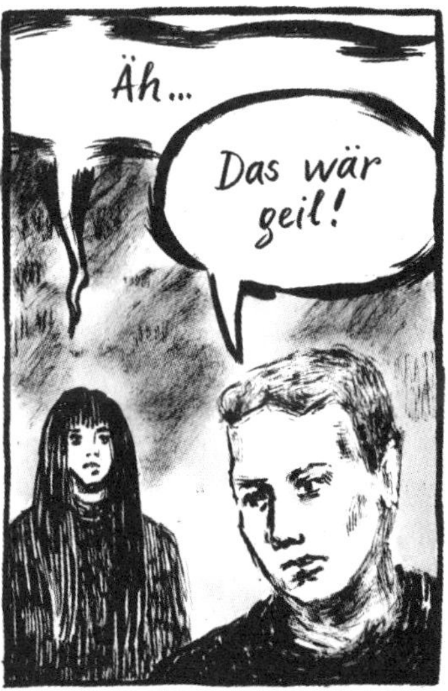
Äh...
Das wär geil!

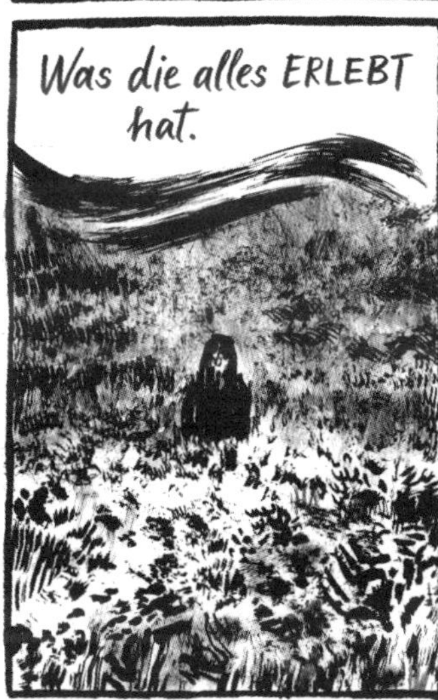
Was die alles ERLEBT hat.

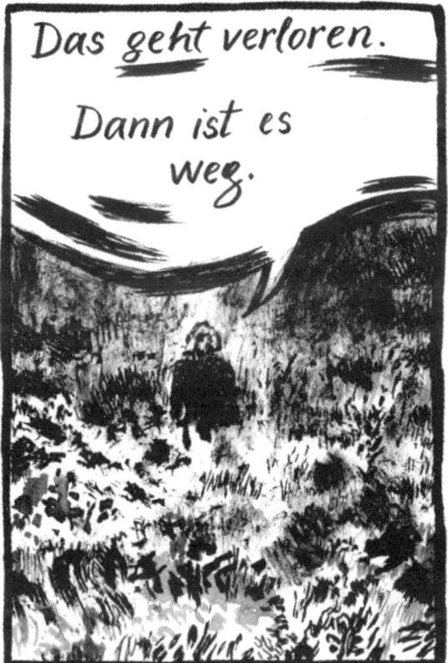
Das geht verloren.
Dann ist es weg.

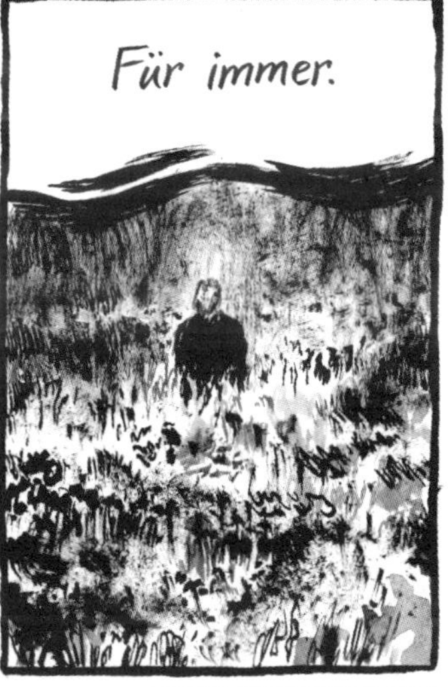
Für immer.

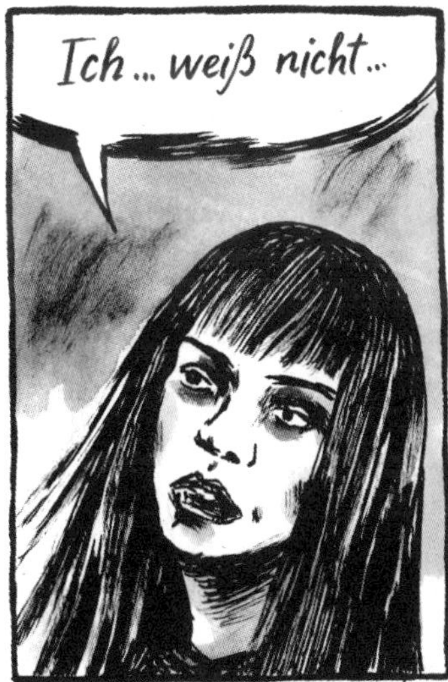
Ich ... weiß nicht ...

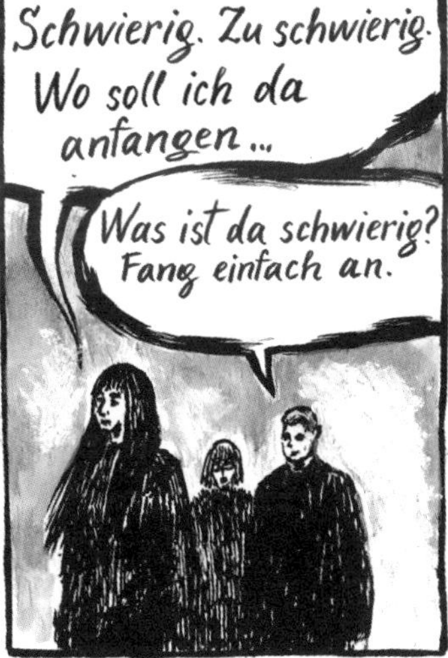
Schwierig. Zu schwierig. Wo soll ich da anfangen ...
Was ist da schwierig? Fang einfach an.

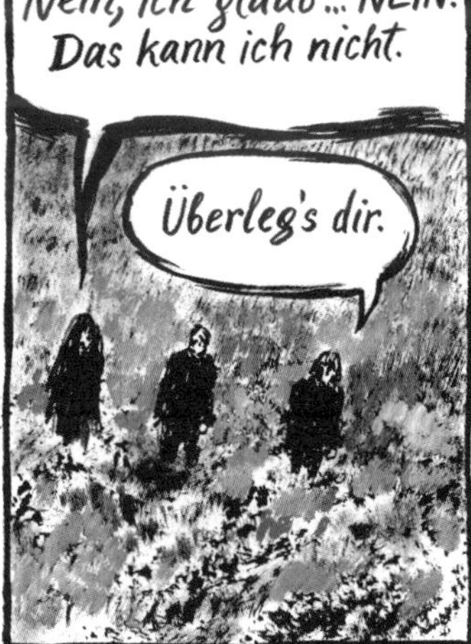
Nein, ich glaub ... NEIN. Das kann ich nicht.
Überleg's dir.

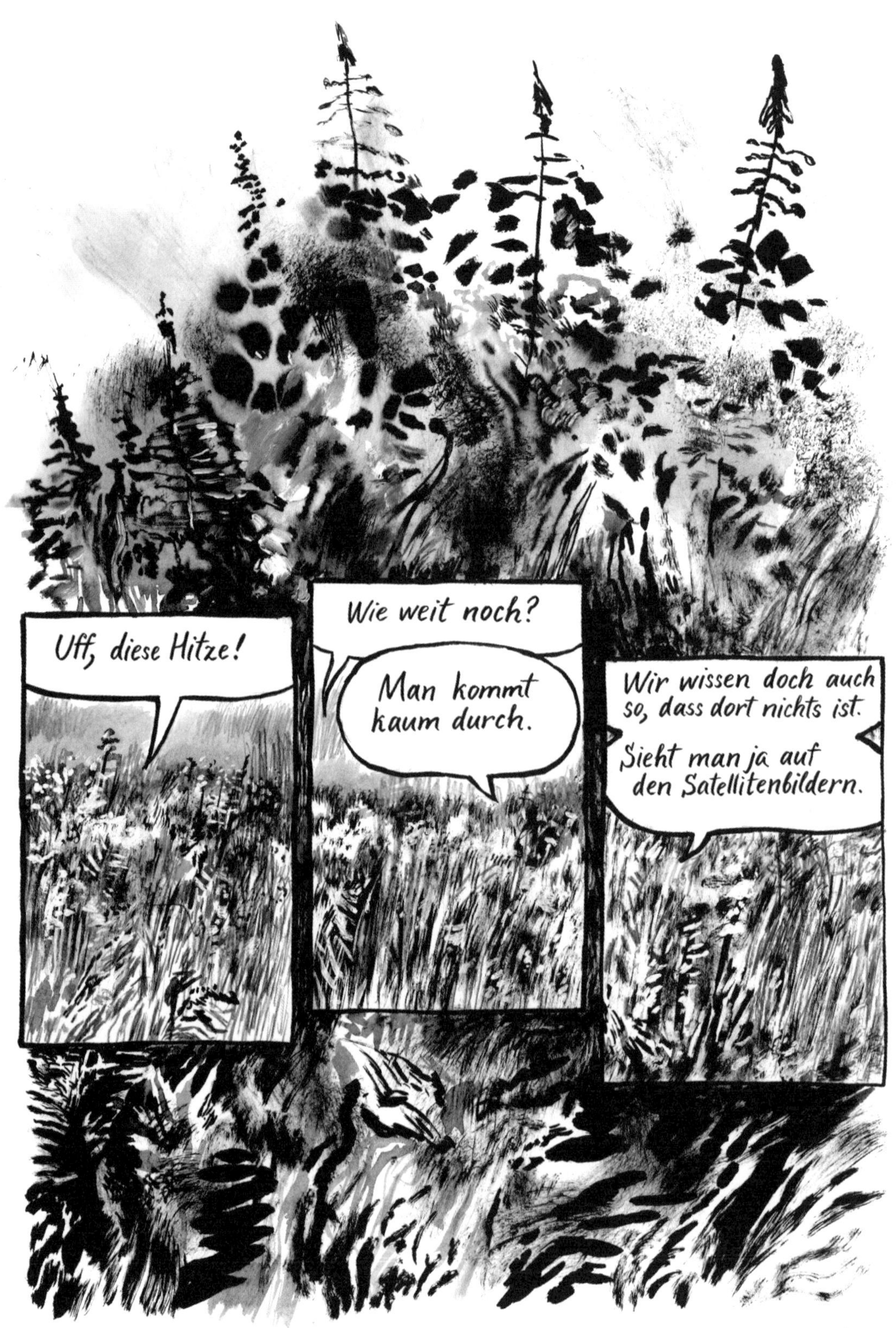
Uff, diese Hitze!
Wie weit noch?
Man kommt kaum durch.
Wir wissen doch auch so, dass dort nichts ist.
Sieht man ja auf den Satellitenbildern.

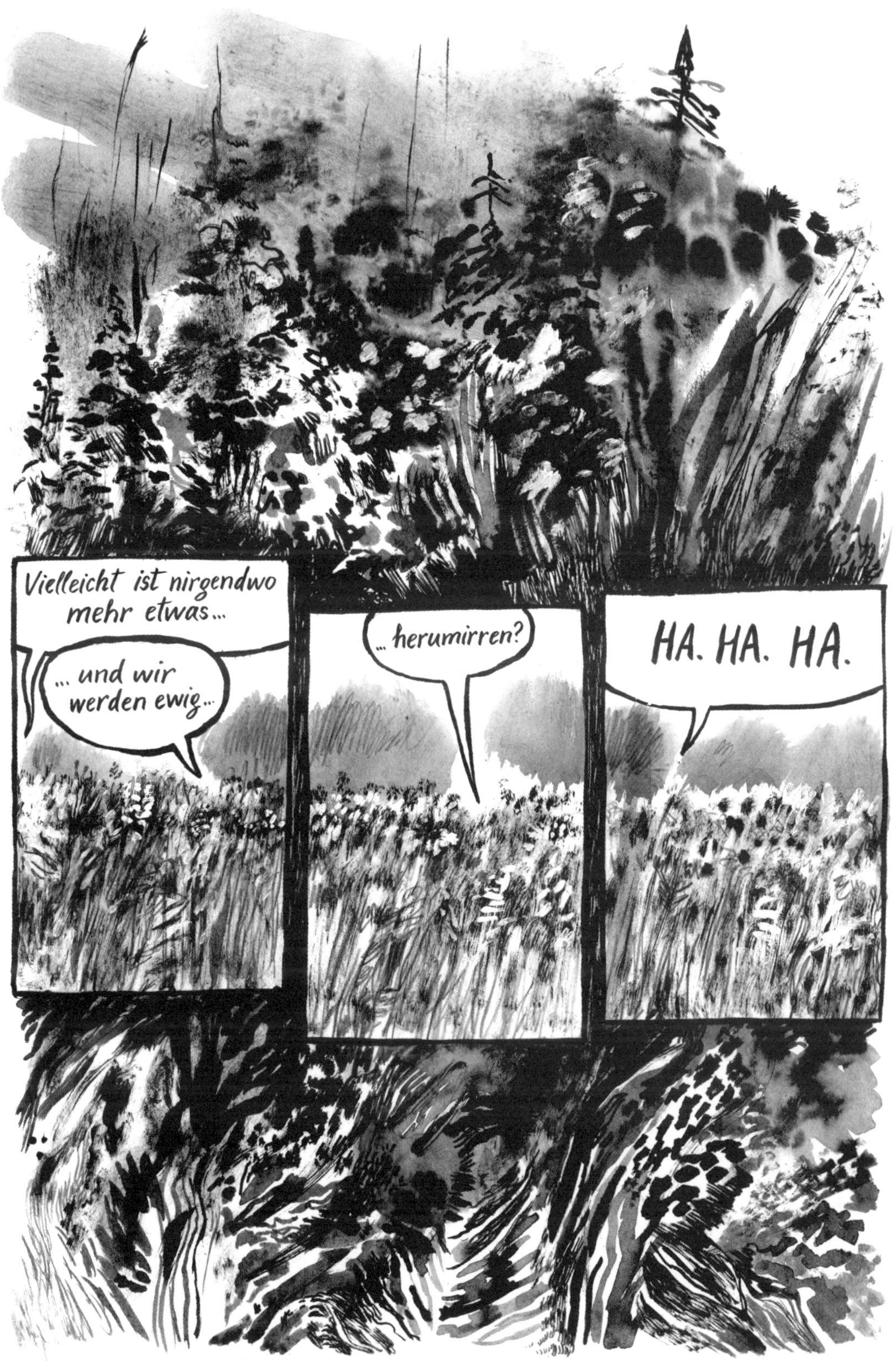
Vielleicht ist nirgendwo mehr etwas...
... und wir werden ewig...
... herumirren?
HA. HA. HA.

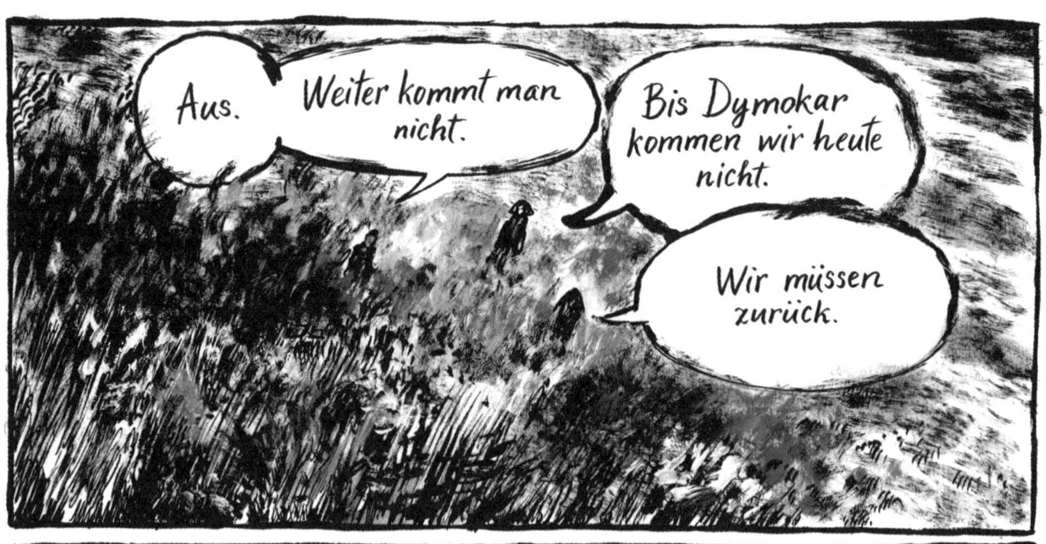
Aus.
Weiter kommt man nicht.
Bis Dymokar kommen wir heute nicht.
Wir müssen zurück.

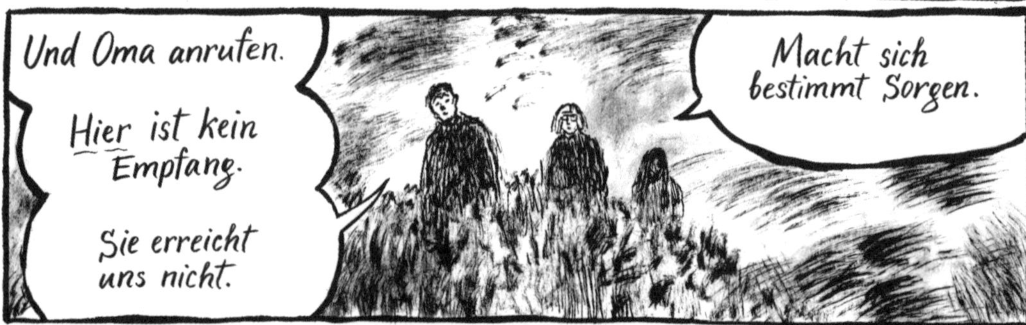
Und Oma anrufen.
Hier ist kein Empfang.
Sie erreicht uns nicht.
Macht sich bestimmt Sorgen.

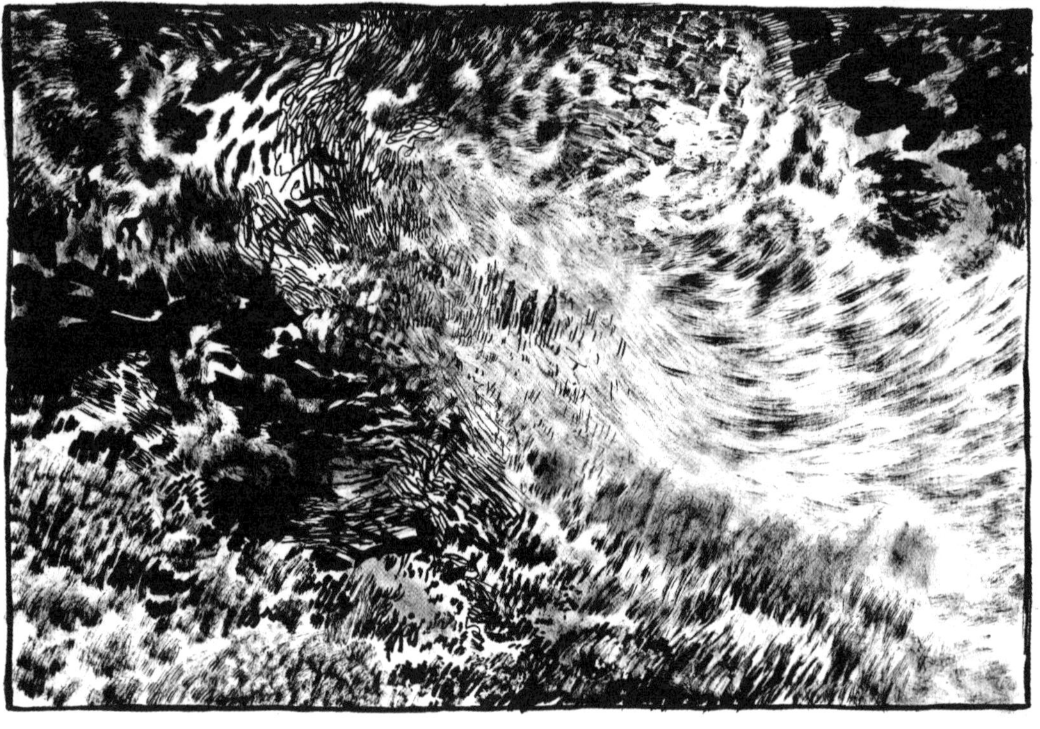

KAPITEL 8
Das bleibt für immer bei mir

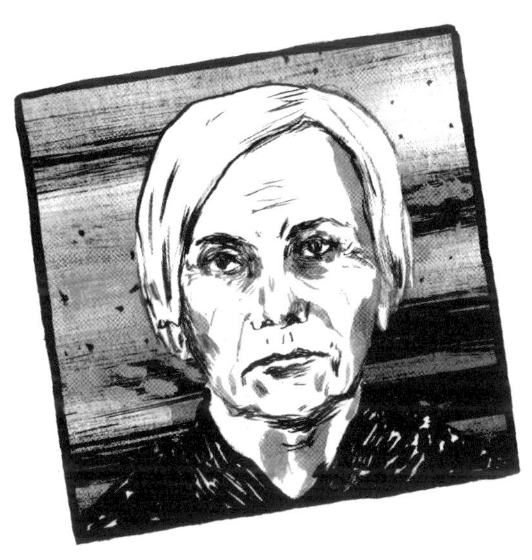

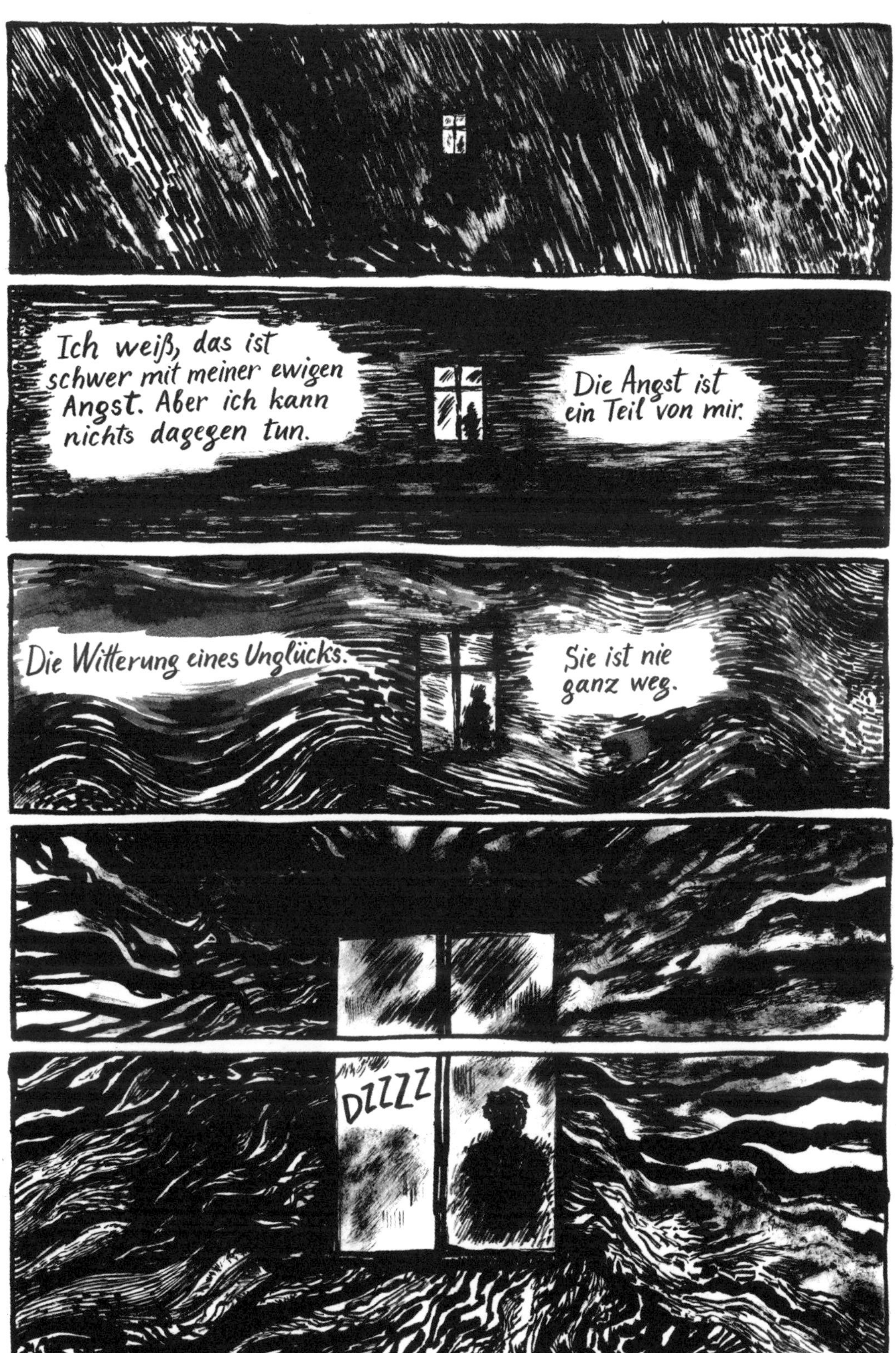
Ich weiß, das ist schwer mit meiner ewigen Angst. Aber ich kann nichts dagegen tun.
Die Angst ist ein Teil von mir.
Die Witterung eines Unglücks.
Sie ist nie ganz weg.
DZZZZ

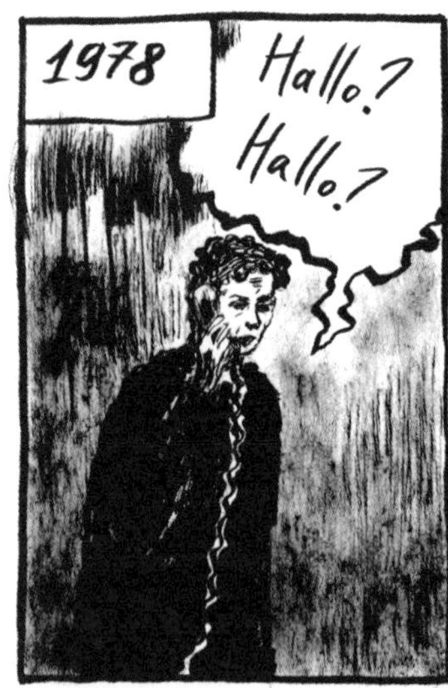
1978
Hallo?
Hallo?

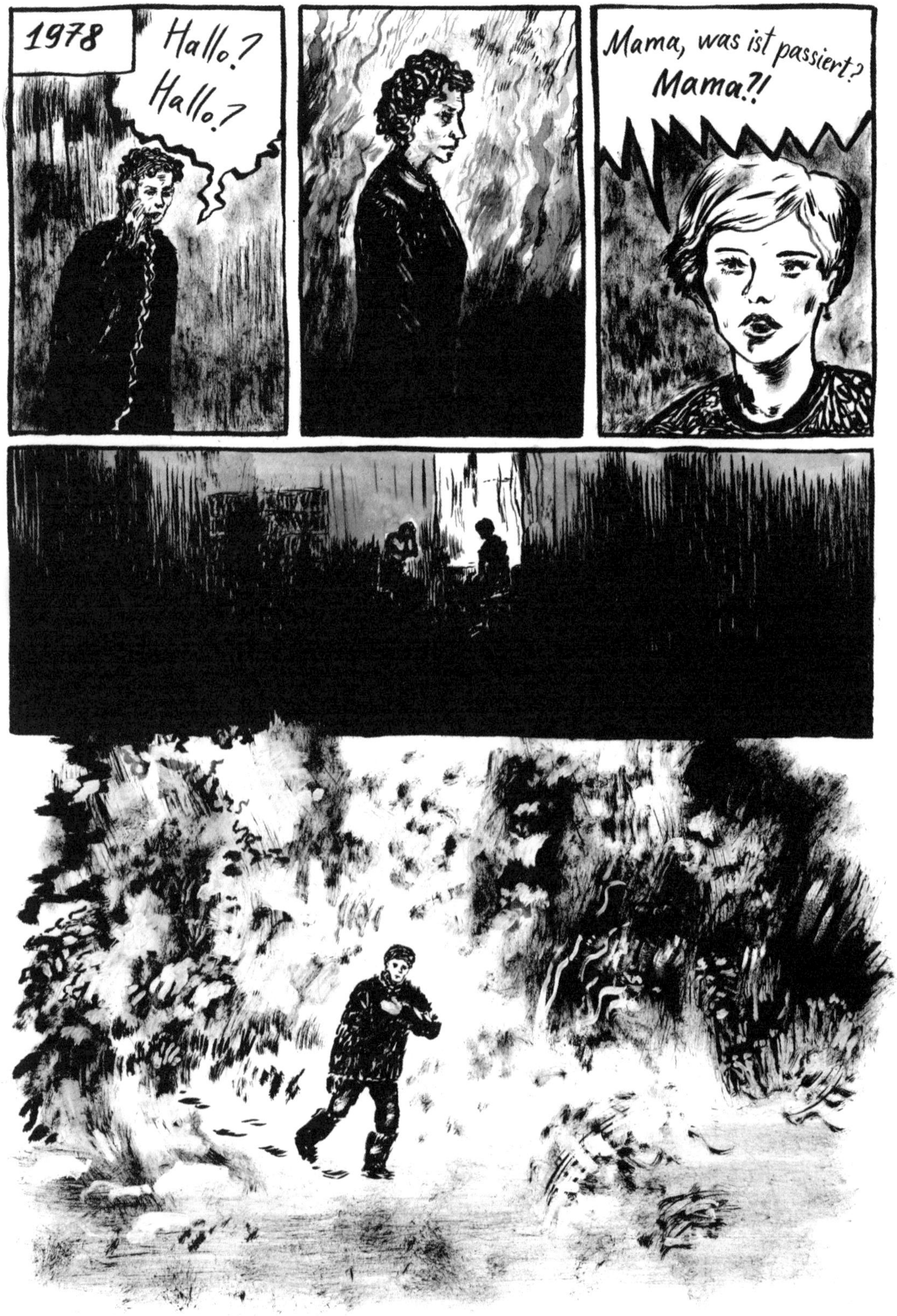

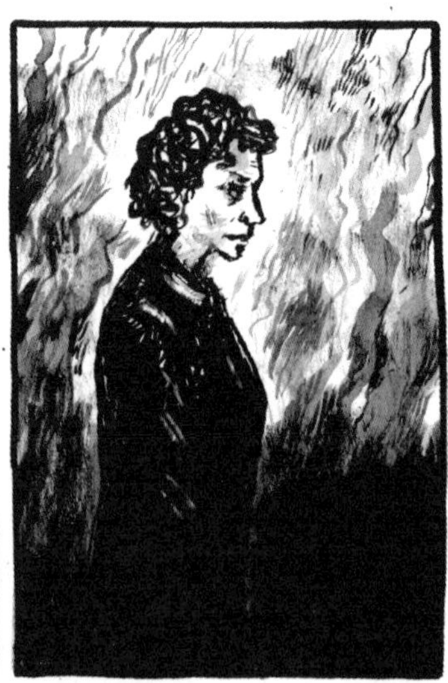

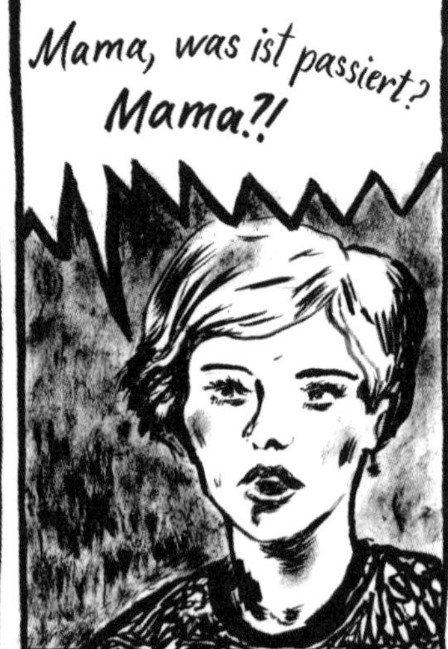
Mama, was ist passiert?
Mama?!

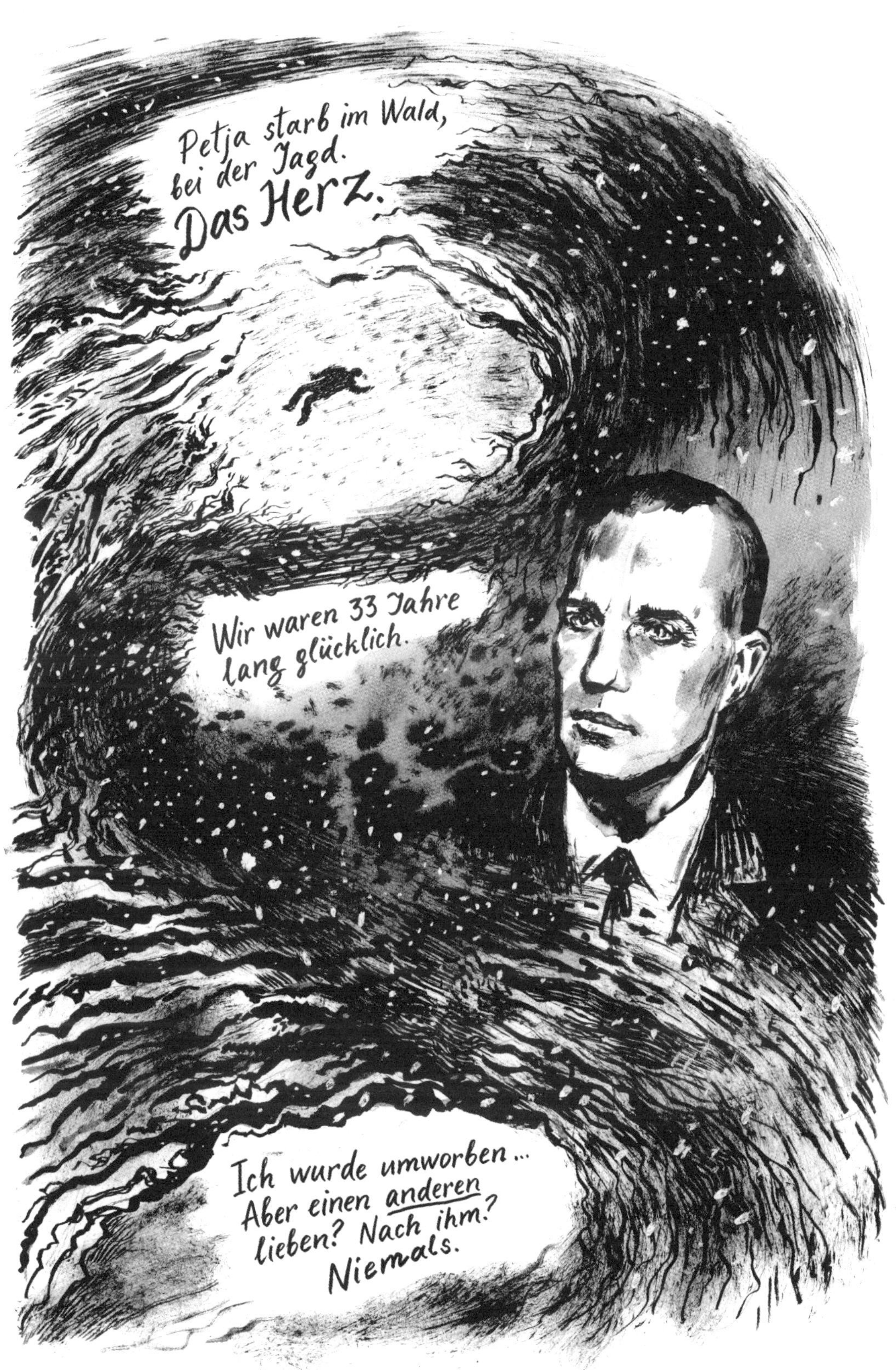
Petja starb im Wald, bei der Jagd. Das Herz.
Wir waren 33 Jahre lang glücklich.
Ich wurde umworben ... Aber einen anderen lieben? Nach ihm? Niemals.

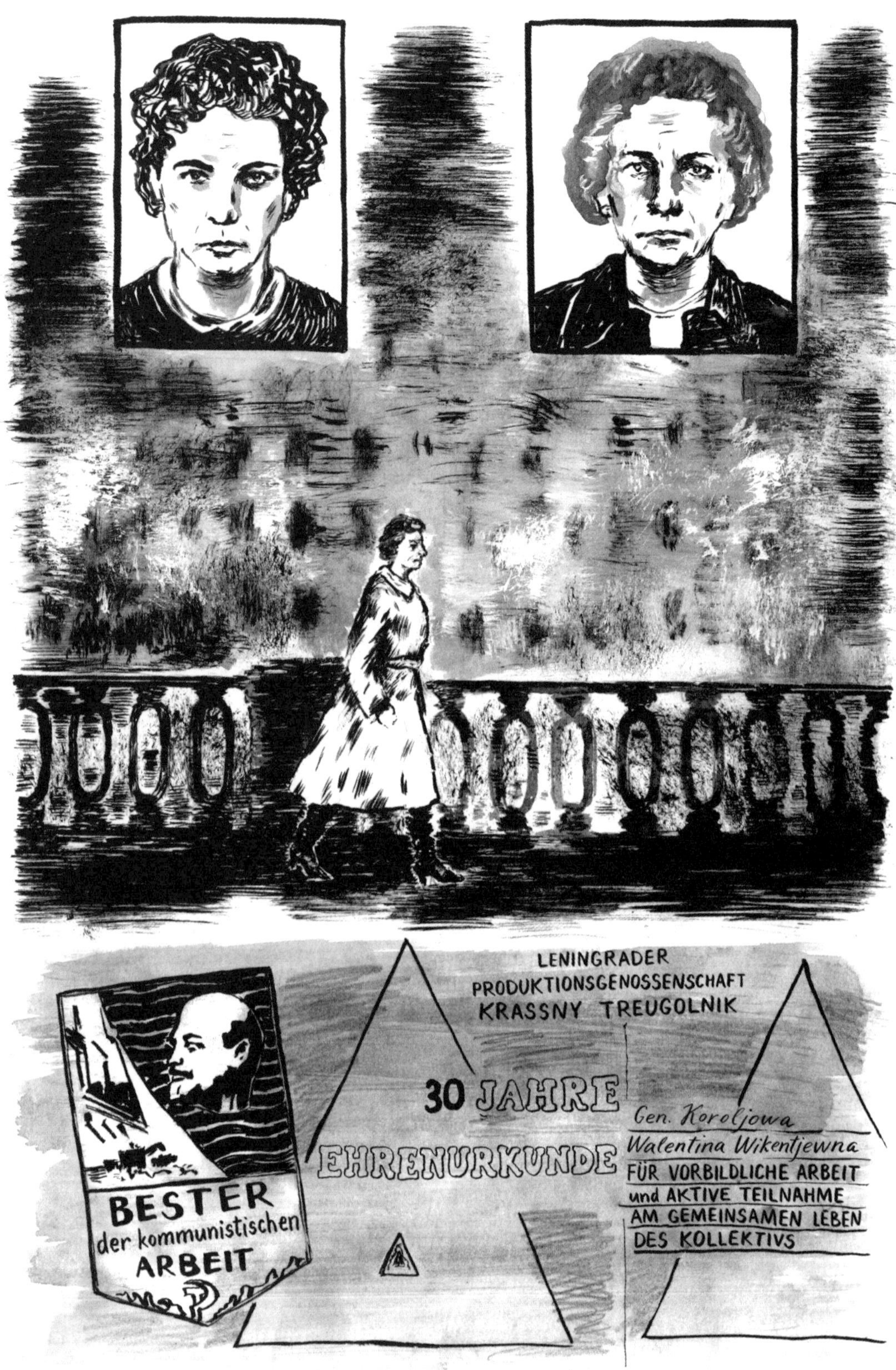
LENINGRADER
PRODUKTIONSGENOSSENSCHAFT
KRASSNY TREUGOLNIK
30 JAHRE
EHRENURKUNDE
Gen. Koroljowa
Walentina Wikentjewna
FÜR VORBILDLICHE ARBEIT
und AKTIVE TEILNAHME
AM GEMEINSAMEN LEBEN
DES KOLLEKTIVS
BESTER
der kommunistischen
ARBEIT

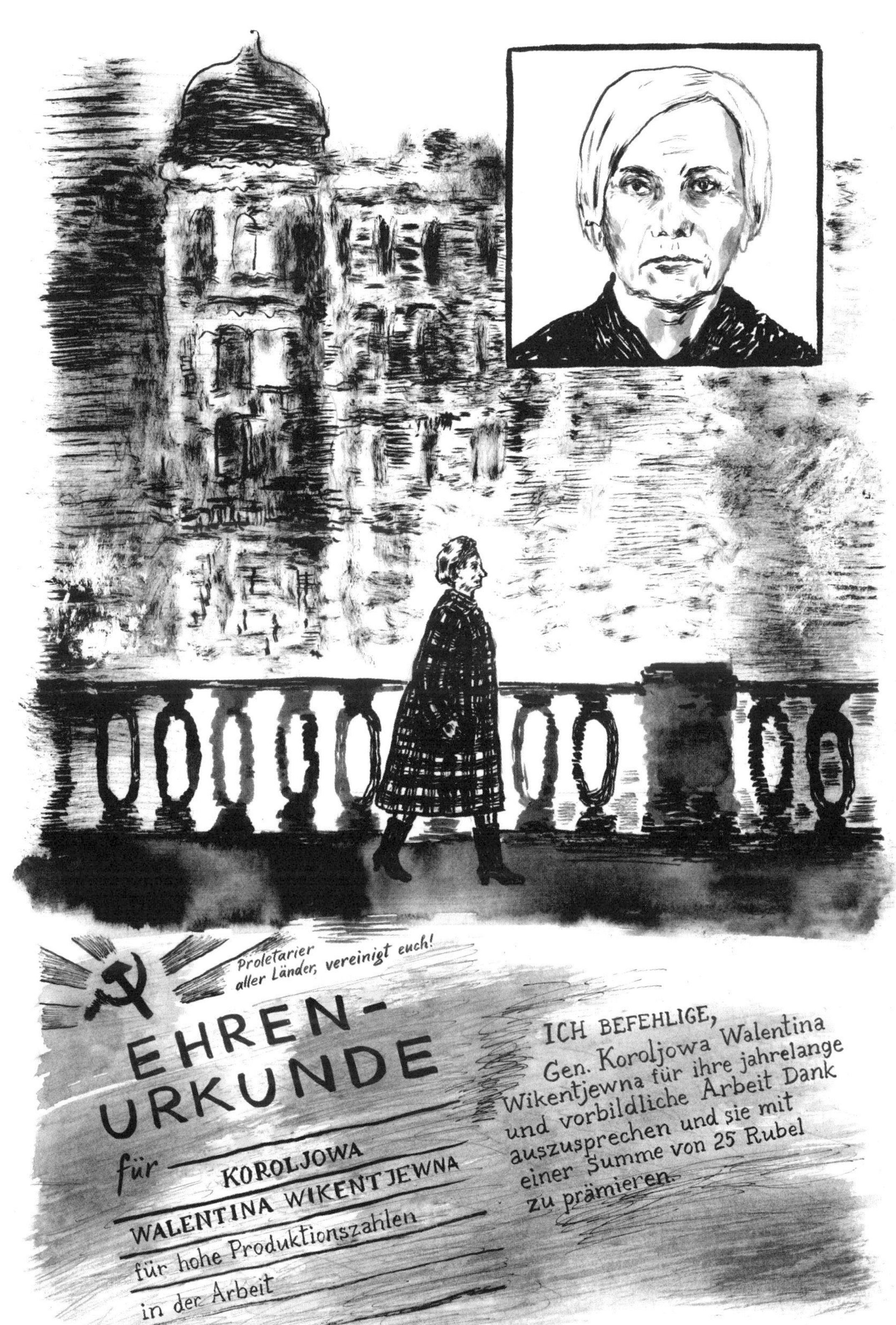
Proletarier aller Länder, vereinigt euch!
EHREN-URKUNDE
für KOROLJOWA WALENTINA WIKENTJEWNA
für hohe Produktionszahlen in der Arbeit
ICH BEFEHLIGE,
Gen. Koroljowa Walentina Wikentjewna für ihre jahrelange und vorbildliche Arbeit Dank auszusprechen und sie mit einer Summe von 25 Rubel zu prämieren.

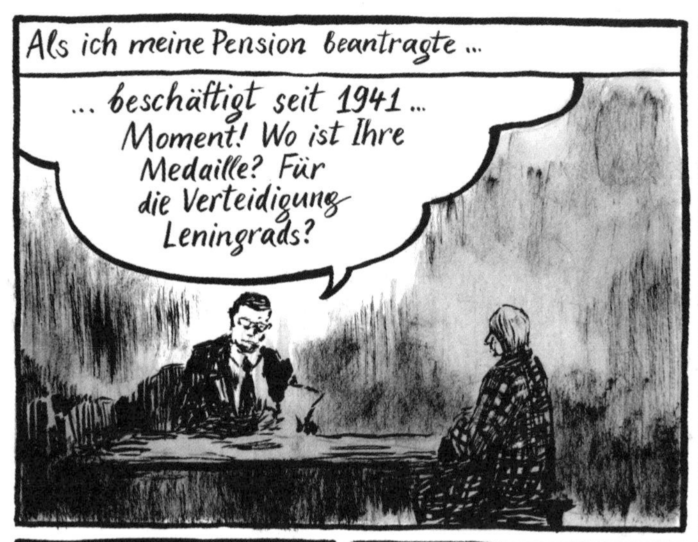

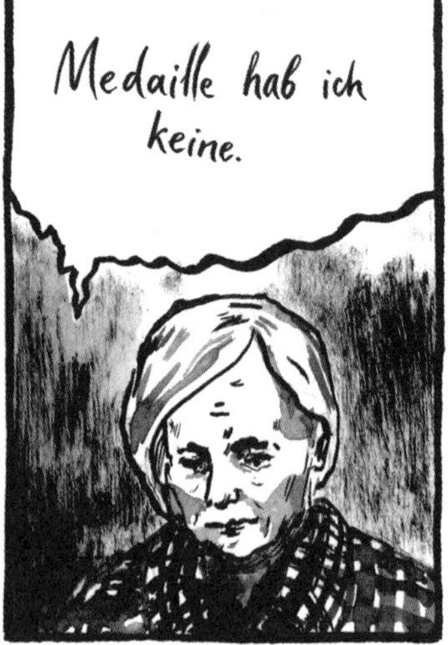

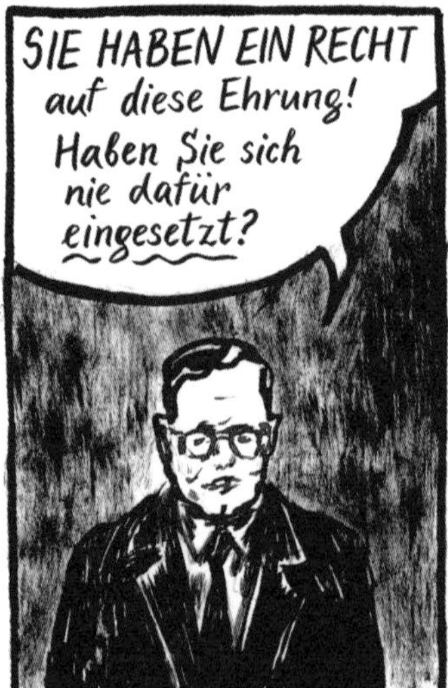

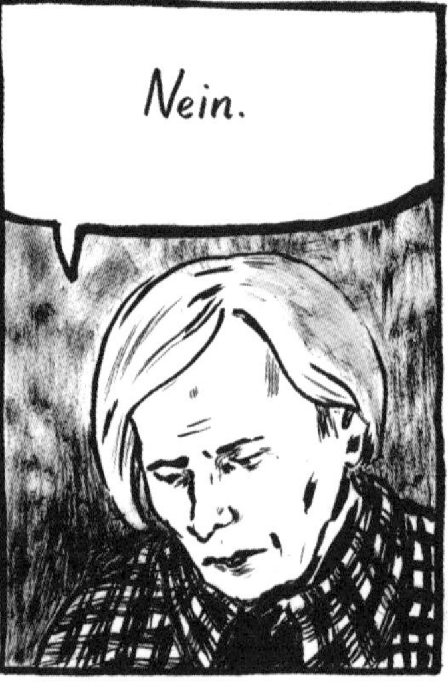

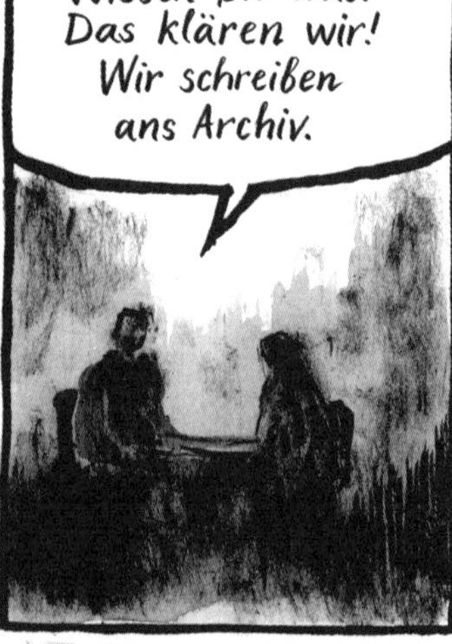

In den Dokumenten des Archivbestands des Leningrader Stadtrats erscheint in der Liste der mit einer Medaille „Für die Verteidigung Leningrads" zu ehrenden Personen laut Beschluss Nr. 92 Pkt. 32 des Leningrader Stadtrats vom 3. Juni 1943
Surwilo Walentina Wikentjewna
Geburtsjahr 1925, Sanitäterin im (Beruf und Arbeitsplatz)
Dr.-Haass-Gefängniskrankenhaus
~~überreicht wurden Medaille und Urkunde Nr.~~ keine Angaben zur Überreichung der Medaille gefunden.

Es war wirklich ein Verfahrens-FEHLER gewesen.

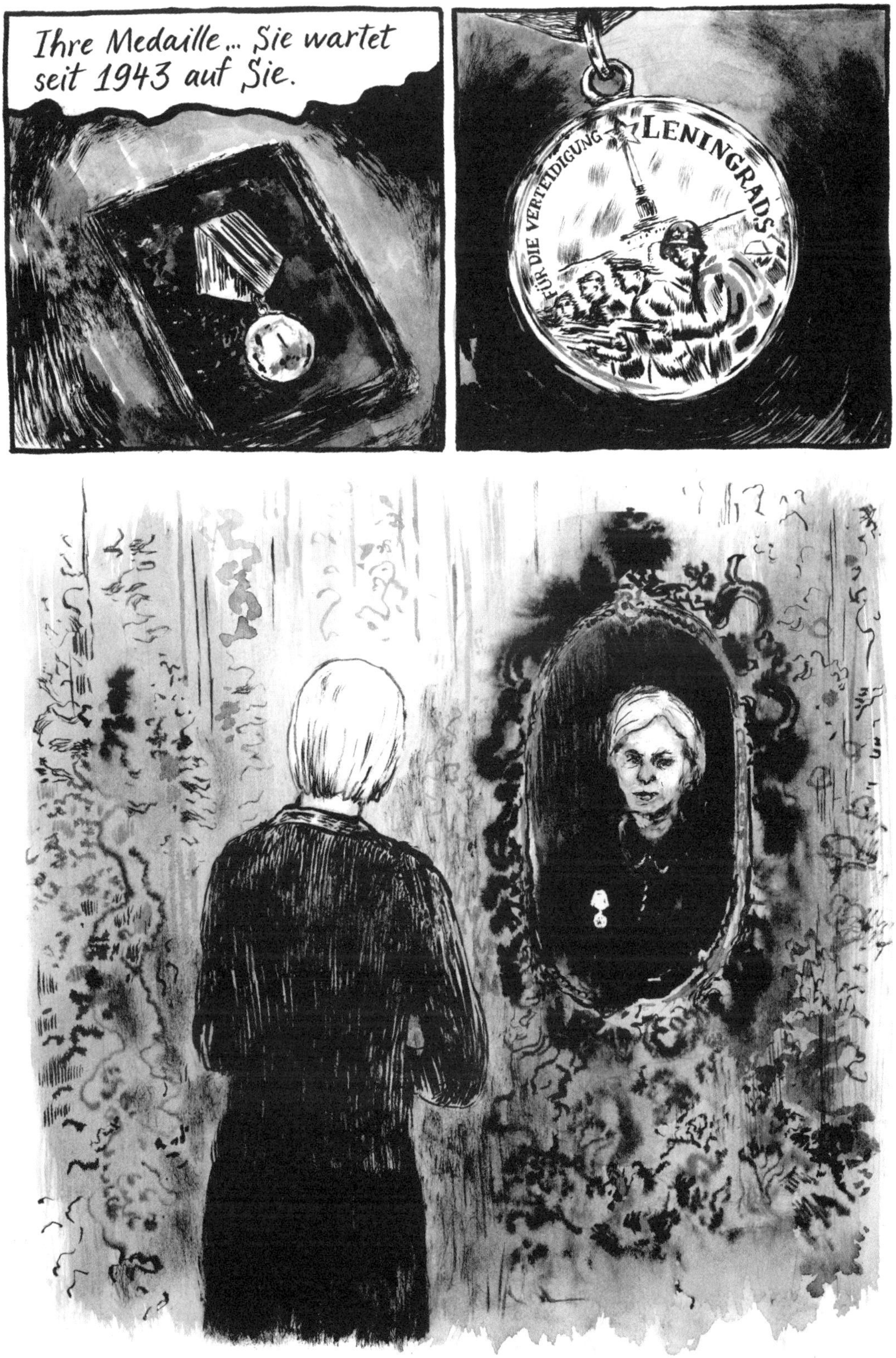

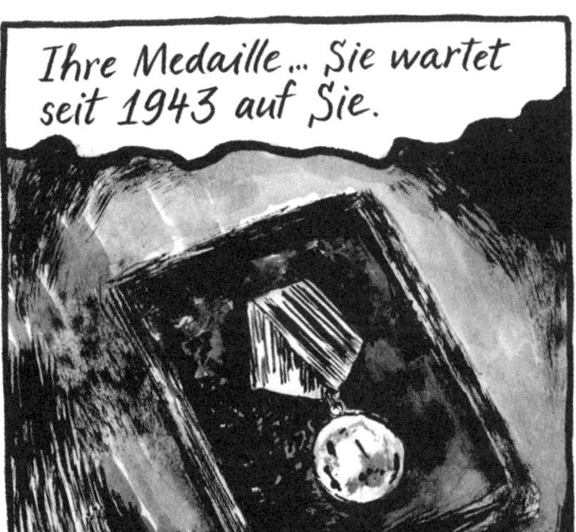
Ihre Medaille... Sie wartet seit 1943 auf Sie.

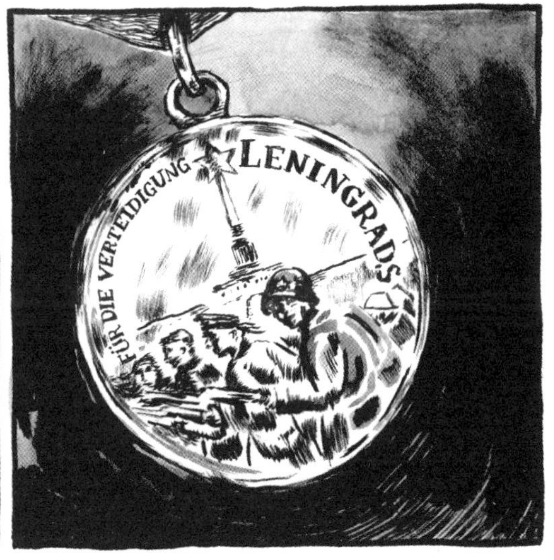
FÜR DIE VERTEIDIGUNG
LENINGRADS

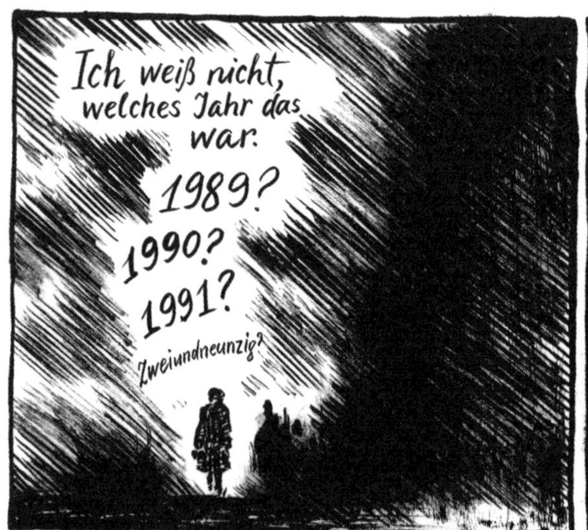
Ich weiß nicht, welches Jahr das war.
1989?
1990?
1991?
Zweiundneunzig?

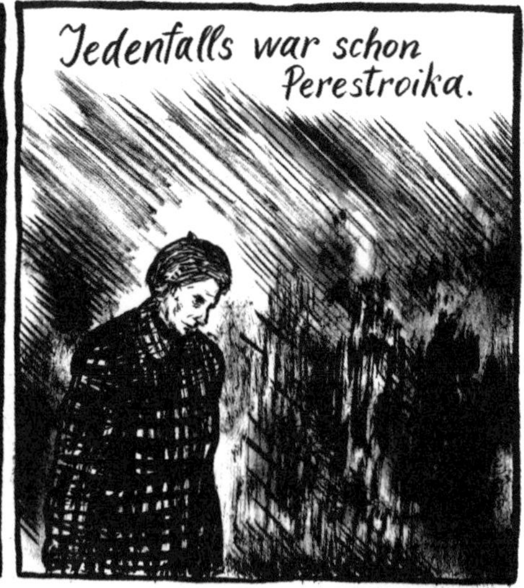
Jedenfalls war schon Perestroika.

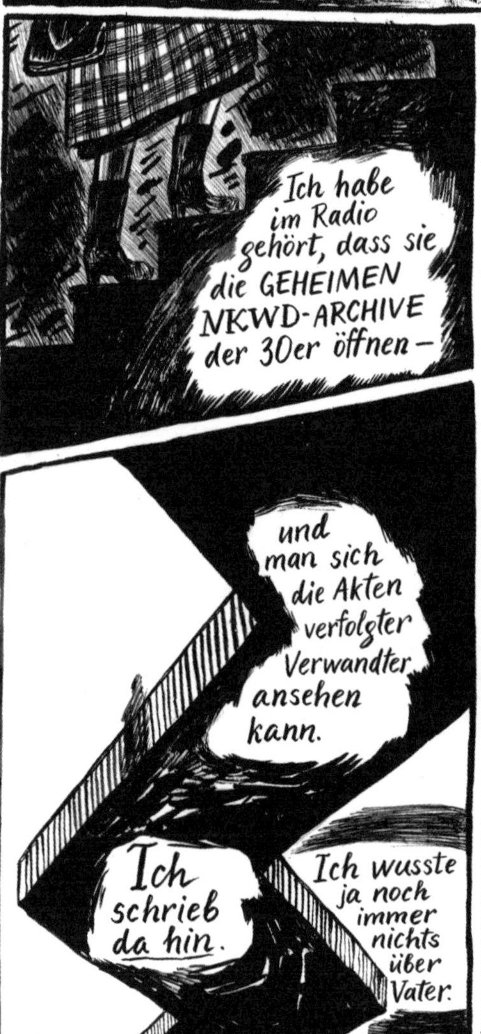
Ich habe im Radio gehört, dass sie die GEHEIMEN NKWD-ARCHIVE der 30er öffnen –
und man sich die Akten verfolgter Verwandter ansehen kann.
Ich schrieb da hin.
Ich wusste ja noch immer nichts über Vater.

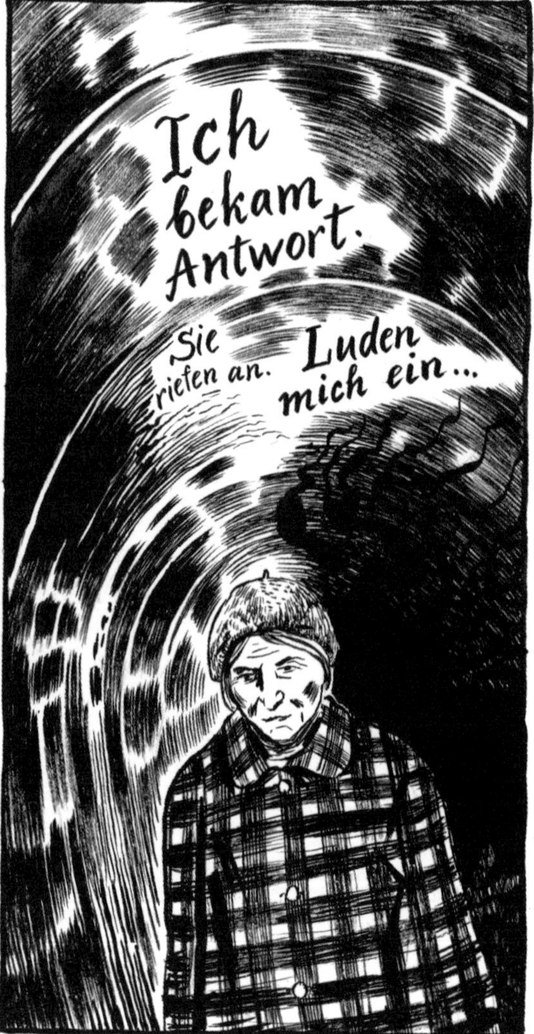
Ich bekam Antwort.
Sie riefen an.
Luden mich ein ...

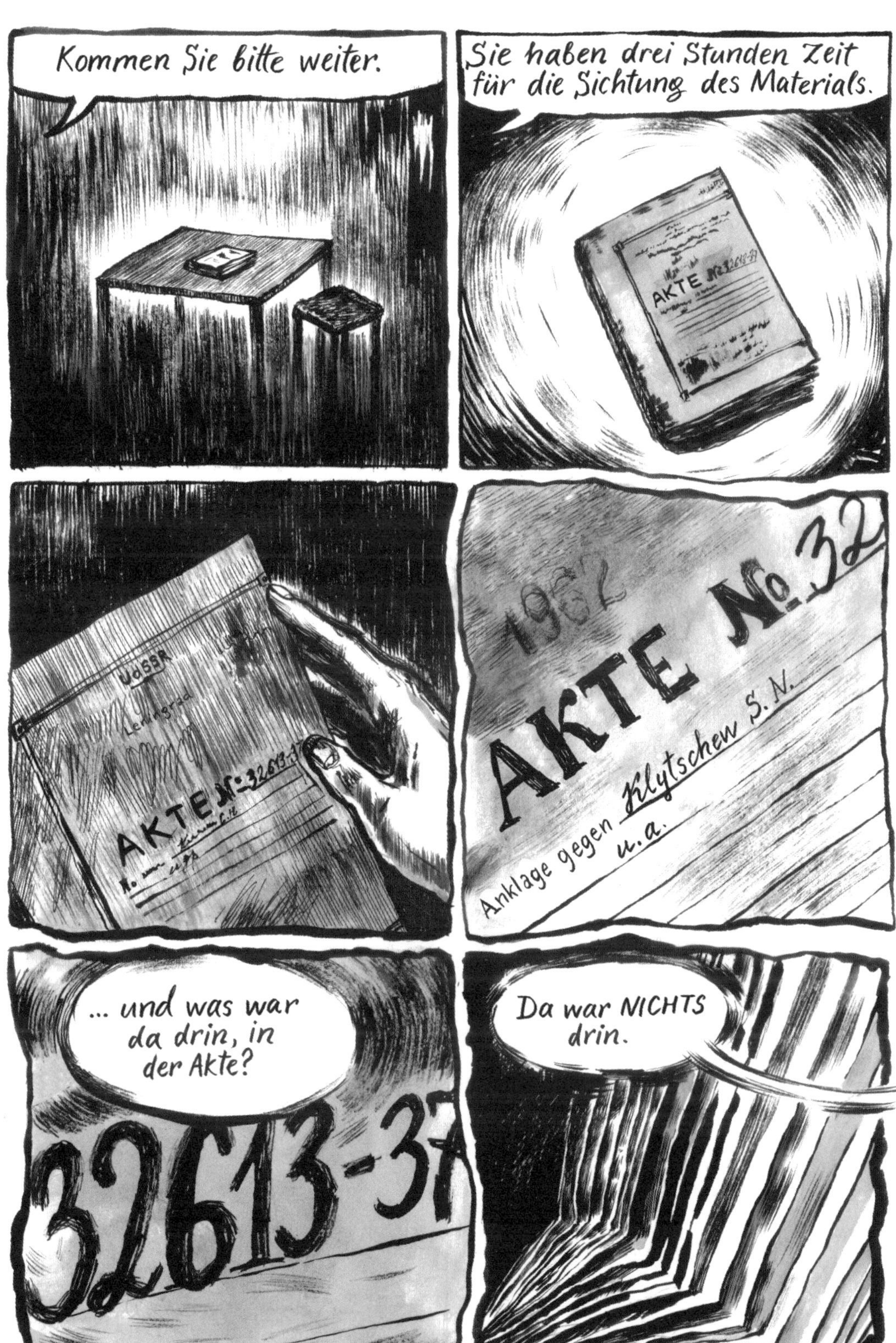
Kommen Sie bitte weiter.
Sie haben drei Stunden Zeit für die Sichtung des Materials.
AKTE №32
Anklage gegen Klytschew S.N. u.a.
... und was war da drin, in der Akte?
32613-37
Da war NICHTS drin.

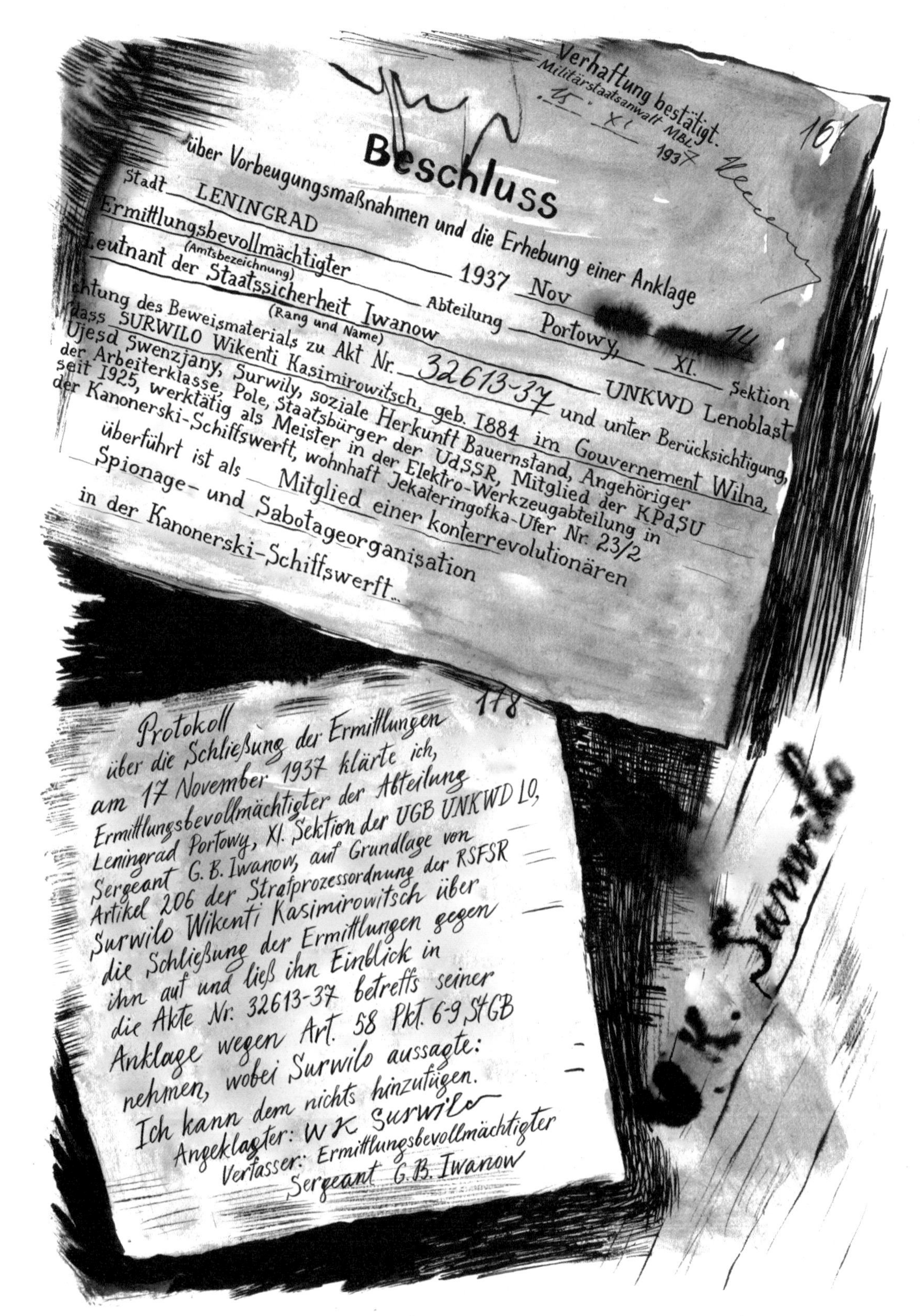
Verhaftung bestätigt.
Militärstaatsanwalt MBL
15. XI. 1937
161
Beschluss
über Vorbeugungsmaßnahmen und die Erhebung einer Anklage
Stadt LENINGRAD
Ermittlungsbevollmächtigter (Amtsbezeichnung) 1937 Nov 14
Leutnant der Staatssicherheit Iwanow (Rang und Name) Abteilung Portowy, XI. Sektion
UNKWD Lenoblast
chtung des Beweismaterials zu Akt Nr. 32613-37 und unter Berücksichtigung,
dass SURWILO Wikenti Kasimirowitsch, geb. 1884 im Gouvernement Wilna,
Ujesd Swenzjany, Surwily, soziale Herkunft Bauernstand, Angehöriger
der Arbeiterklasse, Pole, Staatsbürger der UdSSR, Mitglied der KPdSU
seit 1925, werktätig als Meister in der Elektro-Werkzeugabteilung in
der Kanonerski-Schiffswerft, wohnhaft Jekateringofka-Ufer Nr. 23/2
überführt ist als Mitglied einer konterrevolutionären
Spionage- und Sabotageorganisation
in der Kanonerski-Schiffswerft...
178
Protokoll
über die Schließung der Ermittlungen
am 17 November 1937 klärte ich,
Ermittlungsbevollmächtigter der Abteilung
Leningrad Portowy, XI. Sektion der UGB UNKWD LO,
Sergeant G. B. Iwanow, auf Grundlage von
Artikel 206 der Strafprozessordnung der RSFSR
Surwilo Wikenti Kasimirowitsch über
die Schließung der Ermittlungen gegen
ihn auf und ließ ihn Einblick in
die Akte Nr: 32613-37 betreffs seiner
Anklage wegen Art. 58 Pkt. 6-9 StGB
nehmen, wobei Surwilo aussagte:
Ich kann dem nichts hinzufügen.
Angeklagter: W K Surwilo
Verfasser: Ermittlungsbevollmächtigter
Sergeant G.B. Iwanow
K. Surwilo

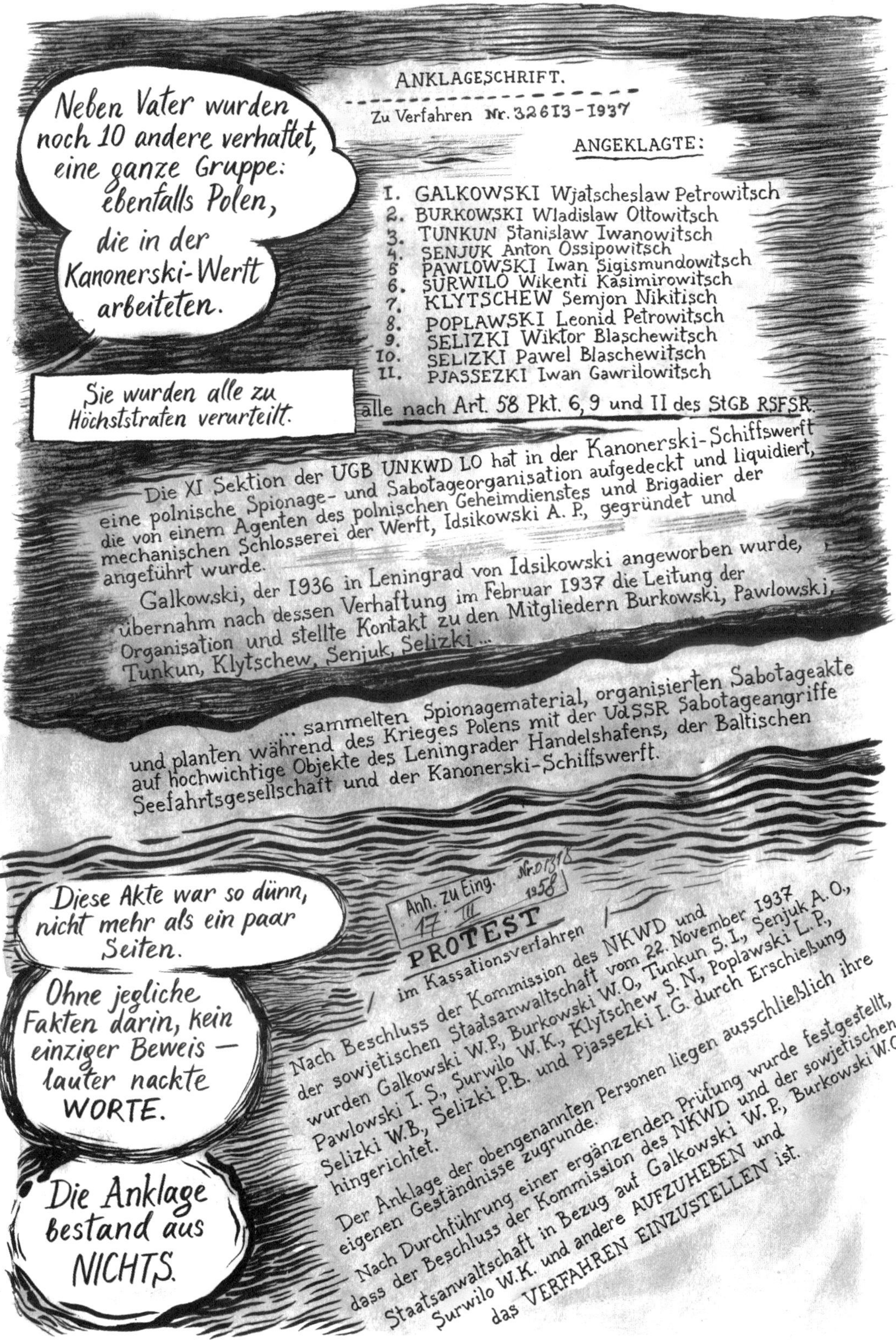

Neben Vater wurden noch 10 andere verhaftet, eine ganze Gruppe: ebenfalls Polen, die in der Kanonerski-Werft arbeiteten.

ANKLAGESCHRIFT.

Zu Verfahren Nr. 32613-1937

ANGEKLAGTE:

1. GALKOWSKI Wjatscheslaw Petrowitsch
2. BURKOWSKI Wladislaw Ottowitsch
3. TUNKUN Stanislaw Iwanowitsch
4. SENJUK Anton Ossipowitsch
5. PAWLOWSKI Iwan Sigismundowitsch
6. SURWILO Wikenti Kasimirowitsch
7. KLYTSCHEW Semjon Nikitisch
8. POPLAWSKI Leonid Petrowitsch
9. SELIZKI Wiktor Blaschewitsch
10. SELIZKI Pawel Blaschewitsch
11. PJASSEZKI Iwan Gawrilowitsch

alle nach Art. 58 Pkt. 6, 9 und 11 des StGB RSFSR.

Sie wurden alle zu Höchststrafen verurteilt.

Die XI Sektion der UGB UNKWD LO hat in der Kanonerski-Schiffswerft eine polnische Spionage- und Sabotageorganisation aufgedeckt und liquidiert, die von einem Agenten des polnischen Geheimdienstes und Brigadier der mechanischen Schlosserei der Werft, Idsikowski A. P., gegründet und angeführt wurde.

Galkowski, der 1936 in Leningrad von Idsikowski angeworben wurde, übernahm nach dessen Verhaftung im Februar 1937 die Leitung der Organisation und stellte Kontakt zu den Mitgliedern Burkowski, Pawlowski, Tunkun, Klytschew, Senjuk, Selizki ...

... sammelten Spionagematerial, organisierten Sabotageakte und planten während des Krieges Polens mit der UdSSR Sabotageangriffe auf hochwichtige Objekte des Leningrader Handelshafens, der Baltischen Seefahrtsgesellschaft und der Kanonerski-Schiffswerft.

Diese Akte war so dünn, nicht mehr als ein paar Seiten.

Ohne jegliche Fakten darin, kein einziger Beweis – lauter nackte WORTE.

Die Anklage bestand aus NICHTS.

Anh. zu Eing. Nr. 01318 17 III 1958

PROTEST

im Kassationsverfahren

Nach Beschluss der Kommission des NKWD und der sowjetischen Staatsanwaltschaft vom 22. November 1937 wurden Galkowski W.P., Burkowski W.O., Tunkun S.I., Senjuk A.O., Pawlowski I.S., Surwilo W.K., Klytschew S.N., Poplawski L.P., Selizki W.B., Selizki P.B. und Pjassezki I.G. durch Erschießung hingerichtet.

Der Anklage der obengenannten Personen liegen ausschließlich ihre eigenen Geständnisse zugrunde.

Nach Durchführung einer ergänzenden Prüfung wurde festgestellt, dass der Beschluss der Kommission des NKWD und der sowjetischen Staatsanwaltschaft in Bezug auf Galkowski W.P., Burkowski W.O., Surwilo W.K. und andere AUFZUHEBEN und das VERFAHREN EINZUSTELLEN ist.

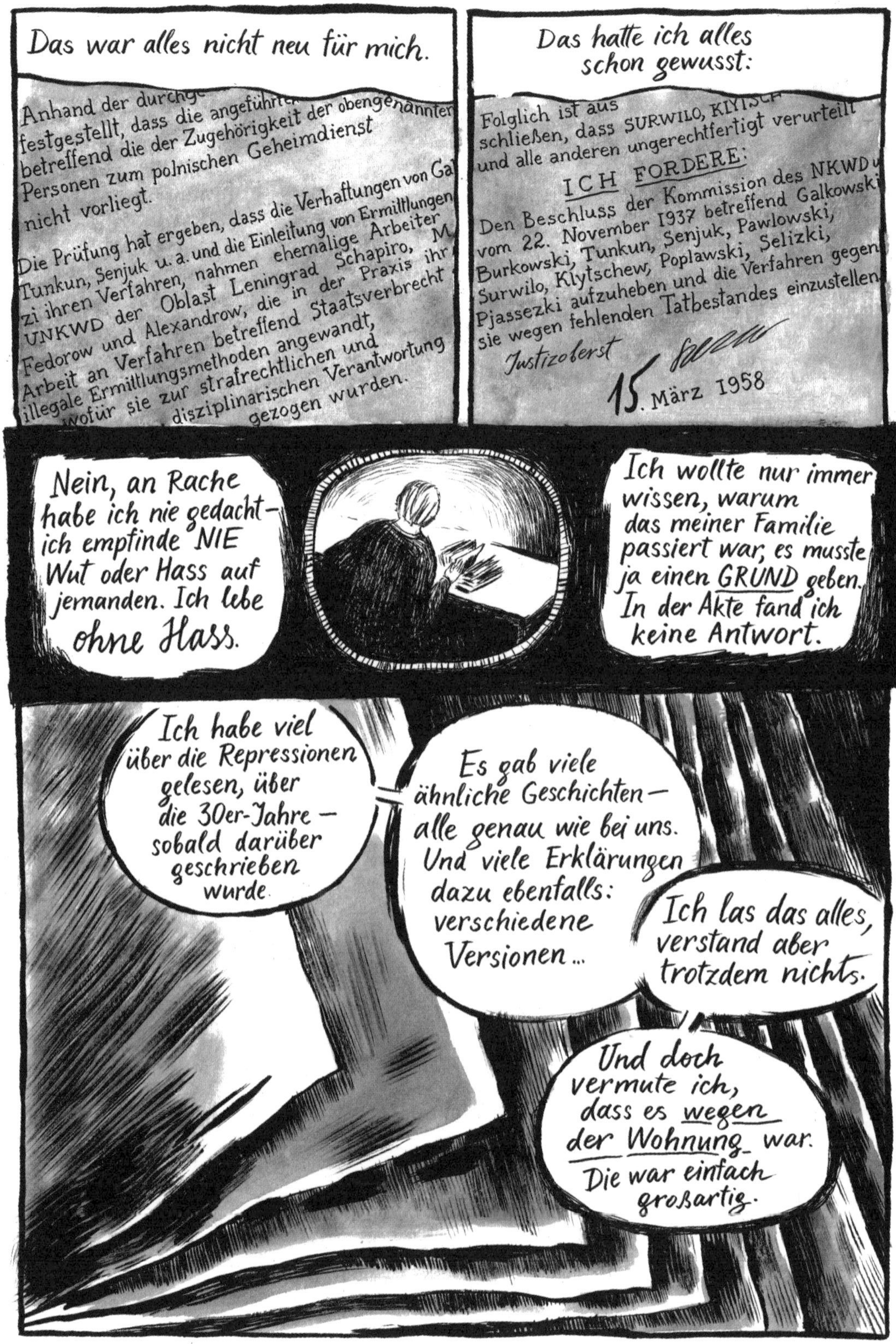

Das war alles nicht neu für mich.

Anhand der durchge...
festgestellt, dass die angeführten ... der obengenannten
betreffend die der Zugehörigkeit
Personen zum polnischen Geheimdienst
nicht vorliegt.

Die Prüfung hat ergeben, dass die Verhaftungen von Ga...
Tunkun, Senjuk u. a. und die Einleitung von Ermittlungen
zi ihren Verfahren, nahmen ehemalige Arbeiter
UNKWD der Oblast Leningrad Schapiro, M...
Fedorow und Alexandrow, die in der Praxis ihr...
Arbeit an Verfahren betreffend Staatsverbrecht...
illegale Ermittlungsmethoden angewandt,
wofür sie zur strafrechtlichen und
disziplinarischen Verantwortung
gezogen wurden.

Das hatte ich alles schon gewusst:

Folglich ist aus
schließen, dass SURWILO, KLYTSCH...
und alle anderen ungerechtfertigt verurteilt

ICH FORDERE:

Den Beschluss der Kommission des NKWD u...
vom 22. November 1937 betreffend Galkowski,
Burkowski, Tunkun, Senjuk, Pawlowski,
Surwilo, Klytschew, Poplawski, Selizki,
Pjassezki aufzuheben und die Verfahren gegen
sie wegen fehlenden Tatbestandes einzustellen.

Justizoberst

15. März 1958

Nein, an Rache habe ich nie gedacht – ich empfinde NIE Wut oder Hass auf jemanden. Ich lebe ohne Hass.

Ich wollte nur immer wissen, warum das meiner Familie passiert war, es musste ja einen GRUND geben. In der Akte fand ich keine Antwort.

Ich habe viel über die Repressionen gelesen, über die 30er-Jahre – sobald darüber geschrieben wurde.

Es gab viele ähnliche Geschichten – alle genau wie bei uns. Und viele Erklärungen dazu ebenfalls: verschiedene Versionen ...

Ich las das alles, verstand aber trotzdem nichts.

Und doch vermute ich, dass es wegen der Wohnung war. Die war einfach großartig.

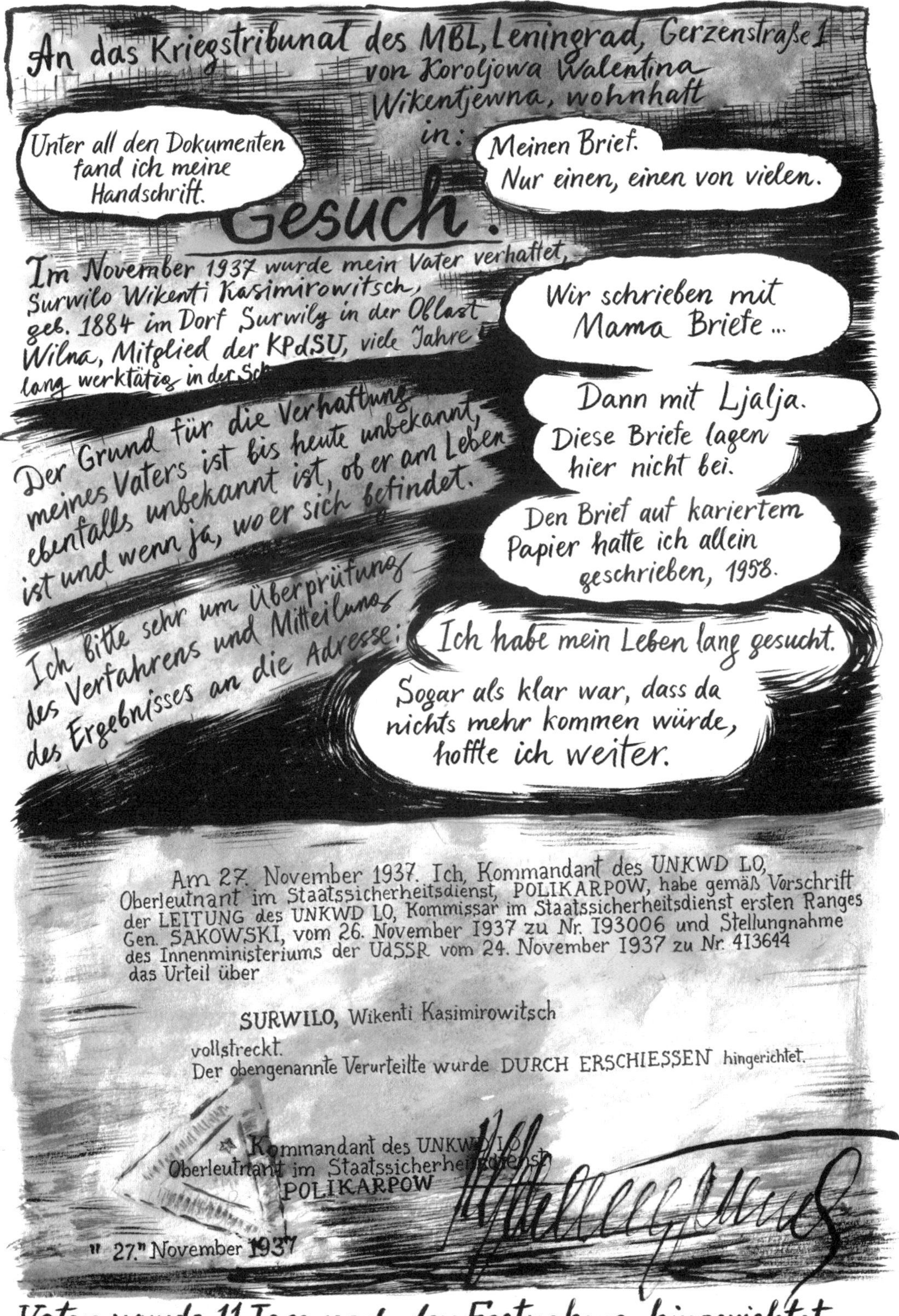

Vater wurde 11 Tage nach der Festnahme hingerichtet.

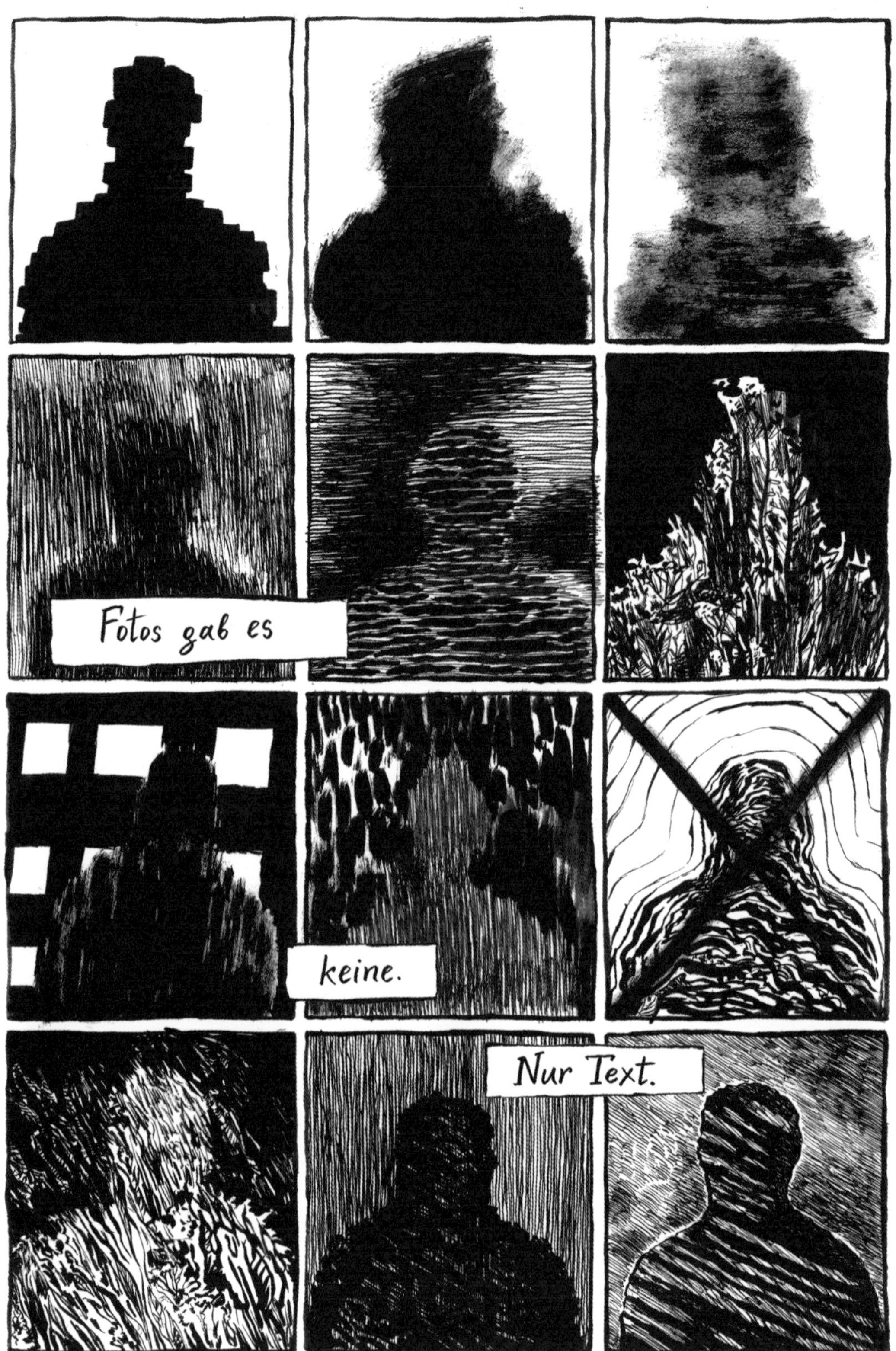
Fotos gab es
keine.
Nur Text.

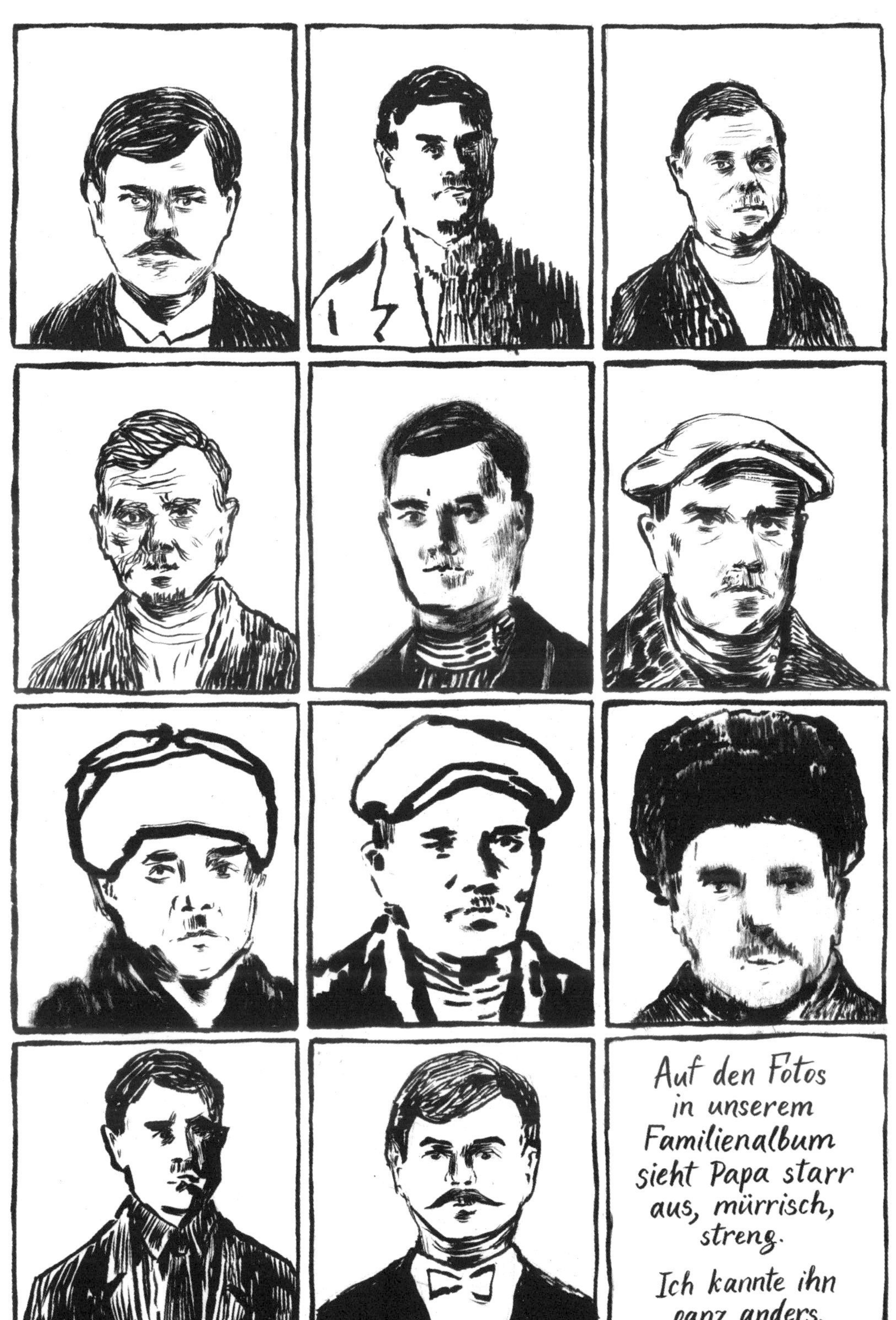
Auf den Fotos in unserem Familienalbum sieht Papa starr aus, mürrisch, streng.
Ich kannte ihn ganz anders.

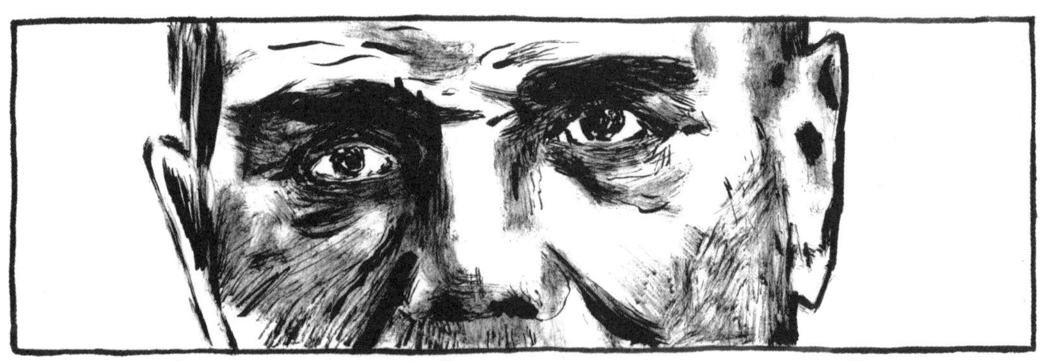
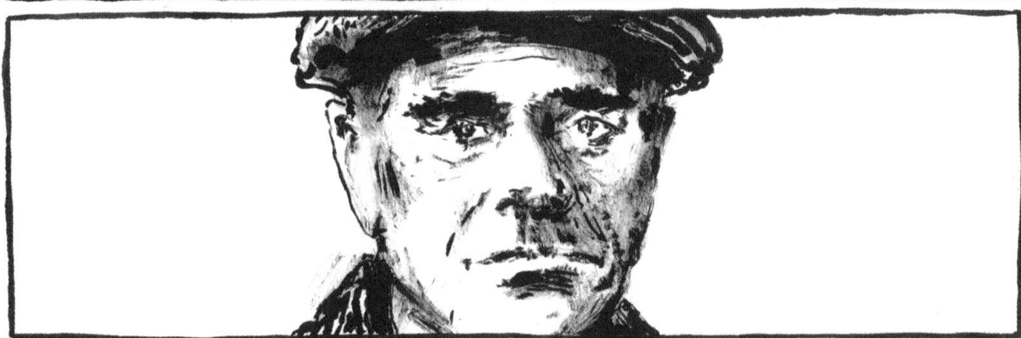
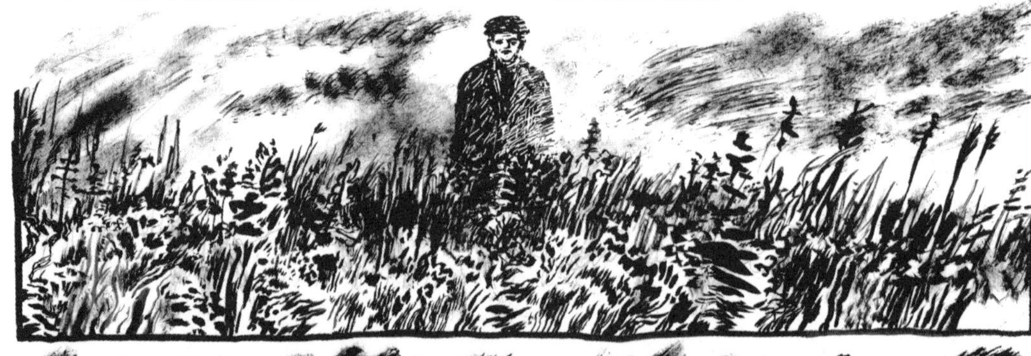
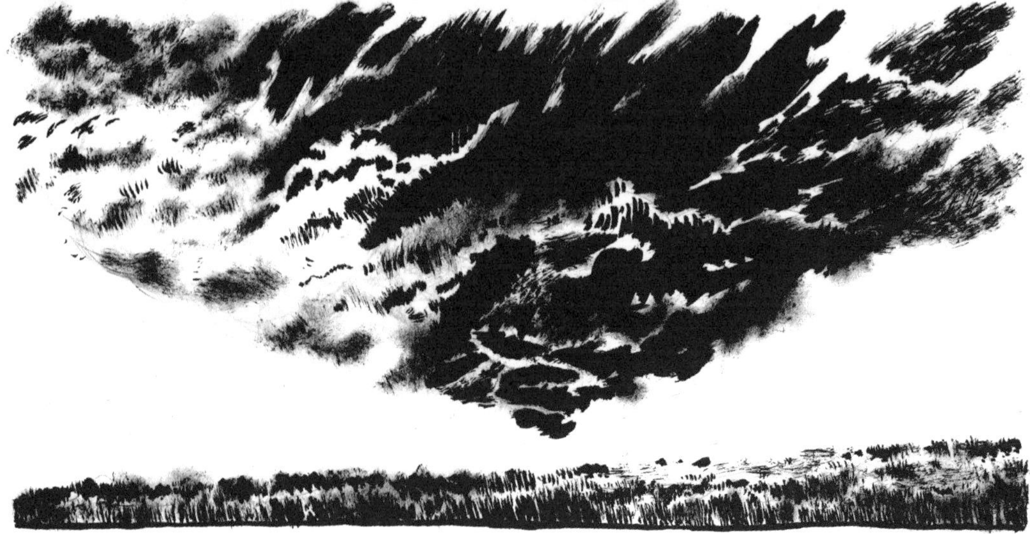

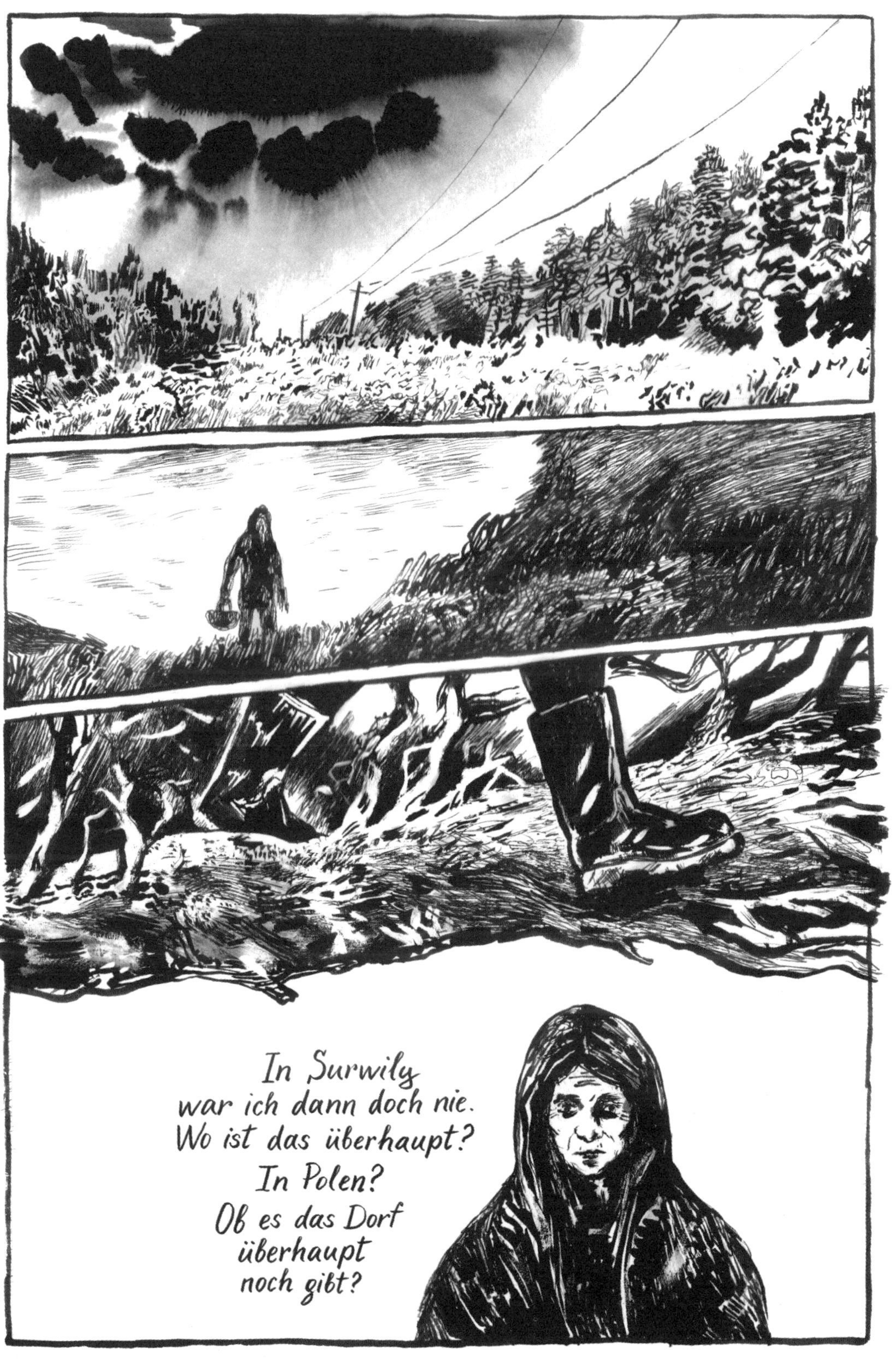
In Surwily
war ich dann doch nie.
Wo ist das überhaupt?
In Polen?
Ob es das Dorf
überhaupt
noch gibt?

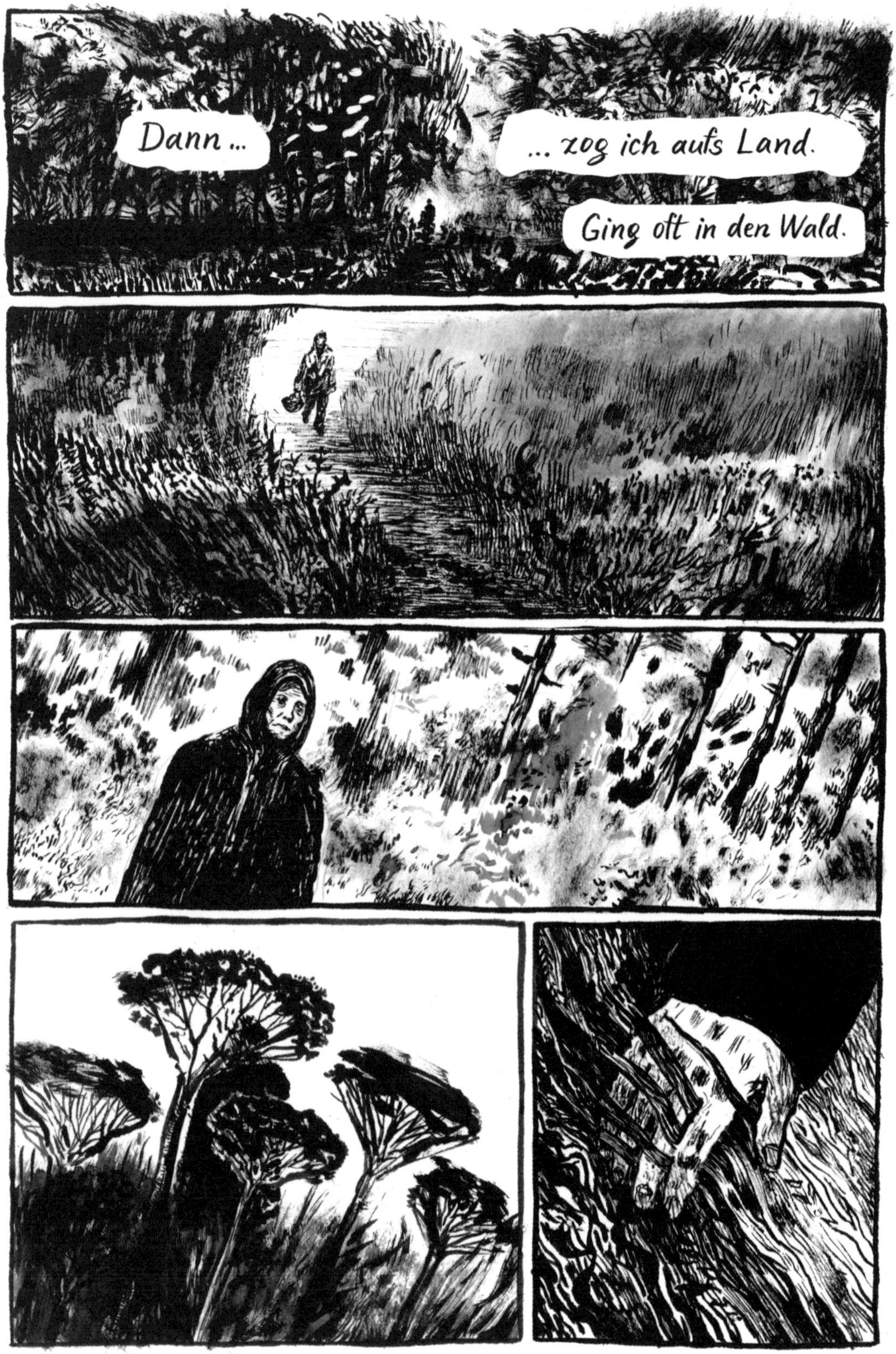

Dann ...

... zog ich aufs Land.

Ging oft in den Wald.

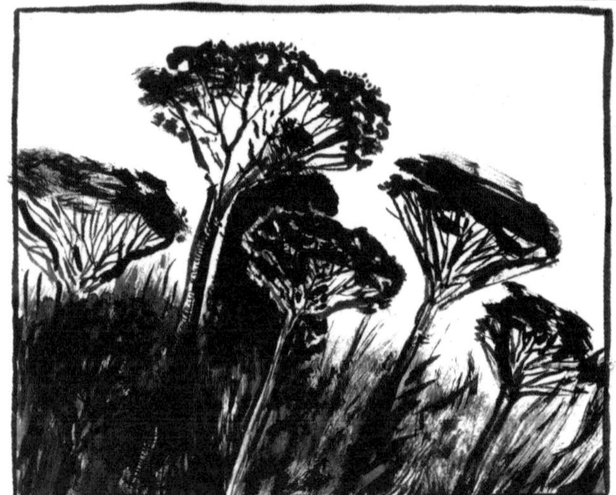

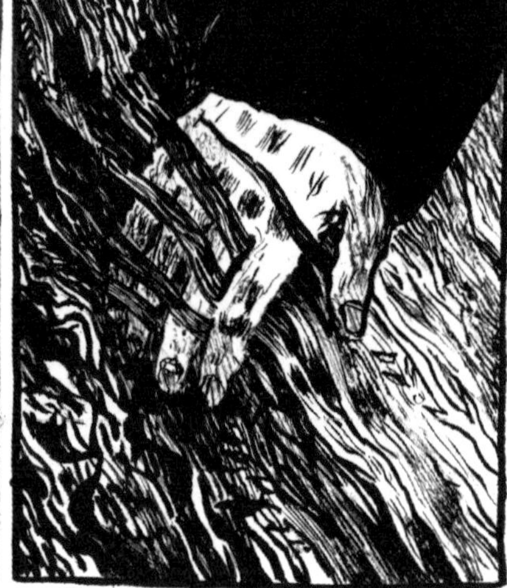

Auch die Erinnerung bewaldet sich.
Alles gerät durcheinander.
Details gehen verloren.

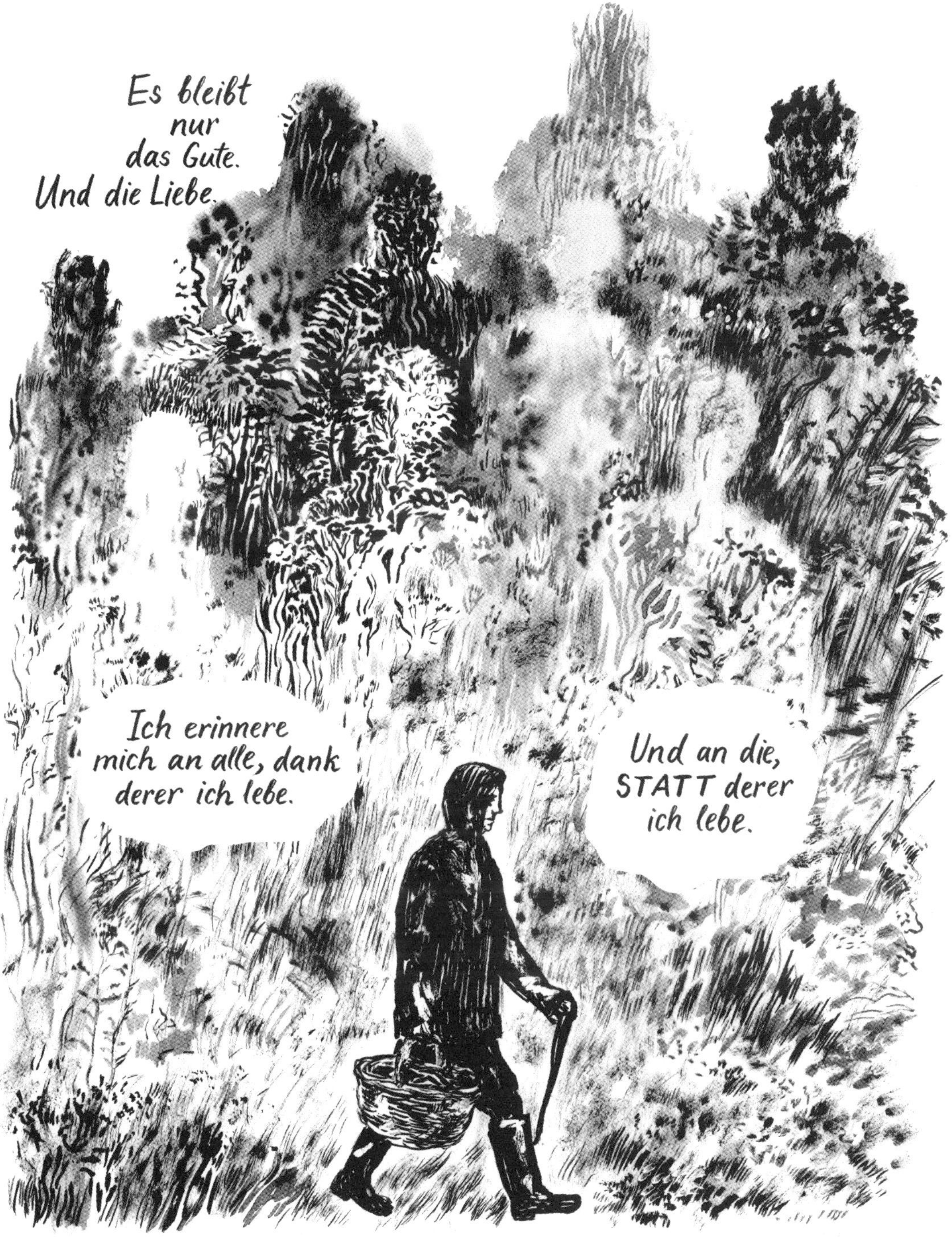

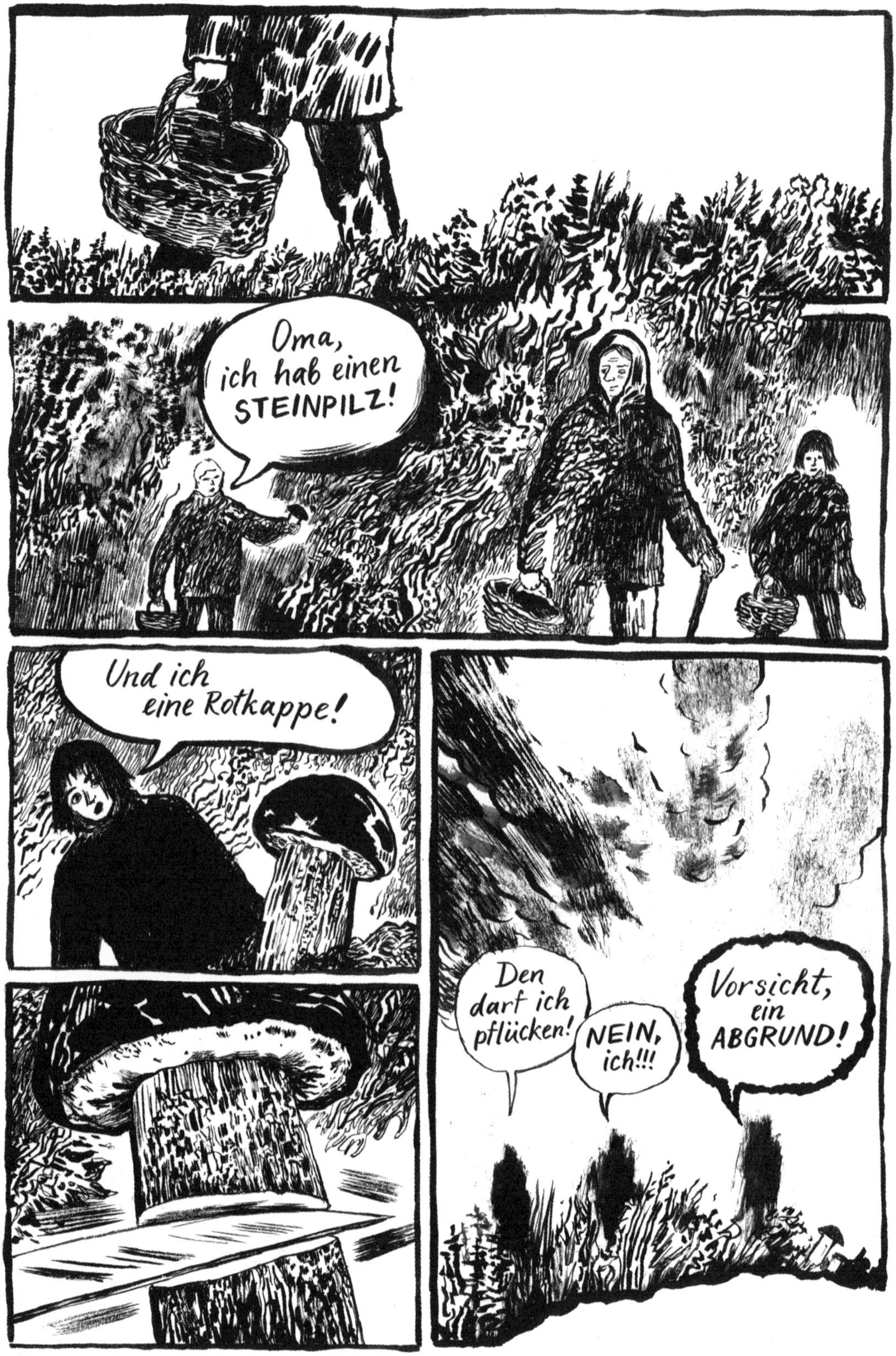

Oma, ich hab einen STEINPILZ!

Und ich eine Rotkappe!

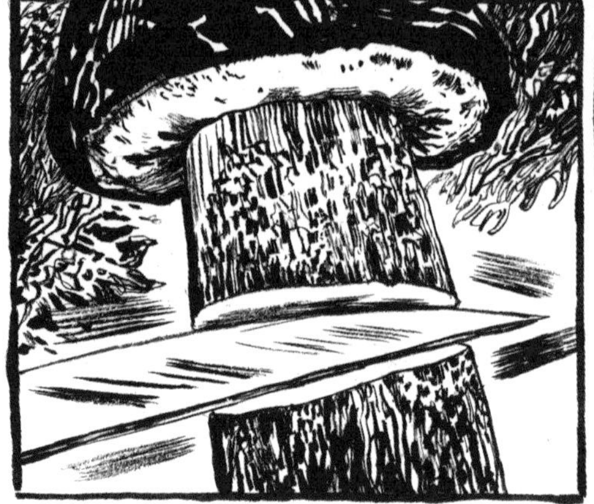

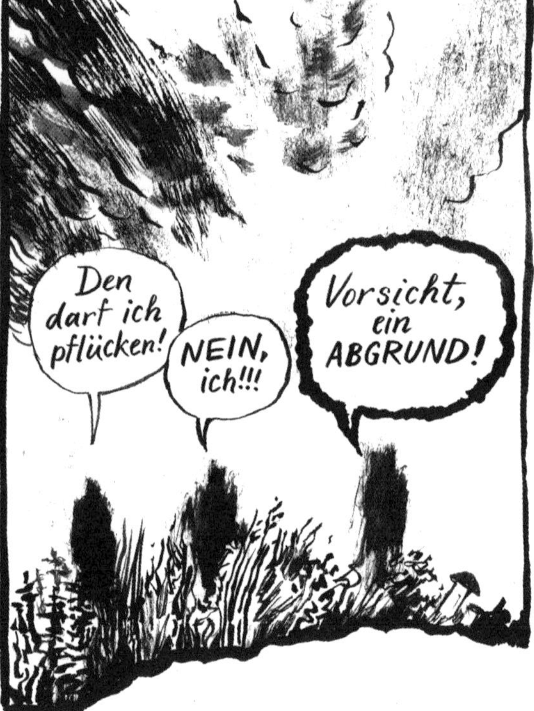

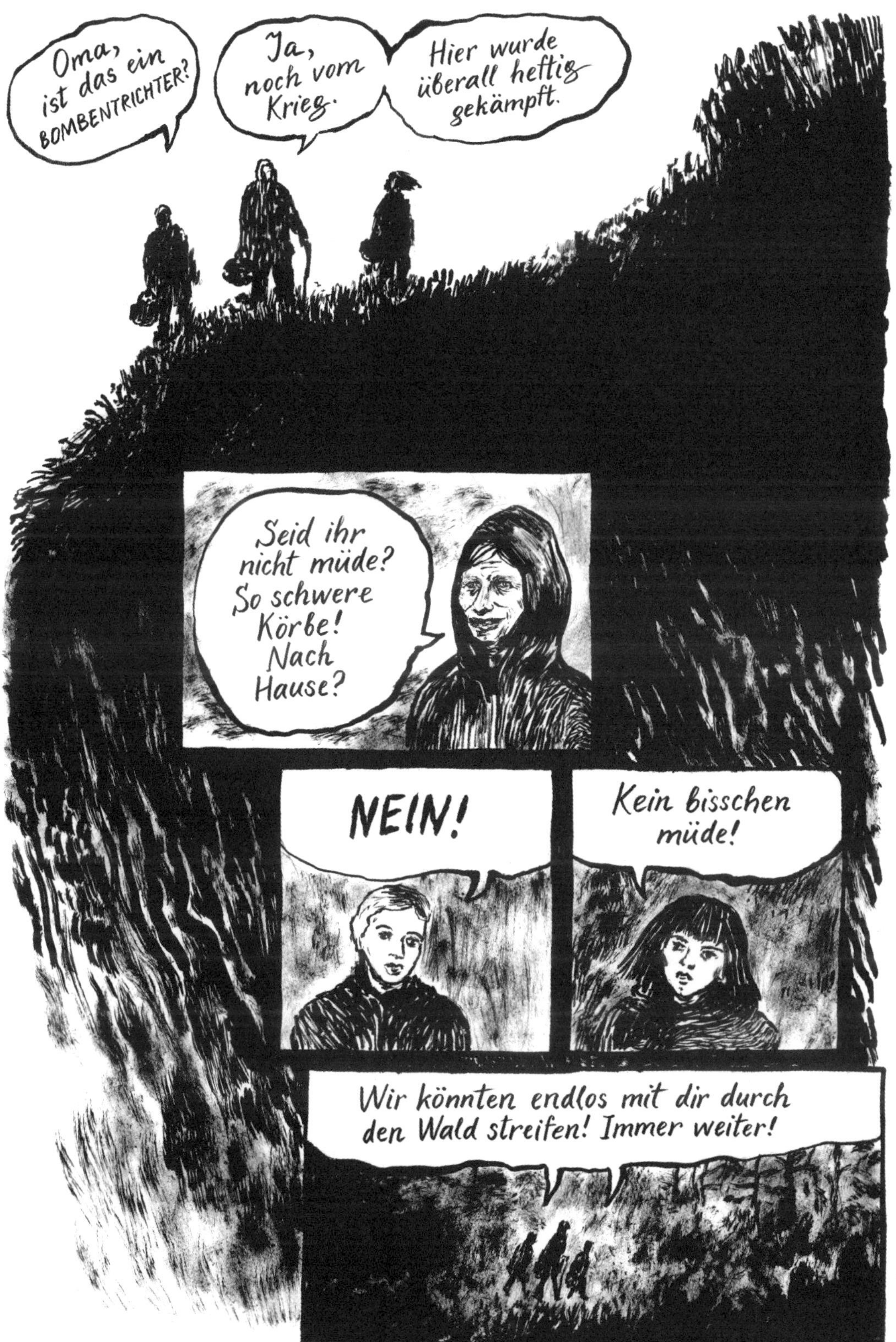
Oma, ist das ein BOMBENTRICHTER?
Ja, noch vom Krieg.
Hier wurde überall heftig gekämpft.
Seid ihr nicht müde? So schwere Körbe! Nach Hause?
NEIN!
Kein bisschen müde!
Wir könnten endlos mit dir durch den Wald streifen! Immer weiter!

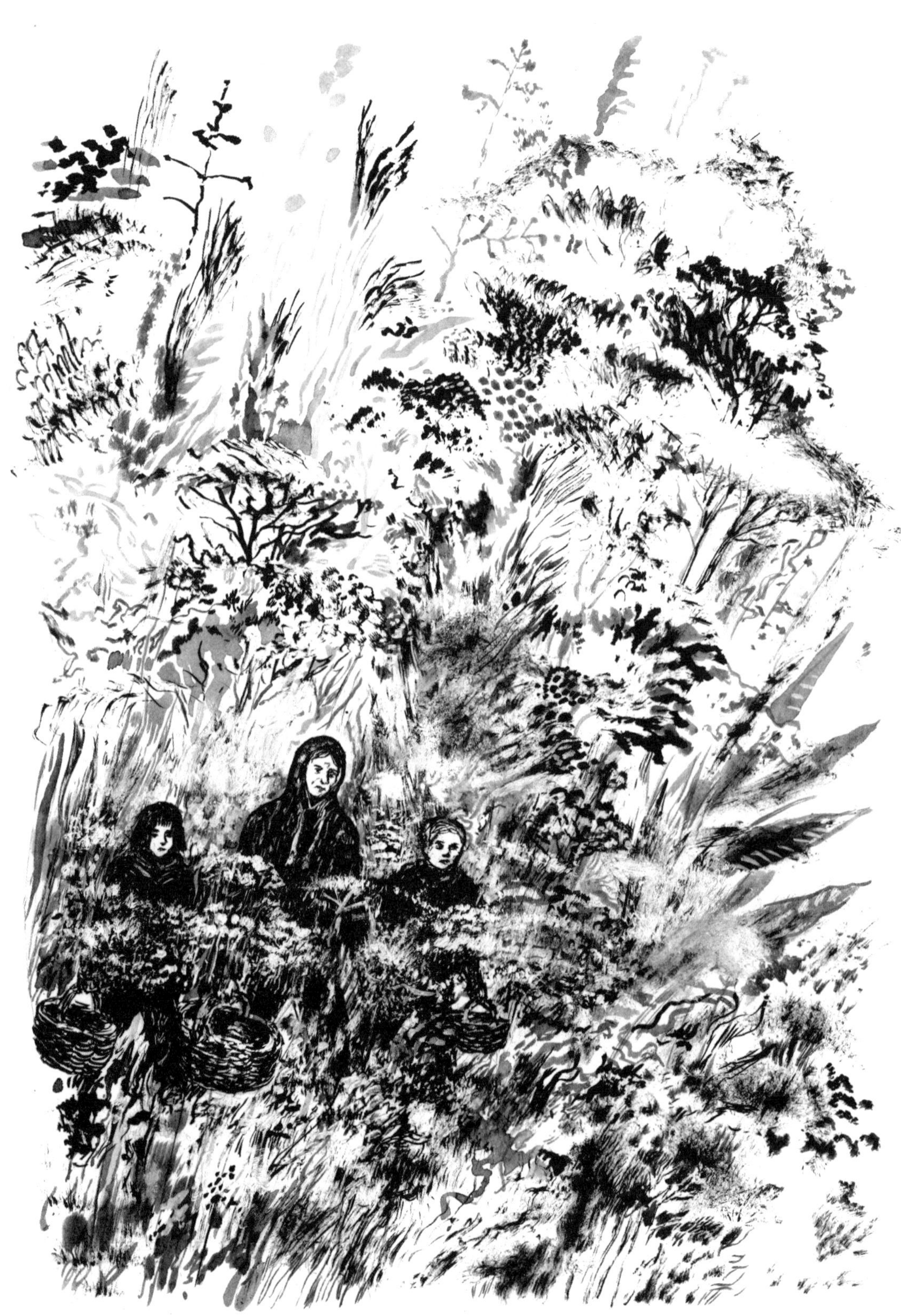

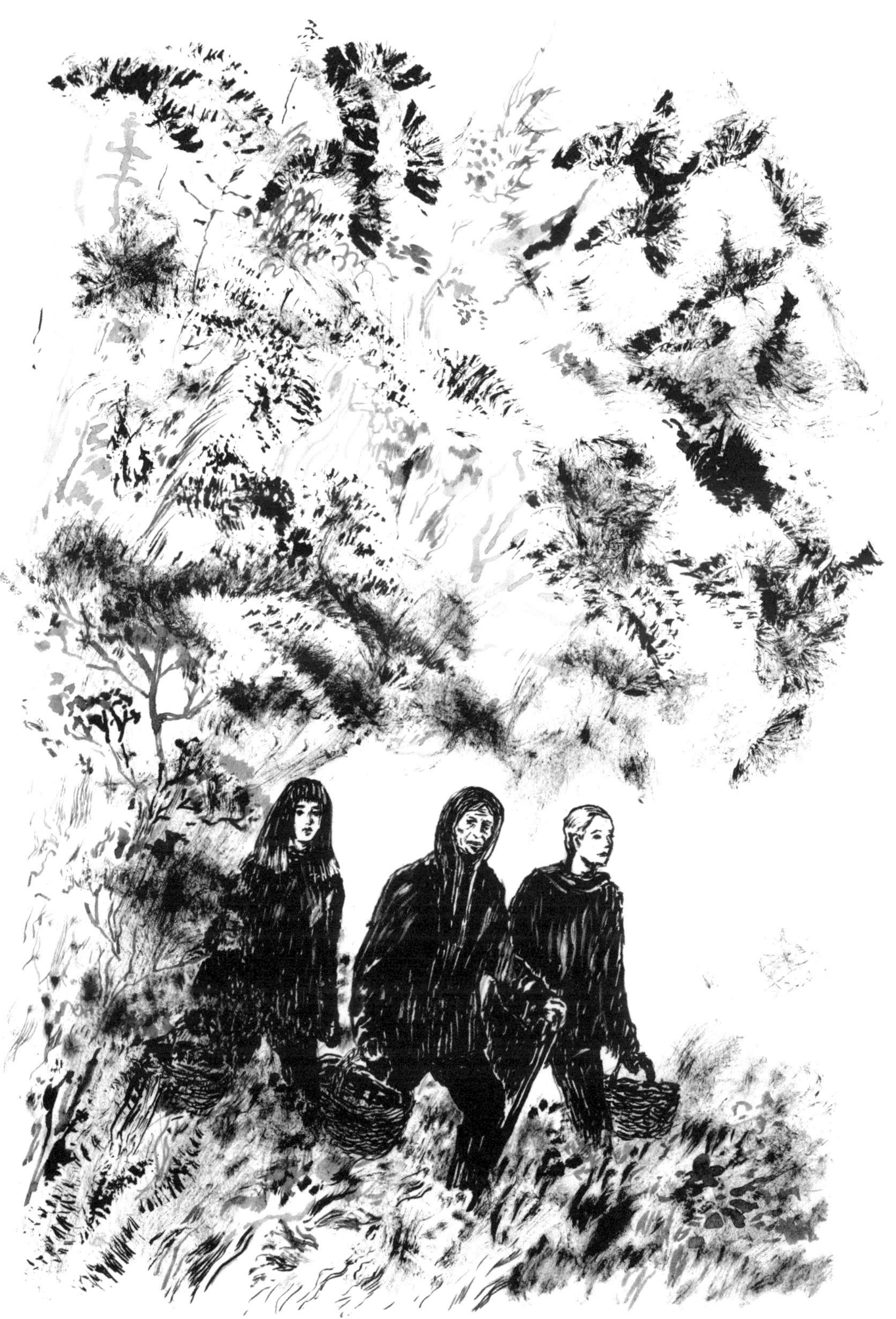

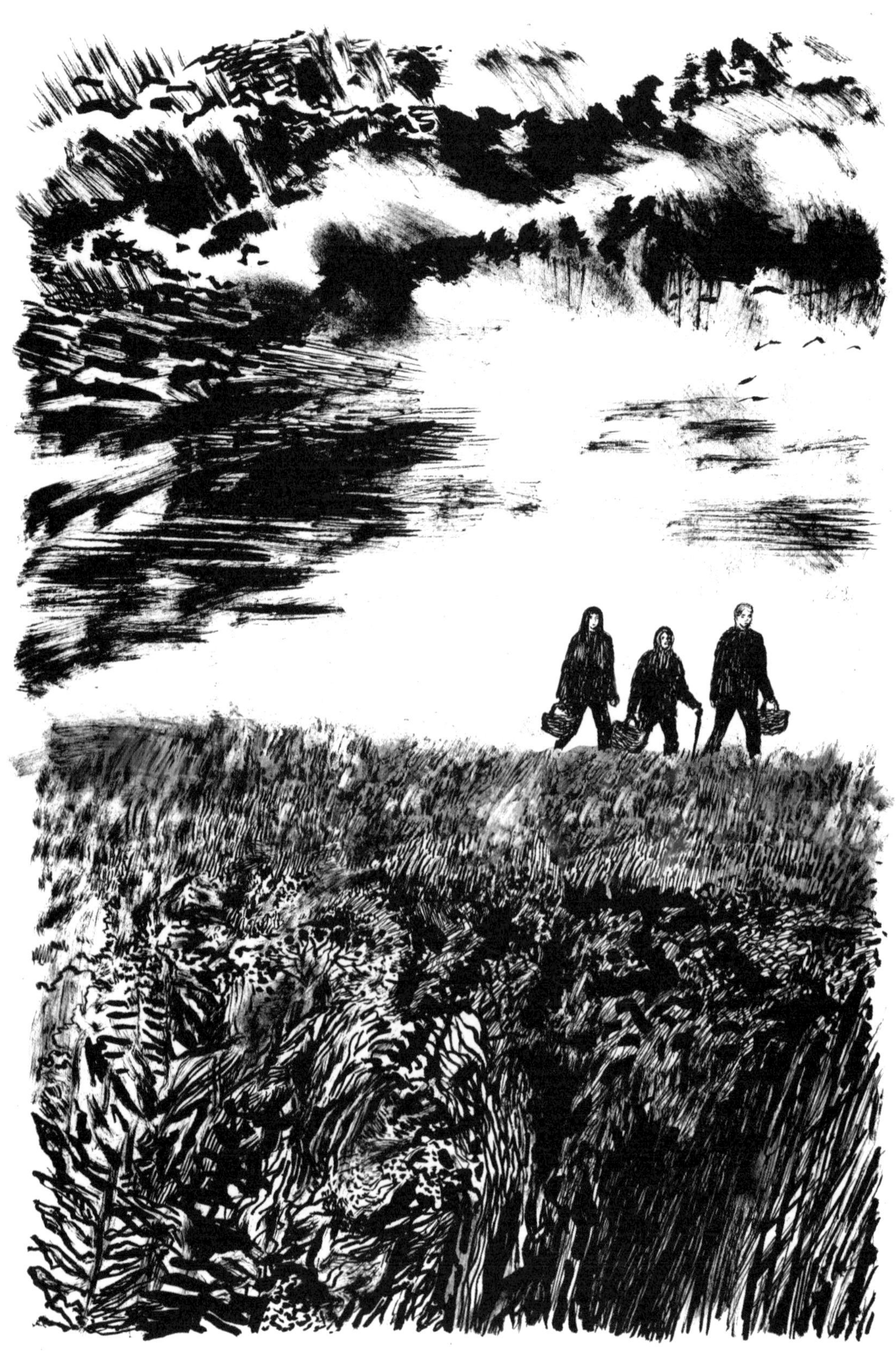

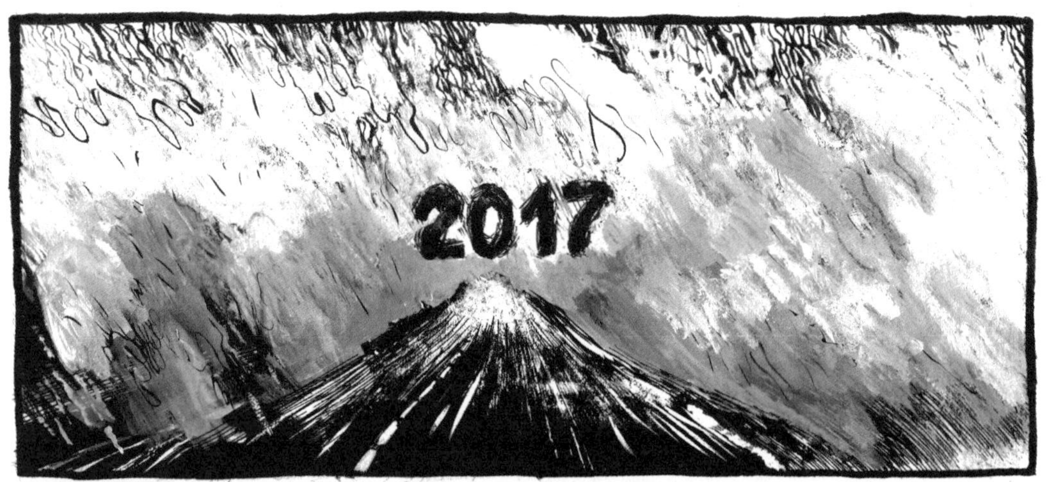
2017

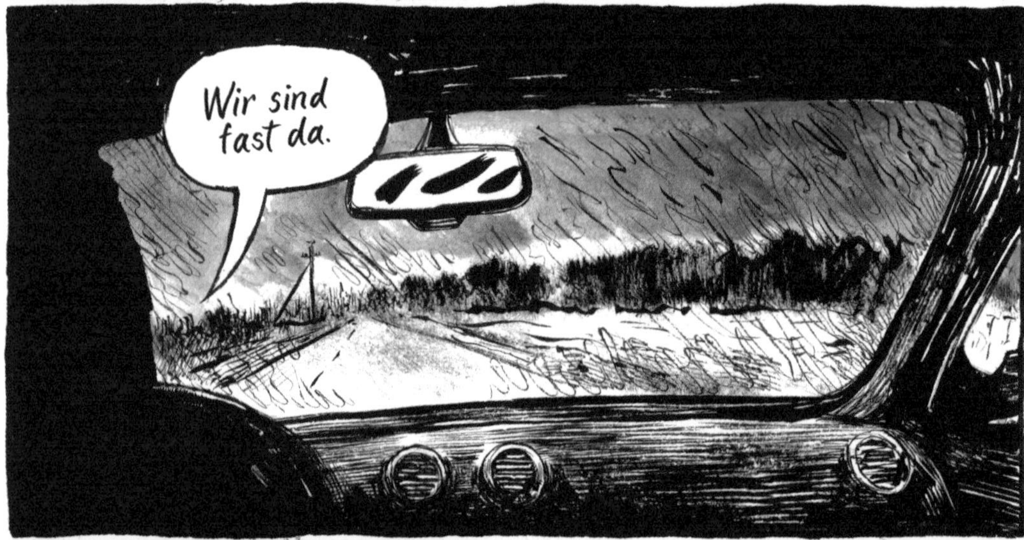
Wir sind fast da.

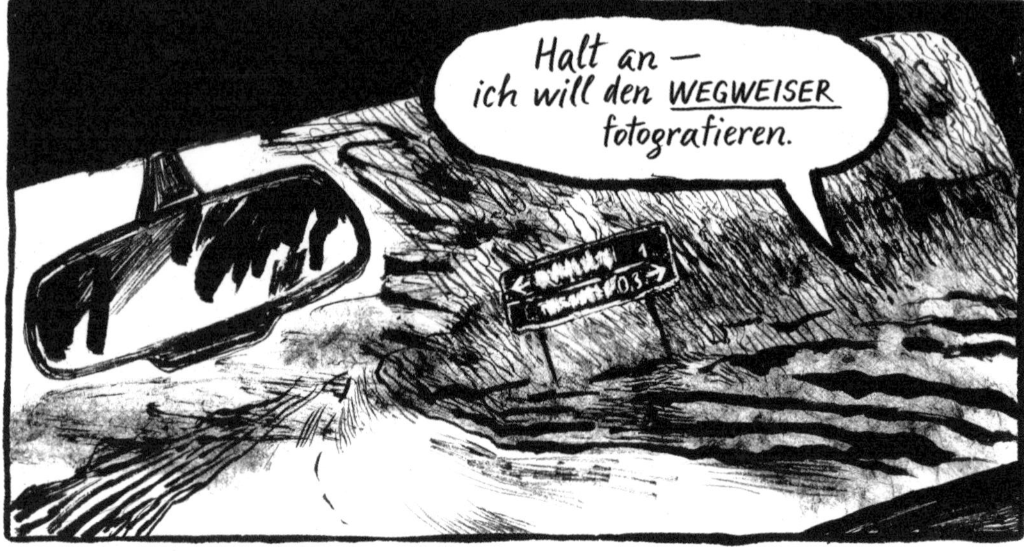
Halt an — ich will den WEGWEISER fotografieren.

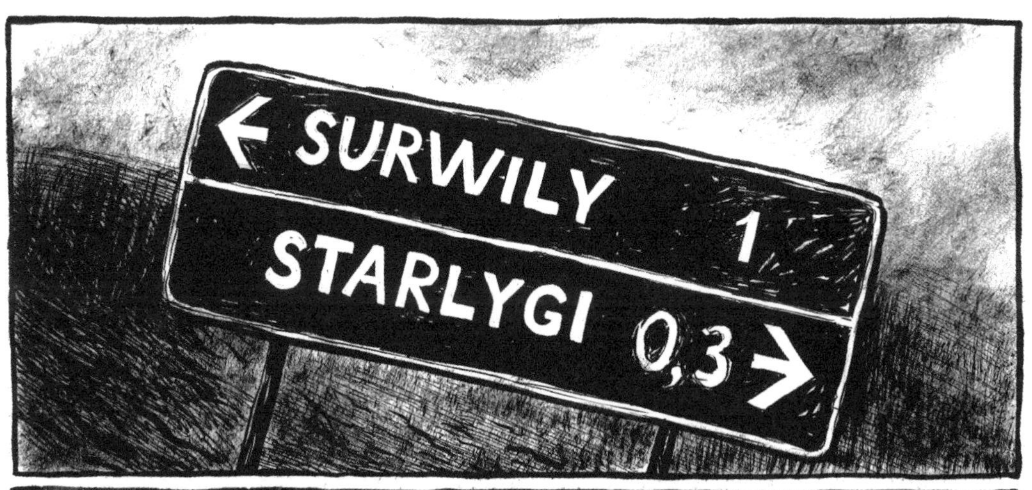
SURWILY 1
STARLYGI 0,3

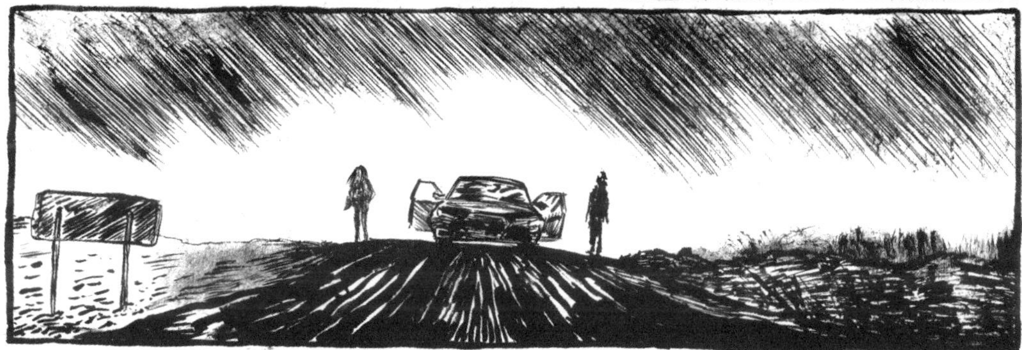

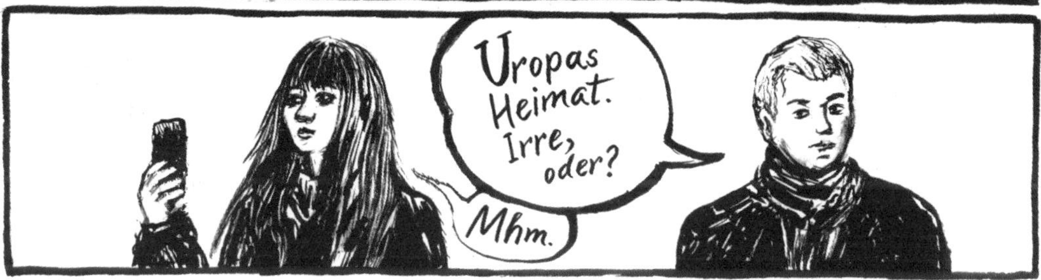
Uropas Heimat. Irre, oder?
Mhm.

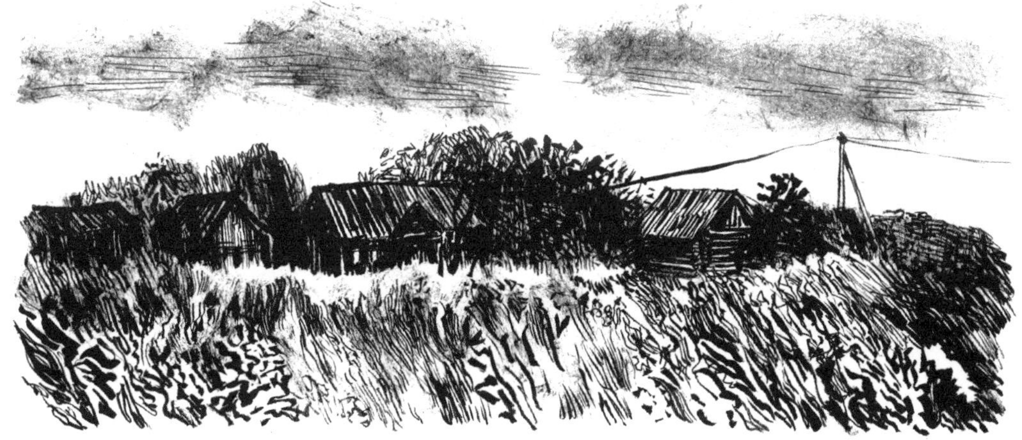

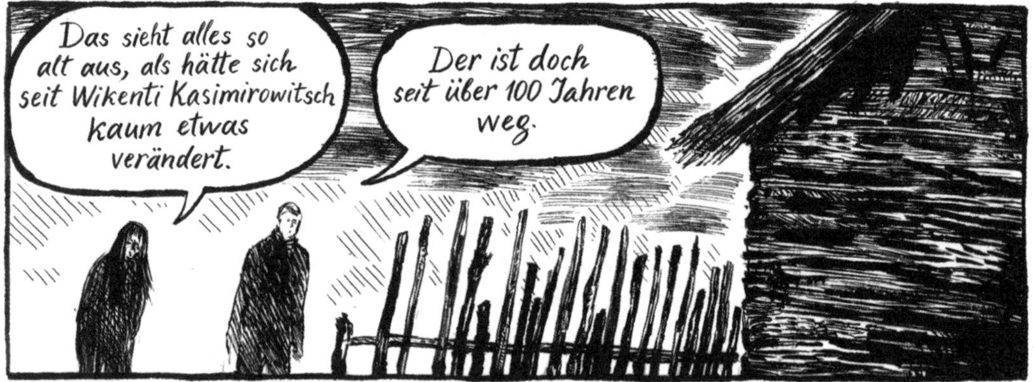

Nach allem, was im 20. Jahrhundert passiert war, fand man Surwily immer noch auf der Karte; jetzt in Belarus.

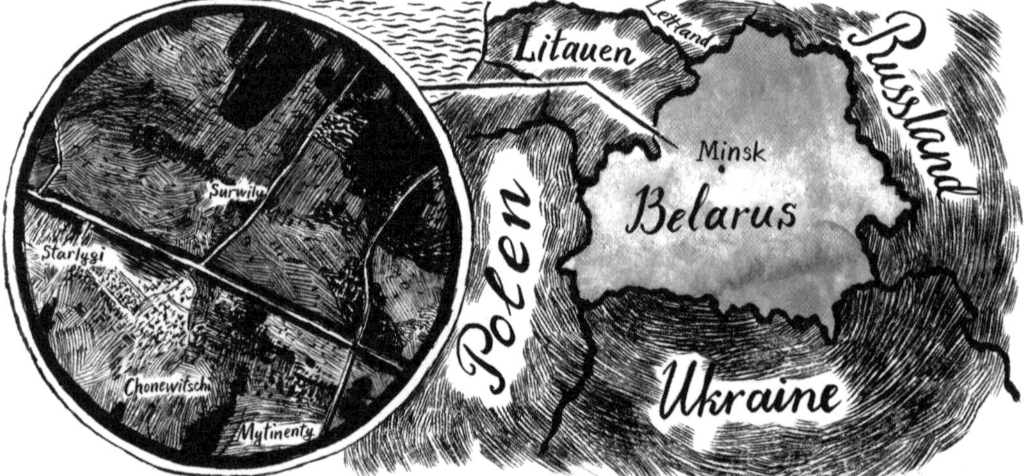

2017 fahren mein Bruder und ich mit dem Auto nach Belarus, um Surwily zu suchen.

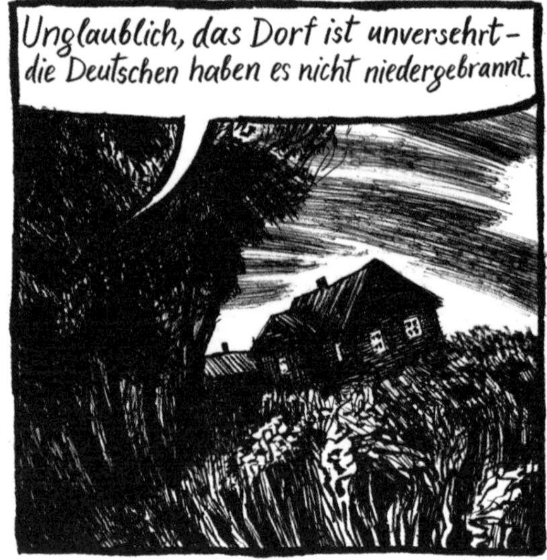

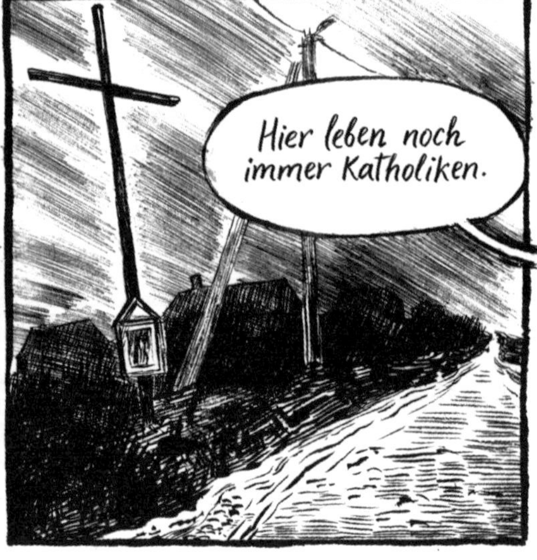

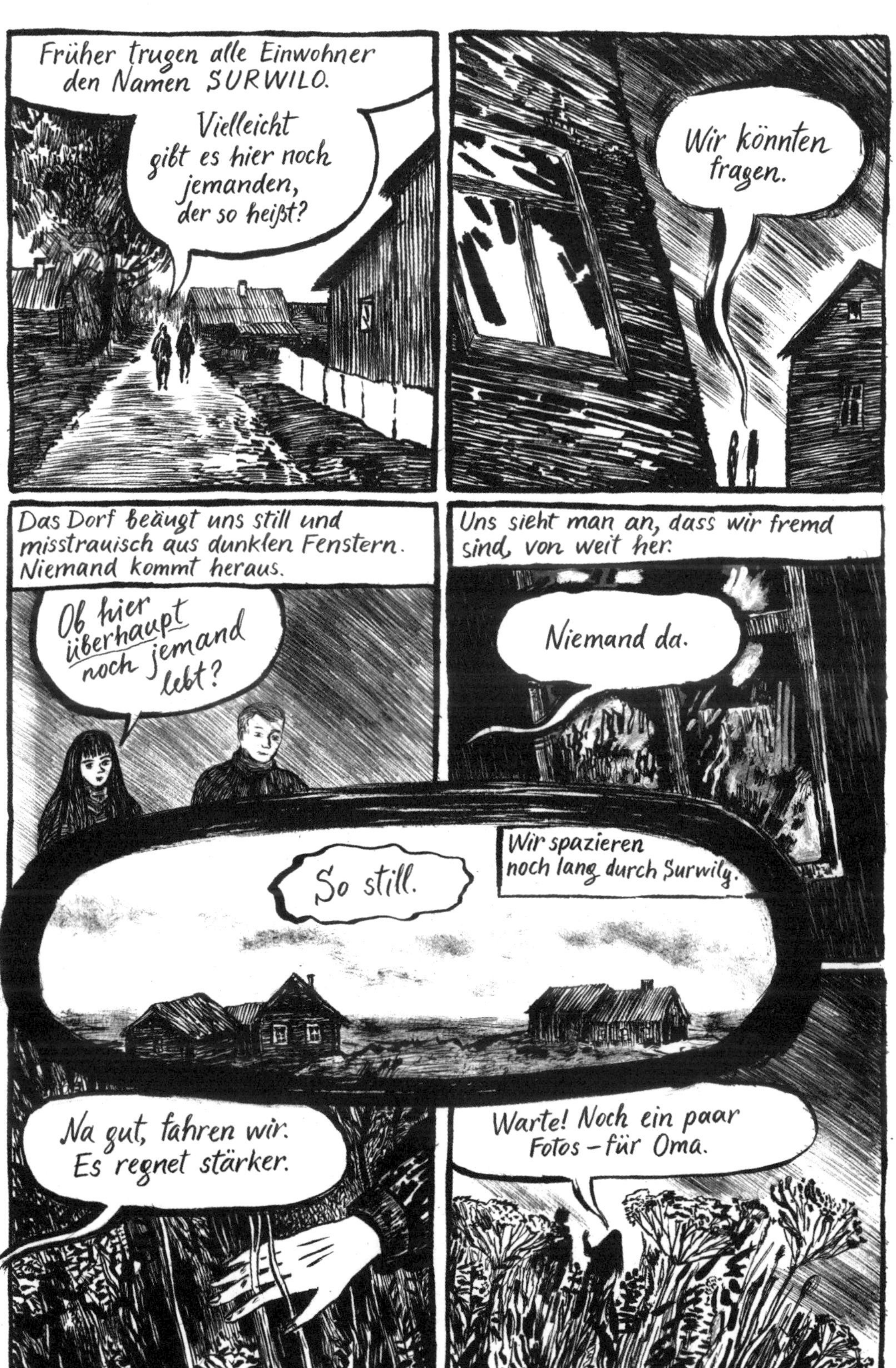
Früher trugen alle Einwohner den Namen SURWILO.
Vielleicht gibt es hier noch jemanden, der so heißt?
Wir könnten fragen.
Das Dorf beäugt uns still und misstrauisch aus dunklen Fenstern. Niemand kommt heraus.
Ob hier überhaupt noch jemand lebt?
Uns sieht man an, dass wir fremd sind, von weit her.
Niemand da.
Wir spazieren noch lang durch Surwily.
So still.
Na gut, fahren wir. Es regnet stärker.
Warte! Noch ein paar Fotos – für Oma.

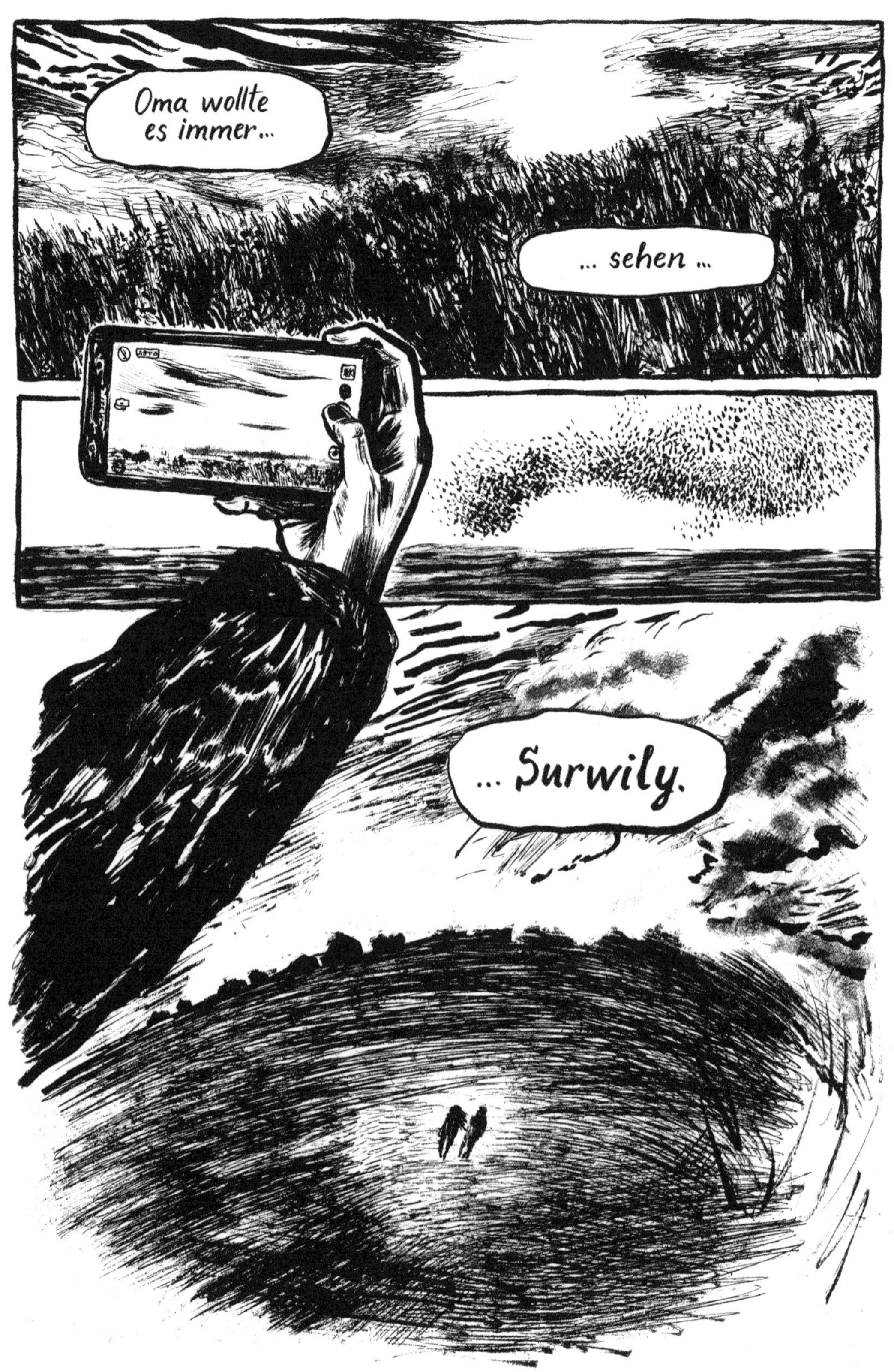
Oma wollte es immer...
... sehen ...
... Surwily.

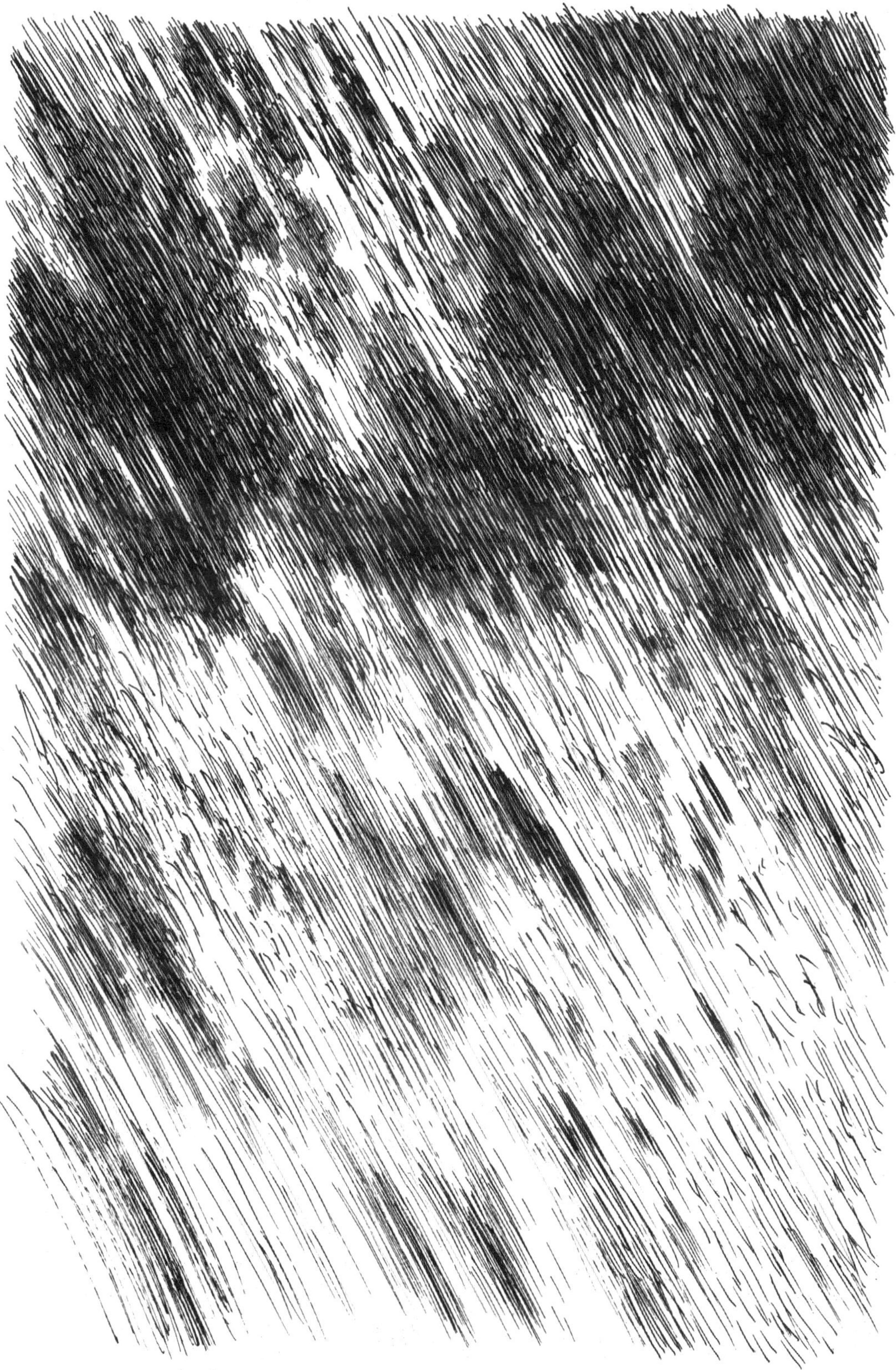

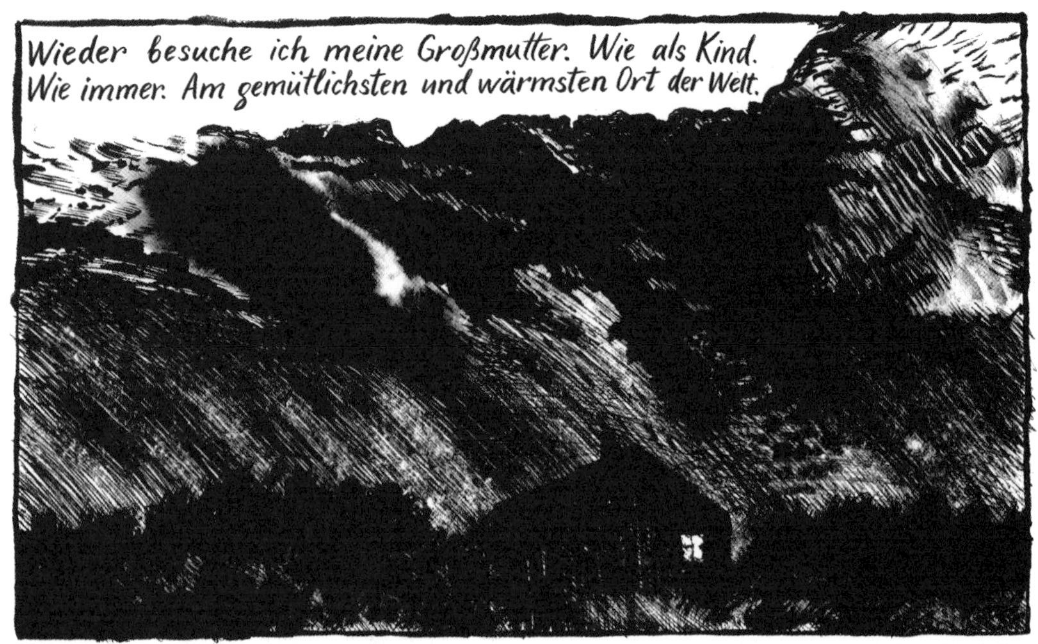
Wieder besuche ich meine Großmutter. Wie als Kind. Wie immer. Am gemütlichsten und wärmsten Ort der Welt.

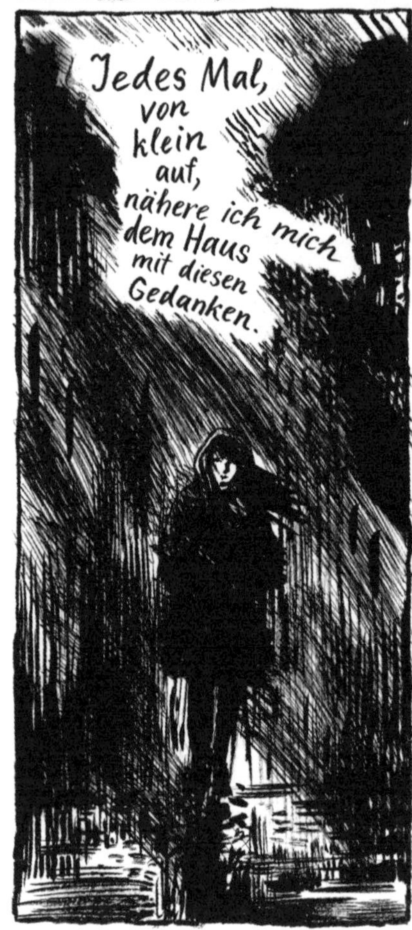
Jedes Mal, von klein auf, nähere ich mich dem Haus mit diesen Gedanken.

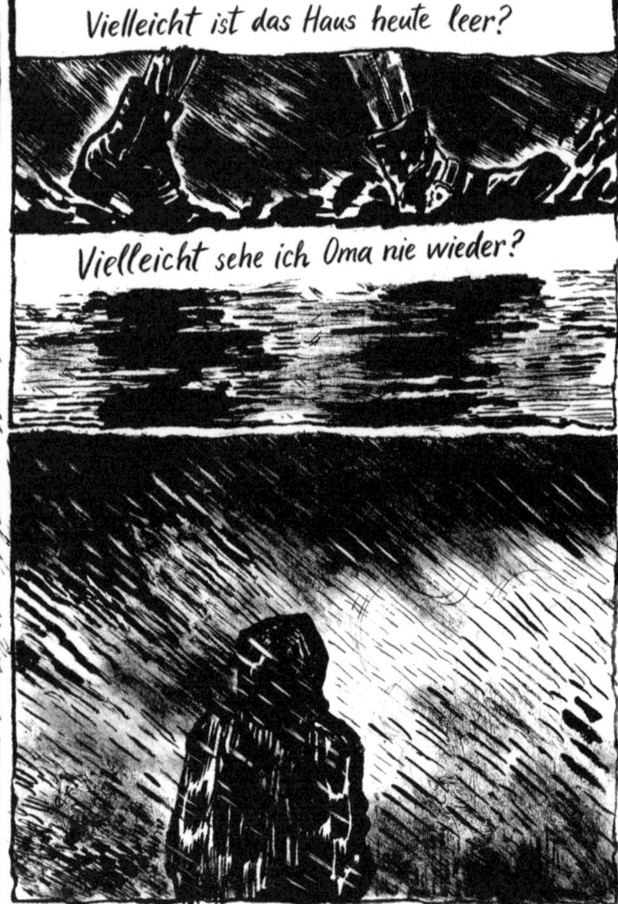
Vielleicht ist das Haus heute leer?
Vielleicht sehe ich Oma nie wieder?

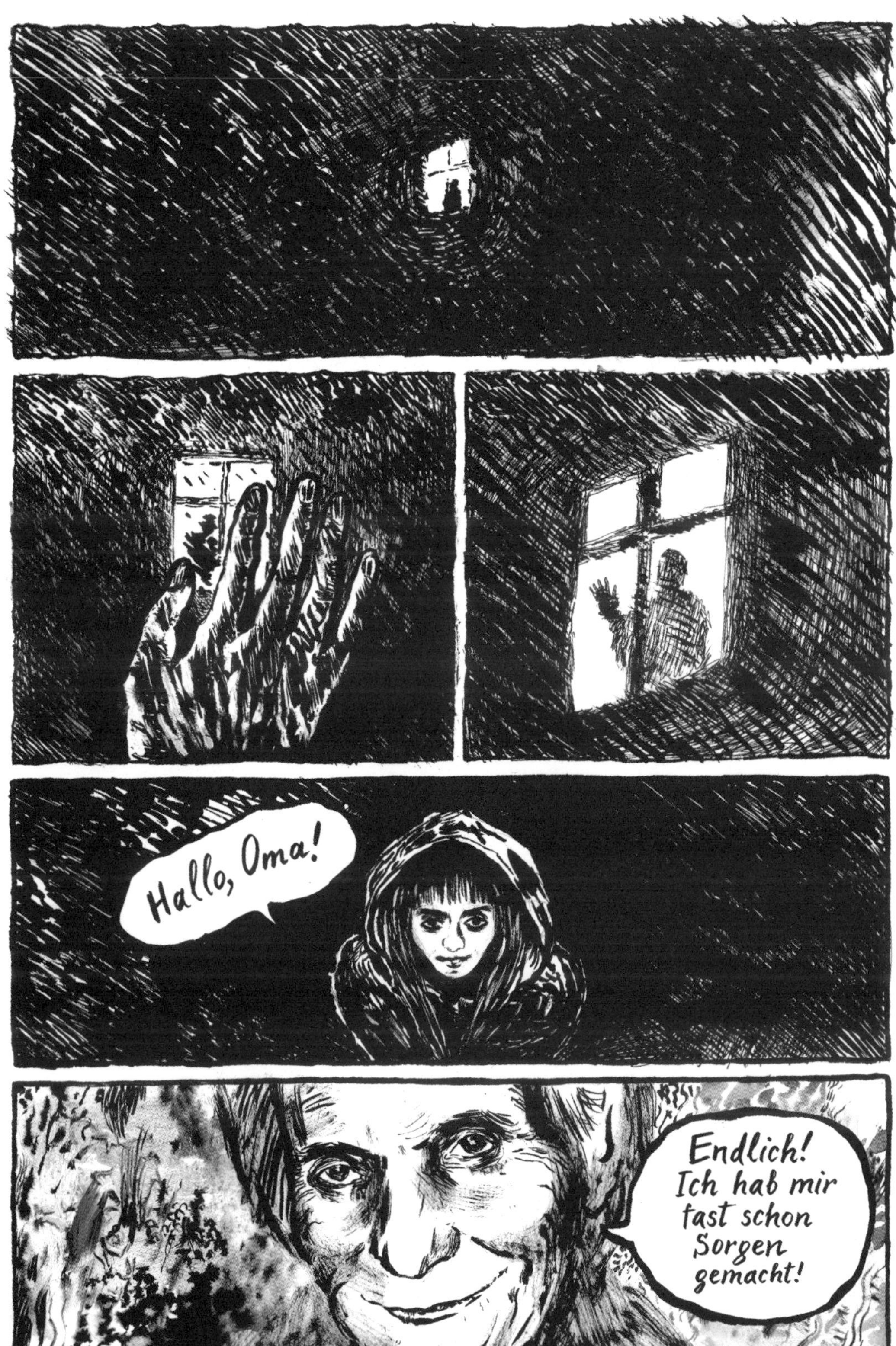
Hallo, Oma!
Endlich! Ich hab mir fast schon Sorgen gemacht!

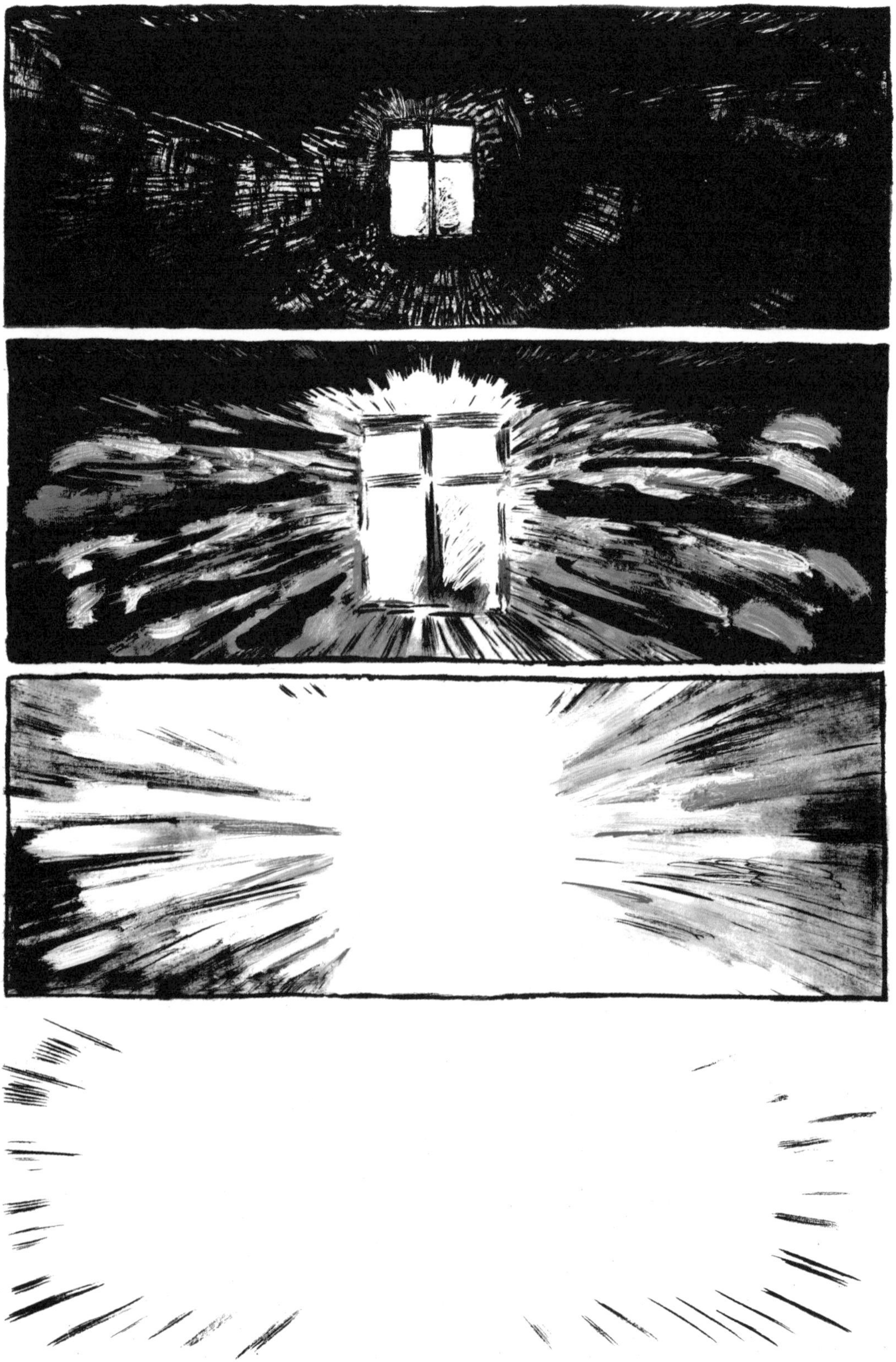